eXamen.press

eXamen.press ist eine Reihe, die Theorie und Praxis aus allen Bereichen der Informatik für die Hochschulausbildung vermittelt.

Gerhard Goos
Wolf Zimmermann

Vorlesungen über Informatik

Band 1: Grundlagen und
funktionales Programmieren

4. überarbeitete Auflage
Mit 105 Abbildungen und 30 Tabellen

 Springer

Gerhard Goos
Fakultät für Informatik
Universität Karlsruhe
Adenauerring 20 A
76128 Karlsruhe
ggoos@informatik.uni-karlsruhe.de

Wolf Zimmermann
Institut für Mathematik und Informatik
Universität Halle-Wittenberg
Von-Seckendorff-Platz 1
06120 Halle
zimmer@informatik.uni-halle.de

Die 3. Auflage erschien in der Reihe "Springer-Lehrbuch" Bibliografische Information der
Deutschen Bibliothek
Die Deutsche Bibliothek verzeichnet diese Publikation in der Deutschen
Nationalbibliografie; detaillierte bibliografische Daten sind im Internet über
http://dnb.ddb.de abrufbar.

ISSN 1614-5216
ISBN-10 3-540-24405-0 Springer Berlin Heidelberg New York
ISBN-13 978-3-540-24405-9 Springer Berlin Heidelberg New York
ISBN-10 3-540-67270-2 3. Auflage Springer Berlin Heidelberg New York

Springer ist ein Unternehmen von Springer Science+Business Media

springer.de

© Springer-Verlag Berlin Heidelberg 1995, 1997, 2000, 2006
Printed in Germany

Satz: Druckfertige Daten der Autoren
Herstellung: LE-TeX, Jelonek, Schmidt & Vöckler GbR, Leipzig
Umschlaggestaltung: KünkelLopka Werbeagentur, Heidelberg
Gedruckt auf säurefreiem Papier   33/3142 YL – 5 4 3 2 1 0

Inhaltsverzeichnis

Aus dem Vorwort zur ersten Auflage

Wir sehen heute die wesentlichen Aufgaben der Informatik in der Analyse, dem Entwurf und der Realisierung komplexer, diskreter Systeme sowie in der Anpassung solcher Systeme an gegebene Einsatzbedingungen.

Dies wurde und wird nicht immer so gesehen. In der Anfangszeit wurde Informatik vor allem als die Kunst oder Technik begriffen, Aufgaben der Informationsverarbeitung mit technischer Unterstützung durch Rechner zu meistern, oder solche Rechner selbst zu entwerfen und zu bauen. Dies prägt die Erwartungshaltung, die die Öffentlichkeit der Informatik und den Informatikern entgegenbringt.

Diese Auffassung ist nicht falsch: Einsicht in komplizierte Sachverhalte zu gewinnen, sich ein Modell von der Struktur der Zusammenhänge zu machen, oder komplexe Systemstrukturen selbst zu entwerfen, ist eine Aufgabe der Informationsverarbeitung. Wenn der Mensch Unterstützung für Aufgaben sucht, die er letztlich mit seinem Hirn bewältigen muß, verwendet er heute Rechner. Die Informatik soll ihm dabei helfen.

Die Konzentration auf den technischen Umgang mit Rechnern und deren Programmierung verengt das Interesse jedoch auf die unterste Stufe der Informationsverarbeitung, die Frage, wie ein schon gefundenes Verarbeitungsmodell realisiert werden kann. Die Gestaltung und der Entwurf solcher Verarbeitungsmodelle ist die eigentliche, schwierige Aufgabe. Dabei sind heute die meisten „Rechner" Bestandteil wesentlich größerer Systeme, seien es Autos, Verkehrssteuerungssysteme, Telefone oder andere Kommunikationseinrichtungen.

Im Unterschied zu anderen Wissenschaften befaßt sich die Informatik fast ausschließlich mit *diskreten*, nicht mit *kontinuierlichen Systemen*. Dies ist nicht eine Folge der Tatsache, daß heutige Rechner nur digitale Daten verarbeiten können. Vielmehr können wir in endlicher Zeit immer nur endlich viele Beobachtungen der Realität machen und nur endlich viele Anweisungen zur Änderung des Zustands eines realen Systems geben. Aufgrund der Gesetze der Physik erweist sich die Modellierung eines realen Systems durch ein kontinuierliches System als eine Abstraktion, bei der die mikroskopisch diskret auffaßbaren Vorgänge durch ein makroskopisches stetiges Modell ersetzt werden. Kontinuierliche Systeme treten daher auch in der Informatik immer dann auf, wenn makroskopisch von einer großen Zahl von Einzelbeobachtungen abstrahiert wird.

Daher soll dieses Buch und seine Folgebände lehren,

- wie man diskrete Systeme modelliert,
- wie man solche Systeme auf verschiedenen Abstraktionsstufen beschreibt,
- welche allgemeinen Modelle es gibt, in die man konkrete Aufgaben einpaßt,
- welche Hilfsmittel es für solche Beschreibungen gibt.

Die Hilfsmittel reichen von mathematischen Hilfsmitteln über Spezifikations-sprachen verschiedener Abstraktionsstufen bis zu Programmiersprachen. Die all-gemeinen Modelle umfassen Relationen, Graphen, Automaten, Petrinetze, Term-ersetzungssysteme, Algorithmen und Datenstrukturen, Methoden der Algorith-menkonstruktion, Verarbeitungsmodelle der theoretischen Informatik usw.

Abgesehen von statischen Systemen, zu denen z. B. auch Programmtexte zählen, unterscheiden wir grundsätzlich zwei Arten von (dynamischen) Systemen:

- Abbildungen $f: A \mapsto B$: Sie werden durch Algorithmen realisiert. Sie bilden Werte in Werte ab.

- Reaktive Systeme: Ihre Aufgabe ist es, fortwährend auf Ereignisse und Daten aus ihrer Umwelt zu reagieren. Sie besitzen Zustände und die Reaktion kann vom bisherigen Zustand abhängen. Zustände werden in der Zeit eingenom-men; es gibt also einen Zeitbegriff.

Dieser erste Band führt viele mathematische Hilfsmittel ein, die auch für die Be-handlung reaktiver Systeme erforderlich sind. Anschließend beschränken wir uns auf Algorithmen und benutzen daher eine funktionale Programmiersprache. Die Behandlung von Systemen mit internen Zuständen ist Aufgabe der Folgebände.

Beim Gebrauch in und neben Vorlesungen mögen folgende Hinweise helfen: Ich habe mich bemüht, Hilfsmittel und Verfahren einzuführen, bevor ich sie benutze. Bevor man beispielsweise Bedingungen in Programmiersprachen gebraucht (und dann umformt, usw.) sollte man wissen, nach welchen Gesetzen solche Bedingungen aufgebaut sind, und nicht nur ein intuitives Verständnis dafür entwickeln. Man benötigt dann allerdings mathematische Grundlagen, bevor man mit der eigentlichen Arbeit beginnen kann.

Das Buch ist nicht nur als Grundlage für Vorlesungen gedacht. Für das Nachlernen des Stoffes habe ich mich bemüht, Themengebiete zusammenhän-gend abzuhandeln. Beim ersten Durcharbeiten und in einer Vorlesung kann man auf manches verzichten oder Teile des Stoffs auf später verschieben. So benötigt man vom Abschnitt 1.6.3 zunächst nur kontextfreie Grammatiken, die BNF und Syntaxdiagramme. Alles andere kann auf später verschoben werden. Konfluenz ist unter Halbordnungen im zweiten Kapitel abgehandelt, obwohl man es erst bei der Termersetzung im dritten Kapitel benötigt. Auch sonst sind in einer Vor-lesung, allein schon wegen der Fülle des Stoffes, Umstellungen und Kürzungen angemessen. Dies betrifft insbesondere das Kapitel über Logik, aus dem manches erst sehr viel später in der Ausbildung benötigt wird.

Es ist Sache des Vortragenden, dem Studenten den praktischen Nutzen der
Begriffsbildungen für die Beschreibung und Modellierung von Systemen zu
demonstrieren, damit der Stoff nicht als theoretisches Spielzeug erscheint, als
der er nicht gemeint ist. Die Beispiele und Aufgaben des Buches bieten hier aus
Platzgründen nur eine unvollkommene Hilfe.

Diskrete Systeme, wie wir sie mit Rechnern realisieren, betreiben eigentlich
ein formales Glasperlenspiel. Semantische Bedeutung erhält dieses Spiel durch
die Interpretation außerhalb des Rechnerkontexts. Eine voreilige Befassung mit
der Bedeutung des Spiels lenkt von der Aufgabe ab, die Gesetze des Glasperlen-
spiels zu begreifen; stattdessen meint man, es werde schon richtig sein, weil man
(vermeintlich) den Vorgang interpretieren kann, ein Rückfall in eine phänome-
nologische Betrachtungsweise der Rechnerbenutzung.

Der Hauptzweck der Benutzung einer funktionalen Programmiersprache in
der Anfängerausbildung besteht darin, sich klarzumachen, daß ein ausführba-
res Programm und eine Aufgabenspezifikation oftmals ein und dasselbe ist. Im
Hinblick auf die Anwendung sollte die Spezifikation, nicht deren Auffassung als
Programm im Vordergrund stehen. Die Bedeutung der Sprachelemente hat nichts
Geheimnisvolles an sich, das man mit großem Aufwand erlernen müßte, sondern
folgt durch konsequente Anwendung mathematischer Gesetzmäßigkeiten aus der
Termalgebra und dem λ-Kalkül. Auch Korrektheitsüberlegungen ergeben sich in
natürlicher Weise aus mathematischen Beweisschemata, wie sie zuvor eingeführt
wurden. Zusätzlich liefern Polymorphie, Überladen und abstrakte Datentypen,
die in funktionalen Sprachen präzise erklärt werden können, eine saubere Fundierung der Vererbung, Polymorphie und des Klassenbegriffs objektorientierter
Sprachen, womit wir uns im zweiten Band beschäftigen werden.

Anhang A wiederholt Kenntnisse, die mit größerer Ausführlichkeit in Mathematikvorlesungen gebracht werden. Anhang B stellt Kenntnisse zusammen, die
spätestens neben der Programmiereinführung in Kap. 5 erlernt werden sollten.

Kleingedruckte Hinweise auf andere Programmiersprachen sind für das weitere Verständnis nicht erforderlich, sondern sollen den Zusammenhang mit etwaigen Vorkenntnissen des Lesers herstellen.

Die Idee zu diesem Buch entstand aus vielen Diskussionen mit und Vorschlä-
gen von Herrn THOMAS BETH, dem ich hierfür recht herzlich danke. Zu großem
Dank bin ich meinen Mitarbeitern ANDREAS HEBERLE und MARTIN TRAPP sowie ARNE FRICK, JOACHIM WEISBROD und WOLF ZIMMERMANN verpflichtet,
ohne deren Mithilfe dieses Buch nicht zustandegekommen wäre. Für zahlreiche wertvolle Hinweise, Verbesserungsvorschläge und die Durchsicht von Teilen
des Manuskripts danke ich den Studenten meiner Vorlesung sowie den Herren EGON BÖRGER, PETER LOCKEMANN, PETER SCHMITT, WOLFGANG THOMAS,
WALTER TICHY, INGO WEGENER und EUGEN-GEORG WOSCHNI. Die Mitarbeiter

des Springer-Verlags haben mich nach Kräften bei der Gestaltung des endgültigen Textes unterstützt. Nicht zuletzt möchte ich mich bei meiner Frau für die Durchsicht des Manuskripts und die Nachsicht und Geduld bedanken, mit der sie die Arbeit an diesem Buch ertrug.

Karlsruhe, im Juli 1995   Gerhard Goos

Vorwort zur zweiten Auflage

Die freundliche Aufnahme dieses Buches machte nach kurzer Zeit eine Neuauflage notwendig. In ihr wurden vor allem kleinere Fehler in Text und Abbildungen korrigiert. Dem mehrfach geäußerten Wunsch, Lösungen zu den gestellten Aufgaben anzubieten, konnte ich aus Platzgründen nicht entsprechen.

Den Kollegen STEFAN JÄHNICHEN, UWE KASTENS und ROLAND VOLLMAR sowie zahlreichen Mitarbeitern und Studenten danke ich für Hinweise, die zu Verbesserungen führten. Die Herren ANDREAS HEBERLE und MARTIN TRAPP haben mich, wie bei der ersten Auflage, sehr tatkräftig unterstützt.

Karlsruhe, im Juni 1997   Gerhard Goos

Aus dem Vorwort zur dritten Auflage

Die vorliegende dritte Auflage enthält zahlreiche Verbesserungen und Korrekturen.

Zahlreichen Studenten in Karlsruhe und anderswo danke ich für Verbesserungsvorschläge. Herr Priv. Doz. Dr. WOLF ZIMMERMANN sowie die Herren BORIS BÖSLER, THILO GAUL, FLORIAN LIEKWEG, GÖTZ LINDENMAIER, Dr. WELF LÖWE, ANDREAS LUDWIG, RAINER NEUMANN, MARTIN SPOTT und UWE WAGNER haben mich tatkräftig bei den Revisionen unterstützt. Herr ENGESSER, Frau GEORGIADIS und Herr STRASSER aus dem Springer-Verlag haben in bewährter Weise bei der Gestaltung des endgültigen Textes geholfen.

Karlsruhe, im Juni 2000   Gerhard Goos

Vorwort zur vierten Auflage

Die vorliegende vierte Auflage enthält zahlreiche Einzelverbesserungen.

Die umfangreichste Änderung ist die vollständige Umstellung auf die funktionale Programmiersprache HASKELL. Dabei wurde besonderer Wert auf die Darstellung von Typklassen gelegt, die sich als unmittelbare, sauber definierte Grundlage der Vererbungsbegriffe objektorientierter Programmiersprachen erweisen. HASKELLwird nicht vollständig erklärt; vor allem werden Monaden nicht behandelt. Der durch Monaden ausdrückbare Zustandsbegriff läßt sich im zweiten Band beim objektorientierten Programmieren wesentlich durchsichtiger und klarer erfassen. Sprachbeschreibung und HASKELL-Implementierungen erhält man im Internet von der Seite http://www.haskell.org. Die Beispiele wurden sämtlich mit dem Interpretierer HUGS durchgerechnet.

Wir danken zahlreichen Studenten in Halle, Karlsruhe und anderswo für Verbesserungsvorschläge. Vor allem danken wir Herrn ANDREAS BOTH, der das Skript in seiner Endfassung durchlas, sowie Frau GLAUSINGER und Herrn REINFARTH aus dem Springer-Verlag, die in bewährter Weise bei der Gestaltung des endgültigen Textes geholfen haben.

Karlsruhe und Halle/Saale, im Juni 2005   Gerhard Goos, Wolf Zimmermann

Kapitel 1
Grundbegriffe

Denn eben wo Begriffe fehlen,
Da stellt ein Wort zur rechten Zeit sich ein.
JOHANN WOLFGANG VON GOETHE, Faust I, Szene IV

In diesem Kapitel klären wir Grundbegriffe, mit denen die Informatik umgeht. Wir beginnen mit Begriffen wie Nachricht und Information, die wir nicht definieren, sondern nur erläutern können. Viele Grundbegriffe stammen aus der Systemtechnik; wir führen sie hier ohne weiteren Bezug ein. Am Ende sehen wir, daß Algorithmen nicht nur Rechenvorschriften im landläufigen Sinne sind.

1.1 Signal, Datum, Information

Mit einem Satz wie „Ich habe meine Meinung zum Thema X gesagt" teilen wir in der Umgangssprache mit, daß wir unsere subjektive Wertung eines Sachverhalts X einem anderen, dem Empfänger unserer Mitteilung, weitergegeben haben. Wir haben Schallwellen zur Weitergabe benutzt, wie das Wort *sagen* zeigt. Bei einem Telefongespräch wären diese Schallwellen zwischenzeitlich in elektromagnetische Impulse oder Lichtwellen verwandelt worden, bevor sie beim Empfänger wieder als Schallwellen aus dem Hörer kamen. Wir hätten unsere Mitteilung auch schriftlich, als Text, auch unter Einschluß von Bildern, formulieren können. Dann wären beim Empfänger Lichtwellen angekommen, da das Auge Geschriebenes durch die Modulation der beleuchtenden Lichtwellen erfaßt.

Dem Empfänger sind also nur Schall- oder Lichtwellen, d. h. physikalische Größen, zugänglich geworden. Die Darstellung einer Mitteilung durch die zeitliche Veränderung einer physikalischen Größe heißt ein **Signal**[1]. Die Eigenschaften des Signals, die sich dabei ändern, z. B. die Frequenz oder Amplitude einer Welle, heißen **Signalparameter**. Auf dieser Ebene heißt die Weitergabe von Mitteilungen **Signalübertragung**.

Die dauerhafte Darstellung einer Mitteilung auf einem physikalischen Medium heißt eine **schriftliche Darstellung** oder **Inschrift**. Das physikalische Medium heißt **Schriftträger**. Das Wort *Schrift* wird hier allgemeiner verwandt als

---

1. lat. *signum*, Zeichen.

in der Umgangssprache: Auch Aufzeichnungen auf einem Magnetband oder die Aufzeichung eines Musikstücks auf einer Schallplatte sind Inschriften.

Signale und Inschriften und deren Verarbeitung sind die technischen Gegenstände[2], auf denen die Informatik aufbaut. Die Beispiele zeigen, daß es nur auf einige Eigenschaften dieser Gegenstände ankommt, die für uns die Bedeutung der Gegenstände ausmacht. Wir nennen dies die **Abstraktion** der Gegenstände und sagen, „wir haben uns einen Begriff von dem Gegenstand gemacht".

Wenn wir bei der Darstellung und Weitergabe einer Mitteilung vom verwandten Medium und den Einzelheiten der Signale und Signalparameter abstrahieren, heißt die Mitteilung eine **Nachricht**. Nachrichten sind die Grundgegenstände, mit denen wir uns in der Informatik befassen. Signale und Inschriften bilden das konkrete Medium zur Wiedergabe von Nachrichten.

Im eingangs zitierten Satz besteht die Nachricht aus 41 Zeichen, wenn wir die Zwischenräume mitzählen. Daß es sich um 8 Wörter handelt (von denen eines nur der Buchstabe X ist), ist bereits eine weitergehende Interpretation der Zeichenfolge: Wir haben die Konvention benutzt, daß Zwischenräume Wörter trennen und konnten daher deren Anzahl feststellen. Würden wir den Satz wie im Mittelalter ohne Zwischenräume schreiben:

𝕴𝖈𝖍𝖍𝖆𝖇𝖊𝖒𝖊
𝖎𝖓𝖊𝖘𝕸𝖊𝖎𝖓𝖚
𝖓𝖌𝖟𝖚𝖒𝕿𝖍𝖟
𝖒𝖆𝕯𝖌𝖊𝖑𝖆𝖌𝖙

so müßten wir seinen Sinn verstehen, um ihn korrekt in Wörter zu gliedern[3].

Eine Nachricht kann verschiedene Bedeutungen haben. Im Falle unseres Satzes z. B. die Bedeutungen *Text* (also kein Bild), *8 Wörter, deutschsprachiger Text, Satz, Aufforderung zum Nachdenken*. Die Bedeutung ergibt sich teils aus allgemeinen Konventionen, etwa der Erkenntnis, daß Schriftzeichen vorliegen und der Text in Wörter gegliedert ist. Um zu sehen, daß ein vollständiger Satz der deutschen Sprache vorliegt, bedarf es zusätzlicher Fähigkeiten. Daß eine Aufforderung zum Nachdenken vorliegen könnte, ist eine subjektive Wertung, die sich vielleicht aus dem Zusammenhang eines Gespräches ergibt, aber selbst dann nicht zwingend ist. Die Kenntnisse, die man benötigt, um einer Nachricht

---

2. Wir verwenden in diesen Vorlesungen das Wort *Gegenstand* in der allgemeinen Bedeutung *Ding, Person, Thema, Sachverhalt* (Beziehung zwischen Dingen, Personen, Themen oder anderen Sachverhalten). Dinge und Sachverhalte können dabei sowohl Gegenstände der realen Welt als auch einer gedachten Modellwelt sein.

3. In der japanischen Schrift tritt dieses Problem heute noch auf. Da Kanji-Zeichen jeweils ganze Wörter bedeuten, kann man sie ohne Zwischenraum schreiben. Mit Hiragana-Zeichen notierte Vor- und Nachsilben gehen aber ineinander über: Der Leser muß wissen, wo ein Wort aufhört und das nächste anfängt.

Bedeutung zuzuordnen, nennen wir einen **Kontext** oder ein **Bezugssystem**. Unterschiedliche Bezugsysteme können der gleichen Nachricht unterschiedliche Bedeutungen zuordnen.

Die zugeordnete Bedeutung heißt eine **Information**. Man gewinnt sie durch **Interpretation** von Nachrichten auf der Grundlage eines Bezugssystems. Solche Interpretationen können wir zum Beispiel als Paare (Nachricht, Bedeutung) in ein Wörterbuch eintragen und wie Vokabeln auswendig lernen. Dies ist jedoch nur ein Spezialfall der Angabe einer **Interpretationsvorschrift**[4], deren Anwendung auf verschiedene Nachrichten die jeweils zugeordnete Information liefert.

Eine Nachricht ohne zugeordnete Information ist sinnlos. Umgekehrt sind Informationen immer durch Nachrichten repräsentiert. Wenn wir Nachrichten speichern, übertragen oder verarbeiten, um hierdurch Informationen zu speichern, zu übertragen oder zu verarbeiten, so betrachten wir eigentlich das Paar ⟨Nachricht, zugeordnete Information⟩. Man nennt dieses Paar ein **Datum**[5]. Ein Datum ist also eine bedeutungstragende Nachricht. Eine Verarbeitung von Nachrichten ist eine **Datenverarbeitung**, wenn die Verarbeitung **bedeutungstreu** ist, d. h., wenn ihr Ergebnis auf der Ebene der Informationen Bedeutung besitzt.

Das Wort *Datenverarbeitung* besitzt auch in der Umgangssprache die Bedeutung *Verarbeitung von Daten mit technischen Hilfsmitteln*. Hingegen ist die Bedeutung der Wörter *Nachricht, Information* und *Informationsverarbeitung* fließend. Auch in Fachsprachen werden die Wörter *Nachricht, Datum* und *Information* oft mit überlappender Bedeutung gebraucht. Das Wort *Information* hat darüberhinaus in der Shannonschen Informationstheorie noch eine andere präzise Bedeutung, auf die wir in B.3.1 eingehen. Am schillerndsten ist der Begriff *Informationstechnik*, der auch die technische Mikroelektronik, die Signalverarbeitung und die Datenübertragung umfaßt.

Interpretationsvorschriften sind selbst Informationen, die durch Nachrichten repräsentiert werden. So wird °C im Satz „die Temperatur beträgt 20°C" als Vorschrift verstanden, die vorangehende Zahl als Gradzahl in der Celsius-Skala zu interpretieren. Wir unterscheiden hier zwischen

- Datum,
- Information,
- Umdeutung der Information als Interpretationsvorschrift,
- Ergebnis der Anwendung der Interpretationsvorschrift.

Dies wird bei mathematischen Formeln deutlich: x^2 kann verstanden werden als

- der Buchstabe x mit oberem Index 2;
- ein Polynom mit der Unbekannten x;
- die Vorschrift „quadriere x";
- das Quadrat von x.

---

4. Oft bezeichnet das Wort *Interpretation* sowohl den Vorgang des Interpretierens, als auch dessen Ergebnis, als auch die Interpretationsvorschrift.

5. lat. *datum*, das Gegebene.

Die Aufzählung zeigt, daß die gleiche Nachricht auf verschiedenen Abstraktionsstufen interpretiert werden kann. Das jeweilige Bezugssystem bestimmt, welche
Information gemeint ist. Im Beispiel folgen diese Interpretationen festen Regeln.
Daher sind die Interpretationen automatisch ausführbar. Auf einer höheren Ab-
straktionsstufe gibt es jedoch im allgemeinen eine Interpretation, die sich nicht
mehr automatisch erreichen läßt. Im Beispiel könnte das die Antwort auf die
Frage sein, warum wir x quadrieren wollen.

Im Gegensatz zu Nachrichten, die in *verschiedenen* Bezugssystemen unterschiedliche Bedeutungen haben, besitzen **mehrdeutige Nachrichten** im *gleichen*
Bezugssystem mehrere verschiedene Interpretationen. So kann unter der Position
einer Person ihre Rangstufe in einer betrieblichen Hierarchie verstanden werden.
Es kann aber auch der Ort gemeint sein, an dem sich die Person aufhält.

Von mehrdeutigen Nachrichten unterscheidet man **widersprüchliche** oder
inkonsistente Nachrichten, denen sich in einem bestimmten Bezugssystem kein
Sinn zuordnen läßt. Aus dem Altertum ist das Beispiel „Alle Kreter sind Lügner,
sagte ein Kreter" bekannt. Der widersprüchliche Begriff der *Menge aller Mengen*,
die sich selbst als Element enthalten müßte, ist ein Beispiel, daß es auch in der
Mathematik schwierig sein kann, Widersprüche zu vermeiden.

1.1.1 Wissen

Informationen, wie man Daten interpretiert, bezeichnen wir zusammenfassend
als **Wissen**. Dazu zählt sowohl die unmittelbare Kenntnis der durch ein Datum
gegebenen Information als auch die Kenntnis von Interpretationsvorschriften zur
Erzeugung solcher Informationen. Wir sprechen von **Faktenwissen** bzw. **synthe-
tischem** oder **prozeduralem Wissen**, um diese beiden Fälle zu unterscheiden.
Die Daten zur Darstellung des Wissens heißen auch eine **Wissensrepräsentation**
oder **Datenstruktur**.

Wissen ist **statisch** oder **dynamisch**. Statisches Wissen beschreibt zeitlich un-
veränderliche Gegenstände und Sachverhalte. Dynamisches Wissen beschreibt
zeitlich veränderliche Gegenstände und Sachverhalte zu bestimmten Zeitpunkten. Wir können statischem Wissen die Zeit hinzufügen, zu der es gültig ist (oder
war oder sein wird). Diskretes dynamisches Wissen können wir als eine Folge von
statischen Kenntnissen auffassen: jede einzelne statische Aussage beschreibt einen
Zustand, der in der zeitlichen Abfolge vorkommt (oder zumindest vorkommen
könnte). Umgekehrt ist das Gesamtwissen über einen Ablauf statisches Wissen:
ein Steinwurf gehorcht ballistischen Gesetzen, aus denen wir für jeden Zeitpunkt
das dynamische Wissen ableiten können, wo sich der Stein gerade befindet.

Die Einzelheiten eines Sachverhalts oder Ablaufs sind nicht alle interessant.
Den Grad der Auflösung von Einzelheiten, die man noch berücksichtigen will,
bezeichnet man als die **Granularität** oder **Körnigkeit** der Untersuchung. Um

aus der Beobachtung eines Blitzes den Schluß zu ziehen, daß ein Gewitter naht, benötigen wir keine „feinkörnigen" Kenntnisse über den physikalischen Ablauf des Blitzes. Für die Schlußfolgerung genügt Wissen einer wesentlich gröberen Körnigkeit. Was jeweils als fein- oder grobkörniges Wissen anzusehen ist, hängt vom Bezugssystem und den beabsichtigten Schlußfolgerungen ab.

Gewöhnlich müssen wir die Körnigkeit, mit der wir einen Gegenstand oder Ablauf in Raum und Zeit erfassen wollen, bewußt und explizit festlegen, um nicht in uninteressanten Einzelheiten zu versinken. Dabei stellt sich jedes Mal die Frage, ob man auch wirklich alle relevanten Einzelheiten erfaßt hat. So würde man bei der Erfassung der Bauteile eines Flugzeugs zunächst Rumpf, Flügel, Triebwerke usw. nennen, aber nicht die Schrauben, mit denen diese Teile verbunden sind. Wenn das Flugzeug ausgerechnet wegen Materialermüdung dieser Schrauben abstürzt, zeigt sich, daß wir das Flugzeug zu grobkörnig erfaßt haben. Wenn wir einem Vortrag zuhören, bemühen wir uns, die Hintergrundgeräusche zu überhören. Hier liegt der umgekehrte Fall vor. Unser Ohr nimmt das akustische Signal feinkörnig auf; die Geräusche müssen weggefiltert werden.

Die Körnigkeit kann nicht beliebig fein gewählt werden. Die Länge eines Holzstücks können wir mit dem Metermaß selbst bei Einsatz einer Lupe nicht viel genauer als auf einen Zehntel Millimeter angeben. Wir wissen zwar, daß das Holzstück eine auf beliebig viele Dezimalstellen genau angebbare Länge hat, aber wir können sie nicht *exakt* ermitteln: Jeder Versuch, etwa schon das Einspannen in eine Schublehre mit Nonius, würde die Länge mit Hilfe der Meßvorrichtung verändern. Wegen dieser gegenseitigen Einflüsse zwischen Meßprozeß und zu Messendem ist sogar unser feinkörniges Wissen über physikalische Vorgänge notwendig immer **ungenaues Wissen**. Wenn die Ungenauigkeit quantifiziert wird, etwa durch Angabe eines Intervalls, in dem der Meßwert liegt, sprechen wir von **unscharfem Wissen**[6]. Der Mensch begnügt sich oft mit unscharfem Wissen, wenn von vornherein klar ist, daß größere Genauigkeit keine zusätzliche relevante Information liefert. Man benutzt dann oft Beiwörter wie *ungefähr, ziemlich, sehr* usw..

Wieviele (Sand-)Körner machen einen (Sand-)Haufen?[7] Zerstört dann die Wegnahme eines Sandkorns die Eigenschaft *Sandhaufen*? Der Versuch, diese Fragen zu beantworten, zeigt, daß unscharfes Wissen mit der Angabe eines *Möglichkeitsgrades* verbunden ist, mit dem wir den Wahrheitsgehalt einer Aussage bewerten. Ob 10 000 Sandkörner einen Sandhaufen bilden, bewertet die Hausfrau, die ein Zimmer kehrt, anders als ein Kind im Sandkasten. Es gibt kein nachvollziehbares Experiment, mit dem wir statistisch ermitteln könnten, ob 10 000 Sandkörner einen Sandhaufen bilden: Möglichkeitsgrade sind keine Wahrscheinlichkeiten im Sinne der Wahrscheinlichkeitstheorie.

---

6. engl. *fuzzy knowledge*, also eigentlich *fusseliges Wissen*.

7. Die Frage wird Eubulides von Milet, ca. 400 v. Chr., zugeschrieben und ist in der Logik als „Sorites", der Häufler, bekannt.

Prozedurales Wissen über Abläufe setzt der Mensch zur komprimierten Speicherung statischen Wissens ein: Statt die Ergebnisse der Multiplikation beliebiger Zahlen als Einmaleins-Tabellen auswendig zu lernen, genügt das Wissen, wie man ein Multiplikationsergebnis herleitet.

Die Mathematik dient der Modellbildung statischen Wissens. Sie definiert Begriffe und feststehende Beziehungen zwischen diesen Begriffen. Zeitliche Abläufe beschreibt sie beispielsweise durch Differentialgleichungen mit der Zeit t als unabhängiger Variable; damit erfaßt sie den Gesamtablauf. Dabei werden „unwichtige" Einzelheiten oft nicht erfaßt. Wenn das Prinzip *kleine Ursache, kleine Wirkung* nicht gilt, kann man das mathematische Modell allerdings nur noch benutzen, um einige wenige Schritte zu extrapolieren, bevor der Ablauf von nicht erfaßten Einzelheiten und Ursachen abhängig wird.

Natürlich kann man auch dynamisches Wissen mathematisch repräsentieren, z. B. indem man Indizes als Zeitpunkte $t_0, t_1, \ldots$ auffaßt, zu denen Werte $x_0, x_1, \ldots$ vorliegen. Jedoch ist *Zeit* kein mathematischer Begriff. Wenn wir t_i als Zeitpunkt auffassen, interpretieren wir die Mathematik in einem nichtmathematischen Bezugssystem.

Neben der Frage nach geeigneten Wissensrepräsentationen befaßt sich die Informatik vor allem mit dynamischem Wissen über zeitliche Abläufe. Sie kennt wie die Natur- und Ingenieurwissenschaften den Begriff des **Zustands** eines Gegenstands, d. h. einer Menge zeitlich veränderlicher Attribute, die einem Objekt gleichbleibender Identität zugeordnet sind. Bei der Interaktion gleichzeitig ablaufender Vorgänge muß sie sich beispielsweise damit auseinandersetzen, wie man dem von der Eisenbahn bekannten Problem ausweicht, daß der Anschlußzug wegen Verspätung des eigenen Zuges bereits abgefahren ist. Die Informatik betrachtet solche Probleme *zeitlich lokal* während des Ablaufs. Dabei kann sie den tatsächlich erreichten Zustand mit dem vorhergesagten Zustand vergleichen und Abweichungen, die aufgrund statischen Wissens nur unscharf, nur mit einer gewissen Wahrscheinlichkeit oder gar nicht vorhergesagt werden konnten, in die weitere Arbeit einbeziehen.

1.1.2 Analoge und digitale Signale

Physikalische Prozesse verlaufen in der Zeit: Zu jedem Zeitpunkt lassen sich die für den Prozeß charakteristischen Meßgrößen feststellen. Die Werte der Signalparameter ändern sich kontinuierlich, und wir können kontinuierlich die aus diesen Signalparametern abzuleitenden Informationen bestimmen. Wegen der Analogie zwischen kontinuierlichem physikalischen Prozeß und dieser Art der Signalverarbeitung spricht man von **analogen Signalen** und **analoger Signalverarbeitung**. Wenn wir stattdessen die Werte der Signalparameter und die daraus abgeleiteten Daten und Informationen nur zu diskreten Zeitpunkten bestimmen, sprechen wir von **diskreten** oder **digitalen Signalen, Daten** und **Informationen**. Die Informatik beschäftigt sich in der Hauptsache mit der Verarbeitung digitaler Daten und Informationen. Folgende Überlegungen zeigen, daß dies keine wesentliche Einschränkung ist:

• Die Quantenmechanik lehrt uns auf der Ebene feinster Körnigkeit, daß physikalische Prozesse als Folgen von Quantensprüngen, also als diskrete Prozesse, aufgefaßt werden können. Sie lehrt uns überdies, daß Meßwerte nicht beliebig genau sein können, weil jede Messung einen Eingriff in den gemessenen Prozeß darstellt und die Meßwerte verändert (HEISENBERGsche Ungenauigkeitsrelation).

• Nach dem Abtasttheorem können wir jede periodische Funktion der Form

$f(t) = \frac{a_0}{2} + \sum_{k=1}^{\infty} (a_k \cos k\omega_0 t + b_k \sin k\omega_0 t)$ mit einer Grenzfrequenz $\omega_g = n\omega_0$

aus diskreten Meßwerten rekonstruieren, wenn die Abtastfrequenz, die Anzahl der Meßwerte pro Zeiteinheit, mindestens $2\omega_g$ beträgt. Wegen der beschränkten Genauigkeit physikalischer Meßapparaturen werden sehr hohe Frequenzen nicht korrekt wiedergegeben: die Messung schneidet hohe Frequenzen, so sie existieren, ab. Die Voraussetzung des Abtasttheorems, nämlich die Existenz einer Grenzfrequenz, ist praktisch immer gegeben. Daß die digitale Aufzeichnung eines Musikstücks gegenüber einer analogen Aufzeichnung die Wiedergabetreue nicht herabsetzt, erläutert diese Überlegung.

• Zwar können wir analoge Eingangssignale mit entsprechenden physikalischen Apparaturen kontinuierlich in Ausgangssignale umformen. Soll diese Umformung allerdings als Informationsverarbeitung gewertet werden, so muß die Interpretation der Signale als Daten bzw. Informationen bedeutungstreu sein. Dies kann nur durch Experimente nachgewiesen werden, bei denen wir jeweils endlich viele Meßwerte bestimmen und prüfen, daß diese richtig interpretiert wurden. Wenn wir aus solchen Experimenten auf einen kontinuierlichen Zusammenhang zwischen physikalischen Signalen und Informationen schließen, so handelt es sich um eine Idealisierung. Diese läßt sich bei geeigneter mathematischer Modellierung zwar leichter handhaben; die Gültigkeit der Idealisierung haben wir aber in Wahrheit nur durch Extrapolation aus endlich vielen Messungen endlicher Genauigkeit begründet.

1.1.3 Codierung von Daten

Gehen wir nicht von Signalen und Nachrichten, sondern von Informationen aus, so stellt sich die Frage, wie diese durch Nachrichten dargestellt werden können. Eine hierfür geeignete Nachricht heißt eine **Codierung** der Information: die Zahl *zwei* (eine Information) kann durch das Wort zwei, die Ziffer 2, aber auch durch zwei Striche I I codiert werden. Um die Frage überhaupt erörtern zu können, muß die Information bereits als Nachricht vorliegen. Wir sprechen daher allgemeiner von einer Codierung von Daten und sagen umgekehrt, die Information oder das Datum liege *in codierter Form* vor.

Unterschiedliche Informationen müssen wir durch unterscheidbare Nachrichten codieren. Sie heißen **Zeichen**[8] und die verfügbare Menge von Zeichen ein **Zeichenvorrat** oder **Code**[9]. Daten werden durch einzelne Zeichen oder eine Folge von Zeichen, eine **Zeichenreihe**, dargestellt. Statt Zeichenreihe sagen wir oft **Wort** oder **Text**. Das Paar (Zeichen, Bedeutung) heißt ein **Symbol**[10].

Zeichen werden durch Signale oder Inschriften wiedergegeben. In endlicher Zeit können wir nur endlich viele verschiedene Zeichen darstellen oder erkennen. Die Zeichenvorräte der Informatik sind daher endlich und beschränkt. In der theoretischen Informatik ebenso wie in der Mathematik gehen wir gelegentlich vom Denkmodell unbeschränkter Zeichenvorräte aus; dies bedeutet meist nur, daß uns bei Bedarf immer noch ein zusätzliches, bisher nicht verwandtes Zeichen zur Codierung einer neuen Information zur Verfügung stehen soll.

Zeichen erscheinen immer in einem Kontext, einem Bild. Dabei sind die einzelnen Zeichen oft nicht exakt voneinander trennbar. Auch kann die Interpretation einzelner Zeichen von ihrer Position im Text oder Bild abhängen. Handelt es sich um Meßwerte, so können auch die Geschwindigkeit oder die Zeitpunkte des Einlaufens der Werte wichtig sein. Auch das Ausbleiben eines Meßwerts kann eine Codierung für ein Datum sein. Bei einer Verkehrsampel würde beispielsweise das Ausbleiben des Umschaltens über einen längeren Zeitraum die Mitteilung ‚Ampel defekt‘ codieren. Ist dagegen nur die Glühbirne des grünen Lichts ausgefallen, so könnte man die Grünphase immer noch am Abschalten des roten Lichts erkennen. Dies ist ein Beispiel einer **redundanten Codierung**[11]: Dabei kann man den Meßwerten das Datum auf verschiedene Weise entnehmen; fallen Werte aus oder sind sie grob verfälscht, so kann man die Inkonsistenz bemerken oder die Information sogar trotzdem noch erhalten. Redundanz der Codierung ist nicht nur in diesem Beispiel eine wichtige Hilfe, um Datenfehler zu erkennen oder sogar zu korrigieren, um die Sicherheit eines datenverarbeitenden Vorgangs zu steigern.

---

8. Das englische Wort *token* wurde Anfang des 20. Jahrhunderts in der Philosophie und Psychologie als Übersetzung des Wortes Zeichen in der hier benutzten Bedeutung eingeführt.

9. Die Bedeutung der Wörter Zeichen, Zeichenvorrat und Code ebenso wie die weiter unten gebrauchten Begriffe Bit, bits, Binärzeichen usw. sind in deutschen und internationalen Normen festgehalten, um Mißverständnisse zu vermeiden. Für die vorstehenden Begriffe finden sich die Definitionen in der Norm DIN 44 300.

10. griech. σύμβολον, Zeichen.

11. lat. *redundare*, im Überfluß vorhanden sein.

Die Verarbeitung digitaler Daten abstrahiert zumeist von der physikalischen Repräsentation der Zeichen und verwendet die abstrakte zweiwertige Grundmenge $\mathbb{B} = \{O, L\}$ als Code. Man nennt ihn einen **Binärcode**. Die beiden Werte heißen **Binärzeichen**. Die Frage, wie diese Zeichen einem Signal entnommen werden, ist kontextabhängig, wie wir an Beispielen sahen. Eine Größe, die einen dieser beiden Werte annehmen kann, heißt ein **Bit**. Die Länge einer binär codierten Zeichenreihe wird in **Bits** gemessen. Bits werden wie eine physikalische Dimension verwendet. Zum Beispiel geben wir die Anzahl der pro Sekunde übertragenen Binärzeichen in [Bits/sec] an. Mit Binärcodes kann man beliebige Zahlwerte codieren. Im Anhang B beschreiben wir, wie dies unter verschiedenen Randbedingungen geschehen könnte.

Der **Entscheidungsgehalt** eines Zeichenvorrats mit n Zeichen ist die kleinste Anzahl H von Entscheidungen, mit denen man feststellen kann, welches der n Zeichen vorliegt. Man mißt H in **bits**. Es gilt $H = 1$ für $n = 2$ und $H \leqslant \operatorname{ld} n$ für $n > 2$, vgl. B.3.1[12].

Das Zehnersystem oder das Sexagesimalsystem der Babylonier, das wir in der Einteilung von Stunden in Minuten und Sekunden benutzen, sind andere Beispiele für Zeichenvorräte. Sie sind geordnet und heißen **Alphabete**.

Das lateinische, arabische, griechische, hebräische oder kyrillische Alphabet ist ein Alphabet in diesem Sinne. Mit Hilfe der Ordnung eines Alphabets können wir Zeichenreihen aufsteigend oder absteigend lexikographisch anordnen, wie dies beispielsweise im Telefonbuch oder in einem Wörterbuch geschieht. Im Deutschen ist dabei die Anordnung nach DIN 5 007 geregelt: Die Buchstaben sind nach dem lateinischen Alphabet geordnet; Groß- und Kleinschreibung werden nicht unterschieden. Ziffern folgen nach den Buchstaben. ß wird wie ss behandelt. Die Umlaute ä, ö, ü zählen wie a, o bzw. u. *Küche* kommt also vor *Kuchen*. Nur in Namensverzeichnissen, z. B. dem Telefonbuch, werden ä, ö und ü wie Ligaturen behandelt und als ae, oe bzw. ue eingeordnet.

Wir benutzen für die Textverarbeitung Zeichenvorräte wie ASCII[13], eine Ausprägung des ISO-7-Bit-Codes[14], oder seine Obermenge ISO-Latin-1, festgelegt in der Norm ISO 8859-1, der 256 Zeichen umfaßt, darunter die Sonderzeichen der westeuropäischen Sprachen, vgl. die Codetabelle B.1, S. 363. Die Normen legen eine Binärcodierung der Zeichen durch 7 bzw. 8 Bits fest. Die resultierende Anordnung der Zeichen macht die Zeichenvorräte zu Alphabeten.

Für die gesprochene Sprache sind nicht Buchstaben, sondern Silben die elementaren Zeichen, die wir weiter interpretieren. Diese setzen sich aus **Phonemen** zusammen, die den Buchstaben entsprechen. Das erwähnte Hiragana der Japaner

---

12. ld bedeutet *logarithmus dualis* und bezeichnet den Logarithmus zur Basis 2.
13. ASCII: *American Standard Code for Information Interchange.*
14. ISO: *International Standard Organization.*

ist eine geschriebene Silbenschrift mit 48 Zeichen.

Der umfangreichste Code, der in der Natur vorkommt, ist der genetische Code der Erbanlagen in den DNS- (bzw. RNS-) Ketten der Chromosomen von Lebewesen. Dieser chemisch repräsentierte Code $\{A, T, G, C\}$ hat die vier Basen Adenin, Thymin, Guanin und Cytosin als Grundelemente. Im allgemeinen bestimmt ein Triplett, z. B. GAT, eine Aminosäure in einem Eiweißmolekül. In einigen Fällen sind jedoch mehrere Tripletts der gleichen Aminosäure zugeordnet.

Die Bestimmung der Zeichen aus gegebenen Signalen ist nicht immer so einfach wie bei der Verkehrsampel: Bei handschriftlich geschriebener Sprache kann die gleiche handschriftliche Figur nicht nur bei verschiedenen Schreibern verschiedene Zeichen darstellen; sogar beim gleichen Schreiber kann das Zeichen vom Kontext abhängen. Solche Beispiele sind Spezialfälle des Problems der **Mustererkennung**. Sie befaßt sich damit, wie man einem Bild, einem Text oder einem physikalischen Prozeß, der diskrete oder kontinuierliche Signale liefert, Informationen entnehmen kann. Andere Beispiele sind die automatische Erkennung der Postleitzahlen beim Sortieren von Briefen oder die Überwachung eines Roboters durch Analyse der Bilder einer Fernsehkamera.

Die bisherigen Beispiele für Codes beziehen sich auf die unterste Ebene der Erkennung von Zeichen aus Signalen. Dieselben Überlegungen kann man auch auf höheren Abstraktionsstufen anstellen. Etwa beim Übergang

handschriftliche Figur $\rightarrow$ Buchstabe $\rightarrow$ Wort $\rightarrow$ Satz

ergeben ein oder mehrere Zeichen der einen Stufe zusammen jeweils ein Zeichen der nächsten Stufe. Umgekehrt wird jeweils ein Zeichen der einen Stufe durch eine Folge von Zeichen der darunterliegenden Stufe codiert. Passende Codierung ist oft entscheidend für das rasche Wiederauffinden und Wiedererkennen der codierten Daten und Informationen und kann daher über die Komplexität und Effizienz eines informationsverarbeitenden Vorgangs entscheiden.

1.1.4 Von der Signal- zur Informationsverarbeitung

Bisher haben wir uns mit der Interpretation eines einzelnen Signals oder einer Folge von Signalen befaßt. Die Informationsverarbeitung beschäftigt sich aber vor allem mit der Verknüpfung von Daten unterschiedlicher Herkunft zur Gewinnung neuer Informationen. Im wesentlichen können wir zwei verschiedene Formen der Verknüpfung unterscheiden.

Wenn wir die vierte Primzahl bestimmen, oder 3 + 4 berechnen und als Ergebnis 7 erhalten, sprechen wir von einer **selektierenden** oder **transformierenden Informationsverarbeitung**. Die ursprünglichen Daten bzw. die damit verbundenen Informationen sind im Ergebnis nicht mehr enthalten. Das Ergebnis stellt eine neue Information dar[15]. Die ursprünglichen Informationen lassen sich aus dem Ergebnis nicht oder nur teilweise zurückgewinnen.

Davon unterscheiden wir die **strukturierende** oder **relationale Informationsverarbeitung,** die Beziehungen zwischen vorhandenen Informationen herstellt und dabei die ursprünglichen Informationen als Bestandteil des Ergebnisses beibehält. Ein Beispiel ist das Zusammenfügen von Worten zu einem Satz: Der Satz enthält neue Information, die aber unter Verwendung der durch die Worte gegebenen Informationen ausgedrückt wird. Strukturierende oder selektierende Informationsverarbeitung kann im Einzelfall auch durch Uminterpretation vorhandener Daten erreicht werden. Transformierende Informationsverarbeitung wie im obigen Beispiel erzeugt jedoch neue Daten und damit auch neue Signale oder Inschriften. Auch bei strukturierender Informationsverarbeitung ist dies der Normalfall.

Abbildung 1.1: Erzeugung neuer Daten

Technisch müssen hierzu Eingangsdaten bzw. die sie repräsentierenden Signale einer Apparatur nach dem Schema der Abb. 1.1 zugeführt werden, die am Ausgang die neuen Daten liefert.

Informationsverarbeitung geht also stets mit der Übertragung von Daten einher und besteht eigentlich nur aus dieser Übertragung sowie einer Umcodierung, die dann die Transformation oder Strukturierung darstellt.

Auf der Ebene der Signalverarbeitung bezeichnet man die selektive Verarbeitung auch als **Filtern.** Eine Verarbeitung, aus der man die ursprünglichen Informationen zurückgewinnen kann, heißt **informationstreu** oder **verlustfrei.** Auf der Ebene der Datenverarbeitung kann sowohl eine selektierende wie eine strukturierende Verarbeitung zugleich **komprimierend** sein, d. h. sie codiert die gleiche Information mit weniger Bits. Da eine komprimierende Verarbeitung meist zugleich informationstreu sein soll, kann eine selektierende Verarbeitung nur dann komprimieren, wenn die ursprüngliche Codierung redundant war.

Technisch kann man sehr große Datenmengen oft ohne Kompression überhaupt nicht speichern oder übertragen, weil der Aufwand zu hoch wäre. Handelt es sich bei den Daten um Text, so muß die Kompression auf jeden Fall informationstreu sein. Bei der Speicherung von Bildern

---

15. Aus der Sicht der Informationsverabeitung ist die Information wirklich neu und vorher nicht da gewesen. Aus mathematischer Sicht ist es sinnvoll, alle überhaupt denkbaren Ergebnisse als *a priori* vorhanden anzusehen. Auch die Addition 3 + 4 wird dann zur Auswahlvorschrift, die aus den potentiellen Ergebnissen eines selektiert.

als zweidimensionale Folgen von (farbigen oder schwarzweißen) Einzelpunkten, sogenannten **Pixeln**, wäre aber ein gewisser Informationsverlust durchaus zu ertragen, da oft eine selektierende Verarbeitung folgt, etwa wenn das Wiedergabegerät eine geringere Auflösung besitzt als die ursprüngliche Aufzeichnung. Verlustfreie Kompression erreicht heute Raten zwischen 2:1 und 8:1. Nicht-verlustfreie[16] Kompression erreicht bei Bildern oder gesprochener Sprache Raten von 100:1.

1.1.5   Semiotik: Syntax, Semantik und Pragmatik

Interpretation setzt Daten untereinander und mit Gegenständen außerhalb der Informatik in Beziehung. Ziel der Interpretation ist es letztlich immer, Wissen über Gegenstände außerhalb der Informatik zu gewinnen und zu formulieren; Wissen über Gegenstände innerhalb der Informatik ist Mittel zum Zweck.

Damit sich Daten als Repräsentation von Wissen eignen, muß man in einfacher Weise das repräsentierte Wissen entnehmen und gegebenenfalls modifizieren können. Inhaltlich müssen die Daten im Sinne der Interpretationsvorschrift **widerspruchsfrei** oder **konsistent** sein: es dürfen sich keine Einsichten aus den Daten herauslesen lassen, die dem darzustellenden Wissen widersprechen. Inkonsistenz kann die Folge einer fehlerhaften Interpretationsvorschrift sein. Sie kann aber auch inhärent sein: die Daten eignen sich nicht zur Darstellung des Wissens. Im letzteren Fall sagen wir, die Daten seien *kein Modell* für dieses Wissen.

Ob Daten ein Modell für irgendwelches Wissen bilden, entscheidet sich aufgrund der Beziehungen zwischen den Daten selbst. Wenn die Daten in einem einfachen Zeichenvorrat, beispielsweise einem Binärcode, codiert vorliegen, sind zunächst nur Beziehungen erkennbar, die sich unmittelbar aus der Anordnung der Zeichen ergeben. Diese strukturellen Beziehungen heißen **syntaktische Struktur** oder kurz **Syntax** der Daten. Nur die Syntax der Daten ist beobachtbar und meßbar.

Weitergehende Beziehungen zwischen den Daten bezeichnen wir als ihre **Semantik**. Sie ergeben sich aus einer Interpretationsvorschrift. Wissen, das sich ergibt, indem man Daten zu Gegenständen oder Sachverhalten außerhalb der vorgegebenen Datenmenge in Beziehung setzt, bezeichnen wir als ihre **pragmatische Bedeutung** oder kurz **Pragmatik**.

„das Haus" ist syntaktisch eine Anreihung von 7 Buchstaben, in die nach dem dritten Buchstaben ein Zwischenraum eingeschoben ist. Daß der Zwischenraum Wörter trennt und wir somit zwei Wörter vor uns haben, ist Bestandteil der Semantik. Daß „das Haus" ein Begriff für Gegenstände der realen Welt ist, gehört zur Pragmatik.

Syntax, Semantik und Pragmatik sind die drei Teile der **Semiotik**[17], der

---

16. engl. *lossy*.
17. griech. σῆμα, Zeichen.

Lehre von den Zeichen, wie sie von PEIRCE und MORRIS[18] begründet wurde, vgl. dazu (ZEMANEK , 1992) und (ZEMANEK , 1966). Oft spricht man fälschlich von *Semantik*, wo eigentlich *Semiotik* gemeint ist.

1.2 Wirklichkeit und Modell

1   *Die Welt ist alles, was der Fall ist.*
1.1   *Die Welt ist die Gesamtheit der Tatsachen, nicht der Dinge.*
2   *Was der Fall ist, die Tatsache, ist das Bestehen von Sachverhalten.*
3   *Das logische Bild der Tatsachen ist der Gedanke.*
3.0.1 *Die Gesamtheit der wahren Gedanken sind ein Bild der Welt*
LUDWIG WITTGENSTEIN, aus dem *Tractatus logico-philosophicus*
(WITTGENSTEIN , 1970)

Information befriedigt die menschliche Neugier. Sie verhilft zu Einsichten über Vergangenes oder Bestehendes. Eine Einsicht ist hier ein Gedanke im Sinne WITTGENSTEINS, ein Modell, das wir uns von realen Gegenständen machen und das die Zusammenhänge und Funktionsweise dieser Gegenstände erklären soll.

Eine Einsicht, ein Gedanke oder ein Modell ist **wahr**, wenn die Tatsachen (des betrachteten Ausschnitts) der Wirklichkeit richtig wiedergegeben werden. Wir erkennen dies daran, daß wir Schlüsse aus dem Modell ziehen können, die Sachverhalten in der Wirklichkeit entsprechen. Wir haben es mit Gegenständen auf zwei verschiedenen Ebenen zu tun:

Wirklichkeit W: Dinge, Personen, Abläufe in der Zeit, Beziehungen zwischen diesen Gegenständen (Tatsachen), . . .

Modell M: Begriffe von (real existierenden oder nur gedachten) Dingen, Personen, Abläufen in gedachter Zeit, Beziehungen zwischen diesen Begriffen (logisch mögliche Sachverhalte), . . .

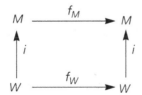

Abbildung 1.2: Beziehung zwischen Wirklichkeit und Modell

Ist i die Abbildung, die den wirklichen Gegenständen und Sachverhalten in W ihren Begriff in M zuordnet, und ist f_M eine beliebige Beziehung (auch zeitlicher Natur) zwischen den Begriffen der Gegenstände oder deren Zuständen,

---

18. CHARLES S. PEIRCE, 1839–1914, und CHARLES W. MORRIS, 1901–1979, amerikanische Philosophen.

so gibt es bei einem zutreffenden Modell auch eine reale Beziehung f_W so, daß beim Hintereinanderschalten der Zuordnungen $f_M \circ i = i \circ f_W$ gilt. Das Diagramm der Abb. 1.2 kommutiert.

Der Übergang in die Modellwelt muß nicht aus einem Schritt bestehen. Wir können z. B. über die wirklichen Gegenstände Daten sammeln und diese dann ein- oder mehrstufig interpretieren, um zu den Begriffen der Modellwelt zu gelangen. Insbesondere kann das Diagramm selbst mehrstufig sein: Wir können auch ein Modell als reale Welt auffassen und darüber weitere Modellierungsebenen legen. Man sieht, daß die Zuordnung i eine Verallgemeinerung der Interpretationsvorschriften aus Abschnitt 1.1 ist.

Der Mensch nutzt Modelle nicht nur, um Einsichten in Vergangenes oder Bestehendes zu gewinnen. Er möchte insbesondere Aussagen über zukünftiges Verhalten machen. Wenn der Statiker den Plan einer Brücke gutheißt, so sagt er damit aufgrund seiner Modelle vorher, daß die (noch zu bauende) Brücke nicht einstürzen wird. Zugefügte Floskeln wie „nach menschlichem Ermessen" oder „nach dem heutigen Stand der Technik" weisen darauf hin, daß man sich des Wahrheitsgehalts der Modellwelt nicht völlig sicher ist.

Informationsverarbeitung dient vor allem der Konstruktion von Modellen, um Aussagen über die (modellierte) Wirklichkeit zu gewinnen. Diese Aussagen kann man nutzen, um steuernd oder regelnd in die Wirklichkeit einzugreifen.

Beispiel 1.1: Wenn jemand seinen Garten gießt, so möchte er damit den Gartenboden, der nach den Kriterien seiner Modellwelt zu trocken ist, in einen weniger trockenen Zustand überführen. Nachdem er 20 Minuten gegossen hat, kommt er zu dem Schluß (in der Modellwelt!), daß der erwünschte Zustand des Gartenbodens erreicht sei. Ob dies wirklich wahr ist, bleibt offen.   ♦

Wie im Beispiel nutzen wir Modellvorstellungen insbesondere, um Zustandsübergänge von Gegenständen der realen Welt zu **steuern**. Wäre der Gärtner mit der gleichen Sorgfalt vorgegangen wie der Statiker, so hätte er an mehreren Stellen die Bodenfeuchtigkeit messen müssen, um die Aussage, daß der Boden zuvor zu trocken und hernach ausreichend feucht sei, zu überprüfen. Er hätte ferner überlegen müssen, ob die (beschränkte Anzahl der) Meßstellen repräsentativ sind für den Zustand des gesamten Gartens. Er könnte möglicherweise Wasser sparen, wenn er die Feuchtigkeit während des Gießens messen und rechtzeitig die Wasserzufuhr abstellen würde. In der Sprache der Regelungstechniker läge dann ein **Regelkreis** wie in Abb. 1.3 vor. Hier ist der Prozeß des Gießens nicht mehr nur gesteuert; die Regelstrecke koppelt das Ergebnis der Wasserzufuhr über die Meßgröße *Feuchtigkeit* zurück. Die **Regelung** selbst würde der Gärtner übernehmen; das Verfahren könnte aber auch automatisiert werden.

Wenn die ‚Wirklichkeit' real ist und nicht selbst der Welt des Denkens entstammt, können wir den Wahrheitsgehalts eines Modells nur durch Experimente

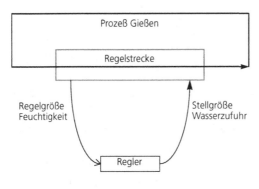

Abbildung 1.3: Regelkreis

feststellen. Diese Überprüfung des Wahrheitsgehalts heißt eine **Validierung** des Modells. Logische Schlüsse helfen nicht weiter, da sie sich ebenfalls nur auf die Modellwelt beziehen, nicht auf die Wirklichkeit. Der Mensch neigt dazu, durch weitere Abstraktion das Modell so zu ändern, daß die Informationsverarbeitung einfacher wird. Ob das neue Modell noch der Wirklichkeit entspricht, muß überprüft werden. Realitätsverlust wegen Nichtübereinstimmung von Modell und Wirklichkeit ist nicht nur in Informatikanwendungen eine häufige und meist nur schwer zu entdeckende Fehlerursache.

Anders verhält es sich, wenn die Wirklichkeit selbst unserer Denkwelt entstammt, etwa der Mathematik. Die Wirklichkeit ist dann durch eine Beschreibung, etwa eine Textaufgabe, gegeben. Wir nennen diese Beschreibung eine **Spezifikation**. Ihre Übereinstimmung mit dem Modell läßt sich mit logischen Schlüssen prüfen. In der Praxis scheitert das allerdings oft an nicht ausreichender Strukturierung der Beschreibung und daher zu großer Komplexität der Prüfaufgabe. Hier ist es die Aufgabe der Mathematik und Informatik, Techniken bereitzustellen, um die Strukturierung sowohl der Spezifikation als auch der Darstellung des Modells zu unterstützen. Die Validierung eines Modells gegen eine Spezifikation durch logische Schlüsse heißt eine **Verifikation** des Modells.

Insbesondere können wir auf dem Weg von der Wirklichkeit zum Modell Zwischenschritte einfügen, indem wir zunächst ein für unsere Zwecke vielleicht noch nicht geeignetes Modell konstruieren, das wir aber experimentell mit der Wirklichkeit vergleichen können. In weiteren Schritten wird dann dieses Modell als Wirklichkeit betrachtet und dafür ein neues Modell erstellt.

Die Konstruktion von Modellen kann zur Veränderung der Wirklichkeit führen, wenn wir mit Hilfe der Information aus dem Modell unmittelbar steuernd oder regelnd in die Wirklichkeit eingreifen. Das umfangreichste Beispiel hierfür sind unsere Telematiksysteme, wie z. B. das Telefon. Wenn wir eine Telefonnummer wählen, so wird der Verbindungsaufbau zwischen den Teilnehmern heute weitgehend von Software gesteuert. Wenn es eine falsche Verbindung gibt, so kann dies zwar an technischen Fehlern liegen. Wahrscheinlicher ist jedoch, daß die im Modell vorgesehenen Interpretationsvorschriften nur unzureichend durch die Software realisiert wurden. In diesem Fall ist also die Realisierung des Modells, aber nicht dessen Validierung das Problem: letztere ist *per definitionem* gewährleistet.

Ob ein Modell, seine Realisierung und die verursachte Änderung der Wirklichkeit den Wünschen der jeweiligen Auftraggeber und Benutzer entspricht, ist eine andere Frage. Sie läßt sich im Prinzip bereits anhand der Spezifikationen prüfen. Die Antwort ersetzt die Validierung des Modells und heißt gewöhnlich ebenfalls Validierung. Allerdings führt die veränderte Wirklichkeit oft zu neuen oder veränderten Wünschen an das Modell und seine Realisierung. Die Validierung ist also nicht auf Dauer gültig.

1.2.1   Die Verantwortung des Informatikers

Ein Modell kann schrittweise auch technisch interpretiert werden. Jedoch bleibt die Verantwortung für sämtliche Interpretationsschritte immer beim Menschen: Er hat das Modell erdacht. Wenn es die Wirklichkeit wiedergeben soll, um hierauf Planungen und Vorhersagen aufzubauen, muß man zuvor überlegt haben, daß das Modell tatsächlich mit der Wirklichkeit übereinstimmt, und dies auch erhalten bleibt. Hierzu muß man passende Prüfmechanismen einbauen.

Modelle geben immer nur Ausschnitte der Wirklichkeit wieder. Es gibt daher Schlüsse, die man aus dem Modell *nicht* ziehen darf, da sie von im Modell nicht erfaßten Aspekten abhängen. Die genaue Charakterisierung der zulässigen und unzulässigen Schlußfolgerungen steht in der Verantwortung dessen, der das Modell erdacht hat. Man trägt dieser Verantwortung gewöhnlich Rechnung, indem man positiv den Zweck oder die Ziele des Modells angibt.

Wenn das Modell dazu dient, steuernd oder regelnd in die Wirklichkeit einzugreifen, gehört es zur Verantwortung des Konstrukteurs, zu überlegen, welche weitergehenden Konsequenzen dieser Eingriff in die Wirklichkeit haben könnte.

Diese Bemerkungen beziehen sich natürlich nicht nur auf Modelle und Eingriffe in die Wirklichkeit, die Leistungen der Informatik sind oder diese einschließen. Jeder Ingenieur, Arzt, Naturwissenschaftler usw. muß sich dieser Verantwortung ebenso stellen wie der Politiker, Journalist und Schriftsteller. Oftmals ist es auch nicht allein die Aufgabe des Entwerfers eines Modells, die Konsequenzen zu erörtern, sondern es bedarf der Mitwirkung vieler weiterer Menschen. Es liegt allerdings in der Natur der Sache, daß die Diskussion über den verantwortlichen Einsatz gewisser Techniken oftmals ganz andere Gesichtspunkte in den Vordergrund rückt, als die letztendlich wichtigen, weil diese noch gar nicht absehbar sind: Daß die Erfindung von Eisenbahn, Auto und Flugzeug als soziale Änderung die *mobile Gesellschaft* hervorbringen und damit auch die gesellschaftlichen Wertvorstellungen der Menschen in der Industriegesellschaft ändern würde, war ebensowenig absehbar wie zahlreiche gesellschaftliche Implikationen des Fernsehens oder des Einsatzes von Rechnern und Telekommunikation.

Modelle und Verfahren der Informatik sind ebenso wie andere naturwissenschaftliche oder technische Fortschritte nicht *a priori* gut oder schlecht: Dieselben Verfahren der Verwendung von Datenbanken, die unter Datenschutzgesichtspunkten geeignet sein könnten, die Würde des Menschen zu verletzen, werden auch zur Organisation von Unternehmen verwendet und sichern damit Arbeitsplätze, oder dienen dem Arzt, um aus einer Vielzahl von Fällen ähnliche Krankheitsbilder herauszusuchen, damit er einem Kranken zum Besseren verhelfen kann. Die Verantwortung des Informatikers bezieht sich darauf, beide Gesichtspunkte und ihre möglichen Implikationen abzuwägen.

In einer Welt offener Handelsgrenzen, in der sich Informationen und speziell Ergebnisse und Produkte der Informatik in Sekunden von Kontinent zu Kontinent transportieren lassen, gehört es insbesondere zur Verantwortung des Informatikers, die Konsequenzen der so ermöglichten internationalen Arbeitsteilung zu bedenken: Um eine Technik so zu formen, daß ihr Einsatz ethischen und sonstigen Ansprüchen gerecht wird, muß man die Technik zunächst in einer wirtschaftlich tragfähigen Weise beherrschen; andernfalls läuft man Gefahr, daß die Verfahren und Produkte in einem Zustand importiert werden, der den Wertvorstellungen anderer Länder und Kulturen, aber nicht den eigenen Wertvorstellungen entspricht. Gerade in der Entwicklung der Informatik in Deutschland gibt es zahlreiche Beispiele, daß Produkte eingesetzt wurden und werden, die den zuvor aufgestellten Ansprüchen nicht gerecht werden, weil man versäumt hat, die wirtschaftlichen Möglichkeiten zu schaffen, um bessere Produkte zu produzieren und zu vertreiben.

1.3 Systeme

> *The engineer, and more generally the designer, is concerned with how things ought to be — how they ought to be in order to attain goals, and to function.*
> HERBERT A. SIMON (SIMON , 1996), Kap. I

Das Beispiel der Telematiksysteme zeigt ebenso wie das Gartengießen, daß sich der betrachtete Ausschnitt der Wirklichkeit und seiner Modelle aus vielen Teilen zusammensetzt, die untereinander in komplizierten Wechselbeziehungen stehen. Hierfür ist der Begriff eines *Systems* grundlegend. Seine Anwendung erfordert Einzelkenntnisse, die wir uns in den nachfolgenden Kapiteln verschaffen.

Unter einem **System**[19], versteht man eine Kollektion von Gegenständen, die in einem inneren Zusammenhang stehen, samt den Beziehungen zwischen diesen Gegenständen. Die Gegenstände bezeichnen wir auch als **Systemkomponenten** oder **Bausteine** (des Systems). Dieser Begriff ist sehr allgemein und läßt sich auf natürliche Systeme genau so anwenden wie auf technische, soziale, organisatorische, theoretische Systeme, usw.

Systeme sind mit Ausnahme des Systems *Weltall* in eine Umgebung eingebettet. Es gibt eine Systemgrenze, welche die zum System gehörigen von den zur Umgebung gehörigen Gegenständen scheidet. Ein System kann **abgeschlossen** oder **offen** sein. Die Bausteine abgeschlossener Systeme haben keine Beziehungen zu den Gegenständen in der Umgebung; insbesondere ist die Systemgrenze fest und zeitlich nicht veränderlich. Bei offenen Systemen gibt es solche Beziehungen, auch kann die Zugehörigkeit von Gegenständen zum System wechseln; die Systemgrenze kann sich in der Zeit verschieben. Die Systemgrenze, auch die Grenze zwischen Systembausteinen, und die Beziehungen, die über diese Grenzen laufen, nennen wir die **Schnittstelle** (des Systems oder Bausteins). Abgeschlossene Systeme gibt es nur in der Theorie; der Begriff stellt eine Idealisierung dar. Mit ihm teilt man mit, daß man bewußt die Beziehungen zur Umgebung vernachlässigt, weil sie im gegebenen Zusammenhang unbedeutend sind.

Ein System kann **statisch** oder **dynamisch**, d. h. (zeitlich) **veränderlich** sein. Der Begriff *statisches System* ist ebenfalls eine Idealisierung. Er bedeutet, daß die zeitliche Veränderung im gegebenen Zusammenhang keine Rolle spielt.

Die zeitliche Veränderung kann verschiedene Aspekte umfassen:

- die Beziehungen zwischen den Bausteinen ändern sich in der Zeit;
- die Menge der Bausteine ändert sich, weil sich die Systemgrenze verschiebt: Komponenten wechseln in die Umgebung oder umgekehrt;
- die Menge der Bausteine ändert sich, weil Bausteine verschwinden oder neue Bausteine hinzugefügt werden; ein Beispiel in der Natur ist die Zellteilung.
- die Menge der Bausteine und ihrer Beziehungen bleibt gleich, aber die Eigenschaften mancher Bausteine ändern sich.

Die Änderungen eines Systems beziehen sich sämtlich auf seinen **Zustand**: das System als solches bleibt gleich, es behält seine Identität und seinen Namen. Der Zustand besteht aus den jeweils vorhandenen Komponenten, ihren Eigenschaften und ihren Beziehungen. Die Folge der Zustände bezeichnet man auch als das **Verhalten des Systems**. Wenn wir ein System in dieser Weise als identifizierbare Einheit mit zeitlich veränderlichem Zustand betrachten, ohne uns in seine Bausteine und deren Beziehungen zu vertiefen, bezeichnen wir es als **Objekt**.

---

19. griech. σύστημα, Vereinigung.

Die Vergangenheit eines dynamischen Systems ist eindeutig festgelegt, aber nicht unbedingt in allen Einzelheiten bekannt. Im Hinblick auf das zukünftige Verhalten unterscheidet man zwischen **deterministischen** und **indeterministischen** Systemen. Im ersten Fall legt die Vergangenheit eindeutig auch das zukünftige Verhalten fest. Im zweiten Fall ist das zukünftige Verhalten zufällig oder hängt von derzeit nicht bekannten oder nicht zum System gehörigen Einflußgrößen ab.

Offene dynamische Systeme sind in der Regel indeterministisch. Ihr zukünftiges Verhalten hängt von den im System nicht vorhersagbaren Beziehungen zur Umgebung ab.

Der Systembegriff ist **rekursiv**: Die Komponenten eines Systems können selbst wieder (**Teil-**)**Systeme** sein. Wir unterscheiden dabei zwei Fälle:

1. Für das Verständnis des Gesamtsystems sind nur die Zustände der Teilsysteme *als Ganzes* interessant; die Teilsysteme werden als Objekte aufgefaßt;
2. Für das Verständnis des Gesamtsystems muß man die Beziehungen und möglichen zeitlichen Änderungen innerhalb der Teilsysteme *im einzelnen* studieren.

Im ersten Fall sagen wir, ein Teilsystem wird als **schwarzer Kasten**[20] angesehen. Im zweiten Fall sprechen wir von einem **weißen Kasten**.

Für alle Wissenschaften sind solche rekursiven Begriffe besonders wichtig, weil sie **skalierbar** sind: Das Studium der Eigenschaften von Systemen im Kleinen liefert Erkenntnisse, die man auf größere Systeme übertragen kann.

Viele Wissenschaften befassen sich mit der Analyse existierender Systeme. Dabei setzt man zur Analyse und Modellierung Hilfsmittel nicht nur der Mathematik, sondern auch der Informatik ein. Ziel ist es jeweils, mit einem Modell des Systems das beobachtete Verhalten des Systems zu erklären und sein zukünftiges Verhalten vorherzusagen. Häufig sehen wir die Systeme als **natürliche Systeme** an, selbst wenn sie vom Menschen konstruiert wurden, wie z. B. soziale Organisationen. Hingegen sind die Modelle, die wir uns davon machen **künstliche Systeme** oder **Artefakte**[21]: Sie dienen einem ganz bestimmten Zweck, ihrem **Systemziel**, und sind auf diese Aufgabe hin optimiert. Wirtschaftliche Organisationen und alle Systeme der Technik sind Beispiele für Artefakte in der realen Welt.

1.3.1 Die Aufgaben von Informatik-Systemen

Die Aufgabenstellungen, die wir heute mit Informatik-Systemen bearbeiten, lassen sich nach ihren Systemzielen in vier Klassen einordnen:

20. Das englische *black box* ist eine Übersetzung dieses 1905 von dem österreichischen Physiker und Philosophen ERNST MACH, 1838–1916, (MACH , 1991), geprägten Begriffs.
21. lat. *arte factum*, durch Kunst gemacht.

- **Berechnung von Funktionen:** Berechne eine Funktion $f : A \to B$, die einen Definitionsbereich A in einen Wertebereich B abbildet.

- **Prozeßüberwachung:** Konstruiere ein (im Prinzip) endlos laufendes System $\mathcal{S}$, das Daten a von anderen Systemen (Prozessen) empfängt und Daten b an solche Systeme sendet. Die Daten b sind funktional abhängig von der bisherigen Systemhistorie, d. h. der Zeit sowie den bisher empfangenen und ausgesandten Daten. $\mathcal{S}$ speichert hierzu lokal Daten, die zumindest ausschnittsweise Informationen aus der Prozeßhistorie repräsentieren. Die ausgesandten Daten können insbesondere auch den Start oder den Halt anderer Systeme (Prozesse) bewirken.

- **Eingebettete Systeme:** Konstruiere Systeme, die im Verbund mit Bausteinen, die nicht der Datenverarbeitung dienen, eine zeitlich abgegrenzte oder endlos laufende Aufgabe lösen. Die anderen Systemkomponenten können technische Apparaturen, aber auch Menschen oder betriebliche Organisationen umfassen.

- **Adaptive Systeme:** Konstruiere ein eingebettetes System, das sich Veränderungen der Wirklichkeit anpaßt, insbesondere solchen, die das System selbst hervorruft. Das ursprüngliche Modell ist nicht auf Dauer gültig.

Diese Aufzählung ist eine Hierarchie aufsteigenden Umfangs und wachsender Komplexität der zu lösenden Aufgaben.

Prozeßüberwachung, eingebettete und adaptive Systeme bezeichnet man zusammenfassend als **reaktive Systeme**. Ihre Aufgabe besteht nicht darin, ein abschließendes Ergebnis $f(x)$ zu berechnen, sondern fortwährend auf Ereignisse und Daten aus ihrer Umwelt zu reagieren.

1.3.2   Konstruktion von Informatik-Systemen

In der Modellierung der Wirklichkeit mit Informatik-Hilfsmitteln analysiert man zunächst natürliche oder künstliche Systeme der realen Welt im Hinblick auf ihre externen und internen Eigenschaften und Verhaltensweisen (**Systemanalyse**). Darauf aufbauend entwickelt man künstliche **Modellsysteme**, die entweder das vorgefundene reale System wiedergeben, oder deren Realisierung das vorgefundene System ganz oder in Teilen ersetzen soll, oft unter Bereitstellung zusätzlicher Möglichkeiten. Das Modellsystem muß dann analysiert werden, um zu prüfen, ob es wirklichkeitsgetreu ist und die gewünschten Systemziele erreicht. Die Analyse kann in einfachen Fällen in geschlossener Form mit mathematischen Hilfsmitteln oder Methoden der theoretischen Informatik erledigt werden. In komplizierteren Fällen greift man zum Hilfsmittel der **Simulation**: Man realisiert die Systemkomponenten, ihre Beziehungen untereinander und nach außen, sowie ihr zeitliches Verhalten soweit, daß man mit Rechnerunterstützung die gewünschten Aussagen über das Erreichen der Systemziele an Einzelfällen über-prüfen kann[22].

Simulation ist eine Vorstufe der **Realisierung** des Modells mit Hilfsmitteln der Informatik. In der Simulation soll das Verhalten des Systems quantitativ er-mittelt werden; z. B. wird geprüft, ob Zeitbedingungen auch eingehalten werden, ob die Teilsysteme einwandfrei zusammenarbeiten, und ob keine wesentlichen Einsatzbedingungen übersehen wurden. Aus der Simulation des Entwurfs ei-nes integrierten Schaltkreises kann man mittelbar auch auf die funktionalen Eigenschaften des Schaltkreises schließen. In vielen anderen Fällen bleibt die ei-gentliche Funktion des simulierten Systems unberücksichtigt. Beim Einsatz von Datenbanken würde man also überprüfen, ob das System schnell genug auf die *typischen* Anfragen reagiert und ob hierzu die vorhandenen Betriebsmittel (Spei-cher, Prozessorleistung, Übertragungsgeschwindigkeit) ausreichen. Ob das Sy-stem die Anfragen auch richtig beantwortet und die Datenbank in konsistentem Zustand erhält, oder ob es eine für den Anwender *akzeptable* Bedienoberfläche am Bildschirm vorsieht, wird durch die Simulation nicht beantwortet. Hierfür konstruiert man als eine andere Vorstufe der Realisierung einen **Prototyp**; dieser dient der Beurteilung der funktionalen Beziehungen zwischen den Systemkom-ponenten und der Systemumgebung, jedoch oft unter Verzicht auf die in der Simulation untersuchten Leistungsmerkmale.

Wenn ein Systemmodell nur konstruiert wurde, um das Verhalten eines realen Systems zu analysieren, ist die Aufgabe mit der Analyse der Modelleigen-schaften und den daraus zu ziehenden Schlüssen hinsichtlich des realen Systems abgeschlossen. In den meisten Fällen dienen Systemmodelle jedoch dem Ziel, ein neues System zu konstruieren, das im Vergleich zum ursprünglichen System veränderte Systemziele verfolgt. Die **Ist-Analyse** des vorhandenen Systems liefert dann Kenntnisse der unbedingt notwendigen Eigenschaften des neuen Systems. Hinzu kommen muß eine **Soll-Analyse**, die die neuen oder veränderten System-ziele festlegt. Da das neue System, ein Artefakt, oft als schwarzer Kasten in seine Umgebung eingebettet wird, ist die interne Struktur des neuen Systems frei ge-staltbar. Die Schnittstelle zwischen System und Umgebung ist dagegen festgelegt. Sie ist nicht immer optimal, wenn sie nur durch Modifikation aus dem bisherigen Systemmodell abgeleitet wird, obwohl solche Modifikationen der Normalfall der Konstruktion neuer Systeme sind. Gegebenenfalls muß das neue Systemmodell wiederum durch Simulation und Konstruktion eines Prototyps validiert werden.

Mit solchen Vorarbeiten ist der Weg bereitet, um ein neues System zu rea-lisieren. Nach den vorstehenden Überlegungen besteht diese Realisierung aus folgenden Schritten:

---

22. Auf die sehr schwierige Frage, wieweit diese Einzelfälle für das Verhalten des modellierten Systems repräsentativ sind, gehen wir hier nicht ein.

- Entwurf des inneren Aufbaus des Systems (welche Komponenten, welche Beziehungen zwischen diesen und der Außenwelt, welche Zustände und Zustandsübergänge usw. sind nötig);
- gegebenenfalls rekursiver Entwurf der Teilsysteme, die als Komponenten auftreten;
- Festlegung der Verfahren, mit denen die Komponenten und ihre statischen und dynamischen Beziehungen realisiert werden sollen;
- Konstruktion der Komponenten und der Funktionen, die das Zusammenspiel regeln (die eigentliche Realisierung);
- Integration aller Komponenten und Funktionen;
- Integration des Systems in seine Umgebung.

Die Schritte werden nicht immer in einer festen zeitlichen Abfolge ausgeführt. Jeder Schritt muß begleitet sein von der Validierung der bisher getroffenen Entscheidungen: Ist das System, soweit bisher entwickelt, funktional richtig? Erreicht es die Systemziele? Sind die weiteren Schritte mit Aussicht auf Erfolg durchführbar?

In der Praxis gehören an den Anfang und das Ende der Gesamtkonstruktion und jeden Einzelschritts die Abschätzung der voraussichtlich mit der Konstruktion verbundenen Kosten im Vergleich zum erzielbaren Nutzen, sowie die Kontrolle der tatsächlichen Kosten im Vergleich zur Vorgabe. Da Kosten und Nutzen erheblich von der Zeitplanung abhängen, ist die Kontrolle der Termine (Meilensteine) integraler Teil der Kostenkontrolle.

Wir benötigen den Systembegriff in der Informatik also zur Beschreibung der vorgefundenen Wirklichkeit und zur Modellierung geplanter Artefakte. In den weiteren Kapiteln müssen wir uns damit befassen, welche Hilfsmittel uns zur Modellierung von Systemen, zu deren Analyse, sowie zur Konstruktion und Validierung von Informatik-Systemen zur Verfügung stehen. Hierzu benötigen wir nicht nur Methoden aus der praktischen und technischen Informatik, sondern insbesondere in großem Umfang Systembegriffe aus der Mathematik und der theoretischen Informatik.

1.4 Algorithmen

Die einfachste Aufgabe eines Informatik-Systems ist die Realisierung einer Funktion $f: A \rightarrow B$. Solche Funktionen bilden den Kern aller umfangreicheren Systeme. Wir können solche Funktionen auf verschiedene Weisen beschreiben:

- **statisch** oder **deklarativ**: Globale Darstellung der Zusammenhänge zwischen A und B unter Benutzung von Gleichungen, z. B. auch in der impliziten Form $g(a, b) = 0$, wenn $b = f(a)$. Diese Beschreibung verhilft auf den ersten Blick nicht zu einer konstruktiven Regel, um $f(a)$ zu berechnen. Vielmehr scheint sie sich nur zur Nachprüfung zu eignen, daß ein Resultat richtig ist. Während der Modellierung ist dies aber oft nicht nur ausreichend, sondern sogar erwünscht, weil es erlaubt, die Entscheidung, wie man $f(a)$ wirklich berechnen will, noch zu verschieben. Darüberhinaus werden wir sehen, daß es vielfach doch gelingt, aus einer solchen deklarativen Beschreibung eine konstruktive Berechnungsmethode herzuleiten.

- **tabellarisch:** Für alle Werte a des Definitionsbereichs A wird der zugeordnete Wert $f(a)$ im Wertebereich B in einer Tabelle festgehalten und bei Bedarf nachgeschlagen. Technisch setzt dies voraus, daß der Definitionsbereich A endlich und *nicht allzu groß* ist, wobei es von der Anwendung abhängt, was wir unter *groß* verstehen.

- **algorithmisch, operativ, prozedural** oder **synthetisch:** Wir geben eine Beschreibung zur Berechnung des Ergebnisses für beliebige Argumente a des Definitionsbereichs A. Die Beschreibung kann in einer beliebigen Sprache abgefaßt sein (einschl. natürlicher Sprache). Sie muß als Nachricht endlicher Länge codiert sein und muß die Berechnung als Folge von endlich vielen *elementaren Operationen* mit „hinreichender Präzision" spezifizieren. Eine solche Beschreibung heißt ein **Algorithmus**[23].

Algorithmen sind die wichtigste Art der Beschreibung von Vorschriften zur Berechnung von Abbildungen. Die ältesten uns bekannten Algorithmen finden sich in den „Elementen" von EUKLID[24]. Sie umfassen Konstruktionsverfahren für Dreiecke aus gegebenen Stücken und den euklidschen Algorithmus zur Berechnung des größten gemeinsamen Teilers zweier ganzer Zahlen.

Kochrezepte, Anweisungen zur Einnahme von Arzneien und zahlreiche Bedienungsanleitungen für einfache Geräte (öffentliche Fernsprecher, . . .) sind weitere Beispiele für Algorithmen. In vielen dieser Algorithmen sind mehrere Angaben — wir nennen sie im weiteren **Argumente** — erforderlich, die aus verschiedenen Bereichen stammen. Auch kann es mehrere Ergebnisse geben, die zu unterschiedlichen Wertebereichen gehören. In manchen Fällen, z. B. bei der Einnahme von Arzneien, ist nicht angegeben, was die möglichen Ergebnisse sind; stattdessen wird implizit unterstellt, daß der Algorithmus dem Systemziel *Wiederherstellung der Gesundheit* dient, ohne im einzelnen zu spezifizieren, wie man sich dies als *Ergebnis* vorzustellen hätte. Diese Beispiele zeigen, daß die Sprachen, in der Algorithmen formuliert sind, und der Grad an Präzision der

---

23. Benannt nach MOHAMED IBN MUSA ALCHWARIZMI, geboren in Chiwa (Chorism), gestorben in Bagdad nach 846. ALCHWARIZMI schrieb unter anderem das erste Lehrbuch der Algebra (ALCHWARIZMI , 1831), aus dessen Titel sich das Wort *Algebra* herleitet. Er schrieb ferner eine Anleitung zum Rechnen mit *indischen Ziffern* (ALCHWARIZMI , 1963), den Vorläufern der arabischen Ziffern, die wir heute benutzen. In letzterem Werk werden die vier Grundrechenarten für ganze Zahlen, Sexagesimalbrüche und gemeine Brüche in Sexagesimalschreibweise erklärt.

24. EUKLID, 4./3. Jahrh. v. Chr., griechischer Mathematiker.

Beschreibung in weiten Grenzen variiert. Es lassen sich jedoch immer endlich viele Grundoperationen oder -schritte unterscheiden, die nach endlich häufiger Anwendung das gewünschte Ergebnis liefern.

Kochrezepte zeigen, daß man oft ein umfangreiches Kontextwissen besitzen muß, um die Beschreibung richtig zu verstehen. Wir bemerken Grundoperationen wie *anbräunen*, *hinzufügen*, *abgießen*, *dünsten*, *schmoren*, *braten*, *kochen* usw. Durch Wörter wie *dann* oder *danach* wird angezeigt, daß die Operationen **sequentiell** nacheinander ausgeführt werden sollen. Es gibt aber auch Formulierungen der Form „während die Brühe kocht, schneide man das Fleisch in Würfel". Dies ist eine Aufforderung bestimmte Operationen **parallel**, d. h. gleichzeitig, durchzuführen. Das Wörtchen *und* findet sich in Kochrezepten in verschiedenen Bedeutungen: Es kann Teilsätze zur Beschreibung von Tätigkeiten verbinden, die man offensichtlich nacheinander ausführen muß, etwa in dem Satz „die Kalbshaxe abtrocknen und in dem heißen Fett anbräunen". *Offensichtlich* bedeutet hier, daß der Koch oder die Köchin eine **kausale Abhängigkeit** kennt, wonach man die erste Tätigkeit vor der zweiten ausführen muß. Die Abhängigkeit könnte auch darin bestehen, daß man die gleichen Hilfsmittel, etwa ein nur einmal vorhandenes Mixgerät, für beide Tätigkeiten verwenden soll. Andererseits sagt eine Formulierung wie „das Fleisch in Stücke schneiden und die Kräuter fein wiegen", daß wir am Ende erwarten, daß beide Tätigkeiten ausgeführt sind; die Reihenfolge, in der das geschieht, ist beliebig. Wenn mehrere Personen in der Küche arbeiten, könnten die Tätigkeiten parallel ausgeführt werden. Eine einzelne Person könnte die beiden Tätigkeiten auch abwechselnd ausführen, in der Informatik sagen wir **zeitlich verzahnt**[25]. Wenn alle diese Möglichkeiten offenstehen, sprechen wir von einer **kollateralen** Ausführung der Operationen.

Manchen Tätigkeiten ist im Kochbuch die Zeitangabe zugefügt, wie lange die Operation durchgeführt werden soll. Die Zeitangabe kann auch als Bedingung formuliert sein: „rühre die Sauce, bis sie braun wird" oder „rühre die Sauce; wenn sie braun wird, füge die Fleischstücke hinzu". Auch gibt es Tätigkeiten, die man nur unter bestimmten Umständen ausführen soll: „wenn die Sauce zu dickflüssig wird, gieße einen Schuß Milch zu".

Insgesamt stoßen wir im Kochbuch bezüglich der Reihenfolge und Ausführungsbedingungen von Tätigkeiten auf folgende Situationen:

Sequentielle Ausführung: diese wird gewöhnlich nur vorgeschrieben, wenn eine kausale Abhängigkeit zwischen den Tätigkeiten besteht oder die gleichen Ressourcen verwendet werden, so daß die gleichzeitige Ausführung der Tätigkeiten sinnlos ist.

Parallele bzw. kollaterale Ausführung: diese Art der Koordination von Tätigkeiten wird oft implizit angegeben und ist dann zulässig, wenn keine kausa-

---

25. engl. *time-shared* oder *merged in time*.

len Abhängigkeiten zwischen den Tätigkeiten bestehen. Im allgemeinen wird gefordert, daß zu irgendeinem Zeitpunkt alle angesprochenen Tätigkeiten beendigt sind. Wir nennen diesen Zeitpunkt eine **Parallelitätsschranke** und sprechen von **Schranken-Synchronisierung**[26]. Die in der Informatik auch bekannte **Endsynchronisierung**, bei der mehrere kollaterale oder parallele Tätigkeiten abgebrochen werden, sobald eine von ihnen ihre Aufgabe erfüllt hat, kommt im Kochbuch im allgemeinen nicht vor.

Bedingte Ausführung: die Tätigkeit wird nur ausgeführt, wenn eine Bedingung erfüllt ist. Die Formulierung kann durch weitere Alternativen angereichert sein, die ausgeführt werden, wenn die Bedingung nicht erfüllt ist.

Ausführung in Schleife: die Tätigkeit wird für eine bestimmte Zeitspanne, oder solange eine vorgegebene Bedingung erfüllt bzw. nicht erfüllt ist, ausgeführt. Dies schließt den Fall „führe Tätigkeit aus, bis Zielbedingung erfüllt" ein.

Ausführung eines Unterprogramms: führe eine Tätigkeit aus, die anderswo beschrieben ist (und eventuell bei mehreren Gelegenheiten benutzt werden kann), und verwende das Ergebnis weiter. Das Unterprogramm kann Parameter haben.

Weitere Angaben zur zeitlichen Reihenfolge gibt es nicht! Man kann alle Abläufe, die im Kochbuch beschrieben werden, mit diesen Ablaufsteuerungen beschreiben. In der Informatik ist dies nicht anders. Man kann zeigen, daß die vorstehend genannten Verfahren zur Steuerung von Abläufen von Algorithmen ausreichen, um alle Möglichkeiten zu beschreiben.

1.5 von-Neumann-Rechner

Zur Realisierung — in der Informatik sagt man meist **Implementierung** — von Algorithmen mit technischen Hilfsmitteln benutzen wir heute **Rechner**[27]. Wie der Name sagt, sollte ein Rechner ursprünglich vor allem arithmetische Rechnungen durchführen können. Dazu benötigt man zusätzlich einen **Speicher**, eine Einrichtung, in der man Eingabedaten und (Zwischen-)Ergebnisse notieren kann. Schließlich kann der Fortgang des Rechnens von Datenwerten, z. B., ob eine Größe $x > 0$ ist, abhängen. Also benötigt man eine **Programmsteuerung**, die Entscheidungen über die nächsten Rechenschritte treffen kann.

Die Idee programmgesteuerter Rechner geht auf C. Babbage[28] zurück, der ab 1833 mit mechanischen Hilfsmitteln eine *analytische Maschine* baute, um

---

26. engl. *barrier synchronization*.

27. Konrad Zuse nannte sie in den 30er und 40er Jahren Rechenautomaten. Warum man im Deutschen 30 Jahre später die Wörter *Rechner* und *Rechenautomat* gegen ein englisches Wort tauschte, bleibt rätselhaft.

28. Charles Babbage, 1792–1871, Mathematikprofessor in Cambridge, England.

programmgesteuert zu rechnen. Der erste programmgesteuerte Rechner, der die
in modernen Rechnern zu findenden Prinzipien verkörpert, war die Z3 von K.
ZUSE[29]. Sie arbeitete elektromechanisch. Die Struktur der meisten elektronisch
arbeitenden Rechner geht zurück auf die Arbeiten von J. VON NEUMANN[30] und
seiner Mitarbeiter und ist als **von-Neumann-Rechner** bekannt. Er besteht heute
im wesentlichen aus vier Stücken, vgl. Abb. 1.4:

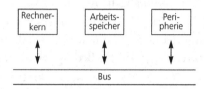

Abbildung 1.4: Princeton-Architektur eines von-Neumann-Rechners

1. dem **Rechnerkern** oder (**Zentral-**)**Prozessor**, der das Programm ausführt;
2. dem **Arbeitsspeicher**, der Programme und Daten enthält;
3. der **Peripherie**: Plattenspeicher, Drucker, Bildschirm, Tastatur, usw. und
   Kommunikationskanäle, die über **Ein/Ausgabe-** und **Kommunikationspro-**
   zessoren, auch **Kanäle** oder E/A–Werke genannt, mit dem Rechnerkern und
   dem Arbeitsspeicher kommunizieren;
4. Verbindungswege oder **Busse**, die seriell oder parallel die vorgenannten Komponenten verknüpfen und Befehle, Adressen, Daten sowie Steuersignale zwischen ihnen übertragen können.

Ein solcher Rechner ist ein reaktives System, das im Rechnerkern fortlaufend
Befehle ausführt. Ein Befehl ist dabei eine arithmetische Operation wie z. B. die
Addition zweier Zahlen, eine logische Operation der Booleschen Algebra, die
wir im nächsten Kapitel kennenlernen, oder eine der Anweisungen aus dem
vorigen Abschnitt, die wir zur Steuerung der zeitlichen Reihenfolge brauchen.
Ein **Programm** in einer **Maschinensprache** ist eine Folge von Befehlen, die den
Rechnerkern anweist, bestimmte Operationen in bestimmter Reihenfolge aus-
zuführen.

---

29. KONRAD ZUSE, 1910–1995, ursprünglich Bauingenieur, Erfinder zahlreicher Recheneinrich-
tungen. Er führte u. a. den Gebrauch des Dualsystems in modernen Rechnern ein und erfand
1937 die Gleitpunktdarstellung für reelle Zahlen. 1944 entwarf er mit dem Plankalkül einen Vor-
läufer der heutigen höheren Programmiersprachen. Ein Nachbau findet sich heute im Deutschen
Museum in München.

30. JANOS, Baron VON NEUMANN, 1903–1957, ungarischer Mathematiker, nach DAVID HILBERT
der wohl universellste Mathematiker der ersten Hälfte des Jahrhunderts. Bahnbrechend waren
seine Arbeiten über Gruppentheorie und ihre Beziehung zur Quantenmechanik, über Spieltheorie
und über Automaten. Die nach ihm benannte Rechnerarchitektur formulierte er in (BURKS,
GOLDSTINE und VON NEUMANN , 1946).

Das Programm entnimmt der Rechner ebenso wie die Operanden dem Speicher, in den er auch die Ergebnisse zurückschreibt. Das Abholen eines Befehls oder Operanden aus dem Speicher und das Schreiben eines Ergebnisses nennt man einen **lesenden** bzw. **schreibenden Speicherzugriff**. Bei jedem Zugriff wird eine feste Anzahl n von Bits zwischen Rechnerkern und Speicher übertragen, z. B. $n = 64$. Der Rechnerkern kann heute Befehle um etwa den Faktor 10 schneller ausführen als Speicherzugriffe. Dieses Problem ist als **von-Neumann-Engpaß** bekannt. Man hat zahlreiche Möglichkeiten ersonnen, um die Anzahl der notwendigen Speicherzugriffe herabzusetzen. Dazu gehört insbesondere die Verwendung von **Registern**, d. h. lokalen Speicherelementen im Rechnerkern, die Benutzung eines kleinen, aber wesentlich schnelleren Zwischenspeichers[31] als Puffer, und die Verwendung getrennter Busse für den Zugriff auf Daten und Programm[32].

Der Speicher besteht aus **Speicherzellen**, die heute fast ausschließlich 8 Bits umfassen. Ein solches Oktett heißt ein **Byte**[33]. Die Speicherzellen sind beginnend mit 0 durchnumeriert. Die Nummer heißt die **Adresse** der Speicherzelle. Wenn Daten oder Befehle länger als ein Byte sind, z. B. 4 oder 8 Byte, dient die niedrigste Adresse eines der Bytes zugleich als Adresse des Datums oder Befehls.

Die Peripheriegeräte sind heute durchgängig mit einem eigenen Prozessor ausgestattet, der im Unterschied zum Zentralprozessor allerdings nur feste Spezialaufgaben mit fest vorgegebenen Programmen erledigt. Die Eingabe von Zeichen von der Tastatur oder die Ausgabe von Ergebnissen auf den Bildschirm oder Drucker wird heute genauso gesteuert wie die Kommunikation eines Rechners mit einem anderen. In vielen Fällen übernimmt dieser Spezialprozessor allerdings nur die Überwachung der Datenübertragung, während das Gerät die Daten selbständig aus dem Arbeitsspeicher holt oder dorthin schreibt. Man spricht dann von Geräten mit **direktem Speicherzugriff**[34].

Der Bus übernimmt nicht nur die Rolle der Verbindungsschiene zwischen den Einheiten. Er ist darüberhinaus für die Koordination der verschiedenen Übertragungswünsche zuständig. Dazu werden den Geräten einschließlich des Rechnerkerns Prioritäten zugeteilt. Bei konkurrierenden Übertragungswünschen verschiedener Geräte entscheidet der Bus nach diesen Prioritäten, welcher Wunsch zuerst erfüllt wird.

Die technischen Geräte, die zusammen einen Rechner ausmachen, nennt man die **Hardware** (des Rechners), im Unterschied zu den Programmen und ihrer Dokumentation, die die **Software** bilden.

---

31. engl. *cache*.
32. Man spricht dann von einer Harvard-Architektur im Unterschied zu der Princeton-Architektur in Abb. 1.4 mit nur einem Bus.
33. *byte* ist auch im Englischen ein Kunstwort ohne umgangssprachliche Bedeutung.
34. engl. *direct memory access*, abgekürzt DMA.

Der Leser mache sich klar, daß heute die meisten Rechner nicht als PCs oder Arbeitsplatzrechner verkauft, sondern als sogenannte **Signalprozessoren** in technische Systeme, Automobile, Telekommunikationseinrichtungen, Fernsehgeräte, usw. eingebaut werden. Sie verrichten dort Spezialaufgaben der technischen Signalverarbeitung wie z. B. die Regelung der Benzinzufuhr zu Motoren oder die Steuerung von Videotext und der Kommunikation mit der Fernbedienung.

Trotz der Engpäße im Verkehr Prozessor-Speicher hat sich die von-Neumann-Architektur seit 50 Jahren bewährt. Dazu hat sicherlich die einfache Zerlegbarkeit in getrennt produzierbare Teilsysteme beigetragen. Einzelheiten der von-Neumann-Architektur und alternative Rechnermodelle werden in späteren Vorlesungen und vor allem in Vorlesungen über technische Informatik vertieft.

1.6   Semi-Thue-Systeme

Als einfache und zugleich allgemeine Form von Algorithmen betrachten wir die nach A. Thue[35] (Thue , 1914) benannten **Semi-Thue-Systeme**. Wir setzen einen endlichen Zeichenvorrat Σ voraus und betrachten Wörter $x = x_0 \cdots x_{n-1}$ von Zeichen x_i aus Σ. $|x| = n$ heißt die **Länge** eines solchen Wortes. Wir überführen x schrittweise in andere solche Wörter, indem wir Teilwörter $x_i \cdots x_{i+k-1}$ durch andere Wörter $y_j \cdots y_{j+l-1}$ ersetzen. Hierbei gelte $k, l \geqslant 0, i + k \leqslant n$. Für $k = 0$ bzw. $l = 0$ wird das *leere Wort* ε, das null Zeichen enthält, ersetzt oder als Ersetzungstext benutzt. Die Ersetzungsregeln schreiben wir

$$a \cdots b \to c \cdots d$$

und nennen $a \cdots b$ die linke, $c \cdots d$ die rechte Seite der Regel, die wir schematisch auch mit $p \to q$ bezeichnen. Es kann endlich oder abzählbar unendlich viele Regeln geben. Eine Regel heißt auf ein Wort x **anwendbar**, wenn x das Teilwort $a \cdots b$ enthält.

Beispiel 1.2: Über dem Zeichenvorrat $\Sigma = \{I, +\}$ ergeben die Regeln

$$+I \quad \to \quad I+ \tag{1.1}$$

$$+ \quad \to \quad \varepsilon \tag{1.2}$$

einen Algorithmus, der natürliche Zahlen, dargestellt durch Folgen von Strichen I, addieren kann. Das Wort III + II wird schrittweise umgeformt:

$$
\begin{aligned}
III+II &\Rightarrow IIII+I \\
&\Rightarrow IIIII+ \\
&\Rightarrow IIIII.
\end{aligned}
$$

♦

---

35. Axel Thue, 1863–1922, norwegischer Mathematiker und Logiker.

Ein Übergang $l \Rightarrow r$ beschreibt dabei die Transformation, die durch Anwendung einer Regel $p \to q$ auf einen Teil der linken Seite l entsteht. r heißt aus l **abgeleitet** oder **erzeugt**. Die Transformation heißt eine direkte **Ableitung**. Wir schreiben $l \overset{*}{\Rightarrow} r$, wenn r aus l durch fortgesetzte Ableitung gewonnen werden kann. $l \overset{*}{\Rightarrow} r$ bedeutet entweder $l \overset{*}{\Rightarrow} r$ oder $l = r$.

Umgekehrt sagen wir, r kann auf l **reduziert** werden, wenn $l \overset{*}{\Rightarrow} r$.

Im Beispiel haben wir die erste Regel angewandt und dann mit der zweiten Regel das Zeichen + am Ende weggestrichen. Man sieht aber, daß die Anwendung der zweiten Regel alleine bereits das gewünschte Ergebnis liefert. Allgemein lauten die **Metaregeln**[36] zur Anwendung der Ersetzungen auf ein Wort x:

- Wenn $a \cdots b \to c \cdots d$ anwendbar ist, ersetze das Teilwort $a \cdots b$ von x durch $c \cdots d$;
- wenn $a \cdots b$ mehrfach vorkommt oder mehrere Regeln anwendbar sind, so wähle das Teilwort bzw. die Regel beliebig;
- wiederhole die Anwendung von Regeln beliebig oft.

Eine Menge $\mathcal{T} = \{p \to q\}$ von Regeln zusammen mit den vorstehenden Metaregeln heißt ein **Semi-Thue-System** oder **Textersetzungssystem**[37]. Die Menge aller r, die aus l abgeleitet werden, heißt die **formale Sprache** $L_l = L(\mathcal{T}, l)$ von l bei vorgegebenem Semi-Thue-System $\mathcal{T}$. Wenn $\mathcal{T} = \{p \to q\}$ ein Semi-Thue-System ist, so definiert auch die Menge $\mathcal{T}^{-1} = \{q \to p\}$, bei der wir die Pfeilrichtung umkehren, ein Semi-Thue-System. Das inverse System heißt ein **Reduktionssystem**, verglichen mit dem ursprünglichen **Ableitungssystem**[38].

Ein Semi-Thue-System zeigt die Grundform von **Algorithmen**: Es gibt endlich oder abzählbar unendlich viele Operationen $o_1, o_2, \ldots$; im Semi-Thue-System sind diese Operationen Ersetzungsregeln. Der Algorithmus wird ausgeführt, indem man endlich oft Operationen auf die Eingabe, in diesem Falle ein Wort x, anwendet. Zum Algorithmus gehört eine Endebedingung, die spezifiziert, wann die Anwendung von Operationen endet. Bei Semi-Thue-Systemen ist dies gemeinhin die Bedingung, daß keine Regel mehr anwendbar ist. Ein Algorithmus **terminiert** oder **hält**, sobald die Endebedingung erreicht ist. Gibt es eine Eingabe x, für die ein Algorithmus nicht hält, so heißt der Algorithmus (potentiell) nicht-terminierend[39].

---

36. das griechische Wort μετά bedeutet in solchen Zusammensetzungen meist *jenseits von* . . . . Metaregeln sind die übergeordneten Vorschriften zur Bildung oder Anwendung von Regeln.

37. engl. *string replacement system* oder *string rewrite system*.

38. Ein **Thue-System** ist ein symmetrisches Semi-Thue-System, $\mathcal{T} = \mathcal{T} \cup \mathcal{T}^{-1}$, bei dem zu jeder ableitenden Regel $p \to q$ auch die reduzierende Regel $q \to p$ zu $\mathcal{T}$ gehört. Thue-Systeme kommen in der Informatik seltener vor.

39. Die Vorstellung eines nicht-terminierenden Algorithmus ist in sich widersprüchlich, da nach Definition ein Algorithmus eine *endliche* Folge von Operationen spezifiziert und daher immer terminieren muß. Allerdings müssen wir oft erheblichen Aufwand investieren, um nachzuweisen,

Semi-Thue-Systeme sind im allgemeinen **indeterministische Algorithmen**: Zu einem Text x kann es mehrere anwendbare Regeln geben oder eine Regel kann auf verschiedene Teilwörter von x anwendbar sein. Ist hingegen in jedem Schritt die anzuwendende Operation eindeutig bestimmt, so heißt der Algorithmus **deterministisch**. Ein indeterministischer Algorithmus kann bei wiederholter Anwendung auf die gleiche Eingabe x unterschiedliche Ergebnisse liefern. Insbesondere kann ein indeterministischer Algorithmus, abhängig von dieser Auswahl, terminieren oder nicht terminieren.

Aufgabe 1.1: („SCHOLTENS Kaffeedose", vgl. (GRIES , 1989)) Gegeben sei eine Kaffeedose, die zwei Arten von Kaffeebohnen, wir nennen sie weiße und schwarze Bohnen, enthält. Ferner gebe es einen zusätzlichen Vorrat schwarzer Bohnen. Wir spielen das folgende **Kaffeedosenspiel**: Wir nehmen fortgesetzt blind zwei Bohnen aus der Dose; haben diese gleiche Farbe, so legen wir eine schwarze Bohne in die Dose zurück; haben sie verschiedene Farbe, so legen wir nur die weiße Bohne zurück.

1. Nehmen Sie zunächst an, daß die Bohnen in der Dose in irgendeiner Folge angeordnet seien, so daß ein Wort über dem Zeichenvorrat Σ = {weiß, schwarz} vorliegt. Nehmen Sie immer zwei nebeneinander liegende Bohnen aus der Dose und ersetzen Sie sie wie angegeben. Formulieren Sie ein Semi-Thue-System für das Kaffeedosenspiel, das endet, wenn keine Regel mehr anwendbar ist.

2. Zeigen Sie, daß der Algorithmus immer terminiert.

3. Zeigen Sie, daß am Ende immer genau eine Bohne in der Dose ist. Was wissen Sie über die Farbe dieser Bohne? Zeigen Sie insbesondere, daß das Ergebnis unabhängig von der anfangs gewählten Anordnung der Bohnen ist.

4. Wir ändern die Spielregeln: Zwei schwarze Bohnen werden stets beide in die Dose zurückgelegt. Im Semi-Thue-System realisieren wir dies, indem wir die Regel schwarz schwarz $\rightarrow$ $\cdots$ weglassen (Zwei schwarze Bohnen werden niemals zusammen entnommen). Was können Sie nun über die Terminierung des Algorithmus und die am Ende verbleibenden Bohnen beweisen?   ◆

Überführt ein Semi-Thue-System $\mathcal{T}$ ein Wort x in $y = \mathcal{T}(x)$, $x \overset{*}{\Rightarrow} y$, und hält dann an, so nennen wir y auch eine **Normalform** von x. Es wäre schön, wenn wie beim Kaffeedosenspiel die Normalform immer eindeutig bestimmt ist. Das können wir bei allgemeinen Semi-Thue-Systemen gewöhnlich nicht erreichen.

---

daß ein Verfahren tatsächlich für alle oder zumindest für speziell vorgegebene Eingaben terminiert. Mit dem Begriff *(potentiell) nicht-terminierender Algorithmus* signalisieren wir also eigentlich, daß uns noch nicht klar ist, ob ein Algorithmus vorliegt oder nicht.

1.6.1 Markov-Algorithmen

Unabhängig von Thue erfand A. A. Markov[40] 1951 die nach ihm benannten Markov-Algorithmen zur Beschreibung von Textersetzungen (Markov , 1954). Ein **Markov-Algorithmus**, Markov sprach von **normalen Algorithmen**, ist ein deterministisches Semi-Thue-System mit endlich vielen Regeln und zwei verschiedenen Endebedingungen. Dazu führte Markov zusätzlich haltende Regeln $x \to.\ y$ ein, gekennzeichnet durch den Punkt nach dem Pfeil, und schrieb vor:

1. Wähle in jedem Schritt die erste anwendbare Regel. Falls sie auf mehrere Teilwörter anwendbar ist, wende sie auf das am weitesten links stehende Teilwort an.

2. Wende Regeln solange an, bis eine haltende Regel angewandt wurde, oder, bis keine Regel mehr anwendbar ist.

Hier bezieht sich *erste anwendbare Regel* auf die Reihenfolge, in der die Regeln angeschrieben wurden. Falls eine Regel $\varepsilon \to r$ angegeben ist, wird r am Anfang des Wortes eingesetzt, da das am weitesten links stehende leere Wort ersetzt wird. In der Anwendung wird das Anhalten des Algorithmus wegen fehlender anwendbarer Regel gewöhnlich als Fehlerhalt interpretiert.

Erlaubt man zusätzliche Zeichen $\alpha, \beta, \gamma, \ldots$, sogenannte *Schiffchen*, die weder im Eingabetext noch im Ergebnis vorkommen, so kann man mit diesen **gesteuerten Markov-Algorithmen**, wie übrigens auch mit allgemeinen Semi-Thue-Systemen, jede beliebige Berechnung beschreiben, die algorithmisch formulierbar ist.

Beispiel 1.3: Wir betrachten die Regeln

$$
\begin{array}{rclrcl}
\alpha L & \to & L\alpha, & \alpha O & \to & O\alpha, \\
\alpha & \to & \beta, & L\beta & \to & \beta O, \\
O\beta & \to. & L, & \beta & \to. & L, \\
\varepsilon & \to & \alpha
\end{array}
\tag{1.3}
$$

über dem Zeichenvorrat $\Sigma = \{O, L\}$ mit den Schiffchen α und β. Für das Wort LOLL liefert der Algorithmus ($\Rightarrow$ hat die gleiche Bedeutung wie in Abschnitt 1.6):

$$
\begin{array}{l}
\text{LOLL} \Rightarrow \alpha\text{LOLL} \Rightarrow \text{L}\alpha\text{OLL} \Rightarrow \text{LO}\alpha\text{LL} \Rightarrow \text{LOL}\alpha\text{L} \\
\Rightarrow \text{LOLL}\alpha \Rightarrow \text{LOLL}\beta \Rightarrow \text{LOL}\beta\text{O} \Rightarrow \text{LO}\beta\text{OO} \\
\Rightarrow \text{LLOO}
\end{array}
$$
♦

Aufgabe 1.2: Zeigen Sie, daß in einem Markov-Algorithmus Regeln, die auf $\varepsilon \to r$ folgen, nie angewandt werden.

---

40. Andrei A. Markov, 1903–1979, russischer Mathematiker. Markov-Ketten und -Prozesse in der Stochastik gehen auf seinen gleichnamigen Vater, 1856–1922, zurück.

1.6.2 Formale Systeme

Wir nennen $(U, \Rightarrow)$ ein **formales System**, wenn

- U eine endliche oder abzählbar unendliche Menge,
- $\Rightarrow \subseteq U \times U$ eine Relation ist,
- es einen Algorithmus gibt, der jedes $r \in U$ mit $l \Rightarrow r, l \in U$, in endlich vielen Schritten aus l berechnen kann.

r heißt dann aus l (**effektiv**) **berechenbar**. U könnte eine Menge von Wörtern und $\Rightarrow$ die Ableitungsrelation eines Semi-Thue-Systems oder eines Markov-Algorithmus sein. Wir könnten aber auch die Addition $(m, n) \Rightarrow (m + n, 0)$ auf der Grundmenge $U = \mathbb{Z} \times \mathbb{Z}$ der Paare ganzer Zahlen definieren. Hingegen können wir die Addition reeller Zahlen nicht als formales System beschreiben; einerseits ist die Menge der reellen Zahlen überabzählbar, andererseits terminieren Algorithmen zur Addition reller Zahlen nicht nach endlich vielen Schritten.

Aus Abschnitt 1.6 übertragen wir die Schreibweise $l \overset{*}{\Rightarrow} r$ auf formale Systeme. $(U, \overset{*}{\Rightarrow})$ ist selbst ein formales System. Allerdings können wir nur positiv feststellen, ob $l \overset{*}{\Rightarrow} r$ gilt. Haben wir ein r mit $l \overset{*}{\not\Rightarrow} r$ vorgegeben, so könnten wir uns nach 1000, 10 000, 100 000, … -facher Regelanwendung immer noch Hoffnungen machen, daß sich r ergibt: der Algorithmus terminiert möglicherweise nicht. Ein formales System heißt **entscheidbar**, wenn für beliebige $l, r \in U$ effektiv festgestellt werden kann, ob $l \overset{*}{\Rightarrow} r$ gilt oder nicht.

Aufgabe 1.3: Die Paare (l, r) mit $l \overset{*}{\not\Rightarrow} r$ definieren die Relation $\overset{*}{\not\Rightarrow}$. Dabei ist $\overset{*}{\not\Rightarrow} = U \times U \setminus \overset{*}{\Rightarrow} = \complement \overset{*}{\Rightarrow}$. Zeigen Sie: Ein formales System $(U, \Rightarrow)$ ist genau dann entscheidbar, wenn auch $(U, \overset{*}{\not\Rightarrow})$ ein (entscheidbares) formales System ist.

Formale Systeme beschreiben die allgemeinste Form von Relationen zwischen Gegenständen, die wir mit algorithmischen Methoden modellieren und realisieren können. Wir werden an zahlreichen Beispielen sehen, daß die Grundmenge U oft eine weitergehende Struktur aufweist, die in der Ableitungsbeziehung genutzt wird.

Ein formales System, z. B. ein Markov-Algorithmus, heißt **endlich erzeugt**, wenn die Relation $l \Rightarrow r$ durch eine endliche Menge von Regeln $p \rightarrow q$ definiert wird. Allerdings bestimmen diese Regeln das formale System nicht allein: Die Metaregeln, wie die Regeln angewandt werden, gehören ebenfalls zum formalen System, wie wir am Unterschied zwischen allgemeinen Semi-Thue-Systemen und Markov-Algorithmen sehen. Ein formales System $(U, \Rightarrow)$ heißt ein **Kalkül**[41], wenn die Relation $\Rightarrow$ durch eine endliche Menge $\{p \rightarrow q\}$ von (Grund-)Regeln zusammen mit einer endlichen Menge von **Meta-** oder **Kalkülregeln** definiert ist[42]. Ein Semi-Thue-System ist also ein Kalkül.

---

41. lat. *calculus*, glattes Steinchen, Rechenstein.

42. In der Logik spricht man statt von einem Kalkül auch von einer **konstruktiven Theorie**. Eine **nicht-konstruktive Theorie** bezeichnet ein System $(U, \Rightarrow)$, in dem die Relation $\Rightarrow$ nicht effektiv

1.6.3 Chomsky-Grammatiken

In den 50er Jahren untersuchten N. CHOMSKY[43] und andere Linguisten Semi-Thue-Systeme mit dem Ziel, die Struktur von Sätzen in natürlicher Sprache als **Ableitungsbaum** wie in Abb. 1.5 darzustellen. Hier ist *Satz* die Normalform für

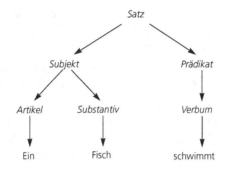

Abbildung 1.5: Schema des Ableitungsbaums eines Satzes

die Zeichenreihe Ein Fisch schwimmt. Es werden Regeln wie

$$Satz \rightarrow Subjekt\ Prädikat \tag{1.4}$$

oder

$$Substantiv \rightarrow Fisch \tag{1.5}$$

benutzt. CHOMSKY nannte diese Semi-Thue-Systeme **Grammatiken** und ihre Regeln **Produktionen**.

In einer Grammatik unterscheidet man syntaktische Begriffe wie *Satz, Verbum* usw. von den Wörtern der zu beschreibenden Sprache. Letztere betrachtet man als Einzelzeichen eines Zeichenvorrats Σ ohne weitere innere Struktur und bezeichnet sie als **terminale Zeichen** oder kurz als **Terminale**. Die syntaktischen Begriffe bilden den Zeichenvorrat N der **syntaktischen Variablen, nichtterminalen Zeichen** oder **Nichtterminale**[44].

Mit der Angabe einer Grammatik G verfolgt man das Ziel, die terminalen Zeichenreihen x, $x \in T^*$, zu beschreiben, die einem ausgezeichneten syntaktischen Begriff Z, dem **Startsymbol, Axiom** oder **Ziel** der Grammatik G, entsprechen. Die Menge $L(G)$ dieser Zeichenreihen heißt der **Sprachschatz** der Grammatik G. Das Ziel Z wird im Unterschied zu Abschnitt 1.6, wo wir die Menge aller, also nicht nur der terminalen, aus Z ableitbaren Zeichenreihen als formale Sprache $L_Z = L(G, Z)$ bezeichneten, nicht mehr explizit erwähnt, da es durch die Grammatik eindeutig gegeben ist.

---

berechenbar ist, bzw. in dem nicht bekannt ist, ob $\Rightarrow$ berechenbar ist.

43. NOAM A. CHOMSKY, geb. 1928, amerikanischer Linguist.

44. engl. *terminal* bzw. *nonterminal*.

Die Vereinigung $V = N \cup \Sigma$ heißt das **Vokabular** der Grammatik bzw. der formalen Sprache. Die Menge *aller* Zeichenreihen über den Zeichenvorräten V bzw. Σ bezeichnen wir im folgenden mit V^* bzw. Σ^*; auch die leere Zeichenreihe ε ist zulässig. Produktionen sind Regeln $l \rightarrow r$ mit Zeichenreihen l, r aus V^*. Eine Zeichenreihe x aus V^*, die durch endlich viele Anwendungen von Produktionen aus dem Ziel Z abgeleitet werden kann, in Zeichen $Z \stackrel{*}{\Rightarrow} x$, heißt eine **Satzform** oder **Phrase**[45]. Die Sprache $L(G)$ besteht also aus den terminalen Phrasen.

Wir können die Phrasenstruktur sichtbar machen, indem wir alle Produktionen $l \rightarrow r$ durch $l \rightarrow \langle r \rangle$ ersetzen. Die beiden Produktionenmengen $P = \{Z \rightarrow z, Z \rightarrow zZz\}$ und $P' = \{Z \rightarrow z, Z \rightarrow Zzz\}$ strukturieren Wörter wie $zzzzz$ unterschiedlich: $\langle z \langle z \langle z \rangle z \rangle z \rangle$ bzw. $\langle \langle \langle z \rangle zz \rangle zz \rangle$. G und G' beschreiben aber beide die Menge aller Wörter, die aus einer ungeraden Anzahl von z's bestehen.

Zwei Grammatiken G, G' heißen **schwach äquivalent**, wenn $L(G) = L(G')$. Zwei schwach äquivalente Grammatiken heißen **strukturäquivalent**, wenn es eine dritte schwach äquivalente Grammatik G'' gibt, und sich die Phrasenstruktur für G, G' bei allen Wörtern x aus dem Sprachschatz nur durch Zufügen von Klammerpaaren $\langle \cdots \rangle$ von der Phrasenstruktur für G'' unterscheidet. Wie bei natürlichen Sprachen sind Phrasen die bedeutungstragenden Strukturelemente eines Wortes x. Zwei strukturäquivalente Grammatiken können als Alternativen zur Beschreibung des gleichen semantischen Sachverhalts dienen, wenn nur die Phrasen für G'' bedeutungstragend sind; schwache Äquivalenz genügt nicht.

Im Sinne von Abschnitt 1.6 ist die Normalform einer Phrase x das Ziel Z. Während wir dort die Normalform n aus x herleiten, $x \stackrel{*}{\Rightarrow} n$, schreiben wir jetzt $Z \stackrel{*}{\Rightarrow} x$: Bei Grammatiken wird eine Phrase aus ihrer Normalform abgeleitet. Um herauszufinden, ob eine Zeichenreihe x eine Phrase ist, müssen wir ihre syntaktische Struktur feststellen. Dieser Vorgang heißt **Zerteilung**[46] von x. Durch Umkehr aller Pfeile erhalten wir aus einem Ableitungssystem A ein **Reduktions-** oder **Zerteilungssystem** R und umgekehrt. Ein Ableitungsbaum wie in Abb. 1.5 beschreibt sowohl, wie man den Satz Ein Fisch schwimmt aus dem Ziel Satz ableitet, als auch wie man ihn auf das Ziel reduziert.

Eine Grammatik $G = (\Sigma, N, P, Z)$, in der Σ, N und Z die vorstehende Bedeutung haben und P eine endliche Menge von Produktionen $l \rightarrow r$ ist, heißt eine **Chomsky-Grammatik**.

Chomsky-Grammatiken lassen sich nach der Form ihrer Produktionen $l \rightarrow r$ wie in Tab. 1.1 weiter klassifizieren.

Eine Grammatik ist eine **Chomsky-Typ 0** oder kurz eine **CH-0-Grammatik**,

---

45. engl. *sentential form* bzw. *phrase*. Grammatiken nach CHOMSKY heißen oft auch **Phrasenstrukturgrammatiken**.
46. engl. *parsing*.

Tabelle 1.1: Typen von Produktionen

Produktion	Produktions-typ	Eigenschaften	Gr.-typ
$l \to r$	allgemein	$l, r \in V^*$ beliebig	CH-0
$l \to \varepsilon$	ε-Produktion	$l \in V^*, r = \epsilon$	
$l \to r$	beschränkt	$l, r \in V^*, 1 \leqslant |l| \leqslant |r|$	CH-1
$uAv \to urv$	kontextsensitiv	$A \in N, u, v, r \in V^*, r \neq \varepsilon$	CH-1
$A \to r$	kontextfrei	$A \in N, r \in V^*$	CH-2
$A \to Bx$	linkslinear	$A, B \in N, x \in \Sigma$	CH-3
$A \to xB$	rechtslinear		CH-3
$A \to x$	terminierend	$A \in N, x \in \Sigma$	

wenn ihre Produktionen keinen Einschränkungen unterliegen. Insbesondere sind Produktionen $\varepsilon \to r$ erlaubt. Der Vergleich mit Markov-Algorithmen — die Schiffchen entsprechen in etwa den Nichtterminalen — zeigt, daß man jede berechenbare Menge als Sprache $L(G)$ einer Chomsky-0-Grammatik erhalten kann.

Eine Grammatik ist **kontextsensitiv**, vom **Chomsky-Typ 1** oder eine **CH-1-Grammatik**, wenn ihre Produktionen beschränkt oder kontextsensitiv sind. Da in einer Ableitung $Z \overset{*}{\Rightarrow} x \Rightarrow y$ stets $|x| \leqslant |y|$ gilt, kann man in endlich vielen Schritten bestimmen, ob ein Wort y vorgegebener Länge zu $L(G)$ gehört oder nicht; man muß nur die endlich vielen Wörter der Länge $|y|$ finden, die zu $L(G)$ gehören. Daher muß die Sprache $L(G)$ einer kontextsensitiven Grammatik entscheidbar sein.

Eine Grammatik ist **kontextfrei**, vom **Chomsky-Typ 2** oder eine **CH-2-Grammatik**, wenn ihre Produktionen kontextfrei sind. Eine kontextfreie Grammatik heißt **ε-frei**, wenn sie keine ε-Produktion enthält. Wir werden später sehen, daß ε-Produktionen nur benötigt werden, wenn $\varepsilon \in L(G)$. ε-freie kontextfreie Grammatiken leisten weniger als kontextsensitive Grammatiken: Die Struktur korrekter Programme in Programmiersprachen wie PASCAL, C, SATHER oder JAVA läßt sich mit einer kontextfreien Grammatik beschreiben; hingegen benötigen wir eine kontextsensitive Grammatik, wenn wir zusätzlich die Zuordnung von Bezeichnern zu Deklarationen prüfen wollen.

Eine Grammatik ist **regulär**, vom **Chomsky-Typ 3** oder eine **CH-3-Grammatik**, wenn sie neben terminierenden und ε-Produktionen entweder nur links- oder nur rechtslineare Produktionen enthält. Reguläre Grammatiken leisten weniger als ε-freie kontextfreie Grammatiken: Mit letzteren kann man feststellen, ob eine Formel wie $((a * (b + c)))$ korrekt geklammert ist. Mit einer regulären Grammatik kann man sich nur eine beschränkte Anzahl noch zu schließender Klammern merken. Wir werden noch sehen, daß linkslineare und rechtslineare

Produktionen gleich leistungsfähig sind. Mischt man beide Arten von Produktionen, so erhält man eine **lineare** Grammatik, die das Problem der korrekten Klammerung lösen kann.

Sei $G = (\Sigma, N, P, Z)$ eine beliebige Chomsky-Grammatik, die keine Produktion $\varepsilon \to r$ enthält. G heißt **separiert**, wenn auf der linken Seite der Produktionen nur Nichtterminale vorkommen. Wir können zu G stets eine strukturäquivalente, separierte Grammatik $G' = (\Sigma, N', P', Z)$ angeben. Dazu führen wir für jedes Zeichen $a \in \Sigma$ ein neues, bisher nicht benutztes Nichtterminal A ein. Ist N'' die Menge aller solchen neuen Nichtterminale, so setzen wir $N' = N \cup N''$. In den Produktionen $l \to r$ aus P ersetzen wir überall a durch A und erweitern die so modifizierte Produktionenmenge zu P', indem wir für alle $a \in \Sigma$ noch die entsprechende Produktion $A \to a$ hinzufügen.

Eine beschränkte Produktion $AB \to x_1 \cdots x_k$, $k \geqslant 2$, einer Grammatik G läßt sich unter Einführung neuer Nichtterminale A', B' strukturäquivalent durch kontextsensitive Produktionen ersetzen. Dazu setzen wir zunächst voraus, daß G separiert sei, also $A, B \in N$. Dann leisten die Produktionen $AB \to A'B$, $A'B \to A'B'$, $A'B' \to A'x_2 \cdots x_k$, $A' \to x_1$ das Verlangte. Durch vollständige Induktion sieht man, daß dieses Verfahren auf Produktionen mit linken Seiten beliebiger Länge $\geqslant 2$ verallgemeinert werden kann. Wir können also zu jeder CH-1-Grammatik mit beschränkten Produktionen eine strukturäquivalente Grammatik mit kontextsensitiven Produktionen angeben. Trivialerweise gilt auch die Umkehrung, da jede kontextsensitive Produktion beschränkt ist.

In der praktischen Anwendung sind vor allem kontextfreie und reguläre Grammatiken von Bedeutung. Nur für diese kann die Phrasenstruktur eines Wortes durch einen Ableitungsbaum wie in Abb. 1.5 vollständig angegeben werden. Wir beschränken uns nachfolgend auf diese Typen.

Wir spezifizieren solche Grammatiken meist nur durch Angabe der Produktionenmenge P und benutzen dabei folgende Konventionen:

- Die linke Seite der ersten Produktion bezeichnet das Ziel der Grammatik.
- Alle Zeichen, die nur auf der rechten Seite von Produktionen vorkommen, gehören zum terminalen Zeichenvorrat Σ.
- Alle nichtterminalen Zeichen kommen wenigstens einmal auf der linken Seite einer Produktion vor.
- Eine Menge $A \to r_1, A \to r_2, \ldots$ mit gleicher linker Seite A kann zusammengefaßt werden zu $A \to r_1 \mid r_2 \mid \ldots$ Der senkrechte Strich steht für *oder*.

Beispiel 1.4: Gegeben sei die kontextfreie Grammatik $G_A = (\Sigma, N, P, A)$ mit

$$P = \{ \quad A \; \to \; T \mid A + T, \tag{1.6}$$

$$T \; \to \; F \mid T * F, \tag{1.7}$$

$$F \; \to \; \text{bez} \mid (A)\} \tag{1.8}$$

Wenn bez beliebige einfache Operanden (Bezeichner, Konstante, usw.) bezeichnet, beschreibt G_A den Aufbau arithmetischer Ausdrücke mit den Operatoren + und ∗. Eine Formel wie $(a + b) ∗ c + d$ kann aus dem Zielsymbol A wie folgt abgeleitet werden:

$$
\begin{aligned}
A \;&\Rightarrow\; A + T \Rightarrow T + T \Rightarrow T * F + T \\
&\Rightarrow\; F * F + T \Rightarrow (A) * F + T \Rightarrow (A + T) * F + T \\
&\Rightarrow\; (T + T) * F + T \Rightarrow (F + T) * F + T \Rightarrow (\text{bez} + T) * F + T \\
&\Rightarrow\; (\text{bez} + F) * F + T \Rightarrow (\text{bez} + \text{bez}) * F + T \\
&\Rightarrow\; (\text{bez} + \text{bez}) * \text{bez} + T \Rightarrow (\text{bez} + \text{bez}) * \text{bez} + F \\
&\Rightarrow\; (\text{bez} + \text{bez}) * \text{bez} + \text{bez}.
\end{aligned}
$$

Die Abb. 1.6 zeigt den zugehörigen Ableitungsbaum. Die grauen Umrandungen, die nicht zum Ableitungsbaum gehören, umschließen die Anwendung bestimmter Produktionen. ♦

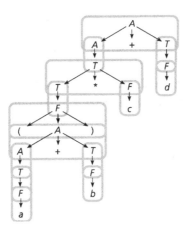

Abbildung 1.6: Ableitungsbaum zu $A \overset{*}{\Rightarrow} (a + b) * c + d$

Umgekehrt kann man $(a + b) ∗ c + d$ mit Hilfe von P auf A reduzieren. Dabei müssen wir feststellen, daß manche Reduktionen willkürlich erscheinen. Wir könnten z. B. die Formel auch auf $(A + A) ∗ A + A$ reduzieren. Dies ist allerdings eine **Sackgasse**: Die Reduktion läßt sich nicht weiter fortsetzen, die Formel scheint nicht aus A ableitbar zu sein.

Dies ist eine Folge des Indeterminismus bei der Anwendung von Produktionen. Später werden wir Verfahren kennenlernen, wie man den Ersetzungsprozeß in praktisch interessanten Fällen deterministisch gestalten kann.

Eine Produktion der Form $A \to B, A, B \in N$ heißt eine **Kettenproduktion**. Das vorige Beispiel enthält die Kettenproduktionen $A \to T$, $T \to F$, die nur dazu dienen, die Vorrangregeln zwischen den arithmetischen Operatoren sicherzustellen. Kettenproduktionen haben meist keine semantische Bedeutung; sie sollten weitgehend vermieden werden. Eine kontextfreie Grammatik heißt **anständig**[47], wenn sie keine ε- und keine Kettenproduktionen aufweist. Eine kontextfreie Grammatik $G = (\Sigma, N, P, Z)$ heißt **reduziert**, wenn das Ziel Z der Grammatik nirgends auf der rechten Seite von Produktionen erscheint und wenn es zu jedem $A \in N$ Zeichenreihen $u, v, w \in \Sigma^*$ so gibt, daß $Z \overset{*}{\Rightarrow} uAv \overset{*}{\Rightarrow} uwv$. (Es gilt dann $uwv \in L(G)$.)

Beispiel 1.5: Die Grammatik aus Beispiel 1.4 kann vereinfacht werden zu

$$P = \{A \to A + A \mid A * A \mid (A) \mid \text{bez}\}. \tag{1.9}$$

Die Ableitung von $(a + b) * c + d$ lautet dann

$$
\begin{aligned}
A \;\Rightarrow\; & A + A \Rightarrow A * A + A \Rightarrow (A) * A + A \\
\Rightarrow\; & (A + A) * A + A \Rightarrow (\text{bez} + A) * A + A \Rightarrow (\text{bez} + \text{bez}) * A + A \\
\Rightarrow\; & (\text{bez} + \text{bez}) * \text{bez} + A \Rightarrow (\text{bez} + \text{bez}) * \text{bez} + \text{bez}.
\end{aligned}
$$

Diese Ableitung entspricht dem **Kantorowitsch-Baum**[48] der Abb. 1.7. Er gibt die Ableitung eines arithmetischen Ausdrucks auf das Wesentliche beschränkt wieder: Statt des Nichtterminals tragen wir das Operatorzeichen ein; da es nur eine Produktion gibt, in der der Operator vorkommt, ergibt sich diese von selbst. Ebenso genügt die Angabe von bez statt der Produktion $A \to$ bez. Die notwendige Klammersetzung ergibt sich aus der Struktur des Baumes und den Vorrangregeln der Operatoren.

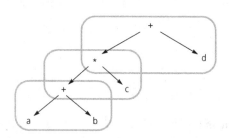

Abbildung 1.7: Kantorowitsch-Baum zu $A \overset{*}{\Rightarrow} (a + b) * c + d$

Die Produktionen (1.9) lassen für $a + b * c$ auch die Reduktion $A \Rightarrow A * A \Rightarrow A + A * A \overset{*}{\Rightarrow}$ bez + bez * bez zu, die eigentlich zu $(a + b) * c$ gehört. Zu $a + b * c$

47. engl. *proper*.

48. Leonid Witaljewitsch Kantorowitsch, 1912–1986, russischer Mathematiker und Wirtschaftswissenschaftler, Nobelpreisträger 1975, entwickelte u.a. die Grundlagen des linearen Programmierens. Er führte diese Bäume 1956 ein.

gehören also formal zwei verschiedene KANTOROWITSCH-Bäume, von denen aber nur einer die „richtige" Struktur wiedergibt.   ◆

Aufgabe 1.4: Zeichnen Sie die beiden KANTOROWITSCH-Bäume zu $a + b * c$.

Allgemein heißt eine kontextfreie Grammatik G **mehrdeutig**, wenn es zu einem Satz der Sprache $L(G)$ mehr als einen Ableitungsbaum gibt, andernfalls heißt sie **eindeutig**. Der Vergleich der Beispiele 1.4 und 1.5 zeigt, daß es zur gleichen Sprache L mehr als eine Grammatik geben kann, von denen eine mehrdeutig, die andere eindeutig ist. Dies ist allerdings ein Spezialfall: Es gibt auch **inhärent mehrdeutige Sprachen** L, für die keine einzige eindeutige Grammatik existiert.

Verwendet man kontextfreie Sprachen zur Beschreibung der Syntax von Programmiersprachen, so werden die Nichtterminale gewöhnlich durch Wörter in natürlicher Sprache wiedergegeben. Hierzu verwendet man folgende Konventionen:

- Statt $\to$ schreibt man $::=$
- Wörter, die als Nichtterminale benutzt werden, werden in $\langle\,\rangle$ eingeschlossen.
- Der senkrechte Strich $|$, gelesen *oder*, trennt rechte Seiten zur gleichen linken Seite von Produktionen.

Die Produktionen (1.9) lauten in dieser Schreibweise

$\langle$Ausdruck$\rangle$ $::=$ $\langle$Ausdruck$\rangle + \langle$Ausdruck$\rangle$ $|$
            $\langle$Ausdruck$\rangle * \langle$Ausdruck$\rangle$ $|$
            $(\langle$Ausdruck$\rangle)$ $|$ bez

Die Notation wurde von JOHN BACKUS 1959 erfunden und von PETER NAUR erstmals zur Beschreibung von ALGOL 60 eingesetzt. Sie ist daher als **Backus-Naur-Form**, abgekürzt **BNF**, bekannt[49].

Zur rechnergestützten Verarbeitung ist es häufig günstiger, die Nichtterminale als normale Wörter zu schreiben und stattdessen die terminalen Zeichen zu klammern, z. B., indem man sie in Apostrophzeichen einschließt. Diese Konvention ermöglicht den Gebrauch von runden und eckigen Klammern sowie von $*$ und $+$ als Metazeichen mit der Bedeutung

- $[\cdots]$ bezeichnet optionale Teile einer rechten Seite.
- $(\cdots)$ umschließt eine Gruppe von Zeichen.
- $|$ in einer runden oder eckigen Klammer trennt alternative Klammerinhalte.
- Ein Stern nach einem Zeichen oder einer runden Klammer bezeichnet n-fache Wiederholung des Zeichens oder der Gruppe, $n = 0, 1, \ldots$.

---

49. PETER INGERMAN, (INGERMAN , 1967), wies darauf hin, daß der Inder PĀNINI bereits zwischen 400 und 200 v. Chr. zur BNF vergleichbare Schreibweisen zur Beschreibung einer Sanskrit-Grammatik einsetzte.

- Ein Pluszeichen nach einem Zeichen oder einer runden Klammer bezeichnet *n*-fache Wiederholung des Zeichens oder der Gruppe, $n = 1, 2, \ldots$.

In dieser **erweiterten Backus-Naur-Form** oder **EBNF** lauten die Produktionen (1.6) - (1.8) erweitert um das unäre + und − sowie die Subtraktion

    Ausdruck   ::=   ['+' | '−'] Term (('+' | '−') Term)*

    Term   ::=   Faktor ('∗' Faktor)*

    Faktor   ::=   '(' Ausdruck ')' | 'bez'

Die Regeln der EBNF sind nicht verbindlich festgelegt, z. B. verwenden manche Autoren die Schreibweise $\{\cdots\}$ statt $(\cdots)^*$.

Statt EBNF kann man die Regeln auch graphisch durch **Syntaxdiagramme** wie in Abb. 1.8 wiedergeben. Ein Syntaxdiagramm hat genau einen Eingang und einen Ausgang. Jeder Weg vom Eingang zum Ausgang ergibt ein zulässiges Wort für den syntaktischen Begriff, der das Diagramm benennt. Ovale oder Kreise umschließen terminale Zeichen. Kästchen umschließen syntaktische Begriffe; für sie muß ein zulässiges Wort zu einem solchen Begriff eingesetzt werden. Wie man sieht, können Syntaxdiagramme auch rekursiv sein. Syntaxdiagramme benötigen oft wesentlich weniger syntaktische Begriffe als die entsprechende kontextfreie Grammatik.

Ausdruck

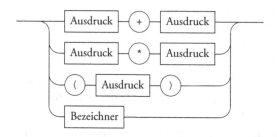

Abbildung 1.8: Syntaxdiagramm für Ausdrücke

1.7   Anmerkungen und Verweise

Wir sehen die *reale Welt* als Wirklichkeit an und Modelle als abstrakte Darstellungen davon. In der *Zwei-Welten-Lehre* des griechischen Philosophen PLATON sind dagegen die Ideen die Wirklichkeit, während die reale Welt das Modell ist. Diese Auffassung wird uns in der Aussagen- und Prädikatenlogik wiederbegegnen: Man achte also jeweils darauf, was als Modell bezeichnet wird.

Für die Geschichte der Entwicklung von Rechnern vergleiche man etwa (GOLDSCHEIDER und ZEMANEK , 1971) und (RANDELL , 1982). Weiterführendes über Rechenanlagen findet man in (GILOI , 1997).

Die präzise Definition des in Abschnitt 1.4 informell eingeführten Begriffs *Algorithmus* hat Mathematiker und Logiker in der ersten Hälfte des zwanzigsten Jahrhunderts sehr intensiv beschäftigt. Man fand eine Reihe unterschiedlicher Definitionen des Begriffs *algorithmisch berechenbar*. 1936 formulierte CHURCH[50], die nach ihm benannte **Churchsche These** (CHURCH , 1936): Alle Begriffsbestimmungen von algorithmisch berechenbar (einschl. der damals oder heute noch nicht bekannten) sind gleichwertig und definieren einheitlich die Begriffe **berechenbare Funktion** und **berechenbare Menge**. In jedem Fall gibt es endlich viele verschiedene Operationen (Regeln in Semi-Thue-Systemen oder Markov-Algorithmen) und eine Funktion $f(x)$ heißt für beliebige x aus dem Definitionsbereich von f berechenbar, wenn der Funktionswert durch endlich viele Anwendungen von Operationen entsprechend etwaigen Metaregeln aus x bestimmt werden kann; oft beschränkt man sich auf die Menge $\mathbb{N}$ der natürlichen Zahlen als Definitionsbereich von f. Eine Menge M heißt berechenbar, wenn es eine berechenbare surjektive Abbildung $f: \mathbb{N} \twoheadrightarrow M$ der natürlichen Zahlen (oder einer endlichen Teilmenge davon) auf M gibt. Insbesondere ist dann berechenbar, ob $x \in M$, d. h., ob es ein $n \in \mathbb{N}$ gibt mit $f(n) = x$.

Bisher konnte man alle Begriffsbestimmungen von Berechenbarkeit, darunter allgemeine Semi-Thue-Systeme, Markov-Algorithmen und Chomsky-0-Grammatiken, als äquivalent nachweisen. Reine Semi-Thue-Systeme ohne Hilfszeichen sind schwächer: Die Menge $\{a^{2^n} \mid n \geqslant 0\}$ ist berechenbar, aber nicht durch ein reines Semi-Thue-System erzeugbar, vgl. (SALOMAA , 1978).

Eine berechenbare Funktion f ist meist nur *partiell* (vgl. S. 354) definiert: Ein Markov-Algorithmus A zur Berechnung von f könnte mit dem Ergebnis L enden, falls die eingegebene Zeichenreihe zu einer bestimmten Menge M gehört. Daraus folgt nicht, daß A auch für Zeichenreihen, die nicht zu M gehören, terminiert; er könnte für $x \notin M$ auch endlos laufen. Wir bekommen also eine Antwort im Erfolgsfall, aber keine Antwort bei Mißerfolg. Trotzdem heißt nicht nur die Funktion f, sondern auch die Menge M berechenbar. Falls unser Algorithmus für beliebige Zeichenreihen (mit unterschiedlichem Ergebnis) terminiert, heißt die Funktion f, wie wir in Unterabschnitt 1.6.2 erläuterten, **entscheidbar**.

Normen legen gemeinsame Eigenschaften der Produkte verschiedener Hersteller fest, damit diese „die gleiche Sprache sprechen". Beispiele sind die Aufzeichnungsdichte für Diskettenlaufwerk und Disketten oder ein gemeinsamer Zeichencode für Programme. Normen müssen oftmals bestimmt werden, bevor überhaupt Produkte konstruiert und auf den Markt gebracht werden. Die gemeinsame Festlegung von Spezifikationen durch Auftraggeber und Hersteller setzt ebenfalls voraus, daß diese die gleiche Sprache sprechen. Andernfalls kommt es zu Mißverständnissen, die zur Unbrauchbarkeit des Ergebnisses füh-

---

50. ALONZO CHURCH, 1903–1995, amerikanischer Mathematiker und Logiker.

ren können. Während in der Mathematik die gemeinsame Terminologie durch Lehrbücher erreicht wird, erweist sich dies in der Informatik als ein zu langsamer Prozeß. Daher wird auch die Terminologie in der praktischen und technischen Informatik zunehmend durch Normen oder *de facto* Standards geregelt. Der Informatiker muß solche Produkt- und Terminologie-Normen zur Kenntnis nehmen und an ihrer Weiterentwicklung mitarbeiten.

Kapitel 2
Halbgruppen
Relationen

Der Satz „das Haus hat vier Wände" beschreibt eine Beziehung zwischen dem System *Haus* und seinen Komponenten des Typs *Wand*. Der analoge Satz „das Haus hat vier Buchstaben" beschreibt den Aufbau des Wortes *Haus*. Der erste Satz interpretiert *Haus* als Begriff. Der zweite Satz handelt vom Aufbau der Nachricht, die diesen Begriff wiedergibt. In beiden Fällen haben wir Beziehungen zwischen Gegenständen im Sinne von Abschn. 1.3 vor uns. Sie stellen Relationen (im mathematischen Sinne) dar und werden in großem Umfang zur Modellierung von Systemen eingesetzt. Am deutlichsten wird dies in der Modellierungstechnik relationaler Datenbanken, die auf der relationalen Algebra aufbaut.

Kausale Abhängigkeiten, zeitliche Abfolgen wie *Zustand q kann auf Zustand p folgen* oder die Ableitungsrelationen formaler Systeme sind ebenfalls Relationen. Wichtige Eigenschaften dieser Beziehungen sind bereits ersichtlich, wenn wir sie als Ordnungen auffassen.

Als Anwendungen verschiedener relationaler Techniken ergeben sich endliche Automaten und Petrinetze, deren Grundbegriffe wir hier einführen.

Relationen zwischen Gegenständen aus einem endlichen oder abzählbar unendlichen Universum bilden die Kanten zwischen den Ecken von Graphen, die sich auch zeichnerisch wiedergeben lassen. Nicht nur wegen der graphischen Wiedergabe sind Relationen auf das Engste mit Graphen im Sinne der Graphentheorie verknüpft, die wir in diesem Kapitel studieren. Wir beginnen mit der einfachsten Beziehung, die wir in Texten kennen, nämlich dem Nebeneinanderschreiben von Buchstaben. Dies führt uns zu Halbgruppen und Monoiden.

Wir bauen dabei auf den Begriffen der Mengenlehre aus Anhang A auf.

2.1 Halbgruppen und Monoide

Zeichenreihen oder Texte wie zeichenreihe, 3.1415, (x+1)^2 oder Dies ist ein Satz sind Daten, die Informationen wiedergeben. Um diese Information zu entnehmen oder um solche Daten umzuformen, etwa mit Markov-Algorithmen wie in

Unterabschnitt 1.6.1, müssen wir die Struktur der Zeichenreihen untersuchen können: Jede Zeichenreihe ist ein (endliches) System, das aus Zeichen als elementaren Gegenständen besteht. Die einzige Beziehung zwischen Zeichen ist die des *Aufeinanderfolgens*. Beim Umformen von Zeichenreihen ist das Hintereinanderschreiben von Zeichen die Operation, die diese Beziehung herstellt. Wir nennen sie **Verkettung** oder **Konkatenation**. Wenn wir die Verkettung explizit notieren wollen, benutzen wir das Zeichen · und haben dann zum Beispiel

$$3 \cdot 7 = 37 \tag{2.1}$$

oder

$$\text{z} \cdot \text{e} \cdot \text{i} \cdot \text{c} \cdot \text{h} \cdot \text{e} \cdot \text{n} \cdot \text{r} \cdot \text{e} \cdot \text{i} \cdot \text{h} \cdot \text{e} = \text{zeichenreihe.} \tag{2.2}$$

Hier steht links die *Formel* 3 · 7, rechts deren *Ergebnis* 37. Das Gleichheitszeichen ist also als *ergibt sich zu* zu lesen. Natürlich könnten wir den Text 37 selbst wieder als eine Formel auffassen, die nur aus einem Operanden besteht und keinen Operator enthält. In dieser Interpretation bedeutet (2.1), daß die Formeln auf der linken und rechten Seite das gleiche Ergebnis liefern. Wir benutzen diese Interpretation in (2.3). In der Mathematik werden Formeln und ihr Ergebnis oft als gleich angesehen. In der Informatik ist eine Formel jedoch eine Rechenvorschrift und es bedarf einer Aktion, des Aufrufs der Rechenvorschrift, um das Ergebnis zu ermitteln. Die linke und rechte Seite der Gleichung, Rechenvorschrift und Ergebnis, sind also keineswegs *gleich*. In Programmiersprachen ordnen wir ihnen sogar einen unterschiedlichen (Daten)typ zu.

Bei der Verkettung von Zeichen spielt die Reihenfolge der Ausführung der Operationen offenbar keine Rolle. Es gilt also das **Assoziativgesetz**

HG1: $(a \cdot b) \cdot c = a \cdot (b \cdot c)$ $\hspace{4cm}$ (2.3)

Eine Menge A mit einer zweistelligen Operation ·, also einer Operation mit zwei Operanden, die wieder Ergebnisse in A liefert, heißt eine **Halbgruppe**, wenn für diese Operation das Assoziativgesetz HG1 gilt. Die Halbgruppe heißt **kommutativ** oder **abelsch**[1], wenn zusätzlich das **Kommutativgesetz**

HG2: $a \cdot b = b \cdot a$ $\hspace{5cm}$ (2.4)

gilt. Die Verkettung von Zeichen ist nicht kommutativ.

Ein Tripel (Menge, Operationen, Gesetze) heißt eine **Algebra**. Halbgruppen sind also spezielle Algebren $\mathscr{A} = (A, \{\cdot\}, \{HG1\})$. A heißt die **Trägermenge** der Algebra. Ihre Bezeichnung A wird oft statt $\mathscr{A}$ für die gesamte Algebra verwandt. Die Eigenschaft, daß das Ergebnis der Anwendung einer Operation auf Elemente von A wieder zu A gehört, nennt man **algebraische Abgeschlossenheit** von A (gegen die angegebenen Operationen).

---

1. Niels Henrik Abel, 1802–1829, norwegischer Mathematiker.

Eine Gruppe im Sinne der Mathematik ist zugleich eine Halbgruppe. Ein Ring bezüglich der Multiplikation als Verknüpfung ist eine Halbgruppe. Die natürlichen Zahlen $\mathbb{N}$ bilden sowohl bezüglich der Addition wie bezüglich der Multiplikation abelsche Halbgruppen, aber keine Gruppen. Da Mengenvereinigung und -durchschnitt, sowie die entsprechenden Operationen für Mehrfachmengen aus der Tab. A.1 alle assoziativ sind, bilden Mengen bzw. Mehrfachmengen über einer Grundmenge U mit einer dieser Operationen Halbgruppen.

Eine Halbgruppe heißt endlich, wenn ihre Grundmenge endlich ist. Sie kann durch eine Verknüpfungstabelle wie in Tab. 2.1 definiert werden.

Tabelle 2.1: Verknüpfungstabelle einer endlichen Halbgruppe

	0	1	viele
0	0	1	viele
1	1	viele	viele
viele	viele	viele	viele

Oft nennt man die Operation · Multiplikation, auch wenn es sich nicht um die Multiplikation von Zahlen handelt, und deutet ihre Anwendung nur durch Nebeneinanderschreiben der Argumente an.

Gibt es ein Element $\varepsilon \in A$ mit

$$\varepsilon \cdot a = a, \quad a = a \cdot \varepsilon \tag{2.5}$$

für alle $a \in A$, so heißt die Halbgruppe ein **Monoid**. Das Element ε heißt **neutrales** oder **Einselement** des Monoids. Wir gebrauchen im weiteren den Buchstaben ε ausschließlich zur Bezeichnung eines neutralen Elements.

Das neutrale Element ist eindeutig bestimmt: Gäbe es zwei solche Elemente $\varepsilon, \varepsilon'$, so hätten wir $\varepsilon = \varepsilon \cdot \varepsilon' = \varepsilon'$ durch Anwendung beider Gleichungen (2.5). In einer Halbgruppe kann es allerdings mehrere Elemente geben, die jeweils nur eine der beiden Beziehungen (2.5) erfüllen. Sie heißen **Links-** und **Rechtseinselemente**.

Die Menge aller Relationen $\rho \subseteq M \times M$ sowie die Menge aller Abbildungen $f : M \to M$ mit der in (A.17) auf S. 354 erklärten Verknüpfung $\rho \circ \sigma$ sind Monoide. Das neutrale Element ist die identische Relation Δ aus (A.12).

Die Menge $\mathbb{N}$ der nicht-negativen ganzen Zahlen ist bezüglich der Addition und bezüglich der Multiplikation ein Monoid.

In einer Halbgruppe $\mathscr{A}$ können wir das **Komplexprodukt** zweier Teilmengen $M, N \subseteq A$ erklären durch

$$M \cdot N := \{m \cdot n \mid m \in M \text{ und } n \in N\}. \tag{2.6}$$

Das Komplexprodukt definiert eine Multiplikation auf der Potenzmenge $\mathfrak{P}(A)$, die $\mathfrak{P}(A)$ zur Halbgruppe macht. In dieser gilt $\emptyset \cdot M = \emptyset$ für beliebiges M. Falls $\mathcal{A}$ ein Monoid ist, so ist $\mathfrak{P}(A)$ ebenfalls ein Monoid; neutrales Element von $\mathfrak{P}(A)$ ist $e = \{\varepsilon\}$:

$$e \cdot M = \{\varepsilon \cdot m \mid m \in M\} = M = \{m \cdot \varepsilon \mid m \in M\} = M \cdot e.$$

Eine Teilmenge $H \subseteq A$ heißt **Unterhalbgruppe** von $\mathcal{A}$, wenn H algebraisch abgeschlossen ist, wenn also

$$m \cdot n \in H, \text{ falls } m, n \in H. \tag{2.7}$$

Damit H auch ein **Untermonoid** eines Monoids $\mathcal{A}$ ist, muß zusätzlich $\varepsilon \in H$ gelten.

In Erweiterung der Notation des Komplexprodukts setzen wir $M^1 := M$, $M^{i+1} := M^i \cdot M$ für $i = 1, 2, \ldots$ und beliebige Mengen $M \subseteq A$. Für ein Monoid $\mathcal{A}$ setzen wir außerdem $M^0 := \{\varepsilon\}$. Mit

$$M^+ := \bigcup_{i \in \mathbb{N} \setminus \{0\}} M^i = \{x \mid \text{es gibt } i \geq 1 \text{ und } x \in M^i\} \tag{2.8}$$

sowie für Monoide

$$M^* := M^0 \cup M^+ \tag{2.9}$$

gilt:

Satz 2.1: *M^+ ist die kleinste Unterhalbgruppe und M^* das kleinste Untermonoid, das die Menge M umfaßt.*

Aufgabe 2.1: Beweisen Sie Satz 2.1.

Wir nennen M^+ bzw. M^* die **von M erzeugte Halbgruppe** bzw. **Monoid**. Umgekehrt heißt M ein **Erzeugendensystem** von M^+ bzw. M^*. Falls M endlich ist, heißt M^+ bzw. M^* **endlich erzeugt**.

Im Monoid $\mathbb{N}$ der nicht-negativen ganzen Zahlen mit der Addition als Verknüpfung erzeugt die Menge $\{1\}$ die Unterhalbgruppe $\{1\}^+ = \mathbb{N}^+$. Da 0 das neutrale Element ist, erhalten wir als Untermonoid $\{1\}^* = \mathbb{N}$ das gesamte Monoid zurück.

Im oben betrachteten Monoid der Relationen $\rho \subseteq M \times M$ mit der Komposition $\rho \circ \sigma$ als Verknüpfung gilt:

Satz 2.2: *Es gilt $\rho = \rho^+$ genau dann, wenn die Relation ρ transitiv ist. ρ ist genau dann transitiv und reflexiv, wenn $\rho = \rho^*$. ρ ist genau dann eine Äquivalenzrelation, wenn $\rho = (\rho \cup \rho^T)^*$*

Aufgabe 2.2: Beweisen Sie Satz 2.2.

ρ^+ heißt die **transitive** und ρ^* die **transitive, reflexive Hülle** von ρ. Ist bereits ρ transitiv und reflexiv, so gilt $\rho = \rho^+ = \rho^*$.

Wir kehren zu Zeichenreihen zurück und betrachten die Menge aller Zeichenreihen über einer Grundmenge Σ (von Zeichen). Die Verkettung repräsentieren wir durch Nebeneinanderschreiben: $x \cdot y = xy$. Dann ist

$$\Sigma^+ := \{ x \mid \text{es gibt ein } n \geq 1 \text{ und } x = x_1 \cdots x_n, \, x_i \in \Sigma \} \qquad (2.10)$$

eine Halbgruppe, deren Elemente x wir **Zeichenreihen, Texte** oder **Wörter** über Σ nennen. Nehmen wir noch das **leere Wort** ε, das aus null Zeichen besteht, hinzu, so ist $\Sigma^* := \Sigma^+ \cup \{\varepsilon\}$ ein Monoid. Wir hatten es bereits in Unterabschnitt 1.6.3 kennengelernt. n-fache Wiederholung des gleichen Zeichens oder des gleichen Teilworts w bezeichnen wir mit w^n, wobei $w^1 = w$ und $w^0 = \varepsilon$. Die Anzahl der Zeichen in einer Zeichenreihe $x = x_1 \cdots x_n$ heißt die **Länge** der Zeichenreihe, $|x| = n$, $n \geq 0$.

Aufgabe 2.3: Σ^* sei eine Menge von Wörtern. Erklären Sie den Unterschied zwischen $\emptyset$ und $\{\varepsilon\}$ als Teilmengen von Σ^*.

Die Zeichenvorräte Σ, die in der Informatik vorkommen, sind überwiegend endlich. Es gilt dann der

Satz 2.3: *Das Monoid Σ^* über einem endlichen Zeichenvorrat Σ ist abzählbar.*

Zum Beweis benutzen wir eine Idee, die auf den Logiker KURT GÖDEL[2] zurückgeht und **Gödelnumerierung** heißt: Wir numerieren die Zeichen $s \in \Sigma$ in beliebiger Weise mit den Zahlen $1, \ldots, k$. Jede Zeichenreihe entspricht also einem n-Tupel $(i_1, \ldots, i_n)$, wobei i_j der Index von x_j in der Numerierung von Σ ist. Dann ist die Zuordnung zwischen Zeichenreihen und Tupeln eine bijektive Abbildung $\Sigma^* \to \Sigma \mathbb{N}$ auf die direkte Summe abzählbar vieler Exemplare von $\mathbb{N}$. Sei nun $[2, 3, 5, \ldots]$ die (abzählbar unendliche) Folge der Primzahlen. Wir bezeichnen sie der Reihe nach mit $p_1, p_2, p_3, \ldots$ Die Eindeutigkeit der Zerlegung einer ganzen Zahl in Primfaktoren besagt, daß $p_1^{h_1} \cdots p_m^{h_m} = p_1^{i_1} \cdots p_n^{i_n}$ genau dann gilt, wenn $m = n$ und $(h_1, \ldots, h_n) = (i_1, \ldots, i_n)$. Für unterschiedliche Zeichenreihen x, y ist daher die **Gödelnummer** $f(x)$,

$$f(\varepsilon) \to 1, \quad f(x_1 \cdots x_n) \to (i_1, \cdots, i_n) \to p_1^{i_1} \cdots p_n^{i_n}, \qquad (2.11)$$

verschieden. Die Gödelnumerierung $f : \Sigma^* \to \mathbb{N}$ ist also eine injektive Abbildung der Menge Σ^* der Zeichenreihen in die abzählbare Menge der natürlichen Zahlen. Daher ist Σ^* abzählbar. ♦

Statt über einem Zeichenvorrat Σ kann man Monoide U^* auch über Grundmengen U konstruieren, die beliebige Elemente enthalten, z. B. Zahlen, Bilder

---

2. KURT GÖDEL, 1906–1978, der bedeutendste Logiker des zwanzigsten Jahrhunderts.

oder Texte, die selbst aus einem anderen Monoid Σ^* stammen. Die Elemente des
Monoid heißen dann **Listen**, **Sequenzen** oder **Folgen**[3] über der Grundmenge U.
Wir notieren sie mit $[x_1, x_2, \cdots, x_n]$, $x_i \in U$. Das neutrale Element ist die **leere
Liste** $[\,]$. Statt U^* schreiben wir oft $[U]$ zur Bezeichnung des gesamten Monoids.
Für die Verknüpfung benutzen wir statt $\cdot$ meist ++ oder Funktionsschreibweise:

append([Apfel, Birne], [Pflaume, Kirsche, Traube]).

Nach Definition ist die Funktion append assoziativ. Andere Gesetze gelten jedoch nicht. Insbesondere ist $[1, 2, 2] \neq [1, 2]$ und $[1, 2, 2] \neq [2, 2, 1]$. Dies
verdeutlicht den Unterschied zu Mengen und Mehrfachmengen. Jede Liste der
Länge n ist ein Element von U^n, wobei $U^0 = \{[\,]\}$. Sie repräsentiert also ein
n-Tupel, die Menge aller n-Tupel ist gerade die Menge aller Listen der Länge n.

In einem Monoid heißt ein Element x' **invers** zu einem Element x, wenn
$x \cdot x' = \varepsilon = x' \cdot x$. Ein Monoid, in dem jedes Element ein Inverses besitzt, ist eine
Gruppe. In vielen Monoiden gibt es zwar nicht zu allen, aber doch zu manchen
Elementen ein Inverses. So können im Monoid der Abbildungen $f: M \to M$
einer Menge M in sich alle bijektiven Abbildungen invertiert werden. Im Monoid Σ^* der Zeichenreihen ist außer dem neutralen Element ε kein Element
invertierbar. Es gilt aber wenigstens die **Links-** und **Rechtskürzungsregel**:

$$\text{Für } x, y, w \in \Sigma^* \text{ folgt } x = y \text{ aus } w \cdot x = w \cdot y. \qquad (2.12)$$

$$\text{Für } x, y, w \in \Sigma^* \text{ folgt } x = y \text{ aus } x \cdot w = y \cdot w. \qquad (2.13)$$

Diese Regeln gelten auch im additiven Monoid $\mathbb{N}$ und in vielen anderen Halbgruppen und Monoiden. Wenn wir aber nachrechnen wollen, daß $3+2+3 = 7+1$
gilt, müssen wir trotzdem auf beiden Seiten die Verknüpfung anwenden, um dann
festzustellen, daß $8 = 8$ gilt. Zur Überprüfung von $x_1 \cdots x_m = y_1 \cdots y_n$ in Σ^*
genügt es hingegen, festzustellen, daß $m = n$ und $x_i = y_i$ für $i = 1, \ldots, n$ gilt.

2.2 Relationen und Graphen

Relationen $\rho \subseteq U \times V$ sind der grundlegende Formalismus, um Beziehungen
zwischen Gegenständen zweier Grundmengen U, V zu beschreiben. Da wir jede
Relation auch als Teilmenge des kartesischen Produkts $(U \cup V) \times (U \cup V)$
ansehen können, beschränken wir uns im folgenden zumeist auf sogenannte
homogene Relationen $\rho \subseteq E \times E$. In vielen Fällen ist die Grundmenge E endlich.
Wir numerieren deren Elemente e_i mit $i = 0, \ldots, n - 1$. Solche endlichen
Relationen gestatten eine anschauliche Darstellung durch gerichtete Graphen.

---

3. Genauer: endliche Folgen, im Unterschied zu Folgen in der Mathematik, die abzählbar viele
Elemente umfassen.

2.2.1 Gerichtete und ungerichtete Graphen

Gegeben sei eine Grundmenge $E = \{e_i\}$, die wir Menge von **Ecken** nennen. Ein **gerichteter Graph** $G = (E, K)^4$ ist gegeben durch eine Eckenmenge E und eine Relation $K \subseteq E \times E$. Der Graph heißt endlich, wenn E eine endliche Menge ist. K ist seine **Kantenmenge** und die Elemente $(e, e') \in K$ heißen **Kanten**. Statt $(e, e') \in K$ schreiben wir oft $e \to_G e'$ oder noch kürzer $e \to e'$, wenn K und der Graph $G = (E, K)$ aus dem Zusammenhang klar sind.

Jede Relation ρ kann als Kantenmenge eines (endlichen oder unendlichen) gerichteten Graphen aufgefaßt werden. Wir benutzen im folgenden die Begriffe *Relation* und *gerichteter Graph* weitgehend synonym.

Endliche gerichtete Graphen können wir zeichnen, indem wir Ecken durch Punkte und Kanten durch Pfeile zwischen diesen Punkten darstellen. Dabei kommt es nicht darauf an, wie wir die Ecken und Kanten positionieren. Die drei Darstellungen der Abb. 2.1 zeigen denselben Graph (und daher dieselbe Relation).

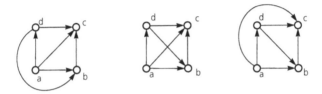

Abbildung 2.1: Der Graph zur Relation $\{(a, b), (a, c), (a, d), (b, c), (d, b), (d, c)\}$

Ist die Relation ρ symmetrisch, so gehört im Graph mit $e \to e'$ auch $e' \to e$ zu K. Die durch die Kanten ausgedrückte Beziehung beruht *auf Gegenseitigkeit*. Ein Graph mit dieser Eigenschaft heißt ein **allgemeiner** oder **ungerichteter Graph**. Bei einem solchen Graphen genügt eine der beiden Beziehungen (e, e'), (e', e) in der Kantenmenge K. Die andere Kante ist damit automatisch gegeben. Auch in der zeichnerischen Darstellung geben wir nur eine Kante wieder, allerdings als einfache Verbindung der Ecken, nicht als Pfeil.

Beschränken wir eine Relation ρ auf eine Teilmenge $E' \subseteq E$ der Eckenmenge, so entspricht der nach (A.16) auf S. 354 gebildeten Relation $\rho|_{E'}$ der **Teilgraph** $G' = (E', K')$ des (gerichteten oder ungerichteten) Graphen $G = (E, K)$ mit

$$K' = \{(e, e') \mid e, e' \in E' \text{ und } (e, e') \in K\}. \tag{2.14}$$

Zu K' gehören also *alle* Kanten aus K, die Ecken $e, e' \in E'$ miteinander verbinden. Abb. 2.2 zeigt einen Teilgraph des Graphen aus Abb. 2.1.

---

4. engl. *directed graph*, oft abgekürzt zu *digraph*.

Abbildung 2.2: Ein Teilgraph des Graphen aus Abb. 2.1

Der leeren Relation $\rho = \emptyset$ entspricht im Graphen die leere Kantenmenge $K = \emptyset$. Der inversen Relation ρ^{-1} entspricht der **duale Graph** $G^T = (E, K^T)$ mit $(e, e') \in K^T$ genau dann, wenn $(e', e) \in K$. Im dualen Graphen wird die Richtung aller Pfeile umgekehrt. Ein Graph ist ungerichtet, wenn $\rho = \rho^T$; er stimmt also mit seinem dualen Graph überein.

Die Menge $e^\bullet$ der Kanten, die von einer Ecke e eines gerichteten Graphen ausgehen, heißt **Ausgangsmenge** der Ecke e. Entsprechend definiert man die **Eingangsmenge** $^\bullet e$ als die Menge der Kanten, die in einer Ecke e enden. $|e^\bullet|$ und $|^\bullet e|$ heißen **Ausgangs-** bzw. **Eingangsgrad** der Ecke e. Wenn wir über alle Ecken e des Graphen summieren, erhalten wir

$$\sum_{e \in E} |e^\bullet| = \sum_{e \in E} |^\bullet e|. \tag{2.15}$$

In einem ungerichteten Graph ist jede Eingangskante auch Ausgangskante, es gilt $|e^\bullet| = |^\bullet e|$ für alle $e \in E$. Man nennt diese Zahl den **Grad** $\mathrm{grad}(e)$ der Ecke.

Ein Graph heißt **vollständig**, wenn zwischen je 2 Ecken eine Kante existiert. Abb. 2.3 zeigt den vollständigen Graph K_5. In einem vollständigen (ungerichteten) Graph gilt für alle Ecken $\mathrm{grad}(e) = |E| - 1$.

Abbildung 2.3: Der vollständige Graph K_5

Eine Folge $(e_0, e_1, \ldots, e_n)$ von Kanten $(e_i, e_{i+1}) \in K, i = 0, \ldots, n-1$, heißt ein **Weg** der Länge $n \geq 0$, von der Ecke e_0 zur Ecke e_n. e_n heißt dann von e_0 aus **erreichbar**. Wir schreiben dafür $e_0 \overset{*}{\to} e_n$; falls der Weg wenigstens die Länge 1 haben soll, schreiben wir $e_0 \overset{+}{\to} e_n$. Diese Begriffe werden für ungerichtete und für gerichtete Graphen verwandt.

Ein Weg der Länge $n \geq 1$ heißt ein **Zyklus**, wenn $e_0 = e_n$. In ungerichteten Graphen bezeichnet man einen Zyklus oft als **Kreis**. Ein Zyklus heißt **einfach**, wenn alle Ecken e_i, $1 \leqslant i \leqslant n$, verschieden sind. Er heißt **eulersch**[5], wenn er alle Kanten des Graphen genau einmal enthält. Ein Kreis heißt ein **hamiltonscher Kreis**[6], wenn er alle Ecken des (ungerichteten) Graphen genau einmal enthält. Ein gerichteter Graph, der keine Zyklen enthält, heißt **azyklisch**[7]. Entsprechend heißt auch eine Relation, die einen azyklischen (endlichen oder unendlichen) Graphen ergibt, eine **azyklische Relation**.

EULER begründete 1736 die Graphentheorie mit der Lösung des Königsberger Brückenproblems: Gibt es einen Weg, der genau einmal über alle 7 damaligen Brücken über den Fluß Pregel führt und zum Ausgangspunkt zurückkehrt? Die Abb. 2.4 zeigt ein schematisches Bild und den zugehörigen ungerichteten Graphen. Ein eulerscher Kreis existiert in einem ungerichteten zusammenhängenden Graphen genau dann, wenn der Grad aller Ecken gerade ist: in einem zusammenhängenden gerichteten Graphen muß $|{}^\bullet e| = |e^\bullet|$ für alle Ecken e gelten. Das Königsberger Brückenproblem ist daher nicht lösbar.

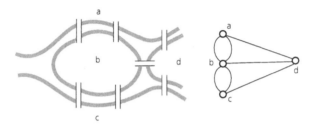

Abbildung 2.4: Königsberger Brückenproblem

Ein ungerichteter Graph, der keine Kreise enthält, heißt **kreislos** oder ein **Wald**. Ein kreisloser, ungerichteter Graph heißt ein (**ungerichteter**) **Baum**, wenn je zwei Ecken durch genau einen Weg miteinander verbunden sind.

Satz 2.4: *Für einen ungerichteten Baum $G = (E, K)$ mit endlich vielen Ecken gilt $|E| = |K| + 1$.*

Wir beweisen dies durch vollständige Induktion über die Anzahl $|E|$ der Ecken. Für einen Baum mit einer Ecke und null Kanten ist die Behauptung richtig. Ist die Behauptung schon für Bäume mit $|E| = n$ Ecken richtig, so sieht man, daß bei Hinzunahme einer weiteren Ecke e auch eine Kante hinzugefügt werden muß, damit e von den existierenden Ecken erreichbar ist. Umgekehrt muß mit jeder neuen Kante k auch eine neue Ecke hinzukommen, da k sonst zwei schon existierende und daher durch einen Weg verbundene Ecken verbinden würde. Dann aber würde k zusammen mit diesem Weg einen Kreis bilden. Also gilt die Behauptung auch für Bäume mit $n + 1$ Ecken und damit für Bäume mit beliebig vielen Ecken.   ♦

---

5. LEONHARD EULER, 1707−1783, schweizer Mathematiker, einer der bedeutensten Mathematiker seines Jahrhunderts.

6. Sir WILLIAM ROWAN HAMILTON, 1805−1865, irischer Mathematiker, der die Kräftefunktion (hamiltonsches Prinzip) in die theoretische Mechanik einführte.

7. engl. *directed acyclic graph*, oft abgekürzt zu **DAG**.

Aufgabe 2.4: Zeigen Sie, daß ein endlicher Wald $G = (E, K)$ aus Bäumen besteht. Es gilt $|E| = |K| + z$, wenn z die Anzahl der Bäume des Waldes ist.

Eine Ecke eines ungerichteten Graphen mit $\text{grad}(e) = 1$ heißt ein **Blatt**.

Aufgabe 2.5: Zeigen Sie durch vollständige Induktion, daß jeder Baum $G = (E, K)$ mit $|E| \geqslant 2$ mindestens 2 Blätter hat.

Ein azyklischer Graph heißt ein **(gerichteter) Wald**, wenn $|{}^{\bullet}e| \leqslant 1$ für alle Eingangsgrade gilt. Ein gerichteter Wald ist ein **(gerichteter) Baum**, wenn es genau eine Ecke e mit $|{}^{\bullet}e| = 0$ gibt. Diese Ecke heißt die **Wurzel** des Baumes. In gerichteten Bäumen zeichnen wir häufig die Kanten als Striche, nicht als Pfeile, da sich die Richtung automatisch ergibt. Ein **Blatt** eines gerichteten Graphen ist eine Ecke mit Ausgangsgrad $|e^{\bullet}| = 0$. In einem gerichteten Baum heißt die maximale Länge eines Wegs von einer Ecke e zu einem Blatt die **Höhe** von e. Die Höhe der Wurzel heißt **Höhe des Baumes**. Die Weglänge von der Wurzel zu e heißt **Tiefe** von e.

Der Graph der Abb. 2.1 ist azyklisch, aber kein Wald. Von der Ecke a sind alle Ecken auf mehreren Wegen erreichbar; von der Ecke c ist hingegen keine andere Ecke erreichbar.

Wege (e, e) der Länge 1 heißen auch **Schlingen**. Eine Relation ρ ist reflexiv genau dann, wenn es zu jeder Ecke e des zugehörigen Graphen eine Schlinge gibt. Es gilt dann $\rho = \Delta \cup \rho$ mit der identischen Relation Δ aus (A.12) auf S. 353. Die Abb. 2.5 zeigt diese Relation für den Graphen aus Abb. 2.1. ρ ist irreflexiv oder schlingenfrei, wenn es im Graphen keinen einzigen Zyklus der Länge 1 gibt.

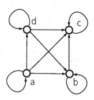

Abbildung 2.5: Die Relation $\Delta \cup \rho$ zur Relation aus Abb. 2.1

Ein Zyklus heißt auch ein **geschlossener Weg**. Ein **spannender Weg** ist ein Weg, der alle Ecken $e \in E$ enthält. Ein **Semiweg** in einem gerichteten Graph ist eine Eckenfolge $(e_0, e_1, \ldots, e_n)$, $n \geqslant 0$, so daß für jedes $i = 0, \ldots, n - 1$ $e_i \to e_{i+1}$ oder $e_{i+1} \to e_i$ (oder beide) Kanten in K sind. Im Beispiel der Abb. 2.1 ist (a, b, c, d, a) ein Semiweg, aber kein Zyklus.

Nach Satz 2.2 ist eine Relation ρ transitiv genau dann, wenn $\rho = \rho^+$. Im zugehörigen Graph bedeutet dies, daß $e \to e'$ genau dann gilt, wenn $e \xrightarrow{*} e'$. Man sieht leicht, daß die Relationen aus Abb. 2.1 und 2.5 beide transitiv sind. Letztere ist die reflexive, transitive Hülle der ersteren.

Wir können nun beweisen:

Satz 2.5: *Zu einer endlichen Relation ρ über einer Grundmenge E gibt es eine ganze Zahl $n \geqslant 0$ so, daß für die reflexive, transitive Hülle ρ^* gilt:*

$$\rho^* = (\Delta \cup \rho)^n, \qquad (2.16)$$

wenn Δ die identische Relation $\Delta = \{ (e, e) \mid e \in U \}$ bezeichnet.

Zum Beweis überlegen wir, daß $(\Delta \cup \rho)^i \subseteq (\Delta \cup \rho)^n$ für $0 \leqslant i \leqslant n$. Ist nämlich $(e_0, e_1, \ldots, e_i)$ ein Weg der Länge i im zugehörigen Graphen, so können wir ihn unter Ausnutzung der Reflexivität auf die Länge n erweitern, indem wir $e_{i+1} = e_{i+2} = \cdots = e_n = e_i$ setzen. Für beliebige n gilt daher $(\Delta \cup \rho)^n = \bigcup_{i=0}^{n} (\Delta \cup \rho)^i$.

Enthält E $n+1$ Elemente, so ist ein Weg der Länge n ein spannender Weg, der sämtliche Elemente umfaßt, oder es kommt ein Element mehrfach vor. Letzteres gilt für alle Wege größerer Länge. Daher ist jede Ecke e_k, die auf einem Weg einer Länge $k \geqslant n+1$ von e_0 aus erreichbar ist, auch auf einem Weg einer Länge $\leqslant n$ erreichbar. Also folgt $\rho^* = (\Delta \cup \rho)^n$ aus den Gleichungen (2.8), (2.9). ◆

Wenn ρ bereits transitiv ist, können wir in Satz 2.5 $n = 1$ setzen. Nur bei nicht transitiven Relationen muß $n > 1$ gewählt werden. Die umgekehrte Frage, wann n kleiner als $|E| - 1$ gewählt werden könnte, ist schwieriger zu beantworten. Dazu definieren wir:

Ein ungerichteter Graph heißt **zusammenhängend**, wenn jede Ecke e' von jeder anderen Ecke $e \neq e'$ aus erreichbar ist.

Ein gerichteter Graph heißt

stark zusammenhängend, wenn jede Ecke e' von jeder anderen Ecke $e \neq e'$ aus erreichbar ist;

einseitig zusammenhängend, wenn für je zwei Ecken e, e' mindestens eine von der anderen aus erreichbar ist;

schwach zusammenhängend, wenn zwischen je zwei Ecken ein Semiweg existiert.

Ein Teilgraph heißt eine **Zusammenhangskomponente**, wenn er bezüglich der betrachteten Zusammenhangseigenschaft (schwach, einseitig, usw.) maximal ist. Er kann nicht durch Hinzunahme weiterer Ecken und zugehöriger Kanten vergrößert werden, ohne die Eigenschaft zu verlieren. Ein gerichteter Graph heißt **unzusammenhängend**, wenn er mehr als eine schwache Zusammenhangskomponente hat.

Der Graph der Abb. 2.1 ist einseitig, aber nicht stark zusammenhängend.

Aufgabe 2.6: Zeigen Sie, daß ein ungerichteter Graph $G = (G, K)$ genau dann ein Wald aus z Bäumen ist, wenn G z Zusammenhangskomponenten besitzt und $|E| = |K| + z$ gilt. (Dies ist die Umkehrung von Aufgabe 2.4.)

Aufgabe 2.7: Wenn ein gerichteter Graph zu einer Relation ρ aus k schwachen Zusammenhangskomponenten besteht, gibt es eine Zerlegung der Eckenmenge E in k paarweise disjunkte Teilmengen E_i so, daß $\rho = \rho|_{E_1} \cup \rho|_{E_2} \cup \cdots \cup \rho|_{E_k}$. Jede andere Zerlegung $E = \{E_i'\}$ mit diesen Eigenschaften ist eine Vergröberung dieser Zerlegung, d. h. für alle i gilt entweder $E_i' = E_j$ für geeignetes j oder E_i' ist Vereinigung mehrerer E_j.

Aufgabe 2.8: Es gelte $e \sim e'$, wenn e, e' zur gleichen Zusammenhangskomponente eines ungerichteten Graphen gehören. $e \sim e'$ ist eine Äquivalenzrelation auf der Eckenmenge E. Das gleiche gilt für starke und schwache, nicht jedoch für einseitige Zusammenhangskomponenten.

Ein Flußdiagramm eines Programms in einer imperativen Programmiersprache kann als gerichteter Graph aufgefaßt werden. Die starken Zusammenhangskomponenten dieses (Ablauf-) Graphen entsprechen den maximalen Schleifen des Programms. Die Optimierung des Codes durch einen Übersetzer für eine solche Sprache ermittelt daher unter anderem die starken Zusammenhangskomponenten des Ablaufgraphen. Zerfällt ein Ablaufgraph in mehrere einseitige Zusammenhangskomponenten, so genügt es, nur die Komponenten des Ablaufgraphen zu betrachten, die vom Startpunkt des Programms aus erreichbar sind; die anderen einseitigen Zusammenhangskomponenten entsprechen *totem Code*, der niemals ausgeführt werden wird.

Der Begriff der schwachen Zusammenhangskomponente beantwortet, wann in Satz 2.5 $n < |E| - 1$ gewählt werden kann: Besitzt der Graph $k > 1$ schwache Zusammenhangskomponenten mit den Eckenmengen $E_1, E_2, \ldots, E_k$, so genügt $n = max\{|E_i|\} - 1 < |E| - 1$.

Ein Graph heißt **paar, zweigeteilt** oder **bipartit**, wenn die Eckenmenge aus zwei disjunkten Teilmengen U, V besteht und es nur Kanten (e, e') gibt mit $e \in U$ und $e' \in V$ oder umgekehrt. Für die Kantenmenge K gilt dann $K \subseteq U \times V \cup V \times U$. Paare Graphen sind die Grundlage der Modellierung zahlreicher Zuordnungsprobleme.

Beispiel 2.1 (das Heiratsproblem): Gegeben seien zwei Mengen U und V mit $|U| = |V|$, und für jedes $u \in U$ bzw. $v \in V$ eine Menge $V_u \subseteq V$ bzw. $U_v \subseteq U$. Gesucht sind Bedingungen, unter denen eine bijektive Abbildung $f: U \to V$ mit $f(u) \in V_u$ und $f^{-1}(v) \in U_v$ existiert. Wir werden auf die Lösung dieses Problems später zurückkommen.   ◆

Ein einfaches Beispiel eines zweigeteilten Graphen ist der Graph $K_{3,3}$ in Abb. 2.6.

$G = (E, K)$ heißt ein **markierter Graph**, wenn es Markierungsfunktionen $M_E : E \to G_E$ oder $M_K : K \to G_K$ mit geeigneten Mengen G_E, G_K gibt. Bei der Modellierung von Systemen mit Hilfe von Graphen benutzen wir Markierungsfunktionen, um den Ecken oder Kanten Eigenschaften zuzuordnen, z. B. den Ecken spezielle Gegenstände oder den Kanten die Art oder den Grad (die Stärke) oder die Kosten der Beziehung, die sie repräsentieren.

Abbildung 2.6: Der paare Graph $K_{3,3}$

Eine Kantenmarkierung $M_K : K \rightarrow \mathbb{N}$ kann angeben, daß die Beziehung auf mehrere Weisen existiert. Wir geben dies oft wie bereits in Abb. 2.4 dadurch wieder, daß wir Kanten mehrfach einzeichnen; die Kantenmenge K ist dann eine Mehrfachmenge, der Graph heißt ein **Mehrfachgraph.**

Ein anderer wichtiger Spezialfall ist die Benennung von Ecken oder Kanten. Dazu benötigen wir eine injektive Namensfunktion M_E bzw. M_K in eine Menge von Namen. Die Abb. 2.1-2.5 geben benannte Graphen wieder. Beispielsweise ist in Abb. 2.1 $G_E = \{a, b, c, d\}$ die Menge der Namen.

Ableitungsbäume wie in Unterabschnitt 1.6.3 haben nicht nur benannte Ecken. Zusätzlich ist die Reihenfolge der Kanten, die von einer Ecke ausgehen, signifikant, da sie bestimmt, in welcher Reihenfolge Teilwörter zum insgesamt abgeleiteten Text zusammengesetzt werden. Die Kanten muß man sich also von links nach rechts durchnumeriert vorstellen. Ein gerichteter Baum mit einer Kantenmarkierung $M_K : K \rightarrow \mathbb{N}$, die dieses leistet, heißt ein **geordneter Baum.** Ableitungsbäume oder Kantorowitsch-Bäume sind also geordnete Bäume.

Die zuvor erwähnten Flußdiagramme zu Programmen in höheren Programmiersprachen sind Graphen mit markierten Ecken. Die Menge G_E besteht aus den Symbolen *Programmanfang*, *Programmende*, *Verzweigung*, *Anweisung*. Es gibt genau eine Ecke e mit $M_E(e) = Programmanfang$. Bei Verfeinerung des Modells werden die Symbole *Verzweigung* und *Anweisung* ersetzt durch die einzelnen Verzweigungsbedingungen und Anweisungen, die im Programm vorkommen. Für die Ausgangsgrade der Ecken gilt:

$$|e^\bullet| = 0 \quad , \text{wenn} \quad M_E(e) = Programmende$$
$$|e^\bullet| = 1 \quad , \text{wenn} \quad M_E(e) = Programmanfang, Anweisung$$
$$|e^\bullet| = 2 \quad , \text{wenn} \quad M_E(e) = Verzweigung$$

Ferner werden den 2 Kanten, die von einer Verzweigung ausgehen, die Marken *ja* bzw. *nein* zugeordnet und so die Wege gekennzeichnet, die bei Erfüllung bzw. Nichterfüllung der Verzweigungsbedingung genommen werden; die Kantenmarkierung M_K ist also nur partiell definiert.

Unter einem **Netzplan** versteht man einen azyklischen Graphen mit markierten Ecken und Kanten so, daß es genau eine Ecke e_q mit $|{}^\bullet e| = 0$, dem Beginn oder der Quelle des Netzes und eine Ecke e_s mit $|e^\bullet| = 0$, dem Ende oder der Senke des Netzes gibt. Die Markierung der Ecken bezeichnet die erreichbaren Zustände eines Projekts. Die Markierung der Kanten ist ein Paar (*Tätigkeit*, *Zeitdauer der Tätigkeit*). Ein Zustand wird erreicht, wenn *alle* Tätigkeiten, deren Kanten in der Ecke des Zustands enden, ausgeführt sind. Erst dann kann eine Tätigkeit in Angriff genommen werden, die einer von dieser Ecke ausgehenden

Kante entspricht. Die Aufgabe der Netzplantechnik ist es, einen Algorithmus anzugeben, der eine weitere Markierungsfunktion M_E' so bestimmt, daß $M_E'(e)$ den Zeitpunkt liefert, zu dem der Zustand $M_E(e)$ erreicht wird. In der Praxis kann diese Aufgabe noch wesentlich komplizierter aussehen, z. B. wenn für die Tätigkeiten minimale und maximale Zeitdauern mit unterschiedlichen Kosten angegeben sind, und die minimale, maximale oder billigste Form der Erreichung des Projektendes gesucht wird. Ferner kann es globale Beschränkungen geben derart, daß die Maximalanzahl der verfügbaren Personen und Maschinen und deren spezielle Eigenschaften vorgegeben sind.

Oft erkennen wir die Zusammenhangseigenschaften eines Graphen klarer, wenn wir ihn zuerst vereinfachen. Dazu definieren wir:

Ein Graph $G = (E, K)$ heißt **elementar zusammenziehbar** auf einen Graphen $G/k = (E', K'), k = (e, e') \in K$, wenn G/k aus G dadurch entsteht, daß wir die durch die Kante k verbundenen Ecken $e, e' \in E$ samt ihrer Verbindungskante durch eine einzige neue Ecke e'' ersetzen und alle Kanten in K mit e oder e' als Anfangs- bzw. Endecke durch Kanten mit e'' als Anfangs- bzw. Endecke ersetzen. G heißt auf G' **zusammenziehbar**, wenn G' durch eine Folge elementarer Zusammenziehungen aus G entsteht. Die Abb. 2.7 zeigt einen Graphen und die Anwendung einer elementaren Zusammenziehung.

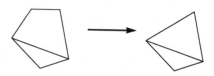

Abbildung 2.7: Zusammenziehen eines Graphen

Das Zusammenziehen eines Graphen ist eine spezielle Abbildung $f: G \to G'$ zwischen Graphen. Wir nennen f einen **Graphmorphismus**, wenn $f(e) \in E'$ für alle $e \in E$, und wenn $(f(e_1), f(e_2)) \in K' \rightthreetimes (e_1, e_2) \in K$[8]. In G' kann es noch Ecken e' geben, die nicht zum Bild $f(E)$ gehören. Über die Kanten zwischen solchen Ecken sowie zwischen einer solchen Ecke $e' \notin f(E)$ und einer Ecke $e'' \in f(E)$ werden keine Aussagen gemacht.

Ein Graph heißt **planar** oder **plättbar**, wenn er in der Ebene $\mathbb{R}^2$ so gezeichnet werden kann, daß alle Ecken unterschiedlichen Punkten der Ebene entsprechen, und sich die Kanten nicht kreuzen. Eine solche Einbettung in die Ebene heißt dann ein **ebener Graph**.

Abb. 2.1 zeigt, daß man einen Graphen auf verschiedene Weisen in die Ebene einbetten kann: Aus der ersten oder der dritten Form folgt, daß der Graph planar

---

8. Mit $\rightthreetimes$ kürzen wir im weiteren die Floskel *genau dann, wenn* in Formeln ab.

ist. Daß es daneben noch eine Darstellung mit sich kreuzenden Kanten gibt, ist unbedeutend.

Die Planarität von Graphen ist nicht nur für das Zeichnen wichtig. Repräsentiert der Graph G zum Beispiel die Leitungen einer elektronischen Schaltung, so können diese kreuzungsfrei angeordnet werden, wenn G planar ist.

Satz 2.6 (KURATOWSKI, 1930): *Ein ungerichteter Graph ist genau dann planar, wenn er keinen Teilgraphen enthält, der auf einen der Graphen $K_{3,3}$ (Abb. 2.6) oder K_5 (Abb. 2.3) zusammenziehbar ist.*

Der Beweis dieses Satzes bleibt einer Vorlesung über Graphentheorie vorbehalten. Die algorithmische Konstruktion einer Einbettung eines planaren Graphen in die Ebene ist eine aufwendige Aufgabe der Algorithmentechnik.

Aufgabe 2.9: Ein ungerichteter Graph mit mindestens $k + 1$ Ecken heißt **k-fach zusammenhängend**, wenn es zwischen je zwei Ecken k verschiedene Wege gibt, die paarweise keine Ecke gemeinsam haben (außer der Anfangs- und Endecke). Zeigen Sie unter Verwendung des Satzes von Kuratowski und der Eigenschaften von $K_{3,3}$ und K_5, daß ein Graph höchstens dann nicht planar ist, wenn er mindestens einen Teilgraphen enthält, der dreifach zusammenhängend ist.

Aufgabe 2.10: Ein Baum ist ein planarer Graph.

2.2.2 Repräsentation von Relationen und Graphen

Gegeben sei ein gerichteter Graph $G = (E, K)$ mit n Ecken. Diese seien mit den Zahlen $0, \ldots, n - 1$ markiert, $M_E(e_i) = i$, so daß wir von der Ecke i sprechen können. Für die digitale Verarbeitung ist die zeichnerische Darstellung eines solchen Graphen wenig geeignet. Hierfür eignen sich im wesentlichen zwei Darstellungen:

- Darstellung durch eine **Adjazenzmatrix**. Dies ist eine $n \times n$-Matrix $A = (a_{ij})$ mit

$$a_{ij} = \begin{cases} 1, & \text{wenn } (i, j) \in K \\ 0, & \text{sonst.} \end{cases} \tag{2.17}$$

Die Zeilen und Spalten der Matrix sind mit den Ecken indiziert. Die Adjazenzmatrix zum Graphen aus Abb. 2.1 lautet

$$\begin{pmatrix} 0 & 1 & 1 & 1 \\ 0 & 0 & 1 & 0 \\ 0 & 0 & 0 & 0 \\ 0 & 1 & 1 & 0 \end{pmatrix} \tag{2.18}$$

Statt der Menge $\{0, 1\}$ könnten wir auch einen beliebigen anderen Binärcode, z. B. $\{O, L\}$ oder $\{falsch, wahr\}$ für die Matrixelemente wählen. Die

Adjazenzmatrix entspricht der aus der Mathematik bekannten charakteristischen Funktion für die Teilmenge $K \subseteq E \times E$.

- Darstellung durch **Adjazenzlisten**. Hierzu ordnen wir jeder Ecke e_i die Menge $\{e_{i_1}, \ldots, e_{i_{n_i}}\}$ der Ecken e_{i_j} mit $(e_i, e_{i_j}) \in K$ zu. Die Mengen können durch die auf S. 48 eingeführten Listen wiedergegeben werden, also durch Elemente aus E^*. Die Adjazenzlisten zum Graphen aus Abb. 2.1 sind

$$a : [b, c, d], b : [c], c : [\,], d : [b, c]. \tag{2.19}$$

Es kommt nicht auf die Reihenfolge der Ecken an: Die Halbgruppe E^* der Ecken erfüllt bei dieser Verwendung auch das Kommutativgesetz (2.4).

Wir werden später die Darstellung durch Adjazenzlisten bzw. -matrizen mit der Anzahl von Bits bewerten, die wir für die Codierung benötigen. Adjazenzlisten sind besonders interessant, wenn die entsprechende Matrix **dünn besetzt** ist, d. h. prozentual gesehen, sehr viele Nullen aufweist. Sie sind außerdem interessant, wenn, wie z. B. bei Bäumen, der Ausgangsgrad aller Ecken durch eine kleine Zahl k beschränkt ist, z. B. $|e^\bullet| \leqslant 2$. Statt durch Listen geben wir dann die Adjazenzlisten durch k-Tupel $(e_1, \ldots, e_k)$ wieder, wobei nicht besetzte Positionen duch einen speziellen Wert, meist mit nil oder void bezeichnet, gekennzeichnet sind. Diese Darstellung eignet sich insbesondere für geordnete Bäume.

Bei Darstellung durch Adjazenzmatrizen $A = (a_{ij})$ ergibt sich: Die Relation ist genau dann reflexiv, wenn $a_{ii} = 1$ für alle $i = 0, \ldots, n - 1$. Sie ist symmetrisch, wenn die Adjazenzmatrix symmetrisch ist, $a_{ij} = a_{ji}$. Der inversen oder transponierten Relation ρ^{-1} oder ρ^T entspricht die transponierte Matrix $A^T = a_{ji}$. Die Relation ist transitiv, wenn aus $a_{ij} = 1$, $a_{jk} = 1$ folgt $a_{ik} = 1$. Dann gilt auch $a_{ij} \cdot a_{jk} = 1$. Wir haben also

Satz 2.7: *Für die Adjazenzmatrix $A = (a_{ij})$ einer transitiven Relation ρ gilt:*

$$a_{ij} \cdot a_{jk} \leqslant a_{ik}.$$

Auch die Umkehrung ist richtig:

Aufgabe 2.11: Die Relation ρ ist genau dann transitiv, wenn für die Adjazenzmatrix gilt $a_{ij} \cdot a_{jk} \leqslant a_{ik}$.

Für die Verknüpfung $\rho \circ \sigma$ zweier Relationen $\rho, \sigma \subseteq E \times E$, die durch Adjazenzmatrizen $A = (a_{ij})$, $B = (b_{ij})$ gegeben sind, gilt $i\ (\rho \circ \sigma)\ j$ nach Definition genau dann, wenn es mindestens ein k gibt mit $a_{ik} \cdot b_{kj} = 1$. Ist $C = (c_{ij})$ die Adjazenzmatrix von $\rho \circ \sigma$, so gilt

$$c_{ij} = \begin{cases} 1, & \text{wenn } \sum_{k=0}^{n-1} a_{ik} b_{kj} \geqslant 1 \\ 0, & \text{sonst} \end{cases}$$

Dies zeigt, warum wir oft eine Codierung durch

$$a_{ij} = \begin{cases} x > 0 & \text{für } (i,j) \in \rho, x \text{ beliebig} \\ 0 & \text{sonst} \end{cases} \qquad (2.20)$$

wählen: Mit $c_{ij} = \sum\limits_{k=0}^{n-1} a_{ik} b_{kj}$ entspricht dann die Verknüpfung zweier Relationen gerade dem Matrixprodukt der Adjazenzmatrizen.

Aufgabe 2.12: Zeigen Sie durch Multiplikation der Adjazenzmatrizen, daß die Relation des Graphen aus Abb. 2.1 transitiv ist.

Aufgabe 2.13: Zeigen Sie durch vollständige Induktion, daß es in einem Graphen $G = (E, K)$ mit der Adjazenzmatrix $A = (a_{ij})$ genau dann m verschiedene Wege der Länge l zwischen zwei Ecken i und j gibt, wenn mit $C = (c_{ij}) = A^l$ gilt $c_{ij} = m$.

Aufgabe 2.14: Im Graph einer reflexiven Relation gibt es genau dann m verschiedene Wege einer Länge l, wenn mit der Notation der vorigen Aufgabe $c_{ij} = m$ gilt. Anleitung: Benutzen Sie die Überlegungen zum Beweis von Satz 2.5.

Die beiden letzten Aufgaben führen zusammen mit Satz 2.5 zu einem Algorithmus zur Berechnung der transitiven bzw. der transitiven, reflexiven Hülle ρ^+ bzw. ρ^* einer Relation ρ über einer endlichen Grundmenge E. Die Idee des Verfahrens ist, daß man im zugehörigen Graph *alle* Wege $(i, e_1, \ldots, e_{k-1}, j)$ zwischen zwei Ecken i, j erhält, wenn man zuerst nur die Ecke mit Nummer 0, dann die Ecken mit Nummer 0, 1 usw. als innere Wegpunkte zuläßt.

Satz 2.8 (FLOYD-WARSHALL): *Gegeben sei eine reflexive Relation ρ über einer endlichen Eckenmenge $E = \{0, \ldots, n-1\}$, $|E| = n$, und ihr zugehöriger Graph. Für $k = 0, \ldots, n-1$ bezeichne $\sigma^{(k)}$ die Relation*

$$\sigma^{(k)} = \big\{ (i,j) \mid \text{es gibt einen Weg } i \to e_0 \to \cdots \to e_{l-1} \to j, l \leq k,$$
$$\text{und } e_r \in \{0, \ldots, k-1\} \text{ für } 0 \leq r \leq l-1 \big\}$$

Dann gilt $\sigma^{(0)} = \rho$ und

$$\sigma^{(k+1)} = \sigma^{(k)} \cup \big\{ (i,j) \mid i \, \sigma^{(k)} \, k \text{ und } k \, \sigma^{(k)} \, j \big\} \qquad (2.21)$$

sowie $\rho^* = \sigma^{(n)}$.

Beweis: Zum Beweis setzen wir vollständige Induktion nach k ein:

Für $\sigma^{(0)} = \rho$ ist nichts zu beweisen.

Ist (2.21) für k richtig, so umfaßt $\sigma^{(k)}$ alle Wege $i \to e_0 \to \cdots \to e_{l-1} \to j$ beliebiger Länge, bei denen $e_0, \ldots, e_{l-1}$ zu den Ecken $0, \ldots, k-1$ gehört. Denn nach dem Beweis von Satz 2.5 ergeben Wege der Länge $\geq k-1$ in einer

Eckenmenge mit k Ecken keine zusätzlichen Beziehungen, wenn wir noch eine dieser Ecken hinzufügen. Die Menge

$$\{ (i,j) \mid i \, \sigma^{(k)} \, k \text{ und } k \, \sigma^{(k)} \, j \}$$

erfaßt alle Beziehungen, bei denen die Ecke mit Nummer k auf einem Weg $i \to e_0 \to \cdots \to e_{l-1} \to j$ auf einer der Positionen $0, \ldots, l-1$ vorkommt. Damit ist (2.21) bewiesen.

Da nach Satz 2.5 $\rho^* = \rho^{n-1}$ ist, folgt die Behauptung $\rho^* = \sigma^{(n)}$ unmittelbar aus der Definition von $\sigma^{(n)}$. ♦

Setzen wir in Satz 2.8 $\sigma^{(0)} = \Delta \cup \rho$, so erhält man für nicht-reflexive Relationen:

Korollar 2.9: *Gegeben sei eine Relation ρ über einer endlichen Eckenmenge E, $|E| = n$. Es gelte $\sigma^{(0)} = \Delta \cup \rho$ und für $k = 0, \ldots, n-1$*

$$\sigma^{(k+1)} = \sigma^{(k)} \cup \{ (i,j) \mid i \, \sigma^{(k)} \, k \text{ und } k \, \sigma^{(k)} \, j \} \tag{2.22}$$

Dann gilt $\rho^+ = \sigma^{(n)}$.

Benutzen wir für die Relationen $\sigma^{(k)}$ Adjazenzmatrizen $\left(s_{ij}^{(k)} \right)$ mit der Codierung (2.20), so entspricht

$$s_{ij}^{(k+1)} = s_{ij}^{(k)} + s_{ik}^{(k)} s_{kj}^{(k)} \tag{2.23}$$

der Gleichung (2.21). Also entspricht das Programm 2.1 dem Algorithmus aus Satz 2.8. Man mache sich den Unterschied zur gewöhnlichen Matrixmultiplikation klar.

Programm 2.1: FLOYD-WARSHALL-Algorithmus
   Eingabe: Adjazenzmatrix A einer Relation ρ
   Ausgabe: Adjazenzmatrix S von ρ^*
   $S := A$
   für $i = 0, \ldots, n-1$ sei $s_{ii} := 1$
   für $k = 0, \ldots, n-1$
      für $i = 0, \ldots, n-1$
         für $j = 0, \ldots, n-1$ sei $s_{ij} := s_{ij} + s_{ik} * s_{kj}$.

Aufgabe 2.15: Modifizieren Sie das Programm 2.1 so, daß nur die transitive Hülle ρ^+ berechnet wird.

Aufgabe 2.16: FLOYD hatte den Algorithmus ursprünglich formuliert, um das Problem *berechne alle kürzesten Wege*[9] zu lösen. Modifizieren Sie das Programm 2.1 so, daß im Ergebnis $s_{ij} = m$, $m \geqslant 0$, gilt, wenn der kürzeste Weg zwischen den Ecken i und j die Länge m hat. Die vorgegebene Adjazenzmatrix A sei dabei entsprechend (2.17) codiert.

---

9. engl. *all shortest paths problem.*

Aufgabe 2.17: Gegeben sei eine Markierungsfunktion M_K, die den Kanten $(i, j) \in K$ einen reellwertigen, positiven Abstand zwischen den (direkt verbundenen) Ecken i und j zuordnet. Modifizieren Sie die Lösung der vorigen Aufgabe so, daß $s_{ij} = $ *kürzeste Entfernung zwischen i und j* entsprechend der Abstandsfunktion M_K ist. Wie müßte die Modifikation aussehen, wenn auch negative Abstände zugelassen sind? Geben Sie ein praktisches Beispiel an, in dem negative Abstände erwünscht sind.

Die Adjazenzmatrix eines Graphen legt bei geeigneter Numerierung der Ecken auch die Struktur des Graphen bezüglich Zweiteilung oder Zusammenhangskomponenten offen:

Satz 2.10: *Ein Graph $G = (E, K)$ mit Adjazenzmatrix $A = (a_{ij})$ ist genau dann paar, wenn es eine Numerierung der Ecken und einen Index k, $0 \leq k \leq |E| - 1$ so gibt, daß*

$$a_{ij} = 0, \text{ wenn entweder } 0 \leq i, j < k \text{ oder } k \leq i, j \leq |E| - 1.$$

Zerlegt man nämlich E in zwei Teilmengen U, V, setzt $k = |U|$ und nimmt an, daß $0, 1, \ldots, k - 1$ die Nummern der Ecken von U seien, dann ist der Graph genau dann paar, wenn aus $a_{ij} \neq 0$ folgt $i < k$, $k \leq j$ oder umgekehrt. Das Schema dieser Adjazenzmatrix lautet

$$
\begin{array}{c}
\\
\\
k:
\end{array}
\overset{\displaystyle k:}{
\left(
\begin{array}{ccc|ccc}
0 & \cdots & 0 & & & \\
\vdots & \ddots & \vdots & \multicolumn{3}{c}{\text{beliebig}} \\
0 & \cdots & 0 & & & \\
\hline
\multicolumn{3}{c|}{} & 0 & \cdots & 0 \\
\multicolumn{3}{c|}{\text{beliebig}} & \vdots & \ddots & \vdots \\
\multicolumn{3}{c|}{} & 0 & \cdots & 0
\end{array}
\right)}
\tag{2.24}
$$

Aufgabe 2.18: Ein Graph ist genau dann paar, wenn er azyklisch ist oder alle seine Zyklen $(e_0, e_1, \ldots, e_{k-1}, e_0)$ gerade Länge $k = 2m$ haben.

Satz 2.11: *Ein gerichteter Graph $G = (E, K)$ besteht genau dann aus k schwachen Zusammenhangskomponenten, wenn k maximal ist mit der Eigenschaft: es gibt eine Numerierung der Ecken $e_{11}, \ldots, e_{1l_1}, e_{21}, \ldots, e_{2l_2}, \ldots, e_{k1}, \ldots, e_{kl_k}$ so, daß für die Adjazenzmatrix aus $a_{e_{ij}e_{i'j'}} \neq 0$ folgt $i = i'$.*

Der Beweis sei dem Leser überlassen. Das Schema dieser Matrix lautet

$$
\left(
\begin{array}{c|c|c|c}
A_{11} & A_{12} & \cdots & A_{1k} \\
\hline
A_{21} & A_{22} & \cdots & A_{2k} \\
\hline
\vdots & \vdots & \ddots & \vdots \\
\hline
A_{k1} & A_{k2} & \cdots & A_{kk}
\end{array}
\right)
\tag{2.25}
$$

In dieser Einteilung sind die Untermatrizen A_{ij} mit $i \neq j$ Nullmatrizen. Die Untermatrizen A_{ii} sind sämtlich quadratisch.

Aufgabe 2.19: Charakterisieren Sie die starken Zusammenhangskomponenten mit Hilfe einer Einteilung der Adjazenzmatrix wie in Satz 2.11.

2.3 Ordnungsrelationen, Halbverbände, Verbände

Eine azyklische Relation $\rho \subseteq U \times U$ definiert auf U eine Halbordnung $\leqslant$ und eine strenge Halbordnung $<$ durch

$$a \leqslant b, \qquad \text{wenn } a \, \rho^* \, b, \tag{2.26}$$

$$a < b, \qquad \text{wenn } a \, \rho^+ \, b. \tag{2.27}$$

Umgekehrt liefert jede Halbordnung ρ' eine azyklische Relation ρ mit $a\rho b$, wenn $a\rho' b$ und $a \neq b$. Diese ist identisch mit der zu $a \leqslant b$ gehörigen strengen Ordnung $a < b$. Statt $a \leqslant b$ ($a < b$) schreiben wir auch $b \geqslant a$ ($b > a$). In Mengenschreibweise ergibt sich $\rho = \rho' \setminus \Delta$ und $\rho' = \rho \cup \Delta$. Das Paar $(U, \leqslant)$ bzw. $(U, <)$ heißt eine **partiell** oder **halbgeordnete** bzw. **streng (halb-)geordnete** **Menge**. ρ' und ρ sind zugleich die Kantenmengen von gerichteten Graphen $G_{\leqslant} = (U, \leqslant))$ bzw. $G_{<} = (U, <)$.

2.3.1 Quasiordnungen

Liegt nur eine Quasiordnung $\leqslant$ auf U vor, so gibt es eine Menge $\mathfrak{U}$ und eine Abbildung $f : U \to \mathfrak{U}$ so, daß die Quasiordnung eine Halbordnung $\leqslant$ auf $\mathfrak{U}$ induziert. $\mathfrak{U} = \{U_i\}_{i \in I}$ ist die Menge der starken Zusammenhangskomponenten des (endlichen oder unendlichen) Graphen $G_{\leqslant} = (U, \leqslant)$: Bezeichnet $[x]$ das U_i, zu dem $x \in U$ gehört, so gilt $y \in [x]$ genau dann, wenn $x \leqslant y \leqslant x$. Es gilt $U = \bigcup_{i \in I} U_i$ und $U_i \cap U_j = \emptyset$ für $i \neq j$. Die Zuordnung $f(x) = [x]$ liefert die verlangte Abbildung. Es gilt $[x] \leqslant [y]$, wenn $x \leqslant y$. f ist ein Graphmorphismus, wie auf S. 56 erklärt.

Aufgabe 2.20: Zeigen Sie, daß $\mathfrak{U}$ tatsächlich halbgeordnet ist.

Aufgabe 2.21: Unter welchen Bedingungen ist eine Quasiordnung eine Äquivalenzrelation? Welche Zusammenhangseigenschaften hat dann der Graph $G_{\leqslant}$? Welche Eigenschaften hat die Halbordnung auf $\mathfrak{U}$?

Aufgabe 2.22: Gegeben sei ein Zeichenvorrat Σ. Ein Wort u heißt ein **Anfang** oder ein **Präfix** eines Wortes $w \in \Sigma^*$, wenn es ein $v \in \Sigma^*$ gibt mit $w = uv$. Umgekehrt heißt dann v ein **Ende** oder ein **Postfix** von w. Wir setzen $u \leq w$, wenn u ein Anfang von w ist. Zeigen Sie, daß $(\Sigma^*, \leq)$ halbgeordnet ist.

Aufgabe 2.23: Gegeben sei eine kontextfreie Grammatik $G = (\Sigma, N, P, Z)$, $V = \Sigma \cup N$. Die Produktionen $A \to a_1 \cdots a_n \in P$ induzieren eine Relation $x \stackrel{*}{\Rightarrow} y$ auf V^*, wie in Unterabschnitt 1.6.3 beschrieben. Dann ist $\stackrel{*}{\Rightarrow}$ eine Quasiordnung. Ist G anständig, so ist $\stackrel{*}{\Rightarrow}$ eine Halbordnung.

Ableitungen $x \stackrel{*}{\Rightarrow} y \stackrel{*}{\Rightarrow} x$ sind möglich, wenn es in P Kettenproduktionen $A \to A_1, A_i \to A_{i+1}, i = 1, \ldots, n-1, A_n \to A$ mit $A, A_i \in V \setminus \Sigma$ gibt. Die Grammatik ist dann mehrdeutig. Beschränken wir uns auf eindeutige oder anständige kontextfreie Grammatiken, dann definiert $\stackrel{*}{\Rightarrow}$ eine Halbordnung auf V^*. Andernfalls müssen wir zu den Klassen $[x]$ übergehen, wenn wir die Ableitungsbeziehung interpretieren. Dies geschieht meist stillschweigend.

Aufgabe 2.24: Verallgemeinern Sie die vorige Aufgabe auf Semi-Thue-Systeme.

Aufgabe 2.25: Die Ableitungsrelation $\stackrel{*}{\Rightarrow}$ von Markov-Algorithmen ist eine Quasiordnung auf den Zeichenreihen aus Σ^* (einschließlich etwaiger Schiffchen). Wenn ein Markov-Algorithmus für alle Eingaben aus Σ^* terminiert, ist $\stackrel{*}{\Rightarrow}$ eine Halbordnung. Zeigen Sie an einem Beispiel, daß die Umkehrung nicht gilt.

2.3.2 Hasse-Diagramme

Eine **Kette** $K \subseteq U$ ist eine total geordnete Teilmenge einer halb geordneten Menge $(U, \leq)$. U ist total geordnet, wenn U selbst eine Kette ist. Im Graph $G_\leq$ entspricht eine Kette einem Weg. Während aber bei endlichen Grundmengen jede Kette endlich ist und ein erstes und letztes Element $\inf(K)$ bzw. $\sup(K)$ besitzt, ist dies bei unendlicher, insbesondere bei überabzählbarer Grundmenge nicht immer der Fall. Wir unterscheiden dann **absteigende Ketten** $\cdots \leq e_{-n} \leq \cdots \leq e_{-1} \leq e_0$ und **aufsteigende Ketten** $e_0 \leq e_1 \leq \cdots \leq e_n \leq \cdots$.

Zwei azyklische Relationen ρ, σ definieren die gleiche strenge Halbordnung, wenn $\rho^+ = \sigma^+$. Es gilt dann auch $\rho^* = \sigma^*$. Insbesondere gilt

Satz 2.12: *Aus* $\rho \subseteq \sigma \subseteq \rho^+$ *folgt* $\rho^+ = \sigma^+$.

Beweis: Wegen $e_0 \sigma^+ e_n$ gibt es in G_σ einen Weg $e_0 \to_\sigma e_1 \to_\sigma \cdots \to_\sigma e_n$. Wegen $\sigma \subseteq \rho^+$ gibt es dann aber zwischen e_i und e_{i+1} auch einen Weg w_i im Graph G_ρ. Setzen wir die Wege w_i zusammen, so erhalten wir einen Weg von e_0 nach e_n in G_ρ. Daher gilt $\sigma^+ \subseteq \rho^+$. Wegen $\rho \subseteq \sigma$ ist ρ^+ nicht größer als σ^+. Daher ist $\rho^+ = \sigma^+$. ♦

Der Graph G_ρ zur kleinsten Relation $\rho \subseteq \sigma \subseteq \rho^+ = \sigma^+$ heißt **Hasse-Diagramm**[10] zu σ. Das Hasse-Diagramm existiert nicht immer. Für endliche

---

10. benannt nach dem deutschen Mathematiker HELMUT HASSE, 1898–1979.

Halbordnungen σ, also insbesondere für Ordnungen auf endlichen Grundmengen U, läßt es sich jedoch bestimmen:

Satz 2.13: *Sei σ eine endliche strenge Halbordnung auf der Menge U. Dann ist $\rho = \sigma \setminus \sigma^2$ die kleinste Relation mit $\rho^+ = \sigma^+$. ρ definiert das Hasse-Diagramm zu σ.*

Beweis: Sei $\sigma \subseteq U \times U$ und $p, q \in U$ mit $p\,\sigma\,q$. Wir betrachten die Menge

$$X_{pq} = \left\{ (p_0, \ldots, p_n) \mid \begin{array}{l} p_0 = p, p_n = q \text{ und } p_i \sigma p_{i+1} \text{ für} \\ i = 0, \ldots, n - 1, n \geq 1 \text{ beliebig} \end{array} \right\}. \tag{2.28}$$

Wegen $p\,\sigma\,q$ ist X_{pq} nicht leer. Da σ azyklisch ist, kann keine Beziehung $p'\,\sigma\,q'$ auf einem Weg in X_{pq} zweimal vorkommen, also haben wegen der Endlichkeit von σ alle Wege in X_{pq} endliche Länge. Ferner können wir aus den endlich vielen Beziehungen $p'\,\sigma\,q'$ nur endlich viele Wege zusammensetzen, die zu X_{pq} gehören könnten. Daher ist X_{pq} endlich und es gibt einen (oder mehrere) Wege maximaler Länge $n = n_{\max}$ zwischen p und q in X_{pq}. Ist $(p_0, \ldots, p_n)$ ein solcher maximaler Weg, so kann für kein $i, 0 \leq i \leq n-1, p_i\,\sigma^2\,p_{i+1}$ gelten. Andernfalls könnten wir den Weg verlängern, indem wir zwischen p_i und p_{i+1} ein Element einschieben, im Widerspruch zu der Annahme, daß der Weg maximal ist. Wegen $p_i\,\sigma\,p_{i+1}$ und nicht $p_i\,\sigma^2\,p_{i+1}$ haben wir also $p_i\,\rho\,p_{i+1}$ mit $\rho = \sigma \setminus \sigma^2$. Die Überlegungen zum Beweis von Satz 2.12 liefern daher $\rho \subseteq \sigma = \rho^+$.

X_{pq} ist einelementig, wenn $p\,\rho\,q$. $p \to q$ ist der einzige und daher auch der maximale Weg, der von p nach q im Graph G_σ führt. Entfernen wir (p, q) aus ρ, so erhalten wir eine Relation ρ', für die $\rho'^+ \subset \sigma$ echt kleiner ist, da $p\,\rho'^+\,q$ nicht gilt. Also ist ρ minimal.   ◆

Wir haben im Beweis die Endlichkeit von σ nicht voll ausgenutzt. Es genügt, wenn in (2.28) alle Ketten beschränkte Länge haben, so daß wir einen Weg maximaler Länge auswählen können.

Mit Hilfe von Hasse-Diagrammen kann man die in σ^+ bzw. σ^* bestehenden Beziehungen in einem Graphen ohne überflüssige Kanten zeichnen. Die Abb. 2.8 zeigt das Hasse-Diagramm der Relation a teilt b, $a \mid b$, für die natürlichen Zahlen $U = \{1, 2, \ldots, 15\}$.

Aufgabe 2.26: Eine Potenzmenge $\mathfrak{P}(U)$ ist durch die Inklusion $\subseteq$ halbgeordnet. Zeichnen Sie das Hasse-Diagramm dieser Ordnung für $U = \{a, b, c\}$.

Aufgabe 2.27: Ist σ eine endliche azyklische Relation, so gilt Satz 2.13 zwar für σ^+, aber nicht unbedingt für σ selbst. Konstruieren Sie ein Beispiel, das diesen Unterschied aufzeigt.

Aufgabe 2.28: Zeigen Sie an einem Beispiel, daß Satz 2.13 nicht auf Relationen mit Zyklen erweitert werden kann.

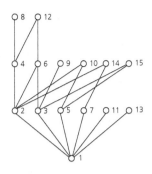

Abbildung 2.8: Hasse-Diagramm der Teiler von $U = \{1, 2, \ldots, 15\}$

Aufgabe 2.29: Eine Relation ρ heißt **antitransitiv**, wenn $\rho^n \cap \rho = \emptyset$ für alle $n \geq 2$. Zeigen Sie, daß eine antitransitive Relation azyklisch ist. Zeigen Sie: Für jede endliche strenge Halbordnung σ ist $\rho = \sigma \setminus \sigma^2$ antitransitiv und die kleinste antitransitive Relation mit der Eigenschaft $\rho^+ = \sigma^+$.

Die Teilerrelation $a \mid b$ auf den natürlichen Zahlen $\mathbb{N}$ ist eingebettet in die totale Ordnung der natürlichen Zahlen: Aus $a \mid b$ folgt $a \leq b$. Wir möchten oft zu einer endlichen Halbordnung $(U, \leqslant)$ eine totale Ordnung $\leq$ so bestimmen, daß

$$\text{aus } a \leqslant b \text{ folgt } a \leq b. \tag{2.29}$$

Die Liste $L = [e_0, e_1, e_2, \ldots]$ mit $e_i \leq e_{i+1}$, die alle Elemente aus U enthält, heißt dann eine **topologische Sortierung** von $(U, \leqslant)$. Um L zu erhalten, fassen wir $(U, \leqslant)$ als gerichteten azyklischen Graph auf, aus dem wir fortlaufend Ecken und Kanten entfernen. Dann leistet das Programm 2.2 das Verlangte.

Programm 2.2: topologisches Sortieren
Eingabe: ein endlicher azyklischer Graph $G = (U, \leqslant)$.
Ausgabe: eine Liste L, die alle $e \in U$ in topologischer Sortierung enthält.
$L = [\,]$
solange $U \neq \emptyset$
    $V := \{e \mid e \in U \text{ und } |{}^\bullet e| = 0\}$
    $G := G\big|_{U \setminus V}$
    hänge die $e \in V$ in beliebiger Reihenfolge hinten an L an

Um dies einzusehen, bedenken wir, daß jede Kette $\cdots e_i \leqslant e_{i-1} \leqslant \cdots \leqslant e_1 \leqslant e_0$ in G ein kleinstes Element e_n enthalten muß, da U endlich ist. e_n hat im Graphen keinen Vorgänger, es gilt also $|{}^\bullet e_n| = 0$. Daher ist anfangs $V \neq \emptyset$. Wenn wir den Graphen G auf die Differenzmenge $U \setminus V$ beschränken, streichen wir insbesondere alle Kanten, die von $e_n \in V$ ausgehen. Der Restgraph wird daher wieder Elemente e mit $|{}^\bullet e| = 0$ enthalten. Dies setzen wir fort, bis U

leer ist. Da U endlich ist und wir in jedem Schritt mindestens ein Element wegnehmen, endet die Schleife nach $k \leqslant |U_v|$ Schritten[11].

Ist V_i die Menge, die wir im i-ten Schritt wegnehmen, so gilt $V_i \cap V_j = \emptyset$ für $i \neq j$ und $U_v = \bigcup_{i=1}^{k} V_i$. Je zwei Elemente $e, e' \in V_i$ sind unvergleichbar, da sie in V_i nach Konstruktion keinen Vorgänger besitzen können. Falls $e \leqslant e'$ und $e \in V_i$, $e' \in V_j$, so muß $i < j$ sein. Dies zeigt, daß wir die Elemente jedes V_i in beliebiger Reihenfolge in L aufnehmen dürfen, ohne (2.29) zu verletzen. Vielmehr wird die Bedingung (2.29) dadurch garantiert, daß die V_i in der Reihenfolge $i = 1, 2, \ldots$ in L erscheinen.   ◆

L ist nur dann eindeutig festgelegt, wenn $(U, \leqslant)$ bereits total geordnet war. Es kann auch topologische Sortierungen von U geben, die nicht durch unser Programm erzeugt werden.

Aufgabe 2.30: Geben Sie alle topologischen Sortierungen des azyklischen Graph der Abb. 2.1 an.

Aufgabe 2.31: Wie muß das Programm 2.2 geändert werden, wenn wir V durch $V := \{e \mid e \in U \text{ und } |e^\bullet| = 0\}$ definieren?

Aufgabe 2.32: Eine Halbordnung $\leqslant$ heißt eine **Verfeinerung** der Halbordnung $\leqslant$, wenn für alle Paare $a, b \in U$ (2.29) gilt. Es sei $\mathcal{O}$ die Menge aller Halbordnungen, die auf der Grundmenge U möglich sind. Zeigen Sie, daß die Beziehung $\rho \sqsubseteq \sigma$, wenn ρ eine Verfeinerung von σ ist, eine Halbordnung auf $\mathcal{O}$ definiert. Zeigen Sie, daß ρ genau dann minimal ist bezüglich $\sqsubseteq$, wenn ρ eine totale Ordnung ist. *Topologisch Sortieren* verlangt also, zu vorgegebenem $\sigma \in \mathcal{O}$ ein minimales $\rho \sqsubseteq \sigma$ zu finden.

2.3.3 Untere und obere Schranken

Wenn wir eine Menge U ohne eine Relation gegeben haben, können wir sie durch Hinzunahme von Elementen $\bot$, gelesen *unten*, oder $\top$, gelesen *oben*, zu einer halbgeordneten Menge mit $\bot \leqslant e$ bzw. $e \leqslant \top$ erweitern. Wir bezeichnen die Menge $U_\bot = U \cup \{\bot\}$ mit der in Abb. 2.9 am Beispiel dargestellten Halbordnung als **flach geordnet**.

Besitzt die Halbordnung $(U, \leqslant)$ bereits ein eindeutig bestimmtes kleinstes bzw. größtes Element $\inf(U)$ bzw. $\sup(U)$, so bezeichnen wir es ebenfalls mit $\bot_U$ bzw. $\top_U$ und lassen den Index U weg, wenn er sich aus dem Zusammenhang ergibt.

---

11. Wir verwenden hier und später folgende Konvention: Wenn eine Größe, hier U, in einem Algorithmus ihren Wert ändert, bezeichnet U_v oder U_0 den *Wert vorher*, d. h. zu Beginn des Algorithmus, U_n oder U' den *Wert nachher*, d. h. am Ende des Algorithmus.

Abbildung 2.9: Erweiterung von $U = \{a, b, c\}$ zu $U_\perp$

In Programmiersprachen erfüllen oft die Werte nil oder void die Aufgaben von $\perp$.

In $U_\perp$ besitzt jede zweielementige Menge $X = \{a, b\}$ eine größte gemeinsame untere Schranke $\inf(X) = \inf(a, b)$, nämlich $\perp$, so daß für $y \in X$ gilt

$$\inf(X) \leqslant y \text{ und aus } z \leqslant x \text{ für alle } x \in X \text{ folgt } z \leqslant \inf(X). \qquad (2.30)$$

Ein nicht-triviales Beispiel für diese Eigenschaft sind die natürlichen Zahlen $(\mathbb{N}, |)$ mit der Teilereigenschaft als Ordnungsrelation. Hier gilt $\inf(a, b) = \mathrm{ggT}(a, b)$[12]. Umgekehrt ist $\sup(X) = \sup(a, b) = \mathrm{kgV}(a, b)$ eine kleinste obere Schranke, so daß für $y \in X$ gilt

$$y \leqslant \sup(X) \text{ und aus } x \leqslant z \text{ für alle } x \in X \text{ folgt } \sup(X) \leqslant z. \qquad (2.31)$$

In der Potenzmenge $(\mathfrak{P}(U), \subseteq)$ gilt $\inf(A, B) = A \cap B$ und $\sup(A, B) = A \cup B$ für $A, B \subseteq U$.

Falls $\inf(X)$ bzw. $\sup(X)$ mit den Eigenschaften (2.30) bzw. (2.31) für beliebige zweielementige Mengen X definiert sind, existiert $\inf(X)$ bzw. $\sup(X)$ auch für beliebige endliche Teilmengen X der Grundmenge U, wie man durch vollständige Induktion zeigt. Ist X (und daher auch die Grundmenge U) unendlich, so sind (2.30) bzw. (2.31) jedoch nicht mehr automatisch erfüllt.

Eine geordnete Menge $(U, \leqslant)$ heißt **wohlgeordnet**, wenn jede nichtleere Menge $X \subseteq U$ ein kleinstes Element $\inf(X) \in X$ enthält. Daraus folgt, daß je zwei Elemente vergleichbar sind; eine Wohlordnung ist daher stets eine totale Ordnung. Wohlordnungen erfüllen (2.30) auch für unendliche Mengen. In der Mathematik bilden Wohlordnungen die Grundlage der transfiniten Induktion, der Verallgemeinerung der vollständigen Induktion auf überabzählbare Mengen.

Das **Wohlordnungsaxiom** der Mengenlehre sagt: *Jede Menge kann wohlgeordnet werden*. Diese Ordnung ist bei überabzählbaren Mengen oft verschieden von der üblichen Ordnung: Das offene Intervall $(0, 1)$ besitzt bezüglich der üblichen Ordnung der reellen Zahlen kein kleinstes Element, kann aber wohlgeordnet werden.

Das Wohlordnungsaxiom ist äquivalent zum **Zornschen Lemma**: *Eine halbgeordnete Menge* $(U, \leqslant)$, *in der jede Kette X eine obere Schranke besitzt, enthält mindestens ein maximales Element* $\top$ *mit: Aus* $\top \leqslant x$ *und* $x \in X$ *folgt* $x = \top$[13].

---

12. ggT und kgV bezeichnen den größten gemeinsamen Teiler bzw. das kleinste gemeinsame Vielfache.

13. Man beachte den Unterschied zwischen *maximalem* und *größtem* bzw. *minimalem* und *kleinstem* Element einer halbgeordneten Menge U: zu einem minimalen Element x gibt es kein y mit $y < x$, aber es kann unvergleichbare Elemente geben. Das kleinste Element $\inf(U)$ ist, falls existent, das einzige minimale Element; es gilt $\inf(U) < y$ für alle $y \in U$.

Es ist ferner äquivalent zum **Auswahlaxiom**, das ERNST ZERMELO anfangs des 20. Jahrhunderts erstmals formulierte: *Ist* $\mathfrak{U} = \{U_i\}_{i \in I}$ *eine Familie von Mengen, so gibt es eine Auswahlfunktion* $f: I \rightarrow \bigcup_{i \in I} U_i$ *mit* $f(i) \in U_i$ *für alle* $i \in I$.

Das Auswahlaxiom und das Zornsche Lemma spielen auch in der Informatik eine wichtige Rolle. Die Äquivalenz wird in Mathematikvorlesungen bewiesen.

Sowohl bei der Konstruktion des Hasse-Diagramms als auch beim topologischen Sortieren nutzten wir die Eigenschaft, daß jede absteigende Kette $\cdots \rightarrow a_{-i} \rightarrow \cdots \rightarrow a_{-1} \rightarrow a_0$ abbricht: Zu jedem $a_0 \in U$ erreicht man nach endlich vielen Schritten ein minimales Element a_{-n} ohne Vorgänger. In gleicher Weise hätten wir die Konstruktionen mit abbrechenden aufsteigenden Ketten $a_0 \rightarrow a_1 \rightarrow \cdots \rightarrow a_i \rightarrow \cdots$ durchführen können.

Eine halbgeordnete Menge $(U, \leqslant)$ heißt **artinsch**[14], wenn jede absteigende Kette K endlich ist. Sie heißt **noethersch**[15], wenn jede aufsteigende Kette K endlich ist. Die Ketten enthalten dann ein minimales bzw. maximales Element $\inf(K)$ bzw. $\sup(K)$. Diese Eigenschaften verlangen nicht, daß je zwei Elemente von U vergleichbar sind. Daher ist das Hasse-Diagramm der Abb. 2.8 zwar artinsch und noethersch, aber nicht wohlgeordnet. $(U, \leqslant)$ heißt **fundiert**[16], wenn jede nichtleere Teilmenge $X \subseteq U$ wenigstens ein minimales Element x_0 besitzt. Es gilt

Satz 2.14: *Eine halbgeordnete Menge* $(U, \leqslant)$ *ist genau dann fundiert, wenn sie artinsch ist.*

Beweis: Da Ketten Teilmengen von U sind, folgt aus der Fundierung die Eigenschaft *artinsch*: Würde eine absteigende Kette nicht abbrechen, so enthielte sie kein minimales Element. Für endliche Mengen U gilt trivialerweise auch die Umkehrung. Sei nun U unendlich, $(U, \leqslant)$ artinsch, $X \subseteq U$, $X \neq \emptyset$ und $x_0 \in X$. Ist x_0 nicht minimal, so gibt es ein $x_1 < x_0$ in X. Durch vollständige Induktion kann man eine unendliche absteigende Kette $K = [x_0, x_1, x_2, \ldots]$ konstruieren, ohne auf ein minimales Element zu stoßen. Dies steht im Widerspruch zur Voraussetzung, daß $(U, \leqslant)$ artinsch ist.   ♦

Beispiel 2.2: $(\Sigma, <_\Sigma)$ sei ein Alphabet, d. h. ein total geordneter endlicher Zeichenvorrat. $\leqslant_p$ bezeichne die in Aufgabe 2.22 auf Σ^* definierte Präfixordnung. Dann ist die **lexikographische Ordnung** $\leqslant$ auf Σ^* wie folgt definiert:

1. $\varepsilon \leqslant x$ für alle $x \in \Sigma^*$.

2. $x \leqslant y$ für $x, y \in \Sigma^*$ und $x \leqslant_p y$.   (2.32)

3. $xay \leqslant xby'$ für $x, y, y' \in \Sigma^*$, $a, b \in \Sigma$ und $a <_\Sigma b$.

---

14. benannt nach dem deutschen Mathematiker EMIL ARTIN, 1898–1962.

15. benannt nach der deutschen Mathematikerin EMMY NOETHER, 1882–1935, eine der bedeutendsten Algebraiker des 20. Jahrhunderts.

16. engl. *well-founded*.

Die lexikographische Ordnung auf Σ^* ist nicht fundiert. Für $a, b \in \Sigma$, $a \leqslant_\Sigma b$ gibt es unendlich viele Wörter ax, $x \in \Sigma^*$ zwischen a und b mit $a \leqslant \cdots \leqslant ax \leqslant \cdots \leqslant b$. Diese Kette muß also nicht endlich sein und daher ist $(\Sigma^*, \leqslant)$ nicht artinsch. Wenn wir uns auf $T_n = \{x \mid x \in \Sigma^*, |x| \leqslant n\}$ mit festem n beschränken, ist $(T_n, \leqslant)$ fundiert, da es sogar endlich ist. ◆

Aufgabe 2.33: Zeigen Sie, daß die Menge $\mathbb{N}$ der natürlichen Zahlen mit der üblichen Ordnung fundiert ist. Warum gilt dies nicht für die Menge $\mathbb{Z}$ der ganzen Zahlen?

Aufgabe 2.34: Zeigen Sie, daß $(T_n, \leqslant)$ auch dann fundiert ist, wenn Σ ein total geordneter, fundierter Zeichenvorrat mit unendlich vielen Elementen ist. Insbesondere ist die lexikographische Ordnung auf der Menge $\mathbb{N}^n$ aller n-Tupel natürlicher Zahlen fundiert.

Aufgabe 2.35: Warum kann man in Aufgabe 2.34 die Voraussetzung fundiert nicht zu wohlgeordnet abschwächen?

Um Aussagen über fundierte Halbordnungen zu beweisen, kann man den folgenden Satz benutzen:

Satz 2.15 (*Noethersche oder fundierte Induktion*):
Sei $\leqslant$ eine fundierte Halbordnung in einer Menge U. $<$ bezeichne die zu $\leqslant$ gehörige strenge Halbordnung. Die Aussage $P(x)$ ist für alle $x \in U$ wahr, wenn gilt: falls $P(z)$ für alle $z < y$ wahr ist, dann ist auch $P(y)$ wahr.

Beweis: Sei $U_P \subseteq U$ die Menge aller x, für die $P(x)$ gilt. Ist $M = U \setminus U_P$ nicht leer, so enthält es ein minimales Element m, da $\leqslant$ fundiert ist. Es gibt also minimale Elemente m, für die $P(m)$ falsch ist. Es gilt $P(z)$ für alle $z < m$. Nach Voraussetzung gilt dann aber auch $P(m)$ im Widerspruch zur Annahme, daß $m \notin U_P$. Man beachte, daß $P(y)$ auch dann gelten muß, wenn die Menge $\{z \mid z < y\}$ leer ist! ◆

Beispiel 2.3 (KÖNIGS Unendlichkeitslemma): Sei ρ eine azyklische Relation, so daß (U, ρ^*) fundiert ist. ρ könnte z. B. das Hasse-Diagramm zu ρ^* sein. ρ heißt **lokal endlich**, wenn $U_x = \{y \mid y \rho x\}$ für alle $x \in U$ endlich ist. ρ^* heißt **global endlich**, wenn jedes $x \in U$ nur endlich viele Vorgänger y, $y \rho^* x$ hat.

Mit der Aussage $P(x)$: $\bigcup_{y \rho^* x} U_y$ *ist endlich* wenden wir noethersche Induktion an. Da ρ lokal endlich ist, gilt $P(x)$, wenn es für alle unmittelbaren Vorgänger y von x mit $y \rho x$, gilt. Die Voraussetzung von Satz 2.15 ist also erfüllt. Daher ist ρ^* global endlich.

Sei $U^{(n)}$ die Teilmenge der $x \in U$, für die es eine absteigende Kette $x_n \rho x_{n-1} \rho \cdots \rho x_1 = x$ der Länge n und keine längere gibt. Eine schärfere Fassung der obigen Aussage ist **KÖNIGS Unendlichkeitslemma**: *Sei ρ eine azyklische Relation, (U, ρ^*) fundiert, U unendlich und $U^{(n)}$ für alle $n \geqslant 0$ leer* *oder endlich. Dann ist ρ^* global endlich und es gibt unbeschränkt lange aufsteigende Ketten $x_0 \; \rho \; x_1 \; \rho \; x_2 \cdots; (U, \rho^*)$ ist also nicht noethersch.*

Wegen der Fundierung kann $U^{(0)}$ nicht leer sein, ist also endlich. Gilt $y \in U^{(n+1)}$ und ist $y_{n+1} \; \rho \; y_n \; \rho \cdots \rho \; y_2 \; \rho \; y_1 = y$ eine der nach Voraussetzung existierenden Ketten der Länge $n + 1$, so muß y_2 zu $U^{(n)}$ gehören. Da $U^{(n)}$ endlich ist, gibt es also nur endlich viele solche y_2. Also ist ρ lokal und ρ^* daher global endlich. Wäre $U^{(n+1)}$ leer, dann auch $U^{(n+i)}$ für alle $i \geqslant 1$. Wegen der Unendlichkeit von U ist aber $U \setminus \bigcup\limits_{i=0}^{n} U^{(i)} = \bigcup\limits_{i=n+1}^{\infty} U^{(i)}$ nicht leer. Daher ist auch $U^{(n+1)}$ nicht leer: es gibt ein $y \in U^{(n+1)}$ mit einer Kette $y_{n+1} \; \rho \; y_n \; \rho \cdots \rho \; y_2 \; \rho \; y_1 = y$ der Länge $n + 1$. Es gibt also Ketten jeder beliebigen Länge n.   ◆

2.3.4 Normalformen und Konfluenz

Fundierung und die Eigenschaft *noethersch* spielen eine wichtige Rolle, wenn die Halbordnung die Ableitungsbeziehung $\dot\Rightarrow$ eines formalen Systems wie in Unterabschnitt 1.6.2 ist. Wir setzen zusätzlich voraus, daß Ableitungen $x \; \dot\Rightarrow$ $y \; \dot\Rightarrow \; x$ nicht vorkommen oder gehen stillschweigend zu den Klassen $[x]$ im Sinne von Unterabschnitt 2.3.1 über.

Ist etwa Σ^* eine Menge von Wörtern, über der wir ein Semi-Thue-System $\mathcal{S}$ definiert haben, so bedeutet $x \; \dot\Rightarrow \; y, x, y \in \Sigma^*$, daß wir y in endlich vielen Schritten aus x ableiten können. Ist $\dot\Rightarrow$ eine Halbordnung auf Σ^*, kommt also der soeben ausgeschlossene Fall $x \; \dot\Rightarrow \; y \; \dot\Rightarrow \; x, x, y \in \Sigma^*$ nicht vor, und ist diese Halbordnung noethersch, dann kann man aus beliebigem x nur endliche Ketten $x \Rightarrow y_1 \Rightarrow y_2 \Rightarrow \cdots \Rightarrow y_n$ ableiten, das Semi-Thue-System $\mathcal{S}$ terminiert immer. Wir haben also

Satz 2.16: *Ein Semi-Thue-System definiert genau dann einen Algorithmus, wenn die Ableitungsrelation $\Rightarrow$ eine noethersche Halbordnung ist.*

Die inverse Relation ist dann fundiert: Ist $G = (\Sigma, N, P, Z)$ eine kontextfreie Grammatik, $V = \Sigma \cup N$, so kann ein Wort $x \in V^*$ in endlich vielen Schritten auf das Ziel Z reduziert werden, wenn es überhaupt auf Z reduziert werden kann. Die Produktionen aus P induzieren eine fundierte Halbordnung auf V^*.

Beispiel 2.4: Eine natürliche Zahl > 1 kann auf verschiedene Weisen in Faktoren zerlegt werden: $18 = 3 \cdot 6 = 2 \cdot 9 = 2 \cdot 3 \cdot 3$. Diese Darstellungen sind halbgeordnet durch die Relation $d \; \dot\Rightarrow \; d'$, die wir als reflexive, transitive Hülle von $\Rightarrow$ definieren. Die Relation $d \Rightarrow d'$ definieren wir durch: $d \to d'$ oder es gibt d'' so, daß $d = \bar{d} \cdot d'', d' = \bar{d}' \cdot d''$ und $\bar{d} \to \bar{d}'$, wobei wir $a \to b \cdot c$ setzen, falls $b \cdot c$ eine Faktorisierung von a ist. Die Abb. 2.10 zeigt die Halbordnung für die Zahl 18, wenn wir noch festlegen, daß wir nur Darstellungen $a \cdot b \cdots$ betrachten, in denen die Faktoren aufsteigend geordnet sind, $a \leqslant b \leqslant \cdots$.

Abbildung 2.10: Darstellungen der Zahl 18

Die Halbordnung ist offensichtlich noethersch. Die maximalen Elemente sind die Zerlegungen in Primfaktoren. Wir bezeichnen solche maximalen Elemente oft als **Normalform** der Darstellung. Primzahlen sind für sich genommen bereits maximal. Eine Zahl mit dieser Eigenschaft heißt **irreduzibel**. Wenden wir das Verfahren auf Polynome $p(x)$ an, so erhalten wir den in der Algebra bekannten Begriff des irreduziblen Polynoms.

Eine *Normalform* ist immer ein maximales Element einer Halbordnung. Welche Halbordnung gemeint ist, hängt aber vom Zusammenhang ab. Bei Polynomen könnte sowohl die ausmultiplizierte Darstellung $\sum a_i x^i$ als auch die vollständige Faktorisierung als Normalform dienen.   ♦

Aufgabe 2.36: Gegeben sei ein Regal r in einem Laden, in dem sich Gegenstände a befinden. Wir definieren die Operationen $\alpha, \delta: r \to r$ als das Anliefern bzw. Wegnehmen eines a im Regal. Wörter x des Monoids $\{\alpha, \delta\}^*$ repräsentieren eine zulässige Folge von Anlieferungen und Wegnahmen von a's, wenn zu jedem Zeitpunkt die Anzahl $|\alpha|$ der Anlieferungen nicht kleiner ist als die Anzahl $|\delta|$ der Wegnahmen. Der Überschuß $n = |\alpha| - |\delta|$ repräsentiert die Anzahl der a's im Regal. Geben Sie einen Markov-Algorithmus an, der Wörter aus $\{\alpha, \delta\}^*$ verarbeitet und als Ergebnis eines zulässigen Wortes den Überschuß in der Form α^n liefert. Bei unzulässigen Wörtern soll er nicht terminieren. Definieren Sie eine noethersche Halbordnung auf den zulässigen Wörtern in $\{\alpha, \delta\}^*$ so, daß sich α^n als Normalform eines Wortes x ergibt.

Bei einer kontextfreien Grammatik $G = (\Sigma, N, P, Z)$ und der durch ihre Reduktionsbeziehung $\Rightarrow$ induzierten Halbordnung könnte man als Normalform eines Wortes $x \in V^*$ ein nicht weiter reduzierbares Wort y, $x \Rightarrow y$, ansehen. Die Wörter $x \in L(G)$ wären dann dadurch charakterisiert, daß ihre Normalform das Zielsymbol Z ist. Wegen möglicher Sackgassen, vgl. Beispiel 1.4, ist aber nicht sicher, daß die Reduktion mit einer Produktion auf x immer zu einer Reduktion auf die Normalform fortgesetzt werden kann: Aus $Z \Rightarrow x$, $y \Rightarrow x$ folgt im allgemeinen nicht $Z \Rightarrow y$, selbst wenn die Halbordnung fundiert ist.

Bei der syntaktischen Analyse eines Programms x einer höheren Programmiersprache muß der Übersetzer die Normalform Z herstellen, um die syntaktische Korrektheit des Programms nachzuweisen. Die Reduktionsbeziehung wird dazu gewöhnlich so spezialisiert, daß die Reduktion sackgassenfrei wird.

Sackgassenfreiheit kann man wie folgt charakterisieren: Eine Relation ρ auf einer Grundmenge U heißt **konfluent**, wenn aus $x \rho^* y_1$, $x \rho^* y_2$ folgt, daß ein $z \in U$ existiert mit $y_1 \rho^* z$, $y_2 \rho^* z$, vgl. Abb. 2.11.

Abbildung 2.11: Konfluenz

Geht man in Abb. 2.11 den Semiweg (y_1, x, y_2, z, y_1) so erkennt man, daß Konfluenz von ρ gleichbedeutend ist mit

$$\rho^{T*} \circ \rho^* \subseteq \rho^* \circ \rho^{T*}. \tag{2.33}$$

Falls es für eine konfluente Relation eine Normalform gibt, so ist diese eindeutig und immer erreichbar, da Sackgassen nicht vorkommen können. Das Beispiel 2.4 und die Aufgabe 2.36 definieren konfluente Relationen. Dagegen definiert die Teilerrelation $a \leqslant b$, wenn $a \mid b$, auf den natürlichen Zahlen > 1 keine konfluente Relation; erst wenn wir die 1 hinzunehmen, ist die Relation konfluent.

Bei einer noetherschen Halbordnung $(U, \leqslant)$ hat nach Definition jede Kette ein maximales Element, eine Normalform, über die hinaus sie nicht fortgesetzt werden kann. Sind $x \leqslant \cdots \leqslant y_1$ und $x \leqslant \cdots \leqslant y_2$ zwei solche Ketten, die mit dem gleichen Element x beginnen und ist $\leqslant$ zusätzlich konfluent, so gibt es nach Abb. 2.11 ein z mit $y_1 \leqslant z, y_2 \leqslant z$. Da aber y_1, y_2 maximal sind, muß $y_1 = z = y_2$ gelten. Wir haben daher

Satz 2.17: *Sei (U, ρ) eine noethersche Halbordnung. Dann ist ρ genau dann konfluent, wenn für alle $x \in U$ die Normalform, d. h. das maximale Element einer Kette, in der x vorkommt, existiert und eindeutig bestimmt ist.*

Eine Relation ρ heißt **lokal konfluent**, wenn aus $x \rho y_1$, $x \rho y_2$ folgt, daß ein $z \in U$ existiert mit $y_1 \rho^* z$, $y_2 \rho^* z$, vgl. Abb. 2.12. Während man zum Nachweis der Konfluenz beliebig lange Ketten $x \rho^* y_1$, $x \rho^* y_2$ untersuchen muß, genügt zum Nachweis der lokalen Konfluenz eine lokale Untersuchung. In vielen praktischen Fällen genügt das für die allgemeine Konfluenz:

Satz 2.18 (Diamantenlemma, NEWMAN 1942): *Eine noethersche Halbordnung (U, ρ) ist genau dann konfluent, wenn sie lokal konfluent ist.*

Beweis: Wir wenden noethersche Induktion auf die inverse Relation ρ^T an. Wenn ρ noethersch ist, so ist ρ^T artinsch, also nach Satz 2.14 fundiert, so daß die Voraussetzungen von Satz 2.15 gegeben sind. Als Induktionsbehauptung

Abbildung 2.12: lokale Konfluenz

$P(x)$ verwenden wir die Konfluenzeigenschaft in der Umformulierung für ρ^T:
Falls $y_1 \, \rho^{T*} \, x$ und $y_2 \, \rho^{T*} \, x$, gibt es ein z mit $z \, \rho^{T*} \, y_1$ und $z \, \rho^{T*} \, y_2$. Gilt nun
wie in Abb. 2.13 $x \, \rho^T \, u$ und $v \, \rho^T \, u$, so haben x und v einen gemeinsamen
Vorgänger w'. Nach Induktionsvoraussetzung (angewandt auf x) existiert dann
aber ein gemeinsamer Vorgänger w'' von y_1 und w'. Angewandt auf v gibt es
nach Induktionsvoraussetzung einen gemeinsamen Vorgänger w von y_2 und w''.
Dieses w ist somit gemeinsamer Vorgänger von y_1 und y_2. Dies beweist $P(u)$. ◆

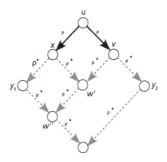

Abbildung 2.13: Diamantenlemma

Gibt es bei einer Relation ρ zu beliebigen y_1, y_2, die durch einen Semiweg
($y_1 = x_1, x_2, \ldots, x_n = y_2$), $x_i \, \rho \, x_{i+1}$ oder $x_{i+1} \, \rho \, x_i$ verbunden sind, ein z mit
$y_1 \, \rho^* \, z$ und $y_2 \, \rho^* \, z$, so sagt man, daß ρ die **Church-Rosser-Eigenschaft** besitzt,
vgl. Abb. 2.14. Die Bedingung erscheint zunächst schwächer als Konfluenz.

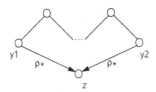

Abbildung 2.14: Church-Rosser-Eigenschaft

Im Graph zu ρ bedeutet die Church-Rosser-Eigenschaft, daß zu jeder schwachen Zusammenhangskomponente G_i eine Ecke z existiert, die von allen Ecken

von G_i aus erreichbar ist. Die Ecken y_1, y_2 gehören genau dann zur gleichen schwachen Zusammenhangskomponente, wenn $y_1 (\rho \cup \rho^T)^* y_2$ gilt. Die Church-Rosser-Eigenschaft kann daher mengentheoretisch beschrieben werden durch

$$(\rho \cup \rho^T)^* \subseteq \rho^* \circ \rho^{T*}. \tag{2.34}$$

Aufgabe 2.37: Für jede Relation ρ gilt $\rho^* \circ \rho^{T*} \subseteq (\rho \cup \rho^T)^*$. In (2.34) gilt also sogar Gleichheit.

Satz 2.19: *Eine Relation ρ ist genau dann konfluent, wenn sie die Church-Rosser-Eigenschaft besitzt.*

Beweis: Wenden wir Aufgabe 2.37 auf ρ^T an, so folgt aus $\rho^{TT} = \rho$ und (2.34) $\rho^{T*} \circ \rho^* \subseteq (\rho \cup \rho^T)^* = \rho^{T*} \circ \rho^*$. Die Church-Rosser-Eigenschaft impliziert Konfluenz. Zum Beweis der Umkehrung bemerken wir zunächst, daß wegen (2.33)

$$
\begin{aligned}
(\rho^* \circ \rho^{T*}) \circ (\rho^* \circ \rho^{T*}) &= \rho^* \circ (\rho^{T*} \circ \rho^*) \circ \rho^{T*} \\
&\subseteq \rho^* \circ (\rho^* \circ \rho^{T*}) \circ \rho^{T*} \\
&= (\rho^* \circ \rho^*) \circ (\rho^{T*} \circ \rho^{T*}) \\
&= \rho^* \circ \rho^{T*}
\end{aligned}
$$

gilt. $\rho^* \circ \rho^{T*}$ ist also transitiv. Ferner ist es symmetrisch und reflexiv. Da nach Satz 2.2 $(\rho \cup \rho^T)^*$ die transitive, symmetrische und reflexive Hülle von ρ ist, also die kleinste Äquivalenzrelation, die ρ umfaßt, muß gelten $(\rho \cup \rho^T)^* \subseteq \rho^* \circ \rho^{T*}$, d. h. die Church-Rosser-Eigenschaft liegt vor.   ◆

2.3.5 Vollständige Halbordnungen

Eine halbgeordnete Menge $(U, \leqslant)$ heißt **vollständig halbgeordnet**[17], wenn

- U ein kleinstes Element $\perp$ und
- jede Kette $K \subseteq U$ eine obere Grenze $\sup(K)$ besitzt.

Beispiel 2.5: Das einfachste Beispiel einer vollständigen Halbordnung liefern die flachen Halbordnungen aus Abb. 2.9. $\perp$ ist das kleinste Element. Alle Ketten $K = [\perp, a]$ haben die Länge 2, und es gilt $a = \sup(K)$.   ◆

Beispiel 2.6: $(\mathfrak{P}(U), \subseteq)$ ist eine vollständige Halbordnung mit $\perp = \emptyset$ und $\sup(K) = \bigcup U_i$ für Ketten $\cdots \subseteq U_i \subseteq U_{i+1} \subseteq \cdots$. Eine andere vollständige Halbordnung auf $\mathfrak{P}(U)$ erhalten wir durch Dualisierung, wenn wir $\perp = U$, $\sup(K) = \bigcap U_i$ setzen.   ◆

---

17. engl. *complete partially ordered set*, oft abgekürzt mit *cpo*.

Beispiel 2.7: Seien U, V zwei Mengen. $U \rightsquigarrow V$ bezeichne die Menge aller partiell definierten Abbildungen $f: U \twoheadrightarrow V$. Wir definieren eine Relation $f \sqsubseteq g$ für $f, g \in U \rightsquigarrow V$ durch

$$f \sqsubseteq g, \text{wenn Def}(f) \subseteq \text{Def}(g) \text{ und } f(x) = g(x) \text{ für alle } x \in \text{Def}(f). \quad (2.35)$$

g ist also eine Erweiterung von f auf einen größeren Definitionsbereich. Wir definieren solche Erweiterungen oft algorithmisch, indem wir f fortlaufend für neue Elemente angeben.

$\sqsubseteq$ ist eine Halbordnung auf $U \rightsquigarrow V$. Damit diese vollständig ist, setzen wir $\bot = \emptyset$, d. h. die Funktion, die auf der leeren (Teil-)Menge (von U) definiert ist. Ist $\cdots \sqsubseteq f_i \sqsubseteq f_{i+1} \sqsubseteq \cdots$ eine aufsteigende Kette K, so definieren wir die Funktion $f_K = \sup(K)$ auf $\sup(\text{Def}(K)) = \bigcup \text{Def}(f_i)$, indem wir für $x \in \sup(\text{Def}(K))$ ein beliebiges i mit $x \in \text{Def}(f_i)$ wählen und $f_K(x) = f_i(x)$ setzen. Nach (2.35) muß ein solches i existieren und nach Voraussetzung sind alle Werte $f_i(x), f_j(x)$ gleich, wenn sie definiert sind.

Ist f_K auf diese Weise durch eine Kette K definiert, so sagen wir, *die Funktionen f_i der Kette approximieren f_K.* ♦

Im Vergleich zu S. 67 sehen wir, daß jede vollständige Halbordnung die Voraussetzungen des Zornschen Lemma erfüllt. Davon machen wir im Beweis des nachfolgenden Satzes 2.20 Gebrauch. Die Anforderungen sind allerdings schärfer, da wir verlangen, daß die Menge der oberen Schranken einer Kette K nicht nur nicht leer ist, sondern sogar ein kleinstes Element $\sup(K)$ enthält.

Es seien (U_1, ρ_1), (U_2, ρ_2) halbgeordnete Mengen. $f: U_1 \to U_2$ heißt eine **monotone** Abbildung oder ein **Halbordnungsmorphismus**, wenn aus $x \, \rho_1 \, y$ folgt $f(x) \, \rho_2 \, f(y)$. Sie heißt **streng monoton**, wenn sie zusätzlich injektiv ist.

Ist (U_1, ρ_1) eine vollständige Halbordnung, so heißt $f: U_1 \to U_2$ **stetig**, wenn für jede aufsteigende Kette K in U_1 $\sup(f(K))$ in U_2 existiert und $\sup(f(K)) = f(\sup(K))$ gilt.

Aufgabe 2.38: Zeigen Sie, daß jede stetige Funktion monoton ist.

Dieser Stetigkeitsbegriff entspricht der einseitigen Stetigkeit in der Analysis.

Beispiel 2.8: Die Potenzmenge der natürlichen Zahlen $(\mathfrak{P}(\mathbb{N}), \subseteq)$ ist mit der Teilmengenbeziehung eine vollständige Halbordnung. Ebenso ist $(\{0, 1\}, \leqslant)$ mit $0 \leqslant 1$ eine vollständige Halbordnung.

Die Funktion *unendlich* : $\mathfrak{P}(\mathbb{N}) \to \{0, 1\}$, definiert durch

$$unendlich(X) = \begin{cases} 0, & \text{falls } X \text{ eine endliche Menge ist} \\ 1, & \text{falls } X \text{ eine unendliche Menge ist} \end{cases}$$

ist monoton, aber nicht stetig. So ist z. B. $K = [\emptyset, \{0\}, \{0, 1\}, \{0, 1, 2\}, \ldots]$ eine Kette mit $\sup(K) = \mathbb{N}$. Also ist *unendlich*$(\sup(K)) = 1$. Andererseits gilt für alle Mengen X in der Kette $unendlich(X) = 0$. Also ist $\sup(unendlich(K)) = 0 \neq unendlich(\sup(K))$. ◆

Monotone Funktionen f auf einem endlichen Universum sind stets stetig, da eine unendliche Kette nötig ist, um $\sup(f(K)) \neq f(\sup(K))$ zu zeigen.

Ein **Fixpunkt** einer Abbildung $f: U \to U$ ist ein $x \in U$ mit $f(x) = x$. Monotone Abbildungen besitzen Fixpunkte:

Satz 2.20 (Fixpunktsatz von Knaster-Tarski): $(U, \leqslant)$ *sei eine vollständige Halbordnung mit kleinstem Element* $\bot$ *und* $f: U \to U$ *monoton. Dann gibt es einen kleinsten Fixpunkt* X *mit* $f(X) = X$.

Beweis: Wir betrachten die Menge I aller Teilmengen $M \subseteq U$, die $\bot$ enthalten und folgende beiden Eigenschaften besitzen:

$$\text{Falls } x \in M, \text{ dann } f(x) \in M. \tag{2.36}$$

$$\text{Falls } K \subseteq M \text{ eine Kette ist, dann } \sup(K) \in M. \tag{2.37}$$

Offenbar sind alle $M \in I$ vollständig halbgeordnet mit der zusätzlichen Bedingung (2.36). I ist nicht leer, da $U \in I$. Es sei

$$D = \bigcap_{M \in I} M. \tag{2.38}$$

D gehört selbst zu I und ist daher bezüglich der Inklusion minimal in I: D ist halbgeordnet, da $D \subseteq U$. Ferner gilt $\bot \in D$, da $\bot \in M$ für alle $M \in I$. Aus $x \in D$ folgt $x \in M$ für alle $M \in I$ und daher nach (2.36) auch $f(x) \in M$ für alle M, also $f(x) \in D$. Ist $K \subseteq D$ eine Kette, so gehört sie zu allen $M \in I$ und daher gilt auch $\sup(K) \in M$ für alle $M \in I$ wegen (2.37).

Sei nun $D' = \{u \mid u \in D \text{ und } u \leqslant f(u)\}$. Es gilt $\bot \in D'$, da $\bot \leqslant f(\bot)$. Aus $u \leqslant f(u)$ und der Monotonie folgt $f(u) \leqslant f(f(u))$; also gehört mit u auch $f(u)$ zu D'; D' erfüllt (2.36). Ist K eine Kette in D' mit $g = \sup(K)$, so gilt $u \leqslant g$ und wegen der Monotonie $u \leqslant f(u) \leqslant f(g)$ für alle $u \in K$. $f(g)$ ist also eine obere Schranke von K. Also gilt $g \leqslant f(g)$, da g die kleinste obere Schranke ist. Folglich gehört auch g zu D'; D' erfüllt auch (2.37). Daher ist $D' \in I$ und folglich gilt $D \subseteq D' \subseteq D$, d. h. für alle $u \in D$ ist $u \leqslant f(u)$.

Da D eine vollständige Halbordnung ist, können wir das Zornsche Lemma anwenden und schließen, daß D ein maximales Element X enthält.

X ist ein Fixpunkt von f: Wegen (2.36) ist $f(X) \in D$. Wegen $D \subseteq D'$ ist $X \leqslant f(X)$. Da X maximal ist, kann diese Beziehung nur gelten, wenn $X = f(X)$.

Angenommen es gäbe einen kleineren Fixpunkt Y: $Y \leqslant X$, $Y \neq X$. Dann konstruieren wir $D'' = \{u \mid u \in D \text{ und } u \leqslant Y\}$. Y ist maximales Element von D'' und es gilt $X \notin D''$. Andererseits können wir genauso wie bei D'

schließen, daß $D \subseteq D''$, also auch $X \in D''$, gelten muß. Dies ist offensichtlich ein Widerspruch, also ist X kleinster Fixpunkt. ♦

Das Beispiel 2.5 zeigt, daß es in einer vollständigen Halbordnung mehrere maximale Elemente $X, Y, X \neq Y$, geben kann. Diese müssen zwangsläufig unvergleichbar sein: Es gilt weder $X \leq Y$ noch $Y \leq X$. Für unsere Menge D aus (2.38) gilt dies jedoch nicht:

Korollar 2.21: *Der kleinste Fixpunkt in Satz 2.20 ist eindeutig bestimmt.*

Sind nämlich $X, Y \in D, X \neq Y$, zwei unvergleichbare maximale Elemente von D, so sind X und Y beide Fixpunkte von f. Wir betrachten die Menge $D_{XY} = \{u \mid u \in D, u \leq X, u \leq Y\}$. Es gilt $X, Y \notin D_{XY}$. Ferner ist $\bot \in D_{XY}$. Ist K eine Kette in D_{XY}, so sind nach Definition X, Y obere Schranken für alle $u \in K$. Daher gilt $g \leq X$ und $g \leq Y$ auch für die kleinste obere Schranke $g = \sup(K)$. D_{XY} erfüllt also (2.37). Schließlich gilt wegen $u \leq f(u)$ für alle $u \in D$, der Monotonie von f und der Fixpunkteigenschaft von X, Y, daß aus $u \leq X$ folgt $u \leq f(u) \leq f(X) = X$ und analog $f(u) \leq Y$. Also gehört mit u auch $f(u)$ zu D_{XY}; D_{XY} erfüllt auch (2.36). Also gilt $D \subseteq D_{XY}$ im Widerspruch zu der Annahme, daß $X, Y \in D$ und $X, Y \notin D_{XY}$. Es kann also in D nur ein einziges maximales Element geben und dieses ist kleinster Fixpunkt von f. ♦

Aufgabe 2.39: Zeigen Sie, daß $K_0 = [f^0(\bot), f(\bot), f^2(\bot), f^3(\bot), \ldots]$ mit den Bezeichnungen $f^0(x) = x, f^{n+1}(x) = f(f^n(x))$ eine Kette ist.

Mit den Bezeichnungen aus Aufgabe 2.39 gilt

Korollar 2.22 (Fixpunktsatz für stetige Funktionen): $(U, \leq)$ *sei eine vollständige Halbordnung mit kleinstem Element* $\bot$ *und* $f: U \to U$ *stetig. Dann ist* $X_0 = \sup\{f^n(\bot) \mid n \geq 0\}$ *der kleinste Fixpunkt von* f.

Aus der Stetigkeit folgt $f(X_0) = f(\sup\{f^n(\bot) \mid n \geq 0\}) = \sup\{f(f^n(\bot)) \mid n \geq 0\} = \sup\{f^n(\bot) \mid n \geq 0\} = X_0$. Also ist X_0 ein Fixpunkt. Wie im Beweis von Satz 2.20 schließen wir, daß $D \subseteq \{f^n(\bot) \mid n \geq 0\} \cup \{X_0\}$ gelten muß. Daher ist X_0 der kleinste Fixpunkt von f. ♦

Beispiel 2.9: Gegeben sei die vollständige Halbordnung $(\mathfrak{P}(U)^6, \sqsubseteq)$ für $U = \{a, b, c\}$ mit $(X_1, \ldots, X_6) \sqsubseteq (Y_1, \ldots, Y_6) \rightthreetimes X_1 \subseteq Y_1, \ldots, X_6 \subseteq Y_6$. Die Funktion $f: \mathfrak{P}(U)^6 \to \mathfrak{P}(U)^6$, definiert durch

$$f(X_1, X_2, X_3, X_4, X_5, X_6) = \begin{pmatrix} X_4 \\ X_1 \setminus \{c\} \\ X_4 \cup X_6 \\ X_3 \cup \{a, b, c\} \\ \emptyset \\ \{c\} \end{pmatrix} \qquad (2.39)$$

ist monoton und stetig. $(\{a, b, c\}, \{a, b\}, \{a, b, c\}, \{a, b, c\}, \emptyset, \{c\})$ ist der kleinste Fixpunkt. Nach dem Beweis von Satz 2.22 erhalten wir ihn iterativ:

$$f(\emptyset, \emptyset, \emptyset, \emptyset, \emptyset, \emptyset) = (\emptyset, \emptyset, \emptyset, \{a, b, c\}, \emptyset, \{c\})$$

$$f(f(\emptyset, \emptyset, \emptyset, \emptyset, \emptyset, \emptyset)) = (\{a, b, c\}, \emptyset, \{a, b, c\}, \{a, b, c\}, \emptyset, \{c\})$$

$$f(f(f(\emptyset, \emptyset, \emptyset, \emptyset, \emptyset, \emptyset))) = (\{a, b, c\}, \{a, b\}, \{a, b, c\}, \{a, b, c\}, \emptyset, \{c\})$$

$$f(f(f(f(\emptyset, \emptyset, \emptyset, \emptyset, \emptyset, \emptyset)))) = (\{a, b, c\}, \{a, b\}, \{a, b, c\}, \{a, b, c\}, \emptyset, \{c\}). \quad \blacklozenge$$

Das Mengengleichungssystem (2.39) ist ein Beispiel für ein System monotoner **Datenfluß-gleichungen**, wie sie bei der Übersetzung von Programmiersprachen und in der Programmanalyse auftreten. Die Elemente a, b, c sind Kenntnisse über Werte von Variablen. Die Mengen X_i sind den Ecken des Ablaufgraphen des Programms zugeordnet. Die Struktur der rechten Seite von (2.39) beschreibt, wie die Kenntnisse während der Programmausführung weitergegeben werden. Diese Situation tritt in der Systemmodellierung und in Systemimplementierungen sehr häufig auf. Beschreibt ein Graph G systeminterne Abhängigkeiten, und haben wir zusätzliche Randbedingungen $f_i(x, y, z, \ldots) = 0$ zwischen den Systemvariablen, die durch die Ecken und Kanten von G repräsentiert sind, so führt die Anwendung des Satzes von KNASTER-TARSKI zu einer Spezialisierung des Graphen G, die alle statisch erfaßbaren Konsequenzen der Randbedingungen enthält.

2.3.6 Halbverbände

Die Bestimmung von $\inf(a, b)$ bzw. $\sup(a, b)$, $a, b \in (U, \leqslant)$ kann auch als zweistellige Operation $a \wedge b$ bzw. $a \vee b$ auf U aufgefaßt werden. Falls die Ergebnisse existieren und zu U gehören, gelten die **Idempotenzgesetze**

$$\text{V3:} \qquad a \wedge a = a, \quad a \vee a = a \tag{2.40}$$

und die Assoziativgesetze HG1 und Kommutativgesetze HG2 aus Abschnitt 2.1 für beide Operationen.

Eine Menge U, in der eine zweistellige Operation erklärt ist, die HG1, HG2 und eines der Gesetze V3 erfüllt, heißt ein **Halbverband**[18]. Ein Halbverband ist also eine kommutative Halbgruppe, in der zusätzlich das Idempotenzgesetz gilt. Eine halbgeordnete Menge, in der für je zwei Elemente $a \wedge b$ bzw. $a \vee b$ definiert ist, ist bezüglich dieser Operation ein Halbverband.

Wegen HG1, HG2 und V3 definiert

$$a \leqslant b \bowtie a \wedge b = a, \tag{2.41}$$

oder

$$a \leqslant b \bowtie a \vee b = b. \tag{2.42}$$

eine Halbordnung. Jeder Halbverband ist also halbgeordnet.

---

18. engl. *semilattice*.

Beispiel 2.10: Die in Beispiel 2.2 eingeführte lexikographische Ordnung macht mit der Definition

$$x \wedge y = u, \text{ wenn } u \text{ maximal bezüglich } u \leqslant_p x, u \leqslant_p y \qquad (2.43)$$

Σ^* zu einem Halbverband. ♦

Aufgabe 2.40: In einem Halbverband $(U, \cdot)$ liefern zwei Formeln f, g das gleiche Ergebnis, wenn sie die gleichen Elemente $x_1, \ldots, x_n$ enthalten.

Aufgabe 2.41: $(U, \cdot)$ ist genau dann ein Halbverband, wenn für alle $x, y, z \in U$ gilt $x \cdot x = x$ und $x \cdot (y \cdot z) = (z \cdot y) \cdot x$.

2.3.7 Dualisierung

Ist ρ eine Halbordnung auf einer Menge U, so ist auch die inverse Relation $\rho^{-1} = \rho^T$ eine Halbordnung. ρ ist total genau dann, wenn $\rho \cup \rho^{-1} = U \times U$.

Aufgabe 2.42: Beweisen Sie diese Aussagen.

ρ^{-1} heißt die zu ρ **duale Halbordnung.** Dies entspricht dem dualen Graphen, den wir auf S. 50 eingeführt haben. Viele der bisher eingeführten Begriffe haben eine duale Entsprechung für die duale Halbordnung, z. B. ist das duale Gegenstück von $\inf(X)$ die obere Grenze $\sup(X)$. Wir haben diese Entsprechungen in der Tab. 2.2 zusammengestellt. Die Ersetzung aller Begriffe in einer Aussage

Tabelle 2.2: Duale Begriffe

Begriff	dualer Begriff
$\leqslant$	$\geqslant$
$<$	$>$
obere Schranke	untere Schranke
obere Grenze	untere Grenze
$\sup(X)$	$\inf(X)$
$\top$	$\bot$
aufsteigende Kette	absteigende Kette
aufsteigend monoton	absteigend monoton
größtes Element	kleinstes Element
artinsch	noethersch
$a \vee b$	$a \wedge b$

durch ihre duale Entsprechung liefert die **duale Aussage.** Diese gilt für die duale Halbordnung (U, ρ^{-1}), wenn die ursprüngliche Aussage für (U, ρ) gilt. Da jede Halbordnung das duale Gegenstück einer anderen Halbordnung ist, haben wir
Satz 2.23 (*Dualitätsprinzip für Halbordnungen*):
Ist eine Aussage richtig für alle halb geordneten Mengen, dann ist auch die duale Aussage für alle halb geordneten Mengen richtig.

Das Dualitätsprinzip erlaubt es, in Definitionen, Sätzen und Beweisen elementare Wiederholungen von Argumenten zu vermeiden. Oft wird auch eine Aussage und ihr duales Gegenstück zusammen benutzt. Es genügt dann, nur die eine Hälfte der Aussagen zu beweisen. So geht beispielsweise die Aussage (2.41) durch Dualisierung in die Aussage (2.42) über und umgekehrt.

Das duale Gegenstück einer vollständigen Halbordnung ist keine vollständige Halbordnung. Das Dualitätsprinzip erlaubt es aber, auf die explizite Formulierung von Aussagen für Halbordnungen, die ein maximales Element $\top$ und für alle Ketten eine untere Grenze $\inf(K)$ haben, zu verzichten und sie bei Bedarf trotzdem heranzuziehen. So liefert die Dualisierung des Satzes von KNASTER-TARSKI den maximalen Fixpunkt monoton fallender Funktionen auf einer zu einer vollständigen Halbordnung dualen Halbordnung.

In einem Halbverband ist $\sup(X)$ (oder die duale Operation) für endliche Mengen X definiert. In einer vollständigen Halbordnung existiert $\sup(X)$ für beliebige Mengen $X \subseteq U$. Verlangen wir gleichzeitig die Existenz von $\inf(X)$ und $\sup(X)$ für endliche Mengen X, so erhalten wir einen Verband:

2.3.8 Verbände

Eine Halbordnung $(U, \leqslant)$ heißt ein **Verband**[19], wenn sie sowohl bezüglich $\inf(a, b) = a \wedge b$ als auch bezüglich der dualen Operation $\sup(a, b) = a \vee b$ ein Halbverband ist.

In einem Verband gelten neben den Gesetzen HG1, HG2 und V3 noch die **Verschmelzungsgesetze**:

$$\text{V4:} \qquad a \vee (a \wedge b) = a, \quad a \wedge (a \vee b) = a. \tag{2.44}$$

Aufgabe 2.43: Leiten Sie (2.44) aus HG1, HG2, V3 und den Eigenschaften einer Halbordnung ab.

Zur Definition eines Verbands genügen bereits die Gesetze HG1, HG2, V3 und V4:

Satz 2.24: *Gegeben sei eine Menge U und darauf zwei zweistellige Operationen $\wedge$ und $\vee$, die beide kommutativ, assoziativ und idempotent seien. Ferner sei (2.44) erfüllt. Dann ist $(U, \wedge, \vee)$ ein Verband. Die zugehörige Halbordnung ist durch (2.41) oder (2.42) gegeben.*

Ein Verband heißt **distributiv**, wenn die **Distributivgesetze**

$$\text{V5:}\ a \vee (b \wedge c) = (a \vee b) \wedge (a \vee c), \ a \wedge (b \vee c) = (a \wedge b) \vee (a \wedge c) \tag{2.45}$$

gelten.

---

19. engl. *lattice*.

Aufgabe 2.44: In jedem Verband gilt das halbdistributive Gesetz

$$a \vee (b \wedge c) \geqslant (a \vee b) \wedge (a \vee c). \tag{2.46}$$

Formulieren Sie auch das dazu duale Gesetz und beweisen Sie seine Gültigkeit.

Aufgabe 2.45: Ein Verband ist bereits dann distributiv, wenn eines der beiden Distributivgesetze gilt. Das andere folgt dann mit Hilfe der restlichen Gesetze.

Aufgabe 2.46: Die linke Halbordnung der Abb. 2.15 definiert keinen Verband. Die Verbände der mittleren und rechten Halbordnung sind nicht distributiv.

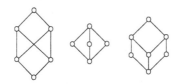

Abbildung 2.15: Halbordnung und Verband

Ein Verband heißt **modular,** wenn das **Modularitätsgesetz**

V6: Falls $a \leqslant c$ gilt $a \vee (b \wedge c) = (a \vee b) \wedge c.$ \hfill (2.47)

gilt.

Aufgabe 2.47: Der mittlere und rechte Verband in Abb. 2.15 ist modular.

Aufgabe 2.48: In einem distributiven Verband gilt:

$$\text{Aus } a \vee x = a \vee y \text{ und } a \wedge x = a \wedge y \text{ folgt } x = y. \tag{2.48}$$

Ein Verband V heißt **vollständig,** wenn $\inf(A)$ und $\sup(A)$ für beliebige Teilmengen $A \subseteq V$ existieren und zu V gehören. Endliche Verbände sind stets vollständig. Es gibt dann ein kleinstes und größtes Element $\bot$ bzw. $\top$ in V mit

$$V7: \quad a \wedge \bot = \bot \text{ und } a \vee \bot = a, \tag{2.49}$$

$$a \wedge \top = a \text{ und } a \vee \top = \top.$$

$\bot$ und $\top$ sind neutrale Elemente für $\vee$ bzw. $\wedge$. Ein vollständiger Verband ist bezüglich der Ordnung (2.41) eine vollständige Halbordnung. Insbesondere gilt also der Fixpunktsatz 2.20 von KNASTER-TARSKI.

Ein Element $\complement a$ heißt **Komplement** des Elements $a \in V$, wenn

$$V8: a \vee \complement a = \top, \ a \wedge \complement a = \bot. \tag{2.50}$$

Zu einem Element kann es mehrere Komplemente geben, wie man an den Beispielen aus Abb. 2.15 sieht. Ist der Verband jedoch distributiv, dann folgt aus Aufgabe 2.48, daß es zu jedem a höchstens ein Komplement gibt.

Ein Verband heißt **komplementär**, wenn er vollständig ist und zu jedem Element genau ein Komplement existiert.

In einem vollständigen, komplementären, distributiven Verband gelten auch das Involutionsgesetz

$$\text{V9: } \complement(\complement a) = a. \tag{2.51}$$

und die De Morganschen Gesetze[20]

$$\text{V10: } \complement(a \wedge b) = \complement a \vee \complement b, \quad \complement(a \vee b) = \complement a \wedge \complement b. \tag{2.52}$$

Beweis:

$$
\begin{aligned}
\complement\complement a &= \complement\complement a \wedge \top \\
&= \complement\complement a \wedge (\complement a \vee a) && \text{V8} \\
&= (\complement\complement a \wedge \complement a) \vee (\complement\complement a \wedge a) && \text{V5} \\
&= \bot \vee (\complement\complement a \wedge a) && \text{V8} \\
&= (\complement a \wedge a) \vee (\complement\complement a \wedge a) && \text{V8} \\
&= (a \wedge \complement a) \vee (a \wedge \complement\complement a) && \text{HG2} \\
&= a \wedge (\complement a \vee \complement\complement a) && \text{V5} \\
&= a \wedge \top && \text{V8} \\
&= a,
\end{aligned}
$$

bzw. für die De Morgan'schen Gesetze:

$$
\begin{aligned}
(a \wedge b) \vee (\complement a \vee \complement b) &= (a \vee \complement a \vee \complement b) \wedge (b \vee \complement a \vee \complement b) \\
&= (\top \vee \complement b) \wedge (\complement a \vee b \vee \complement b) \\
&= \top \wedge (\complement a \vee \top) \\
&= \top \wedge \top \\
&= \top.
\end{aligned}
$$

Analog erhält man $(a \wedge b) \wedge (\complement a \vee \complement b) = \bot$. $\complement a \vee \complement b$ ist also Komplement von $a \wedge b$. Da dieses aber in einem komplementären Verband eindeutig ist, folgt $\complement(a \wedge b) = \complement a \vee \complement b$. Das zweite Gesetz von (2.52) folgt durch Dualisierung. ◆

Ein vollständiger, komplementärer, distributiver Verband heißt ein **boolescher Verband** oder eine **boolesche Algebra**[21].

---

20. AUGUSTUS DE MORGAN, 1806–1871, englischer Mathematiker und Logiker.
21. GEORGE BOOLE, 1815–1864, englischer Mathematiker und Logiker. Er studierte diese Algebra als erster.

Beispiel 2.11: Sei $\{x_1, \ldots, x_n\}$ eine endliche Menge paarweise teilerfremder ganzer Zahlen, z. B. n Primzahlen. Wir nehmen die Zahl 1 sowie sämtliche Produkte, in denen eines der x_i höchstens einmal vorkommt, hinzu. In dieser Menge $\mathscr{L}$ können wir Operationen $\wedge$, $\vee$ und $\complement$ wie folgt definieren:

$$m \wedge n := \mathrm{ggT}(m, n), \tag{2.53}$$

$$m \vee n := \mathrm{kgV}(m, n), \tag{2.54}$$

$$\complement m := \prod_{i=1}^{n} x_i / m. \tag{2.55}$$

Die Abb. 2.16 zeigt die Situation für die Menge $\{2, 3, 5\}$. Man sieht unmittelbar, daß unsere Gesetze erfüllt sind. Die Teilereigenschaft $m \mid n$ definiert die Halbordnung. ◆

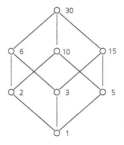

Abbildung 2.16: Boolesche Algebra der Produkte teilerfremder Zahlen

Aufgabe 2.49: Beweisen Sie, daß die Menge der sämtlichen Produkte über einer endlichen Menge paarweise teilerfremder Zahlen, in denen jeder Faktor höchstens einmal vorkommt, mit den Definitionen (2.53)–(2.55) die Gesetze HG1, HG2 und V3–V10 erfüllt.

Dieses Beispiel zeigt, daß unsere Gesetze, wir nennen sie im weiteren auch **Axiome**, allgemeinerer Natur sind, und nicht nur zur Beschreibung von Supremum und Infimum herangezogen werden können. Man beachte dabei, daß der Nachweis, daß solche Gesetze gelten, zunächst verlangt, daß die in den Gesetzen auftretenden speziellen Elemente — im Fall des vollständigen, komplementären, distributiven Verbands sind dies das *Nullelement* $\perp$ und das *Einselement* $\top$ — existieren.

Mit booleschen Algebren werden wir uns in Abschn. 3.2 weiter beschäftigen.

2.4 Endliche Automaten

Ein **endlicher Automat** ist eine gedachte Maschine, die in der Nachrichtentechnik, der Informatik und vielen anderen Disziplinen zur Analyse, Beschreibung und Realisierung von Systemen eingesetzt wird. Die Informatik kennt noch eine Reihe von Verallgemeinerungen, die die Mächtigkeit des Hilfsmittels beträchtlich erhöhen. Wir behandeln hier nur Grundzüge und kommen später mehrfach auf weitere Eigenschaften zurück.

Ein endlicher Automat besitzt eine endliche Menge Q von **Zuständen**. Beginnend mit einem **Anfangszustand** $q_0 \in Q$ ändert er im Zeittakt seinen Zustand und liest dabei jedesmal ein Eingabezeichen a aus einem endlichen Zeichenvorrat Σ. Den Übergang von q zu q' mit Lesen von a notieren wir in der Form $qa \rightarrow q'$. Die Abhängigkeit von q' von q und a kann in zwei Weisen interpretiert werden: Bei gegebenem Zustand q bestimmt a den Nachfolgerzustand; bei gegebenem a hängt die *Wirkung* q' vom bisherigen Zustand q ab, d. h. a hat unterschiedliche Bedeutung, je nachdem in welchem Zustand es eintrifft. Insbesondere kann man den Zustand als ein (endliches) Gedächtnis über die Vorgeschichte und die bisher eingegebenen Zeichen auffassen.

Die beiden Interpretationen bedeuten, daß wir einen Zustand als eine Zuordnung $q: \Sigma \rightarrow Q$ und ein Zeichen als Zuordnung $a: Q \rightarrow Q$ auffassen können. Man vergleiche dies mit der Interpretation von $m + n$ als Funktion $\mathrm{succ}^m: \mathbb{N} \rightarrow \mathbb{N}$ bzw. $\mathrm{succ}^n: \mathbb{N} \rightarrow \mathbb{N}$, die jeweils das andere Argument in die natürlichen Zahlen abbildet. Diese iterative Interpretation zwei- oder mehrstelliger Zuordnungen ist als **Curryen**, benannt nach dem Logiker HASKELL CURRY, bekannt und wird uns in Kap. 5 in systematischer Form wiederbegegnen.

Ein endlicher Automat kann als gerichteter Graph mit Eckenmenge Q angesehen werden. Die Kanten entsprechen den Zustandsübergängen und sind mit Eingabezeichen $a \in \Sigma$ markiert. Der erreichte Zustand q ist durch den Anfangszustand q_0 und die bisher eingegebene Zeichenreihe $x = x_1 \cdots x_n$ bestimmt. Diese beschreibt einen Weg von q_0 nach q im Graphen. Dementsprechend schreiben wir $q_0 x \overset{*}{\Rightarrow} q$ oder, wenn wir auch das leere Eingabewort $x = \varepsilon$ zulassen, $q_0 x \overset{*}{\Rightarrow} q$. Da das leere Wort keinen Zustandsübergang bewirkt, gilt immer $q_0 \varepsilon \overset{*}{\Rightarrow} q_0$.

Ein endlicher Automat kann auf verschiedene Weisen Ausgabe erzeugen:

Mealy-Automat Jeder Zustandsübergang erzeugt ein Wort $t = t_0 \cdots t_{n-1}$ über einem Ausgabezeichenvorrat T. Die Kanten des Graphen sind mit dem Paar a / t markiert. Das leere Wort ist eine zulässige Ausgabe. In technischen Anwendungen haben oft alle Ausgabewörter gleiche Länge, $t \in T^n$.

Moore-Automat Bei Erreichen eines Zustands q wird ein Wort $t \in T^*$ ausgegeben, unabhängig von dem Weg, auf dem q erreicht wurde. Auch hier ist das leere Wort als Ausgabe zulässig.

Akzeptor Dies ist der häufigste Spezialfall eines Moore-Automaten: Der Automat besitzt eine Menge $F \subseteq Q$ von **Endzuständen**. Erreicht er ein $q \in F$, so hält er an und gibt ein von q abhängiges Wort $t \in T^*$ aus. Ein Akzeptor ist oft zugleich ein Mealy-Automat, der zusätzlich die eingegebenen Zeichen verarbeitet.

Bei einem Akzeptor wird oft verlangt, daß die Eingabe x endliche Länge hat; der Automat hält in einem Endzustand nur, wenn gleichzeitig das Ende von x erreicht ist. Wir nennen diese Spezialisierung eine Anwendung der **Regel des längsten Musters**.

Beispiel 2.12: (W. BRAUER) Es soll eine Anzeige konstruiert werden, die in regelmäßigem Takt die Drehrichtung einer Welle bestimmt und ein entsprechendes Signal abgibt. Dazu sei wie in Abb. 2.17 eine Scheibe auf der Welle befestigt, die aus je zwei sich gegenüberliegenden elektrisch leitenden bzw. nichtleitenden Sektoren besteht. Die Scheibe ist elektrisch gegenüber der Welle isoliert; über eine hier nicht gezeigte Bürste stehen die leitenden Sektoren der Scheibe unter einer konstanten Spannung V. An der Scheibe liegen weiter zwei Bürsten B_1, B_2 an. Die Existenz einer Spannung auf den Zuleitungen dieser Bürsten wird zu jedem Taktzeitpunkt gemessen und bildet als Impuls O/L die Eingabe des zu konstruierenden Automaten A.

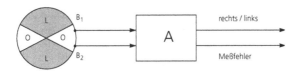

Abbildung 2.17: Drehrichtungsanzeige

Der Automat hat vier mögliche Eingaben (O,O), (L,O), (L,L), (O,L), die den 2×2 Kombinationen von Impulsen an B_1, B_2 entsprechen.

Die Drehrichtung kann offenbar nicht aus einer Messung alleine, wohl aber aus dem Vergleich aufeinanderfolgender Messungen geschlossen werden. Den beiden Drehrichtungen *links* und *rechts* entsprechen die Meßfolgen

$$l \triangleq (O,O) \to (O,L) \to (L,L) \to (L,O) \to (O,O), \tag{2.56}$$

$$r \triangleq (O,O) \to (L,O) \to (L,L) \to (O,L) \to (O,O). \tag{2.57}$$

Da die Taktfrequenz höher als die Drehfrequenz sein muß und nicht mit strenger Synchronisierung der beiden Frequenzen gerechnet werden darf, kann ein Meßwert mehrfach auftreten, bevor der nächste Wert der Folge erscheint.

Wir konstruieren daher einen Automaten mit 8 Zuständen, die den Tripeln $(l/r,$ letzter Meßwert an B_1, letzter Meßwert an $B_2)$ entsprechen. Wir bezeichnen diese Zustände mit q_{l00}, q_{l01}, q_{l10}, q_{l11}, q_{r00}, q_{r01}, q_{r10}, q_{r11}.

Als Ausgabe erwarten wir, daß bei jedem Zustandsübergang die Drehrichtung r oder l ausgegeben wird. Der Automat ist also ein Mealy-Automat.

Wenn wir zur Vereinfachung annehmen, daß sich die Drehrichtung nicht ändert, so sind bestimmte Kombinationen Zustand/Eingabe nicht zulässig. Wir betrachten sie als Meßfehler und schicken dann ein L auf die zweite Ausgabeleitung. Die $2 \times 2 = 4$ möglichen Ausgaben bezeichnen wir mit (r, O), (l, O), (r, L), (l, L). Die Apparatur kann sich beim Einschalten in einem beliebigen, also undefinierten Zustand befinden. Eventuell wird dann ein Meßfehler angezeigt, bevor die stationäre Drehrichtung festgestellt ist.

Das Verhalten dieses Automaten zeigt die nachfolgende **Übergangsmatrix** M, die mit den Zuständen und Eingaben indiziert ist und als Elemente m_{qe} das Paar neuer Zustand/Ausgabe enthält. (Für Zustände q_i ist nur i angegeben).

Tabelle 2.3: Übergangsmatrix der Drehrichtungsanzeige

	(O,O)	(L,O)	(L,L)	(O,L)
rOO	rOO/(r, O)	rLO/(r, O)	rOO/(r, L)	lOL/(l, O)
rLO	lOO/(l, O)	rLO/(r, O)	rLL/(r, O)	rLO/(r, L)
rLL	rLL/(r, L)	lLO/(l, O)	rLL/(r, O)	rOL/(r, O)
rOL	rOO/(r, O)	rOL/(r, L)	lLL/(l, O)	rOL/(r, O)
lOL	rOO/(r, O)	lOL/(l, L)	lLL/(l, O)	lOL/(l, O)
lLL	lLL/(l, L)	lLO/(l, O)	lLL/(l, O)	rOL/(r, O)
lLO	lOO/(l, O)	lLO/(l, O)	rLL/(r, O)	lLO/(l, L)
lOO	lOO/(l, O)	rLO/(r, O)	lOO/(l, L)	lOL/(l, O)

Die Abb. 2.18 zeigt den Übergangsgraph des Automaten. Man sieht die Zyklen, die den Wiederholungen von Meßwerten sowie den beiden Drehrichtungen entsprechen.   ♦

Beispiel 2.13: Die Abb. 2.19 zeigt einen Automaten, der eine Bitfolge $x = x_0 \cdots x_{n-1}$, $x_i \in \{O, L\}$ liest und nach n Schritten im Zustand q_0 bzw. q_1 stehenbleibt, abhängig davon, ob die Anzahl der L in x gerade oder ungerade war. Endzustände kennzeichnen wir graphisch durch einen Kasten. Dem Endzustand können wir also die **Parität** von x entnehmen. Der Automat ist ein Akzeptor, der sämtliche möglichen Eingaben in die zwei Äquivalenzklassen *gerade Anzahl von L* und *ungerade Anzahl von L* einteilt. Der erreichte Endzustand kennzeichnet die Klasse.   ♦

Bei Automaten gibt es häufig Übergänge mit $qa \to q'$ und gleichen q, q' für verschiedene a. Der Übergangsgraph ist dann ein Multigraph.

Beispiel 2.14: Bezeichnet b einen beliebigen Buchstaben und z eine beliebige Ziffer, so ist Abb. 2.20 der Übergangsgraph eines Akzeptors, der Bezeichner akzeptiert, die mit einem Buchstaben beginnen und dann beliebig viele Buchstaben und Ziffern enthalten können. Der Übergangsgraph ist ein Multigraph. Der

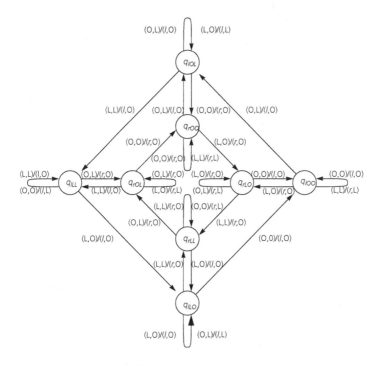

Abbildung 2.18: Übergangsgraph der Drehrichtungsanzeige

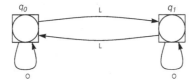

Abbildung 2.19: Akzeptor der Paritätsprüfung

Automat hält nach der Regel des längsten Musters, sobald ein Zeichen erreicht wird, das kein Buchstabe und keine Ziffer ist. Fassen wir ihn zugleich als Mealy-Automat auf, der seine Eingabezeichen in einen Puffer kopiert, so können wir ihn zum Erkennen und Speichern von Bezeichnern verwenden.   ♦

Beispiel 2.15: In gleicher Weise akzeptiert der Übergangsgraph in Abb. 2.21

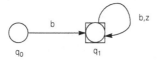

Abbildung 2.20: Übergangsgraph eines Akzeptors für Bezeichner

über dem Zeichenvorrat $\{z, E, ., +, -\}$ beliebige Zahlen üblicher Programmiersprachen, wenn z beliebige Ziffern bedeutet. Der Automat hat 3 Endzustände,
die das Ende ganzer Zahlen, Dezimalbrüchen und Zahlen mit Exponenten signalisieren.   ◆

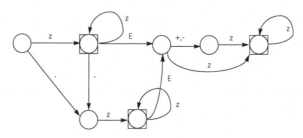

Abbildung 2.21: Übergangsgraph eines Akzeptors für Zahlen

Aufgabe 2.50: Der Automat aus Abb. 2.21 akzeptiert auch Zahlen in der (in
Amerika zulässigen) Form .z ohne Ziffer vor dem Dezimalpunkt. Modifizieren
Sie ihn so, daß vor dem Dezimalpunkt mindestens eine Ziffer stehen muß und
geben Sie die Übergangsmatrix an.

Die Übergangsmatrix des vorigen Beispiels ist nur dünn besetzt. Alle nicht
eingetragenen Übergänge $qa \to \ldots$, bei denen q kein Endzustand ist, sind
unzulässig und entsprechen Zeichenfolgen wie $0. + \ldots, 0.E \ldots, 0.1E + - \ldots$ usw.
Bei Akzeptoren vervollständigen wir die Übergangsmatrix oft, indem wir einen
zusätzlichen Zustand *Fehler* einführen und ihn als Folgezustand unzulässiger
Übergänge eintragen. Der Automat heißt dann ein **vollständiger Akzeptor**.

Insgesamt besteht ein endlicher Akzeptor $A = (\Sigma, Q, q_0, F, P)$ also aus
einem Zeichenvorrat Σ, einer nichtleeren endlichen Zustandsmenge Q, einem
Anfangszustand $q_0 \in Q$, einer nichtleeren Menge von Endzuständen $F \subseteq Q$
und einer Menge P von Übergängen $qa \to q'$, q und $q' \in Q$, $a \in \Sigma$.

$$L(A) = \{x \mid x \in \Sigma^*, q_0 x \stackrel{*}{\Rightarrow} q_e, q_e \in F\} \tag{2.58}$$

heißt die **Sprache**, die der Akzeptor akzeptiert. Jedes $x \in L(A)$ entspricht einem
Weg von q_0 zu einem Endzustand im Übergangsgraph.

In den bisherigen Beispielen definierten die Übergänge $qa \to q'$ zusammengenommen eine **Übergangsfunktion** $\delta: Q \times \Sigma \to Q$. Ein endlicher Automat
mit dieser Eigenschaft heißt **deterministisch**. Im allgemeinen Fall definiert die
Übergangsmenge P jedoch ein endlich erzeugtes Semi-Thue-System mit Einga-
bezeichenvorrat Σ und syntaktischen Hilfszeichen $q \in Q$, vgl. Abschnitt 1.6;
es könnte zwei oder mehr Übergänge $qa \to q'$, $qa \to q''$ mit $q' \neq q''$ geben.
Der Automat heißt dann **indeterministisch**. Er kann aus dem Zustand q mit
Eingabezeichen a wahlweise in den Zustand q' oder q'' übergehen.

Die Auffassung eines endlichen Automaten als Semi-Thue-System stellt eine Beziehung zu regulären Chomsky-Grammatiken her:

Satz 2.25: *Eine Menge $L \subseteq \Sigma^*$ ist genau dann die Sprache $L = L(A)$ eines endlichen Akzeptors, wenn es eine reguläre Grammatik $G = (\Sigma, N, P, Z)$ mit rechtslinearen Produktionen gibt, so daß $L = L(G)$.*

Beweis: Sei zunächst eine reguläre Grammatik G gegeben. Die Produktionen haben die Form $A \rightarrow aB, A \rightarrow a$ oder $A \rightarrow \varepsilon$. Für jede terminierende Produktion $A \rightarrow a$ führen wir ein neues Nichtterminal N_{Aa} ein und ersetzen die Produktion durch $A \rightarrow aN_{Aa}$. Wenn dann für ein Wort $x \in L(G)$ galt $Z \overset{*}{\Rightarrow} x'A \Rightarrow x'a = x$, so gilt nach der Modifikation $Z \overset{*}{\Rightarrow} x'A \Rightarrow x'aN_{Aa} = xN_{Aa}$ und umgekehrt. P' bezeichne die modifizierte Produktionenmenge, $N' = \{N_{Aa}\}$ sei die Menge der hinzugefügten Nichtterminale. Eine Sonderrolle spielen die Produktionen der Form $A \rightarrow \varepsilon$: die Nichtterminale A übernehmen wir in N'; die Produktionen selbst werden unverändert in P' aufgenommen.

Wir konstruieren einen endlichen Akzeptor $A = (\Sigma, Q, q_0, F, P_A)$ mit $L(A) = L(G)$ mittels der Festlegungen $Q = N \cup N'$, $q_0 = Z$, $F = N'$ und $P_A = \{Aa \rightarrow B \mid A \rightarrow aB \in P'\}$.

Man rechnet leicht nach, daß $Zx'a \overset{*}{\Rightarrow} N_{Aa}$ im Akzeptor genau dann gilt, wenn $Z \overset{*}{\Rightarrow} x'a$ in der ursprünglichen Grammatik gilt.

Alle Schlüsse dieses Beweises sind umkehrbar, wenn wir voraussetzen dürfen, daß für keinen Endzustand $q \in F$ ein Übergang $qa \rightarrow \ldots$ existiert. Die nachfolgende Aufgabe vervollständigt daher den Beweis.   ♦

Aufgabe 2.51: Gegeben sei ein endlicher Akzeptor $A = (\Sigma, Q, q_0, F, P_A)$. Konstruieren Sie einen indeterministischen Akzeptor A' mit $L(A) = L(A')$ so, daß A' keine Übergänge enthält, die aus einem Endzustand hinausführen. Anleitung: Führen Sie für jeden Endzustand q, der die Bedingung nicht erfüllt, einen zusätzlichen Zustand ein, aus dem keine Übergänge hinausführen.

Die Transformation im Beweis von Satz 2.25 erhält offenbar die Struktur der akzeptierten Zeichenreihen. Die Bedeutung, die in der Grammatik den Nichtterminalen zugeordnet war, wird jetzt dem Erreichen von Zuständen zugeschrieben.

Ein **regulärer Ausdruck** R über einem Zeichenvorrat Σ ist induktiv definiert durch

1. Das leere Wort ε ist ein regulärer Ausdruck.
2. $a \in \Sigma$ ist ein regulärer Ausdruck.
3. Ist R ein regulärer Ausdruck, dann auch $(R)^*$.
4. Sind R, S reguläre Ausdrücke, so sind auch (RS) und $(R + S)$ reguläre Ausdrücke.

Meist rechnet man auch die leere Menge $\emptyset$ zu den regulären Ausdrücken.

Jeder reguläre Ausdruck R beschreibt eine Menge $\mathfrak{M}(R)$ von Wörtern aus Σ^* in folgender Weise:

1. $R = \emptyset :$ $\mathfrak{M}(R) = \emptyset$,
2. $R = \varepsilon :$ $\mathfrak{M}(R) = \{\varepsilon\}$,
3. $R = a :$ $\mathfrak{M}(R) = \{a\}$,
4. $R = S^* :$ $\mathfrak{M}(R) = \{\varepsilon\} \cup \mathfrak{M}(S) \cup \mathfrak{M}(SS) \cup \ldots$,
5. $R = ST :$ $\mathfrak{M}(R) = \{xy \mid x \in \mathfrak{M}(S), y \in \mathfrak{M}(T)\}$,
6. $R = S + T :$ $\mathfrak{M}(R) = \mathfrak{M}(S) \cup \mathfrak{M}(T)$.

Gewöhnlich unterscheidet man nicht zwischen einem regulären Ausdruck R und der Wortmenge $\mathfrak{M}(R)$. Die Operation $*$ heißt der *Kleenesche Stern*[22]. Die Sternoperation hat die gleiche Bedeutung wie in (2.9) und wie in EBNF (S. 39). Zur Vermeidung von Klammern ordnen wir den Operationen Prioritäten zu: $*$ bindet stärker als Verkettung (Nebeneinanderschreiben). Verkettung bindet stärker als $+$ (Vereinigung).

Beispiel 2.16: Bezeichner wie im Beispiel 2.4 werden durch den regulären Ausdruck $b(b + z)^*$ beschrieben. Ganze Zahlen sind zz^* oder z^*z. Dezimalbrüche sind $zz^* '.' zz^*$. Zahlen mit Exponent sind $zz^*(\varepsilon + '.' zz^*)'E'(\varepsilon + '+' + '-')zz^*$. ♦

Mit regulären Ausdrücken kann man rechnen. Es gelten die Gesetze

Kommutativität	$R + S = S + R$.
Assoziativität	$(R + S) + T = R + (S + T)$,
	$(RS)T = R(ST)$.
Distributivität	$R(S + T) = RS + RT$,
	$(R + S)T = RT + ST$.
Neutrale Elemente	$R + \emptyset = R$,
	$R\varepsilon = \varepsilon R = R$,
	$R\emptyset = \emptyset R = \emptyset$.
Idempotenz	$R + R = R$,
	$(R^*)^* = R^*$,
	$R^* = \varepsilon + RR^*$,
	$R^* = R + R^*$,
	$\varepsilon^* = \varepsilon$,
	$\emptyset^* = \varepsilon$.

Aufgabe 2.52: Beweisen Sie die Gültigkeit der vorstehenden Gesetze aus der Definition regulärer Ausdrücke.

Aufgabe 2.53: Sind R, S reguläre Ausdrücke, dann genügt der reguläre Ausdruck $X = S^*R$ der Gleichung $X = R + SX$.

Satz 2.26: *Eine Menge $L \subseteq \Sigma^*$ ist genau dann Sprache einer regulären Grammatik G, wenn L durch einen regulären Ausdruck beschrieben wird.*

---

22. S. C. Kleene, 1887–1967, amerikanischer Mathematiker und Logiker.

Beweis: Gegeben sei eine reguläre Menge $L = \mathfrak{M}(R)$ zu einem regulären Ausdruck R. Wir konstruieren induktiv die Produktionenmenge $P = P_R$ einer regulären Grammatik $G_R = (\Sigma, N_R, P_R, Z_R)$ und folgen dabei den Schritten 1-6 der Definition regulärer Mengen:

1. $R = \emptyset$ entspricht einer Grammatik mit leerer Produktionenmenge $P = \emptyset$.
2. $R = \varepsilon$ entspricht $P = \{Z \to \varepsilon\}$.
3. $R = a, a \in \Sigma$ entspricht $P = \{Z \to a\}$.
4. $R = S^*$: Sind P_S die regulären Produktionen für die reguläre Menge S, so fügen wir zu P_S die Produktionen $Z_S \to \varepsilon$ und für jede terminalisierende Produktion $A \to a$ die Produktion $A \to aZ_S$ hinzu. Die sich ergebende Produktionenmenge beschreibt $R = S^*$.
5. Sind P_S und P_T die regulären Produktionen der Grammatiken G_S und G_T für die regulären Mengen S, T mit disjunkten Mengen N_S, N_T, so erhalten wir eine Grammatik für die reguläre Menge $S+T$, indem wir ein neues Axiom Z und Produktionen $P = \{Z \to w \mid Z_S \to w \in P_S \text{ oder } Z_T \to w \in P_T\}$ definieren und dann die Grammatik $G_{S+T} = (\Sigma, \{Z\} \cup N_S \cup N_T, P \cup P_S \cup P_T, Z)$ nehmen.
6. Für $R = S \cdot T$ erhalten wir, ausgehend von den regulären Produktionen P_S und P_T der Grammatiken G_S und G_T, die Produktionenmenge P_R, indem wir alle terminalisierenden Produktionen $A \to a \in P_S$ durch $A \to aZ_T$ ersetzen; kommt in P_S eine Produktion $A \to \varepsilon$ vor, so ersetzen wir sie durch die Produktionenmenge $\{A \to x \mid Z_T \to x \in P_T\}$.

Mit dieser Konstruktion erhalten wir schrittweise die verlangte reguläre Grammatik G_R.

Ist umgekehrt eine reguläre Grammatik $G = (\Sigma, N, P, Z)$ mit Produktionen der Form $A \to aB$, $A \to a$ oder $A \to \varepsilon$, $A, B \in N$, $a \in \Sigma$ gegeben, so konstruieren wir den zugehörigen regulären Ausdruck, indem wir die Nichtterminale der Grammatik als Bezeichner für reguläre Ausdrücke gebrauchen:

Sind $A_1, A_2, \ldots, A_n$ die endlich vielen Nichtterminale in N in beliebiger Numerierung, so betrachten wir für jedes $i = 1, 2 \ldots$ den Ausdruck

$$A_i = aA + \cdots + b, \qquad (2.59)$$

wobei die Summanden auf der rechten Seite den verschiedenen Produktionen $A_i \to aA$ bzw. $A_i \to b$ der Grammatik entsprechen. Unter der Annahme, daß die A's auf der rechten Seite reguläre Ausdrücke mit

$$\mathfrak{M}(A) = \{x \mid x \in \Sigma^*, A \overset{*}{\Rightarrow} x \text{ in } G\} \qquad (2.60)$$

sind, gilt (2.60) auch für A_i. Damit wäre die Behauptung bewiesen, da sich Z unter den A_i befindet und Z dann ein regulärer Ausdruck mit $\mathfrak{M}(Z) = L(G)$ ist.

Zum Beweis der Annahme gehen wir von der Numerierung der A_i's aus und bezeichnen die Gleichung (2.59) für A_i mit (2.59)$_i$:

Zunächst sorgen wir dafür, daß für $i = 1, \ldots, n$ auf der rechten Seite von (2.59)$_i$ nur noch A_j's mit $j > i$ vorkommen:

1. Für $j = 1, \ldots, i - 1$ ersetze in (2.59)$_i$ A_j durch die rechte Seite von (2.59)$_j$ (man vergleiche hierzu das nachfolgende Beispiel 2.18).

   Danach kommen in den so modifizierten (2.59)$_i$ nur noch A_j's mit $i \leqslant j$ vor.

2. Falls A_i selbst vorkommt, hat (2.59)$_i$ die Form

$$A_i = x_{i1}A_i + \cdots + x_{ik}A_i + \text{Rest}, \qquad (2.61)$$

wobei im Rest A_i nicht mehr vorkommt. Die Wörter x_{ih} gehören zu Σ^*; sie könnten jedoch im Unterschied zu den ursprünglichen Produktionen mehr als ein Zeichen enthalten, $|x_{ih}| \geqslant 1$. Unter Benutzung des Distributivgesetzes für reguläre Ausdrücke und Aufgabe 2.53 können wir (2.61)$_i$ durch

$$A_i = (x_{i1} + \cdots + x_{ik})^* (\text{Rest}) \qquad (2.62)$$

ersetzen. Damit kommen auf der rechten Seite höchstens noch A_j's mit $j > i$ vor.

Wir betrachten nun die modifizierten Gleichungen (2.59)$_i$ in umgekehrter Reihenfolge: $i = n, n - 1, \ldots, 1$. Da (2.59)$_n$ nur A_j's mit $j > n$ enthalten kann und es solche A_j's nicht gibt, gilt $A_n = x_{n1} + \cdots + x_{nk}, x_{nh} \in \Sigma^*$ für $h = 1, \ldots, k$. A_n ist also ein regulärer Ausdruck. Im modifizierten (2.59)$_{n-1}$ kommt höchstens noch A_n, also ein regulärer Ausdruck, vor. Also ist auch A_{n-1} ein regulärer Ausdruck. Durch vollständige Induktion sieht man, daß alle modifizierten (2.59)$_i$ reguläre Ausdrücke für A_i mit der Eigenschaft (2.60) darstellen. Damit ist unsere Annahme und der zweite Teil des Satzes bewiesen.   ♦

Beispiel 2.17: Gegeben sei der reguläre Ausdruck $R = b(b + z)^*$. Die Schritte 1-6 unseres Beweises ergeben nicht nur eine praktikable Konstruktion einer regulären Grammatik, sondern auch eines endlichen Akzeptors für R, wenn wir zu Beginn von R sowie nach jedem terminalen Zeichen eine Zahl einfügen und diese als Zustand des zu konstruierenden Akzeptors ansehen. Wir betrachten also $R = {}_0b_1(b_2 + b_3)^*$. Dann bedeutet ein einzelnes Zeichen einen Zustandsübergang, z. B. $0b \to 1$. Eine Vereinigung $S + T$ führt zu Zustandsübergängen der zu Beginn gegebenen Zustände, hier also 1, in alle durch Einzelzeichen erreichbaren Folgezustände, also $1b \to 2, 1z \to 3$. S^* führt zu Zustandsübergängen aus sämtlichen Endzuständen von S in die aus den Anfangszuständen von S mit einem Zeichen erreichbaren Zustände; anschließend werden alle Anfangszustände von S als mögliche Endzustände notiert. Wir haben also die Übergänge

$2b \rightarrow 2, 2z \rightarrow 3, 3b \rightarrow 2, 3z \rightarrow 3$. Ferner wird 1 als möglicher Endzustand von $S = (b + z)^*$ notiert. Die sämtlichen möglichen Zustände am Ende dieser Konstruktion sind zugleich Endzustände des zu konstruierenden Akzeptors. Hier sind dies die Zustände 1, 2 und 3. Die Abb. 2.22 zeigt den entstehenden

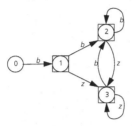

Abbildung 2.22: Der endliche Akzeptor zu $b(b + z)^*$

Automaten.   ♦

Beispiel 2.18: Gegeben sei die reguläre Grammatik mit den Produktionen

$$\begin{aligned} Z \rightarrow aZ, \ Z \rightarrow bX, \ Z \rightarrow cY, \ Z \rightarrow d \\ X \rightarrow eZ, \ X \rightarrow fX, \ X \rightarrow gY, \ X \rightarrow h \\ Y \rightarrow kZ, \ Y \rightarrow lX, \ Y \rightarrow mY, \ Y \rightarrow n. \end{aligned} \tag{2.63}$$

In der Form (2.59) liefern diese Produktionen

$$\begin{aligned} Z &= aZ + bX + cY + d \\ X &= eZ + fX + gY + h \\ Y &= kZ + lX + mY + n. \end{aligned} \tag{2.64}$$

Nach den Substitutionen des Schritts 2 des Beweises ergibt sich die Form (2.62):

$$\begin{aligned} Z &= a^*(bX + cY + d) \\ X &= (ea^*b + f)^*((ea^*c + g)Y + (ea^*d + h)) \\ Y &= [(ka^*b + l)(ea^*b + f)^*(ea^*c + g)(+ka^*c + m)]^* \\ &\quad [(ka^*b + l)(ea^*b + f)^*(ea^*d + h) + (ka^*d + n)]^*. \end{aligned} \tag{2.65}$$

Substitution von X und Y in die Gleichung für Z liefert das verlangte Ergebnis. Verfolgt man die Vorgehensweise, so sieht man, daß wir im ersten Schritt die „Matrix" des Gleichungssystems auf eine obere Dreiecksmatrix reduzieren und im zweiten Schritt rückwärts die Lösungen substituieren, bis wir bei der Lösung für Z angekommen sind. Dies ist das gleiche Verfahren, das wir bei der Gaußschen Eliminationsmethode zur Lösung linearer Gleichungssysteme anwenden.   ♦

Die Beweise der Sätze 2.25 und 2.26 zeigen, daß wir die Nichtterminale einer regulären Grammatik $G = (\Sigma, N, P, Z)$ in drei verschiedenen Weisen interpretieren können: Einmal handelt es sich wirklich um die Nichtterminale einer Grammatik; dann sind es die Zustände des zugehörigen endlichen Akzeptors; schließlich handelt es sich um die regulären Mengen, die (2.60) genügen. Viele Einsichten über endliche Akzeptoren erhalten wir dadurch, daß wir diese Interpretationen nebeneinander stellen und zwischen ihnen wechseln. Da jeder beliebige gerichtete Graph mit ausgezeichneter Eingangs- und Ausgangsecke Übergangsgraph eines endlichen Akzeptors sein kann, liefern uns Kenntnisse über endliche Akzeptoren, reguläre Grammatiken und reguläre Mengen insbesondere Hilfsmittel zur Analyse gerichteter Graphen. Dies ist der Sinn des nachfolgenden Satzes.

Sei $G = (E, K)$ ein gerichteter Graph mit einer ausgezeichneten Ecke e_0, von der aus alle anderen erreichbar sind.

Satz 2.27: *Die Menge R aller endlichen Wege in G ist regulär.*

Beweis: Wir benutzen die Kantenmenge K als Produktionenmenge P und als Zeichenvorrat. Es sei $Q = F = E$, $q_0 = e_0$. Dann beschreibt G einen endlichen Akezptor A. Wie zu Beginn des Abschnitts ausgeführt, entsprechen die endlichen Wege in G den Wörtern der Sprache $L(A)$. Nach Satz 2.25 ist $L(A)$ regulär.   ◆

Satz 2.28: *Sei A ein endlicher indeterministischer Akzeptor. Dann existiert ein endlicher deterministischer Akzeptor A' mit L(A) = L(A').*

Für den Beweis benötigen wir die sogenannte **Teilmengenkonstruktion**, um den endlichen deterministischen Akzeptor zu erzeugen. Sie wird uns noch häufiger begegnen. Die Übergangsfunktion $qa \underset{A}{\rightarrow} q'$ in A kennzeichnen wir durch den Index A. In A' schreiben wir sie in der Form $\delta'([q], a) = [q']$.

Beweis: Sei $A = (\Sigma, Q, q_0, F, P)$ ein indeterministischer endlicher Akzeptor, der L akzeptiert. Wir definieren einen deterministischen endlichen Akzeptor $A' = (\Sigma, Q', q_0', F', P')$: Die Zustände von A' sind Teilmengen von Q, d. h. $Q' \subseteq \mathfrak{P}(Q)$. F' ist die Menge aller Zustände in A', die Finalzustände aus A enthalten. Ein Element aus Q' bezeichnen wir mit $[q_1, q_2, \ldots, q_i]$, wobei $q_1, q_2, \ldots, q_i$ Zustände aus Q sind. Man beachte, daß $[q_1, q_2, \ldots, q_i]$ ein einzelner Zustand von A' ist, der einer Menge von Zuständen aus A entspricht. $q_0' = [q_0]$, der Startzustand des neuen Akzeptors, entspricht dem Startzustand des indeterministischen Akzeptors. Die Übergangsfunktion δ' des neuen deterministischen Akzeptors definieren wir durch

$$\delta'([q_1, \ldots, q_i], a) = [p_1, \ldots, p_j]$$
$$\asymp \quad \{p_1, \ldots, p_j\} = \{p \mid qa \underset{A}{\rightarrow} p, q \in \{q_1, \ldots, q_i\}\}.$$

Wir erhalten $\delta'[q_1, \ldots, q_i]$, indem wir die Mengen $\{p \mid q_r a \underset{A}{\rightarrow} p\}$, $r = 1, \ldots, i$, vereinigen. Falls diese Vereinigung noch nicht zu Q' gehörte, nehmen wir sie in Q' auf. Durch Induktion über die Länge der Eingabe ergibt sich nun für $q_0 x \underset{A}{\overset{*}{\Rightarrow}} p$

$$\delta'(q_0', x) = [q_1, \ldots, q_i] \asymp p \in \{q_1, \ldots, q_i\} :$$

1. Induktionsanfang: $|x| = 0$, $q_0' = [q_0]$ und $x = \varepsilon$.
2. Induktionsschritt: $\delta'(q_0', x) = [q_1, \ldots, q_i]$ gelte für Eingaben der Länge n genau dann, wenn $q_0 x \overset{*}{\underset{A}{\Rightarrow}} q$ und $q \in \{q_1, \ldots, q_i\}$ (Induktionsannahme). Dann gilt dies auch für die Eingabe xa, $|x| = n$, $a \in \Sigma$: Es ist nämlich

$$
\begin{aligned}
\delta'(q_0', xa) &= \delta'(\delta'(q_0', x), a) \\
&= \delta'([q_1, \ldots, q_i], a) \qquad \text{nach Induktionsannahme} \\
&= \{q \mid \text{es gibt } q_k, 1 \leq k \leq i \text{ und } q_k a \underset{A}{\to} q\}.
\end{aligned}
$$

Dies ist aber die zu beweisende Beziehung.
A' vervollständigen wir mit der Menge $F' \subseteq Q'$ seiner Endzustände

$$
F' = \{[q_1, \ldots, q_i] \mid q_k \in F \text{ für wenigstens ein } k\}.
$$

Dann gilt $L(A) = L(A')$. ◆

Gegeben sei ein endlicher Akzeptor A. Unter Effizienzgesichtspunkten interessiert die Frage, ob A **minimal** ist, d. h. die minimale Anzahl von Zuständen hat, bzw. ob es einen minimalen Akzeptor A' mit $L(A) = L(A')$ gibt. Für unvollständige Akzeptoren, wie sie in der technischen Informatik vorkommen, ist dies eine sehr schwierige Frage, die keine eindeutige Lösung hat. Für vollständige Akzeptoren, bei denen die Übergangsmatrix vollständig besetzt ist, ist die Frage hingegen einfach zu beantworten:

Satz 2.29: *Sei $A = (\Sigma, Q, q_0, F, P)$ ein vollständiger, deterministischer, endlicher Akzeptor. Dann gibt es einen vollständigen, deterministischen, endlichen Akzeptor A' mit minimaler Zustandsmenge Q', so daß $L(A) = L(A')$ ist.*

Beweis: Eine Äquivalenzrelation R auf Σ^* heißt **rechtsinvariant**, wenn für alle $x, y, z \in \Sigma^*$ gilt

$$
x \, R \, y \quad \bowtie \quad xz \, R \, yz. \tag{2.66}
$$

Spezifisch können wir dem Sprachschatz $L(A)$ unseres Akzeptors A mit

$$
x \, R_A \, y \bowtie \text{ für alle } z \in \Sigma^* (xz \in L(A) \Leftrightarrow yz \in L(A)) \tag{2.67}
$$

eine rechtsinvariante Äquivalenzrelation R_A zuordnen: Zwei Wörter x, y sind genau dann äquivalent, wenn entweder xz, yz beide zum Sprachschatz $L(A)$ gehören oder keines dieser Wörter. R_A heißt die **Nerode-Relation** von $L(A)$ und zerlegt Σ^* in Äquivalenzklassen. Sie ist offensichtlich nur von $L(A)$, nicht aber von speziellen Eigenschaften des Akzeptors A abhängig, denn wir haben keine einzige Eigenschaft von A zur Definition herangezogen. Der zu konstruierende minimale Akzeptor A' besitzt daher die gleiche Nerode-Relation. Die Anzahl der Äquivalenzklassen von R_A heißt der **Index** $ind(R_A)$ der Nerode-Relation.

Andererseits definiert jeder vollständige endliche Akzeptor A durch seine Zustände q auf Σ^* eine Äquivalenzrelation S_A durch

$$
x \, S_A \, y \bowtie \text{ (aus } q_0 x \overset{*}{\Rightarrow} q \text{ folgt } q_0 y \overset{*}{\Rightarrow} q \text{ und umgekehrt).}
$$

Jedem Zustand q ist eine Äquivalenzklasse $L_q = \{x \mid q_0 x \overset{*}{\Rightarrow} q\}$ zugeordnet; es gibt also $n = |Q|$ Äquivalenzklassen. Auch S_A ist rechtsinvariant: Ob wir mit einem Wort z ausgehend vom Zustand q einen Zustand q', z. B. einen Endzustand, erreichen oder nicht, hängt nicht davon ab, mit welchem Wort $x, y, \ldots$ wir vom Anfangszustand q_0 nach q kamen. Insbesondere folgt $x\, R_A\, y$ aus $x\, S_A\, y$: Wenn x, y bezüglich S_A zur gleichen Äquivalenzklasse gehören, dann auch bezüglich R_A, oder, anders ausgedrückt, jede Äquivalenzklasse zu R_A ist die Vereinigung von Äquivalenzklassen zu S_A. Insbesondere gilt $|Q| \geqslant ind(R_A)$: die Anzahl der Zustände von A (und Äquivalenzklassen von S_A) kann nicht kleiner sein als die Anzahl der Äquivalenzklassen von R_A. Daher kann es keinen Automaten mit weniger als $ind(R_A)$ Zuständen geben, der genau $L(A)$ akzeptiert.

Die Grundidee zur Konstruktion des minimalen Akzeptors A' besteht nun darin, den einzelnen Äquivalenzklassen der Nerode-Relation R_A je einen Zustand q' von A' zuzuordnen. Die Äquivalenzklasse $L_{q'}$ eines solchen Zustands ist Vereinigung von Äquivalenzklassen von Zuständen $q, \bar{q}, \ldots$ des Automaten A, charakterisiert durch die Äquivalenzrelation

$$q \equiv \bar{q} \quad \asymp \quad \text{für alle } x \in L_q, y \in L_{\bar{q}} \text{ gilt } x\, R_A\, y$$

und q' ist durch eine Menge $[q]_\equiv$ von Zuständen in Q beschreibbar.

Dazu teilen wir die Zustände in Q zunächst in die beiden Äquivalenzklassen F und $Q \setminus F$ ein,

$$q \underset{0}{\equiv} \bar{q} \quad \asymp \quad (\text{aus } q \in F \text{ folgt } \bar{q} \in F \text{ und umgekehrt}),$$

da Zustände in F und $Q \setminus F$ gemäß (2.67) nie äquivalent sein können. Ausgehend von $\underset{i}{\equiv}$ verfeinern wir dann durch

$$q \underset{i+1}{\equiv} \bar{q} \asymp (q \underset{i}{\equiv} \bar{q} \text{ und für alle } a \in \Sigma \ qa \underset{i}{\equiv} \bar{q}a). \tag{2.68}$$

die Äquivalenzrelation weiter, solange wir noch äquivalente Zustände finden, die unter $\equiv$ nicht äquivalent sind.

Vollständige Induktion ergibt: Es gilt $q \underset{i}{\equiv} \bar{q}$ genau dann, wenn für jedes $x \in \Sigma$ mit $|x| \leqslant i$ gilt $qx \in F \asymp \bar{q}x \in F$; (2.68) ist die Aussage, die wir im Induktionsschritt brauchen.

Beim Übergang von $\underset{i}{\equiv}$ zu $\underset{i+1}{\equiv}$ wird mindestens eine Äquivalenzklasse $[q]$ von $\underset{i}{\equiv}$ in zwei Klassen zerlegt; oder die Äquivalenzrelationen $\underset{i+k}{\equiv}$ stimmen für beliebiges $k > 0$ mit $\underset{i}{\equiv}$ überein. Da man Q maximal in $n = |Q|$ disjunkte Teilmengen zerlegen kann, sind alle $\underset{i}{\equiv}$ spätestens ab $i_0 = n - 2$ mit $\equiv$ identisch; die schrittweise Konstruktion bricht also ab. Für $i = i_0$ gilt $q \underset{i_0}{\equiv} \bar{q}$ genau dann, wenn $qx \in F \asymp \bar{q}x \in F$ für alle $x \in \Sigma^*$ ohne Längenbeschränkung gilt.

A' besitzt die Zustandsmenge $Q' = \{[q]_{\equiv}\}$ mit den Äquivalenzklassen zu (2.67). $[q]$ gehört zu F', wenn $[q] \subseteq F$. $q_0' = [q_0]$ ist der Anfangszustand von A'. $P' = \{[q]a \to [q'] \mid qa \to q' \in P\}$ besteht aus Zustandsübergängen zwischen Äquivalenzklassen. Nach Konstruktion führen sämtliche Übergänge $\bar{q}a \to \ldots$ für $\bar{q} \in [q]$ in die gleiche Äquivalenzklasse. A' ist daher wohldefiniert und deterministisch. Ferner ist $L(A) = L(A')$, da für alle $x \in \Sigma^*$ gilt

$$[q_0]x \stackrel{*}{\Rightarrow} [q_f], [q_f] \in F' \quad \asymp \quad q_0x \stackrel{*}{\Rightarrow} q_f, q_f \in F \qquad \blacklozenge$$

Aufgabe 2.54: Beweisen Sie, daß die Nerode-Relation R_A und die Relation $\equiv$ tatsächlich Äquivalenzrelationen sind.

Beispiel 2.19: Die Minimierung des Akzeptors in Abb. 2.22 zerlegt mit $\underset{0}{\equiv}$ die Zustandsmenge in $\{\{0\}, \{1, 2, 3\}\}$. Bereits $\underset{1}{\equiv}$ ändert hieran nichts mehr, da alle Zustandsübergänge in die Äquivalenzklasse $\{1, 2, 3\}$ führen. Damit definiert $\underset{0}{\equiv}$ bereits den minimierten Akzeptor, den wir schon in Abb. 2.20 gesehen haben. $\blacklozenge$

Die Minimierung der Zustandsanzahl eines Akzeptors wird in zahlreichen praktischen Anwendungen benötigt. Der vorstehende Algorithmus kann sowohl von Hand als auch mit Rechnerunterstützung ausgeführt werden. Für endliche Automaten mit mehreren tausend Zuständen gibt es noch weitere, effizientere Algorithmen.

Oft unterscheidet man *a priori* Gruppen F_j von Endzuständen mit unterschiedlichen Eigenschaften; das Erreichen eines Endzustands in F_j signalisiert dann eine bestimmte Eigenschaft des akzeptierten Worts. In einem solchen Fall beginnt man die Konstruktion von $\underset{0}{\equiv}$ nicht mit der Zerlegung $Q = \{F, Q \setminus F\}$, sondern zerlegt F sofort in die Teilmengen F_j. Man überlege sich, daß die Minimierung auch unter dieser Voraussetzung durchgeführt werden kann, und, daß auch der minimierte Akzeptor die verschiedenen Gruppen von Endzuständen unterscheidet.

2.5 Petrinetze

Petrinetze verwenden paare Graphen als Systemmodelle für Vorgänge und Organisationen, bei denen geregelte Zustandsübergänge und Datenflüsse wichtig sind. Sie wurden von PETRI[23] in seiner Dissertation (PETRI , 1962) eingeführt, um Systemübergänge aufgrund kausaler Abhängigkeiten zu beschreiben.

Ein **Petrinetz** ist ein paarer Graph $P = (S, T; F)$ mit Eckenmenge $N = S \cup T$ und Kantenmenge $F \subseteq S \times T \cup T \times S$. Die Ecken in S heißen **Stellen**. Sie repräsentieren Zustände, Bedingungen usw. und werden graphisch durch Kreise wiedergegeben, vgl. Abb. 2.23. Die Ecken in T heißen **Transitionen** oder **Übergänge**. Sie repräsentieren Zustandsübergänge oder Aktivitäten und werden graphisch durch Kästchen[24] wiedergegeben. Die Kantenmenge F repräsentiert

---

23. CARL-ADAM PETRI, geb. 1926, früherer Institutsleiter der GMD, Honorarprofessor Universität Hamburg.

24. in der englischsprachigen Literatur oft nur durch Striche.

kausale oder oft nur zeitliche Abhängigkeiten: $s \rightarrow t$ bedeutet, daß die Bedingung s erfüllt sein muß, damit die Transition t *schaltet* oder *feuert*; s heißt dann eine **Vorstelle** von t. $t \rightarrow s$ bedeutet, daß der Zustand s erreicht wird, wenn die Transition t geschaltet hat; s heißt eine **Nachstelle** von t. Falls $|{}^{\bullet}t| > 1$, müssen mehrere Bedingungen s erfüllt sein, damit t schaltet. Falls $|{}^{\bullet}s| > 1$, kann der Zustand s durch mehrere Übergänge erreicht werden. Die Abb. 2.23 zeigt das Grundschema der Modellierung eines zyklischen sequentiellen Prozesses.

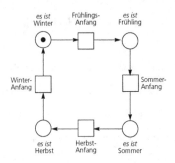

Abbildung 2.23: Der zyklische Prozeß der Jahreszeiten nach (Reisig , 1990)

Den jeweiligen Zustand eines Netzes können wir durch eine Markierungsfunktion $M_P \colon S \rightarrow \mathbb{N}$ darstellen, $M_P(s) = n$ geben wir graphisch durch n Punkte • im Kreis der Stelle $s \in S$ wieder. Ein Petrinetz, bei dem immer $M_P(s) \leq 1$ gilt, heißt **binär**. Binäre Netze benötigen wir, wenn die Stellen Bedingungen oder Zustände und die Transitionen Ereignisse oder Zustandsübergänge bedeuten: eine Bedingung ist erfüllt oder nicht erfüllt, mehrfache Erfüllung einer Bedingung liefert nichts Zusätzliches. Die Möglichkeit $M_P(s) \geq 1$ benötigen wir, wenn die Stellen Puffer und die Transitionen Verarbeitung von Pufferinhalten darstellen.

Die möglichen Markierungen M_P bilden ihrerseits die Ecken eines gerichteten Graphen $G = (M, U), M = \{M_P\}, U \subseteq M \times M$. Es gilt $M_P \rightarrow M_P' \in U$, wenn es eine Transition t so gibt, daß das Schalten der Transition t die Markierung M_P in die Markierung M_P' überführt, vgl. Abb. 2.23 und 2.26. Dazu definieren wir die **Schaltregel für Petrinetze**:

- Vorbedingung: Eine Transition t kann schalten, wenn für alle Vorstellen s_v gilt $M_P(s_v) \geq 1$.

- Nachbedingung: Wenn eine Transition t schaltet, gilt für die neue Markierung M_P':

$$
\begin{aligned}
M_P'(s_v) &= M_P(s_v) - 1 && \text{für alle Vorstellen } s_v \text{ von } t, \\
M_P'(s_n) &= M_P(s_n) + 1 && \text{für alle Nachstellen } s_n \text{ von } t, \\
M_P'(s) &= M_P(s) && \text{sonst}
\end{aligned}
$$

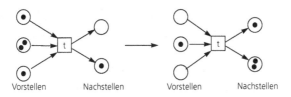

Abbildung 2.24: Die Schaltregel

Die Abb. 2.24 zeigt die Schaltregel graphisch; die Anzahl der Marken kann gleichbleiben, zu- oder abnehmen. Abb. 2.25 zeigt ein Beispiel für die Übergänge in einem Petrinetz.

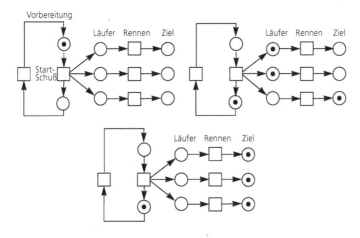

Abbildung 2.25: Übergänge am Beispiel eines Petrinetzes für ein Rennen

Abb. 2.26 zeigt den Markierungsgraphen zu Abb. 2.23: Da Winter und Sommer nicht gleichzeitig eintreten, stellen die Jahreszeiten ein binäres Netz dar mit nur vier Markierungsfunktionen M_W (wie in Abb. 2.23), M_F, M_S, M_H.

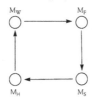

Abbildung 2.26: Der Markierungsgraph zu Abb. 2.23

Wir schreiben $M_P \dashrightarrow M_P'$, wenn es im Markierungsgraph einen Weg von M_P nach M_P' gibt. Das Netz heißt **lebendig**, wenn es zu jeder Markierung einen Nachfolger im Markierungsgraph M gibt, andernfalls gibt es in M eine Ecke M_P

mit $|M_P{}^\bullet| = 0$. Eine solche Ecke könnte wie in Abb. 2.24 einen Endzustand des modellierten Systems darstellen. Sie signalisiert, daß das System stehenbleibt. Bei immerwährenden oder **persistenten** Systemen ist diese Situation unerwünscht. Es handelt sich um einen Spezialfall einer Verklemmung:

Sei $\sigma \subseteq S$ eine Teilmenge der Stellenmenge S und

$$^\bullet\sigma = \{t \mid t \to s \text{ für mindestens ein } s \in \sigma\},$$

$$\sigma^\bullet = \{t \mid s \to t \text{ für mindestens ein } s \in \sigma\}.$$

Eine Stellenmenge heißt eine **Verklemmung**[25], wenn $^\bullet\sigma \subseteq \sigma^\bullet$. Abb. 2.27 zeigt

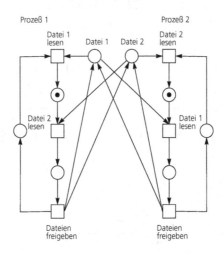

Abbildung 2.27: Verklemmung beim Lesen von Dateien

eine solche Situation. Ist eine Markierung M_P mit $M_P(s) = 0$ für alle $s \in \sigma$ gegeben, so kann es für keine Nachfolgemarkierung M_P' von M_P ein $s \in \sigma$ mit $M_P'(s) > 0$ geben. Dazu müßte eine Transition aus $\sigma^\bullet$ schalten. Da aber alle $s \in \sigma$ unmarkiert sind, kann dies nur eintreten, wenn vorher eine Transition aus $^\bullet\sigma$ schaltet. Wegen $^\bullet\sigma \subseteq \sigma^\bullet$ ist dies nicht möglich. Eine Verklemmung beschreibt also eine Teilmenge der Zustände, die nur eingenommen werden können, wenn zuvor schon ein Zustand aus dieser Menge vorliegt.

Die umgekehrte Situation, $\sigma^\bullet \subseteq {}^\bullet\sigma$, heißt eine **Falle**[26]. Eine Falle σ behält immer wenigstens eine Marke, sobald dieser Zustand einmal eingetreten ist.

Aufgabe 2.55: Die Vereinigung von Verklemmungen ist eine Verklemmung. Die Vereinigung von Fallen ist eine Falle. Die Stellenmenge enthält genau eine maximale Verklemmung und genau eine maximale Falle.

---

25. engl. *deadlock* oder *deadly embrace*.
26. engl. *trap*.

Sind in einem Netz Übergänge voneinander unabhängig, dann können diese gleichzeitig (parallel) ausgeführt werden. Im Markierungsgraph gibt es dann mehrere Wege von M_P nach M_P'. Diese Eigenschaft drücken wir mit $M_P \stackrel{.}{\Rightarrow} M_P'$ aus. Mit einem solchen Netz werden Prozesse beschrieben, die parallel oder in einer beliebigen sequentiellen Reihenfolge abgearbeitet werden können. Solche Prozesse heißen **nebenläufig**. Ein Weg im Markierungsgraphen entspricht damit einer **Verzahnung**[27] nebenläufiger Anweisungen.

Die folgenden Beispiele zeigen Grundsituationen der Synchronisierung und Kommunikation, modelliert mit Petrinetzen. Die Zyklen links und rechts in den Abbildungen repräsentieren jeweils persistente sequentielle Prozesse. Man beachte aber, daß einige Beispiele weitere Zyklen enthalten. Welche Zyklen Prozesse darstellen, ist durch das Netz noch nicht festgelegt.

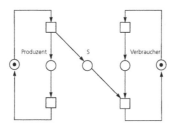

Abbildung 2.28: Erzeuger-Verbraucher-Synchronisierung mit unbeschränktem Puffer

Beispiel 2.20 (Erzeuger-Verbraucher): Abb. 2.28 zeigt zwei Prozesse, bei denen der zweite, der Verbraucher, nur weiterlaufen kann, wenn er ein Signal oder eine Eingabe vom ersten Prozeß erhält. Betrachten wir das System als binäres Netz, so heißt die Stelle S ein binäres **privates Semaphor** des Verbrauchers [28].

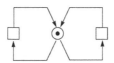

Abbildung 2.29: Der Esel vor zwei Heuhaufen

Das Netz ist nur dann binär, wenn sich in S die Marken nicht addieren. In der Signalverarbeitung bedeutet das, daß ein beim Verbraucher eingegangenes Datum durch das nächste überschrieben wird, wenn es nicht schnell genug

---

27. engl. *interleaving*.

28. Der Begriff Semaphor wurde von Dijkstra (1968) eingeführt. Er ist grundlegend für die Beschreibung der Synchronisierung von Prozessen über einen gemeinsamen Speicher. Die Operationen *markiere s* und *wenn s markiert, beseitige die Marke und setze fort, andernfalls warte* heißen gewöhnlich $V(s)$ und $P(s)$.

verabeitet wird. Ein binäres Netz heißt **sicher**, wenn eine binäre Markierung unter keinen Umständen eine nicht-binäre Nachfolgemarkierung ergibt. Abb. 2.29 ist ein einfaches Beispiel eines sicheren Netzes.   ♦

In Abb. 2.29 stehen die beiden möglichen Übergänge im **Konflikt** miteinander: der Esel (Stelle) kann sich wahlweise dem einen oder dem anderen Heuhaufen (Übergang) zuwenden. Eine Markierung, die, eventuell abhängig von der Geschwindigkeit des Schaltens einzelner Transitionen, zu einem Konflikt führen kann, heißt **konfus**.

Aufgabe 2.56: Verallgemeinern Sie das Erzeuger-Verbraucherbeispiel der Abb. 2.28 auf zwei oder mehr Verbraucher. Begründen Sie, daß hierbei ein Konflikt auftritt.

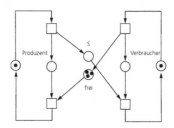

Abbildung 2.30: Beschränkter Puffer der Länge 4

Beispiel 2.21 (Beschränkter Puffer): Wollen wir in Abb. 2.28 die Länge des Puffers begrenzen, so müssen wir dem Erzeuger Signale geben, wieviel Plätze noch verfügbar sind. Dies leistet das Netz in Abb. 2.30. Offensichtlich vertauschen die Stellen frei und belegt ihre Rollen, wenn wir die Rollen von Erzeuger und Verbraucher vertauschen.   ♦

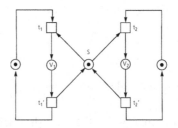

Abbildung 2.31: Gegenseitiger Ausschluß

Beispiel 2.22 (Gegenseitiger Ausschluß): Verwenden zwei Prozesse einen Datensatz, den jeweils nur ein Prozeß bearbeiten kann, so müssen wir wie in Abb. 2.31 den gegenseitigen Ausschluß organisieren. Hier heißen die Sequenzen $t_i \rightarrow v_i \rightarrow t_i'$, $i = 1, 2$, **kritische Abschnitte**. S heißt ein **Mutex-Semaphor**[29]. ♦

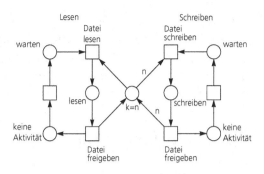

Abbildung 2.32: Einfaches Leser-Schreiber-System

Beispiel 2.23 (**Leser-Schreiber**): Gegenseitiger Ausschluß kann auch folgendermaßen interpretiert werden: s repräsentiert ein Betriebsmittel, das zur Durchführung der kritischen Abschnitte benötigt und dann zurückgegeben wird. Diese Situation ist insbesondere dann gegeben, wenn ein Prozeß einen Datensatz lesen, der andere ihn schreiben will. Sind hingegen mehrere *Leser* gegeben, so können diese alle gleichzeitig lesen, nur ein schreibender Prozeß muß alle Leser ausschließen. Die Abb. 2.32 zeigt ein Netz, das dieses leistet. Die Beschriftung n an den Kanten bedeutet, daß zum Schalten des nachfolgenden Übergangs nicht nur eine, sondern n Marken aus der Stelle entnommen werden; $k = n$ an einer Stelle sagt, daß diese maximal n Marken aufnehmen kann.

Das System hat die Eigenschaft, daß aufeinanderfolgende Leseaktivitäten den Schreiber auf Dauer stoppen können. Ein Petrinetz heißt **fair**, wenn eine beliebige Anzahl von Wiederholungen jeder Aktivität möglich ist.

Fairneß kann auf zwei Ebenen verletzt werden: In Abb. 2.32 kann der Schreiber ausgeschlossen werden, ohne daß es jemals zu einem Konflikt kommt. Dies ist ein Entwurfsfehler. In Beispiel 2.22 kann die Fairneß verletzt sein, wenn man bei der Auflösung des Konflikts einseitig den einen Prozeß bevorzugt. Fehlerhafte Konfliktauflösung ist ein Implementierungsfehler. ◆

Aufgabe 2.57 (**E. W. Dijkstra, Speisende Philosophen**):
Fünf Philosophen sitzen an einem runden Tisch. Abwechselnd denken und essen sie. Jeder hat vor sich einen Teller, zwischen je zwei Tellern liegt eine Gabel. Ein Philosoph benötigt zum Essen die Gabeln links und rechts von ihm. Ist er fertig, so legt er die Gabeln an ihren Platz zurück, und einer seiner Nachbarn kann zu essen beginnen. Entwerfen Sie ein Petri-Netz, das diese Situation beschreibt.

Zwei oder mehr nebenläufige Prozesse **kooperieren**, wenn sie gemeinsam an der Lösung eines Problems arbeiten. Das Erzeuger-Verbraucher-Beispiel 2.20 ist ein einfaches Beispiel einer solchen Kooperation. Umgekehrt beschreiben die

---

29. engl. *mutual exclusion sempahore*.

dortigen Beispiele 2.22 und 2.23 (gegenseitiger Ausschluß, Leser-Schreiber) Situationen, bei denen Prozesse um gemeinsame Betriebsmittel **konkurrieren**[30]. Die Koordination der Prozesse, um eine reibungslose Kooperation zu ermöglichen und um Konkurrenz-Probleme zu beseitigen, heißt **Synchronisierung** (der beteiligten Prozesse).

2.6 Relationale Algebra

Bisher hatten wir uns mit einzelnen zweistelligen Relationen ρ, σ, ihren Eigenschaften und der Verknüpfung $\rho \circ \sigma$ befaßt. In der **relationalen Algebra**[31] betrachten wir endliche n-stellige Relationen und Verknüpfungen solcher Relationen. Relationale Algebra in der hier dargestellten Form wurde von CODD (1970)[32] ausgehend von vielen älteren Arbeiten über Relationenalgebren begründet. Sie ist die Grundlage der Modellierung mit relationalen Datenbanken.

Gegeben sei eine endliche Menge $U = \{D_i\}$ von Mengen D_i, die wir **Wertebereiche** nennen. Wir betrachten n-stellige Relationen $\rho \subseteq D_{i_1} \times \cdots \times D_{i_n}$ als Teilmengen des kartesischen Produkts einer Auswahl der D_i. In einer Relation ρ ordnen wir jedem Index j einen eineindeutigen **Attributnamen** a_j zu. In einem n-Tupel $(v_1, \ldots, v_n) \in \rho$ nennen wir dann v_j den **Wert des Attributs** a_j und beschreiben die Relation ρ durch das **relationale Schema** $\mathcal{A} = (a_1 : D_{i_1}, \ldots, a_n : D_{i_n})$.

Da alle Attributnamen in einem relationalen Schema verschieden sind, erlaubt uns die Einführung der Namen einen Wert v_j wahlweise als j-tes Element des n-Tupels $(v_1, \ldots, v_n)$ oder als Wert des Attributs a_j in der *Menge* $(a_1 : v_1, \ldots, a_n : v_n)$ zu bezeichnen. Wir werden beide Notationen nebeneinander verwenden. Das Schema einer Relation ρ nennen wir $\mathcal{A}(\rho)$. Eine Relation zum Schema $\mathcal{A}$ nennen wir $\rho(\mathcal{A})$. Die Menge der Attributnamen eines Schemas heiße $N_{\mathcal{A}}$. Eine endliche Menge relationaler Schemata heißt ein **Datenbankschema**. Eine endliche Menge von Relationen zu den Schemata eines Datenbankschemas heißt eine **Datenbank**. Ihren Inhalt nennt man eine **Datenbasis**.

Die einzelnen Relationen einer Datenbank können wir durch benannte Tafeln wie in Tab. 2.4 wiedergeben. Der Bezeichner *Mitarbeiter* benennt die Relation. Die Kopfzeile der Tafel nennt die Attributnamen. Bei genauer Spezifikation sind auch die Wertebereiche explizit anzugeben; wir entnehmen sie hier den Beispielen. Man erkennt, daß Wertebereiche, hier der Wertebereich Text, auch

---

30. Beachte, daß Konkurrenz im Englischen mit *competition* übersetzt wird. Hingegen bedeutet engl. *concurrency* auf deutsch Nebenläufigkeit.

31. Eigentlich müßte es auf deutsch *Relationenalgebra* oder *Algebra der Relationen* heißen. Wir bleiben jedoch bei dem aus dem Englischen übernommenen *relational*.

32. EDGAR F. CODD, 1923 - 2003, Turingpreisträger, Erfinder des Relationenmodells

Tabelle 2.4: Die Relation Mitarbeiter

Mitarbeiter:

Name	Vorname	Abteilung	Gehalt
Trapp	Martin	M & W	1700
Heberle	Andreas	M & W	1700
Spott	Martin	F & N	5500
$\vdots$	$\vdots$	$\vdots$	$\vdots$

mehrfach vorkommen können. Die Attributnamen kennzeichnen den Verwendungszweck eines Wertebereichs.

Zwei relationale Schemata $\mathcal{A}, \mathcal{B}$ heißen **kompatibel**, wenn

$$\mathcal{A} = (a_1 : D_1, \ldots, a_n : D_n), \quad \mathcal{B} = (b_1 : E_1, \ldots, b_m : E_m)$$

und wenn es eine Numerierung der Attribute so gibt, daß

$$n = m, \quad D_i = E_i \text{ für } i = 1, \ldots, n.$$

Auf die Attributnamen kommt es also bei der Kompatibilität nicht an.

Wie in vielen Fällen gibt es in Tab. 2.4 eine Teilmenge $M \subseteq N_{\mathcal{A}}$ der Attributnamen, so daß es zu beliebigen Werten $a_1 : v_1, \ldots, a_k : v_k$ mit $a_i \in M$ höchstens einen Eintrag in der Tafel gibt. Bezeichnet $\rho \mid_M$ die Relation ρ beschränkt auf die Teilmenge M der Attribute, so gibt es also eine bijektive Abbildung $f : \rho|_M \to \rho$, die jedem Tupel aus $\rho|_M$ eineindeutig ein Tupel aus ρ zuordnet. Eine Teilmenge M der Attributnamen mit dieser Eigenschaft heißt eine **Schlüsselmenge** der Relation ρ. Die Werte $(a_1 : v_1, \ldots, a_k : v_k)$ bilden zusammen einen **Schlüssel** (für Tupel aus ρ).

2.6.1 Mengenoperationen auf Relationen

Im folgenden fassen wir eine Relation $\rho = \{t\}$ als Menge n-stelliger Tupel t auf.

Gegeben seien zwei Relationen ρ, σ mit kompatiblen Schemata $\mathcal{A}(\rho), \mathcal{B}(\sigma)$. Wir können dann die Vereinigung $\rho \cup \sigma$ und die Differenz $\rho \setminus \sigma$ wie üblich definieren:

$$\rho \cup \sigma = \{t \mid t \in \rho \text{ oder } t \in \sigma\} \tag{2.69}$$

$$\rho \setminus \sigma = \{t \mid t \in \rho, t \notin \sigma\} \tag{2.70}$$

Es gelten die üblichen Gesetze der Mengenalgebra.

Mit Hilfe von $\rho \setminus \sigma$ läßt sich auch der Durchschnitt $\rho \cap \sigma$ definieren:

$$\rho \cap \sigma = \rho \setminus (\rho \setminus \sigma) \tag{2.71}$$

Auch hierfür, insbesondere in Verbindung mit $\rho \cup \sigma$, gelten die üblichen Gesetze, z. B. die Distributivgesetze.

Aufgabe 2.58: Beweisen Sie die obenstehenden Aussagen.

Tabelle 2.5: Mengenoperationen der relationalen Algebra

$\rho:$				$\sigma:$				$\rho \cup \sigma$				$\rho \setminus \sigma$		
A	B	C		A	B	C		A	B	C		A	B	C
12	xy	1		7	as	6		12	xy	1		2	ba	7
2	ba	7		12	xy	1		2	ba	7		5	fr	2
5	fr	2		5	bg	2		5	fr	2		1	g	1
1	g	1						1	g	1				
								7	as	6				
								5	bg	2				

2.6.2 Datenbankoperationen

$\mathcal{B} = (a_{i_1} : D_{i_1}, \ldots, a_{i_k} : D_{i_k})$ heißt **Unterschema** von $\mathcal{A} = (a_1 : D_1, \ldots, a_n : D_n)$, $\mathcal{B} \subseteq \mathcal{A}$, wenn $k \leqslant n$ und $\{a_{i_1} : D_{i_1}, \ldots, a_{i_k} : D_{i_k}\} \subseteq \{a_1 : D_1, \ldots, a_n : D_n\}$. Die Mengenklammern zeigen an, daß die Reihenfolge der Attribute beliebig ist. Analog zu $\mathcal{A} \subseteq \mathcal{B}$ definiert man $\mathcal{A} \cup \mathcal{B}$, $\mathcal{A} \cap \mathcal{B}$ und $\mathcal{A} \setminus \mathcal{B}$.

Für $\mathcal{B} \subseteq \mathcal{A}$ ist die **Projektion**

$$P_{\mathcal{B}} : \rho(\mathcal{A}) \to \rho(\mathcal{B}) \tag{2.72}$$

einer Relation $\rho(\mathcal{A})$ als Restriktion auf das Schema $\mathcal{B}$ definiert. Es gilt also $\rho(\mathcal{B}) = \rho(\mathcal{A})|_{N_{\mathcal{B}}}$ oder ausgeschrieben

$$\begin{aligned}
\rho(\mathcal{B}) = \{ &(a_{i_1} : v_{i_1}, \ldots, a_{i_k} : v_{i_k}) \,| \\
&\text{es gibt } (a_1 : v_1, \ldots, a_n : v_n) \in \rho(\mathcal{A}) \text{ so, daß} \\
&\{a_{i_1} : v_{i_1}, \ldots, a_{i_k} : v_{i_k}\} \subseteq \{a_1 : v_1, \ldots, a_n : v_n\} \} \,.
\end{aligned} \tag{2.73}$$

Für zwei beliebige relationale Schemata $\mathcal{A}$ und $\mathcal{B}$ und Relationen $\rho = \rho(\mathcal{A})$, $\sigma =' \sigma(\mathcal{B})$, ist das **kartesische Produkt** $\rho \times \sigma$ die Relation

$$\rho \times \sigma = \{ (v_1, \ldots, v_{n-1}, v_n, v_{n+1}, \ldots, v_{n+m}) \,|\, (v_1, \ldots, v_n) \in \rho, \\ (v_{n+1}, \ldots, v_{n+m}) \in \sigma \} \,. \tag{2.74}$$

Es wird also jedes n-Tupel aus ρ mit jeden m-Tupel aus σ kombiniert.

Ist $\mathcal{B}$ ein Unterschema von $\mathcal{A}$, $\mathcal{B} \subseteq \mathcal{A}$, und sind $\rho(\mathcal{A})$, $\sigma(\mathcal{B})$ gegeben, so definieren wir die **Selektion**

$$\mathrm{sel}_\sigma(\rho) = \{t \in \rho \mid P_{\mathcal{B}}(t) \in \sigma\} \tag{2.75}$$

$\mathrm{sel}_\sigma(\rho)$ ist eine Relation zum Schema $\mathcal{A}$, die nur solche Tupel enthält, deren Projektion auf $\sigma(\mathcal{B})$ auch in σ vorkommt. Häufig formuliert man die Relation σ nicht explizit, sondern gibt stattdessen Bedingungen an, die zwischen bestimmten Feldern der Relation ρ gelten müssen. Sind a, b die Attributbezeichner zweier solcher Felder, so bezeichnet $\mathrm{sel}_{a=b}(\rho)$ die Menge aller Tupel mit $v_a = v_b$. Ist der Wertebereich numerisch, so könnten wir auch $\mathrm{sel}_{a \leqslant b}(\rho)$ oder $\mathrm{sel}_{a \geqslant b}(\rho)$ bilden.

Für drei Relationen $\rho(\mathcal{A})$, $\sigma(\mathcal{B})$ und $\tau(\mathcal{C})$ mit $\mathcal{B}, \mathcal{C} \subseteq \mathcal{A}$ ist die Selektion kommutativ:
$$\mathrm{sel}_\sigma(\mathrm{sel}_\tau(\rho)) = \mathrm{sel}_\tau(\mathrm{sel}_\sigma(\rho)) = \{t \mid P_\mathcal{B}(t) \in \sigma \text{ und } P_\mathcal{C}(t) \in \tau\}.$$

Aufgabe 2.59: Die Selektion ist distributiv bezüglich Vereinigung, Durchschnitt und Differenz von Relationen.

Die 5 Operationen Vereinigung, Differenz, Projektion, kartesisches Produkt und Selektion sind Grundoperationen der relationalen Algebra. Wir sahen bereits, daß wir damit auch den Durchschnitt von Relationen definieren können. Auch die weiteren benötigten Operationen lassen sich durch diese Grundoperationen ausdrücken.

Die wichtigste Operation ist der **Verbund**[33] zweier Relationen $\rho = \rho(\mathcal{A})$ und $\sigma = \sigma(\mathcal{B})$. Dazu sei $\varphi \subseteq \mathcal{A}$, $\varphi \subseteq \mathcal{B}$ ein Unterschema von $\mathcal{A}$ und $\mathcal{B}$. $\mathcal{A}_1 = \mathcal{A} \backslash \varphi$, $\mathcal{B}_1 = \mathcal{B} \backslash \varphi$ bezeichne die Menge der restlichen Felder der Schemata $\mathcal{A}$ und $\mathcal{B}$. Der **natürliche Verbund** lautet dann

$$\rho \underset{\varphi}{\bowtie} \sigma = \{ z \mid z \in P_{\mathcal{A}_1 \cup \varphi \cup \mathcal{B}_1}(\rho \times \sigma), \\ P_\mathcal{A}(z) \in \rho, P_\mathcal{B}(z) \in \sigma, \\ P_\varphi(P_\mathcal{A}(z)) = P_\varphi(P_\mathcal{B}(z))\}. \tag{2.76}$$

Man schreibt oft nur $\rho \bowtie \sigma$, wenn sich φ aus dem Zusammenhang ergibt.

Aufgabe 2.60: Der natürliche Verbund ist kommutativ, assoziativ und idempotent.

Aufgabe 2.61: Der natürliche Verbund zweier Relationen $\rho(\mathcal{A})$, $\sigma(\mathcal{B})$ liefert den Durchschnitt: $\rho \bowtie \sigma = \rho \cap \sigma$, wenn $\mathcal{A}$ und $\mathcal{B}$ kompatibel sind.

Aufgabe 2.62: Falls die Schemata $\mathcal{A}(\rho)$ und $\mathcal{B}(\sigma)$ kein gemeinsames Unterschema besitzen, so gilt $\rho \underset{\emptyset}{\bowtie} \sigma = \rho \times \sigma$.

Eine Verallgemeinerung des natürlichen Verbunds ist der Θ-**Verbund**[34]. Dazu seien ρ und σ Relationen. X aus ρ und Y aus σ seien Attribute über demselben Wertebereich. Ferner sei Θ ein auf diesem Wertebereich definierter Vergleichsoperator. Dann ist der Θ-Verbund $\rho[X\Theta Y]\sigma$ gegeben durch

$$\rho[X\Theta Y]\sigma := \mathrm{sel}_{X\Theta Y}(\rho \times \sigma). \tag{2.77}$$

---

33. engl. *join*
34. engl. *Theta-join*.

Der Θ-Verbund enthält also alle Tupel aus $\rho \times \sigma$, die der Bedingung $X\Theta Y$ genügen.

Als letzte Operation der relationalen Algebra definieren wir die **Division** ρ/σ. Seien $\rho = \rho(\mathcal{A})$ und $\sigma = \sigma(\mathcal{B})$, $\mathcal{B} \subseteq \mathcal{A}$ und $\mathcal{C} = \mathcal{A} \setminus \mathcal{B}$, dann gilt:

$$\rho/\sigma = P_{\mathcal{C}}(\rho) \setminus P_{\mathcal{C}}((P_{\mathcal{C}}(\rho) \times \sigma) \setminus \rho). \tag{2.78}$$

Der Klammerausdruck enthält alle Tupel t mit den Eigenschaften $t \notin \rho$, $P_{\mathcal{B}}(t) \in \sigma$. Die Projektion und Differenzbildung liefert als Ergebnis der Division daher alle Tupel $P_{\mathcal{C}}(t)$ mit $t \in \rho$, $P_{\mathcal{B}}(t) \in \sigma$.

Aufgabe 2.63: Die Definition (2.78) ist gleichwertig mit der Definition

$$\rho/\sigma = P_{\mathcal{C}}(\rho) \setminus P_{\mathcal{C}}((P_{\mathcal{C}}(\rho) \bowtie \sigma) \setminus \rho). \tag{2.79}$$

Die Tab. 2.6 zeigt die Datenbankoperationen an Beispielen.

2.6.3 SQL

SQL[35] ist die Standardabfragesprache für relationale Datenbanksysteme. Wir zeigen, wie die Operationen der relationalen Algebra durch SQL-Anweisungen realisiert werden.

SQL besteht aus zwei Teilen:

1. die **Datendefinitionssprache**[36]: Sie enthält Sprachelemente zur Definition von Datenbankschemata.

2. die **Datenmanipulationssprache**[37]: Sie stellt die Sprachelemente zur Manipulation von Datenobjekten zur Verfügung.

Die wichtigsten Wertebereiche D_i für die Definition eines relationalen Schemas in SQL sind:

- CHARACTER, ein einzelnes Zeichen,
- CHARACTER(n), Zeichenkette mit Länge n,
- INTEGER, ganze Zahl mit Vorzeichen,
- FLOAT, Gleitpunktzahl.

Ein Schema definiert man durch den Namen der Relation und die Zuordnung von Attributnamen a_i zu Wertebereichen D_j. In SQL-Syntax lautet es

CREATE TABLE Relationenname ($a_1\ D_j, \ldots, a_n\ D_k$)

---

35. engl. *Structured Query Language*.
36. engl. *Data Definition Language* (DDL) .
37. engl. *Data Manipulation Language* (DML) .

Tabelle 2.6: Die Datenbankoperationen der relationalen Algebra

ρ :

A	B	C
12	xy	1
2	ba	7
5	fr	2
1	g	1

σ :

X	Y
5	1.5
12	0.6

τ:

A	D
2	'go'
1	'stop'
6	'top'
12	'pop'

$\rho \times \sigma$:

A	B	C	X	Y
12	xy	1	5	1.5
2	ba	7	5	1.5
5	fr	2	5	1.5
1	g	1	5	1.5
12	xy	1	12	0.6
2	ba	7	12	0.6
5	fr	2	12	0.6
1	g	1	12	0.6

$P_{(A,B)}(\rho)$:

A	B
12	xy
2	ba
5	fr
1	g

$\text{sel}_{A<5}(\rho)$:

A	B	C
2	ba	7
1	g	1

$\rho \bowtie \tau$:

B	C	A	D
xy	1	12	'pop'
ba	7	2	'go'
g	1	1	'stop'

$\rho [A < X]\sigma$:

A	B	C	X	Y
2	ba	7	5	1.5
1	g	1	5	1.5
2	ba	7	12	0.6
5	fr	2	12	0.6
1	g	1	12	0.6

υ :

B	C
xy	1
ba	8
xy	3
fr	2

ρ/υ:

A
12
5

Beispiel 2.24: Die Anweisung
   CREATE TABLE Firma   (Abteilung   CHARACTER(20),
                            #Mitarbeiter   INTEGER,
                            Standort   CHARACTER(40))
ergibt ein Schema, das aus den drei Spalten Abteilung mit dem Wertebereich
Zeichenkette der Länge 20, #Mitarbeiter mit ganzen Zahlen und Standort vom
Typ Zeichenkette der Länge 40 besteht.   ◆

Die Datendefinitionssprache von SQL bietet noch wesentlich größere Funktionalität, z. B. können Schlüssel für eine Relation definiert werden, oder es kann angegeben werden, daß Einträge eindeutig sein müssen usw. Hierauf gehen wir hier nicht ein.

Die folgenden Beispiele zeigen die Operationen der Datenmanipulationssprache aus SQL.

Um Tupel in eine Relation bei vorgegebenem Schema einzutragen, gibt es in SQL die INSERT-Anweisung:

INSERT   INTO   Name $(a_1, \ldots, a_n)$
          VALUES $(v_1, \ldots v_n)$

Dabei muß der Typ der v_j mit den Wertebereichen der a_j übereinstimmen.

Beispiel 2.25: Die Anweisung

INSERT   INTO   Firma (Abteilung, #Mitarbeiter, Standort)
          VALUES   ('Vertrieb', 20, 'Karlsruhe')

trägt ein Tupel in die Relation Firma ein.   ♦

Wir können auch mehrere Tupel auf einmal in eine Relation einfügen.

Die Operationen UPDATE zum Ändern, sowie DELETE zum Löschen von Tupeln einer Relation vervollständigen die Menge der Operationen von SQL zur konkreten Veränderung der Inhalte einer Relation.

Tab. 2.7 zeigt Relationen, die die möglichen SELECT-Operationen zum Lesen bzw. Verknüpfen von Tupeln einer Relation verdeutlichen.

Tabelle 2.7: Beispiele für Datenbankrelationen

Abteilung   *Mitarbeiter*:

Abteilung	Name
Vertrieb	Meier
Personal	Müller
Marketing	Abel
Personal	Bauer
Personal	Petersen
Personal	Schmid

Name	Gehalt	Position
Meier	5000	Angestellter
Müller	4600	Sachbearbeiterin
Abel	4500	Grafikerin
Bauer	8000	Abteilungsleiter
Petersen	4000	Sekretärin
Schmid	4300	Sachbearbeiter

Die SELECT-Operation

SELECT Attribute FROM Relationen

liefert als Ergebnis eine Relation zurück. Dabei steht Attribute für eine Liste von Attributen, die nicht notwendigerweise ein und derselben Relation angehören müssen. Relationen ist dementsprechend eine Liste von Relationennamen. Die Selektion von Tupeln kann durch die Angabe einer Liste von Bedingungen erweitert werden:

SELECT Attribute FROM Relationen WHERE Bedingungen

Wenn wir alle Attribute einer einzelnen Relation selektieren wollen, dann ersetzen wir in der SELECT-Anweisung Attribute durch *. Gibt man für Relationen mehrere Relationennamen an, dann kann es vorkommen, daß zwei Relationen gleiche Attributnamen enthalten. In diesem Fall ordnet man den Relationen R_i, wie in Beispiel 2.26, eindeutige Namen N_i zu und gibt Attribute einer Relation durch $N_i.a_{i_j}$ an.

Beispiel 2.26: In

    SELECT   At.Abteilung, Ma.Gehalt

            FROM Abteilung At, Mitarbeiter Ma

            WHERE At.Name = Ma.Name

stehen At und Ma für Abteilung bzw. Mitarbeiter.   ◆

Mit den beschriebenen Operationen kann man alle Grundoperationen der relationalen Algebra beschreiben. Man nennt eine Datenbankabfragesprache mit dieser Eigenschaft **relational vollständig**.

Aufgabe 2.64: Die Anweisung

        SELECT Name FROM Mitarbeiter

liefert als Ergebnis eine Relation, die unter dem Attribut Name alle Mitarbeiternamen der Relation Mitarbeiter enthält. Welcher Operation der relationalen Algebra entspricht diese Anweisung?

Aufgabe 2.65: Die Anfrage

SELECT Name FROM Mitarbeiter WHERE Gehalt > 5000

selektiert alle Mitarbeiter mit einem Gehalt > 5000 EUR. Beschreiben Sie diese Anweisung mit den Operationen der relationalen Algebra.

SELECT-Anweisungen können zu den Bedingungen anderer SELECT-Anweisungen gehören. Das Ergebnis wird dann als eine Menge von Werten betrachtet.

Beispiel 2.27: Der Aufruf

    SELECT ★   FROM Mitarbeiter

            WHERE Name IN

            (SELECT Name FROM Abteilung

            WHERE Abteilung = 'Vertrieb')

selektiert die Daten von Mitarbeitern der Vertriebsabteilung.   ◆

Der Test IN ist neben EXIST und NOT EXIST eine Operation auf Mengen, die SQL zur Verfügung stellt. Die obige Anweisung liefert die Daten aus der Relation Mitarbeiter, eingeschränkt auf Mitarbeiter der Vertriebsabteilung.

Aufgabe 2.66: Beschreiben Sie diese Anweisung als Ausdruck der relationalen Algebra.

Aufgabe 2.67: Geben Sie den relationalen Ausdruck Abteilung $\bowtie$ Mitarbeiter als SQL-Anweisung an.

2.7 Anmerkungen und Verweise

Viele Themen werden hier nur kurz und auf das Elementare beschränkt behandelt. Die Vertiefung ist überwiegend Vorlesungen des Hauptstudiums vorbehalten. Die nachfolgend genannten Bücher behandeln den Stoff wesentlich ausführlicher.

Das Buch (FEJER und SIMOVICI , 1991) enthält den Stoff von Abschn. 2.2 in wesentlich größerer Breite. (SCHMIDT und STRÖHLEIN , 1989) ist eine gute Quelle für weitere Anwendungen von Relationen und Graphen. Die Bücher von (HARARY , 1974) und (DIESTEL , 1997) behandeln Graphentheorie vom mathematischen Standpunkt aus. Viele mathematische Anwendungen von Relationen, Graphen, Verbänden usw. finden sich bei (BIRKHOFF und BARTEE , 1973). Aus diesem Buch stammen auch die Beispiele der Abb. 2.15.

Das Beispiel 2.12 ist dem Buch (BRAUER , 1984) entnommen, das sich eingehend mit Halbgruppen, endlichen Automaten und ihren Anwendungen beschäftigt. Das Standardlehrbuch über Petrinetze ist (REISIG , 1990).

Die Bücher (FEJER und SIMOVICI , 1991) und (SCHMIDT und STRÖHLEIN , 1989) behandeln relationale Algebra vom mathematischen Standpunkt aus. Von den weiterführenden Lehrbüchern über Datenbanken und ihre Anwendungen seien hier (KEMPER und EICKLER , 1997), (ELMASRI und NAVATHE , 2000) und (HÄRDER und RAHM , 1999) genannt. Diese Bücher gehen insbesondere auf die verschiedenen Normalformen von Relationen ein, die benötigt werden, um eine relationale Datenbank konsistent zu halten.

Kapitel 3
Algebren und Termalgebren

Die Beschreibung eines dynamischen Systems $\mathscr{S}$ und seiner Abläufe können wir uns als Text vorstellen. Die Beschreibung der Abläufe ergibt dann ein Semi-Thue-System wie in Abschnitt 1.6, das diesen Text verändert.

Die Strukturen aus Kap. 2 legen jedoch eine Verallgemeinerung nahe: Wir betrachten eine beliebige Menge U, auf der Operationen $o_1, o_2, \ldots$ definiert sind. Die Elemente $x \in U$ könnten z. B. auch Relationen einer Datenbank oder Markierungen eines Petrinetzes sein. Gewünschte Änderungen werden durch Operationenfolgen repräsentiert, die, angewandt auf einen Systemzustand $x \in U$, den neuen Systemzustand $y \in U$ liefern. Die Anwendung einer Operation kann man als Ableitungsschritt ansehen; wir haben also immer noch ein formales System $(U, \Rightarrow)$ im Sinne von Abschnitt 1.6.2 vor uns. Andererseits führt diese Auffassung zu Algebren im Sinne der Mathematik.

In der Informatik benutzen wir Algebren zur Beschreibung von Datenstrukturen und Systemen und haben oft wesentlich kompliziertere Operationen und Rechengesetze als in Gruppen, Ringen, Körpern oder Vektorräumen, den üblichen Beispielen von Algebren in der Mathematik.

Für das Verständnis und die praktische Anwendung sind folgende Punkte wichtig:

- Wie in Abschn. 2.1 unterscheiden wir zwischen der algebraischen Formel, die wir berechnen *wollen*, und ihrem *Ergebnis*. Wir nennen Formeln im allgemeinen *Terme*. Ist eine Algebra $\mathscr{A}$ gegeben, so bildet auch die Menge der Terme eine Algebra, die Termalgebra $\mathscr{T}$. Für die Systemmodellierung und die praktische Realisierung ist die Termalgebra $\mathscr{T}$ wichtiger als die Algebra $\mathscr{A}$.
- Eine Folge algorithmisch ausführbarer Operationen spezifiziert nicht nur ein Ergebnis, sondern auch, wie man es erhalten kann. In den Beispielen unterstellen wir zunächst, daß man Ergebnisse wie angegeben berechnet. Schon die Anwendung eines Distributiv- oder sonstigen Gesetzes liefert

aber alternative Verfahren, die zum gleichen Ergebnis führen können. Die Auswahl verschiedener Repräsentationen, etwa Adjazenzmatrix und -listen bei Graphen, führt zu weiteren Alternativen der Realisierung. Im allgemeinen muß daher unterschieden werden zwischen der *Spezifikation* der gewünschten Berechnung und der tatsächlichen Realisierung, die auf völlig andere Weise erfolgen könnte. Insbesondere muß die Realisierung keineswegs sequentiell vorgehen, nur weil die Spezifikation von Operationenfolgen spricht.

3.1 Formeln

Sei A eine Menge und $n \in \mathbb{N}$. Unter einer *n*-stelligen **Operation** auf A verstehen wir eine Abbildung $f: A^n \to A$. n heißt **Stelligkeit** von f; wir schreiben $f^{(n)}$ oder f/n, wenn wir die Stelligkeit von f explizit kennzeichnen wollen. Ein- und zweistellige Operationen heißen **unär** bzw. **binär**. Die Operanden a_i von $f(a_1, \ldots, a_n)$ bezeichnen wir auch als **Argumente** der Operation.

Für die Potenzmenge $A = \mathfrak{P}(U)$ einer Grundmenge U bilden $f(M, N) = M \cup N$, $g(M, N) = M \cap N$, $h(M) = \complement M$ Beispiele für die Anwendung zwei- bzw. einstelliger Operationen im booleschen Verband über $\mathfrak{P}(U)$. Gruppen, Ringe, Körper und damit die übliche Arithmetik, Halbgruppen und Monoide und die Relationenalgebra liefern andere Beispiele.

Eine Menge $\Sigma = \Sigma^{(0)} \cup \Sigma^{(1)} \cup \Sigma^{(2)} \cup \cdots$ von Operationen f heißt eine **Signatur**. $\Sigma^{(n)}$ besteht für $n = 0, 1, \ldots$ aus den Operationen der Stelligkeit n. Die Teilmengen $\Sigma^{(n)}$ sind disjunkt. Die Operationen $\cup, \cap$ und die arithmetischen Operationen $+, -, *, /$ sind Beispiele von Operationen, die zu $\Sigma^{(2)}$ gehören. Zu einer booleschen Algebra $\mathfrak{B} = \mathfrak{B}(A, \bot, \top, \complement, \vee, \wedge)$ lautet die Signatur $\Sigma = \{\bot, \top, \complement, \vee, \wedge\}$ mit $\Sigma^{(0)} = \{\bot, \top\}$, $\Sigma^{(1)} = \{\complement\}$, $\Sigma^{(2)} = \{\vee, \wedge\}$.

Die „Operationen" op aus $\Sigma^{(0)}$ haben keine Argumente und liefern immer dasselbe Resultat $op = c$. Man nennt sie daher **Konstante**. Zum Beispiel können wir die Elemente $M \in \mathfrak{P}(U)$ als nullstellige Operationen $M: \mathfrak{P}^0(U) \to \mathfrak{P}(U)$ ansehen: Da $\mathfrak{P}^0(U) = \{\emptyset\}$, vgl. S. 352, gibt es nur einen Funktionswert $M(\emptyset) = M \in \mathfrak{P}(U)$. Dieser definiert die Funktion M vollständig.

Wir setzen stets voraus, daß die Menge $\Sigma^{(0)}$ der Konstanten einer Signatur nicht leer ist, und daß die Anzahl der Operationen, die zu einer Signatur gehören, endlich oder höchstens abzählbar unendlich ist.

Letzteres bedeutet, daß wir bei unendlicher Grundmenge nicht alle $M \in \mathfrak{P}(U)$ in $\Sigma^{(0)}$ aufnehmen können, da $\mathfrak{P}(U)$ bekanntlich überabzählbar ist!

Ist eine Signatur Σ, z. B. die eben zitierte Signatur $\Sigma = \{\bot, \top, \complement, \vee, \wedge\}$ einer booleschen Algebra, gegeben, so heißen Ausdrücke wie $(M \cup N) \cap P$ **Formeln**, **Terme** oder **Ausdrücke**. Wir benutzen diese Wörter zunächst unterschiedslos. In Abschnitt 4.2 werden wir sie unterscheiden.

In einer Formel kommen elementare, nicht weiter zerlegbare Operanden vor, z. B. Zahlen in arithmetischen Formeln, die Elemente $\bot, \top \in \Sigma^{(0)}$ in Formeln einer booleschen Algebra, oder in $(M \cup N) \cap P$ die Buchstaben M, N und P. Mit X bezeichnen wir die Menge der Symbole, die wir als elementare Operanden erlauben, wobei auf jeden Fall $\Sigma^{(0)} \subseteq X$ gilt.

In der mathematischen Gleichung $5x = b$ gibt es die drei Elementaroperanden $5, b, x$. Üblicherweise erwarten wir, daß b irgendeine Konstante bedeutet, und x eine Variable ist, die es zu berechnen gilt. Dies ist eine Interpretation, die Kontextwissen voraussetzt; der Formel selbst können wir die unterschiedliche Bedeutung von b und x nicht ansehen. Deshalb betrachten wir unterschiedslos alle drei Operanden als Elemente einer einzigen Menge X.

Zu einer Signatur Σ und einer Menge X von Elementaroperanden definieren wir die Menge $\mathcal{T}$ der korrekten Terme (oder Formeln) wie folgt:

Ein (**korrekter**) **Term**[1] ist entweder

- eine Konstante $a \in X$ oder
- die Anwendung einer Operation $f(a, b, \ldots)$ mit $f \in \Sigma$, wobei die Anzahl der Operanden $a, b, \ldots$ der Stelligkeit von f entspricht und jeder Operand wieder ein korrekter Term ist[2].

Terme, die als Argumente anderer Terme auftreten, heißen **Unterterme**. Terme, die durch Anwendung einer n-stelligen Operation entstehen, heißen **n-stellige Terme**.

Terme kann man als Kantorowitsch-Bäume wie in Beispiel 1.5, S. 38, darstellen: Für $n \geqslant 1$ entspricht einer n-stelligen Operation f ein Baum der Höhe 1. Die Wurzel bezeichnen wir mit dem Operationssymbol. Die Bäume der einzelnen Operationen sind Produktionen einer kontextfreien Grammatik und werden wie in Abb. 3.1 zusammengefügt. Insbesondere sehen wir häufig einen Term als durch einen Baum gegeben an.

Für die Operationen in Formeln gibt es verschiedene Schreibweisen. Wir können sie in **Infixform** $M \cup N$, **Funktionsform** union(A, B) wie in Programmiersprachen, **Postfixform** $A\ B$ intersect, **Präfixform** $\complement N$ oder irgendeiner Spezialnotation, z. B. Kennzeichnung des Komplements durch Überstreichen $\overline{N}$, wiedergeben. Infixform ist auf binäre Operationen beschränkt. Spezialnotationen kommen für unäre Operationen vor. Die anderen Schreibweisen lassen sich auf Operationen mit n Argumenten, $n \geqslant 0$, ausdehnen. Insgesamt ergeben sich die gleichwertigen Schreibweisen für Operationen in Tab. 3.1.

Die Kenntnis der Stelligkeit der Operationen genügt meist, um Operanden und Operationen eindeutig zuzuordnen. Bei der Infixform, sowie beim Mischen verschiedener Schreibweisen, kann es Mehrdeutigkeiten geben. Diese lösen wir mit Hilfe von Vorrangregeln zwischen Operationen, $*$ bindet stärker als $+$, oder

---

1. engl. *well-formed term*.
2. Im Sinne von A.3 ist dies eine induktive Definition des Begriffs *korrekter Term*.

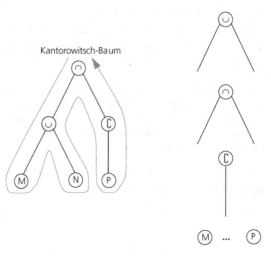

Abbildung 3.1: Kantorowitsch-Baum für die Formel $(M \cup N) \cap \complement P$

Tabelle 3.1: Schreibweisen für Operationen

f	nullstellige konstante Operation
$f(ab\ldots)$	Funktionsform
$a\,f\,b$	Infixform, nur 2-stellig
$fab\ldots$	Präfixform
$ab\ldots f$	Postfixform
$(fab\ldots)$	Listennotation
$\overline{f}$	Spezialnotation

mit Hilfe zusätzlicher Klammerpaare; hiervon machen wir nachfolgend freizügig Gebrauch. Allerdings setzen wir immer nur runde Klammern $(\cdots)$ ein. Eckige und geschweifte Klammern haben in der Informatik spezielle Bedeutung.

Aufgabe 3.1: Wie ordnen Sie die in a^2, $\sqrt{5}$, $\sqrt[n]{x}$ verwandten Operationen in der Tab. 3.1 ein?

Laufen wir die Ecken des Baumes in Abb. 3.1 in Pfeilrichtung ab, so erhalten wir Präfixform, wenn wir die inneren Ecken des Baumes beim ersten Besuch anschreiben; Postfixform ergibt sich, wenn wir sie beim letzten Besuch anschreiben. Die Infixform entspricht dem Anschreiben beim vorletzten Besuch. Dies ist ein allgemeines Verfahren, um die verschiedenen Schreibweisen aus Kantorowitsch-Bäumen zu erhalten.

3.2 Boolesche Algebra

In Abschnitt 2.3.8 nannten wir einen vollständigen, komplementären, distributiven Verband eine boolesche Algebra $\mathcal{B} = \mathcal{B}(A, \vee, \wedge, \complement)$. Wir stellen nochmals die Gesetze zusammen. Dabei sei $x, y, z \in A$ und $\perp$ bzw. $\top$ seien das kleinste bzw. größte Element.

V1	Assoziativität	$(x \wedge y) \wedge z = x \wedge (y \wedge z),$
		$(x \vee y) \vee z = x \vee (y \vee z)$
V2	Kommutativität	$x \wedge y = y \wedge x,$
		$x \vee y = y \vee x$
V3	Idempotenz	$x \wedge x = x, \qquad x \vee x = x$
V4	Verschmelzung	$(x \vee y) \wedge x = x,$
		$(x \wedge y) \vee x = x$
V5	Distributivität	$x \vee (y \wedge z) = (x \vee y) \wedge (x \vee z)$
		$x \wedge (y \vee z) = (x \wedge y) \vee (x \wedge z)$
V6	Modularität	$x \vee (y \wedge z) = (x \vee y) \wedge z,$ falls $x \leqslant z$
V7	Neutrale Elemente	$x \wedge \perp = \perp, \qquad x \vee \perp = x$
		$x \wedge \top = x, \qquad x \vee \top = \top$
V8	Komplement	$x \wedge \complement x = \perp, \qquad x \vee \complement x = \top$
V9	Involution	$\complement(\complement x) = x$
V10	De Morgan	$\complement(x \wedge y) = \complement x \vee \complement y$
		$\complement(x \vee y) = \complement x \wedge \complement y$

Außer V6 und V9 gibt es alle Gesetze doppelt. Das eine geht durch Dualisierung in das andere über, da jedes Element $x \in A$ wegen V9 Komplement eines anderen Elements $x' = \complement x$ ist. Die Dualisierung folgt aus den De Morganschen Gesetzen. Die Beziehungen (2.41) oder (2.42), S. 78, definieren in $\mathcal{B}$ die Halbordnung

$$x \leqslant y \asymp x \wedge y = x \asymp x \vee y = y. \tag{3.1}$$

Aus den Abschnitten 2.3.6 und 2.3.8 folgt, daß wir zum Nachweis der Eigenschaft *boolesche Algebra* nicht alle Gesetze beweisen müssen:

Satz 3.1: *Eine Menge A, auf der zwei zweistellige Operationen $\wedge, \vee$ und eine einstellige Operation $\complement$ erklärt sind, ist bereits dann eine (vollständige) boolesche Algebra, wenn*

- *von den Gesetzen V1 – V5 jeweils das erste (oder jeweils das zweite) gilt;*
- *entweder die Komplementgesetze V8 oder die De Morganschen Gesetze V10 gelten;*
- $\bigvee_{i \in I} x_i, \bigwedge_{i \in I} x_i$ *für beliebige (auch unendliche) Teilmengen $\{x_i\}_{i \in I} \subseteq A$ existiert und zu A gehört (Vollständigkeit).*

Aufgabe 3.2: Zeigen Sie, daß $x \vee y = \complement(\complement x \wedge \complement y)$ und $x \wedge y = \complement(\complement x \vee \complement y)$.

Wir kommen also mit noch geringeren Anforderungen aus, wenn wir eine der Operationen ∨, ∧ weglassen und dann durch Aufgabe 3.2 nachträglich definieren.

Das Auffinden einer minimalen Menge von Grundoperationen und einer möglichst kleinen Menge von Gesetzen ist sowohl bei der Modellierung als auch bei der Implementierung von Systemen sehr wichtig. Das erste spart Implementierungsaufwand, das zweite reduziert die Anzahl der Bedingungen, deren Einhaltung man prüfen muß.

Man beweist nun leicht:

Satz 3.2: *Gegeben sei eine beliebige Menge U. Dann ist* $(\mathfrak{P}(U), \cup, \cap, \complement)$ *eine boolesche Algebra, wenn* $\cup$ *die Mengenvereinigung,* $\cap$ *den Mengendurchschnitt und* $\complement$ *das Mengenkomplement* $\complement M = U \setminus M$ *bedeuten.* $(\mathfrak{P}(U), \cup, \cap, \complement)$ *heißt die* **Mengenalgebra** *über U.*

Die Gesetze V1 – V10 gelten selbstverständlich nicht nur für Mengen aus $\mathfrak{P}(U)$. Wir könnten uns auch auf ein Mengensystem $\mathcal{L} \subseteq \mathfrak{P}(U)$ beschränken. Allerdings gilt dann für $M, N \in \mathcal{L}$ im allgemeinen nicht mehr

$$M \cap N, M \cup N, \complement M \in \mathcal{L}. \tag{3.2}$$

$\mathcal{L}$ heißt **algebraisch abgeschlossen** oder eine **Unteralgebra**, wenn mit den Argumenten stets auch das Ergebnis aller definierten Operationen zu $\mathcal{L}$ gehört. Dazu genügen in booleschen Algebren folgende Bedingungen:

$$U \in \mathcal{L}, \emptyset \in \mathcal{L} \tag{3.3}$$
$$\complement M \in \mathcal{L}, \text{ falls } M \in \mathcal{L} \tag{3.4}$$
$$M \cap N \in \mathcal{L}, \text{ falls } M, N \in \mathcal{L}. \tag{3.5}$$

Aufgabe 3.3: Aus (3.3)–(3.5) folgt (3.2).

Bei endlicher Grundmenge A sind die Begriffe *boolesche Algebra* und *Mengenalgebra* äquivalent:

Satz 3.3 (STONE): *Sei* $\mathfrak{B} = (A, \vee, \wedge, \complement)$ *eine boolesche Algebra mit endlicher Grundmenge* $A \neq \emptyset$. *Dann gibt es eine Menge U und eine bijektive Abbildung* $f : A \longmapsto \mathfrak{P}(U)$ *so, daß für* $x, y \in A$

$$f(\perp) = \emptyset, \quad f(\top) = U \tag{3.6}$$
$$f(x \vee y) = f(x) \cup f(y) \tag{3.7}$$
$$f(x \wedge y) = f(x) \cap f(y) \tag{3.8}$$
$$f(\complement x) = U \setminus f(x). \tag{3.9}$$

In der Terminologie von Abschnitt 3.4 ist f ein Isomorphismus.
Beweis: Falls $|A| = 1$, setzen wir $U = \emptyset$. Damit sind alle Bedingungen erfüllt.

Für $|A| > 1$ gibt es mindestens ein $x \in A$ mit $x \neq \perp$. Wir betrachten die Menge

$$U := \{a \mid a \in A, \perp < a \text{ und aus } a' < a \text{ folgt } a' = \perp\} \qquad (3.10)$$

der Atome von A, wobei wir die strenge Halbordnung zur Halbordnung (3.1) benutzen. Dann gibt es zu jedem $x \in A$, $x \neq \perp$, mindestens ein $a \in U$ mit $\perp < a \leqslant x$. Für $a, a' \in U$, $a \neq a'$ gilt

$$a \wedge a' = \perp. \qquad (3.11)$$

Es ist nämlich $a \wedge a' \leqslant a$ und $a \wedge a' \leqslant a'$. Wegen $a \neq a'$ muß in wenigstens einer dieser Ungleichungen $<$ stehen. Nach der Definition (3.10) von U gilt dann (3.11).

Sei nun $x \in A$ beliebig,

$$U_x = \{a_1, \ldots, a_k\} := \{a \mid a \in U, a \leqslant x\} \qquad (3.12)$$

und $v_x = a_1 \vee \cdots \vee a_k$. Für $x \neq \perp$ ist $U_x \neq \emptyset$ und $\perp < v_x \leqslant x$. Daher gilt $\complement v_x \vee x = \top$, da $\complement v_x \geqslant \complement x$ durch Dualisierung. Wir nehmen an, es gelte $v_x \neq x$, wegen der Eindeutigkeit des Komplements, also auch $\complement v_x \neq \complement x$.

Dann muß $\complement v_x \wedge x \neq \perp$ sein. Andernfalls wäre nach V8 $\complement v_x$ doch das Komplement von x. Also muß es ein $a \in U$ mit $\perp < a \leqslant \complement v_x \wedge x$, also $a \leqslant x$ und $a \wedge \complement v_x \neq \perp$, geben. Daher gilt $a \in U_x$. Nun haben wir aber für jedes $a \in U_x$ nach Definition von v_x:

$$\perp < a \wedge \complement v_x \leqslant (a_1 \vee \cdots \vee a_k) \wedge \complement v_x = v_x \wedge \complement v_x = \perp.$$

Dieser Widerspruch zeigt, daß doch $v_x = x$ gilt.

Insbesondere ist $\top = \bigvee_{a \in U} a$. $a \leqslant \complement x$ kann für $a \in U$ nur gelten, wenn $a \notin U_x$, also $a \in U \setminus U_x$. Beides zusammen ergibt $\complement x = \bigvee_{a \in U \setminus U_x} a$.

Wir behaupten nun, daß die Menge U der Atome die Eigenschaften des Satzes besitzt und setzen $f(x) = U_x$ für alle $x \in A$. Insbesondere gelte

$$f(\perp) = \bigvee_{a \in \emptyset} a = \emptyset.$$

Dann ist f eine Abbildung, da für jedes $x \in A$ die Menge U_x eindeutig bestimmt ist. Die Abbildung ist surjektiv, da wir zu jeder Teilmenge $V \subset U$ das Element $v = \bigvee_{a \in V} a$ mit $f(v) = V$ finden können. Umgekehrt folgt aber aus $U_x = U_y$, daß $x = \bigvee_{a \in U_x} = \bigvee_{a \in U_y} = y$ gilt. Die Abbildung ist daher injektiv, zusammengenommen also bijektiv.

Es gilt $f(\perp) = \emptyset$ und $f(\top) = U$. Ferner haben wir $f(\complement x) = U_{\complement x} = U \setminus U_x = U \setminus f(x)$. Damit gilt (3.6) und (3.9). (3.7) und (3.8) beweist man ebenso.   ♦

Die Endlichkeit von A haben wir implizit im Beweisschritt $v_x = x$ benutzt: Für unendliches A muß $f(x)$ nicht injektiv sein: Es kann Elemente x, y geben mit $U_x \neq U_y$, aber $v_x = \bigvee\limits_{a \in U_x} = \bigvee\limits_{a \in U_y} = v_y$.

Da die Mächtigkeit von $\mathfrak{P}(U)$ bei endlichem U, $|U| = n$, 2^n ist, haben wir

Korollar 3.4: *Die Anzahl der Elemente einer endlichen booleschen Algebra ist eine Potenz von 2.*

Eine spezielle boolesche Algebra ist die Algebra über einer einelementigen Grundmenge $U = \{a\}$. Hierbei spielt die Bedeutung von a keine Rolle. Die Potenzmenge $\mathfrak{P}(U) = \{\emptyset, \{a\}\}$ ist zweielementig und besteht nur aus dem Null- und Einselement. Wir bezeichnen diese boolesche Algebra mit $\mathbb{B} = \{O, L\}$. Die beiden Elemente heißen Null- und Eins(-element), oft aber auch nein/ja, falsch/wahr, niedrige/hohe Spannung, Impuls/kein Impuls, oder sie bezeichnen die beiden Richtungen der Magnetisierung. $\mathbb{B}$ ist die Grundlage der Aussagenlogik und aller digitalen Codierungen und Schaltungen.

Insbesondere ist das kartesische Produkt $\mathbb{B}^n = \{O, L\}^n = \mathbb{B} \times \cdots \times \mathbb{B}$ eine boolesche Algebra, wenn wir die Operationen $\vee, \wedge, \complement$ auf den n-Tupeln $(a_1, \ldots, a_n)$, $a_i \in \{O, L\}$, elementweise ausführen. Der Satz von Stone liefert uns daher abschließend

Korollar 3.5: *Jede endliche boolesche Algebra ist isomorph zu einer Algebra $\mathbb{B}^n$ mit geeignetem $n > 0$.*

3.3 Algebraische Strukturen und Algebren

Gegeben sei eine Signatur Σ, eine Menge von Elementaroperanden X und die Menge $\mathcal{T}$ der korrekten Terme zu Σ und X, wie in Abschnitt 3.1 definiert. Ferner sei Q eine Menge von Axiomen (oder Gesetzen), denen die Anwendung der Operationen aus Σ genügt. Dann heißt $\mathfrak{A} = (\mathcal{T}, \Sigma, Q)$ eine **algebraische Struktur** oder eine **abstrakte Algebra**[3]. Dabei gelte $t = t'$ für zwei Terme $t, t' \in \mathcal{T}$ genau dann, wenn t nach den Gesetzen Q in t' umgeformt werden kann.

Im allgemeinen setzt man die Gesetze als bekannt voraus oder schließt aus dem Namen der Algebra auf die gültigen Gesetze. Auch wir erwähnen die Axiomenmenge Q oft nicht explizit. In Kap. 6 werden wir jedoch mehrere Algebren mit gleicher Signatur und unterschiedlichen

---

3. Auch die Bezeichnung **homogene** oder **einsortige Algebra** ist gebräuchlich. In der Informatik benutzt man die Wörter **Sorte** und **Typ** statt Algebra, wenn man die Zugehörigkeit bestimmter Werte zu einer Algebra charakterisieren will.

Gesetzen kennenlernen. Die Definition von Strukturen durch Angabe ihrer Signatur ohne genaue Dokumentation, welche Gesetze gelten sollen, ist daher nicht ausreichend.

Eine boolesche Algebra mit den Axiomen $Q = \{V1–V10\}$ ist also eine algebraische Struktur. Die aus der Mathematik bekannten Strukturen Gruppe, Ring, Körper usw. sind ebenfalls algebraische Strukturen. Halbgruppen und Verbände sind weitere Beispiele, die wir schon kennen.

Ist zusätzlich eine **Trägermenge** A mit $X \subseteq A$ und zu jeder Operation $f \in \Sigma^{(n)}$ eine konkrete Funktion $f_A : A^n \to A$ gegeben, so daß die Gesetze Q gelten, so heißt $\mathcal{A} = (A, \Sigma, Q)$ eine **konkrete Algebra** oder ein **Exemplar der algebraischen Struktur** $\mathfrak{A}$. Wollen wir die Signatur Σ besonders betonen, so sprechen wir von einer Σ-**Algebra**.

Eine Mengenalgebra ist ein Exemplar der algebraischen Struktur *boolesche Algebra*. Die Körper $\mathbb{R}, \mathbb{Q}, \mathbb{C}$ der reellen, rationalen und komplexen Zahlen sind Exemplare der algebraischen Struktur *Körper*.

Die Beispiele der Mengenalgebra, zusammen mit Satz 3.5, und der natürlichen Zahlen $\mathbb{N}$ zeigen, daß die algebraische Struktur und die konkrete Algebra oft identisch sind. Daher unterscheiden wir zwischen abstrakter und konkreter Algebra nur bei Bedarf. Allerdings kann es in einer konkreten Algebra noch zusätzliche Gesetze geben, die nicht zur Axiomenmenge Q gehören. Die Unterschiede der Körper der reellen, rationalen und komplexen Zahlen zeigen das.

Verbände und boolesche Algebren besitzen zusätzlich eine Ordnungsrelation, bezeichnet mit $\subseteq$ oder $\leq$, die den Bedingungen (3.1) genügt. Diese kann als Abbildung oder Operation $\leq : A \times A \to \mathbb{B}$ begriffen werden, die zwei Elementen x, y den Wert L zuordnet, wenn $x \leq y$, andernfalls den Wert O. Ebenso können wir die Ist-Element-von-Beziehung als Operation $\in : A \times \mathfrak{P}(A) \to \mathbb{B}$ auffassen.

Wenn wir solche Operationen in die Signatur einer Algebra aufnehmen, sprechen wir von **heterogenen** oder **mehrsortigen Algebren**. Sie bestehen im allgemeinsten Fall aus einer Familie $\mathscr{S}$ von Trägermengen, den **Sorten**; für jede Sorte $A \in \mathscr{S}$ gibt es eine Menge Σ_A von Operationen

$$\tau : A_{i_1} \times A_{i_2} \times \cdots \times A_{i_n} \to A, \; n \geq 0, \; A, A_{i_j} \in \mathscr{S}. \qquad (3.13)$$

Die Signatur einer heterogenen Algebra ist die Vereinigung

$$\Sigma = \bigcup_{A \in \mathscr{S}} \Sigma_A. \qquad (3.14)$$

Während wir bei homogenen Algebren die Operationen allein durch ihre Stelligkeit kennzeichnen konnten, müssen wir jetzt für jede Operation, wie in (3.13), die Argument- und Ergebnissorte als Teil der Signatur angeben.

Oft gibt man bei einer heterogenen Algebra nur die Operationen an, die spezifisch für eine Sorte A sind; zusätzlich können Elemente weiterer Sorten als

Argumente oder Ergebnisse von Operationen der Signatur auftreten. Vektorräume mit den reellen Zahlen $\mathbb{R}$ als Operatorenbereich sind Beispiele für heterogene Algebren in der Mathematik. Wenn wir Algebren zur Modellierung von Systemen oder zur Spezifikation von Datenstrukturen einsetzen, sind heterogene Algebren der Normalfall.

Beispiel 3.1: Ein **Keller**[4] ist eine Datenstruktur, die anfangs leer ist, in die wir dann aber Elemente, z. B. ganze Zahlen $m \in \mathbb{N}$, aufnehmen und wieder lesen können. Beim Lesen erscheint jeweils das zuletzt aufgenommene Element. Dieses können wir auch wieder streichen. Die möglichen Werte eines Kellers bilden eine abstrakte Algebra Keller(T), wobei T die Menge der möglichen Elemente des Kellers bezeichnet. Sind k, t beliebige Werte der Algebra Keller(T) bzw. der Menge T, so lautet die Signatur Σ_{Keller}:

createStack:	$\{\emptyset\} \rightarrow$ Keller(T)
push:	Keller(T) $\times$ T $\rightarrow$ Keller(T)
pop:	Keller(T) $\rightarrow$ Keller(T)
top:	Keller(T) $\rightarrow$ T
empty:	Keller(T) $\rightarrow \mathbb{B}$

Die Axiome sind

K1:	empty(createStack) = L,
K2:	empty(push(k, t)) = O,
K3:	pop(push(k, t)) = k,
K4:	top(push(k, t)) = t

Für einen Keller Keller($\mathbb{N}$) ganzer Zahlen ergeben sich als mögliche Werte
createStack
push(createStack,2)
push(push(createStack,2),34)
usw.

Den Wert pop(push(push(createStack,2),34)) kann man durch Anwendung von K3 zu push(createStack,2) vereinfachen. Setzen wir $x < y$ für zwei Werte x und y, falls x weniger Operationen enthält als y, so gilt insbesondere $x < y$, wenn x aus y durch Entfernen eines Paares pop(push($\cdots$)) entsteht. $<$ ist eine strenge Halbordnung auf der Menge aller Kellerwerte. Wie in Abschnitt 2.3.4 können wir dann eine *Normalform* x eines Kellerwerts y definieren, der sich durch minimale Anzahl von Operationen auszeichnet und aus y durch Anwendung von Axiomen entsteht. Für den Keller sind dies die Werte der Form createStack und push($\ldots$(push(createStack, n_1),$\ldots$), n_k). Auch für weitere noch zu besprechende Algebren, die Datenstrukturen repräsentieren, können wir solche Normalformen

---

4. engl. *stack*. Die ältere englische Bezeichnung *push-down* ist eine Übersetzung des deutschen Worts Keller; sie wird in der theoretischen Informatik benutzt.

angeben. Operationen, die in Normalformen vorkommen, heißen **Konstruktoren**. Operationen, die zwar Datenstrukturen verändern, aber nicht mehr in der Normalform auftreten, heißen **Hilfskonstruktoren**. In Anlehnung an die relationale Algebra heißen Operationen, die Informationen über eine Datenstruktur oder deren Elemente liefern, **Projektionen**. In unserem Beispiel sind createStack, push Konstruktoren, pop ist ein Hilfskonstruktor und empty und top sind Projektionen. Auf die Halbordnung $x < y$ kommen wir in Abschnitt 3.5.1 zurück.

top(createStack) und pop(createStack) können wir nicht berechnen. Hierfür gibt es keine Gesetze. Die Verknüpfungen sind undefiniert. pop und top sind also nur partielle Abbildungen. Dies ist in unserer Definition einer Algebra nicht vorgesehen und bereitet Unannehmlichkeiten: In der Praxis sollte ein Fehler signalisiert oder ein Ergebnis *undefinierter Wert* geliefert werden. Zur Bezeichnung des undefinierten Wertes ist das unten-Zeichen $\perp$ gebräuchlich. Durch die Verwendung von $\perp$ werden alle unsere Abbildungen total. Wir setzen dazu in unserem Beispiel top(createStack) $= \perp$ und pop(createStack) $= \perp$.   ♦

Eine Operation heißt **strikt**, wenn das Ergebnis $\perp$ ist, falls eines der Argumente $\perp$ ist.

In der Halbordnung $x < y$ ist die Normalform createStack das kleinste Element. Mit $\perp <$ createStack definieren wir den undefinierten Wert $\perp$ als kleiner als alle „vernünftigen" Normalformen.

Im Beispiel haben wir die algebraische Struktur Keller(T) angegeben. Eine konkrete Realisierung oder **Implementierung** eines Kellers auf einem Rechner ist ein Exemplar der algebraischen Struktur Keller, also eine konkrete Algebra. Die abstrakte Algebra heißt dann auch eine **Spezifikation** der konkreten Algebra. $\mathscr{A}' = (A', \Sigma, Q_{\mathscr{A}})$ ist eine **Unteralgebra** einer homogenen Algebra $\mathscr{A} = (A, \Sigma, Q_{\mathscr{A}})$, wenn $\mathscr{A}'$ eine Algebra mit der gleichen Signatur und den gleichen Gesetzen wie $\mathscr{A}$ ist, bei der für die Trägermengen gilt $A' \subseteq A$. Die Menge A' muß gegenüber den Operationen $f \in \Sigma$ algebraisch abgeschlossen sein, vgl. Abschnitt 3.2. Für heterogene Algebren definiert man den Begriff entsprechend.

3.4 Abbildungen zwischen Algebren

Gegeben seien zwei abstrakte oder konkrete Algebren $\mathscr{A} = (A, \Sigma, Q)$ und $\mathscr{B} = (B, \Sigma, Q)$ mit der gleichen Signatur und den gleichen Gesetzen, sowie eine Abbildung $h: A \to B$. Wählen wir z. B. in beiden Fällen das Monoid Σ^* mit $\Sigma = \{a, b\}$ und setzen für die Wörter $x = x_1 \cdots x_n \in \Sigma^*$ einmal $h(x) = \overline{x_1} \cdots \overline{x_n}$ mit $\overline{a} = b, \overline{b} = a$ und einmal $h'(x) = x_n \cdots x_1$, so gilt im ersten Fall $h(x) \cdot h(y) = h(x \cdot y)$. Im zweiten Fall gilt diese Identität nicht. Das Diagramm der Abb. 3.2 kommutiert für h, für h' jedoch nicht. Die Analogie zum Diagramm aus

Abb. 1.2, S. 13, ist unmittelbar ersichtlich. Offenbar können wir h als *kompatibel* mit den Algebren $\mathcal{A}$ und $\mathcal{B}$ ansehen, h' jedoch nicht.

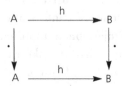

Abbildung 3.2: Homomorphiebedingung

Kompatible Abbildungen $h\colon A \to B$ sind die einzigen Abbildungen, die uns zwischen Algebren interessieren. Sie heißen **Homomorphismen** (zwischen den Algebren $\mathcal{A}$ und $\mathcal{B}$) oder kurz **Morphismen**. Sie sind dadurch ausgezeichnet, daß für alle Operationen $f^{(n)} \in \Sigma$ die **Homomorphiebedingung**

$$h(f(x_1,\ldots,x_n)) = f(h(x_1),\ldots,h(x_n)) \tag{3.15}$$

gilt.

In Monoiden folgt aus (3.15), daß Morphismen neutrale Elemente in neutrale Elemente abbilden. Es gilt nämlich

$$h(x) = h(\epsilon_A \cdot x) = h(\epsilon_A) \cdot h(x).$$

Also ist $h(\epsilon_A)$ Linkseins in B. Die Eigenschaft *Rechtseins* beweist man genauso.

Ein injektiver Morphismus heißt ein **Monomorphismus**. Surjektive bzw. bijektive Morphismen heißen **Epi-** bzw. **Isomorphismen**. Ein Morphismus $h\colon A \to A$, der eine Algebra $\mathcal{A}$ in sich abbildet, heißt ein **Endomorphismus**. Ein bijektiver Endomorphismus heißt ein **Automorphismus**.

Im Satz 3.3 von STONE hatten wir in der jetzigen Terminologie einen bijektiven Homomorphismus, also einen Isomorphismus, definiert. Die Gleichungen (3.6)–(3.9) formulierten die Homomorphiebedingung.

Aufgabe 3.4: Die Menge Bild(h) eines Morphismus $h\colon A \to B$ ist eine Unteralgebra von B.

Ist $h\colon A \to B$ eine surjektive Mengenabbildung zwischen einer Algebra $\mathcal{A} = (A, \Sigma, Q)$ und einer Menge B, auf der die Operationen der Signatur Σ definiert sind, so gelten auch auf B die Gesetze Q, wenn die Homomorphiebedingung erfüllt ist. B ist dann also ebenfalls eine Algebra mit den gleichen Gesetzen. Wir sagen, *h induziert eine algebraische Struktur auf B.*

Aufgabe 3.5: Beweisen Sie diese Aussage am Beispiel des Satzes von Stone.

Wir können also eine boolesche Algebra nicht homomorph auf einen nicht-distributiven Verband abbilden. Die Umkehrung ist hingegen möglich. In B könnten zusätzliche Gesetze gelten.

Aufgabe 3.6: Geben Sie boolesche Algebren an, die homomorphe Bilder der beiden Verbände in Abb. 2.15 enthalten.

Zu jedem Morphismus gehört eine Äquivalenzrelation $\equiv_h$ auf A, die definiert ist durch

$$a \equiv_h a' \rightleftharpoons h(a) = h(a'). \tag{3.16}$$

Daß $\equiv_h$ eine Äquivalenzrelation ist, ist unmittelbar einsichtig. Wie wir in A.2 feststellen, sind die Äquivalenzklassen A_b jeweils Urbild eines Elements $b \in B$, $A_b = h^{-1}(b)$, und partitionieren die Trägermenge A. Wenn die Relation aus dem Zusammenhang bekannt ist, bezeichnen wir die Klasse A_b, zu der ein $a \in A$ gehört, auch mit $[a]$. Bezeichnet $A / \equiv_h$ die Menge dieser Äquivalenzklassen, so können wir auf $A / \equiv_h$ die sämtlichen Operationen $f \in \Sigma$ definieren mittels

$$f(A_b, A_{b'}) = h^{-1}(f(b, b')). \tag{3.17}$$

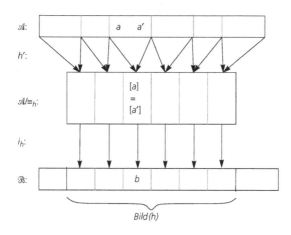

Abbildung 3.3: Quotientenalgebra

Da die Axiome Q in B gültig sind, gelten sie auch auf $A / \equiv_h$. Daher ist $\mathscr{A} / \equiv_h := (A / \equiv_h, \Sigma, Q)$ eine Algebra, die **Quotientenalgebra** von $\mathscr{A}$ nach $\equiv_h$ oder von $\mathscr{A}$ nach h. Die Abbildung $h' \colon A \to A / \equiv_h$, gegeben durch $h'(a) = h^{-1}(h(a))$, ist ein Epimorphismus. $i_h \colon A / \equiv_h \to \text{Bild}(h)$ ist ein Isomorphismus. Die Abb. 3.3 zeigt die Situation schematisch. Durch Nachrechnen ergibt sich $h = i_h \circ h'$. Ist h kein Epimorphismus, so gelten unsere Aussagen immer noch für den Homomorphismus $h \colon \mathscr{A} \to \text{Bild}(h)$, $\text{Bild}(h) \subseteq \mathscr{B}$. Damit haben wir:

Satz 3.6 (**Homomorphiesatz**): *Gegeben seien Algebren $\mathcal{A}$, $\mathcal{B}$ und ein Morphismus $h\colon \mathcal{A} \to \mathcal{B}$. Dann gibt es einen Isomorphismus $i_h\colon A\,/\equiv_h\, \longmapsto Bild(h)$, und es gilt $h = i_h \circ h'$.*

Das Diagramm in Abb. 3.4 ist also kommutativ. Wir nennen h' und i_h den durch h induzierten **Morphismus** bzw. **Isomorphismus**. Die Äquivalenzrela-

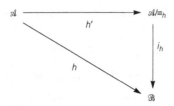

Abbildung 3.4: Quotientenalgebra und Homomorphiesatz

tion $\equiv_h$ kann die identische Relation sein. Dies gilt, wenn h ein Mono- oder Isomorphismus ist. In diesen Fällen ist auch h' ein Isomorphismus.

Oft betrachten wir auch Morphismen $h\colon \mathcal{A} \to \mathcal{B}$ zwischen Algebren $\mathcal{A} = (A, \Sigma_{\mathcal{A}}, Q_{\mathcal{A}})$ und $\mathcal{B} = (B, \Sigma_{\mathcal{B}}, Q_{\mathcal{B}})$, bei denen die Signaturen und Axiome nicht übereinstimmen; dabei gilt dann gewöhnlich $\Sigma_{\mathcal{A}} \subseteq \Sigma_{\mathcal{B}}$; die Axiome von $\mathcal{A}$ sind Spezialfälle der Axiome von $\mathcal{B}$. Die Algebra $\mathcal{B}$ hat zusätzliche Eigenschaften.

Auch bei unterschiedlichen Signaturen können wir Morphismen erklären. Voraussetzung ist eine Zuordnung $\sigma\colon \Sigma_A \to \Sigma_B$ so, daß für $f_A \in \Sigma_A$, $f_B = \sigma(f_A) \in \Sigma_B$ die Homomorphiebedingung (3.15) gilt.

Ein Spezialfall dieser allgemeineren Morphismen ist die **duale Abbildung** $d\colon \mathcal{A} \to \mathcal{A}$ auf einer booleschen Algebra $\mathcal{A} = \{A, \{\cup, \cap, \complement\}, \{V1–V10\}\}$, die wir bereits in Abschnitt 3.2 erwähnten. Wir definieren sie durch $d(M) = \complement M$ für $M \in A$, $d(M \cup N) = d(M) \cap d(N)$, $d(M \cap N) = d(M) \cup d(N)$ und $d(\complement M) = \complement d(M)$. Trotz gleicher Signatur ist d kein üblicher Morphismus, da in der Signatur $\cup$ auf $\cap$ und $\cap$ auf $\cup$ abgebildet werden. Trotzdem ist d ein Automorphismus auf $\mathcal{B}$, wie man mit Hilfe der De Morganschen Gesetze nachrechnet.

Beispiel 3.2: Wir betrachten die Algebra Keller(U) aus Beispiel 3.1 mit Elementen aus einem endlichen oder unendlichen Zeichenvorrat U. Das Monoid U^* fassen wir als eine Menge von Listen auf wie auf S. 48. Für solche Listen definieren wir die Kelleroperationen durch

$$createStack = [\,],$$
$$push([x_1, \ldots, x_{n-1}], x_n) = [x_1, \ldots, x_{n-1}, x_n]\ \text{für}\ n \geqslant 1,$$
$$pop([x_1, \ldots, x_{n-1}, x_n]) = [x_1, \ldots x_{n-1}]\ \text{für}\ n \geqslant 1$$
$$top([x_1, \ldots, x_n]) = x_n\ \text{für}\ n \geqslant 1$$
$$empty([x_1, \ldots, x_n]) = \begin{cases} \mathsf{L}, & \text{wenn } n = 0 \\ \mathsf{O}, & \text{wenn } n \geqslant 1. \end{cases}$$

Mit h(createStack) = createStack, h(push(k, x)) = append($h(k), [x]$) und entsprechenden induktiven Definitionen für die anderen Operationen aus Σ_{Keller}
erhalten wir einen Morphismus h: Keller(U) $\rightarrow U^*$. h ist sogar ein Isomorphismus: Jedem Kellerwert x = push($\cdots$ (push(createStack, x_1) $\cdots, x_n$) entspricht
eineindeutig eine Liste $[x_1, \ldots, x_n]$. Allerdings gibt es für Listen weitere Operationen, die für Keller keine Entsprechung haben, z. B. die append-Funktion, die
zwei Listen aneinanderhängt.   ♦

In diesem Beispiel ist das Monoid U^* eine Implementierung der algebraischen Struktur Keller; genauer: Die Abbildung h prägt Bild(h) = U^* die Struktur eines Kellers auf. Charakteristisch für Implementierungen einer algebraischen
Struktur ist: Es gibt einen Monomorphismus h: $\mathfrak{A} \rightarrow \mathscr{A}$, der die abstrakte Algebra $\mathfrak{A}$ isomorph auf die konkrete Algebra Bild(h) $\subseteq \mathscr{A}$ abbildet. Es ist dabei
gleichgültig, ob $\mathscr{A}$ bereits eine Algebra ist, die über alle Operationen der Signatur
Σ von $\mathfrak{A}$ verfügt, oder, ob wir diese Operationen, wie im vorliegenden Beispiel,
erst mit Hilfe der in $\mathscr{A}$ vorhandenen Operationen definieren. $\mathscr{A}$ muß also keine
Σ-Algebra mit gleicher Signatur wie $\mathfrak{A}$ sein; wir müssen die Operationen aus Σ
nur mit Hilfe der in $\mathscr{A}$ vorhandenen Operationen realisieren können.

Isomorphe Algebren sieht man oft als gleich an. Man benutzt dann Rede-
weisen wie „das Ergebnis ist xyz bis auf Isomorphie". Isomorphie bedeutet nur
gleiches Verhalten des abstrakten Systemmodells. Die im Modell nicht berück-
sichtigten Einzelheiten und die Realisierung der Algebren könnten verschieden
sein.

3.5 Termalgebren

Gegeben sei eine Signatur Σ und eine Menge X von Elementaroperanden mit
$\Sigma^{(0)} \subseteq X$. Die Menge $\mathscr{T}$ der korrekten Terme aus Abschnitt 3.1 ist selbst eine Σ-
Algebra: Sind $t_1, \ldots, t_n$ Terme und $f^{(n)} \in \Sigma$, so fassen wir den korrekten Term
$f(t_1, \ldots, t_n)$ als Ergebnis der Anwendung von f auf die t_i auf. Diese Algebra heißt
eine Σ-**Termalgebra**. Wir bezeichnen sie wie ihre Trägermenge mit $\mathscr{T} = \mathscr{T}(\Sigma)$.

$\mathscr{T} = (\mathscr{T}, \Sigma, \emptyset)$ ist eine abstrakte Algebra. Die Menge Q der Axiome von $\mathscr{T}$
ist leer: Es gibt keine Möglichkeit, zwei Terme als gleich anzusehen, wenn sie
nicht gleich aufgebaut sind. Eine Termalgebra mit leerer Axiomenmenge heißt
frei.

Gilt speziell $X = \Sigma^{(0)}$, so heißt $\mathscr{T}$ eine **initiale Grundtermalgebra**. Wir
bezeichnen sie mit $\mathscr{I}_0 = \mathscr{I}_0(\Sigma)$. Das Adjektiv *initial* besagt, daß die Konstanten
$c \in \Sigma^{(0)}$ die einzigen Elemente sind, von denen wir bei der induktiven Definition
der Terme in Abschn. 3.1 ausgehen können. Die Eigenschaft *Grundterm-* $\cdots$
hebt die zusätzliche Eigenschaft hervor, daß die Terme in $\mathscr{I}_0$ in *jeder* Σ-Algebra

berechnet werden können, da die Konstanten aus $\Sigma^{(0)}$ in jeder solchen Algebra vorkommen.

Beispiel 3.3: Für die Algebra $\mathbb{N}$ der natürlichen Zahlen mit $X = \{0\}$ und der Nachfolgerfunktion succ als einziger Operation erhalten wir die initiale Grundtermalgebra $\mathcal{I}_0 = \mathcal{I}_0(\{0, \text{succ}\})$ induktiv zu

$$\mathcal{I}_0 := \{0\} \cup \{\text{succ}(n) \mid n \in \mathcal{I}_0\}. \tag{3.18}$$

Der Vergleich mit S. 357 zeigt, daß dies genau die Definition der natürlichen Zahlen ist. Die Algebren $\mathbb{N}$ und $\mathcal{I}_0$ zur Signatur

$$\Sigma_{\mathbb{N}} : \quad 0 : \{\emptyset\} \to \mathbb{N}$$
$$\text{succ} : \quad \mathbb{N} \to \mathbb{N} \tag{3.19}$$

sind isomorph.

Bei der Definition des Kellers in Beispiel 3.1 benutzen wir die Konstante createStack $\in \Sigma_{\text{Keller}}$ und geben die Werte der Algebra Keller(T) als Werte der initialen Grundtermalgebra $\mathcal{I}_0(\Sigma_{\text{Keller}})$ an. Allerdings sind Keller(T) und $\mathcal{I}_0(\Sigma_{\text{Keller}})$ nicht isomorph: Die Axiome sorgen dafür, daß Terme in Keller(T) als gleich gelten, wenn sie die gleiche Normalform liefern. In $\mathcal{I}_0(\Sigma_{\text{Keller}})$ können solche Terme verschieden sein. ♦

Für die meisten Algebren in der Informatik ist charakteristisch, daß der eigentliche Wertebereich nicht durch konstante Werte, wie z. B. Zahlen, sondern durch Terme einer initialen Grundtermalgebra repräsentiert wird. Dabei müssen alle Werte durch endlich viele Anwendungen von Operationen der Signatur auf Konstante aus $\Sigma^{(0)}$ erzeugt werden können.

Die Verwendung initialer Algebren hat Grenzen: Die initiale Grundtermalgebra $\mathcal{I}_0(\Sigma)$ hat höchstens abzählbar viele Elemente, wenn die Signatur Σ endlich oder abzählbar ist; überabzählbare Algebren können wir so nicht beschreiben. Insbesondere kann man die Mengenalgebra $\mathcal{T}_0(\mathfrak{P}(U))$ über einer abzählbar oder überabzählbar unendlichen Grundmenge nicht aus einer initialen Termalgebra gewinnen, da diese überabzählbar viele Konstante in $\Sigma^{(0)}$ enthalten müßte.

Dies liegt daran, daß wir mit Vereinigung und Komplement Mengen nur extensional, aber nicht intensional konstruieren können.

Initiale Grundtermalgebren $\mathcal{I}_0$ haben eine bemerkenswerte universelle Abbildungseigenschaft: Ist $\mathcal{A}$ eine beliebige Σ-Algebra mit Axiomenmenge Q, so definiert

$$\phi(c) = x, \qquad\qquad c \in \Sigma^{(0)}$$
$$\phi(f(t_1, \ldots, t_n)) = f(\phi(t_1), \ldots, \phi(t_n)), \; f \in \Sigma, t_i \in \mathcal{T} \tag{3.20}$$

induktiv einen Morphismus $\phi : \mathcal{I}_0 \to \mathcal{A}$; die Definition enthält bereits die Homomorphiebedingung. ϕ heißt eine **Spezialisierungsabbildung** der initialen Grundtermalgebra. Bild(ϕ) heißt eine **Spezialisierung** von $\mathcal{I}_0$. Durch die Konstanten $c \in \Sigma^{(0)}$ ist ϕ eindeutig bestimmt, da sich die Bilder aller weiteren Terme ergeben, indem wir Formeln berechnen.

Beispiel 3.4: Ist $\mathscr{B}$ die initiale Grundtermalgebra der booleschen Algebra mit der Signatur $\Sigma_{\mathscr{B}} = \{\bot, \top, \complement, \vee, \wedge\}$ und $\mathbb{B}$ die boolesche Algebra mit den beiden Elementen O und L, so legt die Zuordnung $\phi(\bot) = \mathrm{O}$, $\phi(\top) = \mathrm{L}$ die Abbildung $\phi : \mathscr{B} \to \mathbb{B}$ fest. In $\mathbb{B}$ gelten die Gesetze V1–V10, in $\mathscr{B}$ gelten sie nicht. Es gilt $\phi(t) = \phi(t')$, wenn t, t' nach diesen Gesetzen gleich sind.

In gleicher Weise identifiziert die Abbildung $\phi : \mathscr{I}_0(\Sigma_{\mathrm{Keller}}) \to \mathrm{Keller}(\mathsf{T})$ Terme wie pop(push(push(createStack,2),34)) und push(createStack,2), die nach den Keller-Axiomen gleiche Normalform haben, miteinander.   ♦

Aufgabe 3.7: Zeigen Sie, daß die Zuordnung $\phi(\bot) = \mathrm{L}$, $\phi(\top) = \mathrm{O}$ für die Konstanten der initialen Algebra $\mathscr{B}$ gerade die duale Algebra zu $\mathbb{B}$ liefert.

Die Algebra $\mathscr{A}$ heißt (von einer initialen Grundtermalgebra $\mathscr{I}_0$) **erreichbar**[5], wenn ϕ ein Epimorphismus ist, wenn also alle Werte $a \in A$ als Bild eines Terms $t \in \mathscr{I}_0$ auftreten.

Die Erreichbarkeit ist nicht immer gewährleistet.

Beispiel 3.5: Gegeben sei der Körper $\mathbb{Q}$ der rationalen Zahlen. Es ist $\mathbb{Q}$ eine $\Sigma_{\mathbb{Q}}$-Algebra mit $\Sigma_{\mathbb{Q}} = \Sigma_{\mathbb{Q}}^{(0)} \cup \Sigma_{\mathbb{Q}}^{(1)} \cup \Sigma_{\mathbb{Q}}^{(2)}$, den Konstanten $\Sigma_{\mathbb{Q}}^{(0)} = \{0, 1\}$, und den arithmetischen Grundoperationen $\Sigma_{\mathbb{Q}}^{(1)} = \{-\}$ (unäres Minus) und $\Sigma_{\mathbb{Q}}^{(2)} = \{+, -, *, /\}$ sowie mit den üblichen Körpergesetzen. Eine Formel wie $(1 + 1 + 1)/(1 + 1)$ ist ein Term in der initialen Grundtermalgebra $\mathscr{I}_0(\Sigma_{\mathbb{Q}})$. Es gilt $\phi((1 + 1 + 1)/(1 + 1)) = 1.5 \in \mathbb{Q}$. Die Algebra $\mathbb{Q}$ ist von $\mathscr{I}_0(\Sigma_{\mathbb{Q}})$ aus erreichbar. Legen wir den Körper $\mathbb{R}$ der reellen Zahlen mit der gleichen Signatur zugrunde, so haben wir ein Beispiel einer nicht erreichbaren Algebra: eine Zahl wie $\sqrt{2}$ können wir nicht als Ergebnis der Anwendung endlich vieler Rechenoperationen aus $\Sigma_{\mathbb{Q}}$ auf die Zahlen 0, 1 erhalten.   ♦

Intuitiv sehen wir in diesem Beispiel Terme t, t' als gleich an, wenn $\phi(t) = \phi(t')$, wenn also ihr Ergebnis gleich ist. Obwohl $\phi(0) = \phi(1 - 1) = 0$ gilt, sind die Terme 0 und $(1 - 1)$ in der initialen Grundtermalgebra $\mathscr{I}_0(\Sigma_{\mathbb{Q}})$ verschieden.

Wir nehmen an, daß die Gesetze Q die einzige Möglichkeit darstellen, um zwei verschiedene Terme t, t' mit gleichem Bild $\phi(t) = \phi(t')$ auszustatten. Dann induziert die Spezialisierungsabbildung ϕ mit Hilfe der Gesetze Q der Algebra $\mathscr{A} = (A, \Sigma, Q)$ eine Äquivalenzrelation $\equiv_Q$ auf $\mathscr{I}_0(\Sigma)$ mit $t \equiv_Q t' \asymp \phi(t) = \phi(t')$. Indem wir $t \in \mathscr{I}_0(\Sigma)$ auf seine Äquivalenzklasse abbilden, erhalten wir einen Epimorphismus $h : \mathscr{T}_0(\Sigma) \twoheadrightarrow \mathscr{I}_0(\Sigma)/\equiv_Q$. Der Vergleich mit dem Homomorphiesatz zeigt, daß es einen Isomorphismus $i : \mathscr{I}_0(\Sigma)/\equiv_Q \rightarrowtail \mathrm{Bild}(\phi)$ gibt mit $\phi = i \circ h$. $\mathscr{I}_0(\Sigma)/\equiv_Q$ heißt **Grundtermalgebra mit Axiomen Q** und wird mit $\mathscr{T}_0(\Sigma, Q)$ bezeichnet. Ist die Algebra $\mathscr{A}$ aus $\mathscr{I}_0(\Sigma)$ erreichbar, so gilt $\mathscr{A} \cong \mathscr{T}_0(\Sigma, Q)$. Oft sagen wir auch, $\mathscr{T}_0(\Sigma, Q)$ sei ein Σ-**Datentyp** oder eine Σ-**Sorte**. Insgesamt haben wir:

---

5. engl. *reachable*.

Satz 3.7 (*Satz über initiale Grundtermalgebren*):

Ist $\mathcal{I}_0(\Sigma)$ initiale Grundtermalgebra zu einer Algebra $\mathcal{A} = \mathcal{A}(\Sigma, Q)$ und ist $\mathcal{A}$ erreichbar, so ist $\mathcal{A}$ isomorph zu $\mathcal{I}_0(\Sigma) / \equiv_Q$.

Das Beispiel Keller(T) zeigt, daß die Grundtermalgebra $\mathcal{I}_0(\Sigma, Q)$ oft bereits identisch (nicht nur isomorph) mit der Algebra $\mathcal{A}$ ist. Wenn wir im folgenden von einer Grundtermalgebra $\mathcal{I}_0$ sprechen, meinen wir damit sowohl initiale Grundtermalgebren als auch solche mit Gesetzen.

Gegeben sei eine abstrakte Σ-Algebra $\mathfrak{A}$ mit Gesetzen Q und eine konkrete Algebra $\mathcal{A}$, in der neben den Gesetzen Q noch weitere Gesetze gelten. Terme $t, t' \in \mathcal{I}_0$ werden in $\mathcal{A}$ mit einer **Rechenfunktion** v mit

$$\begin{aligned} v(x) &= x, & x \in \Sigma^{(0)} \\ v(f(t_1, \ldots, t_n)) &= f(v(t_1), \ldots, v(t_n)), & f \in \Sigma, t_i \in \mathcal{A} \end{aligned} \tag{3.21}$$

berechnet. $\mathcal{A}$ ist eine zulässige Implementierung von $\mathfrak{A}$, wenn $v(t) = v(t')$ genau dann gilt, wenn in der abstrakten Algebra $\phi_{\mathfrak{A}}(t) = \phi_{\mathfrak{A}}(t')$ mit der Spezialisierungsabbildung $\phi_{\mathfrak{A}}: \mathcal{I}_0 \to \mathfrak{A}$. Die Zuordnung $\phi(t) \mapsto v(t)$ von Termen in $\mathfrak{A}$ zu Termen in $\mathcal{A}$ ist dann ein Monomorphismus und, wenn $\mathcal{A}$ erreichbar ist, sogar ein Isomorphismus. Wir sagen auch, $\mathcal{A}$ sei **implementierungstreu** für $\mathfrak{A}$. Die Implementierung des Kellers durch Listen zeigt, daß es in $\mathcal{A}$ mehr und auch ganz andere Gesetze geben kann als in $\mathfrak{A}$. Wir unterstellen aber immer stillschweigend, daß die Implementierungstreue, d. h. die Monomorphie, gesichert ist. In der konkreten Anwendung müssen wir das beweisen!

3.5.1 Strukturelle Induktion

Um Termalgebren genauer zu studieren, benötigen wir ein Verfahren, mit dem wir eine Eigenschaft $p(t)$ für sämtliche Terme $t \in \mathcal{I}$ nachweisen können. In Verallgemeinerung des Prinzips der vollständigen Induktion und des Prinzips der induktiven Definition, das wir zur Konstruktion korrekter Terme benutzten, verwenden wir dazu folgenden

Satz 3.8 (**Prinzip der strukturellen Induktion**): *Sei $\mathcal{I}$ eine Σ-Termalgebra mit Konstantenmenge X. Dann besitzen alle Terme $a \in \mathcal{I}$ eine Eigenschaft $p(a)$, wenn die beiden folgenden Bedingungen gelten:*

1. *Induktionsanfang: $p(a)$ gilt für alle $a \in X$.*
2. *Induktionsschritt: Wenn $p(a)$ für $a_1, \ldots, a_n \in \mathcal{I}$ gilt (Induktionsannahme), dann auch für $f(a_1, \ldots, a_n)$ für alle n-stelligen Operationen $f \in \Sigma, n \geqslant 1$.*

Beweis: Sei T_p die Menge der Terme, für die $p(a)$ gilt. Offenbar ist $T_p \subseteq \mathcal{I}$. Nach Induktionsannahme gilt $X \subseteq T_p$. Nach dem Induktionsschritt ist T_p algebraisch abgeschlossen gegen weitere Anwendungen von Operationen $f \in \Sigma$. Da $\mathcal{I}$ nur Terme enthält, die zu X gehören oder durch mehrfache Anwendung von $f \in \Sigma$ auf solche Elemente entstehen, gilt $\mathcal{I} \subseteq T_p$, also $\mathcal{I} = T_p$.   ◆

Die strukturelle Induktion ist ein Spezialfall der noetherschen Induktion aus Satz 2.15. Wir benutzen die Halbordnung $x < y$, die wir im Beispiel 3.1

einführten. Sie ist fundiert. Noethersche Induktion über dieser Halbordnung liefert gerade die strukturelle Induktion.

3.6 Termalgebren mit Variablen

In einer Mengenalgebra $\mathfrak{P}(U)$ können wir bisher zwar einen Term $(\{a\} \cup \{b\}) \cap \{c\}$ schreiben. Die allgemeine Form $(L \cup M) \cap N$ verlangt jedoch, daß wir zusätzlich in Terme Variable aufnehmen können, die für *beliebige* Mengen stehen. Diese Interpretation haben wir implizit bereits benutzt: Das Gesetz V1, S. 117, lesen wir: *„für alle Mengen M* gilt $M \cap M = M$". Statt „für alle" hätten wir auch sagen können „für jede beliebige". Bei den Axiomen für Keller haben wir in gleicher Weise Variable k und t benutzt.

„Für alle" heißt also: wir dürfen eine beliebige Menge oder einen beliebigen Term, der eine Menge berechnet, einsetzen. Der Term könnte nach Einsetzung noch weitere Mengenvariable enthalten. Um diese Situation zu erfassen, setzen wir eine abzählbar unendliche Menge V voraus, deren Elemente wir **Variable**, oft auch **logische Variable** oder **Unbestimmte**, nennen. Die Zeichen, mit denen wir Variable notieren, heißen **Variablenbezeichner**. Die Variablenbezeichner in V sind verschieden von allen Zeichen, die wir in der Signatur Σ oder der Trägermenge A einer Algebra verwenden.

Zu einer vorgegebenen Signatur Σ können wir Termalgebren definieren, indem wir die Konstantenmenge X durch $X = \Sigma^{(0)} \cup V$ festlegen. Die korrekten Terme können nicht nur Elemente $a \in \Sigma^{(0)}$, sondern auch Variable $v \in V$ sein oder enthalten. Wir nennen dies eine **initiale Σ-Termalgebra** $\mathcal{I}(\Sigma, V)$ **zur Signatur Σ mit Variablenmenge** V.

Ist $\mathcal{A}$ eine beliebige Σ-Termalgebra, z. B. auch die initiale Grundtermalgebra $I_0(\Sigma)$, so erweitern wir die Spezialisierungsabbildung ϕ aus (3.20) auf $\mathcal{I}(\Sigma, V)$ durch

$$\phi(c) = x, \qquad\qquad c \in \Sigma^{(0)}$$
$$\phi(x) = a, \qquad\qquad x \in X \setminus \Sigma^{(0)}, a \in \mathcal{A} \text{ beliebig}, (3.22)$$
$$\phi(f(t_1,\ldots,t_n)) = f(\phi(t_1),\ldots,\phi(t_n)), \; f \in \Sigma, t_i \in \mathcal{I}(\Sigma, V)$$

Entsprechend verfahren wir mit der Rechenfunktion v aus (3.21).

Dies erklärt, was wir mit Variablen erreichen wollen: Wir können beim Übergang zu $\mathcal{A}$ oder zu einer spezielleren Termalgebra als $\mathcal{I}(\Sigma, V)$ für $x \in V$ beliebige Werte aus dem Bild von ϕ bzw. v einsetzen. Die Zuordnung eines Wertes a zu einer Variablen x heißt **Belegung** der Variablen x. Die Algebra, aus der wir Terme wählen, die wir für eine Variable v einsetzen, heißt der **Typ** oder die **Sorte der Variablen**. Diese Definition ist mit Anpassungen auf die meisten Programmiersprachen übertragbar.

Der hier eingeführte Variablenbegriff entspricht dem Begriff der Variablen oder Unbestimmten in der Mathematik und der mathematischen Logik. In der Informatik handelt es sich um den Variablenbegriff in logischen und funktionalen Programmiersprachen. Der Variablenbegriff in imperativen Sprachen hat andere Eigenschaften.

Eigentlich sind wir gar nicht an unendlich vielen Variablen interessiert: Terme oder Mengen von Termen müssen wir mit endlich vielen Zeichen notieren können. Also können in jeder solchen Menge von Termen nur endlich viele verschiedene Variable vorkommen. Dies spiegelt sich auch in den nachfolgenden Definitionen wieder. Wir benötigen allerdings oft die Möglichkeit, zu den bereits benutzten noch eine weitere unbenutzte Variable zu finden. Die Anzahl der benötigten Variablen ist daher unbeschränkt, also abzählbar unendlich. Diese Situation finden wir auch in den üblichen Programmiersprachen: Wir benötigen zwar in einem einzelnen Programm immer nur endlich viele Variable. Die Möglichkeiten, Variablenbezeichner wie a, b, a1, a2, ..., abc usw. zu bilden, sind jedoch unbeschränkt.

Da $X \subseteq \mathcal{A}$ gilt, enthalten Grundtermalgebren $\mathcal{A}$ nach Definition keine Variablen. Jedoch enthält jede Termalgebra $\mathcal{T}$ mit Variablen eine Grundtermalgebra als Unteralgebra; wir erhalten sie, indem wir alle Terme, die Variablen enthalten, weglassen.

Sei nun eine Signatur Σ, eine Σ-Algebra $\mathcal{A}$ mit Axiomenmenge Q und die initiale Σ-Termalgebra $\mathcal{I} = \mathcal{I}(\Sigma, V)$ mit Variablenmenge V gegeben. Dann können wir eine Quotientenalgebra $\mathcal{I} / \equiv_Q$ mit Variablenmenge V und Axiomenmenge Q definieren, indem wir zwei Terme als äquivalent ansehen, $t \equiv_Q t'$, wenn beide zur Grundtermalgebra $\mathcal{I}_0$ gehören, und mit der Spezialisierungsfunktion ϕ gilt $\phi(t) = \phi(t')$. Die Spezialisierungsfunktion ϕ ist jetzt aber nicht mehr eindeutig festgelegt, da wir Variable x beliebig mit Termen $t_0 \in \mathcal{I}_0$ belegen dürfen. Wir müssen für Terme t, t', die Variable enthalten, schärfer fordern

$$t \equiv_Q t' \;\asymp\; \phi(t) = \phi(t') \text{ bei } \textit{beliebiger} \text{ Wahl von } \phi. \qquad (3.23)$$

(3.23) schließt die einfachere Forderung $\phi(t) = \phi(t')$ für Terme, die schon zu $\mathcal{I}_0$ gehören, ein. Mit der Äquivalenz (3.23) heißt $\mathcal{T}(\Sigma, V, Q) = \mathcal{I}(\Sigma, V) / \equiv_Q$ eine (**Quotienten-**)**Termalgebra mit Variablen und Axiomen**.

Beispiel 3.6: Im Ring $\mathbb{Z}$ der ganzen Zahlen gilt das Gesetz $x + x = x * x$ nicht, obwohl es für die spezielle Belegung $\phi(x) = 2$ richtig ist. Wir müssen sicher sein, daß eine Äquivalenz *für alle* Spezialisierungen ϕ richtig ist, bevor wir auf die Äquivalenz von Termen mit Variablen schließen. ◆

Im folgenden untersuchen wir Spezialisierungsabbildungen $\sigma: \mathcal{T}(\Sigma, V) \to \mathcal{T}(\Sigma, V)$ von Termalgebren mit Variablen in sich. Hierbei beschränken wir uns auf den Fall, daß nur für endlich viele Variable $v \in V$ gilt $\sigma(v) \neq v$. Eine solche Spezialisierungsabbildung heißt eine **Substitution** und wird gewöhnlich durch nachgestellte griechische Buchstaben in der Postfixform der Tab. 3.1, S. 116, geschrieben, statt $\sigma(v)$ also $v\sigma$.

σ ist vollständig durch endlich viele Paare $(v_1, t_1), \ldots, (v_k, t_k)$ von Variablen und Termen beschrieben, für die v_i durch t_i ersetzt wird, während alle anderen Variablen auf sich selbst abgebildet werden. Als Schreibweise verwenden wir

$$\sigma = [t_1/v_1, \ldots, t_k/v_k]. \tag{3.24}$$

Der Term vor dem Schrägstrich ersetzt die Variable nach dem Schrägstrich. Falls t_i eine der Variablen v_i enthält, wird letztere nicht nochmals ersetzt, wie wir gleich am Beispiel sehen.

Aus (3.20) ergeben sich folgende Regeln zur Anwendung einer Substitution $\sigma = [t/v]$ auf einen Term u:

$$u\sigma = t, \text{ falls } u = v \tag{3.25}$$
$$u\sigma = u, \text{ falls } u \neq v \text{ und } u \in X \cup V \tag{3.26}$$
$$u\sigma = f(u_1\sigma, \ldots, u_n\sigma), \text{ falls } u = f(u_1, \ldots, u_n), \ n \geq 1. \tag{3.27}$$

Das Ergebnis der Anwendung einer Substitution $\sigma = [t/v]$ auf einen Term u bezeichnen wir mit $u[t/v]$.

Beispiel 3.7: In der Termalgebra zum Ring $\mathbb{Z}$ der ganzen Zahlen gilt

$$(3 \cdot x)[7/x] = (3[7/x] \cdot x[7/x]) = (3 \cdot 7)$$
$$(3 \cdot x)[5 + y/x] = (3[5 + y/x] \cdot x[5 + y/x]) = (3 \cdot (5 + y))$$
$$(x \cdot y)[y/x] = (x[y/x] \cdot y[y/x]) = (y \cdot y)$$
$$(x \cdot y)[y/x, y \cdot y/y] = (x[y/x, y \cdot y/y] \cdot y[y/x, y \cdot y/y]) = (y \cdot y \cdot y)$$

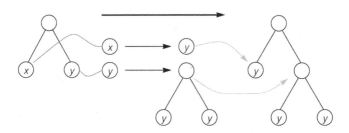

Abbildung 3.5: Die Substitution $\sigma = [y/x, y \cdot y/y]$ angewandt auf $(x \cdot y)$

Substitutionen zieht man also immer mit der Regel (3.27) in die Terme hinein, bis sie dort nach einer der beiden anderen Regeln auswertbar werden. Das letzte Beispiel zeigt, wie eine mehrfache Substitution arbeitet und daß die gleichzeitige Ersetzung von x durch y und y durch $y \cdot y$ keine Probleme verursacht. Abb. 3.5 zeigt die Baumdarstellung dieser Ersetzung. Wenn wir Terme in Infixnotation schreiben, müssen wir den Term t, der anstelle der Variablen v eingesetzt wird, klammern, wie man am zweiten Beispiel sieht. Das Beispiel $(x \cdot x)[3/x] = (x[3/x] \cdot x[3/x]) = (3 \cdot 3)$ zeigt ferner, daß *alle* in einem Term vorkommenden Exemplare einer Variablen gleichartig ersetzt werden.   ♦

Substitutionen sind Endomorphismen $\mathcal{T} \to \mathcal{T}$ einer Termalgebra mit Variablen. Da wir bereits wissen, daß Endomorphismen bei der Verknüpfung assoziativ sind, ergibt sich nebenbei, daß die Menge der Substitutionen auf einer Termalgebra ein Monoid ist.

Fassen wir ein korrektes Programm in einer Programmiersprache als eine Menge von Termen auf, so bedeutet eine Substitution $\sigma = [t/x]$ die Aussage „x bedeutet t". Dies ist die Grundlage der Erklärung der Bedeutung von Vereinbarungen in Programmiersprachen. Eine Substitution heißt daher auch eine **Bedeutungszuordnung**.

Wir sagen, ein Term t einer Termalgebra **paßt auf** [6] einen Term s, wenn es eine Substitution σ so gibt, daß $s\sigma = t$. Wir nennen dann t auch ein Exemplar oder eine Spezialisierung von s und sagen s *umfaßt t*.

Aufgabe 3.8: Die Beziehung t *paßt auf s* ist eine Quasiordnung $s \leqslant t$, die reflexiv und transitiv, aber nicht antisymmetrisch ist.

Aufgabe 3.9: Sei $s \doteq t$, wenn $s \leqslant t$ und $t \leqslant s$ in der Quasiordnung der vorigen Aufgabe. Zeigen Sie, daß $\doteq$ eine Äquivalenzrelation ist. Zeigen Sie, daß $s \doteq t$ genau dann gilt, wenn $s\sigma = t$ und $t\tau = s$ mit $\sigma = [v'/v]$, $\tau = [v/v']$ mit Variablen $v, v' \in V$.

Zwei Terme s, t heißen **unifizierbar**, wenn es eine Substitution σ gibt mit $s\sigma = t\sigma$. σ heißt ein **Unifikator** von s, t. Mit der Assoziativität der Hintereinanderausführung von Substitutionen gilt: Ist σ ein Unifikator und τ eine beliebige Substitution, dann ist auch $\sigma\tau$ (wegen der Postfixnotation: zuerst σ, dann τ) ein Unifikator. Wenn σ ein Unifikator und τ eine Substitution ist, definiert die Relation $\sigma\tau \leqslant_u \sigma$ eine Quasiordnung auf der Menge der Unifikatoren zweier Terme. Ein Unifikator σ heißt ein **allgemeinster Unifikator**, wenn für alle anderen Unifikatoren σ' gilt: aus $\sigma \leqslant_u \sigma'$ folgt $\sigma' \leqslant_u \sigma$. Falls überhaupt ein Unifikator existiert, gibt es auch einen allgemeinsten Unifikator. Für je zwei allgemeinste Unifikatoren σ, σ' von s und t gilt, daß $s\sigma$ und $s\sigma'$ ($t\sigma$ und $t\sigma'$) bis auf Umbenennungen von Variablen gleich sind. Unter **Unifikation** versteht man das Auffinden eines allgemeinsten Unifikators. Es ist die zentrale Grundoperation bei der Ausführung logischer Programmiersprachen wie z. B. PROLOG.

---

6. engl. t *matches s*.

Aufgabe 3.10: Zeigen Sie:

a. $\sigma\tau \preccurlyeq_u \sigma$ ist eine Quasiordnung,

b. Für je zwei allgemeinste Unifikatoren σ, σ' von s und t gilt $s\sigma \doteq s\sigma'$ und $t\sigma \doteq t\sigma'$ im Sinne der Aufgabe 3.9.

Gegeben seien zwei Terme s, t. Unter dem **Abweichungspaar**[7] $A(s, t)$ versteht man das erste Paar von unterschiedlichen Untertermen, das wir antreffen, wenn wir s und t von links nach rechts durchlesen. Im Beispiel $s = f(g(a, h(x)), y, h(z))$, $t = f(u, g(a, h(b)), h(c))$ ist $A(s, t) = (g(a, h(x)), u)$. Man kann einen allgemeinsten Unifikator mit dem Unifikationsalgorithmus von ROBINSON, Programm 3.1, finden, falls es überhaupt einen gibt.

Programm 3.1: Unifikationsalgorithmus von ROBINSON, 1965 ─────────────
Gegeben: Terme s, t

1. Setze $\sigma = \varepsilon$ (identische Substitution).

2. Solange es ein Abweichungspaar $A(s\sigma, t\sigma) = (s', t')$ gibt, wiederhole:

   - Falls s' eine Variable x ist, die nicht in t' vorkommt, (oder umgekehrt), so ersetze σ durch die Substitution $\sigma[t'/x]$ (oder umgekehrt $\sigma[s'/x]$). Ist weder s' noch t' eine Variable oder kommt diese in dem anderen Term vor, so brich den Algorithmus ab; s, t sind dann nicht unifizierbar.

3. Bei Erfolg gilt $s\sigma = t\sigma$; σ ist allgemeinster Unifikator.

Mit $s = p(y, f(y))$, $t = p(x, x)$ ergibt das Programm $A(s, t) = (y, x)$, $\sigma = [x/y]$, $A(s\sigma, t\sigma) = (f(x), x)$. Die Prüfung, ob x in t' vorkommt[8], verhindert den Schluß, daß $[f(x)/x]$ die nächste brauchbare Substitution sei. Tatsächlich sind s, t nicht unifizierbar.

3.7 Termersetzungssysteme

Gegeben sei eine abstrakte Σ-Algebra $\mathfrak{A}$ und eine Σ-Termalgebra $\mathcal{T}$ mit Variablen V und Axiomen Q so, daß $\mathfrak{A}$ von der zugehörigen Grundtermalgebra $\mathcal{T}_0(\Sigma, Q)$ erreichbar ist. Eine Substitution σ wie in Abb. 3.6 ersetzt in einem Term t eine Variable an *allen* Stellen, an denen sie in t vorkommt.

Zur Anwendung eines Axioms aus Q auf eine Formel aus $\mathcal{T}$ benötigen wir allerdings eine ganz andere Form der Termersetzung:

Wenn wir zum Beispiel im Ring $\mathbb{Z}$ der ganzen Zahlen rechnen, haben wir

$$a \cdot b + b \cdot a \Rightarrow a \cdot b + a \cdot b \Rightarrow (a + a) \cdot b$$

---

7. engl. *disagreement set.*
8. engl. *occur check.*

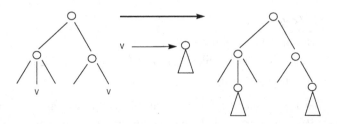

Abbildung 3.6: Die Substitution ersetzt ein Blatt v überall

oder

$$5 + 3 \cdot (2 + 7) \Rightarrow 5 + 3 \cdot 9 \Rightarrow 5 + 27 \Rightarrow 32.$$

Analog können wir für unseren Keller den Term

push (pop (push (pop (push (createStack,3)),4)),5)

vereinfachen zu

push (pop (push (createStack, 4)),5)

und anschließend zu

push (createStack, 5).

Zeichnen wir uns diese Ersetzungen als Ersetzungen von Bäumen auf, so sehen wir, daß hier jeweils ein Unterterm t', auf den die eine Seite eines Axioms paßt, durch einen neuen Unterterm t'' ersetzt wird, der aus der anderen Seite des Axioms abgeleitet ist. Die Abb. 3.7 zeigt den Übergang.

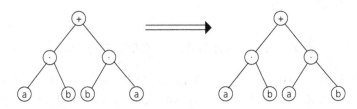

Abbildung 3.7: Anwendung eines Axioms durch Termersetzungsregel

Diese Betrachtungen führen zum Verständnis von Axiomen der Form $s = t$: Eine **Termersetzungsregel** $l \rightarrow r$, $l, r \in \mathcal{T}$, beschreibt die Ersetzung eines beliebigen Unterterms t' eines Terms $t = f(\ldots, g((\ldots, t', \ldots), \ldots)) \in \mathcal{T}$ durch einen neuen Unterterm s', falls es eine Substitution σ so gibt, daß $t' = l\sigma$, $s' = r\sigma$. Ist s der durch die Anwendung der Regel aus t entstehende Term, so schreiben wir $t \Rightarrow s$.

Beispiel 3.8: Wir wollen das Distributivgesetz $l \to r : x \cdot (y + z) \to x \cdot y + x \cdot z$ einmal auf den Term $t = (a + b) \cdot ((c + d) + (e \cdot f)) + g$ anwenden. Abb. 3.8 zeigt die Ersetzung in Baumdarstellung. Die linke Seite der Ersetzungsregel findet sich in t als $(a + b) \cdot ((c + d) + (e \cdot f))$. $t' = l\sigma$ ist $(a + b) \cdot ((c + d) + (e \cdot f))$ mit $\sigma = [(a+b)/x, (c+d)/y, (e\cdot f)/z]$. Damit ergibt sich $r\sigma = (a+b) \cdot (c+d) + (a+b) \cdot (e\cdot f) = s'$ und wir erhalten $t \Rightarrow s$ mit $s = (a + b) \cdot (c + d) + (a + b) \cdot (e \cdot f) + g$.   ♦

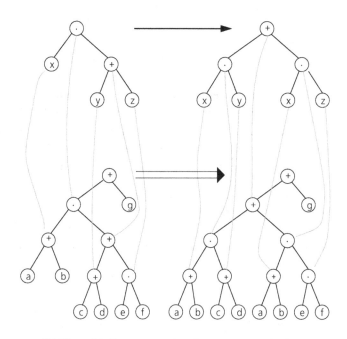

Abbildung 3.8: Ersetzung $x \cdot (y + z) \to x \cdot y + x \cdot z$ im Baum

Ein **Termersetzungssystem** $\mathscr{E}(\mathscr{T})$ ist eine Menge von Termersetzungsregeln, die auf die Terme der Termalgebra $\mathscr{T}$ angewandt werden können. Ein Axiom der Form $l = r$, z. B. das Kommutativgesetz $x + y = y + x$, ist ein Paar von Ersetzungsregeln $l \to r, r \to l$.

Eine Algebra $\mathfrak{A} = (\mathscr{T}, \Sigma, V, Q)$, in der alle Axiome die Form $l = r$ haben, ist eine **Algebra mit Gleichheit**. Das Axiomensystem Q ist ein Termersetzungssystem.

Die Beziehung $t \Rightarrow s$ ist eine Relation auf der Trägermenge $\mathscr{T}$. Die transitive bzw. die reflexive transitive Hülle von $\Rightarrow$ bezeichnen wir mit $\overset{+}{\Rightarrow}$ bzw. $\overset{*}{\Rightarrow}$. Mit $\equiv_{\mathscr{E}}$ bezeichnen wir die Äquivalenzrelation, die sich als reflexive, transitive Hülle der Vereinigung der Relationen $\Rightarrow$ und ihrer Inversen ergibt. Bei einer Algebra mit Gleichheit sind die Relationen $\equiv_{\mathscr{E}}$ und $\overset{*}{\Rightarrow}$ identisch.

Sei $\mathscr{I}_0(\Sigma) / \equiv_{\mathscr{E}}$ die Quotientenalgebra einer initialen Grundtermalgebra $\mathscr{I}_0(\Sigma)$ zu einer abstrakten oder konkreten Algebra $\mathscr{A}$ mit Gleichheit, bei der die Axiome Q das Ersetzungssystem definieren. $\mathcal{A}$ sei von $\mathcal{I}_0$ aus erreichbar. Dann lehrt Satz 3.7, daß $\mathcal{A} \cong \mathcal{I}_0 / \equiv_Q$ gilt. Ferner folgt aus der Eindeutigkeit der Spezialisierungsabbildung ϕ, daß die Äquivalenzrelationen $\equiv_Q$ und $\equiv_{\mathcal{C}}$ identisch sind. Das Termersetzungssystem $\mathcal{C}$ liefert uns daher ein Verfahren, um festzustellen, ob zwei Terme $t, t' \in \mathcal{I}_0$ das gleiche Resultat in $\mathcal{A}$ liefern: Es muß dann eine endliche Folge $t_0, t_1, \ldots, t_n$ von Termen $t_i \in \mathcal{I}_0$ so geben, daß $t_0 = t$, $t_n = t'$ und $t_i \Rightarrow t_{i+1}$ für $i = 0, \ldots, n-1$. Daher gilt $t \overset{*}{\Rightarrow} t'$, also $t \equiv_{\mathcal{C}} t'$. Gleiches gilt für die Rechenfunktion v einer implementierungstreuen Algebra.

Damit wissen wir, wie wir in einer Algebra mit Gleichheit Terme auf ihre Normalform reduzieren können: Wir wenden endlich oft das Ersetzungssystem $\mathcal{C}$ an. Allerdings wissen wir noch nicht, welche Ersetzungsregeln in welcher Reihenfolge das gewünschte Ergebnis erbringen. Im allgemeinen ist dies auch nicht vorhersagbar, da Termersetzungssysteme gewöhnlich nicht konfluent sind.

Betrachten wir statt der initialen Grundtermalgebra die initiale Termalgebra $\mathcal{I}(\Sigma, V)$ mit Variablen, so gibt es zwar keinen mit Satz 3.7 vergleichbaren Satz. Wohl aber können wir aus dem Beweis dieses Satzes sofort schließen:

Korollar 3.9 (Satz über initiale Termalgebren): *Sei $\mathcal{I} = \mathcal{I}(\Sigma, V)$ die initiale Termalgebra mit Variablen zu einer abstrakten Algebra $\mathfrak{A}$ mit Gleichheit und sei $\mathcal{F} \subseteq \mathcal{I}$ eine endliche Menge von Formeln. Ist dann σ eine Substitution, die jeder in $\mathcal{F}$ vorkommenden Variablen eine Formel $t \in \mathcal{I}_0$ der Grundtermalgebra zuordnet, so enthält die Äquivalenzklasse $[f\sigma] \in \mathcal{I} / \equiv_{\mathcal{C}}$ zu jeder Formel $f \in \mathcal{F}$ genau ein Element $a \in \mathfrak{A}$.*

3.8 Abstrakte Datentypen

Wir haben uns bisher ausschließlich mit homogenen Algebren beschäftigt. Beispiele wie die Algebra Keller(T) sind jedoch in Wahrheit heterogene Algebren, in die mehrere Algebren, hier zusätzlich die Algebra T der Werte im Keller und die Algebra $\mathbb{B}$ der booleschen Werte, eingehen.

Sind zwei abstrakte heterogene Algebren $\mathfrak{A} = \mathfrak{A}(\Sigma_{\mathfrak{A}}, Q_{\mathfrak{A}})$, $\mathfrak{B} = \mathfrak{B}(\Sigma_{\mathfrak{B}}, Q_{\mathfrak{B}})$ gegeben, so heißen ihre mehrsortigen Signaturen $\Sigma_{\mathfrak{A}}$, $\Sigma_{\mathfrak{B}}$ gleich, wenn es eine eineindeutige Zuordnung ι zwischen den Sorten A_i von $\mathfrak{A}$ und B_j von $\mathfrak{B}$ so gibt, daß jeder Operation $\tau \colon A_{i_1} \times A_{i_2} \times \cdots \times A_{i_n} \to A_{i_0}$ eineindeutig eine Operation $\tau_\iota \colon \iota(A_{i_1}) \times \iota(A_{i_2}) \times \cdots \times \iota(A_{i_n}) \to \iota(A_{i_0})$ zugeordnet ist. Die Verwendung von ι gibt wieder, daß die Sorten und Operationen in $\mathfrak{A}$ und $\mathfrak{B}$ unterschiedlich benannt sein könnten.

Zwischen heterogenen Algebren mit gleicher mehrsortiger Signatur $\Sigma_{\mathfrak{A}}$, $\Sigma_{\mathfrak{B}} = \iota(\Sigma_{\mathfrak{A}})$ lassen sich Morphismen $h \colon \mathfrak{A} \to \mathfrak{B}$ definieren. Für $a \in A_i$ muß $h(a) \in \iota(A_i)$ sein. Die Verallgemeinerung der Homomorphiebedingung (3.15) lautet:

$$h(\tau(a_{i_1}, \ldots, a_{i_n})) = \tau_\iota(h(a_{i_1}), \ldots, h(a_{i_n})). \tag{3.28}$$

Sie muß für alle Operationen τ und die zugeordneten Operationen $\tau_\iota = \iota(\tau)$ in der Signatur gelten. h bildet jedes Element a einer Sorte $A_i \in \mathcal{S}_{\mathfrak{A}}$ auf ein Element $h(a)$ der Sorte $\iota(A_i) \in \mathcal{S}_{\mathfrak{B}}$ ab. Die Mengen $[a]$ der Elemente mit gleichem Bild partitionieren die Menge A_i und definieren eine Äquivalenzrelation auf A_i. Man rechnet leicht nach, daß der Homomorphiesatz 3.6 gilt.

Auch die Definitionen der Begriffe Termalgebra, initiale Grundtermalgebra, Grundtermalgebra, initiale Termalgebra mit Variablen usw. übertragen sich entsprechend; die Variablenmenge V ist Vereinigung von paarweise disjunkten Mengen V_i, die zu je einer Sorte A_i von $\mathcal{A}$ gehören. Ein Termersetzungssystem auf einer heterogenen Termalgebra $\mathcal{T}$ mit Variablenmenge V ist die Vereinigung von Mengen TE_i von Termersetzungsregeln, die jeweils Terme einer Sorte $T(A_i)$ in andere solche Terme überführen. Mit dieser Verallgemeinerung lassen sich auch die Sätze 3.7 und 3.9 übertragen. Wir definieren nun: Gegeben sei eine abstrakte heterogene Algebra $\mathfrak{A} = \mathfrak{A}(\Sigma_{\mathfrak{A}}, Q_{\mathfrak{A}})$. Dann heißt die initiale Grundtermalgebra $\mathcal{I}_0(\Sigma_{\mathfrak{A}})$ ein **abstrakter Datentyp** ohne Axiome. Mit der Äquivalenzrelation $\equiv_{Q_{\mathfrak{A}}}$ heißt die Quotientenalgebra $\mathcal{I}_0(\Sigma_{\mathfrak{A}}) / \equiv_Q$ ein abstrakter Datentyp **mit Axiomenmenge Q**.

Der Begriff des abstrakten Datentyps bildet die Grundlage der Theorie der Datenstrukturen. Die Bezeichnung *abstrakt* weist darauf hin, daß wir mit diesem Begriff nur die äußerlich sichtbaren Eigenschaften, die **Schnittstelle** des Datentyps, erfassen, aber nichts über seine Realisierung aussagen. Der Satz 3.7 kennzeichnet Realisierungen, die gewünschte Schnittstelleneigenschaften mitbringen. Homogene Algebren wie $\mathbb{B}$, $\mathbb{N}$, Halbgruppen oder Monoide sind Spezialfälle des Begriffs.

3.9 Anmerkungen und Verweise

Unter einer booleschen Algebra versteht man oft ausschließlich die Algebra $\mathbb{B}$. Algebren sind Standardstoff der entsprechenden Mathematikvorlesungen, werden dort aber in andere Richtung vertieft.

Die Untersuchung von Termalgebren hat in der Algebra und der mathematischen Logik eine lange Tradition. Sie gewannen dann Bedeutung im Bereich der Rechneralgebra, beim rechnergestützten Beweisen und vor allem im Bereich der Spezifikation und Modellierung von Datenstrukturen, vgl. z. B. (KLAEREN, 1983). Beschränken wir die initiale Termalgebra auf die in einer vorgegebenen Formelmenge $\mathcal{F}$ des Prädikatenkalküls vorkommenden Konstanten und Operationen, so heißt sie ein **Herbrand-Universum**[9]. Hierauf gehen wir in Abschnitt 4.2.4 ein.

---

9. JACQUES HERBRAND, 1908–1935, französischer Logiker, stürzte beim Bergsteigen ab.

Termersetzungssysteme wurden ebenfalls zuerst in der mathematischen Logik verwendet. Ihren praktischen Nutzen erwiesen sie zuerst bei der Programmiersprache PROLOG. Die heute bekannte Theorie findet sich zusammenfassend in (VAN LEEUWEN , 1990) und der dort angegebenen Literatur.

Der Satz 3.7 ist ein zentraler Satz mit zahlreichen Anwendungen in der mathematischen Logik sowie der theoretischen und praktischen Informatik. Für die Aussagenlogik und die Logik der Hornklauseln, auf die wir in den Abschnitten 4.1 bzw. 4.1.5 eingehen, sowie für zahlreiche Modelle der Informatik, liefert er die Grundlage für eine exakte Definition des im Kap. 1 informell eingeführten Begriffs *Interpretationsvorschrift*. Wie in späteren Vorlesungen gezeigt wird, läßt er sich auf viele Algebren verallgemeinern, in denen die Axiome nicht nur durch Gleichungen gegeben sind.

Der Begriff *abstrakter Datentyp* stammt von B. H. LISKOV und S. N. ZILLES, vgl. z. B. (LISKOV und ZILLES , 1975) und (LISKOV und GUTTAG , 1986). Die Verwendung algebraischer Methoden zur Beschreibung von Datenstrukturen wurde durch die Arbeiten der sogenannten ADJ-Gruppe, vgl. etwa (GOGUEN, THATCHER, WAGNER und WRIGHT , 1977) und (GOGUEN, THATCHER, WAGNER und WRIGHT , 1978) vorangetrieben. Sie definierten initiale Algebren als Termalgebren $\mathcal{A}$, die man auf jede Algebra $\mathcal{B}$ zur gleichen Signatur mit Gesetzen Q abbilden kann. Alle diese Quotientenalgebren $\mathcal{B}$ sind untereinander isomorph. Ein abstrakter Datentyp ist die Isomorphieklasse dieser Algebren. Die Definition erfaßt, daß es bei abstrakten Datenstrukturen nur auf die Schnittstelleneigenschaften, nicht auf die durch verschiedene konkrete Algebren $\mathcal{B}$ gegebene Realisierung ankommt. Unsere Definition hebt unter diesen isomorphen Algebren die aus der Signatur induktiv konstruierbare Termalgebra als Repräsentanten hervor.

Kapitel 4
Grundlagen aus der formalen Logik

Die Logik, genauer, die formale Logik, untersucht die Verknüpfung von Aussagen und ihre Schlußfolgerung. Sie abstrahiert dabei vom konkreten Gegenstandsbereich und betrachtet nur, was man aus der Struktur der Aussagen schließen kann.

Die Struktur ist durch eine Termalgebra gegeben; strukturelle Schlüsse sind daher Umformungen von Termen nach den Gesetzen der Termalgebra. In der formalen Logik sprechen wir nicht von der Struktur, sondern von der Syntax von Aussagen und nennen einen solchen Schluß einen **syntaktischen Schluß**.

Ein syntaktischer Schluß soll ein **semantisch korrekter Schluß** im betrachteten Gegenstandsbereich sein. Dazu muß man die Größen und Operatoren der Syntax semantisch interpretieren und dann nachweisen, daß die Übertragung in den Gegenstandsbereich zu korrekten Schlüssen führt. Einerseits ist diese Übertragung das Grundmuster des Begriffs Interpretation, den wir in Kap. 1 an Beispielen einführten und jetzt präzise fassen können. Andererseits ist zur Gültigkeit der Übertragung nötig, daß wir das gleiche Gesamtresultat erhalten, ob wir nun Verknüpfungen auf einer syntaktischen Ebene vornehmen und das Resultat semantisch interpretieren, oder umgekehrt, die Größen übertragen und dann semantisch verknüpfen. Dies ist aber nur eine verbale Umschreibung der kommutativen Diagramme der Abb. 1.2 oder 3.2 bzw. der Homomorphiebedingung (3.15): Eine Interpretation ist bei entsprechend strukturiertem Gegenstandsbereich ein Morphismus zwischen zwei Termalgebren.

Die Homomorphieeigenschaft der Interpretation ist so selbstverständlich, daß es zunächst unverständlich erscheint, syntaktische und semantische Schlüsse auch in der Notation auseinanderzuhalten, um dann anschließend wieder die Gleichwertigkeit zu beweisen. Es gibt aber Anwendungen, in denen diese Gleichwertigkeit nicht besteht.

4.1 Aussagenlogik

4.1.1 Grundbegriffe

In der auf die Stoiker und ARISTOTELES[1] zurückgehenden Aussagenlogik untersuchen wir Sätze wie „es regnet", „die Straße ist naß", „π ist keine rationale
Zahl", „$\sqrt{2}$ ist größer als 1", die entweder wahr oder falsch sind. Solche Sätze
heißen **Aussagen**. In sich widersprüchliche Sätze wie „dieser Satz ist falsch" oder
Sätze über die Anzahl von Sandkörnern, die wir für einen Sandhaufen benötigen,
wie wir sie in Kapitel 1 auf Seite 5 untersuchten, und denen wir nur die Bewertung „möglicherweise wahr" zuordnen konnten, sind keine Aussagen in diesem
Sinne. Hingegen sind Sätze wie „die Meteorologie kann exakt vorhersagen, ob
es in den nächsten 5 Tagen in Karlsruhe regnet" oder „es hat am 29. November
1830, 17.00, in Karlsruhe geregnet" Aussagen: Im ersten Fall ist die Aussage heute
falsch, könnte aber in der Zukunft richtig sein. Die zweite Aussage ist entweder
wahr oder falsch, allerdings ist nicht mehr bekannt, welcher Fall vorliegt.

Eine Aussage p ist entweder einfach oder sie enthält Teilaussagen $q, r, \ldots$,
die negiert oder mit „und" oder „oder" verknüpft sind. Zum Beispiel enthält die
Aussage

$$\text{„es regnet nicht, oder die Straße ist naß"} \tag{4.1}$$

die einfachen Teilaussagen „es regnet" und „die Straße ist naß".

Die Aussagenlogik untersucht den Wahrheitsgehalt einer zusammengesetzten
Aussage unter Kenntnis der Wahrheitswerte der atomaren Teilaussagen. Aussa-
gen werden als Formeln notiert, indem wir (atomare oder zusammengesetzte)
Aussagen wie „es regnet" mit Buchstaben $p, q, \ldots$ abkürzen. L und O stehen für
die Aussagen „es ist wahr" bzw. „es ist falsch". Statt „p und q" schreiben wir $p \wedge q$
und nennen diese Formel eine **Konjunktion**. Statt „p oder q" schreiben wir die
Disjunktion $p \vee q$ und statt „nicht p" die **Negation** $\neg p$. Da in der booleschen
Algebra $\mathbb{B}$ $\complement\, O = L$ und $\complement\, L = O$ gilt, sind alle nach diesen Regeln aufgebauten
Aussagen Terme der initialen Algebra mit Variablen zur booleschen Algebra $\mathbb{B}$,
wenn wir $\complement$ als den **Negationsoperator** $\neg$ auffassen. Damit folgt die Definition:

*Eine **aussagenlogische Formel** ist ein Term der initialen Termalgebra* $\mathcal{I}(\mathbb{B})$
mit Variablen über der booleschen Algebra $\mathbb{B} = (\{O, L\}, \{\wedge, \vee, \neg\})$.

Allerdings haben wir noch nicht nachgewiesen, daß auch die Gesetze V1-
V10 von S. 117 gelten; Umformungen mit diesen Gesetzen dürfen wir daher
vorläufig nicht vornehmen!

---

1. ARISTOTELES, 384–322 v. Chr., griechischer Philosoph. Die megarisch-stoische Schule des
EUKLID von Megara, ca. 450–380 v. Chr., kennt bereits den Begriff der aussagenlogischen Variablen,
der Aristoteles fremd war.

Die Aussage (4.1) wird also durch die Formel $(\neg p) \vee q$ wiedergegeben. Eine solche korrekt aufgebaute Formel heißt auch **syntaktisch korrekt**[2], was nichts mit ihrem Wahrheitsgehalt zu tun hat. Die Regeln über den syntaktisch korrekten Aufbau von Formeln heißen zusammenfassend die **Syntax der Aussagenlogik**. Variable sowie die Werte L und O heißen **atomare Aussagen** oder **Formeln**.

Wir benutzen folgende Abkürzungen:

$$p \rightarrow q \quad \text{steht für} \quad \neg p \vee q, \tag{4.2}$$

$$p \equiv q \quad \text{steht für} \quad (p \rightarrow q) \wedge (q \rightarrow p), \tag{4.3}$$

$$\bigvee_{i=1}^{n} p_i \quad \text{steht für} \quad p_1 \vee p_2 \vee \cdots \vee p_n, \tag{4.4}$$

$$\bigwedge_{i=1}^{n} p_i \quad \text{steht für} \quad p_1 \wedge p_2 \wedge \cdots \wedge p_n. \tag{4.5}$$

Alle diese Operatoren $\neg, \vee, \wedge, \rightarrow, \equiv$ heißen **Junktoren**. Ferner gelte

$$\bigvee_{i=1}^{0} p_i = O, \tag{4.6}$$

$$\bigwedge_{i=1}^{0} p_i = L. \tag{4.7}$$

Schließlich legen wir zur Einsparung von Klammern folgende Vorrangregeln der Operatoren fest:

$$\neg p \quad \text{stärkste Bindung}$$
$$p \wedge q$$
$$p \vee q$$
$$p \rightarrow q$$
$$p \equiv q \quad \text{schwächste Bindung.}$$

(4.2) zeigt, daß (4.1) auch in der Form $p \rightarrow q$ geschrieben werden kann.

$$p \rightarrow q \equiv \neg p \vee q, \tag{4.8}$$

$$p \wedge (p \rightarrow q) \equiv p \wedge q \tag{4.9}$$

sind Beispiele komplizierterer Formeln.

Eine Bedeutung erhalten solche Formeln erst, wenn wir die vorkommenden atomaren Aussagen durch einen der Wahrheitswerte *wahr*, abgekürzt *w*, oder *falsch*, *f*, ersetzen und auf die semantische Bedeutung der Operatoren $\wedge, \vee$ und $\neg$ zurückgreifen. Da wir immer nur an der Bedeutung endlich vieler Formeln interessiert sind, nämlich derjenigen, die wir gerade aufgeschrieben haben, und

---

2. engl. *well-formed*.

in diesen Formeln zusammengenommen nur endlich viele Variable vorkommen können, müssen wir immer nur endlich vielen Variablen einen Wahrheitswert zuordnen; Variablen, die nicht vorkommen, können unberücksichtigt bleiben. Der Vergleich zeigt, daß eine solche Zuordnung eine Substitution σ, wie auf S. 133 definiert, ist. In der Logik bezeichnet man sie als **Belegung** (der Variablen). Die Belegung heißt **passend** zu einer Formelmenge $\mathscr{F}$, wenn sie allen in $\mathscr{F}$ vorkommenden Variablen einen Wahrheitswert zuordnet.

Im weiteren betrachten wir nur noch Formeln mit passender Belegung σ. Diese Formeln enthalten daher nur die endlich vielen Variablen $p, q, \ldots$, denen σ einen der Werte w oder f zuordnet. Wir schreiben $\mathscr{I}_\sigma(\mathbb{B})$ für die initiale Termalgebra der Terme, die nur diese endlich vielen Variablen enthalten. $\mathscr{I}_\sigma(\mathbb{B})$ ist eine Unteralgebra von $\mathscr{I}(\mathbb{B})$.

Gegeben sei eine Formelmenge $\mathscr{F}$ und eine passende Belegung σ. Mit Hilfe der Regeln (3.25)–(3.27) können wir σ zu einer Abbildung $\mathfrak{I} = \mathfrak{I}_\sigma$ von $\mathscr{I}_\sigma(\mathbb{B})$ in die boolesche Algebra $\mathbb{B}' = (\{f, w\}, \{\wedge, \vee, \neg\})$ erweitern. $\mathbb{B}'$ unterscheidet sich von $\mathbb{B}$ nur dadurch, daß wir die Konstanten O, L anders benennen. Legen wir zusätzlich fest:

$$\mathfrak{I}(\mathrm{O}) \;=\; f \tag{4.10}$$

$$\mathfrak{I}(\mathrm{L}) \;=\; w \tag{4.11}$$

$$\mathfrak{I}(\neg F) \;=\; \begin{cases} w, & \text{wenn } \mathfrak{I}(F) = f \\ f, & \text{wenn } \mathfrak{I}(F) = w \end{cases} \tag{4.12}$$

$$\mathfrak{I}(F \wedge G) \;=\; \begin{cases} w, & \text{wenn } \mathfrak{I}(F) = w \text{ und } \mathfrak{I}(G) = w \\ f, & \text{sonst} \end{cases} \tag{4.13}$$

$$\mathfrak{I}(F \vee G) \;=\; \begin{cases} w, & \text{wenn } \mathfrak{I}(F) = w \text{ oder } \mathfrak{I}(G) = w \\ f, & \text{sonst} \end{cases} \tag{4.14}$$

so ist $\mathfrak{I}$ ein Morphismus $\mathfrak{I} \colon \mathscr{I}_\sigma(\mathbb{B}) \to \mathbb{B}'$; die Homomorphiebedingung ist trivialerweise erfüllt, da es in $\mathscr{I}_\sigma(\mathbb{B})$ keine Gesetze gibt, mit denen man Terme umformen könnte. $\mathfrak{I}$ heißt eine **Interpretation** der Formeln der Formelmenge $\mathscr{F}$ mit der Belegung σ. Wollen wir die Belegung σ hervorheben, so schreiben wir $\mathfrak{I}_\sigma$ statt $\mathfrak{I}$.

Beispiel 4.1: Es sei $p\sigma = f$, $q\sigma = f$, $r\sigma = w$. Dann gilt

$$\mathfrak{I}(p \wedge \neg q \vee r) \;=\; \begin{cases} w, & \text{wenn } \mathfrak{I}(p \wedge \neg q) = w \text{ oder } \mathfrak{I}(r) = w \\ f, & \text{sonst} \end{cases}$$

$$=\; \begin{cases} w, & \text{wenn } \mathfrak{I}(p \wedge \neg q) = w \\ w, & \text{wenn } \mathfrak{I}(r) = w \\ f, & \text{sonst} \end{cases}$$

$$=\; w, \quad \text{da } \mathfrak{I}(r) = w. \qquad \blacklozenge$$

Die Definition von $\Im$ zeigt, wie man den in 1.1 eingeführten Begriff der Interpretationsvorschrift präzisieren kann. Historisch entstand er aus Anwendungen in der Logik. Auch die Begriffe der Termalgebra entstanden in der Logik, bevor man sie algebraisch einordnete.

Eine Interpretation $\Im_\sigma$ heißt ein **Modell** für eine Formel F bzw. eine Formelmenge $\mathscr{F}$, wenn $\Im_\sigma(F) = w$ (für alle $F \in \mathscr{F}$). F heißt **erfüllbar**, wenn es ein Modell für F gibt, andernfalls **unerfüllbar**. Das einfachste Beispiel einer unerfüllbaren Formel ist $p \wedge \neg p$. Hingegen gilt $\Im_\sigma(p \vee \neg p) = w$ für alle Interpretationen $\Im_\sigma$. Eine solche Formel heißt **allgemeingültig** oder eine **Tautologie**.

Satz 4.1: *Eine Formel F ist genau dann allgemeingültig, wenn $\neg F$ unerfüllbar ist.*

Beweis: Für alle Interpretationen $\Im_\sigma$ gilt $\Im_\sigma(F) \neq \Im_\sigma(\neg F)$. Da für eine allgemeingültige Formel $\Im_\sigma(F) = w$ gilt, ist also $\Im_\sigma(\neg F) = f$. $\neg F$ ist folglich unerfüllbar. Die Umkehrung folgt genauso.   ♦

Beispiel 4.2: p bezeichne die Aussage „es regnet", q die Aussage „die Straße ist naß". Dann liefert die Belegung $p\sigma = w$, $q\sigma = f$, d. h. „es regnet" ist wahr, „die Straße ist naß" ist falsch, kein Modell für den Satz

$$\text{„wenn es regnet, ist die Straße naß".} \qquad (4.15)$$

(4.15) und (4.1) sind gleichwertige Aussagen, wie man durch Durchprobieren sämtlicher Belegungen feststellen kann. Der Vergleich mit (4.8) zeigt allgemein, daß wir $p \rightarrow q$ als „aus p folgt q" oder „wenn p, dann q" lesen dürfen. Ferner ist die Aussage

$$\text{„es regnet und wenn es regnet, ist die Straße naß"} \qquad (4.16)$$

gleichwertig mit

$$\text{„es regnet und die Straße ist naß",} \qquad (4.17)$$

wobei wir in beiden Formulierungen nicht ausgeschlossen haben, daß die Straße naß ist, obwohl es nicht regnet. Als Formel geschrieben ergibt sich (4.9).   ♦

Ferner dürfen wir $p \equiv q$ als „p ist gleichbedeutend oder äquivalent zu q" lesen, da für beliebige Belegungen σ gilt, $\Im_\sigma(p \equiv q) = w$ genau dann, wenn $\Im_\sigma(p) = \Im_\sigma(q)$.

Aufgabe 4.1: Beweisen Sie, daß (4.9) allgemeingültig ist.

Eine einfache Methode zur Bestimmung des Ergebnisses $\Im(F)$ einer Formel F unter allen möglichen Belegungen ist die Aufstellung einer **Wahrheitstafel** wie in Tab. 4.1. Wie Tab. 4.2 zeigt, enthält sie 2^n Zeilen, die den sämtlichen möglichen Kombinationen von Belegungen der n in F vorkommenden Variablen entsprechen.

Tabelle 4.1: Wahrheitstafeln für $\neg p$, $p \wedge q$, $p \vee q$, $p \rightarrow q$ und $p \equiv q$

$\neg p$:

$\Im(p)$	$\Im(\neg p)$
f	w
w	f

$p \wedge q$:

$\Im(p)$	$\Im(q)$	$\Im(p \wedge q)$
f	f	f
f	w	f
w	f	f
w	w	w

$p \vee q$:

$\Im(p)$	$\Im(q)$	$\Im(p \vee q)$
f	f	f
f	w	w
w	f	w
w	w	w

$p \rightarrow q$:

$\Im(p)$	$\Im(q)$	$\Im(p \rightarrow q)$
f	f	w
f	w	w
w	f	f
w	w	w

$p \equiv q$:

$\Im(p)$	$\Im(q)$	$\Im(p \equiv q)$
f	f	w
f	w	f
w	f	f
w	w	w

Tabelle 4.2: Allgemeines Schema einer Wahrheitstafel

	p_1	$\cdots$	p_{n-1}	p_n	$\Im_\sigma(F)$
σ_1	f	$\cdots$	f	f	$\Im_{\sigma_1}(F)$
σ_2	f	$\cdots$	f	w	$\Im_{\sigma_2}(F)$
σ_3	f	$\cdots$	w	f	$\Im_{\sigma_3}(F)$
σ_4	f	$\cdots$	w	w	$\Im_{\sigma_4}(F)$
$\vdots$	$\vdots$	$\ddots$	$\vdots$	$\vdots$	$\vdots$
σ_{2^n}	w	$\cdots$	w	w	$\Im_{\sigma_{2^n}}(F)$

Beispiel 4.3: Bei umfangreicheren Formeln führt man zweckmäßig Zusatzspalten für Teilformeln ein. Für $F = p \wedge (\neg p \vee q)$ zeigt dies die Tab. 4.3.   ◆

Die Aufstellung von Wahrheitstafeln ist ein algorithmisches Verfahren zur Nachprüfung von Formeln der Aussagenlogik. Allerdings steigt der Aufwand des Verfahrens exponentiell an: Bei 64 Variablen erhalten wir $2^{64} \approx 1,8 \cdot 10^{19}$ verschiedene Interpretationen. Da ein Jahr etwa $31,5 \cdot 10^6$ Sekunden hat, würden wir ungefähr eine halbe Million Jahre rechnen, wenn wir für

Tabelle 4.3: Wahrheitstafel für $p \wedge (\neg p \vee q)$

p	q	$\neg p$	$\neg p \vee q$	$p \wedge (\neg p \vee q)$
f	f	w	w	f
f	w	w	w	f
w	f	f	f	f
w	w	f	w	w

jede einzelne Interpretation eine Mikrosekunde verbrauchen. Man sucht daher seit langem bessere Algorithmen zur Lösung dieses Problems, z. B. solche, bei denen der Aufwand nur **polynomiell**, d. h. mit n^k bei konstantem k, mit der Anzahl der Variablen steigt. Leider gehört die Nachprüfung der Erfüllbarkeit einer Formel der Aussagenlogik, abgekürzt SAT[3], zu den Problemen, bei denen dies bis heute nicht gelungen ist. Genauer: SAT ist, wie wir später beweisen werden, ein Beispiel eines *NP*-**vollständigen** Problems. Wenn man für dieses Problem nachweisen könnte, daß es zur Klasse *P* der mit polynomiellem Aufwand lösbaren Probleme gehört, würden automatisch auch alle anderen Probleme der Klasse *NP*, für die man ebenfalls bisher nur Algorithmen mit exponentiellen Aufwand kennt, mit polynomiellen Aufwand lösbar sein.

Durch Nachrechnen mit Hilfe von Wahrheitstafeln zeigt man nun

Satz 4.2: *Ersetzt man in den Axiomen V1–V10 der booleschen Algebra, S. 117, = durch ≡, ⊏ durch ¬, ⊥ durch* O *und* ⊤ *durch* L*, so sind die entstehenden aussagenlogischen Formeln allgemeingültig.*

Aufgabe 4.2: Beweisen Sie Satz 4.2.

Wenn also zwei Formeln durch **syntaktische Umformung**, d. h. durch Anwendung der Axiome V1–V10, auseinander entstehen, besitzen sie die gleiche Wahrheitstafel. Die Aussagenlogik nutzt nicht nur die syntaktische Struktur der initialen Termalgebra $\mathscr{I}(\mathbb{B})$ für ihre Formeln. Zusätzlich darf man sämtliche Gesetze der booleschen Algebra zu syntaktischen Umformungen nutzen, ohne die semantische Interpretation zu beeinflussen. Algebraisch bedeutet dies: Bezeichnet $\mathscr{T}_\sigma = (\mathscr{I}_\sigma(\mathbb{B}), \{\wedge, \vee, \neg, L, O, p_1, \ldots, p_n\}, \{V1\text{–}V10\})$ die Termalgebra mit den endlich vielen Variablen, die durch σ belegt sind, und in der die Axiome V1–V10 gelten, so kann man eine Interpretation $\mathfrak{I}_\sigma$ **faktorisieren**:

$$\mathfrak{I}_\sigma : \mathscr{I}_\sigma(\mathbb{B}) \xrightarrow{h} \mathscr{T}_\sigma \xrightarrow{i_\sigma} \mathbb{B}'. \tag{4.18}$$

h bezeichnet den Morphismus, der jede Formel F aus $\mathscr{I}_\sigma(\mathbb{B})$ auf sich abbildet, genauer auf die Äquivalenzklasse $[F]$ der Formeln, die sich durch syntaktische Umformung in f überführen lassen. i_σ ist die Abbildung, die jeder solchen Äquivalenzklasse einen der Werte w oder f in $\mathbb{B}'$ zuordnet. Aus Satz 4.2 folgt, daß auch i_σ ein Morphismus ist.

4.1.2 Folgerungen und Kalküle

Gegeben sei eine Formelmenge $\mathscr{F}$ und eine Formel F. Bisher können wir bei vorgegebener passender Interpretation $\mathfrak{I}_\sigma$ nachrechnen, ob $\mathfrak{I}_\sigma(F) = w$ gilt oder nicht. Wir stellen die weitergehende Frage, ob $\mathfrak{I}(F) = w$ für *alle* Interpretationen $\mathfrak{I}_\sigma$ gilt, die Modell für $\mathscr{F}$ sind. Wir schreiben dann

$$\mathscr{F} \models F \tag{4.19}$$

---

3. engl. *satisfiability problem.*

und sagen „F folgt semantisch aus $\mathscr{F}$". $\mathscr{F} \models F$ heißt ein **logischer Schluß** mit der **Annahme** oder **Antezedent** $\mathscr{F}$ und der **Folgerung** oder **Konsequenz** F. Die Menge $\mathscr{F}$ kann auch leer sein. $\emptyset \models F$, oder kürzer $\models F$, charakterisiert Tautologien.

Ein (logischer) **Kalkül** K ist ein algorithmisches Verfahren, mit dem man logische Schlüsse syntaktisch in endlich vielen (Beweis-)Schritten ableiten kann, ohne auf die Interpretation einzugehen. Die Aussage „F ist mit einem Kalkül K aus der Formelmenge $\mathscr{F}$ syntaktisch ableitbar" notieren wir mit

$$\mathscr{F} \vdash_K F. \tag{4.20}$$

Jeder logische Schluß ist eine $(n + 1)$-stellige Relation $R(F_1, \ldots, F_n, F_{n+1})$ mit $n \geq 0$, die besagt: Aus den **Prämissen** $F_1, F_2, \ldots, F_n$ ist die **Konklusion** F_{n+1} ableitbar. Für $n = 0$ muß $F_{n+1} = F_1$ entweder eine Tautologie sein, oder es handelt sich um ein **Axiom**, eine Aussage, die wir ohne Beweis als wahr annehmen. Mit (4.20) können wir den Schluß in der Form

$$\{F_1, \ldots, F_n\} \vdash_K F \tag{4.21}$$

schreiben. Ein Kalkül besteht dann aus **(Kalkül-)Regeln**, die angeben, wie man aus mehreren solchen Schlüssen einen weiteren Schluß herleiten kann.

Kalkülregeln sind gewöhnlich durch **Regelschemata** gegeben. Aus diesen entstehen Regeln, indem man die auftretenden Variablen mit Hilfe einer Substitution einheitlich in allen Formeln durch Terme ersetzt. Meist schreibt man die Regelschemata in der Form

$$\frac{\begin{array}{c} F \\ G \end{array}}{H} \tag{4.22}$$

mit Formeln F, G, H und der Bedeutung *angenommen, es gilt F und es gilt G, dann gilt auch H*. Die Anzahl der Annahmen ist beliebig aber endlich. Es muß dann für alle Substitutionen σ gelten: $\{F\sigma, G\sigma\} \vdash_K H\sigma$.

Beispiel 4.4: Wegen Satz 4.2 kann man aus der Gültigkeit der Formeln F und G auf die Gültigkeit von $F \wedge G$ schließen. Daher ist das Regelschema

$$\frac{\begin{array}{c} F \\ G \end{array}}{F \wedge G} \tag{4.23}$$

gültig. Die logischen Variablen F und G sind Annahmen. Der Schluß ist richtig, wenn wir ihre Gültigkeit unterstellen. Mit der Substitution $\sigma = [(p \to r)/F, q/G]$ gilt dann auch

$$\frac{\begin{array}{c} p \to r \\ q \end{array}}{(p \to r) \wedge q} \tag{4.24}$$

also $\{p \rightarrow r, q\} \vdash_K (p \rightarrow r) \wedge q$. Mit der weiteren Substition $[p/q]$ und anschließender syntaktischer Vereinfachung $(p \rightarrow r) \wedge p = r$ nach den Regeln der booleschen Algebra erhalten wir $\{p \rightarrow r, p\} \vdash_K r$. ♦

Auf die Unterscheidung zwischen Regel und Regelschema gehen wir im folgenden nicht mehr ein, sondern unterstellen die benötigten Substitutionen stillschweigend.

Die Erweiterung der Prämisse um weitere Formeln kann die Richtigkeit eines logischen Schlusses nicht beeinflussen (**Monotonie der logischen Ableitung**):

$$\text{Wenn } \mathscr{F} \vdash_K F \text{ und } \mathscr{F} \subseteq \mathscr{F}' \text{ gilt, dann gilt auch } \mathscr{F}' \vdash_K F. \qquad (4.25)$$

Die Umkehrung ist natürlich falsch. Jeder logische Kalkül ist **reflexiv**, d. h. jede Formel der Prämisse muß mit Hilfe des Kalküls ableitbar sein:

$$\text{Für alle } F \in \mathscr{F} \text{ gilt } \mathscr{F} \vdash_K F. \qquad (4.26)$$

Jeder Kalkül ist **transitiv**: die bisher abgeleiteten Formeln können als Prämissen benutzt werden. Getrennt abgeleitete Formeln benötigen dabei die Vereinigung ihrer Prämissen als Voraussetzung der gemeinsamen Konklusion:

$$\text{Wenn } \mathscr{F}_i \vdash_K F_i \text{ für } i = 1, \ldots, m \text{ und } \{F_1, \ldots, F_n\} \vdash_K G \text{ gilt,}$$
$$\text{dann gilt auch } \bigcup_{i=1}^{m} \mathscr{F}_i \vdash_K G. \qquad (4.27)$$

Ist $\mathscr{F} = \emptyset$ leer, so schreiben wir statt $\mathscr{F} \vdash_K G$ kürzer $\vdash_K G$. Den Index K lassen wir weg, wenn der Kalkül aus dem Zusammenhang klar ist. $\mathscr{F} \nvdash F$ bzw. $\mathscr{F} \nvDash F$ kennzeichnen, daß $\mathscr{F} \vdash F$ bzw. $\mathscr{F} \vDash F$ nicht gilt.

Jede Ableitung besteht nur aus endlich vielen Regelanwendungen. In jeder Regelanwendung wird aus n, also endlich vielen, Prämissen auf eine Konklusion geschlossen. Insgesamt werden also nur endlich viele Formeln wirklich benutzt:

Satz 4.3 (*Endlichkeitssatz der Ableitungsbeziehung*):
$\mathscr{F} \vdash G$ *gilt genau dann, wenn es eine endliche Teilmenge* $\mathscr{F}' \subseteq \mathscr{F}$ *mit* $\mathscr{F}' \vdash G$ *gibt.* ♦

Ein Kalkül K heißt **korrekt**, wenn gilt

$$\text{falls } \mathscr{F} \vdash_K G, \text{ dann } \mathscr{F} \vDash G. \qquad (4.28)$$

K heißt **vollständig**, wenn gilt

$$\text{falls } \mathscr{F} \vDash G, \text{ dann } \mathscr{F} \vdash_K G, \qquad (4.29)$$

wenn also alle semantisch richtigen Folgerungen auch im Kalkül ableitbar sind. Unser Ziel sind Kalküle, die korrekt und vollständig sind, und daher genau der semantischen Folgerungsbeziehung $\vDash$ entsprechen.

Unabhängig von der Korrektheit und Vollständigkeit eines Kalküls kann es Formelmengen $\mathcal{F}$ geben, aus denen man *jede* andere Formel G ableiten kann; insbesondere gilt dann $\mathcal{F} \vdash O$. Eine solche Formelmenge heißt **widersprüchlich** oder **inkonsistent**. Eine widersprüchliche Formelmenge $\mathcal{F}$ ist unerfüllbar, da jedes Modell von $\mathcal{F}$ auch Modell von O sein müßte.

$\mathcal{F}$ heißt **widerspruchsfrei** oder **konsistent**, wenn es wenigstens eine Formel G gibt, für die $\mathcal{F} \vdash G$ *nicht* gilt. In einem vollständigen Kalkül ist dann insbesondere O nicht ableitbar: Andernfalls hätten wir wegen $O \to G'$ für alle G' auch eine Ableitung für $G' = O \vee G$ mit gleicher Interpretation wie G; also wäre wegen der Vollständigkeit G doch ableitbar. Aus Satz 4.3 folgt unmittelbar

Satz 4.4 (*Endlichkeitssatz der Widerspruchsfreiheit und Erfüllbarkeit*):
Eine Formelmenge $\mathcal{F}$ ist genau dann widerspruchsfrei, wenn jede endliche Teilmenge $\mathcal{G} \subseteq \mathcal{F}$ widerspruchsfrei ist. $\mathcal{F}$ ist genau dann erfüllbar, wenn jede endliche Teilmenge $\mathcal{G} \subseteq \mathcal{F}$ erfüllbar ist.

Wäre nämlich $\mathcal{F}$ widersprüchlich, so auch die endliche Teilmenge $\mathcal{F}' \subseteq \mathcal{F}$, die zur Ableitung von O benötigt wird.

Der Satz wird meist in seiner negierten Fassung benutzt: Eine Menge $\mathcal{F}$ von Formeln ist genau dann unerfüllbar, wenn es eine unerfüllbare endliche Teilmenge $\mathcal{G} \subseteq \mathcal{F}$ gibt.

Dieser Abschnitt klärt nachträglich die Bedeutung der Floskel „P genau dann, wenn Q" oder in Zeichen $P \bowtie Q$, wobei P, Q Aussagen beliebiger Form sind, die nicht unbedingt nur die Regeln der Aussagenlogik benutzen: $P \bowtie Q$ bedeutet, daß P semantisch richtig ist, wenn Q semantisch gefolgert werden kann und umgekehrt. Die einseitige Form bezeichnen wir mit $P > Q$ bzw. $P < Q$.

4.1.3 Ein Kalkül für die Aussagenlogik

Als Beispiel eines aussagenlogischen Kalküls geben wir einen **Sequenzenkalkül** an. Eine Sequenz ist eine nichtleere Folge $S_1 \cdots S_n S_{n+1}, n \geqslant 0$ von aussagenlogischen Formeln mit der Bedeutung, daß die Formel S_{n+1} syntaktisch aus den Formeln $S_1, \ldots, S_n$ ableitbar ist, also $\{S_1, \ldots, S_n\} \vdash S_{n+1}$. Für $n = 0$ erhalten wir die Sequenz S_1 als Axiom.

Sequenzenkalküle benutzen Schlußregeln der Form: Wenn aus $F_1, \ldots, F_{n-1}$ die Formel F_n folgt und aus $G_1, \ldots, G_{k-1}$ die Formel G_k, dann folgt aus $H_1, \ldots, H_{m-1}$ die Formel H_m. Aus der Gültigkeit von Ableitungssequenzen wird auf die Gültigkeit einer weiteren Ableitungssequenz geschlossen.

Die Regelschemata eines Sequenzenkalküls haben demnach die Form

$$\frac{\begin{array}{cccc} F_1 & F_2 & \cdots & F_n \\ G_1 & G_2 & \cdots & G_k \end{array}}{\begin{array}{cccc} H_1 & H_2 & \cdots & H_m \end{array}}, \qquad (4.30)$$

Um syntaktisch $\mathscr{F} \vdash F$ in einem Sequenzenkalkül herzuleiten, erzeugt man Ableitungssequenzen, die als Prämissen benutzt werden, um schließlich mit einer endlichen Teilmenge $\{F_1, \ldots, F_n\} \subseteq \mathscr{F}$ auf die Gültigkeit der Sequenz $F_1 \cdots F_n F$ zu schließen. Wegen (4.25) dürfen wir jeder Sequenz eine beliebige abzählbare Folge $\mathscr{F}$ von Formeln voranstellen, so daß wir oft mit Sequenzen der Form $\mathscr{F} F_1 \cdots F_n F_{n+1}$ argumentieren.

Aus Satz 4.2 folgt: $\mathscr{F} \models G$ gilt, wenn sich G durch syntaktische Umformung auf eine Aussage $F \in \mathscr{F}$ zurückführen läßt. Es gilt also

L0 boolesche Regeln $\quad \dfrac{\mathscr{F} \quad G}{\mathscr{F} \quad G \quad G'} \qquad$ wenn $G = G'$ unter den Axiomen V1-V10

Allerdings können wir damit keine Folgerungen ziehen, die gemäß (4.27) mehrere Ableitungen zusammenfassen. Stattdessen benutzen wir einen Sequenzenkalkül SK mit den folgenden Grundregeln:

L1 Annahmen $\quad \dfrac{}{\mathscr{F} \quad F} \qquad$ wenn $F \in \mathscr{F}$. Annahmen dürfen abgeleitet werden.

L2 Erweiterung $\quad \dfrac{\mathscr{F} \quad F}{\mathscr{F}' \quad F} \qquad$ wenn $\mathscr{F} \subseteq \mathscr{F}'$. Annahmen dürfen hinzugefügt werden.

L3 Disjunktion A $\quad \dfrac{\begin{array}{ccc} \mathscr{F} & F & H \\ \mathscr{F} & G & H \end{array}}{\mathscr{F} \quad (F \vee G) \, H} \qquad$ Wenn H sowohl aus F als auch aus G folgt, dann auch aus der Disjunktion beider Formeln

L4 Disjunktion K $\quad \dfrac{\mathscr{F} \quad F}{\mathscr{F} \quad (F \vee G)}$

$\dfrac{\mathscr{F} \quad F}{\mathscr{F} \quad (G \vee F)} \qquad$ Wenn F gilt, dann kann $F \vee G$ und $G \vee F$ abgeleitet werden.

L5 Fallregel $\quad \dfrac{\begin{array}{ccc} \mathscr{F} & F & G \\ \mathscr{F} & \neg F & G \end{array}}{\mathscr{F} \quad G} \qquad$ Wenn G aus F und aus $\neg F$ folgt, dann gilt G.

L6 Widerspruch $\quad \dfrac{\begin{array}{ccc} \mathscr{F} & \neg F & G \\ \mathscr{F} & \neg F & \neg G \end{array}}{\mathscr{F} \quad F} \qquad$ Grundschema des Beweises durch Widerspruch.

Die erste Regel ist die Reflexivität (4.26), die zweite die Monotonie (4.25). In den weiteren Regeln werden vorhandene Formeln durch andere ersetzt oder die Ableitung sogar verkürzt. Die Transitivität (4.27) findet sich in der mehrfachen Regelanwendung wieder.

Mit Ausnahme von L1 und L2 sind die Regeln von $\mathscr{F}$ unabhängig. Wir lassen in Beweisen $\mathscr{F}$ weg, wenn wir keinen Gebrauch von dieser Menge machen.

Da wir L0 nicht voraussetzen, dürfen wir im folgenden keinen Gebrauch von syntaktischen Umformungen machen. Wir benutzen lediglich die Definitionen $p \wedge q = \neg(\neg p \vee \neg q)$, $\quad p \rightarrow q = \neg p \vee q$, $\quad \mathsf{L} = \neg p \vee p$ und $\mathsf{O} = \neg p \wedge p$.

Die *Annahmenregel* L1 ist korrekt, weil bei einer Interpretation $\mathfrak{I}_\sigma$, die

Modell für $\mathcal{F}$ ist, nach Definition für jede Formel $F \in \mathcal{F}$ gilt $\mathfrak{I}_\sigma(F) = w$. Also ist $\mathfrak{I}_\sigma$ insbesondere Modell für F, und daher gilt $\mathcal{F} \models F$.

Die Korrektheit der Erweiterungsregel L2 hatten wir in Satz 4.3 gesehen.

Die Korrektheit der *Disjunktionsregel für Voraussetzungen* L3 folgt aus (4.14): Ist $\mathfrak{I}_\sigma(F) = w$ oder $\mathfrak{I}_\sigma(G) = w$, dann gilt $\mathfrak{I}_\sigma(F \vee G) = w$. H kann gefolgert werden, wenn wenigstens eine der Annahmen zutrifft.

Die Korrektheit der beiden *Disjunktionsregeln für Folgerungen* L4 ergibt sich in gleicher Weise aus (4.14).

Die Korrektheit der *Fallregel* L5 sieht man so: Sei $\mathfrak{I}_\sigma$ ein Modell für $\mathcal{F}$, also $\mathfrak{I}_\sigma(H) = w$ für alle $H \in \mathcal{F}$. Wegen (4.12) gilt entweder $\mathfrak{I}_\sigma(F) = w$ oder $\mathfrak{I}_\sigma(\neg F) = w$. Wenn in beiden Fällen G gefolgert werden kann, so folgt G immer, weil jedes Modell von $\mathcal{F}$ entweder F oder $\neg F$ wahr machen muß; eine der beiden Annahmen trifft zu.

Die *Widerspruchsregel* L6 ist korrekt, da es wegen (4.12) keine Interpretation mit $\mathfrak{I}_\sigma(G) = \mathfrak{I}_\sigma(\neg G) = w$ geben kann. Für jedes Modell $\mathfrak{I}_\sigma$ von $\mathcal{F}$ gilt daher $\mathfrak{I}_\sigma(\neg F) = f$. Also ist $\mathcal{F} \cup \{\neg F\}$ widersprüchlich. Nach (4.12) gilt daher für jede solche Interpretation $\mathfrak{I}_\sigma(F) = w$; also gilt $\mathcal{F} \models F$.

Die Regeln sind also alle korrekt: falls die vorausgesetzten Sequenzen $\mathcal{F}_j\ G_j$ korrekte Ableitungen sind, $\mathcal{F}_j \models G_j$, dann ist auch die gefolgerte Ableitungssequenz $\mathcal{F}_i\ G_i$ korrekt, $\mathcal{F}_i \models G_i$. Damit haben wir

Satz 4.5 (**Korrektheit des Sequenzenkalküls**): *Für eine beliebige Formelmenge $\mathcal{F}$ und eine Formel G gilt:*

$$\textit{Wenn } \mathcal{F} \vdash_{SK} G, \textit{ dann } \mathcal{F} \models G, \tag{4.31}$$

wenn die Ableitung die Regeln L1-L6 benutzte. Insbesondere gilt mit $\mathcal{F} = \emptyset$:

$$\textit{Wenn } \vdash_{SK} G, \textit{ dann } \models G. \tag{4.32}$$

Beweis: Sei $[S_1, \ldots, S_n]$ die Folge der Sequenzen S_i, mit der wir $\mathcal{F} \vdash G$ in *SK* ableiten. Dann gilt mit den obigen Bezeichnungen und vollständiger Induktion für $i = 1, \ldots, n$: Für S_1 wurde das Axiom L1 angewandt. Die weiteren S_i entstehen durch Anwendung der Regeln L1-L6 auf Sequenzen S_j, von denen wir $\mathcal{F}_j \models G_j$ schon wissen (Induktionsannahme). Dann gilt $\mathcal{F}_i \models G_i$ wegen der Korrektheit der Regeln. Für $i = n$ liefert dies das Resultat.   ♦

Aus den Grundregeln lassen sich weitere wichtige Regeln ableiten.

Beispiel 4.5 (*tertium non datur*): Es gilt

L7 *tertium non datur*	Gesetz des ausgeschlossenen
$\overline{F \vee \neg F}$	Dritten.

Herleitung (in Klammern die angewandten Gesetze)

$$
\begin{array}{llll}
F & F & \text{(L1)} & \mathcal{F} = \{F\} \\
F & F \vee \neg F & \text{(L4a)} & \\
\neg F & \neg F & \text{(L1)} & \mathcal{F} = \{\neg F\} \\
\neg F & F \vee \neg F & \text{(L4b)} & \\
\emptyset & F \vee \neg F & \text{(L5)} & \text{angewandt auf Z. 2 und 4.}
\end{array}
$$

Durch Erweiterung (L2) können wir den Sequenzen dieser Herleitung noch eine beliebige weitere Formelmenge $\mathcal{F}'$ voranstellen.   ◆

Aufgabe 4.3: Beweisen Sie $\mathcal{F} \vdash \neg G \vee G$, also $\mathcal{F} \vdash \mathsf{L}$.

Beispiel 4.6 (*ex falso quodlibet*):

$$
\begin{array}{lll}
\text{L8} \quad \text{2. Widerspruch} & F & \textit{ex falso quodlibet.} \text{ Aus } F \text{ und sei-} \\
& \dfrac{\neg F}{G} & \text{ner Negation folgt Beliebiges.}
\end{array}
$$

Herleitung

$$
\begin{array}{llll}
 & F & & \text{(Annahme)} \\
 & \neg F & & \text{(Annahme)} \\
\neg G & F & & \text{(L2)} \\
\neg G & \neg F & & \text{(L2)} \\
G & & & \text{(L6)}
\end{array}
$$

◆

Beispiel 4.7 (**Kettenregel**):

$$
\begin{array}{llll}
\text{L9} \quad \text{Kettenregel} & \mathcal{F} & F & \quad\text{Aus } \mathcal{F} \text{ ableitbare} \\
& \mathcal{F} & F \quad G & \quad\text{Voraussetzungen können weg-} \\
& \overline{\mathcal{F} \qquad\quad G} & & \quad\text{gelassen werden.}
\end{array}
$$

Herleitung

$$
\begin{array}{lllll}
\mathcal{F} & F & & & \text{(Annahme)} \\
\mathcal{F} & F & G & & \text{(Annahme)} \\
\mathcal{F} & \neg F & F & & \text{(L2)} \\
\mathcal{F} & \neg F & \neg F & & \text{(L1)} \\
\mathcal{F} & \neg F & G & & \text{(L8)} \\
\mathcal{F} & & G & & \text{(L5).}
\end{array}
$$

◆

Beispiel 4.8 (**Kontrapositionsregeln**):

$$
\begin{array}{llll}
\text{L10a} \quad \text{Kontraposition 1} & \dfrac{\mathcal{F} \quad F \quad G}{\mathcal{F} \quad \neg G \quad \neg F} & \text{Wenn aus } F \; G \text{ folgt, so folgt } \neg F \\
& & \text{aus } \neg G.
\end{array}
$$

$$
\text{L10b} \quad \text{Kontraposition 2} \quad \dfrac{\mathcal{F} \quad F \quad \neg G}{\mathcal{F} \quad G \quad \neg F}
$$

$$
\text{L10c} \quad \text{Kontraposition 3} \quad \dfrac{\mathcal{F} \quad \neg F \quad G}{\mathcal{F} \quad \neg G \quad F}
$$

$$
\text{L10d} \quad \text{Kontraposition 4} \quad \dfrac{\mathcal{F} \quad \neg F \quad \neg G}{\mathcal{F} \quad G \quad F}
$$

Herleitung von L10a:

$$
\begin{array}{llllll}
\mathcal{F} & F & G & & & \text{(Annahme)} \\
\mathcal{F} & F & \neg G & G & \text{(L2)} \\
\mathcal{F} & F & \neg G & \neg G & \text{(L1)} \\
\mathcal{F} & F & \neg G & \neg F & \text{(L8)} \\
\mathcal{F} & \neg F & \neg G & \neg F & \text{(L1)} \\
\mathcal{F} & & \neg G & \neg F & \text{(L5).}
\end{array}
$$

Die anderen Fälle beweist man ebenso.   ◆

Beispiel 4.9 (*modus ponens*):
L11 *modus ponens* $\mathcal{F}\ F$

$$\frac{\mathcal{F}\ F \to G}{\mathcal{F}\ G}$$

Herleitung

$$
\begin{array}{lllll}
\mathcal{F} & & F & & \text{(Annahme)} \\
\mathcal{F} & \neg F & F & \text{(L2)} \\
\mathcal{F} & \neg F & \neg F & \text{(L1)} \\
\mathcal{F} & \neg F & G & \text{(L8)} & \text{angewandt auf Zeilen 2 und 3} \\
\mathcal{F} & G & G & \text{(L1)} \\
\mathcal{F} & \neg F \vee G & G & \text{(L3)} & \text{angewandt auf Zeilen 4 und 5} \\
\mathcal{F} & \neg F \vee G & & & \text{(Annahme)} \\
\mathcal{F} & & G & \text{(L9)} & \text{angewandt auf Zeilen 6 und 7}
\end{array}
$$

◆

Aufgabe 4.4: Beweisen Sie

L12 doppelte Verneinung $\dfrac{\mathcal{F}\qquad F}{\mathcal{F}\qquad \neg\neg F}$ $\qquad \dfrac{\mathcal{F}\qquad \neg\neg F}{\mathcal{F}\qquad F}$

Aufgabe 4.5: Beweisen Sie

$$
\text{L13 Konjunktion } \frac{\begin{array}{ll}\mathcal{F} & F \\ \mathcal{F} & G\end{array}}{\mathcal{F}\qquad F \wedge G}
$$

mit der Definition $F \wedge G = \neg(\neg F \vee \neg G)$.

In gleicher Weise wie Aufgabe 4.4 kann man alle Gesetze V1–V10 beweisen. Also sehen wir im nachhinein, daß die Regel L0 mit Recht nicht zu den Grundregeln gezählt wird.

Satz 4.6: *Der Kalkül SK der Aussagenlogik ist korrekt und vollständig.*

Beweis: Die Korrektheit von *SK* haben wir in Satz 4.5 bewiesen. Wir müssen noch

$$\text{falls } \mathcal{F} \models G, \text{ dann } \mathcal{F} \vdash_{SK} G \tag{4.33}$$

zeigen. Dazu überlegen wir, daß (4.33) gilt, wenn jede widerspruchsfreie Formelmenge $\mathscr{F}$ erfüllbar ist:

$\mathscr{F} \models G$ besagt, daß jedes Modell der Formelmenge $\mathscr{F}$ auch Modell für G ist. $\mathscr{F} \cup \{\neg G\}$ besitzt daher kein Modell, ist also unerfüllbar. Also muß (4.33) gelten oder $\mathscr{F} \cup \{\neg G\}$ ist widersprüchlich. In beiden Fällen gilt $\mathscr{F} \vdash G$, wobei wir im zweiten Fall L6 anwenden: Wenn aus $\mathscr{F}$ und $\neg G$ Beliebiges ableitbar ist, so ist G aus $\mathscr{F}$ ableitbar.

Sei nun $\mathscr{F}_0$ eine widerspruchsfreie Formelmenge. Wir erweitern $\mathscr{F}_0$ zu einer vollständigen widerspruchsfreien Formelmenge $\mathscr{F}_1$, indem wir zusätzlich sämtliche Formeln G mit $\mathscr{F}_0 \nvdash \neg G$ in $\mathscr{F}_1$ aufnehmen. Danach betrachten wir die Interpretation $\mathfrak{I}_1$ mit

$$\mathfrak{I}_1(p) = w \text{ wenn } \mathscr{F}_1 \vdash p$$

für alle Atome p und $\mathfrak{I}_1(p) = f$ sonst. Dies ist für unseren Kalkül konsistent, da wegen L8 nicht gleichzeitig $\mathscr{F}_1 \vdash p$ und $\mathscr{F}_1 \vdash \neg p$ gelten kann, wenn $\mathscr{F}_1$ widerspruchsfrei ist.

Sei nun G eine beliebige Formel aus $\mathscr{F}_1$. $\mathscr{F}_1 \cup \{G\}$ ist also widerspruchsfrei. Wir zeigen durch strukturelle Induktion über den Aufbau von G, daß G durch $\mathfrak{I}_1$ erfüllt wird.

1. Induktionsanfang: Für $G = p$ atomar ist die Behauptung nach Konstruktion von $\mathfrak{I}_1$ richtig.

2. Induktionsschritt $\neg$: Sei $G = \neg G'$. Dann muß $G' \notin \mathscr{F}_1$ gelten. Sonst wäre nach Induktionsannahme $\mathfrak{I}_1(G') = w$ und daher $\mathscr{F}_1 \vdash G'$ gültig. Wiederum wegen L8 kann aber nicht gleichzeitig $\mathscr{F}_1 \vdash G'$ und $\mathscr{F}_1 \vdash \neg G'$ gelten. Also ist $\mathscr{F}_1 \cup \{G'\}$ widersprüchlich und es gilt $\mathfrak{I}_1(G') = f$, $\mathfrak{I}_1(G) = w$.

3. Induktionsschritt $\vee$: Sei $G = G' \vee G''$. Dann ist nach Induktionsannahme bereits bekannt, daß $\mathfrak{I}_1(G') = w$ genau dann gilt, wenn $\mathscr{F}_1 \vdash G'$; dasselbe gilt für G''. Wenn wenigstens eine der Teilformeln, z. B. G', aus $\mathscr{F}_1$ ableitbar ist, so ist wegen L4 auch G ableitbar. Nach Induktionsannahme gilt dann auch $\mathfrak{I}_1(G') = w$ und daher $\mathfrak{I}_1(G) = w$ nach Definition der Interpretation von Disjunktionen.

4. Induktionsschritt $\wedge$: Den Fall behandelt man mit Hilfe L13 genauso wie die Disjunktion.

Damit ist gezeigt, daß jede zu $\mathscr{F}_0$ widerspruchsfreie Formel G auch erfüllbar ist. Also ist unser Kalkül vollständig.   ♦

Aus Satz 4.6 folgt, daß wir unterschiedslos semantisch mit den Wahrheitswerten w und f oder syntaktisch mit den Werten L und O argumentieren dürfen. Wir verwenden im weiteren nur noch L und O; insbesondere werden wir auch die Ergebnisse $\mathfrak{I}(F)$ einer Interpretation so bezeichnen.

4.1.4 Normalformen

Boolesche Funktionen F, G kann man in verschiedener Form schreiben, ohne daß sofort ersichtlich ist, daß sie durch syntaktische Umformung auseinander hervorgehen. Auf S. 146 bemerkten wir, daß sogar $F = \mathsf{L}$ nur mit riesigem Aufwand feststellbar ist.

Daher interessiert man sich für „kanonische" **Normalformen** der Darstellung von Formeln der Aussagenlogik. Man unterscheidet die **disjunktive Normalform** (**DNF**)

$$F = \bigvee_{i=1}^{n} \left(\bigwedge_{j=1}^{m_i} L_{ij} \right) \tag{4.34}$$

und die **konjunktive Normalform (KNF)**

$$F = \bigwedge_{i=1}^{n} \left(\bigvee_{j=1}^{m_i} L_{ij} \right) \tag{4.35}$$

Dabei sei L_{ij} ein **Literal**, d. h. , $L_{ij} = p$ oder $L_{ij} = \neg p$, wobei p ein Atom, also eine Variable oder einer der Werte L oder O, ist.

Eine weitere Normalform werden wir in 4.1.8 kennenlernen.

Satz 4.7: *Jede Formel F der Aussagenlogik kann in disjunktiver Normalform geschrieben werden.*

Der Beweis benutzt strukturelle Induktion über den Aufbau von Formeln:

1. Sei $F = p$ oder $F = \neg p$ ein Literal, dann ist F bereits in DNF.

2. Sei $F = \neg F'$ und $F' = \bigvee \bigwedge L_{ij}$ in DNF. Wegen der De Morganschen Gesetze gilt

$$
\begin{aligned}
F &= \neg \left(\bigvee \bigwedge L_{ij} \right) \\
  &= \bigwedge \left(\neg \left(\bigwedge L_{ij} \right) \right) \\
  &= \bigwedge \left(\bigvee \neg L_{ij} \right)
\end{aligned}
$$

Wegen der Involution $\neg\neg p = p$ sind die Teilformeln $\neg L_{ij}$ wieder Literale L'_{ij}. Durch $m_1 \cdot m_2 \cdots m_n$-fache Anwendung des Distributivgesetzes können wir $\bigwedge (\bigvee L'_{ij})$ in die Form $\bigvee (\bigwedge L'_{ij})$, also in DNF bringen.

3. Sei $F = F' \wedge F''$ und F', F'' in DNF gegeben. Dann genügt wie in Schritt 2 die mehrfache Anwendung des Distributivgesetzes, um F in DNF zu bringen.

4. Sei $F = F' \vee F''$. Dann befindet sich mit F', F'' auch F in DNF. ◆

Durch Dualisierung erhält man

Satz 4.8: *Jede Formel F der Aussagenlogik kann in konjunktiver Normalform geschrieben werden.*

Beispiel 4.10: Wir betrachten die **Paritätsfunktion**

$$F_n = f(p_1, \ldots, p_n) = \begin{cases} \mathsf{L}, & \text{Anzahl der } p_i = \mathsf{L} \text{ ungerade} \\ \mathsf{O}, & \text{Anzahl der } p_i = \mathsf{L} \text{ gerade} \end{cases} \qquad (4.36)$$

Es gilt

$$\begin{aligned} F_1 &= p_1, \\ F_2 &= p_1 \wedge \neg p_2 \vee \neg p_1 \wedge p_2, \end{aligned}$$

und allgemein

$$F_n = F_{n-1} \wedge \neg p_n \vee \neg F_{n-1} \wedge p_n, \qquad (4.37)$$

also für $n = 3$:

$$F_3 = (p_1 \wedge \neg p_2 \vee \neg p_1 \wedge p_2) \wedge \neg p_3 \vee \neg (p_1 \wedge \neg p_2 \vee \neg p_1 \wedge p_2) \wedge p_3. \qquad (4.38)$$

F_2 befindet sich bereits in DNF. Für F_3 erhalten wir die DNF

$$F_3 = (p_1 \wedge \neg p_2 \wedge \neg p_3) \vee (\neg p_1 \wedge p_2 \wedge \neg p_3) \vee (\neg p_1 \wedge \neg p_2 \wedge p_3) \vee (p_1 \wedge p_2 \wedge p_3) \quad \blacklozenge \ (4.39)$$

Aufgabe 4.6: Führen Sie die Umformung von (4.38) in (4.39) explizit durch.

Aufgabe 4.7: Die Anzahl der konjunktiven Terme in der DNF von F_n ist 2^{n-1}.

Aufgabe 4.8: Bestimmen Sie die KNF von F_n.

(4.37) ist ein Spezialfall folgenden Satzes:

Satz 4.9 (Shannonsche Erweiterung): *Sei $f(p_1, \ldots, p_n)$ eine boolesche Funktion von n Variablen. Dann gilt*

$$\begin{aligned} f(p_1, \ldots, p_n) = {} & \\ & p_i \wedge f(p_1, \ldots, p_{i-1}, \mathsf{L}, p_{i+1}, \ldots, p_n) \vee \qquad (4.40) \\ & \neg p_i \wedge f(p_1, \ldots, p_{i-1}, \mathsf{O}, p_{i+1}, \ldots, p_n). \end{aligned}$$

Aufgabe 4.9: Beweisen Sie Satz 4.9.

(4.40) war bereits BOOLE bekannt. Man kann damit in der Berechnung boolescher Funktionen die Anzahl der Variablen verringern.

4.1.5 Hornklauseln und Resolution

Die KNF ist die Grundlage der **Klausellogik**, die in der speziellen Form der Hornklauseln[4] dem logischen Programmieren zugrundeliegt:
Eine Formel F heißt eine **Klausel**, wenn sie die Form

$$P_1 \wedge P_2 \wedge \cdots \wedge P_m \rightarrow Q_1 \vee Q_2 \vee \cdots \vee Q_n, \quad m, n \geqslant 0 \qquad (4.41)$$

hat und alle P_i, Q_j Atome sind. Sie heißt eine **Hornklausel**, wenn $n \leqslant 1$. Eine Konjunktion von Hornklauseln heißt eine **Hornformel**.

Eine Hornklausel mit $m \geqslant 1, n = 1$ heißt eine **Implikation**; eine Hornklausel mit $m = 0, n = 1$ ein **Faktum**. Eine Hornklausel mit $n = 0$ heißt eine **Anfrage**. Einsetzen von $F \rightarrow G = \neg F \vee G$ und syntaktische Umformung liefert für Hornklauseln eine der Formen

$$\begin{aligned} \neg P_1 \vee \neg P_2 \vee \cdots \vee \neg P_m \vee \quad Q, \\ \neg P_1 \vee \neg P_2 \vee \cdots \vee \neg P_m. \end{aligned} \qquad (4.42)$$

Eine Formel ist also eine Hornformel, wenn jede Disjunktion der KNF höchstens ein nicht-negiertes Atom enthält. Gilt in der zweiten Form $m = 0$, so hat die Formel nach (4.6) den Wert 0.

Klauseln sind die Grundlage des **Resolutionskalküls**. Sei eine endliche Menge $\mathcal{F} = \{F_1, \ldots, F_n\}$ von Klauseln und eine weitere Klausel G gegeben. Um $\mathcal{F} \models G$ syntaktisch nachzuweisen, beachten wir, daß für jedes Modell $\mathfrak{I}_\sigma$ von $\mathcal{F}$ gilt: $\mathfrak{I}_\sigma(F_1 \wedge \cdots \wedge F_n) = \mathsf{L}$ und $\mathfrak{I}_\sigma(F_1 \wedge \cdots \wedge F_n \wedge \neg G) = 0$, wenn $\mathcal{F} \models G$. Falls $\mathfrak{I}_\sigma$ kein Modell für $\mathcal{F}$ ist, gilt aber auch $\mathfrak{I}_\sigma(F_1 \wedge \cdots \wedge F_n \wedge \neg G) = 0$, da bereits $\mathfrak{I}_\sigma(F_1 \wedge \cdots \wedge F_n) = 0$. Wir haben daher

Satz 4.10: $\mathcal{F} \models G \asymp F_1 \wedge \cdots \wedge F_n \wedge \neg G$ *unerfüllbar.*

Für den Resolutionskalkül ist es günstig, die KNF $F = \bigwedge \bigvee L_{ij}$ als Menge von Mengen zu schreiben:

$$F = \{\{L_{11}, \ldots, L_{1m_1}\}, \ldots, \{L_{n1}, \ldots, L_{nm_n}\}\}. \qquad (4.43)$$

Die inneren Mengen $K_i = \{L_{i1}, \ldots, L_{im}\}$ sind Klauseln; die Literale sind disjunktiv zusammengefaßt. Die Gesamtmenge ist eine Konjunktion von Klauseln K_i. Die Kommutativität, Assoziativität und Idempotenz von $\wedge$ und $\vee$ entsprechen der Beliebigkeit der Anordnung der Mengenelemente und der Eigenschaft, daß jedes Element in einer Menge nur einmal vorkommt. Wegen (4.6) gilt $F \models 0$, also F unerfüllbar, wenn wir (4.43) durch syntaktische Umformung zur Menge $\{0\}$ reduzieren können, die nur noch die Klausel 0 enthält.

Wegen $(p \vee \neg q) \wedge (p \vee q) = p$ nach Axiom V5 und V8 gilt

---

4. ALFRED HORN, Logiker. In (HORN, 1951) formuliert er spezielle Kriterien für die Disjunktionen, die heute Hornklauseln heißen.

Satz 4.11 (Resolution): *Gegeben sei eine Klauselmenge* $F = \{K_1, K_2, \ldots\}$ *in Mengenschreibweise. Falls eine Klausel* K_1 *ein Literal* L *und eine Klausel* K_2 *das Literal* $\neg L$ *enthält, dann ist* F *genau dann erfüllbar, wenn*

$$Res(F) = \{R\} \cup F$$

erfüllbar ist, wobei

$$R = (K_1 - \{L\}) \cup (K_2 - \{\neg L\}) \tag{4.44}$$

die **Resolvente** *von* K_1 *und* K_2 *ist.* F *ist unerfüllbar, wenn* $\bigcirc \in F$ *oder* $\bigcirc \in Res(F)$.

Bestanden K_1, K_2 nur aus dem Literal L bzw. $\neg L$, so gilt $R = \emptyset$ (bzw. $R = \bigcirc$ in der Notation mit $\wedge, \vee, \neg$). Wegen V7 gilt ferner $\{\bigcirc, \ldots\} = \{\bigcirc\}$. Daher sind F oder $Res(F)$ unerfüllbar, wenn die Mengen $\bigcirc$ enthalten.

Satz 4.11 liefert die einzige Regel des Resolutionskalküls:

	$\{K_1, K_2, K_3, \ldots\}$	Klauselmenge
R1 Resolutionsregel	$\dfrac{R}{\{R, K_1, K_2, \ldots\}}$	Resolvente von K_1, K_2

Beispiel 4.11: $F = (\neg p \vee q) \wedge (\neg q \vee r) \wedge p)$ ist eine Formel in KNF mit der Mengendarstellung $F = \{\{\neg p, q\}, \{\neg q, r\}, \{p\}\}$.

Für die Klauseln $\{\neg p, q\}$ und $\{p\}$ haben wir die Resolvente $R_1 = \{q\}$. Damit ist $Res(F) = \{R_1\} \cup F$. Aus R_1 und $\{\neg q, r\}$ leiten wir $R_2 = \{r\}$ ab. $Res^2(F) = Res(Res(F)) = \{R_2, R_1\} \cup F$.

Betrachten wir die um die Anfrage $\neg r$ erweiterte Formel $F' = F \wedge \neg r$, dann ist F' unerfüllbar. Wir erhalten nämlich $Res^2(F') = \{R_2, R_1, \neg r\} \cup F$ und können aus $\{r\}$ und $\{\neg r\}$ die Klausel $\{\bigcirc\}$ herleiten.   ♦

Beim Resolutionsverfahren wendet man, fortgesetzt die Regel R1 auf eine Klauselmenge F an. Wir erhalten die Folge $F, Res(F), \ldots, Res^k(F)$, bis $\bigcirc \in Res^n(F)$ erreicht ist, oder keine neue Resolvente mehr gefunden werden kann. Hatte F die Form $F_1 \wedge \cdots \wedge F_n \wedge \neg G$, so ist G im ersten Fall aus $F_1 \wedge \cdots \wedge F_n$ ableitbar, im zweiten Fall nicht. Ersteres folgt aus der Korrektheit der Regel R1. Um einzusehen, daß G im zweiten Fall wirklich nicht ableitbar ist, benötigen wir die Vollständigkeit des Resolutionskalküls:

Satz 4.12 (Resolutionskalkül): *Der Resolutionskalkül ist korrekt und vollständig.*

Wegen Satz 4.11 ist nur zu beweisen: Wenn F unerfüllbar ist, gibt es ein k so, daß $\bigcirc \in Res^k(F)$. Dies ist gleichbedeutend mit: Ist F unerfüllbar, dann gibt es eine noch nicht in F enthaltene, neue Resolvente R zu zwei Klauseln von F oder es gilt $\bigcirc \in F$.

Aufgabe 4.10: Beweisen Sie die Gleichwertigkeit dieser beiden Aussagen. Hinweis: die Menge der möglichen Resolventen ist endlich, da man aus den endlich vielen Atomen in F nur endlich viele verschiedene Formeln in KNF bilden kann.

Zum Beweis der zweiten Aussage sei $\{p_1, \ldots, p_m\}$ die Menge der Atome, die in der Form p_i oder $\neg p_i$ als Literale in F vorkommen. Vollständige Induktion nach m ergibt:

1. Induktionsanfang, $m = 0$: Wenn F kein einziges Atom enthält, so muß $F = \{O\}$ gelten und die Aussage ist richtig.

2. Induktionsschritt: die Aussage sei für alle Formeln mit $m' < m$ Atomen richtig. Wir betrachten eine Formel F mit m Variablen und nehmen $O \notin F$ an. Dann gilt für alle Interpretationen $\Im_\sigma(F) = O$, da F nach Voraussetzung unerfüllbar ist. Insbesondere gilt $\Im_\sigma(F[O/p_m]) = O$, $\Im_\sigma(F[L/p_m]) = O$ für beliebige Belegungen der verbleibenden $m - 1$ Atome $p_1, \ldots, p_{m-1}$.

   Wir betrachten die unerfüllbare Formel $F_0 = F[O/p_m]$: Sie entsteht aus F, indem wir Klauseln, die $\neg p_m$ enthalten, weglassen, da sie den Wert L haben; in Klauseln, die p_m enthalten, können wir hingegen p_m weglassen, da $p_m = O$ nicht positiv zum Ergebnis beiträgt. F_0 ist eine Formel mit $m - 1$ Atomen.

   F_0 ist ebenso wie $F_1 = F[L/p_m]$ unerfüllbar. Nach Induktionsannahme können wir daher entweder eine neue Resolvente $R(F_0)$ für eines der Atome $p_1, \ldots, p_{m-1}$ finden; diese ist dann auch eine neue Resolvente für F, wenn wir eventuell weggelassene p_m's wieder ergänzen. Oder es gilt $O \in F_0$. Ebenso schließt man, daß entweder $O \in F_1$ oder eine auch für F brauchbare, neue Resolvente $R(F_1)$ existiert. Da nach Annahme $O \in F$ nicht galt, kann $O \in F_0$, $O \in F_1$ nur gelten, wenn es eine Resolvente $R(F)$ gibt, die p_m zusammen mit $\neg p_m$ reduziert.   ♦

Das Resolutionsverfahren verursacht, ähnlich dem Problem SAT, S. 146, im allgemeinen Fall nicht-polynomiellen Aufwand. Man kann aber zeigen, daß für die Klasse der Hornformeln (anstelle beliebiger Klauselmengen) Satz 4.12 richtig bleibt, wenn wir uns bei der Bildung von Resolventen auf Klauseln K_1, K_2 beschränken, von denen mindestens eine nur aus dem zu resolvierenden Literal L bzw. $\neg L$ besteht. Man spricht dann von **Einheitsresolution**. Einheitsresolution verkürzt fortwährend die Klauselmenge, und das Resolutionsverfahren endigt nach polynomiell vielen Schritten. Wir kommen auf die Resolution in 4.2.4 zurück.

4.1.6 Junktoren

Die Wahrheitstafel in Tab. 4.2 lehrt, daß es 2^{2^k} verschiedene Formeln von k Variablen gibt, die sich nicht durch syntaktische Umformung ineinander überführen lassen: Für jede der 2^k Zeilen in Tab. 4.2 können wir alternativ O oder

L einsetzen; jede Kombination von 2^k solcher Werte ergibt eine andere Formel. Wenn wir aussagenlogische Formeln F unter solchen Gesichtspunkten betrachten, heißen sie auch **boolesche Funktionen** oder **Schaltfunktionen**. Wir sagen „F ist gültig für die Variablenbelegung σ", wenn $F\sigma = $ L nach syntaktischer Umformung.

Für $k = 1$ ergeben sich $2^{2^1} = 4$ solcher Funktionen, nämlich O, L (identisch falsch bzw. wahr), p und $\neg p$.

Für $k = 2$ haben wir die $2^{2^2} = 16$ Funktionen $p\,\tau\,q$ zweier Variabler in Tab. 4.4 zusammengestellt. Jede Zeile listet die Kombinationen der Werte von p, q auf, für die $p\,\tau\,q$ gültig ist. Die dabei verwendeten Verknüpfungen von ein oder zwei Variablen heißen **Junktoren**.

Tabelle 4.4: Junktoren

O	O	L	L	p	Erläuterung
O	L	O	L	q	
O	O	O	O	O	identisch O
O	O	O	L	$p \wedge q$	
O	O	L	O	$\neg(p \to q)$	$p \wedge \neg q$
O	O	L	L	p	
O	L	O	O	$\neg(q \to p)$	
O	L	O	L	q	
O	L	L	O	$\neg(p \equiv q) = p \oplus q$	exklusives oder, p xor q
O	L	L	L	$p \vee q$	
L	O	O	O	$\neg(p \vee q) = p\,\overline{\vee}\,q$	p nor q
L	O	O	L	$p \equiv q$	$p \Leftrightarrow q$
L	O	L	O	$\neg q$	
L	O	L	L	$\neg q \vee p$	$q \to p$
L	L	O	O	$\neg p$	
L	L	O	L	$\neg p \vee q$	$p \to q$
L	L	L	O	$\neg(p \wedge q) = p\,\overline{\wedge}\,q$	p nand q
L	L	L	L	L	identisch L

Die Funktion p nand q ist auch als **Peirce-Funktion**, p nor q in der Notation p/q als **Sheffer-Funktion** oder **Shefferscher Strich** bekannt. Alle 4 Funktionen je einer Variablen tauchen ebenfalls wieder auf.

Aufgabe 4.11: Zeigen Sie, daß alle booleschen Funktionen F von $k' < k$ Variablen auch zu den Funktionen von k Variablen gehören. Wie oft taucht F in der Liste der Funktionen von k Variablen maximal auf?

Aufgabe 4.12: Alle 16 Funktionen zweier Variabler können alleine durch $\neg$ und $\vee$ bzw. $\neg$ und $\wedge$ ausgedrückt werden. Insbesondere genügt es in Beweisen, wenn man sich auf eines dieser Paare von Operatoren beschränkt. Zeigen Sie, daß auch der SHEFFERsche Strich oder die PEIRCE-Funktion jeweils allein ausreichen, um alle 16 Funktionen wiederzugeben.

Aufgabe 4.13: Geben Sie eine disjunktive Normalform für jede der 16 Funktionen zweier boolescher Variabler an.

Wegen $p = (p \wedge q) \vee (p \wedge \neg q)$ und $\neg p = (\neg p \wedge q) \vee (\neg p \wedge \neg q)$ kann man alle Lösungen der Aufgabe 4.13 in der Form $(L_{1p} \wedge L_{1q}) \vee (L_{2p} \wedge L_{2q})$ schreiben mit $L_{ip} = p$ oder $L_{ip} = \neg p$; L_{iq} ist ebenso definiert.

Eine Konjunktion $K = L_{i1} \wedge L_{i2} \wedge \cdots \wedge L_{ik}$ in der *alle* Variablen $p_1, \ldots, p_k$ einer Formel F je einmal vorkommen, entweder positiv, $L_{ij} = p_j$, oder negativ, $L_{ij} = \neg p_j$, heißt ein **Minterm** von F. Eine DNF, in der nur Minterme vorkommen, heißt **vollständige disjunktive Normalform**. Analog heißt eine Disjunktion $D = L_{i1} \vee L_{i2} \vee \cdots \vee L_{ik}$, in der alle Variablen genau einmal positiv oder negativ vorkommen, ein **Maxterm** und eine KNF, die nur aus Maxtermen besteht, eine **vollständige konjunktive Normalform**.

Einen Minterm $L_{i1} \wedge L_{i2} \wedge \cdots \wedge L_{ik}$ können wir durch eine Sequenz $S =$ LOL $\cdots$ LLOO von k Os und Ls wiedergeben, wobei $S_j =$ L genau dann gilt, wenn L_{ij} positiv ist. Man sieht, daß die Sequenz die (einzige) Belegung der Variablen angibt, für die der Minterm den Wert L erhält. Der Vergleich mit dem allgemeinen Schema einer Wahrheitstafel in Tab. 4.2 ergibt daher

Satz 4.13 (*Bestimmung der DNF mit Wahrheitstafeln*):
Gegeben sei eine boolesche Funktion F von k Variablen. Es gebe l Belegungen σ_i, $i = 1, \ldots, l$, $l \geq 0$, für die F wahr ist. Dann ist $F = K_1 \vee K_2 \vee \cdots \vee K_l$ die disjunktive Normalform von F, wobei die K_i diejenigen Minterme sind, die wir erhalten, wenn wir die Zeilen zu σ_i in Tab. 4.2 als Sequenzen S_i auffassen.

Satz 4.13 liefert neben dem Beweis von Satz 4.7 eine zweite Methode zur Konstruktion der disjunktiven Normalform: Wir bestimmen aus einer Wahrheitstafel alle Belegungen, für die die Formel wahr ist; jede solche Belegung liefert einen Minterm der DNF.

Da wir nach Satz 4.7 zur DNF keinen Minterm hinzunehmen oder wegnehmen können, ohne die Erfüllbarkeit der Formel zu verändern, gilt außerdem

Satz 4.14: *Die DNF mit Mintermen ist bis auf die Reihenfolge der Konjunktionen und der Literale in den Konjunktionen eindeutig.*

Ebenso zeigt man, daß sich die KNF in eindeutiger Weise aus Maxtermen zusammensetzt.

Man beachte, daß man genau dann die DNF O erhält, wenn die Formel unerfüllbar ist, da dann die Menge $K_{i_1} \vee K_{i_2} \vee \cdots \vee K_{i_k}$ der erfüllbaren Terme leer ist und entsprechend (4.6) $\bigvee_{i=1}^{n} K = O$ gesetzt wird.

4.1.7 Schaltfunktionen

In der digitalen Schaltung der Abb. 4.1 mit n Eingängen und m Ausgängen realisiert der schwarze Kasten eine der m Schaltfunktionen $e_i = f_i(p_1, \ldots, p_n)$, $i = 1, \ldots, m$, da gemäß der Definition von *digital* die Eingangs- und Ausgangswerte nur O oder L, in der elektronischen Technik Impuls oder Spannung vorhanden oder nicht vorhanden, sein können.

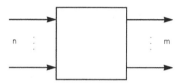

Abbildung 4.1: Schaltfunktion mit n Ein- und m Ausgängen

Schaltfunktionen kann man durch gerichtete Graphen wiedergeben. Die Ecken repräsentieren ein- oder zweistellige Junktoren oder Verzweigungen wie in Abb. 4.2. Verzweigungen leiten einen Eingangswert an mehrere Ecken weiter.

Abbildung 4.2: Eine Verzweigung

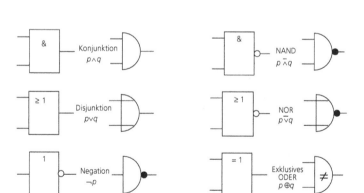

Abbildung 4.3: Schaltzeichen

Die Realisierung einer der Grundfunktionen aus Tab. 4.4 durch eine elektrische Schaltung heißt ein **Gatter**. Gerichtete azyklische Graphen mit Gattern und Verzweigungen als Ecken heißen **Schaltnetze**. Die Abb. 4.3 zeigt die Symbole für die wichtigsten Grundfunktionen; links ist jeweils das Symbol nach DIN 40 900, rechts das früher übliche Symbol angegeben. Diese Grundfunktionen

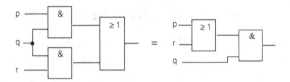

Abbildung 4.4: Distributivgesetz

heißen **Schaltglieder** (**Und-Glied, Oder-Glied** usw.). Da die Assoziativ- und Kommutativgesetze gelten, darf man die Und- und Oder-Glieder auch mit mehr als zwei Eingängen versehen.

Wir können die Graphen mit den Gesetzen der booleschen Algebra vereinfachen. So zeigt das Distributivgesetz in Abb. 4.4, daß wir statt mit 3 auch mit 2 Gattern auskommen können. Wir können die Abb. 4.4 auf verschiedene Weisen lesen: „liefere ein Ausgangssignal, wenn wenigstens eines der Eingangssignale p und r sowie das Eingangssignal q vorliegt" oder „leite die Eingangssignale p oder r in Abhängigkeit von q weiter". Im ersten Fall verdeutlichen wir, daß p, q, r drei Eingabedaten sind, die zum Ergebnis beitragen. Die Daten „fließen" durch das Schaltnetz; wir nennen dieses daher auch einen **Datenflußplan**. Im zweiten Fall fassen wir nur p und r als Eingabedaten auf; q ist ein **Steuerdatum**, das die Verarbeitung der Eingabedaten steuert. Bei der Datenübertragung haben wir es oft mit Steuerdaten zu tun; bei der eigentlichen Datenverarbeitung sind Steuerdaten Entscheidungen, die den weiteren Weg der Signale durch das Schaltnetz steuern; insbesondere können sie dazu dienen, den Zeitpunkt zu bestimmen, zu dem ein Signal weitergeleitet werden soll.

Beispiel 4.12: Die Addition zweier Bits mit Übertrag im Binärsystem leistet ein **Halbaddierer**, ein Schaltnetz mit zwei Eingängen p, q und zwei Ausgängen, der Summe s und dem Übertrag $ü$. Die Abb. 4.5 zeigt nebeneinander die Wahrheitstafel, ein Schaltnetz und das übliche Schaltsymbol. Die Bezeichnung CO im Schaltsymbol steht für engl. *carry out*.   ♦

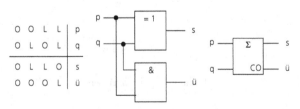

Abbildung 4.5: Halbaddierer

Aufgabe 4.14: Geben Sie Schaltnetze für den Halbaddierer an, die nur mit dem Nicht-, Und- und Oder-Glied bzw. dem Und- und Nand-Glied arbeiten.

Beispiel 4.13: Schreiben wir nicht-negative ganze Zahlen in der Form $x = \sum_{i=0}^{n} a_i 2^i$, vgl. B.2.1, so ergibt sich für die Addition einer Zahl $y = \sum_{i=0}^{n} b_i 2^i$ für $i > 0$ in der i-ten Stelle

$$(x + y)_i = a_i + b_i + \text{Übertrag aus der } (i - 1)\text{-ten Stelle.}$$

Die Berechnung von $(x + y)_i$ leistet der **Volladdierer** in Abb. 4.6. Hier steht *CI* für engl. *carry in*.

Tabelle 4.5: Wahrheitstabelle Volladdierer

O	O	O	O	L	L	L	L	a_i
O	O	L	L	O	O	L	L	b_i
O	L	O	L	O	L	O	L	$ü$
O	L	L	O	L	O	O	L	s
O	O	O	L	O	L	L	L	$ü$

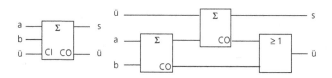

Abbildung 4.6: Schaltsymbol und Schaltnetz Volladdierer

Abb. 4.7 zeigt wie man Halb- und Volladdierer zusammensetzen kann, um mehrstellige Zahlen zu addieren. Der letzte Übertrag $ü$ zeigt an, daß wir das Ergebnis nicht mit 3 Stellen repräsentieren können. Im Fall $ü = $ L sprechen wir von einem **Überlauf**[5].   ♦

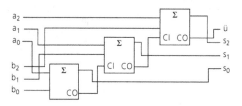

Abbildung 4.7: Ein dreistelliger Addierer

---

5. engl. *overflow*.

Tabelle 4.6: Gray-Code

0	OOOO	5	OLLL
1	OOOL	6	OLOL
2	OOLL	7	OLOO
3	OOLO	8	LLOO
4	OLLO	9	LLOL

Beispiel 4.14: Die Tab. 4.6 zeigt ein Beispiel einer Codierung der Ziffern $0 \cdots 9$ mit der Eigenschaft, daß sich benachbarte Ziffern nur in einem Bit unterscheiden. Solche Codes heißen **Gray-Codes**. Die Abbildung 4.8 ist ein Schaltnetz, zur Umsetzung dieses Codes in die Codierung $x = \sum_{i=0}^{n} a_i 2^i$.

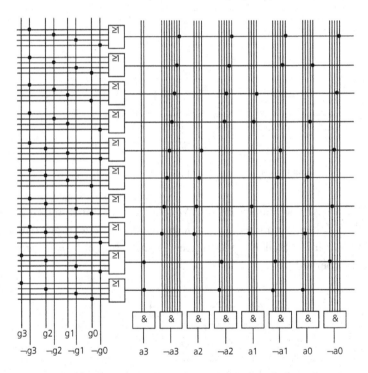

Abbildung 4.8: Codeumsetzer von Gray-Code in Stellencode

Das abgebildete Netz zeigt den Gebrauch einer DNF mit Mintermen. Ist $C = K_0 \vee K_1 \vee \cdots \vee K_q$ die DNF der zulässigen Codierungen durch die Sequenzen aus Tab. 4.6, so entspricht der linke Teil des Netzes der Erzeugung je eines Ausgangssignals für jede Codesequenz K_i. Entsprechend bestimmen die

Konjunktionen in der DNF der Ausgabecodierung die Lage der Verzweigungen im rechten Teil des Netzes. Aus schematischen Gründen haben wir statt vier acht Eingabe- und Ausgabesignale benutzt. In der Eingabe läßt sich dies durch die Schaltung in Abb. 4.9 rückgängig machen. In der Ausgabe ist für ein Eingabezeichen immer nur eine der Leitungen $a, \neg a$ belegt.   ♦

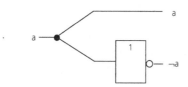

Abbildung 4.9: Aus eins mach zwei.

4.1.7.1 Minimierung von Schaltfunktionen

Eine Schaltfunktion kann durch ein Netz mit unterschiedlichen Gattertypen dargestellt werden. Man interessiert sich daher für das kleinste Netz, das eine gegebene Schaltfunktion realisiert. Wir beschränken uns hier auf die Junktoren $\wedge, \vee$ und $\neg$ und geben sie, wie in der technischen Informatik und der Elektrotechnik weithin üblich, durch Produkt, $p \wedge q = p \cdot q = pq$, Summe, $p \vee q = p + q$ und Überstreichen $\neg p = \bar{p}$, wieder. Ferner benutzen wir die Buchstaben $x, y, z, \ldots$, um Literale wiederzugeben; es kann also $x = p$ oder $x = \bar{p}$ gelten. Wir fragen nach der **minimalen disjunktiven Normalform** einer als vollständige DNF vorgegebenen booleschen Funktion $f = f(p_1, \ldots, p_n)$ von n Variablen.

Für die Definition *minimale DNF* kann man verschiedene Kriterien betrachten: Das Kriterium „Anzahl der insgesamt vorkommenden Literale minimal" liefert die geringste Anzahl an Eingängen (Variablen) und $\wedge$-Verknüpfungen. Das Kriterium „Anzahl der Konjunktionen minimal" minimiert die Anzahl der $\vee$-Verknüpfungen. Wir beschränken uns hier auf das erste Kriterium. Die anzuwendenden Methoden lassen sich auf das zweite und weitere Kriterien verallgemeinern.

Heute setzt man Schaltfunktionen oft aus vorgefertigten Bausteinen zusammen, die oft wesentlich mehr Funktionalität enthalten als für den gegebenen Zweck nötig. Die Entwicklung spezieller Bausteine mit angepaßter Funktionalität würde in den meisten Anwendungen unverhältnismäßig hohe Kosten verursachen. Die Minimierung spielt daher nicht mehr die überragende Rolle wie früher. Die Minimierung hat allerdings noch andere Anwendungen, wie wir etwa in 4.1.8.1 sehen werden.

Eine Konjunktion $K = x_1 \cdots x_k$ ist ein **Implikant** einer Schaltfunktion $f = f(p_1, \ldots, p_n)$, wenn $K \to f$ gilt. Für jede Belegung der Variablen muß also aus $K = \mathsf{L}$ folgen $f = \mathsf{L}$. K heißt ein **Primimplikant** von f, wenn es bezüglich der Eigenschaft *Implikant* minimal ist, d. h. , wenn das Streichen eines

Literals x aus K die Eigenschaft *Implikant* beseitigt. Offenbar darf die minimale DNF von f nur Primimplikanten enthalten. Es sind aber nicht unbedingt alle Primimplikanten erforderlich. Ein Verfahren zur Bestimmung der minimalen DNF besteht daher aus zwei Schritten:

1. Bestimmung der Primimplikanten ausgehend von einer vollständigen DNF;
2. Auswahl der Primimplikanten, die unbedingt zur minimalen DNF erforderlich sind.

Die Menge der Primimplikanten ist eindeutig bestimmt; für die Auswahl kann es aber verschiedene Möglichkeiten geben.

Der Beweis zu Satz 4.13 zeigt, daß alle Minterme der vollständigen DNF von f Implikanten sind. Es gilt auch die Umkehrung: Ist ein Minterm Implikant, so gehört er zur vollständigen DNF. Sei nun K ein Implikant, $K = x_1 \cdots x_{k-1} p$, aus dem man die Variable p streichen kann, ohne die Implikanteneigenschaft zu verlieren. Dann ist auch $K' = x_1 \cdots x_{k-1} \bar{p}$ ein Implikant. Das Streichen einer Variablen bedeutet also die Zusammenfassung

$$K + K' = x_1 \cdots x_{k-1}(p + \bar{p}) = x_1 \cdots x_{k-1} \tag{4.45}$$

zweier Implikanten mit Hilfe der Beziehung $p + \bar{p} = p \vee \neg p = \mathsf{L}$.

Beispiel 4.15: Sei $f = abcd + a\bar{b}c\bar{d} + a\bar{b}cd + abc\bar{d} + \bar{a}\bar{b}c\bar{d}$. Die vollständige DNF enthält fünf Implikanten. Zum Streichen von Variablen duplizieren wir einige Konjunktionen unter Nutzung der Idempotenz $K = K + K$ und erhalten

$$
\begin{aligned}
f &= abcd + a\bar{b}c\bar{d} + a\bar{b}cd + abc\bar{d} + \bar{a}\bar{b}c\bar{d} \\
&= (abcd + a\bar{b}cd) + (abcd + abc\bar{d}) + \\
&\quad (a\bar{b}c\bar{d} + a\bar{b}cd) + (a\bar{b}c\bar{d} + abc\bar{d}) + \\
&\quad (a\bar{b}c\bar{d} + \bar{a}\bar{b}c\bar{d}) \\
&= (acd + ac\bar{d}) + (abc + a\bar{b}c) + bc\bar{d} \\
&= ac + \bar{b}c\bar{d}.
\end{aligned}
$$

Die Klammerausdrücke lassen sich zusammenfassen; die Konjunktion ac ergibt sich auf zwei verschiedene Weisen. ac und $\bar{b}c\bar{d}$ sind Primimplikanten.   ♦

Für algorithmische Verfahren greift man auf die Darstellung der Minterme durch Sequenzen $S = \mathsf{OL} \cdots \mathsf{LOL}$ zurück, die wir bei Satz 4.13 einführten: Wir numerieren unsere Variablen p_i von 0 bis $n - 1$ und setzen L bzw. O ein, je nachdem, ob p_i positiv oder negativ vorkommt. Ein Minterm $S = x_0 \cdots x_{n-1}$ entspricht dann unter anderem einer ganzen Zahl $S \triangleq \sum_{i=0}^{n} x_i 2^i$, $x_i \in \{0, 1\}$, $0 \leqslant S \leqslant 2^n - 1$; diese Zahl heißt die **Nummer des Minterms**. Streichen wir x_i aus der Konjunktion, so ersetzen wir es in der Sequenz durch einen Strich – und sagen „p_i ist unbedeutend"[6]. Solche Sequenzen können wir nicht mehr als Zahlen auffassen.

---

6. Im Englischen heißt p_i eine **don't care** Variable.

Beispiel 4.16: Sei $f = \bar{a}\bar{b}\bar{c}\bar{d} + \bar{a}\bar{b}\bar{c}d + \bar{a}\bar{b}c\bar{d} + \bar{a}bcd + \bar{a}bcd + a\bar{b}\bar{c}\bar{d} + a\bar{b}\bar{c}d + a\bar{b}c\bar{d} +$ $abc\bar{d} + abcd$. Dann gilt in Sequenzenschreibweise ($a \triangleq p_3, \ldots, d \triangleq p_0$):

$$
\begin{aligned}
f \;=\; & \text{OOOO} + \text{OOOL} + \text{OOLO} + \text{OOLL} + \text{OLLL} + \\
& \text{LOOO} + \text{LOOL} + \text{LOLO} + \text{LLLO} + \text{LLLL}
\end{aligned}
$$

Mit Zahlen codiert haben wir $f = \{0, 1, 2, 3, 7, 8, 9, 10, 14, 15\}$. Die Primimplikanten sind

$$
\begin{aligned}
f \;=\; & (\text{OOOO} + \text{OOOL}) + (\text{OOOO} + \text{OOLO}) + (\text{OOOO} + \text{LOOO}) + \\
& (\text{OOOL} + \text{OOLL}) + (\text{OOOL} + \text{LOOL}) + \\
& (\text{OOLO} + \text{OOLL}) + (\text{OOLO} + \text{LOLO}) + \\
& (\text{LOOO} + \text{LOOL}) + (\text{LOOO} + \text{LOLO}) + \\
& (\text{OOLL} + \text{OLLL}) + (\text{LOLO} + \text{LLLO}) + \\
& (\text{OLLL} + \text{LLLL}) + (\text{LLLO} + \text{LLLL}) \\
\;=\; & \text{OOO-} + \text{OO-O} + \text{-OOO} + \\
& \text{OO-L} + \text{-OOL} + \text{OOL-} + \text{-OLO} + \text{LOO-} + \text{LO-O} + \\
& \text{O-LL} + \text{L-LO} + \text{-LLL} + \text{LLL-} \\
\;=\; & (\text{OOO-} + \text{LOO-}) + (\text{OO-O} + \text{OO-L}) + \\
& (\text{OO-O} + \text{LO-O}) + (\text{-OOO} + \text{-OOL}) + \\
& \text{O-LL} + \text{L-LO} + \text{-LLL} + \text{LLL-} \\
\;=\; & \text{-OO-} + \text{OO--} + \text{-O-O} + \text{O-LL} + \text{L-LO} + \text{-LLL} + \text{LLL-}.
\end{aligned}
$$

Es gibt insgesamt sieben Primimplikanten. Von diesen benötigen wir für die minimale DNF nur vier. Für f gibt es nämlich die minimalen Darstellungen:

$$
\begin{aligned}
f_1 \;=\;& \text{O-LL} + \text{LLL-} + \text{-OL-} + \text{-O-L} \\
\;=\;& \bar{a}cd + abc + \bar{b}c + \bar{b}d \qquad\qquad (4.46)
\end{aligned}
$$

oder

$$
\begin{aligned}
f_2 \;=\;& \text{L-LO} + \text{-LLL} + \text{OO--} + \text{-OL-} \\
\;=\;& ac\bar{d} + bcd + \bar{a}\bar{b} + \bar{b}c. \qquad\qquad \blacklozenge\ (4.47)
\end{aligned}
$$

QUINE[7] erkannte die Systematik, die beim Duplizieren der Sequenzen anzuwenden ist. Er ordnete die Sequenzen in einer Tabelle an. Tab. 4.7 zeigt sie für das Beispiel 4.16. Die Terme sind in Gruppen nach aufsteigender Zahl von L angeordnet. Unter der Ordnung eines Terms versteht man die Anzahl der in ihm enthaltenen unbedeutenden Variablen (Anzahl der –). Zwei Terme der

---

7. WILLARD VAN ORMAN QUINE, amerikanischer Logiker und Philosoph, 1908-2000.

Tabelle 4.7: Erste Quinesche Tabelle

Minterm Nr.	Terme Ordn. 0 $abcd$	Zusammen-fassung von Nr.	Terme Ordn. 1 $abcd$	Zusammen-fassung von Nr.	Terme Ordn. 2 $abcd$
0	0000	0,1	000–	0,1,2,3	00–– **E**
1	000L	0,2	00–0	0,1,8,9	–00– **F**
2	00L0	0,8	–000	0,2,8,10	–0–0 **G**
8	L000	1,3	00–L		
3	00LL	1,9	–00L		
9	L00L	2,3	00L–		
10	L0L0	2,10	–0L0		
7	0LLL	8,9	L00–		
14	LLL0	8,10	L0–0		
15	LLLL	3,7	0–LL **A**		
		10,14	L–L0 **B**		
		7,15	–LLL **C**		
		14,15	LLL– **D**		

Ordnung k können höchstens dann mit Hilfe von (4.45) zu einem Term der Ordnung $k+1$ zusammengefaßt werden, wenn sie zu zwei benachbarten Gruppen gehören, da sie sich nur dann in höchstens einer Variablen unterscheiden können. Die dritte Spalte gibt die Nummern der zusammengefaßten Terme der Ordnung 1 und die vierte Spalte die zugehörige Sequenz an. Wir erreichen diese Zusammenfassung, indem wir paarweise Terme aus je zwei aufeinanderfolgenden Gruppen der Spalte 1 miteinander vergleichen. Das Verfahren wird unter Zufügung weiterer Spalten solange wiederholt, wie es Möglichkeiten der Zusammenfassung gibt. Terme, die sich nicht weiter zusammenfassen lassen, sind Primimplikanten; in Tab. 4.7 sind sie mit **A–G** bezeichnet. Es gilt also

$$f = \text{A} \vee \text{B} \vee \text{C} \vee \text{D} \vee \text{F} \vee \text{G}.$$

Die Konstruktion von Termen einer Ordnung $\geqslant 2$ ist nicht eindeutig: Den Term $0, 1, 2, 3$ erhält man sowohl aus den Termen $0, 1$ und $2, 3$ als auch aus den Termen $0, 2$ und $1, 3$. Jeder Term wird jedoch nur einmal in die Tabelle eingetragen.

Ein Implikant K' **überdeckt** einen anderen Implikanten K, wenn $K \to K'$. Insbesondere überdeckt ein Primimplikant alle Minterme, die zu ihm beigetragen haben. Im Beispiel überdecken E, F und G jeweils 0000. Die Tab. 4.8 zeigt alle Überdeckungen für das Beispiel und ergibt sich aus den Zusammenfassungsspalten der ersten Quineschen Tabelle.

Die minimierte Form der Funktion f erhalten wir nun durch Bestimmung einer geeigneten Teilmenge von Primimplikanten, die zusammen alle Minterme überdecken. Diese Menge wurde von Quine rein intuitiv bestimmt. McCluskey

Tabelle 4.8: Zweite QUINEsche Tabelle

		0	1	2	3	7	8	9	10	14	15
A					*	*					
B								*	*		
C					*						*
D										*	*
E		*	*	*	*						
F		*	*			*	*				
G		*		*		*		*			

gab hierzu ein Verfahren an, weshalb der gesamte Algorithmus als **Verfahren von QUINE-McCLUSKEY** bekannt ist. Dazu überlegte er, daß man in der zweiten QUINEschen Tabelle je einen Primimplikanten aus jeder Spalte zur Überdeckung des jeweiligen Minterms benötigt. Bezeichnet w_X die Aussage *wähle Primimplikant X*, so ist also

$$\ddot{u}_f = (w_E \vee w_F \vee w_G) \wedge (w_E \vee w_F) \wedge (w_E \vee w_G) \wedge (w_A \vee w_E) \wedge$$
$$(w_A \vee w_C) \wedge (w_F \vee w_G) \wedge w_F \wedge (w_B \vee w_G) \wedge (w_B \vee w_D) \wedge$$
$$(w_c \vee w_D).$$

Die einzelnen Disjunktionen geben für jeden Minterm an, welche Primimplikanten ihn überdecken. Aus Tab. 4.8 kann $\ddot{u}_f$ direkt in KNF abgelesen werden.

Der Term $\ddot{u}_f$ wird nun in disjunktive Form gebracht. Jede einzelne Konjunktion entspricht dann einer Überdeckung aller Minterme durch Primimplikanten:

$$\ddot{u}_f = w_A w_B w_E w_F w_D \vee w_B w_C w_E w_F \vee w_A w_B w_C w_F w_G \vee$$
$$w_C w_D w_E w_F w_G \vee w_A w_D w_F w_G. \tag{4.48}$$

Aus diesen möglichen Überdeckungen wählen wir eine Konjunktion, die eine minimale Anzahl von Variablen enthält. Dies entspricht einer Überdeckung aller Minterme mit einer minimalen Menge von Primimplikanten. Hier also $\ddot{u}_{f_1} = w_B w_C w_E w_F$ oder $\ddot{u}_{f_2} = w_A w_D w_F w_G$. Diese beiden Überdeckungen liefern nach Einsetzen die oben angegebenen minimalen disjunktiven Normalformen (4.46) und (4.47).

Beispiel 4.17: Die Minimierung können wir auch durch das folgende Termersetzungssystem erhalten:

$$(K \wedge p) \vee (K \wedge \neg p) \quad \rightarrow \quad K$$

$$(K \wedge p) \vee (K \wedge q \wedge \neg p) \quad \rightarrow \quad (K \wedge q) \vee (K \wedge p)$$

$$(K \wedge \neg p) \vee (K \wedge q \wedge p) \quad \rightarrow \quad (K \wedge q) \vee (K \wedge \neg p)$$

$$(K \wedge p) \vee (K \wedge \neg q \wedge \neg p) \quad \rightarrow \quad (K \wedge \neg q) \vee (K \wedge p)$$

$$(K \wedge \neg p) \vee (K \wedge \neg q \wedge p) \quad \rightarrow \quad (K \wedge \neg q) \vee (K \wedge \neg p)$$

$$p \vee \neg p \quad \rightarrow \quad \mathsf{L}$$

$$K \vee \mathsf{L} \quad \rightarrow \quad \mathsf{L}$$

$$p \wedge \mathsf{L} \quad \rightarrow \quad p.$$

Dabei steht K jeweils für eine (verkürzte) Konjunktion oder den Rest einer solchen Konjunktion (ausgenommen p). Die erste Regel entspricht (4.45). Die nächsten vier Regeln erlauben es, eine bereits verkürzte Konjunktion nochmals zur Verkürzung bezüglich einer anderen Variablen zu verwenden.

Setzen wir $f \prec f'$, wenn f' durch Anwendung von Regeln aus f hervorgeht, so ist $\prec$ eine strenge Halbordnung auf der Menge aller mit f äquivalenten Formeln. Die Halbordnung ist offenbar noethersch. Das vorangehende Beispiel zeigt jedoch, daß sie nicht konfluent ist, da die minimale Menge der benötigten Primimplikanten nicht eindeutig bestimmt ist.   ♦

Aufgabe 4.15: Zeigen Sie, daß $\prec$ eine noethersche Halbordnung ist.

Aufgabe 4.16: Führen Sie die Minimierung der Funktion f aus Beispiel 4.16 mit Hilfe des Termersetzungssystems durch.

Aufgabe 4.17: Zeigen Sie, daß die DNF der Paritätsfunktion F_n aus Beispiel 4.10 mit 2^{n-1} Termen minimal ist.

4.1.8 Geordnete binäre Entscheidungsdiagramme

Oft genügt es nicht, zu einer boolescher Funktion $f(p_1, \ldots, p_n)$ die minimale DNF und dann eine Realisierung mit Schaltkreisen anzugeben. Zusätzlich möchte man im Vorfeld der Realisierung Aufgaben wie

- sind f, f' die gleichen booleschen Funktionen?
- liefere $x = f(p_1, \ldots, p_n)$ zu vorgegebener Belegung $(p_1, \ldots, p_n)$;
- bestimme $f'' = f \otimes f'$, wobei $\otimes$ ein beliebiger Junktor ist;

lösen. Die ersten beiden Fragen lassen sich bei geeigneter Sortierung der Terme mit der minimalen DNF einfach beantworten. Die Verknüpfung boolescher Funktionen erfordert jedoch Rechenaufwand, um wieder eine DNF herzustellen.

Zusätzlich sahen wir in Beispiel 4.10 und den Aufgaben 4.7, 4.17, daß bereits die DNF der einfachen Paritätsfunktion F_n aus 2^{n-1}, also exponentiell vielen Mintermen, besteht und sich nicht weiter vereinfachen läßt. Bei schwierigeren Aufgaben wie der Addition oder Multiplikation wird dieser Aufwand nicht geringer werden.

Um diese Fragen anzugehen, stellt man boolesche Funktionen $f(p_1, \ldots, p_n)$ durch **geordnete binäre Entscheidungsdiagramme** (OBDD[8]) dar. Dies sind zusammenhängende, azyklische, gerichtete Graphen $G = (E, K)$ wie in den Abb. 4.10 und 4.12, die folgenden Bedingungen genügen:

1. Ein nichtleeres OBDD besitzt genau eine Wurzel $e_0 \in E$ mit $|{}^\bullet e_0| = 0$, die **Quelle** des OBDD.

2. Ein nichtleeres OBDD besitzt höchstens zwei Blätter O, L, mit $|O^\bullet| = |L^\bullet| = 0$, die **Senken** des OBDD.

3. Von jeder inneren Ecke gehen höchstens zwei Kanten aus, die mit O und L markiert sind. (In der graphischen Darstellung sind sie gestrichelt (O) bzw. durchgezogen (L) gezeichnet.)

4. Ein Weg $(e_0, \ldots, e_k)$ von der Quelle e_0 zu einer der beiden Senken $e_k = O$ bzw. $e_k = L$ in einem OBDD mit n Variablen hat höchstens eine Länge $k \leqslant n$. Die Ecken e_i sind für $i < k$ mit einer booleschen Variable p_i markiert. Alle Variablen p_i tauchen auf einem Weg höchstens einmal und auf allen Wegen in der gleichen Reihenfolge auf.

5. Jeder Weg von der Quelle zur Senke L entspricht einem Term $x = x_1 \wedge \cdots \wedge x_r$ in der DNF von $f(p_1, \ldots, p_n)$. Wenn das Atom $x_i = p_i$ positiv in x auftritt, führt der Weg von der Ecke p_i über die mit L markierte Kante. Für $x_i = \neg p_i$ wird die O-Kante genommen. Variable p_j, die im Term x nicht vorkommen, gehören auch nicht zum korrespondierenden Weg.

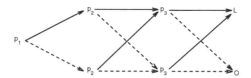

Abbildung 4.10: Das OBDD zur Paritätsfunktion F_g

Im **Entscheidungsbaum** der Abb. 4.11 entspricht jede Verzweigung einer Entscheidung. Alle Variablen kommen höchstens einmal vor, und ihre Reihenfolge ist auf allen Wegen gleich. Daher erhalten wir das OBDD in Abb. 4.12

Abb. 4.10 zeigt, daß wir für die Paritätsfunktion mit $2n + 1$ Ecken statt 2^{n-1} Mintermen auskommen. Das OBDD der Abb. 4.13 berechnet für $n = 3$ das Bit c_n der Summe $(c_n, c_{n-1}, \ldots, c_0) = (a_{n-1}, \ldots, a_0) + (b_{n-1}, \ldots, b_0)$ für die Variablenordnung $a_0, b_0, a_1, b_1, \ldots, a_{n-1}, b_{n-1}$.

---

8. engl. *ordered binary decision diagram*.

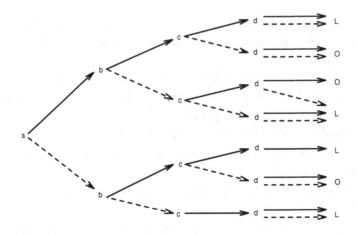

Abbildung 4.11: Ein Entscheidungsbaum

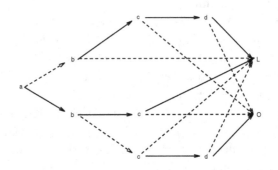

Abbildung 4.12: OBDD zu Abb. 4.11

Aufgabe 4.18 (BRYANT): Geben Sie OBDDs für

$$p_1 \wedge q_1 \vee p_2 \wedge q_2 \vee p_3 \wedge q_3$$

zu den Variablenreihenfolgen $p_1, q_1, p_2, q_2, p_3, q_3$ und $p_1, p_2, p_3, q_1, q_2, q_3$ an.

Die vorangehenden Abbildungen zeigen, daß wir für viele boolesche Funktionen ein OBDD konstruieren können, dessen Eckenzahl $|E|$ höchstens polynomiell mit $c \cdot n^k$ in der Anzahl n der Variablen wächst, wobei c eine Konstante ist. In den Beispielen ist sogar $k = 1$. Aufgabe 4.18 zeigt nun, daß dies eine

Abbildung 4.13: OBDD für das Überlaufbit der Addition zweier 3-stelliger Binärzahlen

Folge der geschickten Variablenordnung ist. Im Fall der Reihenfolge $p_1, p_2, p_3,$ q_1, q_2, q_3 erhalten wir bei Verallgemeinerung von 3 auf n Variable eine Eckenzahl $> 2^n$, die exponentiell mit der Anzahl der Variablen steigt. Glücklicherweise können wir für viele praktisch vorkommende boolesche Funktionen OBDDs mit polynomiell wachsender Eckenzahl angeben. Erst für die Berechnung der beiden mittleren Bits des Produkts zweier Binärzahlen ist exponentielles Wachstum unvermeidlich.

Zu einer booleschen Funktion und gegebener Variablenordnung könnte es mehrere OBDDs geben, wie die Abb. 4.14 und 4.15 zeigen.

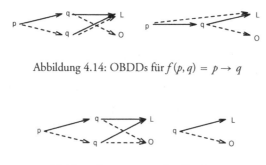

Abbildung 4.14: OBDDs für $f(p, q) = p \rightarrow q$

Abbildung 4.15: OBDDs für $f(p, q) = q$

Mit nur zwei Regeln kann man aber alle verschiedenen OBDDs zur gleichen Funktion und Variablenordnung auf eine einzige Form reduzieren:

R1 (Eliminationsregel): Führen beide eine Ecke p verlassende Kanten zur gleichen Ecke q, p $=$ $=$ $>$ q, so kann man die Ecke p streichen und alle Eingangskanten von p zu Eingangskanten von q machen.

R2 (Verschmelzung): Gibt es Ecken p, q, s, t, so daß die L-Kanten von p und q beide nach s und die O-Kanten von p und q beide nach t führen, so kann man p und die davon ausgehenden Kanten streichen, wenn man alle Eingangskanten von p durch Eingangskanten zu q ersetzt.

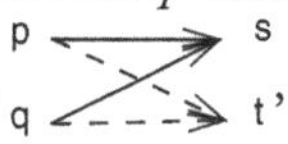

In Abb. 4.14 haben wir R1, in Abb. 4.15 zuerst R2 und dann R1 angewandt.

Satz 4.15: *Jede boolesche Funktion $f(p_1, \ldots, p_n)$ besitzt zu vorgegebener Variablenordnung $v_1, \ldots, v_n$ ein eindeutig bestimmtes OBDD mit minimaler Eckenzahl.*

Zum Beweis setzen wir die Kenntnis eines beliebigen OBDDs für die Funktion f und die vorgegebene Variablenordnung voraus. Ein solches könnten wir etwa erhalten, indem wir von einer vollständigen disjunktiven Normalform für f ausgehen und daraus einen Entscheidungsbaum wie in Abb. 4.11 konstruieren; alle nicht zur Normalform gehörigen Minterme stellen Wege zur Senke O dar. Wenn wir nun die mit L bzw. O markierten Blätter zusammenfassen, haben wir ein OBDD für f. Dann wenden wir die Regeln R1 und R2 so oft wie möglich an. Nun beweisen wir durch vollständige Induktion über die Länge $j \leqslant n+1-i$ der „Endwege", die von einer Ecke p_i zu einer Senke führen, daß der Teil des OBDD, der nur die Senken und Ecken $p_i, \ldots, p_n$ umfaßt, minimal und eindeutig ist.

1. Induktionsanfang: Für $j = 0$ haben wir nur die Senken. Die Minimalität und Eindeutigkeit ist trivial.

2. Induktionsschritt: Wir setzen voraus, daß der Teilgraph des OBDD, der $p_{i+1}, \ldots, p_n$ umfaßt, bereits eindeutig und minimal ist. Daher stellt jeder Weg zu einer Senke in diesem OBDD eine andere boolesche Funktion $s_{i+1}(p_{i+1}, \ldots, p_n)$ dar. Wir betrachten jetzt die *verschiedenen* Funktionen

$$s_i(p_i, \ldots, p_n) = f(a_1, \ldots, a_{i-1}, p_i, \ldots, p_n), a_j \in \{O, L\},$$

die sich durch beliebige Spezialisierung der ersten $i-1$ Argumente ergeben und deren Weg an einer Ecke p_i beginnt. Maximal gibt es 2^{i-1} solcher Funktionen; die Anzahl k könnte jedoch geringer sein, weil mehrere dieser 2^{i-1} Funktionen gleich sind. Nach dem Shannonschen Entwicklungssatz 4.9 gilt

$$s_i(p_i, \ldots, p_n) = p_i \wedge s_i(L, p_{i+1}, \ldots, p_n) \vee \neg p_i \wedge s_i(O, p_{i+1}, \ldots, p_n). \quad (4.49)$$

Die beiden Teilfunktionen sind nach Induktionsannahme eindeutig bestimmt. $s_i(L, p_{i+1}, \ldots, p_n) = s_i(O, p_{i+1}, \ldots, p_n)$ kann nicht vorkommen, da dann mit Regel R1 die Ecke p_i aus dem Graph entfernt worden wäre. Nach Induktionsannahme sind die Wege, die von den zu einem bestimmten $s_i(p_i, \ldots, p_n)$ gehörigen Eingangsecken p_i zu den Senken führen, eindeutig bestimmt. Es kann nur eine solche Ecke geben, andernfalls kann man wegen (4.49) eine dieser Ecken mit R2 entfernen. Daher ist der Teilgraph, der zu den Funktionen $s_i(p_i, \ldots, p_n)$ gehört, eindeutig bestimmt und minimal. Für $i = 1$ liefert dies die Behauptung des Satzes.   ◆

Als Nebenergebnis erhalten wir aus dem Beweis:

Korollar 4.16: *Die Anzahl der Ecken p_i im minimalen OBDD zu $f(p_1, \ldots, p_n)$ mit Variablenordnung $p_1, \ldots, p_n$ ist gleich der Anzahl der verschiedenen Funktionen $f(a_1, \ldots, a_{i-1}, p_i, \ldots, p_n), a_j \in \{O, L\}$ mit*

$$f(a_1, \ldots, a_{i-1}, L, p_{i+1}, \ldots, p_n) \neq f(a_1, \ldots, ai-1, O, p_{i+1}, \ldots, p_n).$$

BRYANT (1992) versteht unter einem OBDD immer das minimale OBDD.

Korollar 4.17: *Eine Formel F ist genau dann allgemeingültig, wenn ihr minimales OBDD nur aus der einen Ecke L besteht.*

Aufgabe 4.19: Beweisen Sie durch Reduktion der OBDDs die Allgemeingültigkeit der Formeln $p \to (q \to p)$, $(p \to (q \to r)) \to ((p \to q) \to (p \to r))$ und $(\neg p \to \neg q) \to (p \to q)$.

Mit der Beweisidee zu Satz 4.15 können wir auch das minimale OBDD zu $f \tau g$ konstruieren: Seien f, g boolesche Funktionen der Variablen $p_1, \ldots, p_n$ und τ ein Junktor. Ferner seien die minimierten OBDDs G_f und G_g zur gleichen Variablenordnung $p_1, \ldots, p_n$ gegeben. Die Funktionen $s_i(p_i, \ldots, p_n)$, $t_i(p_i, \ldots, p_n)$ und $u_i(p_i, \ldots, p_n)$ stellen die Funktionen f, g und $f \tau g$ spezialisiert auf feste Eingaben $a_1, \ldots, a_{i-1}$, $a_j \in \{O, L\}$ dar. Wir konstruieren das OBDD für die u_i, $i = n+1, n, \ldots, 1$ entsprechend dem Induktionsbeweis unseres Satzes:

1. Induktionsanfang $i = n+1$: Die beiden Senken ergeben sich aus den 4 Möglichkeiten $O \tau O$, $O \tau L$, $L \tau O$, $L \tau L$. Besaß eines der OBDDs G_f, G_g eine der Senken nicht, so wird die entsprechende Möglichkeit nicht betrachtet. Damit sind die Senken von $G_{f \tau g}$ bestimmt.

2. Induktionsschritt: Annahme: $G_{f \tau g}$ sei in dem die Variablen $p_{i+1}, \ldots, p_n$ betreffenden Teil bereits eindeutig und minimal konstruiert. Wir betrachten sämtliche möglichen Spezialisierungen $a_1, \ldots, a_{i-1}, a_j \in \{O, L\}$ und unterscheiden drei Fälle:

2a. Weder G_f noch G_g enthalten eine Ecke p_i, zu der der Weg mit Markierung $a_1, \ldots, a_{i-1}$ führt. Dann ist

$$s_i(L, p_{i+1}, \ldots, p_n) \;=\; s_i(O, p_{i+1}, \ldots, p_n) = s_{i+1}(p_{i+1}, \ldots, p_n),$$
$$t_i(L, p_{i+1}, \ldots, p_n) \;=\; t_i(O, p_{i+1}, \ldots, p_n) = t_{i+1}(p_{i+1}, \ldots, p_n)$$

und es gilt $u_i(p_i, \ldots, p_n) = (s_{i+1} \tau t_{i+1})(p_{i+1}, \ldots, p_n)$.

2b. G_f und G_g enthalten eine Ecke p_i, zu der der Weg $a_1, \ldots, a_{i-1}$ führt. Dann bestimmen wir $u_i(p_i, \ldots, p_n) = p_i \wedge u_i(L, p_{i+1}, \ldots, p_n) \vee \neg p_i \wedge u_i(O, p_{i+1}, \ldots, p_n)$ und tragen eine Ecke p_i in $G_{f \tau g}$ ein, die als Nachfolger die Ecken für die bereits bekannten Teilfunktionen $u_{i+1}(p_{i+1}, \ldots, p_n) = u_i(L, p_{i+1}, \ldots, p_n)$ und $u'_{i+1}(p_{i+1}, \ldots, p_n) = u_i(O, p_{i+1}, \ldots, p_n)$ erhält. Gilt $u_{i+1} = u'_{i+1}$, so kann die Ecke nach Regel R1 weggelassen werden. Gibt es bereits eine Ecke p_i mit den zu u_{i+1}, u'_{i+1} gehörigen Nachfolgerecken, so können wir wegen Regel R2 ebenfalls auf die neue Ecke verzichten.

2c. Eines der OBDDs G_f, G_g enthält eine Ecke p_i, zu der der Weg $a_1, \ldots, a_{i-1}$ führt, das andere nicht. Dieser Fall wird wie Fall (b) behandelt.

Beispiel 4.18: Wir betrachten $(p \rightarrow q) \wedge (q \rightarrow r)$ als zusammengesetzt aus $p \rightarrow q$ und $q \rightarrow r$ mit der Variablenordnung p, q, r. Aus Abb. 4.14 kennen wir das OBDD für die Implikation. Für das Zusammensetzen ergibt sich

$$u_3(L) = L, u_2(L, r) = r, u_1(L, q, r) = q,$$
$$u_3(O) = O, u_2(O, r) = O, u_1(O, q, r) = r.$$

Daher ergibt sich das OBDD in Abb. 4.16. ♦

Aufgabe 4.20: Bestimmen Sie das OBDD für

$$(p \rightarrow q) \wedge (q \rightarrow r) \longrightarrow (p \rightarrow r).$$

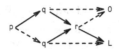

Abbildung 4.16: OBDD für $(p \rightarrow q) \wedge (q \rightarrow r)$

4.1.8.1 Entscheidungstabellen

Entscheidungsbäume und binäre Entscheidungsdiagramme bilden auch den Ausgangspunkt für die Modellierung von Problemen mit **Entscheidungstabellen**.
Beispiel 4.19: (nach (ERBESDOBLER, HEINEMANN und MEY , 1976)) Die Tabellen 4.9 und 4.10 zeigen eine Entscheidungstabelle, um den Rabatt und Skonto für Groß- und Einzelhändlern (GH, EH) bzw. Endverbrauchern (EV), abhängig von weiteren Bedingungen, zu bestimmen. Entscheidungstabellen bestehen aus einem **Bedingungsteil** (Zeilen B_1 - B_6) und einem **Aktionsteil** (Zeilen A_1 - A_2).

Tabelle 4.9: Begrenzte Entscheidungstabelle

		R_1	R_2	R_3	R_4	R_5	R_6
B_1	GH	j	j	n	n	n	–
B_2	EH	n	n	j	j	n	–
B_3	EV	n	n	n	n	j	–
B_4	Stammkunde	j	n	–	–	j	–
B_5	Bestellung $\geqslant$ 100	–	–	j	n	j	–
B_6	Zahlung in 1 Monat	–	–	–	–	–	j
A_1	Rabatt =	15%	10%	10%	5%	5%	–
A_2	Skonto =	3%	–	–	–	–	3%

Tabelle 4.10: Erweiterte Entscheidungstabelle

		R_1	R_2	R_3	R_4	R_5	R_6
B_1	Kundenart =	GH	GH	EH	EH	EV	–
B_2	Stammkunde	j	n	–	–	j	–
B_3	Bestellung	–	–	$\geqslant$ 100	< 100	$\geqslant$ 100	–
B_4	Zahlung in 1 Monat	–	–	–	–	–	j
A_1	Rabatt =	15%	10%	10%	5%	5%	–
A_2	Skonto =	3%	–	–	–	–	3%

Die Kombinationen der Bedingungen ergeben 6 **Regeln** R_1 - R_6, die bestimmen, wieviel Rabatt und Skonto eingeräumt wird. Im Bedingungteil stehen j, n und – für ja, nein und bedeutungslos. Im Aktionsteil bedeutet –, daß die

Aktion, hier also Rabatt- oder Skontogewährung, nicht ausgeführt wird. Die Kombination der Aktionen einer Regel heißt Regelaktion. Die Reihenfolge der Einzelaktionen einer Regelaktion ist unspezifiziert.   ♦

Wie man sieht, läßt sich eine erweiterte Entscheidungstabelle, in der statt j/n auch Bedingungen explizit eingetragen sein können, auf eine begrenzte Entscheidungstabelle, in der in den Regeln nur j, n und – zulässig sind, reduzieren; die Anzahl der Bedingungen könnte dabei steigen. In beiden Fällen könnte es eine mit *sonst* bezeichnete Regel geben, die alle Bedingungskombinationen erfaßt, die nicht explizit angegeben sind; in einer *sonst*-Regel ist der Bedingungteil daher bedeutungslos. Gibt es, wie im Beispiel, keine *sonst*-Regel, so wird automatisch angenommen, daß für alle nicht erfaßten Bedingungskombinationen keine Aktionen ausgeführt werden. Dieser Fall stellt eine zusätzliche Regel dar, die man gewöhnlich nicht anschreibt, aber bei der Verarbeitung berücksichtigen muß.

Für den praktischen Gebrauch muß man zunächst prüfen, ob die Entscheidungstabelle widerspruchsfrei ist, ob also nicht mehrere Regeln die gleiche Bedingungskombination mit unterschiedlichen Aktionskombinationen versehen.

Bei einer begrenzten Entscheidungstabelle bilden die Bedingungen der Regeln je eine Konjunktion; der Bedingungteil beschreibt insgesamt eine boolesche Funktion in DNF. Gäbe es nur 2 Regeln, so könnten wir die Entscheidungstabelle durch ein geordnetes binäres Entscheidungsdiagramm wiedergeben, an dessen beiden Ausgängen O und L die beiden Regelaktionen stehen. Bei m Regeln mit n unterschiedlichen Regelaktionen erhalten wir stattdessen ein Entscheidungsdiagramm mit n Ausgängen für die n Regelaktionen. Viele Überlegungen zur optimalen Auswertung binärer Entscheidungsdiagramme lassen sich auf diesen allgemeinen Fall übertragen. Für weitere Einzelheiten sei der Leser auf die insbesondere in den Wirtschaftswissenschaften sehr umfangreiche Literatur, z. B. das oben zitierte Buch (ERBESDOBLER, HEINEMANN und MEY , 1976), verwiesen.

Einen Spezialfall stellen **vollständige Entscheidungstabellen** dar, in denen es zu n Bedingungen 2^n Regeln gibt, in denen nur j oder n (aber nicht –) eingetragen sind. Wir können dann die Regeln so numerieren, daß die Regelnummer i in binärer Codierung den erfüllten Bedingungen entspricht: Für $n = 3$ würde $i = \mathrm{LOL}_2$ bedeuten: $B_1 = $ j, $B_2 = $ n, $B_3 = $ j. Damit kann man aus der Folge der erfüllten Bedingungen sofort die benötigte Regel ablesen, ohne sich mit Fragen der optimalen Auswertung von Entscheidungsdiagrammen zu befassen.

4.1.9 Schaltwerke

Bisher nahmen wir an, daß sich die Ausgangssignale von Schaltnetzen wie in Abb. 4.7 oder 4.8 zum gleichen Zeitpunkt ändern wie die Eingangssignale. Tatsächlich sind die Ausgangssignale erst nach einer gewissen **Totzeit** verfügbar. Diese setzt sich technisch aus den Signallaufzeiten auf den Leitungen und den

Schaltzeiten der Transistoren, mit denen die einzelnen Schaltglieder realisiert sind, zusammen. Bei hochintegrierten Schaltungen liegt die Totzeit heute im Pikosekundenbereich.

Aufgabe 4.21: Welche Strecke legt das Licht in 10^{-12} s zurück?

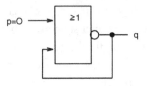

Abbildung 4.17: Rückgekoppelte Schaltung mit einem NOR-Glied

Die rückgekoppelte Schaltung mit einem NOR-Glied in Abb. 4.17 ergibt mit $p = O$ als Schaltnetz den Widerspruch $q = \neg(O \vee q) = \neg q$. Betrachten wir jedoch den Verlauf unter Berücksichtigung der zeitlichen Verzögerung τ, so ergibt sich

$$q(t) = \neg(O \vee q(t - \tau)) = \neg q(t - \tau).$$

Die Schaltung wechselt also wie in Abb. 4.18 im **Takt** τ das Ausgangssignal zwischen O und L.

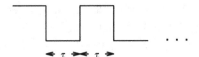

Abbildung 4.18: Zeittakt

In Abb. 4.19 haben wir die Verzögerung explizit eingetragen. Man sieht, daß das **Verzögerungsglied** $\boxed{\tau}$ einen Speicher darstellt, der den Wert $q(t - \tau)$ für die Zeit τ aufbewahrt. Man beachte, daß das Verzögerungsglied technisch nur durch die Totzeit, nicht durch irgendwelche Schaltglieder, realisiert ist.

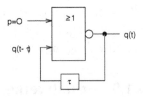

Abbildung 4.19: Verzögerte Rückkopplung

Verzögerungsglieder sind die Grundform speichernder boolescher Funktionen, deren Ergebnis nicht nur von der augenblicklichen Eingabe, sondern auch von früheren Eingaben abhängen kann. Eine solche Funktion heißt eine **Schalt-werksfunktion**. Die Realisierung, also z. B. Abb. 4.19, heißt ein **Schaltwerk**[9].

Ein Schaltwerk besitzt einen internen **Zustand** $s = \langle s_0, \ldots, s_{k-1} \rangle$, bestehend aus einer endlichen Menge boolescher **Zustandsvariablen**. Ein Eingabewert kann den Zustand des Schaltwerks ändern. Zugleich ergibt sich ein Ausgabewert, der von der Eingabe und dem bisherigen Zustand abhängt.

Ein Schaltwerk realisiert somit zwei Funktionen: Die **Zustandsfunktion** $s' = \delta(s, p)$ und die eigentliche Schaltwerksfunktion $q = f(s, p)$, die die Ausgabe liefert. p ist entweder eine einzelne boolesche Eingabevariable oder ein n-Tupel solcher Variablen. Auch f kann einen einzelnen booleschen Wert oder ein Tupel $q = \langle q_0, \ldots, q_m \rangle$ boolescher Werte liefern. In vielen Fällen ist der Zustand und die Ausgabe nicht disjunkt. In den nachfolgenden Beispielen sind die Übergangs- und die Ausgabefunktion identisch.

Schaltwerke gibt es in zwei Varianten:
1. **Synchrone Schaltwerke**: Zustände und Ausgaben ändern sich im **Takt** zu festen Zeitpunkten $t_0, t_1, \ldots$ mit $t_i = t_0 + i \cdot \Delta t$.
2. **Asynchrone Schaltwerke**: Zustände und Ausgaben ändern sich unabhängig von einem Takt, wann immer sich Eingaben ändern.

Größere digitale Systeme, z. B. Mikroprozessoren, sind meist synchrone Schalt-werke mit einem Takt von z. B. $1 - 10$ ns, d. h. 100MHz – 1GHz Taktfrequenz; Teile davon können eine höhere Taktfrequenz haben oder asynchron arbeiten.

Ein synchrones Schaltwerk setzt eine **Uhr** oder **Taktgeber** voraus, d. h. eine boolesche Variable takt, die in festem Zeitabstand zwischen den Werten O und L wechselt.

Den Takt kann man auf zwei Arten nutzen:
1. **pegelgesteuert**: Eingangs- und Zustandsvariable werden nur abgefragt, wenn takt = L. Dazu bildet man die Konjunktion von takt mit der jeweiligen Variablen.

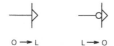

Abbildung 4.20: Flankengesteuerte Takteingänge

2. **flankengesteuert**: Auch der Takt benötigt eine Zeitspanne δt, um von O auf L oder umgekehrt zu wechseln. Man erreicht technisch eine genauere Steue-rung, wenn die Signale nur während der positiven (O → L) oder negativen (L → O) Flanke δt abgefragt werden. Die Abb. 4.20 zeigt die Schaltsymbole für diese Taktsteuerungen. Natürlich muß die Taktdauer stets wesentlich größer als die auftretenden Totzeiten sein.

---

9. engl. *sequential (logic) circuit*

4.1.9.1   Zusammenhang mit endlichen Automaten

Sei $s = \langle s_0, \ldots, s_{k-1} \rangle$ der Zustand eines Schaltwerks. Wir können s als natürliche Zahl $s = \sum_{i=0}^{k-1} s_i \cdot 2^i$ auffassen. Welche Werte $s^{(1)}, \ldots, s^{(r)}$ möglich sind, hängt vom Schaltwerk ab; für die Anzahl r gilt $r \leqslant 2^k$. Genauso können wir das Eingabetupel $p = \langle p_0, \ldots, p_{n-1} \rangle$ als natürliche Zahl mit den möglichen Werten $p^{(0)}, \ldots, p^{(h)}$, $h \leqslant 2^n$, auffassen.

Betrachten wir nun die $p^{(j)}$ als Codes für die Zeichen eines Eingabealphabets Σ, für $n = h = 1$ z. B. $\Sigma = \{O, L\}$, und die $s^{(i)}$ als Zustände eines deterministischen endlichen Automaten, wie wir ihn in 2.4 definiert hatten, so sehen wir, daß $s' = \delta(s, p)$ genau die Übergangsfunktion des Automaten ist. Jeder endliche Automat entspricht einem Schaltwerk und umgekehrt: endliche Automaten sind abstrakte Modelle für das Verhalten von Schaltwerken.

Diese Automaten haben aber keinen definierten Anfangszustand: Nach dem Einschalten eines elektronisch oder mit anderen Mitteln realisierten Schaltwerks sind die Zustandsvariablen s_i und damit der Zustand s undefiniert. Das hatten wir bereits in Beispiel 2.12 gesehen. Wir benötigen einen **Rücksetzwert** $p^{(0)} \in \Sigma$ mit der Eigenschaft $\delta(s, p^{(0)}) = s^{(0)}$ für alle s, wenn wir das Schaltwerk in einen definierten Anfangszustand $s^{(0)}$ bringen wollen.

Die Ausgabefunktion $q = f(s, p)$ ist uns aus 2.4 bekannt: Es handelt sich um die Ausgabefunktion eines Mealy-Automaten. Falls $f(s, p) = f(s', p')$ für $\delta(s, p) = \delta(s', p')$, so haben wir einen Moore-Automaten vor uns, in dem die Ausgabe nur von dem neuen Zustand $\delta(s, p)$ abhängig ist. Im Unterschied zu anderen Anwendungen endlicher Automaten, bei denen das Modell des Mealy-Automaten vorherrscht, kommen bei Schaltwerken oft Moore-Automaten vor.

Die Interpretation eines Schaltwerkes als endlicher Automat ist unabhängig davon, ob das Schaltwerk synchron oder asynchron ist.

4.1.9.2   Flipflops

Ein Schaltwerk heißt **multistabil**, wenn es eine Eingabe p mit $\delta(s, p) = s$ für alle Zustände s gibt. Solange wir p eingeben, verharrt das Schaltwerk in seinem Zustand und speichert diesen damit über längere Zeit. Der Grundbaustein, der diese Speichereigenschaften zeigt, und aus dem wir kompliziertere multistabile Schaltwerke zusammensetzen können, ist das **bistabile Flipflop** mit zwei Zuständen O und L. Diese bilden zugleich die Ausgabe Q. Gewöhnlich nehmen wir an, daß es zwei boolesche Ausgabevariable $Q, \overline{Q}$ mit $\overline{Q} = \neg Q$ gibt. Je nach Typ des Flipflops gibt es zwei oder mehr Eingabevariable.

Das Schaltwerk „flippt" in den Zustand L oder „floppt" in den Zustand O.

Das symmetrische **R-S-Flipflop**, vgl. Abb. 4.21, besitzt zwei boolesche Eingabevariable R (Rücksetzen) und S (Setzen) und daher 4 Eingabewerte OO, OL, LO und LL. $R = O = S$ läßt Q unverändert, während $R = L = S$, also $R \wedge S = L$, zu einer undefinierten Belegung der Ausgabe, z. B. $Q = O = \overline{Q}$, führt und daher unzulässig ist.

Für den Zustand Q' nach Eingabe von R und S im Zustand Q gilt die **charakteristische Gleichung**

$$Q' = (Q \wedge \neg R) \vee S, \quad R \wedge S \neq L. \tag{4.50}$$

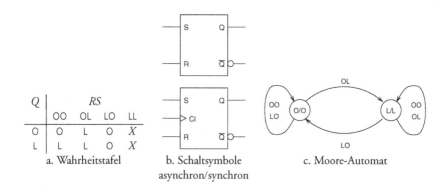

Q		RS		
	OO	OL	LO	LL
O	O	L	O	X
L	L	L	O	X

a. Wahrheitstafel   b. Schaltsymbole   c. Moore-Automat
                           asynchron/synchron

Abbildung 4.21: R-S-Flipflop

Das R-S-Flipflop kann sowohl synchron als auch asynchron benutzt werden, das **J-K-Flipflop**, Abb. 4.22, hingegen nur synchron. Es arbeitet mit den Eingaben $J \triangleq S, K \triangleq R$ wie ein synchrones R-S-Flipflop. Jedoch wird die dort unzulässige Eingabe $J = L = K$ dazu benutzt, den bisherigen Zustand Q umzukehren: Ist die Eingabe konstant, $J = L = K$, so wechselt Q nach jedem Takt von O auf L und umgekehrt; das Flipflop agiert wie ein Taktgeber. Dies führt zu der charakteristischen Gleichung

$$Q' = (\neg Q \wedge J) \vee (Q \wedge \neg K), \tag{4.51}$$

eines J-K-Flipflops.

Das **D-Flipflop**, Abb. 4.23, arbeitet ebenfalls synchron. Neben dem Taktgeber hat es eine Eingabevariable D und liefert als neuen Zustand und als Ausgabe den Wert von D. Die charakteristische Gleichung lautet also

$$Q' = D = (Q \vee \neg Q) \wedge D. \tag{4.52}$$

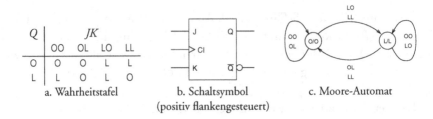

a. Wahrheitstafel   b. Schaltsymbol   c. Moore-Automat
                        (positiv flankengesteuert)

Abbildung 4.22: J-K-Flipflop

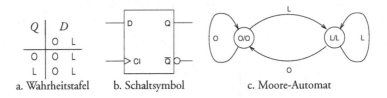

a. Wahrheitstafel   b. Schaltsymbol   c. Moore-Automat

Abbildung 4.23: D-Flipflop

Aufgabe 4.22: Zeigen Sie, daß man aus einem R-S bzw. J-K-Flipflop ein D-Flipflop erhält, wenn man $R = \neg S$ bzw. $J = \neg K$ setzt.

Die Zwischenschaltung eines D-Flipflops speichert den Wert einer Variablen aus dem vorigen Taktzyklus; D steht für engl. *delay* und heißt **Verzögerungsglied**.

Aufgabe 4.23: Geben Sie die Mealy-Automaten für die 3 Flipflop-Typen an.

Die charakteristischen Gleichungen (4.50) – (4.52) zeigen, daß wir den bisherigen Zustand als eine der Eingaben benutzen. Wir erhalten also eine Rückleitung und damit einen Zyklus im Schaltbild. Damit ergeben sich die Schaltwerke der Abb. 4.24 für die drei Flipflop Typen. Der rückgeführte Ausgang liefert zunächst den alten Wert von Q (im synchronen Fall aus dem vorigen Takt) und dann das neue Ergebnis Q'.

Aufgabe 4.24: Geben Sie das Schaltwerk für das asynchrone R-S-Flipflop mit NAND-Gliedern an.

4.1.9.3 Register und Schieberegister

Ein Flipflop speichert ein einzelnes Bit Q. Mehrere Bits können wir in einem **Register**, einer Folge von Flipflops, im einfachsten Fall D-Flipflops, speichern. Diese werden synchron über einen gemeinsamen Takt angesteuert. Ansonsten stehen die Flipflops wie in Abb. 4.25 ungekoppelt nebeneinander.

Führt man stattdessen die negierten Ausgänge zurück auf die Eingänge und gleichzeitig auf den Eingang des Folgeflipflops, so erhält man einen Zähler, der einen n-stelligen Binärwert fortlaufend modulo 2^n um 1 erhöht. Solche

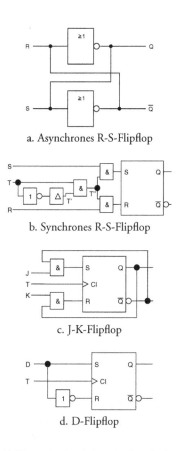

a. Asynchrones R-S-Flipflop

b. Synchrones R-S-Flipflop

c. J-K-Flipflop

d. D-Flipflop

Abbildung 4.24: Schaltwerke für Flipflops

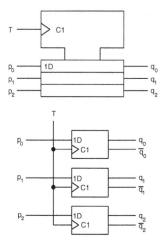

Abbildung 4.25: Schaltbild und Realisierung eines 3-Bit-Registers

Ringzähler werden für das Fortschalten von Adressen und viele andere Zwecke benötigt.

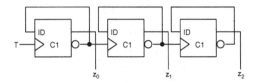

Abbildung 4.26: Asynchrone Realisierung eines Die Abb. 4.26 zeigt einen asynchronen Zähler für $n = 3$ (ohne Initialisierung). 3-stelligen Binärzählers

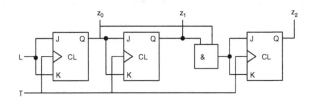

Abbildung 4.27: Synchrone Realisierung eines 3-stelligen Binärzählers

Man darf das Ergebnis (z_2, z_1, z_0) nur jeden n-ten Takt ablesen, da die Folge-Flipflops erst reagieren, wenn der Vorgänger von L auf O schaltet.

Die Abb. 4.27 zeigt einen synchronen Zähler mit J-K-Flipflops für $n = 3$, der nach jedem Takt einen Wert liefert. Dabei ändert sich z_0 nach jedem Takt, z_1 nach jedem zweiten Takt usw. Man sieht, daß für größere n das Schaltwerk sehr schnell umfangreich wird.

Schaltet man D-Flipflops wie in Abb. 4.28 hintereinander, so erhält man ein einfaches **Schieberegister**. Statt einzelner Flipflops könnte man auch ein Register verwenden und hintereinanderschalten, um Schieberegister der Breite n Bit zu erhalten.

Schieberegister können verschiedenen Zwecken dienen:

Ein n-stelliges Schieberegister verzögert eine Eingabesequenz p_0 um n Takte, bis das Ergebnis am Ausgang q_0 abgenommen werden kann.

Das Schieberegister der Abb. 4.28 kann zur Serien-Parallelwandlung genutzt werden, wenn man jeweils $n = 3$ Takte lang p_0-Werte aufnimmt und dann alle n Werte $q_{n-1}, \ldots, q_0$ gleichzeitig ausliest.

Umgekehrt kann man Schieberegister mit n parallelen Eingängen und einem seriellen Ausgang als Parallel-Serienwandler einsetzen.

Verbindet man den seriellen Ausgang eines Schieberegisters mit seinem Eingang, so kann der entstehende **Kreisspeicher** n Bits beliebig lange zwischenspeichern, indem er sie im Kreis herumschickt.

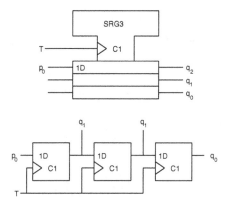

Abbildung 4.28: Schaltbild und Realisierung eines 3-stelligen Schieberegisters

Diese Idee wurde u. a. in der Frühphase der Rechnerkonstruktion für sogenannte **Lauf-zeitspeicher** benutzt. Heute finden wir sie in ganz anderer Weise auch in der Telematik: Schickt man mit einer Taktfrequenz von 2 GHz eine Bitfolge über einen Satelliten (Entfernung 36 000 km) zurück auf die Erde, so erreicht das erste Bit den Empfänger nach $\frac{2 \cdot 36}{300} \sim 0,24$ s. Bei fortlaufendem Betrieb bewfinden sich in diesem „Schieberegister" ca. $5 \cdot 10^8$ Bits.

In B.4.1 gehen wir auf weitergehenden Anwendungen ein, in denen wir eine Schaltwerksfunktion $f(q_{n-1}, \ldots, q_0)$ berechnen und deren Ergebnis wieder in das Schieberegister einspeisen.

4.1.9.4 Serienaddierer

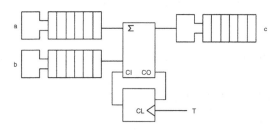

Abbildung 4.29: Serienaddierer $c := a + b$

In Abb. 4.7 hatten wir das Schaltwerk eines 3-stelligen Addierers gesehen, für den die Eingaben und das Ergebnis in Registern bereitgestellt bzw. abgeliefert werden. Statt die Addition durch eine Schaltfunktion in einem Takt auszuführen, kann man mit geringerem technischen Aufwand auch in n Takten addieren, wobei wie in Abb. 4.29 die Eingaben in Schieberegistern stehen.

Die Abbildung zeigt nur das Schema. In der Praxis darf beispielsweise kein D-Flipflop für das Zwischenspeichern des Überlaufs benutzt werden: Dieses läßt sich zu Beginn der Addition nicht in normaler Weise auf O setzen. Auch muß gegebenenfalls der Überlauf nach Durchlauf aller n einstelligen Additionen zum Ergebnis hinzugenommen werden.

Die Abb. 4.29 läßt sich leicht zu einem Serien-Paralleladdierer für $k \cdot n$-stellige Zahlen verallgemeinern, indem man statt einstelliger Schieberegister und Volladdierer k-stellige Schieberegister und k-stellige Paralleladdierer einsetzt. In der gleichen Weise lassen sich Schaltwerke für Multiplikation und Division entwerfen.

4.2 Prädikatenlogik

Die Aussagenlogik baut auf atomaren Aussagen auf, die *als Ganzes* wahr oder falsch sind. Die **Prädikatenlogik** differenziert diese Aussagen weiter, wie man an dem klassischen Schluß

Alle Menschen sind sterblich.
Sokrates ist ein Mensch.
Sokrates ist sterblich.

sieht. Hier kommen zwei Aussagen *x ist sterblich*, $s(x)$, und *x ist ein Mensch*, $m(x)$, vor, die ein Subjekt x benötigen, um wahr oder falsch zu sein. Solche Aussagen heißen **Prädikate**. Die Subjekte x entstammen einem **Individuen-** oder **Gegenstandsbereich**, hier dem Individuenbereich *Menschen*. Prädikate könnten auch Relationen wie $x \geqslant y$ sein, die mehrere Subjekte aus einem oder mehreren Individuenbereichen miteinander verknüpfen. Es kann beliebig viele n-stellige Prädikate $p(x_1, \ldots, x_n)$, $n \geqslant 0$, geben. 0-stellige Prädikate sind Aussagen der Aussagenlogik.

Prädikate können für einzelne Subjekte, in unserem Beispiel für $x =$ Sokrates, oder *für alle* Subjekte eines Individuenbereichs gelten. Gilt $p(x)$ nur für manche x, so haben wir die Aussage *es existiert ein x, so daß p(x) gilt*. Neben den Prädikaten sind daher die **Quantoren** *für alle x* $\cdots$ und *es existiert ein x* $\cdots$, in Zeichen $\forall x$ bzw. $\exists x$, wesentlicher Teil der Prädikatenlogik.

Eines der wichtigsten Prädikate ist die Gleichheit, $t = t'$, von Subjekten. Gesetze wie die Kommutativität $x + y = y + x$ müssen eigentlich gelesen werden: *für alle x, y gilt x + y = y + x*, in Formeln $\forall x \forall y . x + y = y + x$. Dies zeigt, daß wir nicht nur Prädikate über einzelne Elemente eines Individuenbereichs formulieren, sondern oft Terme einer Termalgebra einsetzen wollen.

Wir beschreiben zunächst die Syntax von Formeln der Prädikatenlogik und ihre Interpretation. Anschließend erweitern wir unseren aussagenlogischen Kalkül zu einem Prädikatenkalkül. Schließlich untersuchen wir Normalformen der Formeln der Prädikatenlogik und gehen auf die Verallgemeinerung der Resolution auf Klauseln der Prädikatenlogik ein.

Während wir bisher die Wörter *Term* und *Formel* unterschiedslos benutzten, reservieren wir nun den Begriff *Term* für Elemente der Termalgebra, über die wir Aussagen machen; die aus Prädikaten gebildeten Terme heißen *Formeln*. $x + y$ ist also ein Term, $x + y = y + x$ eine Formel.

4.2.1 Syntax und Semantik der Prädikatenlogik

Wie in der Aussagenlogik unterscheiden wir zwischen der Syntax der Prädikatenlogik und der semantischen Interpretation von Formeln und möchten erreichen, daß eine Formel F genau dann in einem Kalkül aus einer Formelmenge $\mathcal{F}$ ableitbar ist, $\mathcal{F} \vdash F$, wenn jedes Modell für $\mathcal{F}$ auch Modell für F ist, $\mathcal{F} \models F$.

In der **Prädikatenlogik erster Stufe** gehen wir aus von einem Alphabet $A = (V, \Sigma, P)$. Darin ist

1. V eine Menge $V = \{v_0, v_1, \ldots\}$ von (Term-)Variablen;
2. Σ eine Menge $\Sigma = \Sigma^{(0)} \cup \Sigma^{(1)} \cup \cdots$ von **Funktionssymbolen**. $f^{(m)} \in \Sigma^{(m)}$ hat die Stelligkeit m. Über der Signatur Σ und den Variablen V bilden wir wie in 3.5 die initiale freie Termalgebra $\mathcal{I}(\Sigma, V)$ mit Variablen. Die Terme $t \in \mathcal{I}(\Sigma, V)$ heißen **syntaktisch korrekte Terme der Prädikatenlogik erster Stufe**. Die 0-stelligen Funktionssymbole $f \in \Sigma^{(0)}$ bilden darin die Menge der Konstanten.
3. P eine Menge $P = P^{(1)} \cup P^{(2)} \cup \cdots$ von **Prädikats-** oder **Relationssymbolen**. $p(t_1, \ldots, t_n)$ ist eine **atomare Formel**, wenn $p = p^{(n)} \in P^{(n)}$ ein n-stelliges Prädikatsymbol und $t_i \in \mathcal{I}(\Sigma, V)$ für $i = 1, \ldots, n$. $P_0 = P_0(P, \Sigma, V)$ bezeichne die Menge der atomaren Formeln.

Die Variablenmenge V setzen wir als abzählbar voraus. Die Mengen Σ und P könnten auch leer oder endlich sein.

Wir definieren die Menge der **syntaktisch korrekten Formeln** P induktiv:

1. Wenn $F \in P_0$, dann $F \in P$.
2. Wenn $F, G \in P$, dann auch $\neg F$, $F \wedge G$ und $F \vee G$.
3. Wenn $F \in P$ und $v \in V$, dann gehören auch $\forall v F$ und $\exists v F$ zu P.

Die Regeln 1 und 2 liefern uns die boolesche Algebra mit atomaren Formeln statt Variablen als Grundbausteinen; entsprechend benutzen wir auch die Junktoren $\rightarrow, \equiv$. Die dritte Regel führt die Quantoren $\forall$ und $\exists$ ein.

Beispiel 4.20: Mit $\Sigma = \Sigma^{(0)} = \{$Sokrates$\}$, $P = P^{(1)} = \{$ist-Mensch, ist-sterblich$\}$ sind die eingangs zitierten Aussagen „alle Menschen sind . . ." Formeln. Sie lauten formal:

$$\forall v (\text{ist-Mensch}(v) \rightarrow \text{ist-sterblich}(v))$$
$$\text{ist-Mensch (Sokrates)}$$
$$\text{ist-sterblich (Sokrates)}$$

Formulierungen wie „für alle ⟨Substantiv⟩ · · ·" oder „für alle Elemente einer Menge M · · ·" mit einer Variablen v bedeuten also: „für alle v: wenn v ein ⟨Substantiv⟩ ist, dann · · ·" oder in formaler Notation: $\forall v(\text{Substantiv}(v) \rightarrow \cdots)$ bzw. $\forall v(v \in M \rightarrow \cdots)$. Wir sagen dann auch „der Allquantor wird auf die Elemente der Menge M beschränkt", im Beispiel die Menge der Menschen. ◆

Die Menge P der Formeln der Prädikatenlogik erster Stufe hängt von den zugelassenen Funktions- und Prädikatsymbolen ab. Genauer sagt man daher: „P ist die durch Σ und P gegebene *Sprache* der Prädikatenlogik erster Stufe".

Die Quantoren können sich nur auf Variable der Termalgebra $\mathcal{T}(\Sigma, V)$ beziehen. Wenn wir auch Variable α zulassen, für die man beliebige Formeln aus $P_1 = P$ einsetzen kann, so erhalten wir die Formelmenge P_2 der **Prädikatenlogik zweiter Stufe**. Entsprechend kann man die Prädikatenlogik k-ter Stufe, $k = 2, 3, \ldots$ formulieren.

Die Prädikatenlogik zweiter Stufe erlaubt Formulierungen „für alle Eigenschaften p, wenn $p(t)$ gilt, dann . . . ". Warum wir uns auf die Prädikatenlogik erster Stufe beschränken, wird in 4.2.2, Satz 4.23, deutlich werden.

Aufgabe 4.25: Formalisieren Sie die Aussagen: „x ist kleiner oder gleich y", „es gibt kein kleinstes oder größtes Element" und „zwischen zwei Elementen liegt ein drittes".

Aufgabe 4.26: Formalisieren Sie die Aussagen von Satz 2.23, von Korollar (3.4) und von Satz 3.6.

Die syntaktisch korrekten Formeln der Prädikatenlogik werden meist ohne Bezug zu Termalgebren eingeführt: Historisch war die Prädikatenlogik die erste mathematische Theorie, in der sich die Bedeutung von Termalgebren zeigte.

Statt $\forall x p(x)$ schreiben wir oft zur Verdeutlichung $\forall x.p(x)$ oder $\forall x : p(x)$. Dies ist insbesondere angebracht, wenn die Algebra, aus der die Variable x stammt, explizit angegeben wird wie in $\forall x \in \mathbb{N} : x \geqslant 0$. Sind mehrere Variable quantifiziert, $\forall x \forall y\, x + y = y + x$, so schreiben wir dafür auch $\forall x, y : x + y = y + x$. Analoge Schreibweisen werden auch für den Existenzquantor $\exists$ benutzt.

Statt $\forall x p(x)\, (\exists x p(x))$ finden sich in der Literatur auch die Schreibweisen $\bigwedge_x p(x) \left(\bigvee_x p(x) \right)$ oder $\mathbf{A}\, x\, p(x)\, (\mathbf{E}\, x\, p(x))$.

Eine prädikatenlogische Formel heißt **quantorenfrei**, wenn sie keinen Quantor enthält. Wie in der Aussagenlogik heißt sie ein **Literal**, wenn sie atomar oder die Negation $\neg p(t_1, \ldots, t_n)$ einer atomaren Formel ist.

Hat eine Formel F die Form $\forall x F'$ oder $\exists x F'$, so heißt die Variable x **gebunden** in F; F' heißt der **Wirkungsbereich** des Quantors $\forall x$ bzw. $\exists x$. Die Menge gebunden(F) der in einer beliebigen Formel F gebundenen Variablen definieren wir induktiv durch

1. gebunden$(F) = \emptyset$, wenn F quantorenfrei.
2. gebunden$(F) = \{x\} \cup$ gebunden(F'), wenn $F = \forall x F'$ oder $F = \exists x F'$.

3. gebunden(F) = gebunden(F'), wenn $F = \neg F'$.
4. gebunden(F) = gebunden$(F')\cup$gebunden(F''), wenn $F = F' \wedge F''$ oder $F = F' \vee F''$.

Umgekehrt heißt eine Variable x **frei** in einer Formel F, wenn x in F vorkommt und ein Vorkommen existiert, das nicht im Wirkungsbereich eines Quantors $\forall x$ oder $\exists x$ liegt. Das Beispiel $p(x) \wedge \exists x q(x)$ zeigt, daß x zugleich gebunden und frei in einer Formel vorkommen kann. Die induktive Definition der Menge frei(F) aller in F freien Variablen lautet:

1. frei$(F) = \{x_1, \ldots, x_n\}$, wenn F quantorenfrei und $x_1, \ldots, x_n$ die sämtlichen in F vorkommenden Variablen sind.
2. frei(F) = frei$(F') \setminus \{x\}$, wenn $F = \forall x F'$ oder $F = \exists x F'$.
3. frei(F) = frei(F'), wenn $F = \neg F'$.
4. frei(F) = frei$(F')\cup$frei(F''), wenn $F = F' \wedge F''$ oder $F = F' \vee F''$.

Wie in der Aussagenlogik erhalten auch die Formeln der Prädikatenlogik ihre Bedeutung erst, wenn wir die einzelnen atomaren Formeln mit einem der Wahrheitswerte w oder f belegen können. Dazu müssen wir sie von Prädikaten über Terme der Termalgebra $\mathcal{I}(\Sigma, V)$ in konkrete Relationen über Elemente eines konkreten Individuenbereichs transformieren. Dazu definiert man:
Zu vorgegebenem Alphabet $A = (V, \Sigma, P)$ heißt $\mathfrak{A} = (U, I)$ eine **Struktur**, wenn

1. U eine nichtleere Menge, der **Individuenbereich** oder das **Universum** von $\mathfrak{A}$, ist.
2. I eine Abbildung ist, die m-stelligen Funktionen $f^{(m)} \in \Sigma$ m-stellige Abbildungen $If : U^m \to U$ und n-stelligen Prädikaten $p^{(n)} \in P$ Mengen $I_p \subseteq U^n$ zuordnet. I_p ist damit die Menge der n-Tupel, für die $p^{(n)}$ wahr ist.

Insbesondere ordnet I einer (0-stelligen) Konstanten aus $\Sigma^{(0)}$ ein Element aus U zu. Statt If, Ip schreibt man oft $f^{\mathfrak{A}}, p^{\mathfrak{A}}$.
Nehmen wir $U = \mathcal{I}(\Sigma, V), If = f$ für alle $f \in \Sigma$ und definieren die Prädikate $p^{(n)}$ als Abbildungen $\mathcal{I}(\Sigma, V)^n \to \mathbb{B}$, so erklärt bereits das Alphabet $A = (V, \Sigma, P)$ eine Struktur. Gibt es beispielsweise nur die Gleichheit als Prädikat, $P = \{=\}$, so erreichen wir das, indem wir $t = t'$ setzen, wenn die Terme $t, t' \in U$ nach den Gesetzen der Termalgebra gleich sind. So gesehen ist der Begriff *Struktur* eine Verallgemeinerung des Begriffs *Termalgebra*, oder umgekehrt: eine Termalgebra ist eine Struktur ohne Relationen.
Eine **Belegung** $\alpha : V \to U$ ist eine Abbildung der Variablenmenge eines Alphabets in das Universum einer Struktur $\mathfrak{A}$. Eine **Interpretation** $\mathfrak{I}$ ist ein Paar $(\mathfrak{A}, \alpha)$ aus einer Struktur $\mathfrak{A}$ und einer Belegung α. Sie definiert sowohl die Bedeutung von Funktionen und Prädikaten als auch die Belegung von Variablen.

Damit entspricht $\Im$ der Funktion ϕ aus (3.5). Wir sehen hieran, daß man die Menge der prädikatenlogischen Formeln als heterogene Termalgebra auffassen kann.

$\Im$ heißt zu einer Formelmenge $\mathcal{F}$ **passend**, wenn I bzw. α für alle in $\mathcal{F}$ vorkommenden Funktions- und Prädikatensymbole und freien Variablen definiert ist. Wie in der Aussagenlogik genügt es, wenn wir uns auf eine zu einer Formelmenge $\mathcal{F}$ passende Interpretation beschränken. Wie I bzw. α für die nicht in $\mathcal{F}$ vorkommenden Symbole und Variablen definiert ist, ist gleichgültig.

Beispiel 4.21: Sei $F = \exists x : \neg p(f(x), x) \wedge \forall y : q(g(y), z)$, dann ist $\Im = (\mathfrak{A}, \alpha)$ mit

$$
\begin{aligned}
U &: \quad \mathbb{N} \\
Ip &: \quad \{(x, y) | x = y\} \\
Iq &: \quad \{(x, y) | x > y\} \\
If &: \quad f(x) = 2 * x \\
Ig &: \quad g(x) = x + 1 \\
\alpha z &: \quad z = 0
\end{aligned}
$$

eine zu F passende Interpretation.   ◆

Sei nun F eine prädikatenlogische Formel und $\Im = (\mathfrak{A}, \alpha)$ eine zu F passende Interpretation. Dann definiert $\Im$ eine Abbildung von F auf $\{w, f\}$ folgendermaßen:

$$
\Im(\neg F) = \begin{cases} w, & \text{wenn } \Im(F) = f, \\ f, & \text{wenn } \Im(F) = w, \end{cases} \tag{4.53}
$$

$$
\Im(F \wedge G) = \begin{cases} w, & \text{wenn } \Im(F) = w \text{ und } \Im(G) = w, \\ f, & \text{sonst}, \end{cases} \tag{4.54}
$$

$$
\Im(F \vee G) = \begin{cases} w, & \text{wenn } \Im(F) = w \text{ oder } \Im(G) = w, \\ f, & \text{sonst}, \end{cases} \tag{4.55}
$$

$$
\Im(\forall v F) = \begin{cases} w, & \text{wenn } \Im[a/v](F) = w, \text{ für alle } a \in U, \\ f, & \text{sonst}, \end{cases} \tag{4.56}
$$

$$
\Im(\exists v F) = \begin{cases} w, & \text{wenn es ein } a \in U \text{ gibt mit } \Im[a/v](F) = w, \\ f, & \text{sonst}. \end{cases} \tag{4.57}
$$

Dabei bedeutet $\Im[a/v]$ die Interpretation, die man erhält, wenn man die Belegung α für die Variable v durch $\alpha[a/v]v = a$ definiert.

Beispiel 4.22: Für die Formel $F = \exists x : p(f(x), x)$ mit der Interpretation aus dem obigen Beispiel definiert $\Im[0/x]$ die Abbildung $\Im(F) = w$.   ◆

Aus der Interpretationsdefinition und (4.53)-(4.57) ergeben sich Aussagen über die semantische Äquivalenz prädikatenlogischer Formeln:

$$\neg \exists x F \doteqdot \forall x \neg F \tag{4.58}$$

$$\neg \forall x F \doteqdot \exists x \neg F. \tag{4.59}$$

Aufgabe 4.27: Beweisen Sie (4.58) und (4.59).

Wie in der Aussagenlogik heißt eine Interpretation $\Im$ ein **Modell** für eine Formel F, $\Im \models F$, wenn $\Im(F) = w$. Die in 4.1.1 definierten Begriffe *Modell, erfüllbar, unerfüllbar, allgemeingültig* übertragen sich mit gleicher Definition in die Prädikatenlogik.

Die Interpretationsregeln klären einige Eigenschaften der freien und gebundenen Variablen von Formeln, die wir zur Umformung und Vereinfachung benutzen können.

Satz 4.18 (Überführungslemma): *Für jede Formel F, jede Variable x und jeden Term t, der keine in F gebundene Variable enthält gilt:*

$$\Im F[t/x] = \Im[\Im t/x]F. \tag{4.60}$$

Aufgabe 4.28: Beweisen Sie das Überführungslemma durch Induktion über den Aufbau von Termen und Formeln.

Satz 4.19: *Wenn die Variable y nicht in F vorkommt, so ist die Interpretation $\Im$ genau dann Modell von $\forall x F$ bzw. $\exists x F$, wenn sie Modell von $\forall y F[y/x]$ bzw. $\exists y F[y/x]$ ist.*

Beweis: Wenn wir in F nacheinander die Substitutionen $[y/x]$ und dann $[t/y]$ ausführen, erhalten wir das gleiche Ergebnis wie mit $[t/x]$,

$$F[y/x][t/y] = F[t/x], \tag{4.61}$$

falls y in F nicht vorkommt. Wegen (4.56),(4.57) und (4.18) ist $\Im$ genau dann Modell von $\forall x F$, wenn $\Im[a/x]F = w$ für alle $a \in U$, gilt. Ob wir dabei vorher die Substitution $[y/x]$ zwischengeschaltet haben, ist wegen (4.61) belanglos. ♦

Aus Satz 4.19 folgt, daß wir die Bezeichner gebundener Variabler beliebig ändern dürfen, solange wir dabei nicht schon vorhandene Variable erreichen. Insbesondere können wir diesen Satz benutzen, um sicherzustellen, daß alle gebundenen Variablen in einer Formel F verschieden bezeichnet sind, und, daß diese Bezeichner verschieden von den Bezeichnern aller freien Variablen sind. Wir sagen, die Formel F sei **bereinigt**, wenn sie diese Bedingungen erfüllt.

Satz 4.19 kommt in der Anwendung unter verschiedenen Namen vor. In der Integralrechnung bedeutet er, daß man den Namen der unabhängigen Variablen wechseln darf. Im λ-Kalkül in 5.1 ist er als α-Konversion bekannt. In Programmiersprachen sprechen wir von **konsistenter Umbenennung**, wenn alle Variablen wie in einer bereinigten Formel unterschiedlich benannt werden.

Satz 4.20 (Koinzidenzlemma): *Es seien $\Im_1$ und $\Im_2$ Interpretationen über demselben Universum $U_1 = U_2$. Außerdem sei $S = S_1 \cap S_2$ mit den Symbolmengen S_1, S_2, denen in I_1 bzw. I_2 Interpretationen zugeordnet werden.*

1. *Ist t ein Term über S und die Interpretationen $\Im_1$ bzw. $\Im_2$ stimmen sowohl für die in t auftretenden Symbole und Variablen überein, dann gilt: $\Im_1 t = \Im_2 t$.*
2. *Ist F eine Formel über S und die Interpretationen $\Im_1$ bzw. $\Im_2$ stimmen für die in F auftretenden Symbole und freien Variablen überein, dann gilt: $\Im_1 \models F \Longleftrightarrow \Im_2 \models F$.*

Das Koinzidenzlemma besagt, daß die Modellbeziehung zwischen einer Formel F und einer Interpretation $\Im$ nur von der Interpretation der in F vorkommenden Symbole und der frei vorkommenden Variablen abhängt.

Aufgabe 4.29: Beweisen Sie das Koinzidenzlemma durch Induktion über den Aufbau von Termen bzw. Formeln.

4.2.2 Ein Kalkül für die Prädikatenlogik

In diesem Abschnitt erweitern wir den in 4.1.3 eingeführten Sequenzenkalkül auf die Prädikatenlogik erster Stufe. Dazu bemerken wir zunächst, daß der Ableitungsbegriff, die Aussage (4.27) über die Transitivität von Ableitungen, die Endlichkeitssätze 4.3 und 4.4, die Begriffe Korrektheit und Vollständigkeit sowie Widerspruchsfreiheit und Widersprüchlichkeit, die wir in 4.1.2 erörterten, sich unmittelbar in die Prädikatenlogik übertragen lassen.

Auch die Kalkülregeln L1 – L6 in 4.1.3, S. 150ff., und die Begründung ihrer semantischen Korrektheit können unverändert übernommen werden, wenn wir unter $\mathscr{F}$, F und G (Mengen von) prädikatenlogischen Formeln verstehen. Um zu einem vollständigen **Prädikatenkalkül mit Gleichheit** zu kommen, fügen wir noch folgende Regeln hinzu:

L14 Spezialisierung $\quad \dfrac{\mathscr{F} \quad \forall xF}{\mathscr{F} \quad F}$

L15 Generalisierung $\quad \dfrac{\mathscr{F} \quad F}{\mathscr{F} \quad \forall xF}\quad$ falls x nicht in $\mathscr{F}$ vorkommt.

L16 Existentialisierung S $\quad \dfrac{\mathscr{F} \quad F[t/x]}{\mathscr{F} \quad \exists xF}$

L17 Existentialisierung A $\quad \dfrac{\mathscr{F} \quad F[y/x] \quad G}{\mathscr{F} \quad \exists xF \quad G}\quad$ wenn y nicht frei in $\mathscr{F}$ $\exists xF$ G.

L18 Gleichheit $\quad \dfrac{}{t = t}$

L19 Substitution $\quad \dfrac{\mathscr{F} \qquad\qquad F[t/x]}{\mathscr{F} \quad t=t' \quad F[t'/x]}$

Die Korrektheit dieser Regeln ergibt sich wie folgt:

Ist die Interpretation $\Im$ ein Modell für $\mathscr{F}$ $F[t/v]$, so besagt das Überführungslemma 4.18, daß $\Im$ auch ein Modell für $\mathscr{F}$ $\exists vF$ ist, da $\Im[\Im t/v]F = w$ gilt und damit 4.57 erfüllt ist. Also ist L16 korrekt.

Zur Korrektheit von L17 bemerken wir, daß nach Voraussetzung y weder in $\mathscr{F}$, G, noch in F frei vorkommen kann, es sei denn, $x = y$. Ansonsten würde y auch in $\exists xF$ frei vorkommen. Wir unterscheiden daher zwei Fälle:

- $x = y$: Dann ist jedes $F[y/x] = F$ und jedes Modell $\Im$ von $\mathscr{F}$, F und G ist zugleich Modell von $\exists xF$, da $\Im[\Im x/x]F = w$.
- $x \neq y$: Dann gilt $\Im F[y/x] = \Im[\Im y/x]F = w$. Damit ist $\Im$ auch Modell von $\mathscr{F}$ $\exists xF$ G, falls es Modell von $\mathscr{F}$ $F[y/x]$ G ist.

Die Regel L18 ist nach Definition korrekt.

Ist die Interpretation $\Im$ Modell von $\mathscr{F}$, $F[t/x]$ und $t = t'$, so gilt $\Im t = \Im t'$. Daher haben wir $w = \Im F[t/x] = \Im[\Im t/x]F = \Im[\Im t'/x]F = \Im F[t'/x]$. Also ist L19 korrekt. Ist $\Im$ ein Modell für $\mathscr{F}$ und folgt daraus, daß es auch ein Modell für $\forall xF$ ist, so ist für alle Belegungen $\alpha x = a \in U$, $\Im F = w$. Also ist $\Im$ auch Modell für F und daher ist L14 korrekt.

Ist $\Im$ Modell für $\mathscr{F}$ und kommt x in $\mathscr{F}$ nicht frei vor, so folgt, daß auch $\Im[a/x]$ für beliebige $a \in U$ Modell für $\mathscr{F}$ ist, da die Belegung $\alpha x = a$ nie benutzt wird. Wenn unter diesen Voraussetzungen bereits folgt, daß $\Im F = w$ gilt, so kann offenbar die Richtigkeit dieser Aussage nicht davon abhängen, wie x belegt ist. Daher gilt $\Im[a/x]F = w$ für beliebige $a \in U$ und folglich $\Im \forall xF = w$ nach (4.56).

In Wahrheit sind die Regelpaare L14, L15 und L16, L17 äquivalent. Es genügt eines der beiden Paare.

Mit diesen Überlegungen gilt die Verallgemeinerung von Satz 4.5:

Satz 4.21 (*Korrektheit des Sequenzenkalküls der Prädikatenlogik*):
Für eine beliebige Formelmenge $\mathscr{F}$ und eine Formel G der Prädikatenlogik gilt

$$\text{Wenn } \mathscr{F} \vdash_{SK} G, \text{ dann } \mathscr{F} \models G, \tag{4.62}$$

wenn die Ableitung die Regeln L1-L19 benutzte. Insbesondere gilt mit $\mathscr{F} = \emptyset$:

$$\text{Wenn } \vdash_{SK} G, \text{ dann } \models G. \tag{4.63}$$

Der Beweis von Satz 4.5 kann wörtlich übernommen werden, wenn man für S_1 neben der Regel L1 auch die Regel L18 zuläßt.

Weitere wichtige Regeln sind:

Beispiel 4.23: (Vertauschung von Quantoren)

$$\text{L20} \quad \frac{\mathscr{F} \quad \forall x \forall y F}{\mathscr{F} \quad \forall y \forall x F}$$

$$\text{L21} \quad \dfrac{\mathscr{F} \quad \exists x \exists y F}{\mathscr{F} \quad \exists y \exists x F}$$

Herleitung von L20: x, y kommen in $\mathscr{F}$ nicht frei vor. Dann gilt

$$\begin{array}{ll} \forall x \forall y F & \text{(Annahme)} \\ \forall y F & \text{(L14)} \\ F & \text{(L14)} \\ \forall x F & \text{(L15)} \\ \forall y \forall x F & \text{(L15)} \end{array}$$

L21 beweist man genauso. ♦

Aufgabe 4.30: Zeigen Sie durch Gegenbeispiele, daß

$$\dfrac{\mathscr{F} \quad \forall x \exists y F}{\mathscr{F} \quad \exists y \forall x F}$$

nicht gilt.

Aufgabe 4.31: Beweisen Sie, daß aber umgekehrt gilt:

$$\dfrac{\mathscr{F} \quad \exists y \forall x F}{\mathscr{F} \quad \forall x \exists y F}$$

Aufgabe 4.32: Zeigen Sie durch Gegenbeispiele, daß

$$(\forall x F \lor \forall x G) \equiv \forall x (F \lor G)$$

und

$$(\exists x F \land \exists x G) \equiv \exists x (F \land G)$$

nicht gelten.

Aufgabe 4.33: Zeigen Sie, daß für eine beliebige Formel F

$$\neg \forall x F \equiv \exists x \neg F$$

und

$$\neg \exists x F \equiv \forall x \neg F$$

gilt.

Aufgabe 4.34: Zeigen Sie, daß für beliebige Formeln F und G, wobei x in G nicht frei vorkommt, gilt:

$$\begin{array}{rcl} (\forall x F \land G) & \equiv & \forall x (F \land G) \\ (\forall x F \lor G) & \equiv & \forall x (F \lor G) \\ (\exists x F \land G) & \equiv & \exists x (F \land G) \\ (\exists x F \lor G) & \equiv & \exists x (F \lor G). \end{array}$$

Während wir für die Aussagenlogik auch die Vollständigkeit unseres Kalküls in einfacher Weise beweisen konnten, ist die Vollständigkeit des Prädikatenkalküls eine grundlegende Eigenschaft, deren Beweis erstmalig K. GÖDEL 1930 gelang:

Satz 4.22 (**Gödelscher Vollständigkeitssatz**): *Der Sequenzenkalkül für die Prädikatenlogik erster Stufe ist vollständig:*

$$\text{Wenn } \mathscr{F} \models G, \text{ dann } \mathscr{F} \vdash G. \tag{4.64}$$

Für den Beweis sei auf Spezialliteratur über mathematische Logik, z. B. (EBBINGHAUS, FLUM und THOMAS , 1996) verwiesen. Er wird üblicherweise in der Form

$$\text{Wenn } \mathscr{F} \cup \{G\} \text{ widerspruchsfrei ist, dann ist } \mathscr{F} \cup \{G\} \text{ erfüllbar.} \tag{4.65}$$

bewiesen.

Aufgabe 4.35: Zeigen Sie, daß 4.64 und 4.65 äquivalent sind.

Wie nahe man mit der Prädikatenlogik an Fragen herankommt, die nicht mehr mit einfachen Mitteln beherrscht werden können, zeigen die folgenden beiden Sätze, die wir ebenfalls ohne Beweis zitieren:

Satz 4.23 (*Gödelscher Unvollständigkeitssatz der Prädikatenlogik zweiter Stufe*):
Die Menge der semantisch korrekten Formeln der Prädikatenlogik zweiter Stufe ist nicht aufzählbar.

Da aber die Menge aller Ableitungen von syntaktisch richtigen Sätzen aufzählbar ist, folgt, daß es korrekte Formeln gibt, für die man *keine* Ableitung angeben kann!

Satz 4.24 (*Unentscheidbarkeit der Prädikatenlogik erster Stufe*, CHURCH 1936):
Es gibt keinen Algorithmus, der in endlich vielen Schritten feststellt, ob $\mathscr{F} \vdash F$ gilt oder nicht, wenn $\mathscr{F}$, F Formeln der Prädikatenlogik erster Stufe sind.

Für die Aussagenlogik konnten wir, wenngleich mit erheblichem Aufwand, durch Durchprobieren mit Wahrheitstafeln noch feststellen, ob $\mathscr{F} \vdash F$ gilt. Wir werden später sehen, daß das Problem für die Prädikatenlogik auf die unentscheidbare Frage zurückgeführt werden kann, ob ein bestimmter Algorithmus terminiert oder nicht.

Anschaulich bedeutet der Unentscheidbarkeitssatz, daß wir den Nachweis mathematischer Theoreme oder den Nachweis, daß ein Rechnerprogramm seiner Spezifikation genügt, im allgemeinen Fall nicht automatisieren können: Es gibt keinen Algorithmus, der uns immer die richtige Beweisidee liefert.

4.2.3 Normalformen

Wie in der Aussagenlogik versuchen wir auch in der Prädikatenlogik Formeln in eine geeignete kanonische Normalform zu überführen.

Ist eine prädikatenlogische Formel F quantorenfrei, so hat sie dieselbe Struktur wie eine aussagenlogische Formel; allerdings enthält sie statt aussagenlogischer Variabler atomare Prädikate $p(t_1, \ldots, t_n)$. Mit dieser Modifikation kann der Beweis von Satz 4.7 (und entsprechend auch von Satz 4.8) sofort übertragen werden und wir erhalten

Satz 4.25: *Jede quantorenfreie prädikatenlogische Formel F kann in disjunktiver oder in konjunktiver Normalform*

$$F = \bigvee_{i=1}^{n} \left(\bigwedge_{j=1}^{m_i} L_{ij} \right) \tag{4.66}$$

bzw.

$$F = \bigwedge_{i=1}^{n} \left(\bigvee_{j=1}^{m_i} L_{ij} \right) \tag{4.67}$$

geschrieben werden. Dabei haben die Literale L_{ij} eine der beiden Formen $L_{ij} = P(t_1, \ldots, t_n)$ oder $L_{ij} = \neg P(t_1, \ldots, t_n)$ mit atomaren Prädikaten $P(t_1, \ldots, t_n)$.

Durch gebundene Umbenennung können wir zunächst erreichen, daß eine Formel F mit Quantoren bereinigt ist, vgl. S. 193.

Die Regeln L14 und L15 sagen, daß wir von F zu $\forall x_1 \cdots \forall x_k F$ übergehen dürfen, wenn $x_1, \ldots, x_k$ die sämtlichen freien Variablen in F sind: Wenn $\mathcal{F} \vdash F$ gilt, dann auch $\mathcal{F} \vdash \forall x_1 \cdots \forall x_k F$ und umgekehrt. Wir sagen, eine Formel sei **geschlossen**, wenn sie keine freien Variablen enthält. $\forall x_1 \cdots \forall x_k F$ heißt der **All-Abschluß** von F, wenn frei$(F) = \{x_1, \ldots, x_k\}$.

Allgemein heißt eine Folge $P = Qx_1 \cdots Qx_k$, $Q \in \{\forall, \exists\}$ von Quantoren ein **Präfix** einer Formel $F = PF' = Qx_1 \cdots Qx_k F'$. F befindet sich in **pränexer Normalform**, wenn F' quantorenfrei ist. Es gilt nun

Satz 4.26 (**pränexe Normalform**): *Jede prädikatenlogische Formel F kann in eine äquivalente Formel G in pränexer Normalform überführt werden.*

Zum Beweis setzen wir voraus, daß F bereinigt ist. Da wir hierzu gegebenenfalls gebundene Variable umbenennen müssen, können wir nicht sagen, daß G durch Umformung erreicht wird, sondern nur, daß es eine äquivalente Formel gibt, die diese Eigenschaft besitzt.

Den weiteren Beweis führen wir durch Induktion über den Aufbau der Formel F, wobei wir die Aufgaben 4.33, 4.34 heranziehen.

1. Induktionsanfang: F ist atomar, $F = p(t_1, \ldots, t_n)$. Dann setzen wir $G = F$.
2. Induktionsannahme: die auftretenden Teilformeln G', G'' befinden sich bereits in pränexer Normalform.

   a. $F = \neg G'$, $G' = PH'$, H' quantorenfrei, $P' = Qx_1 \cdots Qx_k$. Dann sei $G = \overline{Q}x_1 \ldots \overline{Q}x_k \neg H'$, wobei $\overline{\forall} = \exists, \overline{\exists} = \forall$. G hat die gewünschte Form; wegen Aufgabe 4.33 sind F und G äquivalent.

   b. $F = G' \tau G''$, $G' = P'H'$, $G'' = P''H''$, $P' = Qx_1 \cdots Qx_k$, $P'' = Qy_1 \cdots Qy_k$, $\tau \in \{\vee, \wedge\}$, H', H'' quantorenfrei. Da F bereinigt ist, sind alle x_i, y_i paarweise verschieden. Nach Aufgabe 4.34 ist dann

   $$G = P'P''(H' \tau H'')$$

   äquivalent zu F und hat die gewünschte Form.

   c. $F = Qx\,G'$, $G' = P'H'$, $P' = Qx_1 \cdots Qx_k$, H' quantorenfrei. Dann ist x wie zuvor verschieden von allen x_i und $G = F$ hat bereits die gewünschte Form. ◆

Die Kombination beider Sätze liefert uns dann die Aussage: Jede prädikatenlogische Formel F ist äquivalent zu einer Formel $G = PH$ in pränexer Normalform, wobei der quantorenfreie Kern H in DNF oder KNF geschrieben werden kann.

Beispiel 4.24: Wir wollen die Formel

$$F = \forall x \exists y (p(x) \wedge q(x,y)) \vee \neg \forall x\, r(x)$$

in pränexe Normalform bringen. Im ersten Schritt beseitigen wir negierte Quantoren und bereinigen F. Wir erhalten

$$F' = \forall x \exists y (p(x) \wedge q(x,y)) \vee \exists z \neg r(z).$$

Anschließend können wir die Quantoren vorziehen.

$$F'' = \forall x \exists y \exists z (p(x) \wedge q(x,y)) \vee \neg r(z)$$

F'' ist in pränexer Normalform. ◆

Aufgabe 4.36: Wandeln Sie

$$\forall z (\exists x (p(x) \wedge q(x,z) \wedge \neg r(x,z)) \vee p(z)) \wedge \forall x \neg \exists y\, p(f(x, g(z,y)))$$

in pränexe Normalform um.

Wegen Aufgabe 4.30 können wir die pränexe Normalform leider nicht so standardisieren, daß zuerst alle Allquantoren und dann erst alle Existenzquantoren kommen (oder umgekehrt). Allerdings gibt es eine semantisch äquivalente Normalform, die nur noch Allquantoren aufweist:

Satz 4.27 (**Skolemform**): *Zu jeder prädikatenlogischen Formel F gibt es eine Formel* $G = \forall x_1 \cdots \forall x_k G'$, $k \geq 0$, G' *quantorenfrei, mit der Eigenschaft, daß F genau dann erfüllbar ist, wenn G erfüllbar ist. G heißt* **Skolemform** *von F.*

Zum Beweis setzen wir F in bereinigter pränexer Normalform voraus. Hat dann F die Form $\forall x_1 \cdots \forall x_k \exists v H$, $k \geq 0$, wobei H mit weiteren Quantoren beginnen kann, so wählen wir ein neues, bisher in F nicht vorkommendes k-stelliges Funktionssymbol $f \in \Sigma^{(k)}$ und ersetzen F durch

$$F' = \forall x_1 \cdots \forall x_k H[f(x_1, \ldots, x_k)/v].$$

Durch Wiederholung dieses Schritts beseitigen wir sukzessive alle Existenzquantoren. Die Funktion $f(x_1, \ldots, x_k)$, die von allen Variablen abhängt, die in der Reihenfolge vor dem Existenzquantor $\exists v$ in F all-quantifiziert vorkamen, heißt **Skolemfunktion** für v. Im Jargon sagen wir „v wird skolemisiert".

Sei nun F' erfüllbar durch die Interpretation $\Im = (\mathfrak{A}, \alpha)$. Da die x_i, $i = 1, \ldots, k$, allquantifiziert sind, gilt dann für beliebige Tupel $(a_1, \ldots, a_k)$, $a_i \in U$

$$\Im[a_1/x_1] \cdots [a_k/x_k] H[f(x_1, \ldots, x_k)/v] = w.$$

Nach dem Überführungslemma gilt aber

$$\begin{aligned} w &= \Im[a_1/x_1] \cdots [a_k/x_k] H[f(x_1, \ldots, x_k)/v] \\ &= \Im[a_1/x_1] \cdots [a_k/x_k][f(x_1, \ldots, x_k)/v]H. \end{aligned}$$

Damit folgt: Für alle Tupel $(a_1, \ldots, a_k) \in U^k$ gibt es ein $b = \Im f(a_1, \ldots, a_k)$ mit $H[a_1/x_1] \cdots [a_k/x_k][b/v] = w$. Analog zu L16 gilt also $\Im \forall x_1 \cdots \forall x_k \exists v H = w$. Wir haben also eine Interpretation gefunden, die F erfüllt.

Ist umgekehrt $\Im$ eine Interpretation, die F erfüllt, so definieren wir die k-stellige Funktion $f^{\mathfrak{A}} : U^k \to U$, indem wir für jedes Tupel $(a_1, \ldots, a_k)$ einen beliebigen Wert $b = f(a_1, \ldots, a_k) \in U$ mit

$$\Im[a_1/x_1] \cdots [a_k/x_k][b/v]H = w$$

wählen. Da F durch $\Im$ erfüllt wird, gibt es für jedes Tupel $(a_1, \ldots, a_k)$ einen solchen Wert. Es gilt dann nach dem Überführungslemma

$$\begin{aligned} w &= \Im[a_1/x_1] \cdots [a_k/x_k][f^{\mathfrak{A}}(a_1, \ldots, a_k)/v]H \\ &= \Im[a_1/x_1] \cdots [a_k/x_k] H[f(x_1, \ldots, x_k)/v]. \end{aligned}$$

Folglich erfüllt die Interpretation $\Im' = (\mathfrak{A}', \alpha)$, die sich von $\Im$ dadurch unterscheidet, daß wir die Struktur $\mathfrak{A}$ um die Definition der Funktion $f^{\mathfrak{A}}$ erweitern, die Formel F':

$$\Im'(\forall x_1 \cdots \forall x_k H[f(x_1, \ldots, x_k)/v]) = w. \qquad \blacklozenge$$

Für die Definition des Funktionswerts $b = f^{\mathfrak{A}}(a_1, \ldots, a_k)$ im zweiten Teil des vorstehenden Beweises benötigen wir das Zermelosche Auswahlaxiom, vgl. S. 68.

Man beachte, daß der Satz über die Skolemform nicht sagt, daß eine gegebene Interpretation $\mathfrak{I}$ zugleich F und F' (bzw. G) erfüllt. Es wird lediglich garantiert, daß man zu vorgegebener Interpretation $\mathfrak{I}$ von F eine Interpretation von F' angeben kann und umgekehrt. Diese Eigenschaft heißt **Erfüllbarkeitsäquivalenz**.

Beispiel 4.25: Gegeben sei die Formel

$$F : \forall x\,(p(x) \to \forall y(p(y) \to p(f(x,y)))) \wedge \neg\forall z(q(x,z) \to p(z))).$$

Die Formel F ist geschlossen und bereinigt. Die Substitution der Implikationspfeile ergibt

$$\forall x\,(\neg p(x) \vee \forall y(\neg p(y) \vee p(f(x,y)))) \wedge \neg\forall z(\neg q(x,z) \vee p(z))).$$

Vertauschung der Negation mit Quantoren liefert

$$\forall x\,(\neg p(x) \vee (\forall y(\neg p(y) \vee p(f(x,y)))) \wedge \exists z(q(x,z) \wedge \neg p(z)))).$$

Eine pränexe Normalform lautet also

$$\forall x\forall y\exists z\,(\neg p(x) \vee ((\neg p(y) \vee p(f(x,y))) \wedge (q(x,z) \wedge \neg p(z)))).$$

Ersetzen wir die existentiell quantifizierte Variable z durch eine Skolemfunktion $g(x,y)$, so erhalten wir die Skolemform

$$\forall x\forall y\,(\neg p(x) \vee ((\neg p(y) \vee p(f(x,y))) \wedge (q(x,g(x,y)) \wedge \neg p(g(x,y))))).$$

Unter Verwendung der De Morganschen Gesetze können wir den quantorenfreien Kern dieser Formel in konjunktive Normalform bringen:

$$\forall x\forall y \quad (\neg p(x) \vee \neg p(y) \vee p(f(x,y))) \wedge$$
$$(\neg p(x) \vee q(x,g(x,y))) \wedge$$
$$(\neg p(x) \vee \neg p(g(x,y))). \qquad \blacklozenge$$

4.2.4 Resolution

Wir untersuchen, ob wir mit der in 4.1.5 eingeführten Resolutionsregel R1 auch für eine geschlossene prädikatenlogische Formel F die Erfüllbarkeit entscheiden können. Nach Satz 4.27 können wir F in Skolemform $F: \forall v_1 \cdots \forall v_n F'$ voraussetzen, da der Unterschied für die Erfüllbarkeit unerheblich ist. Der quantorenfreie Kern F' liege in KNF vor.

Bei einer Interpretation $\mathfrak{J}(\mathfrak{A}, \alpha)$, die F erfüllt, kommt es auf die Belegung α nicht an, da F geschlossen ist. Nach dem Koinzidenzlemma 4.20 können wir uns außerdem auf die Funktionen f der Signatur unserer Struktur beschränken, die in F tatsächlich vorkommen. Dies brachte J. HERBRAND auf die Idee, zu vorgegebener Formel F die Struktur $\mathfrak{H}(F) = \mathfrak{T}_0(\Sigma_F)$ zu betrachten. Dies ist die initiale Grundalgebra zur Signatur Σ_F der in F auftretenden Funktionssymbole. Falls Σ_F kein 0-stelliges Funktionssymbol enthält, nehmen wir ein solches zusätzlich zu Σ_F hinzu. $\mathfrak{H}(F)$ heißt das **Herbrand-Universum** zu F.

Beispiel 4.26: Das Herbrand-Universum zu $F: \forall x.p(x)$ besteht nur aus einem einzigen 0-stelligen Symbol a: $\mathfrak{H}(F) = \{a\}$.

Das Herbrand-Universum zu $F: \exists y.(p(a) \wedge \neg p(y))$ lautet $\mathfrak{H}(F) = \{a, b\}$. Wir müssen dazu erst von F zur Skolemform $(p(a) \wedge \neg p(b))$ mit einem neuen 0-stelligen Symbol b übergehen.

Das Herbrand-Universum zu

$$F: \forall x \forall y.p(x) \wedge p(f(x)) \wedge p(g(x, y)) \tag{4.68}$$

lautet

$$\mathfrak{H}(F) = \{a, f(a), g(a, a), f(f(a)), \ldots,$$
$$g(a, f(a)), g(f(a), a), g(f(a), f(a)), g(g(a, a), a), \ldots\}. \quad \blacklozenge$$

Aufgabe 4.37: In F kommen nur endlich viele Funktionssymbole vor. Zeigen Sie, daß das Herbrand-Universum zu einer beliebigen Formel F höchstens abzählbar unendlich ist, indem Sie den Elementen eine Gödelnummer zuordnen.

Aufgabe 4.38: Geben Sie einen Markov-Algorithmus an, der entscheidet, ob eine Zeichenreihe z für (4.68) Element von $\mathfrak{H}(F)$ ist.

Aufgabe 4.39: Geben Sie zur Formel (4.68) eine kontextfreie Grammatik G so an, daß ihr Sprachschatz $L(G) = \mathfrak{H}(F)$ ist.

Aufgabe 4.40: Zeigen Sie allgemein, daß jedes Herbrand-Universum Sprachschatz einer kontextfreien Grammatik ist.

Sei nun $\mathfrak{J} = (\mathfrak{A}, \alpha)$ ein Modell der geschlossenen Formel $F: \forall v_1 \cdots \forall v_n F'$ mit quantorenfreiem Kern F'. Dann gilt $\mathfrak{J}(F'[a_1/x_1, \ldots, a_n/x_n]) = w$ für beliebige n-Tupel $(a_1, \ldots, a_n)$ von Elementen a_i, die zum Universum U von $\mathfrak{A}$ gehören. Wegen $\mathfrak{T}_0(\Sigma_F) \subseteq \mathfrak{T}(\Sigma, V)$ gilt insbesondere $\mathfrak{J}(F'[a_1/x_1, \ldots, a_n/x_n]) = w$ für alle $(a_1, \ldots, a_n)$ mit $a_i = \mathfrak{J}(t_i), t_i \in \mathfrak{H}(F)$. Die Interpretation $\mathfrak{J}$ führt also zu einer Interpretation $\mathfrak{J}' = (\mathfrak{H}(F), \alpha)$ auf dem Herbrand-Universum, die ebenfalls F erfüllt. $\mathfrak{J}'$ heißt eine **Herbrand-Interpretation** und, da sie F erfüllt, ein **Herbrand-Modell** von F. Da nach Aufgabe 4.37 $\mathfrak{H}$ abzählbar ist, haben wir

Satz 4.28: *Eine erfüllbare geschlossene Formel besitzt ein Herbrand-Modell.*

Satz 4.29 (Satz von LÖWENHEIM und SKOLEM): *Besitzt eine geschlossene Formel ein Modell, so besitzt sie auch ein Modell über einem entscheidbaren (und damit höchstens abzählbaren) Individuenbereich.*

Aus diesem Satz folgt insbesondere, daß sich bestimmte Fragestellungen nicht mit den Hilfsmitteln der Prädikatenlogik erster Stufe beantworten lassen:

Ist E eine Eigenschaft, die zwar einer überabzählbaren Menge reeller Zahlen, nicht aber einer Teilmenge der natürlichen Zahlen zukommt, so kann E nicht mit Formeln der Prädikatenlogik erster Stufe, sondern bestenfalls mit Formeln der Prädikatenlogik zweiter Stufe beschrieben werden.

Die Umkehrung von Satz 4.28 lautet

Satz 4.30 (Satz von HERBRAND): *Wenn eine geschlossene Formel kein Herbrand-Modell besitzt, so ist sie unerfüllbar.*

Mit diesem Satz können wir Satz 4.10 und damit die Grundlage des Resolutionskalküls auf die Prädikatenlogik übertragen, wenn wir uns wie in 4.1.5 auf Klauseln, und noch spezieller auf Hornklauseln, beschränken.

Satz 4.10 gilt offensichtlich auch für prädikatenlogische Formeln, da wir zu seinem Beweis nur Eigenschaften von Interpretationen nutzten, die auch für Interpretationen in der Prädikatenlogik gelten. In Kombination mit dem Satz von Herbrand erhalten wir

Satz 4.31: *Sei $\mathcal{F} = \{F_1, \ldots, F_n\}$ eine Menge geschlossener Klauseln in Skolemform und G eine Anfrage der Form $G: \forall v_1 \cdots \forall v_k G'$. Der quantorenfreie Kern G' sei eine Disjunktion negierter atomarer Prädikate, $G' = \neg p_1(t_{11}, \ldots, t_{1r_1}) \vee \cdots$. Dann gilt*

$$\mathcal{F} \models \exists v_1 \cdots \exists v_k \neg G' \asymp F_1 \wedge \cdots \wedge F_n \wedge G \text{ besitzt kein Herbrand-Modell.} \quad (4.69)$$

$\neg G'$ hat nach Voraussetzung die Form $G' = p_1(t_{11}, \ldots, t_{1r_1}) \wedge \cdots$; es handelt sich also um eine Konjunktion positiver atomarer Prädikate. Die Gültigkeit von $\mathcal{F} \models \exists v_1 \cdots \exists v_k \neg G'$ beweisen wir nach diesem Satz, indem wir die Vermutung, daß $F_1 \wedge \cdots \wedge F_n \wedge G$ ein Herbrand-Modell besitzt, widerlegen; dazu genügt es Terme $h_i \in \mathfrak{H}$ so anzugeben, daß $\mathfrak{I}'((F_1 \wedge \cdots \wedge F_n \wedge G)[h_1/v_1, \ldots, h_k/v_k]) = f$ wird.

Zur Durchführung des Widerlegungsbeweises soll uns der Resolutionssatz 4.11 verhelfen. Dieser ist ebenso wie Satz 4.12 samt seinem Beweis in der Prädikatenlogik gültig, wenn wir folgendes beachten:

Wenn die Klauselmenge

$$H: \big(p(t_1, \ldots) \vee \neg q(s_1, \ldots)\big) \wedge \big(p(t_1', \ldots) \vee q(s_1', \ldots)\big),$$

d. h. das prädikatenlogische Äquivalent von $(p \vee \neg q) \wedge (p \vee q)$, enthält, und wir eine Substitution σ in der Termalgebra $\mathfrak{H}$ so angeben können, daß $t_i\sigma = t_i'\sigma, s_j\sigma = s_j'\sigma, i = 1, \ldots, j = 1, \ldots$, so gilt

$$p(t_1\sigma, \ldots) = \big(p(t_1\sigma, \ldots) \vee \neg q(s_1\sigma, \ldots)\big) \wedge \big(p(t_1'\sigma, \ldots) \vee q(s_1'\sigma, \ldots)\big)$$

auch dann, wenn $p(t_1, \ldots) \neq p(t_1', \ldots)$ oder $q(s_1, \ldots) \neq q(s_1', \ldots)$. Satz 4.11 lautet daher in der Prädikatenlogik:

Satz 4.32 (Resolution): *Gegeben sei eine Klauselmenge $F = \{K_1, \ldots, K_r\}$ in Mengenschreibweise. Weiter gebe es eine Substitution σ im Herbrand-Universum $\mathfrak{H}(F)$ so, daß Klauseln K_1, K_2 in F existieren mit: K_1 enthält das atomare Prädikat $q(s_1, \ldots)$, K_2 enthält ein negiertes Prädikat $\neg q(s_1', \ldots)$ und es gilt $q(s_1, \ldots)\sigma = q(s_1\sigma, \ldots) = q(s_1'\sigma, \ldots) = q(s_1', \ldots)\sigma$. Dann ist F unerfüllbar, wenn $Res(F) = R\sigma \cup (F\sigma \setminus \{K_1\sigma, K_2\sigma\})$ unerfüllbar ist. Dabei ist*

$$R = (K_1 - \{q(s_1, \ldots)\}) \cup (K_2 - \{\neg q(s_1', \ldots)\}) \qquad (4.70)$$

*die **Resolvente** von K_1 und K_2.*

Wie in der Aussagenlogik, vgl. S. 160, bereitet die Resolution für beliebige Klauselmengen praktisch Schwierigkeiten. Beschränken wir uns auf Hornformeln, so ist die Einheitsresolution (und einige weitere Methoden der Bestimmung von Resolventen) auch im prädikatenlogischen Fall vollständig und wesentlich effizienter.

Der Vergleich mit Abschnitt 3.6, S. 134, lehrt, daß die gesuchte Substitution σ des Resolutionssatzes ein Unifikator der Terme ist, die als Argumente s_i und s_i' von q und $\neg q$ auftreten. Der Kern des Satzes lautet daher kürzer: *F ist unerfüllbar, wenn es in zwei verschiedenen Klauseln K_1, K_2 zwei unifizierbare Literale $q(s_1, \ldots), \neg q(s_1', \ldots)$ gibt und $Res(F)$ unerfüllbar ist.*

Wir wissen natürlich nicht, ob es zu $q(s_1, \ldots), \neg q(s_1', \ldots)$ einen Unifikator σ gibt. Falls aber σ existiert, dann gibt es auch den auf S. 134 definierten allgemeinsten Unifikator. Mit seiner Hilfe können wir auch den Satz 4.12 in die Prädikatenlogik übertragen:

Satz 4.33 (Resolutionskalkül): *Der Resolutionskalkül ist für Hornformeln korrekt und vollständig, falls wir bei der Unifikation jeweils einen allgemeinsten Unifikator benutzen.*

4.2.4.1 Logisches Programmieren

In diesem Abschnitt benutzen wir die Schreibkonventionen der logischen Programmiersprache PROLOG (CLOCKSIN und MELLISH , 1994):

1. Die Bezeichner logischer Variabler beginnen mit Großbuchstaben, alle Bezeichner für Funktionen und Prädikate beginnen mit Kleinbuchstaben.
2. Der Unterstrich _ ist ein zulässiger Variablenbezeichner.
3. Hornklauseln schreiben wir in der Form

$$p0(\cdots) : -p1(\cdots), \ldots, pn(\cdots)$$

anstelle der Implikation $p0(\cdots) \leftarrow p1(\cdots) \wedge \cdots \wedge pn(\cdots)$. Für $n = 0$ entfällt das : $-$.
Anfragen $\neg p1(\cdots)$ schreiben wir in der Form

$$? - p1(\cdots).$$

Der Resolutionskalkül eignet sich als Programmiersprache für Aufgaben, deren Lösung in der Angabe von Termen besteht, für die eine Anfrage erfüllt ist. Die Hornformel $\mathscr{F}$, die wir dazu heranziehen, heißt eine **Hornspezifikation**.

Beispiel 4.27: Gegeben sei die Hornspezifikation HS:

diff(U+V,X,DU+DV) :- diff(U,X,DU), diff(V,X,DV).

diff(U∗V,X,U∗DV+DU∗V) :- diff(U,X,DU), diff(V,X,DV).

diff(X,X,1).

diff(Y,X,0) :- constant(Y).

constant(Y) sei ein (hier nicht näher spezifiziertes) Prädikat, das nur zutrifft, wenn Y eine Konstante ist.

diff(Y, X, E) hat die Bedeutung: Die Ableitung von Y nach X ist E. Damit ist HS eine korrekte Spezifikation des symbolischen Differenzierens von Ausdrücken, die Konstante und Variable, sowie die Addition und Multiplikation als Verknüpfung enthalten.

Zu der Anfrage A:

?- diff(a∗x+c,x,E)

erhalten wir als allgemeinsten Unifikator

$$E = a ∗ 1 + 0 ∗ x + 0.$$

A ist erfüllbar. Es gilt also $HS \models \exists E.A$. E ist der (oder, im allgemeinen Fall, ein) Term, der diese Beziehung wahr macht. Andererseits ist E das gewünschte Rechenergebnis des Differenzierens, das wir für praktischen Gebrauch natürlich weiter zu E = a vereinfachen müssen.

HS behandelt nur Ausdrücke mit den Operatoren + und ∗. Für andere Operatoren, etwa − und /, sowie für Funktionen, liefert eine Anfrage wie ? − diff(sin(x ∗ x − 1), x, E) die Antwort, daß die Anfrage aus HS nicht herleitbar ist. Wir sagen dann, die **Herleitung schlägt fehl**.   ♦

Fehlschlagen einer logischen Herleitung heißt, daß die Anfrage nicht durch Spezialisierung mit einem Unifikator aus der Spezifikation herleitbar ist. Dies kann zwei verschiedene Gründe haben

- **Negation durch Fehlschlagen**[10]: die Anfrage stellt objektiv keine korrekte Aussage dar, ist also unter keinen Umständen herleitbar.

- **Unvollständige Spezifikation**: die Hornspezifikation enthält nicht alle für die Anfrage wichtigen Klauseln.

---

10. engl. *negation by failure*.

Bei der Anfrage ? — diff(sin(x * x − 1), x, E) liegt der zweite Fall vor. Wenn wir
HS um die Implikationen

    diff(U-V,X,DU-DV) :- diff(U,X,DU), diff(V,X,DV).

    diff(sin(U),X,cos(U)*DU) :- diff(U,X,DU).

erweitern, können wir auch diese Anfrage beantworten.

Für die Praxis hat der Resolutionskalkül den Nachteil, daß es zwar nur eine
Regel gibt, diese aber auf die verschiedensten Resolventen angewandt werden
kann; er ist im höchstens Grade indeterministisch. In unserem Beispiel stehen
mehrere Prädikate auf der rechten Seite: Welches sollen wir als ersten Kandidaten für eine Unifikation nehmen? Man könnte natürlich auch alle Alternativen
zugleich angehen. Das bringt aber praktische Nachteile mit sich.

ALAIN COLMERAUER schlug 1973 unter dem Namen PROLOG (PROgrammieren in LOGik) eine sequentielle, prozedurale Interpretation von Hornspezifika-
tionen vor, die heute weit verbreitet ist. Ihre Grundregeln lauten

1. Die Anfragen bilden eine, zu Beginn einelementige, Liste *AL*. Auch die
   Hornspezifikation wird in der Reihenfolge des Aufschreibens als eine Liste
   HL von Klauseln aufgefaßt. Die Ergebnissubstitution Θ ist zu Beginn die
   leere Substitution ε.

2. Es wird fortlaufend versucht, die erste Anfrage aus *AL* mit der linken Seite
   der ersten passenden Hornklausel *H* aus *HL* zu unifizieren. Gelingt dies mit
   einem Unifikator θ', so setzt man $\theta = \theta \theta'$. Dann werden die sämtlichen
   Prädikate $p(\cdots)\theta$ in der Reihenfolge, in der sie angegeben sind, *vorne* in die
   Anfragenliste *AL* eingetragen und der Schritt wiederholt.

3. Gelingt keine Unifikation und ist die betrachtete Anfrage die ursprüngliche
   Anfrage, so schlägt die Anfrage fehl.

4. Stammt die Anfrage jedoch aus einer Hornklausel *H* und wurde im zweiten
   Schritt der Anfrageliste zugefügt, so werden alle in diesem Schritt noch in
   die Anfragenliste aufgenommenen Prädikate aus *H* wieder entfernt und die
   mit *H* verbundenen Substitutionen aus θ gestrichen: die im zweiten Schritt
   durchgeführte Unifikation gilt als nicht durchgeführt. Stattdessen wird versucht, unter den auf *H* folgenden Hornklauseln von *HL* eine passende zu
   finden.

Neben diesen Grundregeln gibt es in den praktisch benutzten PROLOG-Imple-
mentierungen zahlreiche weitere Möglichkeiten, die bis zu Methoden der Prädikatenlogik zweiter Stufe reichen.

    Sofern keine bessere PROLOG-Implementierung zugänglich ist, enthält die Implementierung
der im nächsten Kapitel eingeführten Programmiersprache HASKELL eine sehr einfache PRO-
LOG-Implementierung, mit der man das Beispiel 4.27 oder andere einfache Beispiele praktisch
durchführen kann.

    Den vorstehend beschriebenen Grundregeln von PROLOG werden wir später als **Tiefensuche
mit Rücksetzen** wieder begegnen.

4.3 Anmerkungen und Verweise

SCHÖNING (2000) bietet eine elementare Einführung in die Aussagen- und Prädikatenlogik. (EBBINGHAUS, FLUM und THOMAS , 1996) handelt das Gebiet in vertiefter Form ab. Boolesche Funktionen und ihre technischen Anwendungen werden in allen Lehrbüchern der technischen Informatik und Nachrichtentechnik behandelt. Das Gebiet der binären Entscheidungsdiagramme entstand erst in den 80er Jahren vor allem zur übersichtlichen Analyse digitaler Schaltungen, vgl. (BRYANT , 1992). Entscheidungstabellen werden bei der Spezifikation technischer und wirtschaftswissenschaftlicher Anwendungen seit langem eingesetzt, vgl. etwa (ERBESDOBLER, HEINEMANN und MEY , 1976).

Die Abschnitte 4.1.7 – 4.1.9 vermitteln Grundelemente des Aufbaus von Schaltnetzen und Schaltwerken aus booleschen Funktionen und des Zusammenhangs mit endlichen Automaten. Der systematische Entwurf von Schaltwerken, die ausführliche Diskussion der Zeitbedingungen (und Fehlermöglichkeiten) bei solchen Entwürfen und der technischen Realisierung auf der Grundlage der heute verfügbaren Schaltkreistechnologien ist weitergehenden Vorlesungen vorbehalten.

Termalgebren und Strukturen als Algebren mit zusätzlichen Relationen gehen in ihren Grundzügen auf die Logik zu Anfang des zwanzigsten Jahrhunderts zurück. Die Datenstrukturen der Informatik sind heterogene Termalgebren und damit eine weitere Verallgemeinerung des Begriffs *Struktur* der Logik. Auch der Begriff *Kalkül* in der heute in der Informatik benutzten Ausprägung stammt aus der Logik.

Die Logik kennt neben dem vorgestellten Sequenzenkalkül und dem Resolutionskalkül zahlreiche weitere Kalküle zur systematischen Herleitung von Beweisen, die in der Informatik im Bereich des **maschinellen Beweisens** praktisch eingesetzt werden.

Der Beweis von Satz 4.6 folgt einer Idee von P. SCHMITT. Der Beweis von Satz 4.12 folgt (SCHÖNING , 2000). Der Abschnitt 4.1.8 geht auf Vorschläge von I. WEGENER zurück.

Kapitel 5
Funktionales Programmieren

Wir hatten bisher Algorithmen als Markov-Algorithmen oder allgemeiner als Termersetzungssysteme formuliert. Die (endlich vielen) Schritte eines Algorithmus waren Anwendung von Termersetzungsregeln auf die Eingabe. Letztere gaben wir als Text vor, der z. B. auch ein Term $f(a, g(b, c))$, $mult(a, add(b, c))$ oder $a * (b + c)$ sein, und als Baum interpretiert werden konnte.

Allgemeine Termersetzungssysteme sind indeterministisch. Wenn wir im gewöhnlichen Sinne *rechnen*, wissen wir (wie bei Markov-Algorithmen) genau, in welcher Reihenfolge wir Operationen ausführen sollten: Wir bestimmen zuerst die Werte der Operanden und führen dann die Operation aus; nur die Reihenfolge der Berechnung der Operanden bleibt offen.

Diese Überlegung wird im λ-Kalkül präzisiert und liegt direkt oder indirekt fast allen **algorithmischen Sprachen** zugrunde, in denen wir praktisch ausführbare Algorithmen formulieren. Ist eine solche Sprache zusätzlich auf die Bedürfnisse der Ausführung auf einer Rechenanlage zugeschnitten, so heißt sie eine **Programmiersprache** und die Formulierung eines Algorithmus in der Sprache ein **Programm**. Programmiersprachen umfassen insbesondere Möglichkeiten zur Ein- und Ausgabe von Daten auf einem Rechner, sie müssen sich mit den Problemen der Endlichkeit des Speichers des Rechners und, daraus folgend, der Beschränktheit der Zahldarstellung befassen. Das Entwerfen und Formulieren eines solchen Programms heißt **Programmieren**[1].

Wir unterscheiden drei Klassen von Programmiersprachen:

- In **funktionalen Programmiersprachen** formulieren wir Funktionsdefinitionen; die Ausführung eines Programms besteht in der Berechnung eines Ausdrucks mit Hilfe dieser Funktionen und liefert Ergebniswerte.
- In **logischen Programmiersprachen** formulieren wir logische Prädikate; die Ausführung eines Programms besteht in der Anfrage, ob ein solches Prädikat angewandt auf bestimmte Terme (die Eingabe) richtig ist.

---

1. In anderen wissenschaftlichen Gebieten wird *Programmieren* in anderem Sinne gebraucht. So bedeutet im Bereich der Unternehmensforschung *Programmieren*: eine optimale Lösung unter bestimmten Randbedingungen finden. Wir kommen auf diesen Wortsinn im Bd. II zurück.

- In **imperativen** oder **prozeduralen Programmiersprachen** bilden wir Daten-objekte und formulieren Anweisungen oder Prozeduren, deren Ausführung die Werte dieser Objekte verändert. Die Werte bilden den Zustand der Datenobjekte und der Programmausführung. Wir können Werte von Objekten einlesen bzw. ausschreiben.

Die Berechnung bzw. Ausführung einer Funktion (Prädikat, Anweisung) in einer funktionalen (logischen, imperativen) Programmiersprache kann die Ausführung weiterer Funktionen (Prädikate, Anweisungen) nach sich ziehen. Während aber die Berechnung einer Funktion bzw. eines Prädikats in einer funktionalen bzw. logischen Programmiersprache im allgemeinen nur das verlangte Ergebnis liefert und ansonsten **nebenwirkungsfrei**ist, führen die Anweisungen imperativer Sprachen ausschließlich zu Nebenwirkungen, nämlich der Veränderung der Werte von Objekten, während ein Ergebnis im eigentlichen Sinne gar nicht vorgesehen ist.[2]

Funktionale bzw. logische Programmiersprachen eignen sich daher vor allem für Algorithmen zur Realisierung von (partiellen) Abbildungen $f: A \twoheadrightarrow B$ im Sinne des Abschnitts 1.3.1. Reaktive Systeme verlangen hingegen eine explizite Manipulation von Zuständen.

5.1 Elementarer λ-Kalkül

Die einfachste algorithmische Sprache, in der man alle berechenbaren Probleme formulieren kann, ist der in den dreißiger Jahren von ALONZO CHURCH entwickelte **λ-Kalkül**. Er führt alle Berechnungen auf die Definition von Funktionen und deren Anwendung zurück. Dies ist zwar für das intuitive Verständnis sehr unbequem, da auch konstante Werte wie z. B. Zahlen als Funktionen aufgefaßt werden; begrifflich ergibt sich aber eine sehr einfache Struktur, die nicht nur für das funktionale Programmieren grundlegend ist.

Wir setzen eine (abzählbare) Menge V von Variablen voraus und betrachten die induktiv definierte initiale Termalgebra Λ mit

1. **Variable:** Wenn $v \in V$, dann ist $v \in \Lambda$ ein Term;
2. **λ-Abstraktion:** Wenn F ein Term und $v \in V$ eine Variable ist, so ist $\lambda v . F \in \Lambda$ ein Term;
3. **Funktionsanwendung:** Wenn F_1, F_2 Terme sind, so ist auch $(F_1 \, F_2)$ ein Term in Λ.

$(\lambda v . F)$ kann geklammert sein. Die Terme heißen auch **λ-Ausdrücke**.

---

2. Aus pragmatischen Gründen müssen auch funktionale und logische Programmiersprachen Nebenwirkungen erlauben, wenn sie Eingaben lesen oder Ausgaben ausschreiben sollen: Das Fortschalten des Zeigers, wiewiet die Eingabe gelesen, bzw. bis zu welcher Zeile geschrieben wurde, ist eine Nebenwirkung. Wir berücksichtigen im folgenden solche Aspekte nicht, sondern betrachten funktionale Sprachen ohne Ein/Ausgabe.

Durch $(v = F)$ kann einem Term F eine Variable v als Name zugeordnet werden. Gewöhnlich ist F hierbei eine λ-Abstraktion, und wir sprechen von einer (benannten) **Funktionsdefinition**.

Ein Term F oder eine Folge von Funktionsdefinitionen $(v_1 = F_1) \cdots (v_n = F_n)\, F$, die mit einem Term F abschließt, heißt ein **Programm** (im λ-Kalkül).

Auf Funktionsdefinitionen $(v = F)$ und auf Terme der Form $\lambda v. G$ übertragen wir die in der Prädikatenlogik, S. 190, für Formeln $\forall v. F$ bzw. $\exists v. F$ eingeführte Terminologie: $(v = F)$ heißt eine **Bindung** oder **Belegung** von v (mit dem Term F), die im gesamten Programm gültig ist. Ein Auftreten von v in G heißt in $\lambda v. G$ **gebunden** durch die **Bindung** λv. Kommt v in F außerhalb einer λ-Abstraktion $\lambda v. G$ vor, so heißt v **frei** in F. Sind $v_1, \ldots, v_n$ die in F frei vorkommenden Variablen, so schreiben wir zur Verdeutlichung gelegentlich $F[v_1, \ldots, v_n]$. Eine λ-Abstraktion $\lambda v. F[v]$ beschreibt, wie wir gleich sehen werden, eine Abbildung $v \mapsto F[v]$. Sind alle in F bzw. in einem Programm vorkommenden Variablen v gebunden, so heißt die Formel F bzw. das Programm **geschlossen**.

Die λ-Abstraktion $\lambda v. t$ definiert eine Funktion mit Parameter v und **Funktionsrumpf** t. $(F\, F')$ bedeutet die Anwendung der durch F gegebenen Funktion auf das Argument F'. F könnte dabei eine λ-Abstraktion $\lambda v. t$, aber auch ein beliebiger anderer Term sein. Ist F eine Variable v, der zuvor durch die Funktionsdefinition $(v = t)$ ein Term zugeordnet wurde, so bedeuten $(v\, F')$ und $(t\, F')$ das gleiche. Freie Variable v in F, für die eine Funktionsdefinition $(v = t)$ vorliegt, werden durch den Term t ersetzt.

Wird $\lambda v. t$ auf das Argument F' angewandt und bezeichnet σ die Substitution $\sigma = [F'/v]$, so ist das **Funktionsergebnis** $((\lambda v. t)\, F') = t\sigma$. Kommt die Variable v in t nicht frei vor, so erhalten wir daher $t\sigma = t$ als Ergebnis. Ist ein Term F keine λ-Abstraktion, so definieren wir F als Ergebnis der Funktionsanwendung $(F\, F')$, unabhängig von F'.

Beispiel 5.1: Ein einzelner Bezeichner v ist ein Programm. Er ist ein λ-Ausdruck und stellt das Ergebnis des Programms dar.   ◆

Beispiel 5.2: Das Programm

$$(f = (\lambda v. v))$$

$$(f\, t)$$

wendet die Funktion f auf das Argument t an. f ist durch die λ-Abstraktion $(\lambda v. v)$ als eine Funktion mit einem Parameter v definiert, die als Ergebnis den Ausdruck nach dem Punkt, hier also den Parameter v liefert. Die Anwendung ergibt $(f\, t) = (\lambda v. v\, t) = v[t/v] = t.^3$ $\lambda v. v$ ist offenbar die Identitätsfunktion. Sie wird mit I (Buchstabe I) bezeichnet.   ◆

---

3. Man beachte, daß wir hier und im folgenden das Gleichheitszeichen mit zweierlei Bedeutung

Beispiel 5.3: Im Programm

$$(f = (\lambda x . (g \, (g \, x))))$$
$$(g = (\lambda y . y))$$
$$(f \, (\lambda z . z))$$

ist das Argument von f selbst eine λ-Abstraktion $(\lambda z . z)$. Das Einsetzen in die Definition von f zeigt, daß wir g auf diese λ-Abstraktion und anschließend auf das Ergebnis dieser Funktionsanwendung anwenden sollen. Da g die Identitätsfunktion ist, erhalten wir die λ-Abstraktion $(\lambda z . z)$ als Ergebnis. ◆

Funktionen mit mehr als einem Parameter gibt man durch geschachtelte λ-Abstraktionen wieder. Eine zweistellige Funktion hat die Form $(\lambda v . (\lambda w . t))$.
Beispiel 5.4: Ist t ein Term, so gilt $((\lambda v . (\lambda w . v)) \, t) = (\lambda w . v)[t/v] = \lambda w . t$.
Die Funktion $(\lambda v . (\lambda w . v))$ liefert bei Aufruf mit Argument t selbst wieder eine Funktion als Ergebnis, nämlich die Funktion, die t als Funktionsrumpf enthält und den Parameter w hat. ◆

Allgemein gilt $((\lambda v . (\lambda w . t)) \, F) = (\lambda w . t)[F/v] = (\lambda w . t[F/v])$, denn in der λ-Abstraktion $(\lambda w . t)$ kann v höchstens in t frei vorkommen und durch F substituiert werden. Betrachten wir $((\lambda v . (\lambda w . t))$ als eine Abbildung $(v, w) \mapsto t[v, w]$, so liefert die Anwendung auf ein Argument F die Abbildung $w \mapsto t[F/v]$. Eine zweistellige Funktion kann also aufgefaßt werden als die Menge einstelliger Funktionen, die sich ergeben, wenn wir im Funktionsrumpf für den ersten Parameter einen beliebigen Term einsetzen. In mengentheoretischer Notation lautet dies: Bezeichnet $X \rightarrow Y$ die Menge aller Abbildungen von X in Y, so ist eine Abbildung

$$f : X \times Y \rightarrow Z \tag{5.1}$$

zugleich eine Abbildung

$$f : X \rightarrow (Y \rightarrow Z). \tag{5.2}$$

Diese iterative Interpretation einer mehrstelligen Funktion geht auf SCHÖNFINKEL (1924) zurück. Man bezeichnet sie als **Curryen**[4]. Wir hatten sie bereits in 2.4 kennengelernt.

Funktionen, die eine andere Funktion als Argument haben oder als Ergebnis liefern, heißen **Funktionale** oder **Funktionen höherer Ordnung**. Solche Funktionen sind uns aus der Mathematik wohlbekannt: Der Differentialoperator d/dx ist ein Funktional, das wir auf eine Funktion $f(x)$ anwenden, um die Ableitung $f'(x)$ zu erhalten. Der λ-Kalkül verwendet ausschließlich Funktionale.

---

verwenden: In $(v = F)$ bedeutet es *steht für*. In $(f \, t) = \cdots = t$ bedeutet es *kann umgeformt werden in*. Letzteres ist eine Äquivalenzrelation. Ersteres ist eine definitorische Gleichsetzung, die wir sonst auch mit $:=$ oder $=_{\mathrm{def}}$ bezeichnen.

4. engl. *currying*, benannt nach dem amerikanischen Logiker HASKELL CURRY, 1900–1982, zusammen mit M. SCHÖNFINKEL der Begründer der kombinatorischen Logik.

Beispiel 5.5: Die Funktion $(\lambda f.(\lambda x.(f\ x)))$ interpretiert ihr zweites Argument t' als Funktion und wendet diese auf ihr erstes Argument an. Es gilt

$$
\begin{aligned}
((\lambda f.(\lambda x.(f\ x)))\ t\ t') &= ((\lambda f.(f\ x)\ [t/x])\ t') \\
&= ((\lambda f.(f\ t))\ t') \\
&= ((f\ t)\ [t'/f\ ]) \\
&= (t'\ t).
\end{aligned}
$$
♦

Beispiel 5.6: Die dreistellige Funktion $\mathsf{S} = (\lambda x\,.(\lambda y\,.(\lambda z\,.((x\ z)\ (y\ z)))))$ liefert $(((\mathsf{S}\ t_1)\ t_2)\ t_3) = ((t_1\ t_3)\ (t_2\ t_3))$.
♦

5.1.1 Bedingte λ-Ausdrücke

Beispiel 5.7: Die zweistellige Funktion $\mathsf{K}_* = (\lambda x.(\lambda y\,.y))$ angewandt auf die Terme t, t' liefert

$$
\begin{aligned}
(((\lambda x.(\lambda y\,.y))\ t)\ t') &= ((\lambda y\,.y)\ [t/x]\ t') \\
&= ((\lambda y\,.y)\ t') \\
&= (y[t'/y]) \\
&= t'.
\end{aligned}
$$

Die Funktion selektiert also immer ihr zweites Argument.
♦

Aufgabe 5.1: Zeigen Sie, daß die zweistellige Funktion $\mathsf{K} = (\lambda x.(\lambda y\,.x))$ ihr erstes Argument als Ergebnis liefert.

Beispiel 5.8: Wir definieren eine dreistellige Funktion ifthenelse, die als Ergebnis ihr zweites oder drittes Argument liefert, je nachdem, ob das erste Argument wahr oder falsch ist. Dazu setzen wir

$$
\text{wahr} = \mathsf{K}, \qquad \text{aus Aufgabe 5.1} \tag{5.3}
$$

$$
\text{falsch} = \mathsf{K}_*, \qquad \text{aus Beispiel 5.7.} \tag{5.4}
$$

Ist b eine beliebige Funktion mit den möglichen Ergebnissen wahr oder falsch, so gilt

$$
((b\ t)\ t') = \begin{cases} t, & \text{wenn } b = \text{wahr} \\ t', & \text{wenn } b = \text{falsch.} \end{cases} \tag{5.5}
$$

Die Funktion

$$
\text{ifthenelse} = \lambda b\ t'\ t''\,.((b\ t')\ t'') \tag{5.6}
$$

leistet also das Verlangte.
♦

Konstante, hier die Wahrheitswerte wahr und falsch, werden also durch Funktionen definiert. In den meisten Programmiersprachen schreiben wir

$$
\text{if } b \text{ then } t' \text{ else } t'' \tag{5.7}
$$

statt $((b\ t)\ t')$ und nennen dies einen **bedingten Ausdruck** bzw. **Anweisung**.

Um die zahlreichen Klammern im λ-Kalkül zu vermeiden, benutzt man folgende Konventionen:

- Linksklammerung: $(t_1\ t_2 \cdots t_n)$ wird aufgefaßt als $\underbrace{((\cdots(t_1\ t_2)t_3)\cdots)\ t_n)}_{n-\text{mal}}$.

  Statt $((b\ t)\ t')$ im vorigen Beispiel dürfen wir also $(b\ t\ t')$ schreiben. Analog bedeutet $(\lambda v.t_1 \cdots t_n)$ dasselbe wie $(\lambda v.(t_1 \cdots t_n))$.

- Alternativen: Wenn b ein λ-Ausdruck mit den möglichen Ergebnissen wahr oder falsch ist und daher unter den weiteren Argumenten auswählt, schreiben wir $(b \to t\ |\ t')$ für $(b\ t\ t')$.

- Mehrere Parameter: Die λ-Abstraktion $\underbrace{(\lambda v_1\ .\ (\lambda v_2\ .\ (\cdots(\lambda v_n\ .\ t))\cdots)}_{n-\text{fach}}$ darf

  abgekürzt werden zu $\lambda v_1\ v_2 \cdots v_n\ .\ t$.

5.1.2 Rekursion

λ-Abstraktionen $w = \lambda v.t$ können im Funktionsrumpf t selbst wieder w benutzen. Wir nennen dies einen **rekursiven Aufruf** von w oder kurz eine **Rekursion**. Die Rekursion ist eine konstruktive Form der verschiedenen Arten der Induktion beim Beweisen mathematischer Sätze.

Bei der Induktion gehen wir vom ‚kleinsten‘ in Frage kommenden Element e_n aus und beweisen eine Aussage $\forall e\ .\ P(e)$. Bei der Rekursion wollen wir diesen Beweis für genau ein Element e führen und kehren daher die Richtung um: Wir beginnen mit $e = e_0$, für das wir $P(e)$ nachweisen oder einen Wert $w(e)$ berechnen wollen. Dann versuchen wir ein oder mehrere $e' < e$ zu finden, so daß sich $P(e)$ einfach berechnen läßt, wenn $P(e')$ bekannt ist. Schließlich müssen wir bei einem oder mehreren Elementen e_n enden, für die sich $P(e_n)$ ohne weitere Rekursion feststellen läßt. Wir sagen dann, die Rekursion **terminiere** (bei e_n). Gibt es kein solches e_n, so terminiert die Rekursion nicht.

Für das Terminieren einer rekursiven λ-Abstraktion $w = \lambda v.t$, aber auch eines Programms in einer beliebigen anderen Sprache ist notwendig, daß es im Funktionsrumpf t einen bedingten Ausdruck der Form (5.7) gibt, in der nur eine der Alternativen w rekursiv aufruft. Dies ist allerdings noch nicht hinreichend: Es muß sicher sein, daß jeder beliebige Aufruf nach endlich vielen Rekursionen auch tatsächlich eine solche nicht-rekursive Alternative erreicht. Die (Halb-)ordnung der Elemente $e' < e$ muß also die Eigenschaft haben, daß jede absteigende Kette $e_0 > e_1 > \cdots$ nach endlich vielen Schritten mit einem Element e_n abbricht, für das das Ergebnis elementar und ohne Rekursion feststellbar ist. In Kap. 2 hatten wir solche Halbordnungen als artinsche oder fundierte Mengen bezeichnet, vgl. S. 68.

Wird eine Funktion rekursiv beständig auf das gleiche Argument a angewandt, so erhält man kein Ergebnis: die Berechnung der Funktionsanwendung terminiert nicht. Dieser (fehlerhafte) Gebrauch von Rekursion zeigt, daß man auch λ-Abstraktionen $\lambda v.\, t[v]$ angeben kann, die die Abbildung $v \mapsto (t[v])$ nur partiell definieren: $a \mapsto t[a/v]$ bleibt undefiniert.

Beispiel 5.9: Unter Benutzung der Funktionen (5.3), (5.4) für die Wahrheitswerte erhalten wir aus der Rekursion

$$w = \lambda x\, y.(x\ (w\ \text{falsch}\ (t\, y))\ y) \tag{5.8}$$

$$(w\ \text{wahr}\ z) \tag{5.9}$$

das Ergebnis

$$
\begin{aligned}
(w\ \text{wahr}\ z) &= ((\lambda x\, y.(x\ (w\ \text{falsch}\ (t\, y))\ y)\ \text{wahr})\ z) \\
&= (\lambda y.(x\ (w\ \text{falsch}\ (t\, y))\ y)[\text{wahr}/x]\ z) \\
&= (\lambda y.(\text{wahr}\ (w\ \text{falsch}\ (t\, y))\ y)\ z) \\
&= (\text{wahr}\ (w\ \text{falsch}\ (t\, y))\ y)[z/y] \\
&= (\text{wahr}\ (w\ \text{falsch}\ (t\, z))\ z) \\
&= (w\ \text{falsch}\ (t\, z)) \\
&= ((\lambda x\, y.(x\ (w\ \text{falsch}\ (t\, y))\ y))\ \text{falsch}\ (t\, z)) \\
&= ((\lambda y.(x\ (w\ \text{falsch}\ (t\, y))\ y))[\text{falsch}/x]\ (t\, z)) \\
&= ((\lambda y.(\text{falsch}\ (w\ \text{falsch}\ (t\, y))\ y))\ (t\, z)) \\
&= (\text{falsch}\ (w\ \text{falsch}\ (t\, y))\ y)[(t\, z)/y] \\
&= (\text{falsch}\ (w\ \text{falsch}\ (t\, (t\, z)))\ (t\, z)) \\
&= (t\, z).
\end{aligned}
$$

Hierfür haben wir die Funktionsanwendungen von außen nach innen durch Substitutionen ausgewertet, sowie entsprechend (5.5) den zweiten oder dritten Term in der äußersten Klammer ausgewählt, je nachdem, ob der erste Term wahr oder falsch war.   ♦

Unabhängig vom praktischen Gebrauch der Rekursion gibt es für jeden λ-Ausdruck F Argumente $\mathsf{Y}F$ mit der Eigenschaft $(F\ \mathsf{Y}F) = \mathsf{Y}F$. $\mathsf{Y}F$ heißt ein **Fixpunkt** von F und Y heißt **Fixpunktoperator**. Zum Beispiel gilt

$$\mathsf{Y} = \lambda F.((\lambda t.(F\ (t\, t))\ \lambda t.(F\ (t\, t)))). \tag{5.10}$$

Ist nämlich $w = \lambda t.(F\ (t\, t))$ und $G = (w\ w)$, so gilt

$$G = (w\ w) = (\lambda t.(F\ (t\, t))\ w) = (F\ (w\ w)) = (F\ G).$$

Wegen $\mathsf{Y}F = (w\ w) = G$ folgt die verlangte Eigenschaft von Y aus der vorstehenden Umformung.

Kombinatoren sind geschlossene λ-Abstraktionen wie z. B. I, S, K, K∗ und Y. Man kann zeigen, daß die Berechnung eines beliebigen λ-Ausdrucks F auf die Anwendung einer Folge der Kombinatoren S, K, K∗ auf F zurückgeführt werden kann.

Aufgabe 5.2: Zeigen Sie, daß auch der **Turing**-Kombinator $\Theta = AA$ mit $A = \lambda x\, y\,.\,(y\,(x\,x\,y)$ ein Fixpunktoperator mit $\forall F \in \Lambda : (F\,\Theta\,F) = \Theta F$ ist.

Beispiel 5.10: $I = S\,K\,K$ stellt die identische Funktion $I = \lambda x\,.\,x$ dar.   ◆

5.1.3 Faule Auswertung

Bei der Berechnung von (5.9) setzen wir die Abkürzung w nur nach Bedarf ein, nämlich, wenn wir während der Berechnung tatsächlich wissen müssen, was w bedeutet. Andernfalls würde jede rekursive λ-Abstraktion w zu einem unendlich langen Term führen, da wir w abzählbar oft in sich selbst einsetzen müssen. Bei der Berechnung von Argumenten haben wir hingegen die Wahl, diese immer zu berechnen, oder nur bei Bedarf.

Beispiel 5.11: Die Funktionen

$$\text{and} = \lambda\,p\,q.(p \to q \mid \text{falsch}) \tag{5.11}$$

$$\text{or} = \lambda\,p\,q.(p \to \text{wahr} \mid q) \tag{5.12}$$

berechnen die Konjunktion bzw. Disjunktion zweier Wahrheitswerte wahr/falsch. Dabei wird im λ-Kalkül das Argument für den zweiten Parameter q zwar substituiert, aber nur berechnet, wenn es wirklich zur Feststellung des Ergebnisses benötigt wird, also bei and, wenn $p = \text{wahr}$, und bei or, wenn $p = \text{falsch}$.

Diese Art der Berechnung von Konjunktion bzw. Disjunktion heißt **Kurzauswertung**[5] boolescher Ausdrücke. Sie wird immer dann benötigt, wenn wie in $(x \neq 1) \wedge (x/(1 - x) > 0)$ das erste Argument zugleich eine Vorbedingung für die Berechnung des zweiten Arguments darstellt.   ◆

Der λ-Kalkül berechnet also auch Argumente nur nach Bedarf. Dieses Prinzip heißt **faule Auswertung**[6] (eines Arguments). Im Gegensatz dazu würden bei einer **strikten Auswertung**[7] alle Argumente sofort berechnet.

Die Kurzauswertung boolescher Ausdrücke ist ein Beispiel fauler Auswertung. Bei Anwendung einer Funktion $((\lambda v_1 \cdots v_n\,.\,s)\,t_1 \cdots t_n)$, $n > 1$, substituiert man zwar die Terme t_i in den Funktionsrumpf s, berechnet sie aber erst während der Auswertung von $s[t_1/v_1,\ldots,t_n/v_n]$ und auch dann nur bei Bedarf.

Beispiel 5.12: (**Church**) Bezeichnet $f^n\,x = \underbrace{(f\,(f\ldots(f\,x)\ldots))}_{n-\text{mal}}$ die n–fache Anwendung der Funktion f, so definieren

$$0 = (\lambda f\,x.x)$$

$$1 = (\lambda f\,x.(f\,x))$$

$$\ldots$$

$$n = (\lambda f\,x.(f^n\,x)),$$

---

5. engl. *short-circuit evaluation.*

6. engl. *lazy evaluation.*

7. engl. *strict evaluation.*

zweistellige Funktionen, die man wie die natürlichen Zahlen gebrauchen kann. Zum Beispiel definiert

$$\text{add} = \lambda\, m\lambda\, n\lambda\, f\, \lambda\, x.((mf)(nfx))$$

die Addition zweier solcher Funktionen.   ◆

5.1.4 Operationelle Semantik des λ-Kalküls

In diesem Abschnitt definieren wir die bisher intuitive Vorschrift zur Berechnung von λ-Ausdrücken genau. Eine solche Berechnung heißt eine **Konversion** oder **Reduktion** des Ausdrucks.

Die Substitutionsregel $t \;\to\; t\sigma$ für eine Substitution $\sigma = [t'/v]$ verlangt, daß alle *freien* Vorkommnisse von v in t durch t' ersetzt werden. Eine solche Substitution heißt **zulässig**, wenn in $t\sigma$ keine in t' freie Variable gebunden wird. Nach Satz 4.19 können wir dies in der Prädikatenlogik immer erreichen. Wenn, in der Terminologie von S. 193, ein λ-Ausdruck samt allen zu verwendenden Funktionsdefinitionen bereinigt ist, sind die Substitutionen immer zulässig. Die dazu nötige Umbenennung von Variablen ist die erste der drei Grundregeln der λ-Konversion zur Reduktion von Funktionen. Die beiden anderen Regeln definieren die Funktionsanwendung:

α-**Konversion**[8]: Jede λ-Abstraktion $\lambda\, v\,.\, t$ darf ersetzt werden durch $\lambda\, v'.t[v'/v]$, falls die Substitution von v' für v zulässig ist.

β-**Konversion:** Jeder Aufruf $((\lambda\, v\,.\, t)\; t')$ darf ersetzt werden durch $t\,[t'/v]$, falls die Substitution von t' für v in t zulässig ist.

η-**Konversion:** Eine λ-Abstraktion $(\lambda\, v.(t\; v))$ kann durch t ersetzt werden, wenn v in t nicht frei vorkommt.

Die Konversionsregeln definieren ein Termersetzungssystem auf der Termalgebra Λ der λ-Ausdrücke. Wir schreiben $F \underset{\alpha}{\to} F'$, $F \underset{\beta}{\to} F'$ bzw. $F \underset{\eta}{\to} F'$, wenn F' aus F durch α-, β- bzw. η-Konversion hervorgeht. Wenn uns der Index α, β oder η nicht interessiert, lassen wir ihn weg. Entsprechend schreiben wir $F \underset{\alpha}{\Rightarrow} F',\ldots$ wenn F' durch Anwendung einer Konversionsregel auf einen Unterterm aus F hervorgeht. $\overset{*}{\Rightarrow}$ bezeichne wie üblich die reflexive, transitive Hülle von $\Rightarrow$.

Aufgabe 5.3: Zeigen Sie, daß die α-Konversion $F \underset{\alpha}{\to} F'$ und ebenso $F \underset{\alpha}{\Rightarrow} F'$ jeweils eine Äquivalenzrelation $\sim$ auf Λ definieren: Es gilt $F \underset{\alpha}{\to} F'$ genau dann, wenn $F' \underset{\alpha}{\to} F$. An welcher Stelle machen Sie hierbei von der Voraussetzung Gebrauch, daß die Substitutionen zulässig sein müssen?

---

8. Warum die Regeln gerade mit den griechischen Buchstaben α, β, η bezeichnet werden, ist historisch nicht mehr nachvollziehbar.

Satz 5.1 (*Konfluenz und Church-Rosser-Eigenschaft des λ-Kalküls*):
$\Rightarrow$ *ist eine konfluente Halbordnung auf Λ und besitzt die Church-Rosser-Eigenschaft.*

Der (nicht einfache) Beweis der Konfluenz bleibt Spezialvorlesungen vorbehalten. Die Church-Rosser-Eigenschaft folgt dann aus Satz 2.19, S. 74.

Sind ein λ-Ausdruck F und Reduktionsfolgen $F \Rightarrow F'$, $F \Rightarrow F''$ gegeben, so besagt die Konfluenz, daß es einen λ-Ausdruck G mit $F' \Rightarrow G$ und $F'' \Rightarrow G$ gibt. Sind nun F', F'' Ausdrücke, auf die keine β- oder η-Konversion mehr angewandt werden kann, so kann sich G von F', F'' nur durch α-Konversionen unterscheiden. F', F'', G heißen dann **Normalformen** von F. Die vorangehende Aufgabe zeigt, daß die Normalformen eine Äquivalenzklasse bilden.

Die Normalform ist das Ergebnis der Berechnung eines λ-Ausdrucks. Nach unserem Satz kommt es nicht darauf an, in welcher Reihenfolge wir λ-Konversionen anwenden: wir erhalten bis auf α-Konversion immer das gleiche Ergebnis. Die Äquivalenzklasse der Normalform ist eindeutig bestimmt.

Leider gibt es nicht zu jedem λ-Ausdruck F eine Normalform. Wenden wir etwa $w = \lambda v.(w\,v)$ auf einen Term F an, so erhalten wir $(w\,F) = (\lambda v.(w\,v)\,F) = (w\,v)[F/v] = (w\,F)$: Die β-Regel ist beliebig oft anwendbar, die Rekursion terminiert nicht. Es ist sogar unentscheidbar, ob es zu einem λ-Ausdruck F eine Normalform gibt.

Die Forderung nach Zulässigkeit der Substitution in den Konversionsregeln hat im Einzelfall erhebliche Auswirkungen. Mit $(f = \lambda x\,y.x)$ liefert $(f\,y\,x)$ das Ergebnis $(f\,y\,x) \xrightarrow[\beta\,(\text{falsch})]{} (\lambda y.y\,x) \xrightarrow[\beta\,(\text{richtig})]{} x$, wenn wir unzulässig reduzieren. Wenden wir aber vorher die zulässige α-Konversion $[a/y]$ auf $(f = \lambda x\,y.x)$ an, $\lambda x\,y.x \xrightarrow[\alpha]{} \lambda x\,a.x$, so ergibt sich $(f\,y\,x) \xrightarrow[\beta\,(\text{richtig})]{} (\lambda a.y\,x) \xrightarrow[\eta]{} y$. Bei zulässigen Substitutionen können wir bereits dem Programmtext ansehen, welcher Bezeichner welche Bedeutung hat; man nennt dies **statische Bindung** eines Bezeichners. Bei unzulässigen Substitutionen hängt die Bedeutung vom Kontext ab, in dem während der Auswertung eines λ-Ausdrucks die Substitution durchgeführt wird. Dies heißt **dynamische Bindung** des Bezeichners.

5.1.5 Die Programmiersprache LISP

Der λ-Kalkül erlaubt eine einheitliche Darstellung von Funktionen, Wahrheitswerten und Zahlen, also von Programmen und Daten. Man benötigt keine über die Termalgebra Λ hinausgehenden Eigenschaften, um beliebige Berechnungen zu formulieren. Allerdings ist diese Darstellung in der Praxis zu umständlich. Man könnte die Einheit von Programm- und Datendarstellung erhalten, wenn man mit Datenstrukturen, also abstrakten Datentypen, sowohl Daten in üblicher Schreibweise als auch Programme repräsentieren könnte.

Dieses Problem löste JOHN McCARTHY 1959 mit der Programmiersprache LISP[9]. LISP benutzt einen abstrakten Datentyp Liste[10], dessen Werte man auch als Texte schreiben und zur Darstellung von Programmen im λ-Kalkül verwenden kann. LISP-Listen sind eigentlich binäre Bäume. Die wesentliche Information befindet sich in den Blättern der Bäume. Diese heißen **Atome**. Listen und Atome haben folgende Eigenschaften:

- Jede Folge von Buchstaben und Ziffern ist ein zulässiges Atom. Insbesondere sind ganze Zahlen Ziffernfolgen, also Atome.

- Das Atom nil hat eine ausgezeichnete Bedeutung. Es repräsentiert u. a. den Wahrheitswert falsch. Jedes Atom $\neq$ nil, speziell das Atom t, gilt als Repräsentation von wahr. Wir benutzen daher im folgenden $\mathbb{B} = \{t, nil\}$ als Menge der Wahrheitswerte. Ferner soll die Anwendung einer Funktion, deren Bedeutung wir nicht definiert haben, stets das Ergebnis nil liefern.

- Die textuelle Darstellung einer Liste folgt der Syntax (in BNF):

  Liste ::= Atom |

  '(' Liste '.' Liste ')'

- Für Atome und Listen gibt es Operationen mit den Signaturen:

  eq : Atom $\times$ Atom $\to \mathbb{B}$

  atom : Liste $\to \mathbb{B}$

  cons : Liste $\times$ Liste $\to$ Liste

  car : Liste $\to$ Liste

  cdr : Liste $\to$ Liste

  eq(x,y) liefert t, wenn $x = y$, andernfalls nil. atom(x) liefert t, wenn x ein Atom ist, andernfalls nil. cons(x,y) ergibt die Liste (x . y). Angewandt auf (x . y) liefern car und cdr das Ergebnis x bzw. y. Für andere Argumente sind car und cdr undefiniert.[11] In der Terminologie von Beispiel 3.1 ist cons ein Konstruktor, car, cdr sind Hilfskonstruktoren, die beiden anderen Operationen sind Projektionen.

- Es gelten folgende Gesetze:

  eq(x,x) = t,

  eq(x,y) = nil für $x \neq y$,

  atom(x) = t für Atome x,

  atom(x) = nil sonst,

  car(cons(x,y)) = x,

  cdr(cons(x,y)) = y.

- Statt $(x_1 . (x_2 . (\cdots (x_n . nil)) \cdots))$ darf man schreiben $(x_1 \; x_2 \; \cdots \; x_n)$.[12] Es

---

9. *LISt Processor.*

10. McCARTHY nannte Listen zuerst S-Ausdrücke (symbolische Ausdrücke).

11. car und cdr stehen für *contents of the adress part of register* bzw. *contents of the decrement part of register*; dies sind Begriffe aus der Maschinensprache der IBM 704, auf der LISP zuerst implementiert wurde. cons ist eine Abkürzung für *construct*.

12. Im Sinne von 2.1 rechtfertigt nur diese Schreibweise die Bezeichnung *Liste* für den Datentyp.

gilt $() = $ nil, $(x) = (x \cdot$ nil$)$. Aber es ist $(x\,y) = (x \cdot (y \cdot$ nil$)) \neq (x \cdot y)$.

- Um lange Funktionsketten wie car(cdr(cdr(x))) zu vermeiden, darf man solche Folgen zu caddr(x) abkürzen: die Folge der a's und d's liefert die Folge der Funktionsaufrufe car und cdr.

Beispiel 5.13: Die Liste $((a\ b)(c)\ d\ e)$ lautet in Punkt-Notation

$$((a \cdot (b \cdot \text{nil})) \cdot ((c \cdot \text{nil}) \cdot (d \cdot (e \cdot \text{nil})))).$$

Graphisch stellen wir sie wie in Abb. 5.1 dar. Diese Darstellung liegt auch der Implementierung auf Rechenanlagen zugrunde. Die schraffierten Felder gehören zu Atomen. Sie werden benutzt, um Eigenschaftslisten anzuhängen, die die Bedeutung und sonstige Eigenschaften von Atomen beschreiben.   ◆

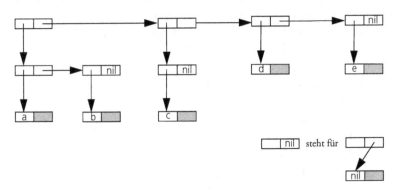

Abbildung 5.1: Die LISP-Liste $((a\ b)(c)\ d\ e)$

Durch Zusammenfassung von Elementen in Listen lassen sich wie in der relationalen Algebra beliebige Beziehungen darstellen. Der Haupteinsatzzweck von LISP war ursprünglich die Manipulation solcher Beziehungen. Zur Unterscheidung schreibt man den Beziehungsnamen gewöhnlich als erstes Atom in die Liste.

Beispiel 5.14: Die Liste
```
(   Person   (Name (Otto Methusalem))
            (Geburtstag (Datum 1 April 995))
            (Geburtsort Quedlinburg)
)
```
zeigt mehrere ineinander geschachtelte Beziehungen. Soweit dabei, wie beim Namen, mehrere Einzelargumente zu einem einzigen Eintrag zusammengezogen werden sollen, werden sie in einer Unterliste zusammengefaßt. Das Beispiel zeigt auch, daß man LISP-Listen zweckmäßigerweise streng formatiert mit Einrückungen schreibt, um die Übersicht über die Klammerung zu wahren.   ◆

Tabelle 5.1: Lisp-Schreibweise des λ-Kalküls

Funktion	Lisp-Schreibweise	Bedeutung
$\lambda\, x.s$	(lambda (x) s)	λ-Abstraktion
$\lambda x\, y.s$	(lambda $(x\, y)$ s)	mehrstellige λ-Abstraktion
$(s\, u)$	$(s\, u)$	Funktionsanwendung
$(x = s)$	(label x s)	Funktionsdefinition
$eq(x, y)$	(eq x y)	$x = y$? für Atome
$atom(x)$	(atom x)	Ist x Atom?
$cons(s, u)$	(cons s u)	$(s\, .\, u)$
$car(s)$	(car s)	$car((u\, .\, v)) = u$
$cdr(s)$	(cdr s)	$cdr((u\, .\, v)) = v$
$(b\, s\, u)$	(cond $(b\, s)$ $('t\, u)$))	wenn b dann s sonst u
a	(quote a) oder kurz $'a$	das Atom a, nicht seine Bedeutung

Auch λ-Ausdrücke können wir als Listen darstellen. Die Tab. 5.1 zeigt die Lisp-Notationen für diese Ausdrücke und der Grundfunktionen eq usw.

Die Tabelle zeigt die Notation im ursprünglichen Lisp. Die heute üblichen Dialekte wie Common Lisp oder Scheme benutzen Variationen davon. So schreibt man etwa in Scheme für (label x (lambda $(y\, z)$ s))) kurz (define x $(y\, z)$ s).

Der bedingte Term (cond $(b\, s)$ $('t\, u)$)) ist ein Spezialfall einer beliebig langen Liste (cond (Bedingung$_1$ Term$_1$) $\cdots$ (Bedingung$_n$ Term$_n$)), aus der der Reihe nach die Bedingungen überprüft und der Term, der zur ersten erfüllten Bedingung gehört, als Ergebnis geliefert wird. Damit auf jeden Fall ein Ergebnis existiert, muß

$$\text{Bedingung}_1 \vee \text{Bedingung}_2 \vee \cdots \vee \text{Bedingung}_n = \text{wahr} \tag{5.13}$$

gelten. Dies erreicht man sicher, wenn die letzte Bedingung t lautet, da sie für sich bereits (5.13) garantiert.

Die Liste (quote a) bzw. $'a$, in der a ein Atom sein muß, dient der Unterscheidung zwischen einem Atom und seiner Bedeutung. (quote a) oder $'a$ bezeichnet das Atom, also den Bezeichner oder die Zahl, a, während a alleine auch eine Liste s bedeuten könnte, die ihm durch (label a s) zugeordnet wurde. Bei den Wahrheitswerten t und nil wird $'$ weggelassen, da diesen keine weitergehende Bedeutung zugeordnet ist.

Aufgabe 5.4: Zeigen Sie, daß (cond $(b_1\, s_1)$ $\cdots$ $(b_n\, s_n)$) genau dann das Ergebnis s_i, $1 \leq i \leq n$, liefert, wenn

$$b_1 \vee \cdots \vee b_{i-1} \vee b_i = \text{wahr},$$
$$b_1 \vee \cdots \vee b_{i-1} \qquad = \text{falsch}.$$

Beispiel 5.15: eq vergleicht nur Atome. Um Listen $s1, s2$ miteinander zu vergleichen, müssen wir nacheinander alle Listenelemente miteinander vergleichen. Wir formulieren dies rekursiv:

```
( label    equal
 (lambda (s1 s2)
         (cond ((atom s1) (cond ((atom s2) (eq s1 s2)) (t nil)))
               ((atom s2) nil)
               ((equal (car s1) (car s2)) (equal (cdr s1) (cdr s2)))
               (t nil)

 )))
```
(5.14)

Wenn sowohl s1 als auch s2 atomar sind, liefert die Funktion equal das Ergebnis von (eq s1 s2). Ist nur s1 atomar, so ergibt sich nil, also falsch. Wenn s1 nicht atomar ist, dann vergleicht sie car(s1) mit car(s2) und cdr(s1) mit cdr(s2). Für den Fall, daß s2, nicht aber s1 atomar ist, benutzen wir, daß (car s2) und (cdr s2) beide für Atome nicht definiert sind und in diesem Fall das Ergebnis nil liefern.

Im λ-Kalkül lautet die Definition von equal

$$\begin{aligned}
\text{equal} = \lambda\ s1\ s2.\ (\ &(\text{atom } s1) \rightarrow ((\text{atom } s2) \rightarrow (\text{eq } s1\ s2)\ |\ \text{nil})\ |\\
&(\text{atom } s2) \rightarrow \text{nil}\ |\\
&(\text{equal (car } s1)\ (\text{car } s2)) \rightarrow (\text{equal (cdr } s1)\ (\text{cdr } s2))\ |\ \text{nil}))
\end{aligned}$$

Hier zeigt sich erneut, daß LISP-Listen in Wahrheit Bäume sind.   ◆

5.1.6   Ein Interpretierer für LISP

Die Tab. 5.1 zeigt, wie man λ-Ausdrücke durch LISP-Listen darstellen kann. Ein Programm im λ-Kalkül wird dadurch zu einer Datenstruktur. Da die Konversionsregeln zur Berechnung eines λ-Ausdrucks diesen umformen, könnte man die Auswertung eines LISP-Programms in Listenform durch ein zweites Programm erreichen, das die Listendarstellung entsprechend transformiert. Diese Transformation leistet die nachfolgend definierte λ-Funktion evalquote. Ist $(f\ s_1\ \cdots\ s_n)$ eine Liste, die aus der Funktion f, einer n-stelligen λ-Abstraktion, und n Argumenten besteht, so soll evalquote$((f\ s_1\ \cdots\ s_n))$ eine Normalform des Terms $(f\ s_1\ \cdots\ s_n)$ (in Listendarstellung) liefern, falls eine Normalform existiert.

Um eine Normalform zu berechnen, müssen alle in f und den s_i vorkommenden Atome a eine festgelegte Bedeutung oder die Form quote a haben. Der Term $(f\ s_1\ \cdots\ s_n)$ muß also geschlossen sein.

Ist a durch $(a = s)$ bzw. (label a s) ein λ-Ausdruck zugeordnet, dann ist s die Bedeutung von a; insbesondere könnte f selbst ein Bezeichner sein, zu dem wir erst die zugeordnete λ-Abstraktion als Bedeutung von f ermitteln müssen.

Ist a ein durch $\lambda\ a.s'$ bzw. (lambda a s') gebundener Bezeichner, so ist a zunächst ohne Bedeutung. Bei Anwendung dieser λ-Abstraktion wird a jedoch das entsprechende Funktionsargument als Bedeutung zugeordnet.

Die Bedeutungszuordnung ist eine partielle Abbildung ϕ der Menge der zulässigen Atome in die Menge Λ der λ-Ausdrücke, oder, in Listendarstellung, $\phi:$ Liste $\twoheadrightarrow$ Liste. Die Abbildung ϕ ist endlich: zu jedem Zeitpunkt der Berechnung eines λ-Ausdrucks u ist die Bedeutung immer nur für endlich viele in u vorkommende Atome erklärt. Wir können ϕ daher durch Angabe der endlich vielen Abbildungselemente $a \mapsto \phi(a)$ oder, als Listen, $(a \,.\, \phi(a))$ definieren. Die gesamte Abbildung ϕ erfassen wir dann in einer **Abbildungsliste** $((a_1 \,.\, \phi(a_1)) \cdots (a_m \,.\, \phi(a_m)))$ der jeweils gültigen Bedeutungszuordnungen. Abbildungen, die durch Abbildungslisten definiert sind, werden wir noch häufiger begegnen.

Den Aufbau und den Gebrauch einer Abbildungsliste erledigen wir mit den Funktionen pairlis und assoc, die folgendermaßen definiert sind:

$$\text{(pairlis} = \lambda \; \text{x y liste} \,.\, ((\text{eq x nil}) \;\;\rightarrow\; \text{liste} \; | \qquad\qquad (5.15)$$
$$(\text{t} \rightarrow (\text{cons (cons (car x) (car y))}$$
$$(\text{pairlis (cdr x) (cdr y) liste)))))}$$

$$\text{(assoc} = \lambda \; \text{x liste} \,.\, ((\text{equal (caar liste) x}) \rightarrow (\text{car liste}) \; | \qquad (5.16)$$
$$(\text{t} \rightarrow (\text{assoc x (cdr liste))))))}$$

Beide Funktionen sind rekursiv. pairlis fügt vorne in die Abbildungsliste liste Elemente ein, die sich als Paare $x_i \mapsto y_i$ von Elementen der Listen x, y ergeben. Zum Beispiel liefert

$$\text{(pairlis } (a \; b \; c) \; (p \; q \; r) \; ((d \,.\, x) \; (e \,.\, y))) \qquad\qquad (5.17)$$

das Ergebnis

$$((a \,.\, p) \; (b \,.\, q) \; (c \,.\, r) \; (d \,.\, x) \; (e \,.\, y)).$$

Der Test (eq x nil), oft auch (null x) geschrieben, liefert wahr nur dann, wenn die Liste x leer, also gleich dem Atom nil, ist.

(assoc x *liste*) liefert das Abbildungselement $x \mapsto \phi(x)$ in der Form $(x \,.\, \phi(x))$, falls es in *liste* vorkommt. Andernfalls führt der Aufruf zu einer nicht abbrechenden Kette von Funktionsanwendungen (assoc x nil).

Aufgabe 5.5: Zeichnen Sie die aus dem Aufruf (5.17) entstehende *liste* wie in Abb. 5.1, und bestimmen Sie daraus das Ergebnis des Aufrufs (assoc c *liste*).

Wir definieren nun evalquote durch Aufruf einer Funktion apply:

$$\text{evalquote} = \lambda \; \text{f argte} \,.\, (\text{apply f argte nil})$$

Diese Funktion hat als zusätzlichen Parameter die Abbildungsliste der Bedeutungszuordnungen für die in f und der Argumentliste argte vorkommenden Atome. Zu Anfang ist uns über diese Bedeutungen nichts bekannt, also ist die

Abbildungsliste leer. Zusätzlich benötigen wir eine Funktion eval, die die Normalform eines λ-Ausdrucks s bei vorgegebener Abbildungsliste ermittelt. Die beiden Funktionen lauten:

(apply= λ f argte liste .

 (((atom f) $\rightarrow$ ((eq f 'car) $\rightarrow$ (caar argte) |

      (eq f 'cdr) $\rightarrow$ (cdar argte) |

      (eq f 'cons) $\rightarrow$ (cons (car argte) (cadr argte)) |

      (eq f 'atom) $\rightarrow$ (atom (car argte)) |

      (eq f 'eq) $\rightarrow$ (eq (car argte) (cadr argte)) |

      t $\rightarrow$ (apply (eval f liste) argte liste)) |

  ((eq (car f) 'lambda) $\rightarrow$ (eval (caddr f) (pairlis (cadr f) argte liste)) |

   (eq (car f) 'label) $\rightarrow$ (apply (caddr f) argte

      (cons (cons (cadr f) (caddr f)) liste))))))

$$(5.18)$$

(eval = λ s liste .

 (((atom s) $\rightarrow$ (cdr (assoc s liste)) |

  (atom (car s)) $\rightarrow$ (((eq (car s) 'quote) $\rightarrow$ (cadr s)) |

     (eq (car s) 'cond) $\rightarrow$ (evcon (cdr s) liste) |

     t $\rightarrow$ (apply (car s) (evlis (cdr s) liste) liste)) |

  t $\rightarrow$ (apply (car s) (evlis (cdr s) liste) liste))))

$$(5.19)$$

Dabei berechnen die in eval verwendeten Funktionen evcon und evlis das Ergebnis von bedingten Ausdrücken und Listen wie folgt:

(evcon = λ c liste . ((eval (caar c) liste) $\rightarrow$ (eval (cdar c) liste) | (5.20)

    t $\rightarrow$ (evcon (cdr c) liste)))

(evlis = λ s liste . (((null s) $\rightarrow$ nil) | (5.21)

    t $\rightarrow$ (cons (eval (car s) liste) (evlis (cdr s) liste))))

Wenn bei der Anwendung von apply das erste Argument ein Atom ist, handelt es sich entweder um eine der vordefinierten Funktionen car, cdr, cons, atom oder eq; oder die Funktionsbedeutung muß in der Abbildungsliste liste nachgesehen werden. Andernfalls muß das erste Argument ein Term sein, der mit lambda oder label beginnt. Im ersten Fall werden die Parameter, gepaart mit den Argumenten, der Abbildungsliste zugeschlagen, und der Funktionsrumpf mit Hilfe von eval ausgewertet. Im zweiten Fall wird zuerst die ganze Funktionsdefinition in die Abbildungsliste eingetragen und dann wie zuvor die Funktion angewandt.

 eval berechnet als Listen gegebene Terme unter Berücksichtigung der Abbildungsliste liste. Beginnt die Liste mit dem Atom quote, so definiert das nächste Listenelement den Wert als konstantes Atom. Beginnt die Liste mit cond, so wird mit Hilfe von evcon das Ergebnis des bedingten Ausdrucks berechnet. In allen anderen Fällen muß das erste Listenelement eine Funktion sein, die auf die anschließenden Elemente als Argumente angewandt wird. Die Argumentliste wird zuvor mit Hilfe von evlis ausgewertet.

Aufgabe 5.6: Verfolgen Sie anhand des Aufrufs (append (a b (c d)) ((x y) z)) mit der Definition

$$(\text{append} = \lambda\ x\ y\ .\ ((\text{null}\ x) \to y\ |\ t \to (\text{cons}\ (\text{car}\ x)(\text{append}\ (\text{cdr}\ x)\ y)))) \qquad (5.22)$$

die Arbeitsweise von apply. ◆

Natürlich ist in der Praxis ein Interpretierer für Lisp komplizierter, da er auf die rechnerinterne Darstellung der Listen Rücksicht nehmen muß und wesentlich mehr als die hier eingeführten fünf Standardfunktionen kennt.

Der Interpretierer zeigt, daß man ein Programm zugleich als Text, als Datenstruktur und als ausführbarer Algorithmus auffassen kann. Dies ist eine der grundlegenden Einsichten der Informatik. Sie erst erlaubte es Konrad Zuse und seinen Nachfolgern in den dreißiger und vierziger Jahren des letzten Jahrhunderts, programmgesteuerte Rechner zu bauen, die ihre Programme im Speicher ablegten. Eigentlich ist sie nicht neu: jede schriftlich niedergelegte Handlungsanweisung kann einerseits als Anweisung und andererseits als Text, der beispielsweise in eine andere Sprache übersetzt werden soll, aufgefaßt werden. Trotzdem verursacht das Umschalten zwischen den Auffassungen Schwierigkeiten.

Das Studium von apply in (5.18) zeigt, daß wir zwar die bei β- und η-Konversionen notwendigen Substitutionen ausführen; jedoch prüfen wir nicht, ob diese, wie in 5.1.4 gefordert, auch zulässig sind. Wir benutzen also dynamische Bindung. Dieser historische Fehler von Lisp findet sich auch heute noch in interpretativen Implementierungen von Lisp und seinen Dialekten. Nur bei Übersetzung von Lisp in die Maschinensprache eines Rechners führt man immer die Prüfung durch und erzwingt gegebenenfalls durch α-Konversionen die Zulässigkeit. In diesem Fall werden die Parameter also statisch gebunden.

5.2 Grundelemente funktionaler Programmiersprachen

Die heute weithin benutzten funktionalen Sprachen wie ML (*Meta Language*) mit seiner Weiterentwicklung SML (*standard ML*), vgl. (Milner et al. , 1997; Paulson , 1991) oder Haskell (Peyton Jones , 1999), lehnen sich im Unterschied zu Lisp an übliche mathematische Schreibweisen von Ausdrücken an und unterscheiden sich in den Grundgedanken und der Schreibweise nur wenig voneinander. Wir legen hier die Sprache **Haskell** zugrunde und geben in 5.2.1 einen informellen Überblick über wichtige Sprachelemente, die wir in den nachfolgenden Abschnitten genauer definieren.

Programme in diesen funktionalen Sprachen werden zwar ebenso wie Lisp-Programme als Terme aufgefaßt. Sie können durch einen Interpretierer ähnlich dem Lisp-Interpretierer in 5.1.6 ausgeführt werden. Allerdings ist diese Termdarstellung in der Sprache nicht explizit definiert; Haskell-Programme sind nicht zugleich Daten, auf die ein anderes HASKELL-Programm als Interpretierer angewandt wird. Vielmehr werden HASKELL-Programme einer Vorverarbeitung oder **Übersetzung** unterworfen, die sie in eine für die Interpretation geeignete interne Darstellung überführt und zugleich wichtige Konsistenzeigenschaften des Programms feststellt; dazu gehört insbesondere die Typkonsistenz, auf die wir in Abschnitt 5.4 eingehen. Das zweischrittige Verarbeitungsschema in Abb. 5.2 zeigt die Arbeitsweise. Das Schema erlaubt es, das Programm in die Maschinensprache des Rechners zu übersetzen; die Hardware des Rechners wird unmittelbar als Interpretierer benutzt. Dies tun einige Implementierungen funktionaler Programmiersprachen.

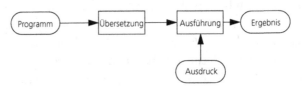

Abbildung 5.2: Übersetzungsschema funktionaler Sprachen

Das Schema führt zur Unterscheidung von statischen und dynamischen Eigenschaften eines Programms:

- statisch: Eigenschaften, die in der Vorverarbeitung ohne Ausführung des Programms festgestellt werden. Dazu gehört bei funktionalen Sprachen die erwähnte Typkonsistenz.
- dynamisch: Alle Eigenschaften, die erst bei Vorliegen eines aktuellen Ausdrucks als Eingabe festgestellt werden, etwa das Terminieren einer Programmausführung.

Im Prinzip sind *alle* Eigenschaften dynamisch. Die vorherige Übersetzung vermeidet, daß Programme ausgeführt werden, deren Inkonsistenz man *leicht* vorher hätte sehen können. Was unter *leicht* zu verstehen ist, ist eine Frage des Stands der Technik. Würde der Übersetzer Beweistechniken beherrschen, so könnte in vielen Fällen auch das Terminieren vorher geprüft werden.

5.2.1 Elementare Spracheigenschaften

Ein Programm in einer funktionalen Sprache besteht aus Funktionsdefinitionen

$$f\ v_1\ v_2\ \cdots\ v_n = F \tag{5.23}$$

mit einer Formel oder einem Ausdruck F. Diese entsprechen Definitionen $(f = \lambda v_1\ v_2\ \cdots\ v_n . F)$ im λ-Kalkül. Es entfallen nicht nur die umfassenden Klammern; auch bei Funktionsaufrufen schreiben wir $f\ a_1\ a_2\ \ldots\ a_n$ ohne Klammern.

Eine (alleinstehende) Zeichenfolge – – erklärt den Rest der Zeile zum Kommentar, der keine Auswirkung auf das Programm hat[13].

Beispiel 5.16: Mit

```
pi = 3.1415926              -- die gerundete Kreiszahl
kreisumfang radius = 2*pi*radius     -- Funktionsdefinition
kreisfläche radius = pi*radius*radius  -- noch eine Definition
```

können wir die Ausdrücke

```
Main> kreisumfang 3.5
21.9911
Main> kreisfläche pi
31.0063
```

berechnen.[14]   ◆

Ausdrücke können neben Zahlwerten auch boolesche Werte, Zeichen, Texte, Listen und Tupel als elementare Operanden enthalten. Diese können durch Operatoren wie das Malzeichen * in Infixform verknüpft sein oder als Argumente von Funktionsaufrufen auftreten.

*In allen Programmiersprachen muß das Malzeichen * für die Multiplikation stets explizit geschrieben werden.* Schreibweisen wie 2pi oder $(a + b)c$, in denen das Malzeichen, wie in der Mathematik üblich, ausgelassen ist, sind unzulässig.

Wir können den bedingten Ausdruck aus (5.7) explizit verwenden[15]:

```
max x y = if x>y then x else y
min x y = if x<=y then x else y
Main> max 4 5
5
Main> min 4.1 4.05
4.05
```

Bedingte Ausdrücke können geschachtelt werden, auch kann man Funktionen rekursiv aufrufen, z. B. definiert

```
ggT a b = if a==b then a else if a < b then ggT b a else ggT b (a-b)
Main> ggT 12 7
1
Main> ggT 345 567
3
```

den größten gemeinsamen Teiler ggT a b zweier nicht-negativer ganzer Zahlen. Gleichheit wird mit $x == y$ geprüft, weil das einfache Gleichheitszeichen für

---

13. In HASKELL ist pi eine vordefinierte Konstante.

14. Main > gehört nicht zum Ausdruck, sondern kennzeichnet, daß ein zu berechnender Ausdruck folgt. Die nachfolgende Zeile enthält das Ergebnis.

15. In HASKELL sind die Funktionen max und min vordefiniert.

Funktionsdefinitionen reserviert ist. Die Klammerung $(a - b)$ ist notwendig, um den Ausdruck nicht mit

(if a==b then a else if a < b then ggT b a else ggT b a) - b

zu verwechseln.

Aufgabe 5.7: Begründen Sie, warum die Definition

ggT a b = (if a==b then a else if a < b then ggT b a else ggT b a) - b

nur für Aufrufe ggT *a a* mit zwei gleichen Argumenten ein Ergebnis liefert.

In wesentlicher Erweiterung des λ-Kalküls werden Funktionsdefinitionen zusätzlich wie Termersetzungsregeln $f\ v_1\ v_2 \cdots \rightarrow F$ aufgefaßt. Daher kann es auch mehrere Definitionen für die gleiche Funktion f geben. Statt einfacher Parameter können in diesen Definitionen auch Werte, oder allgemeiner **Muster**, auftreten. Wie bei Markov-Algorithmen ist die **Reihenfolge des Anschreibens** von Funktionsdefinitionen wichtig: Es wird jeweils die erste Definition der Funktion benutzt, für die die Argumente auf die Muster in der Funktionsdefinition passen. Die in HASKELL wichtigen Muster führen wir schrittweise ein; in Tab. 5.9 sind sie zusammengestellt.

Beispiel 5.17: Definieren wir in einem Haskell-Programm eine Funktion, die aus Einnahmen und Ausgaben den Gewinn berechnet

gewinn einnahmen ausgaben = einnahmen - ausgaben

und nachfolgend an einer anderen Stelle

gewinn einnahmen ausgaben = einnahmen - ausgaben
                          - steuern ∗ (einnahmen - ausgaben)

so wird bei einem Aufruf von gewinn immer nur die Formel für den Bruttogewinn angewandt.   ◆

Beispiel 5.18: Den größten gemeinsamen Teiler nicht-negativer ganzer Zahlen können wir wahlweise mit

ggT a 0 = a
ggT a b = if a < b then ggT b a else ggT b (a-b)

berechnen. Vertauschen wir die beiden Definitionen, so terminiert die Berechnung wegen endloser Rekursion nicht, da die bedingte Regel auch auf Ausdrücke wie ggT 5 0 anwendbar ist. Dies gilt auch für die äquivalente Definition

ggT a 0   = a
ggT a b | a < b = ggT b a
ggT a b   = ggT b (a-b)   ◆

LISP behandelt alle λ-Ausdrücke, also alle Terme in Λ, gleich: Die Argumente eines Funktionsaufrufs sind beliebige Terme. In anderer Form finden wir diese Situation auch in der Logik und technisch in Rechnern vor: Ein Prädikat $p(x)$ kann auf einen beliebigen Term x angewandt werden. Ein Rechner verknüpft durch seine Operationen beliebige Bitfolgen miteinander.

Andererseits wäre es zumindest ungewöhnlich, den ggT zweier reeller Zahlen berechnen zu wollen. Für Texte wäre die Definition des ggT nur brauchbar, wenn wir zuvor erklärt hätten, was wir unter der Subtraktion zweier Texte verstehen.

HASKELL wie auch die anderen funktionalen Sprachen ordnen jedem zulässigen Term, der als Wert oder Ausdruck auftreten kann, und jeder Funktion einen **Typ** zu; dieser bestimmt eine Menge von Werten, die **Wertemenge** des Typs, und legt die auf diese Werte anwendbaren Funktionen und Operationen und deren Bedeutung fest. Die Typen zerlegen die Menge der zulässigen Ausdrücke und Werte in Teilmengen. Der Typbegriff entspricht genau dem Begriff des abstrakten Datentyps oder kurz ADT aus 3.8.

Beispiel 5.19: Bool bezeichnet den Typ der booleschen Werte True, False. Wie wir wissen, können diese wahlweise als Konstante oder als 0-stellige Funktionen aufgefaßt werden. Die Operationen $\neg$, $\vee$ und $\wedge$, in HASKELL not, || bzw. && geschrieben, sind ein- bzw. zweistellige Operationen, die boolesche Werte auf boolesche Werte abbilden. ♦

Den Typ einer Konstanten k oder einer Funktion f können wir durch eine **Typvereinbarung** oder **Typdeklaration** $k :: Typ$ bzw. $f :: Funktionstyp$ erklären. Für die Konstante pi lautet diese Vereinbarung

pi :: Float

Einer einstelligen Funktion $f\ v = F$ ordnen wir den Typ $t_v -> t_F$ und daher die Vereinbarung $f :: t_v -> t_F$ zu, wenn t_v und t_F die Typen von v bzw. F sind. Ein Funktionstyp beschreibt mathematisch eine partielle Abbildung $f : t_v \twoheadrightarrow t_F$, wenn wir t_v, t_F als Wertemengen auffassen. Bei mehrstelligen Funktionen definieren wir den Typ unter Einsatz von Curryen, wie in 5.1 erklärt. Für unsere obigen Funktionsdefinitionen haben wir u. a. die Vereinbarungen

kreisumfang :: Float -> Float
ggT :: Int -> (Int -> Int)

Eine zweistellige Funktion $f\ v_1\ v_2 = F$, wie etwa ggT, wird also wie im λ-Kalkül als einstellige Funktion aufgefaßt, die als Ergebnis eine andere, einstellige Funktion liefert. Beim Aufruf $f\ a_1\ a_2$ wird mit β- bzw. η-Reduktion das Argument a_1 für v_1 in F substituiert. Wir erhalten eine modifizierte Funktionsdefinition $f'\ v_2 = F[a_1/v_1]$. Diese wird mit dem verbleibenden Argument aufgerufen, so daß wir insgesamt als Ergebnis $f\ a_1\ a_2 = f'\ a_2 = F[a_1/v_1][a_2/v_2]$ erhalten.

Dieses Vorgehen beschreibt allgemein die Berechnung eines Ausdrucks in funktionalen Sprachen: Wir bestimmen die erste anwendbare Funktionsdefinition des Programms, d. h. eine Definition, für die *alle* Argumente auf die Muster der Parameter passen. Dann wenden wir β- bzw. η-Konversionen an, wobei wir durch α-Konversionen für die Zulässigkeit der Substitutionen sorgen. Diesen Reduktionsprozeß setzen wir fort, bis eine Normalform als Ergebnis erreicht ist. Durch nicht-terminierende Rekursion kann der Reduktionsprozeß unendlich werden, wie man in der Aufgabe 5.7 sieht. In diesem Fall existiert keine Normalform. Funktionen erklären also im allgemeinen nur partielle Abbildungen.

Arithmetische Grundoperationen wie $a + 3$ sind in die Sprache eingebaut; ihre Ausführung zählt als eine einzelne β-Reduktion. Die Arithmetik wird also nicht wie im Beispiel 5.12 auf die Anwendung der Nachfolgerfunktion der Peano-Axiome zurückgeführt.

Die Anzahl der ausgeführten Konversionen, man nennt sie in diesem Zusammenhang Reduktionen ist in funktionalen Sprachen ein Maß für den Zeitaufwand einer Berechnung.

Im Unterschied zum λ-Kalkül und dem elementaren LISP in 5.1.5 enthalten Sprachen wie HASKELL eine Fülle vordefinierter Typen und Funktionen. Zwar haben alle diese Typen die Eigenschaften eines ADT. Typen wie der Typ Int der ganzen Zahlen beschränkter Größe und der Typ Float der Gleitpunktzahlen lassen sich jedoch nicht ohne weiteres mit mathematischen Hilfsmitteln als Quotientenalgebra definieren, sondern spiegeln die Beschränkungen der Implementierung auf realen Rechnern wider.

5.2.2 Bezeichner, Operatoren, Ausdrücke

Typen, Funktionen und Parameter von Funktionen werden durch **Bezeichner** wiedergegeben, die in den meisten Programmiersprachen mit einem Buchstaben beginnen und aus beliebig vielen Buchstaben und Ziffern bestehen. In HASKELL sind zusätzlich Apostrophe (′) und Unterstriche (_) erlaubt. Gültige Bezeichner sind also Haskell, a1, ein_Bezeichner, a1′1a, Die_Nr′5. In BNF sind Bezeichner definiert durch

⟨Bezeichner⟩ ::= ⟨Buchstabe⟩ |
  ⟨Bezeichner⟩ ⟨Buchstabe⟩ |
  ⟨Bezeichner⟩ ⟨Ziffer⟩ |
  ⟨Bezeichner⟩ ⟨Apostroph⟩ |
  ⟨Bezeichner⟩ ⟨Unterstrich⟩ .

Abb. 5.3 zeigt das zugehörige Syntax-Diagramm. Wie in den meisten Programmiersprachen können in HASKELL bestimmte Bezeichner nur mit spezieller Bedeutung, nicht als Funktionsnamen oder Variable, gebraucht werden. In HASKELL sind dies:

Bezeichner

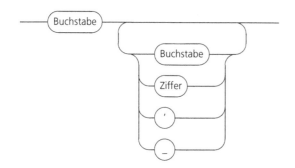

Abbildung 5.3: Syntaxdiagramm für Bezeichner in Haskell

case	class	data	default	deriving	do	else	if		import
in	infix	infixl	infixr	instance	let	module	newtype	of	
then	type	where	_						

Man bezeichnet sie als **reservierte Bezeichner, Wortsymbole** oder **Schlüsselwörter.** Im Druck geben wir sie in Programmtexten zumeist **fett** wieder.

Zusätzlich gibt es in allen funktionalen Sprachen einen umfangreichen Satz **vordefinierter** oder **Standardfunktionen** und **Standardtypen.** Ihre Namen könnte man im Prinzip frei für andere Zwecke benutzen; aber dann stehen die entsprechenden vordefinierten Funktionen und Typen nicht mehr zur Verfügung. Deshalb verbieten Implementierungen diese Umdefinition.

In vielen Sprachen gibt es weitere Konventionen, die Bezeichner in bestimmten Schreibweisen für Spezialzwecke reservieren. So beginnen in Haskell die Bezeichner für Typen wie Int und für Konstruktoren mit Großbuchstaben.

In C sind auch Bezeichner, die mit Unterstrich beginnen, zugelassen; jedoch sollte man sie nicht explizit benutzen, da sich die Implementierungen das Recht nehmen, solche Bezeichner beliebig für interne Aufgaben zu bilden.

An den Beispielen des vorigen Abschnitts sahen wir, daß Ausdrücke in Haskell Terme sind, die entweder einen konstanten Wert, also z. B. eine Zahl, oder einen Funktionsaufruf $f\ a\ b\ \cdots$ darstellen. Mit Klammern können wir Terme und deren Argumente gruppieren, um z. B. die Argumente eines Aufrufs voneinander abzugrenzen. Jeder Ausdruck stellt einen Kantorowitsch-Baum dar, wie wir ihn in 3.1 einführten. Die direkten Unterterme eines Terms entsprechen den Argumenten eines Funktionsaufrufs. Ihre Anzahl ist durch die Stelligkeit der Funktion bestimmt und könnte auch größer als zwei sein.

Die Schreibweise eines Terms als Funktionsaufruf entspricht der in 3.1, Tab. 3.1, eingeführten Präfixform. Bei zweistelligen Funktionen können wir in Haskell stattdessen auch Infixform einsetzen. Um diese Möglichkeiten zu unterscheiden, werden zweistellige Funktionen auf zwei verschiedene Weisen bezeichnet, vgl. Tab. 5.2: (+) ist ein Funktionsbezeichner, auch wenn dies nicht der Bezeichnersyntax in Abb. 5.3 entspricht.

Tabelle 5.2: Präfix- und Infixnotation in HASKELL

Präfix-	Infix-form	Beispiel Präfix-	Infix-form
$f\ a\ b$	$a \grave{}f\grave{}\ b$	max $a\ b$	$a\grave{}$max$\grave{}\ b$
$(\tau)\ a\ b$	$a\ \tau\ b$	(+) $a\ b$	$a{+}b$

Beispiel 5.20: Die Ausdrücke

```
a * (b+c)
(*) a (+) b c
```

sind identisch. In der Infixform benötigen wir Klammern, um von der üblichen Vorrangregel „* bindet stärker als +" abzuweichen.   ♦

Tabelle 5.3: Vorrang von Operatoren in HASKELL

Vorrang	assoziativ	Operator
9	links	!!
9	rechts	.
8	rechts	^
7	links	*, /, `div`, `rem`, `mod`
6	links	+, −
5	rechts	++, :
4	—	= =, / =, <, <=, >=, >, `elem`, `notElem`
3	rechts	&&
2	rechts	||

Die Vorrangregeln einiger Standardoperatoren in Infixform zeigt Tab. 5.3 in fallender Priorität. Funktionsaufrufe in Präfixform binden stärker als alle Infixoperatoren. $f\ a$ + 1 bedeutet ($f\ a$) + 1 und nicht $f\ (a + 1)$.

Die zweite Spalte der Tabelle gibt an, ob der Operator links- oder rechtsassoziativ ist. Es gilt also $1 - 2 - 3 = = (1 - 2) - 3$ und $a {\wedge} 2 {\wedge} n = = a {\wedge} (2 {\wedge} n)$. Auf die Bedeutung der Operatoren gehen wir in den folgenden Abschnitten ein.

Neben der Präfix- und Infixform verwendet man in funktionalen Sprachen noch Spezialschreibweisen wie den bedingten Ausdruck (5.7), den wir auch im vorigen Abschnitt sahen. Er stellt einen Funktionsaufruf mit drei Argumenten dar, bei dem der Funktionsname ifthenelse „verteilt" vor bzw. zwischen die Argumente geschrieben wird. Dies erklärt, warum wir im vorigen Abschnitt bei der Definition des ggT Klammern setzen mußten.

Das Symbol $->$ wird bei der Konstruktion von Funktionstypen wie ein Operator verwandt und ist dann rechtsassoziativ. Damit kann man die Typen von Funktionen trotz Curryen klammerfrei schreiben:

ggT :: Int -> (Int -> Int)
ggT :: Int -> Int -> Int

definieren den gleichen Typ.

Wie bereits bei der Funktion (quote x) in LISP zeigen die verschiedenen Schreibweisen, daß man deutlich unterscheiden muß zwischen einem Funktionsnamen oder Operator wie max oder `max` und der bezeichneten Funktion oder Operation, für die es verschiedene Bezeichner geben kann.

5.2.2.1 Gültigkeitsbereiche

In einer funktionalen Programmiersprache können nur gebundene Bezeichner oder Operatoren vorkommen. Programm und zu berechnender Ausdruck müssen zusammen einen geschlossenen Term bilden. Die Bedeutung eines Bezeichners b in einem Ausdruck F kann auf drei Weisen gebunden werden:

1. b kann lokal innerhalb von F definiert sein.
2. b kann Parameter einer Funktionsdefinition (5.23) sein. Dann wird bei Aufruf der Funktion f das entsprechende Argument a für b eingesetzt und $F[a/b]$ ausgewertet. b hat also a als Bedeutung.
3. b kann als Funktions- oder Operatorname in einer Funktionsdefinition erklärt sein. Dann bedeutet b in F die definierte Funktion. Bei Auswertung von F wird die Funktion aufgerufen. Lautet die Definition $b\ v = G$, so wird ein Aufruf $b\ a$ durch $G[a/v]$ ersetzt.

Die Regeln 2 und 3 lernten wir bereits im λ-Kalkül kennen. Insbesondere haben wir in diesen Fällen statische Bindung: Durch α-Konversionen wird die Zulässigkeit der Substitutionen erzwungen.

Das Vorkommen eines Bezeichners an der Stelle, an der ihm seine Bedeutung zugeordnet wird, heißt die **Definition** oder **Vereinbarung** des Bezeichners. Bei Parametern b sprechen wir stattdessen auch von einer **Spezifikation**, da zunächst nur gesagt wird, daß b ein Parameter ist und die Zuordnung eines Arguments, also die eigentliche Definition, erst bei Aufruf der Funktion geschieht. Alle Stellen, an denen b mit der zugeordneten Bedeutung verwandt wird, heißen **Anwendungen** des Bezeichners, oder genauer, der Vereinbarung des Bezeichners.[16] Unter dem **Gültigkeitsbereich**[17] (der Vereinbarung) eines Bezeichners b versteht man den Teil eines Programms oder eines Ausdrucks, in dem Anwendungen von b die Bedeutung aus der gegebenen Vereinbarung haben.

---

16. Im Englischen spricht man von *defining* bzw. *applied occurrence* (*of an identifier*).
17. engl. *scope*.

Nach den Regeln über die α-Konversion sind Bezeichner beliebig austauschbar, solange man die Vereinbarung bzw. Spezifikation und die Anwendungen gleichzeitig ersetzt. Die Regel, bei der Suche nach Bindungen von Bezeichnern von innen nach außen vorzugehen, besagt überdies, daß die Fälle 1 - 3 fallenden Vorrang haben: Zur Bestimmung der zugehörigen Vereinbarung wird bei einer Anwendung von b in F zunächst untersucht, ob b lokal definiert ist, dann, ob es sich um einen Parameter handelt, und erst zum Schluß wird b als potentieller Funktionsname angesehen. b darf nicht mehrmals als Parameter in der gleichen Funktionsdefinition auftreten. Gibt es mehrere Definitionen für den Funktionsnamen b, so wird die erste anwendbare Definition genommen.

Aufgabe 5.8: Eine Funktionsdefinition $f\ x\ x\ =\ F$ ist in HASKELL unzulässig. Was bedeutet die analoge Konstruktion $(f\ =\ \lambda x\ x\ .\ F)$ im λ-Kalkül?

Beispiel 5.21: Mit den Definitionen
```
b = 3
f a b = (g b) + a
g a = a * b
```
gilt f 1 2 = $((g\ b)+a)[1/a][2/b]$ = $(g\ 2)+1$ = $(a*b)[2/a]+1$ = $2*b[3/b]+1$ = 7. Wir sagen, „die **globale** Definition von b wird in der Definition von f durch die **lokale** Parameterspezifikation **verdeckt** oder **überschrieben**". Die Begriffe *global* und *lokal* sind dabei relativ zur jeweiligen Situation zu verstehen.   ◆

Statt $f\ a\ b\ =\ (a+b)*(a+b)$ dürfen wir auch schreiben

$$f\ a\ b\ =\ x*x \text{ where } x\ =\ a+b \qquad (5.24)$$

Dies ist eine (nachgestellte) lokale Vereinbarung von x, die den Fall 1 unserer Aufzählung illustriert. Wir nennen sie eine **where-Klausel**. Die Bedeutung von F where $v\ =\ G$ ist $F[G/v]$. Sämtliche freien Bezeichner in G haben dieselbe Bedeutung wie in F. Das Beispiel zeigt, daß wir lokale Vereinbarungen zur Definition von Abkürzungen benutzen können. Nachfolgend zeigt sich, daß auch lokale Funktionsdefinitionen vorteilhaft sind.

Beispiel 5.22: Mit den Definitionen
```
f a b = (g b) + a
g a = a * b where b=a
```
erhalten wir f 1 2 = $((g\ b)+a)[1/a][2/b]$ = $(g\ 2)+1$ = $(a*b)[a/b]+1$ = $(a*a)[2/a]+1$ = 5. Im Unterschied zu Beispiel 5.21 wird die lokale Vereinbarung substituiert, bevor der Parameter a durch das Argument 2 ersetzt wird.   ◆

Statt der where-Klausel (5.24) kann man in funktionalen Sprachen auch

$$f\ a\ b\ =\ \text{let } x\ =\ a+b \text{ in } x*x \qquad (5.25)$$

mit gleicher Bedeutung schreiben. Wir beschränken uns hier auf die Verwendung von where.

Wie in Lisp werden in Haskell (und einer Reihe weiterer funktionaler Sprachen) alle Argumente faul ausgewertet. Die Substitution $[a/b]$ im Fall 2 wird nur bei Bedarf durchgeführt, nämlich, wenn die Berechnung der Formel F dies erfordert. Wie wir in Abschnitt 5.1.2 sahen, wird auch im Fall 3 der Aufruf $b\ a$ nur bei Bedarf durch $G[a/v]$ ersetzt. Die Vereinbarung von b können wir im Schema der Abb. 5.2 bereits während der Übersetzung identifizieren. Sie ist von der eigentlichen Ersetzung unabhängig.

5.3 Daten und elementare Datentypen

Die Tab. 5.4 zeigt die elementaren oder „eingebauten" Datentypen von Haskell. Jeder dieser Typen ist ein ADT nach dem Muster des in den Beispielen 3.1, 3.2,

Tabelle 5.4: Elementare Datentypen in Haskell

Typ	Bedeutung
Bool	boolesche Werte True, False
Int	ganze Zahlen $-2^{31}, \ldots, 2^{31} - 1$
Integer	ganze Zahlen $0, \pm 1, \pm 2, \ldots$ (unbeschränkt)
Float	Gleitpunktzahlen 1.0, 2.3E5 (einfache Genauigkeit, vgl. Anhang B.2.2)
Double	Gleitpunktzahlen 1.0, 2.3E5 (doppelte Genauigkeit, vgl. Anhang B.2.2)
Char	Einzelzeichen `c`
$[t]$	Listen mit Elementen des Typs t
String	[Char], Texte "abc"
$(t_1, \ldots, t_n)$	n-Tupel
()	Typ des 0-Tupels (**Einheitstyp**)
$t_1 -> t_0$	Funktionstyp

S. 122 bzw. 126, besprochenen Kellers. Die Konstruktoren werden in Haskell in einer **Typdefinition**

$$\text{data Bool} = \text{True} \mid \text{False} \tag{5.26}$$

aufgezählt. Bei eingebauten Typen ist diese Aufzählung jedoch oft nicht explizit angebbar.

Wir erläutern nachfolgend die Wertemengen und Operationen der einzelnen Typen. Speziell sind Listen, Tupel und Funktionstypen **zusammengesetzte Typen**, die jeweils einen neuen Typ t_{neu} aus einem oder mehreren gegebenen Typen $t_1, t_2, \ldots$ konstruieren. In diesem Fall hat die Typdefinition Parameter:

$$\text{data } t_{neu}\ t_1\ t_2\ \cdots\ t_n = Konstruktor_1 \mid Konstruktor_2 \mid \cdots \tag{5.27}$$

Die t_i heißen **generische (Typ-)Parameter**. In den Konstruktoren können die t_i und $t_{neu}\ t_1\ t_2\ \cdots\ t_n$ als Argumente vorkommen, die beliebige (bereits konstruierte) Werte des entsprechenden Typs repräsentieren. Wie man weitere solche zusammengesetzten Typen definieren kann, erläutern wir in Kap. 6.

5.3.1 Boolesche Werte

Der abstrakte Datentyp Bool verfügt über die beiden Werte True und False und
ist durch die Typdefinition (5.26) gegeben. Wir setzen ihn vor allem ein, um
Bedingungen zu konstruieren, die dann in bedingten Ausdrücken abgefragt werden. Die Tab. 5.5 zeigt die Typvereinbarung und Funktionsdefinitionen der
bekannten Grundoperationen für boolesche Werte.

Tabelle 5.5: Grundfunktionen des Typs Bool

not	::	Bool − > Bool
(&&), (‖), (= =), (/=)	::	Bool − > Bool − > Bool
otherwise	::	Bool
not True	=	False
not False	=	True
False && p	=	False
True && p	=	p
False ‖ p	=	p
True ‖ p	=	True
True = = True	=	True
False = = False	=	True
p = = q	=	False
p /= q	=	not(p = = q)
otherwise	=	True

Mit der Definition von (&&), usw. haben wir zugleich die Infixoperatoren
erklärt. && gibt die Konjunktion ∧, ‖ die Disjunktion ∨ wieder. Der Vergleich
mit Beispiel 3.1 zeigt, daß die Funktionsdefinitionen genau den Axiomen des
Datentyps entsprechen. otherwise ist eine andere Schreibweise von True, die wir
oft zur Erhöhung der Lesbarkeit einsetzen.

Ein boolescher Ausdruck wie p && q && r wird nach Tab. 5.3 rechtsassoziativ
geklammert: p && q && r = p && (q && r). Zum Aufsuchen einer passenden Funktionsdefinition müssen wir zunächst den tatsächlichen Wert von p bestimmen,
weil nur Definitionen für True bzw. False als erstem Operanden zur Verfügung
stehen. Da HASKELL die Argumente eines Aufrufs faul auswertet, wird der zweite
Operand q && r nur für p = True berechnet, andernfalls steht das Gesamtergebnis
False bereits fest. Unsere Funktionsdefinitionen schreiben also Kurzauswertung
boolescher Ausdrücke wie in Beispiel 5.11 vor.

Die Reihenfolge der Definitionen für = = ist wichtig. Da immer die erste anwendbare Funktionsdefinition verwandt wird, können Vertauschungen zu
falschen Ergebnissen führen.

Aufgabe 5.9: Zeigen Sie durch Aufstellung der Wahrheitstafel, daß es gleichgültig ist, ob wir && bzw. ‖ als links- oder rechtsassoziativ ansehen. Welche Gründe
sprechen für Rechtsassoziativität? Berücksichtigen Sie dabei die Kurzauswertung.

Aufgabe 5.10: Definieren Sie für den Datentyp Bool == durch eine einzige Funktionsdefinition unter Benutzung der Operatoren &&, || und not. Vergleichen Sie die Anzahl der Reduktionen, die zur Berechnung von p == q mit dieser Definition und der Definition in Tab. 5.5 nötig sind. Formulieren Sie daraufhin Definitionen für /=, die schneller sind als die obige Rückführung auf ==.

Aufgabe 5.11: Welche Berechnungsreihenfolge der Argumente ergibt sich, wenn Sie die Konjunktion bzw. Disjunktion durch

p && False = False
p && True = p
p || False = p
p || True = True

definieren?

5.3.2 Ganze Zahlen, Gleitpunktzahlen

Ganze Zahlen schreiben wir wie üblich, also z. B. 2, 27, − 5. Ob das Minuszeichen bei − 5 den unären Operator − (mit höchstem Vorrang) darstellt oder zur Zahl gehört, ist in Ausdrücken nicht unterscheidbar.

Gleitpunktzahlen wie 1.1, 0.31415E1, 31.415926e−1 sind Dezimalbrüche, geschrieben mit dem (amerikanischen) Dezimalpunkt statt dem mitteleuropäischen Dezimalkomma, vgl. B.2.2. Die Abb. 2.21 zeigte einen endlichen Automaten, der vorzeichenlose ganze und Gleitpunktzahlen akzeptiert.

Wie in B.2 ausgeführt, sind ganze und Gleitpunktzahlen mit einer beschränkten Anzahl von Bits codiert; auf den heute üblichen Rechnern sind es für ganze Zahlen meist 32 Bits. Die maximale darstellbare ganze Zahl ist dann[18]

$$maxInt = 2^{31} − 1 = 2\,147\,483\,647. \tag{5.28}$$

Bei Verwendung des echten Stellenkomplements ist die (dem Betrag nach) größte darstellbare negative Zahl − maxInt − 1 = − 2 147 483 648.

Es gilt (maxInt − maxInt) − 1 = −1 ≠ maxInt − (maxInt + 1), da der letztere Ausdruck zu Überlauf führt. Für ganze Zahlen in Maschinendarstellung gilt also das Assoziativgesetz der Addition und ebenso das Distributivgesetz nicht. In gleicher Weise führen Rundungsfehler und Auslöschung zur Ungültigkeit der Assoziativ- und Distributivgesetze für Gleitpunktzahlen. Daß es sinnlos ist, Gleitpunktzahlen auf Gleichheit zu prüfen, zeigt auch die Aufgabe B.5. Man prüft besser, ob die Differenz kleiner einem gegebenen ϵ ist.

Ganze Zahlen und Gleitpunktzahlen in Maschinendarstellung besitzen also *nicht* die uns vom Ring $\mathbb{Z}$ der ganzen Zahlen oder den Körpern $\mathbb{Q}$ und $\mathbb{R}$ der rationalen und reellen Zahlen vertrauten algebraischen Eigenschaften. Wenn wir im folgenden dieses Problem vernachlässigen, so betrachten wir ein idealisiertes Modell, dessen Grenzen uns stets bewußt bleiben müssen.

---

18. In HASKELL wird diese Zahl durch maxBound :: Int angegeben.

Aufgabe 5.12: Unter welcher Voraussetzung ist die Bildung negativer Werte für *alle* ganzen Zahlen involutorisch, $-(-i) = i$?

Durch die Typdefinitionen

data Nat = Null | Succ Nat

können wir die natürlichen Zahlen gemäß der Peano-Axiome definieren. Diese Definition erklärt jedoch nicht die Dezimalschreibweise.

Tabelle 5.6: Grundoperationen der Zahltypen

$(+), (-), (*)$	::	*Arith* – > *Arith* – > *Arith*
$(.)$	::	*Gleitkomma* – > *Gleitkomma* – > *Gleitkomma*
fromInt	::	Int – > *Arith*
$(==), (/=), (<), (<=), (>=), (>)$	::	*Arith* – > *Arith* – > Bool
negate, $-$, abs	::	*Arith* – > *Arith*
signum	::	*Arith* – > *Arith*
div, mod, rem, quot	::	*Ganz* – > *Ganz* – > *Ganz*
even, odd	::	*Ganz* – > Bool
$x /= y$	$=$	not $(x == y)$
negate x	$=$	$-x$
abs x	$=$	if $x < 0$ then $-x$ else x
signum 0	$=$	0
signum x	$=$	if x < 0 then -1 else 1
even i	$=$	i `rem` 2 $==$ 0
odd i	$=$	not even i

Die Tab. 5.6 gibt die Typvereinbarungen von Grundoperationen der vier arithmetischen Typen Int, Integer, Float und Double an. Dabei bedeute *Arith* wahlweise einen dieser Typen, *Ganz* für einen der Ganzzahltypen *Int* oder *Integer* und *Gleitkomma* für einen der beiden Gleitkommazahltypen *Float* oder *Double*. Auch die Funktionsdefinitionen der vier arithmetischen Grundoperationen und der Vergleichsoperationen lassen sich im Hinblick auf die Grenzen der Maschinendarstellung nicht rechnerunabhängig auf andere Operationen zurückführen.

Aufgabe 5.13: Zeigen Sie, daß es genügen würde, nur eine der Vergleichsoperationen <, <=, >, >= vorauszusetzen. Formulieren Sie unter dieser Annahme die Funktionsdefinitionen für die anderen fünf Vergleiche.

Die Operation fromInt i liefert eine Zahl x mit dem gleichen Wert wie i. Insbesondere, wenn eine Gleitkommazahl vom Kontext verlangt wird, wird z.B. die ganze Zahl 1 in eine Gleitkommazahl konvertiert[19]:

Main> fromInt 1::Float

1.0

---

19. Auch diese Aussage ist eine Idealisierung: Wenn die Mantissenlänge nicht ausreicht, gilt nur fromInt $i \approx x$.

Wir sagen auch, fromInt **konvertiert** eine ganze Zahl in eine Gleitpunktzahl.: Verlangt der Kontext eine ganze Zahl vom Typ Int, so gilt fromInt $i == i$. negate ist eine andere Schreibweise des unären Minus.

In HASKELL sind gemischte Ausdrücke wie z.B. 2.5 + 5`div`2 unzulässig. Hier ist der linke Operand eine Gleitpunktzahl und der rechte Operand eine ganze Zahl. Allerdings werden Konstanten entsprechend ihres Kontexts interpretiert. Beispielsweise ist in HASKELL der Ausdruck 2.5+1 zulässig, weil hier die Konstante 1 als Gleitpunktzahl interpretiert wird.

Die Operationen `rem` und `mod` berechnen den Divisionsrest. Es gilt

$$(i \text{ `div` } j) * j + (i \text{ `rem` } j) == i. \tag{5.29}$$

Für $(i \text{ `rem` } j) \neq 0$ gilt signum $(i \text{ `rem` } j) ==$ signum i, signum $(i \text{ `mod` } j) ==$ signum j. `mod` und `rem` unterscheiden sich nur, wenn genau einer der beiden Operanden negativ ist.

In HASKELL wie in vielen anderen Programmiersprachen liefert i/j den Bruch $\frac{i}{j}$ als Gleitpunktzahl, nur i div j liefert das nach unten gerundete ganzzahlige Ergebnis. Meist ist i mod j mit der Eigenschaft (5.29) definiert. Um Fehler zu vermeiden, sollte man die Restoperationen nur mit positiven Operanden benutzen. Zur Verdeutlichung schreiben wir in mathematischen Formeln i div j bzw. i mod j für Division und Rest und reservieren / für die Division mit Gleitpunktresultat.

HASKELL verfügt über Rundungsoperationen zum Übergang *Gleitkomma* $->$ Int. Eine solche könnte man (sehr ineffizient) rekursiv definieren durch[20]

```
floor x = if 0.0<=x && x<1.0 then 0 else
          if x>0.0 then 1+floor (x-1.0) else -1+floor (x+1.0)
```

Es gilt floor $x \leqslant x <$ (floor x) + 1. floor rundet also nach unten. Die Funktionen

```
round x = floor (x+0.5)
ceiling x = -(floor -x)
```

runden zur nächsten ganzen Zahl bzw. nach oben. In mathematischen Formeln schreiben wir $\lfloor x \rfloor$ statt floor x und $\lceil x \rceil$ statt ceiling x.

Beispiel 5.23: Die Berechnung des Osterdatums zu gegebenem Jahr j trieb im Mittelalter die Entwicklung der Arithmetik entscheidend voran. ALOYSIUS LILIUS (neapolitanischer Astronom) und CHRISTOPHER CLAVIUS (deutscher Jesuit), bestimmten für den 1582 eingeführten gregorianischen Kalender das Osterdatum im Kern entsprechend dem Algorithmus

---

20. Tatsächlich ist sie anders definiert.

ostertag j = if n j > 31 then n j -31 else n j   *-- j: Jahreszahl*

ostermonat j = if n j > 31 then 4 else 3   *-- j: Jahreszahl*

n j = nn j +7 - ((d j + nn j) `rem` 7)   *-- Sonntag nach Vollmond*

nn j= if 22 < e j then 74-e j else 44 - e j   *-- Vollmond im März*

d j = (5∗j) `div` 4 - x j -10   *-- -(d `rem` 7) ist Sonntag im März*

ev j = (11∗g j + 20 + z j - x j) `rem` 30   *-- vorläufiges Vollmonddatum*

e j = if ev j = 25 && g j > 11 || ev j = 24   *-- "epactum", korrektes*

    then ev j+1 else ev j   *-- Vollmonddatum*

x j = (3∗h j) `div` 4 - 12   *-- x,z Korrekturen (Schaltjahre usw.)*

z j = (8∗h j + 5) `div` 25 - 5

g j = j `rem` 19 + 1   *-- die goldene Zahl im 19-Jahreszyklus*

h j = j `div` 100 + 1   *-- das Jahrhundert*

Main> ostertag 1997

30

Main> ostermonat 1997

3

Die Jahreszahl j muß hier durch alle Funktionen durchgereicht werden. Mit Hilfe der where-Klausel können wir dies vermeiden, indem wir die Definition von n j erweitern:

    n j = nn+7 - ((d+nn) `rem` 7)

    where nn = if 22 <e then 74-e else 44-e

          d = (5∗j) `div` 4 - x -10

          ev= (11∗g + 20 + z - x) `rem` 30

          e = if ev = 25 && g > 11 || ev = 24 then ev+1 else ev

          x = (3∗h) `div` 4 - 12

          z = (8∗h + 5) `div` 25 - 5

          g = j `rem` 19 + 1

          h = j `div` 100 + 1

Die Variable j ist in den Hilfsfunktionen frei und wird in der übergeordneten Funktion gebunden.   ◆

Aufgabe 5.14: Berechnen Sie den Wochentag, auf den der Heilige Abend eines Jahres *j* fällt.

Beispiel 5.24: Die Fakultät $0! = 1, n! = 1 ∗ 2 ∗ \cdots ∗ n$ können wir auf verschiedene Weise berechnen. Zunächst könnten wir die mathematische Definition

$$n! = \begin{cases} 0, & n = 0 \\ n ∗ (n - 1)!, & n \geqslant 1 \end{cases} \tag{5.30}$$

als rekursive Funktion formulieren:

    fak1 n = if n==0 then 1 else n ∗ fak1 (n-1)

Diese Definition können wir auch in die zwei Definitionen

```
fak2 0 = 1
fak2 n = n * fak2 (n-1)
```

zerlegen.

Beide Definitionen prüfen nicht, daß $n \geq 0$ gelten muß. Um dies zu erreichen, erlaubt HASKELL zusätzlich zu Konstanten und einfachen Bezeichnern **bewachte Muster**:

```
fak3 n  | n==0 = 1
        | n>=1 = n * fak3 (n-1)
```

Ein solches Muster paßt, wenn der angegebene Parameter auf das Argument paßt und zusätzlich die Bedingung nach | erfüllt ist. Diese heißt der **Wächter** der Funktionsdefinition. Es können beliebig viele Wächter, jeweils mit einer eigenen Definition, angegeben werden. Bei Funktionen mit mehreren Parametern kann der Wächter diese in Beziehung zueinander setzen.

Wir können auch ein sogenanntes ($n + k$)-**Muster** einsetzen:

```
fak4 0     = 1
fak4 (n+1) = (n+1)* fak4 n
```

Das Muster ($n+1$) paßt auf ein Argument a, wenn $a \geq 1$; es gilt dann ($n+1$) = a, also $n = a - 1, n \geq 0$. ($n+k$)-Muster können für beliebige ganzzahlige Konstante k angegeben werden. Bei Aufruf gilt stets $n \geq 0$; andernfalls paßt das Muster nicht. Mit unserer Definition von fak4 haben wir also implizit mitgeprüft, daß das Argument ≥ 1 ist.

In der praktischen Ausführung benötigen Aufrufe von fak2 und fak4 die geringste Anzahl von Reduktionen. Da fak4 k zusätzlich $k \geq 0$ prüft, ist es die beste Lösung. ◆

Beispiel 5.25: Bei der Multiplikation *multiplikand * multiplikator* von Hand betrachten wir den Multiplikator Ziffer für Ziffer, multiplizieren diese mit dem Multiplikanden und zählen die Ergebnisse stellenversetzt zusammen. Im Binärsystem führt dies zu Multiplikationen mit 1 oder 0, abhängig davon, ob der Multiplikator ungerade oder gerade ist. Dividieren wir den Multiplikator anschließend durch 2, so prüfen wir damit die vorletzte (Binär-)Ziffer usw. Umgekehrt erreichen wir die stellenversetzte Addition durch fortlaufende Verdopplung des Multiplikanden. Damit ergibt sich folgendes Programm zur Multiplikation nicht-negativer ganzer Zahlen:

```
mult m 0                = 0
mult m (n+1)  | even n      = mult (m+m) (n `div` 2) + m
              | otherwise = mult (m+m) ((n+1) `div` 2)
```

Dieses benutzt das $(n + k)$-Muster, um sicherzustellen, daß der zweite Operand $\geqslant 0$ ist. Die Korrektheit sehen wir mit vollständiger Induktion:

1. Induktionsanfang: mult $m\ 0 = 0$.
2. Induktionsannahme: Der Algorithmus mult $m\ n$ sei für $0 \leqslant n < n_0$ richtig. Dann gilt für $n = n_0 + 1$: Für n_0 gerade, $n_0 = 2k$, ist $m * n = m * (2k + 1) = m * 2k + m = (m + m) * k + m = (m + m) * (n_0 \operatorname{div} 2) + m$. Für $n_0 = 2k + 1$ ergibt sich hingegen $m * (2k + 2) = (m + m) * (k + 1) = (m + m) * ((n_0 + 1) \operatorname{div} 2)$.

Man sieht, daß die Funktionsdefinition aus den Gleichungen für den Induktionsanfang und der Fallunterscheidung zum Beweis des Induktionsschritts besteht. Auch der Korrektheitsbeweis vieler (nicht aller!) weiterer rekursiver Funktionsdefinitionen gelingt, indem man die Einzelfälle in das Beweisschema der vollständigen Induktion einordnet.   ◆

Beispiel 5.26: Ersetzt man im vorigen Beispiel die Addition durch die Multiplikation, so erhält man den Algorithmus

```
m ^ 0             = 1
m ^ (n+1) | even n = ((m*m) ^ (n `div` 2)) * m
          | otherwise = (m*m) ^ ((n+1) `div` 2)
```

zur Berechnung der n-ten Potenz von m. Der Korrektheitsbeweis überträgt sich.

Beispiel 5.27: Die Funktion

```
intlog n | n < 2    = 0
         | otherwise = 1 + intlog (n `div` 2)
```

definiert den **ganzzahligen dualen Logarithmus** einer nicht-negativen ganzen Zahl.   ◆

Aufgabe 5.15: Zeigen Sie, daß für $n \geqslant 1$ gilt intlog $n = \lfloor \log_2 n \rfloor$ und $n < 2^{\text{intlog } n+1}$.

Aufgabe 5.16: Geben Sie eine Funktion einsen n an, die für $n \geqslant 0$ die Anzahl der L in der Binärdarstellung von n liefert.

Aufgabe 5.17: Bestimmen Sie die Anzahl der Multiplikationen und Halbierungsschritte im Potenzierungsalgorithmus Beispiel 5.26. Hinweis: Benutzen Sie die Ergebnisse der vorangehenden Aufgaben.

5.3.3 Zeichen

Zeichen und die in Abschnitt 5.3.5 eingeführten Texte benötigt man, um Eingabetexte zu analysieren und Ausgabetexte zu konstruieren. Der Typ Char umfaßt die Menge der Einzelzeichen c in der Schreibweise $'c'$. Als Zeichen c sind in HASKELL sämtliche Zeichen des ISO 8859-1 Codes, zugelassen, vgl. Tab. B.1, S. 363. Formal könnten wir Char also durch die Typdefinition

```
data Char = · · · | '0' | · · · | '9' | · · · | 'A' | · · · | 'Z' | · · · | 'a' | · · · | 'z' | · · ·
```

beschreiben.

HASKELL sieht als Grundfunktionen die beiden Operationen

```
ord :: Char -> Int
chr :: Int -> Char
```

vor, die jedem Zeichen seine Nummer in der Codetabelle B.1 und umgekehrt jeder solchen Nummer das entsprechende Zeichen zuordnet. chr i ist nur für Argumente $0 \leqslant i \leqslant$ maxChar mit maxChar $= 127$ definiert. Ferner kann man mit den sechs Vergleichsoperatoren

$$(==), (/=), (<), (<=), (>=), (>) :: \text{Char} -> \text{Char} -> \text{Bool}$$

Zeichen nach ihrer Nummer vergleichen: Es gilt $c\ \rho\ d == ((\text{ord } c)\ \rho\ (\text{ord } d))$ für alle Vergleichsoperatoren ρ.

Die Funktionen succ und pred zum Vorwärts- und Rückwärtslauf durch Zeichen lassen sich wie folgt definieren:

```
succ c=chr ((ord c) + 1)
pred c=chr ((ord c) - 1)
```

Sie sind undefiniert, wenn ord c == maxChar bzw. ord c == 0.

Es ist ein weit verbreiteter Fehler, numerische Konstante, wie hier die maximale Codenummer 255 des ISO 8859-1 Codes, explizit im Programmtext zu verwenden. Der Leser gewöhne sich daran, solche Konstante stets mit einem Bezeichner zu benennen, hier also mit[21] maxChar = 255 und anschließend nur noch den symbolischen Namen zu gebrauchen. Außer Zählkonstanten wie ± 1, ± 2 oder der Basis 10 oder 16 von Zahlsystemen haben numerische Konstante im Programmtext nur in Initialisierungen von Vereinbarungen etwas zu suchen. Insbesondere ist zu berücksichtigen, daß, wie im vorliegenden Fall, die Funktionen gültig bleiben sollten, wenn man vom ISO 8859-1-Code zum ASCII-Code (nur die ersten 8 Spalten der Tab. B.1, S. 363) einschränkt; dazu sollte bei sauberer Programmierung genügen, daß man maxChar = 127 setzt. Überdies ist einer numerischen Konstanten wie 127 oft nicht anzusehen, warum gerade dieser Wert an der betreffenden Programmstelle steht.

5.3.4 Listen

Die aus LISP bekannten **Listen** gibt es auch in HASKELL, wenn auch mit einer wichtigen Einschränkung. Man schreibt sie in der auf S. 48 eingeführten Schreibweise mit eckigen Klammern: [1, 2, 3] ist eine Liste mit drei Elementen. Die leere Liste, in LISP nil, bezeichnen wir mit [ ]. Listen kann man mit dem Operator Doppelpunkt um Einzelelemente verlängern: 1:[2,3] = [1,2,3] = 1:2:[3] = 1:2:3:[]. Der Operator ist rechtsassoziativ: 1:2:[3] = 1:(2:[3]). Andernfalls wäre

---

21. In HASKELL bekommt man diese Konstante mit maxBound :: Char.

die Mehrfachanwendung nicht möglich, da : als zweiten Operanden eine Liste fordert.

Listen kann man schachteln: $[[1],[1,2]]$ ist eine Liste mit zwei Elementen, die selbst wieder (Unter-)Listen sind.

Aufgabe 5.18: HASKELL-Listen werden wie die LISP-Listen in Abb. 5.1 konstruiert. Geben Sie die Listen $[1,2,3]$ und $[[1],[1,2]]$ zeichnerisch an. Zeigen Sie, daß die Funktion cons in LISP und der Operator : in HASKELL nicht das Gleiche leisten: (cons 1 2) $\neq$ 1:[2]. Wie schreibt man 1:[2] in LISP?

Für jeden Typ t gibt es den Typ *Liste von* t, notiert als [t]. Insbesondere kann t selbst ein Listen-Typ sein. Mit einer Typdefinition

$$\textbf{data } \text{Liste } t \;=\; \text{CreateList} \mid \text{Cons } t \text{ (Liste } t) \tag{5.31}$$

werden Listen mit Elementen vom Typ t formal beschrieben. Zulässige Listen vom Typ Liste Int sind dann CreateList, Cons 1 CreateList, Cons 2 (Cons 1 CreateList). Es gilt:

$$
\begin{array}{rcl}
[\,] & \triangleq & \text{CreateList} \\
1:[\,] == [1] & \triangleq & \text{Cons 1 CreateList} \\
2:[1] == [2,1] & \triangleq & \text{Cons 2 Cons 1 CreateList.}
\end{array}
$$

Listen sind also generische Typen mit einem Typparameter t. Anders als in LISP erzwingt diese Eigenschaft, daß alle Elemente einer Liste den gleichen Typ haben. Sind die Elemente selbst wieder Listen, so müssen auch deren Elemente gleichen Typ haben. So ist z.B. eine Liste $['c', 1]$ unzulässig. In einer Liste mit Gleitkommazahlen und konstanten ganzen Zahlen werden diese Konstanten automatisch als Gleitkommazahlen interpretiert:

```
Main> [1,2.2]
[1.0,2.2]
```

Die Tabelle 5.7 zeigt einige Grundfunktionen zum Umgang mit Listen. Wir übernehmen dabei die verbreitete Konvention, Listen durch den Elementbezeichner mit angehängtem s zu benennen.

Das Muster $(x : xs)$ paßt auf Listen als Argumente, wenn diese nicht leer sind. x bezeichnet dann das erste Element, xs den Rest der Liste. Für $[1,2]$ ist $x == 1$ und $xs == [2]$. Für $[1]$ ist $x == 1$ und $xs == [\,]$. Ein solches Muster führt nicht einen, sondern 2 Bezeichner als gebundene Bezeichner ein; diese können im Funktionsrumpf mit der vorstehend zugeordneten Bedeutung verwandt werden. Es gilt also

$$
\begin{array}{rcl}
\text{head } [1,2,3] & == & 1 \\
\text{tail } [1,2,3] & == & [2,3] \\
\text{head } [1] & == & 1 \\
\text{tail } [1] & == & [\,].
\end{array}
$$

Hingegen sind head [ ] und tail [ ] nicht definiert.

Tabelle 5.7: Einige Grundfunktionen für Listen

$$
\begin{array}{rcl}
(:) & :: & t->[t]->[t] \\
\text{length} & :: & [t]->\text{Int} \\
\text{head, last} & :: & [t]->t \\
\text{tail, init} & :: & [t]->[t] \\
(++) & :: & [t]->[t]->[t] \\
(!!) & :: & [t]->\text{Int}->[t] \\
\text{null} & :: & [t]->\text{Bool} \\
(==),(/=) & :: & [t]->[t]->\text{Bool} \\
(<=),(<),(>),(>=) & :: & [t]->[t]->\text{Bool} \\
\text{length }[\,] & = & 0 \\
\text{length }(x:xs) & = & 1+\text{length }xs \\
\text{head }(x:xs) & = & x \\
\text{tail }(x:xs) & = & xs \\
\text{last }[x] & = & x \\
\text{last }(x:xs) & = & \text{last }xs \\
\text{init }[x] & = & [\,] \\
\text{init }(x:xs) & = & (x:\text{init }xs) \\
[\,]++ys & = & ys \\
(x:xs)++ys & = & x:(xs++ys) \\
(x:xs)\,!!\,0 & = & x \\
(x:xs)\,!!\,(n+1) & = & xs\,!!\,n \\
\text{null }[] & = & \text{True} \\
\text{null }(x:xs) & = & \text{False} \\
[\,]==[\,] & = & \text{True} \\
[\,]==xs & = & \text{False} \\
(x:xs)==[\,] & = & \text{False} \\
(x:xs)==(y:ys) & = & x==y\ \&\&\ xs==ys \\
xs\,/=ys & = & \text{not }(xs==ys) \\
[\,]<=xs & = & \text{True} \\
(x:xs)<=[\,] & = & \text{False} \\
(x:xs)<=(y:ys) & = & x<y\ ||\ x==y\ \&\&\ xs<=ys \\
xs<ys & = & \text{not }ys<=xs \\
xs>=ys & = & ys<=xs \\
xs>ys & = & ys<xs
\end{array}
$$

Die Funktion length bestimmt die Länge einer Liste. Der Ausdruck $xs\,!!\,n$ liefert das n-te Element, wobei $0 \leq n \leq \text{length }xs - 1$. $xs\,!!\,n$ heißt Element mit **Index** n. head und last liefern das erste bzw. letzte Element; tail und init ergeben die nach Wegnahme von head xs bzw. last xs verbleibende Liste. $xs ++ ys$ hängt die Elemente der Liste ys hinten an die Liste xs an. Die Vergleichsoperationen $(==)$ und $(/=)$ setzen voraus, daß der Vergleich $(==)$ auch für den Elementtyp t definiert ist. Die Operatoren $(<=)$, $(<)$, $(>)$ und $(>=)$ setzen voraus, dass die Operatoren $(==)$ und $(<=)$ auf dem Elementtyp t definiert sind und bzgl. $(<=)$ t total geordnet ist. Der Operator $(<=)$ auf $[t]$ ist die auf S. 68 definierte lexikographische Ordnung auf den Listen über t.

Statt $xs ++ ys$ findet man in anderen Sprachen oft die Schreibweise append $xs\ ys$.

In LISP kommen wir mit Listen als einzigem Strukturierungshilfsmittel aus. Auch in HASKELL sind Listen das wichtigste Hilfsmittel, um Daten zu strukturieren. Dazu dienen zahlreiche weitere Grundfunktionen, auf die wir nachfolgend und in Abschnitt 5.5 eingehen.

Wir betrachten zunächst Listen ganzer Zahlen. Wir können eine Liste der Zahlen i, $m \leqslant i \leqslant n$ erzeugen durch

```
enumFromTo m n | m>n      = [ ]
               | otherwise = m : enumFromTo (m+1) n
Main> enumFromTo 5 8
[5, 6, 7, 8]
```

Die arithmetische Progression $a_i = m + i(m' - m)$ mit $m \leqslant a_i \leqslant n$, bzw. für $m' < m$, $n \leqslant a_i \leqslant m$ erhalten wir mit

```
enumFromThenTo m m' n
  | m'>=m && m>n = [ ]
  | m'<m && m<n  = [ ]
  | otherwise    = m : enumFromThenTo m' (2*m'-m) n
Main> enumFromThenTo 5 8 22
[5, 8, 11, 14, 17, 20]
Main> enumFromThenTo 20 16 (-5)
[20, 16, 12, 8, 4, 0, -4]
```

Die Funktionen enumFromTo, enumFromThenTo sind in HASKELL vordefiniert.[22] Statt enumFromTo m n bzw. enumFromThenTo m n darf man auch kürzer schreiben $[m \mathbin{..} n]$ bzw. $[m, m' \mathbin{..} n]$. Sie sind Spezialfälle von Funktionen enumFrom m, abgekürzt $[m \mathbin{..}]$, und enumFromThen m m', abgekürzt $[m, m' \mathbin{..}]$, die unbeschränkte, also nicht abbrechende Listen erzeugen. Auf einen sinnvollen Gebrauch dieser nicht-terminierenden Funktionen kommen wir in Abschnitt 5.5.3 zurück. Alle vier Funktionen sind auch für andere diskrete Typen, z. B. für Zeichen, definiert: [(char 0) .. (char maxChar)] liefert die Liste aller Zeichen des ASCII-Codes in aufsteigender Reihenfolge.

Aufgabe 5.19: Was liefern die Aufrufe $[7 \mathbin{..} 7]$, $[7, 6 \mathbin{..} 7]$ und $[7, 7 \mathbin{..} 6]$?

Aufgabe 5.20: Definieren Sie enumFrom m und enumFromThen m m'.

Aufgabe 5.21: Beweisen Sie die Korrektheit der vier enum-Funktionen durch vollständige Induktion.

---

22. Die Definition in der HASKELL-Implementierung unterscheidet sich ebenso wie bei einigen anderen vordefinierten Funktionen von der hier angegebenen, führt jedoch zum gleichen Resultat.

Mit diesen Funktionen können wir die Berechnung von $n!$ nochmals formulieren: Mit

```
product :: [Int] -> Int
product [ ] = 1
product is  = product (init is) * (last is)
```

oder

```
product [ ]   = 1
product (i:is) = i * (product is)
```

erhalten wir

```
fak5 n = product [1 .. n]
```

Die Funktion product ist nur für ganze Zahlen definiert. Daher haben wir ihren Typ explizit vereinbart. Die erste Alternative berechnet das Produkt linksassoziativ: product $[i_1, \ldots i_n] == (\cdots (i_1 \cdot i_2) \cdot i_3) \cdots i_n)$. Die zweite Form ist rechtsassoziativ.

Aufgabe 5.22: Definieren Sie analog eine Funktion sum :: [Int] $->$ Int zur Berechnung der Summe der Listenelemente.

Die beiden Definitionen des Produkts (und ebenso der Summe) zeigen das Schema der **Faltung** einer Liste mit einer Funktion, dem wir noch häufiger begegnen werden: Gegeben sei eine zweistellige Funktion f, hier die Multiplikation; dann verknüpfen wir die Elemente der Liste links- (bzw. rechts-)assoziativ mit Hilfe von f. Dabei gehen wir von einem Wert z aus, dem Ergebnis der Faltung der leeren Liste. z ist das neutrale Element der Operation f, falls ein solches existiert.

Die Faltung ist eine Funktion, die eine andere Funktion f als Parameter besitzt, und diese auf die Elemente einer Liste anwendet. Es handelt sich also um ein Funktional, vgl. S. 212ff. Wir können die linksassoziative Form definieren durch

```
foldl :: (t -> t' -> t) -> t -> [t'] -> t
foldl f z [ ] = z
foldl f x (y:ys) = foldl f (f x y) ys
```

Die rechtsassoziative Form ist

```
foldr :: (t -> t'->t') -> t'-> [t] -> t'
foldr f z [ ] = z
foldr f x (y:ys) = f y (foldr f x ys)
```

Damit lautet die Funktion product

```
product xs = foldl (*) 1 xs -- linksassoziativ
product xs = foldr (*) 1 xs -- rechtsassoziativ
```

Man nennt sie das **Faltungsprodukt**. Für die Multiplikation müssen wir hier den Funktionsnamen, entsprechend Tabelle 5.2 also (*), einsetzen. Durch vollständige Induktion weist man leicht die Äquivalenz dieser Definitionen mit den weiter oben angegebenen nach.

Eine andere Anwendung der Faltung zeigt die Funktion

```
concat :: [ [t] ] -> [t]      -- Verkette Liste von Listen
concat = foldr (++) [ ]
Main> concat [ [1, 2, 3], [4, 5], [ ], [6], [7, 8] ]
[1, 2, 3, 4, 5, 6, 7, 8]
```

mit der wir die Unterlisten einer Liste verketten.

Die Funktionen foldl und foldr können bei assoziativen Operationen wie etwa der Addition, der Multiplikation oder der Listenverkettung wahlweise eingesetzt werden. Ist nämlich $\tau :: t \rightarrow t \rightarrow t$ eine assoziative Operation mit neutralem Element 1_τ[23], so gilt

$$\text{foldr } \tau\ 1_\tau\ xs == \text{ foldl } \tau\ 1_\tau\ xs, \tag{5.32}$$

wenn xs eine endliche Liste ist. Gibt es für den Typ t zwei zweistellige Operationen τ, τ' und ein Element $\bar{1}$ mit

$$x\ \tau\ (y\ \tau'\ z) == (x\ \tau\ y)\ \tau'\ z \tag{5.33}$$
$$x\ \tau\ \bar{1} == \bar{1}\ \tau'\ x, \tag{5.34}$$

so gilt für endliche Listen xs

$$\text{foldr } \tau\ \bar{1}\ xs == \text{ foldl } \tau'\ \bar{1}\ xs. \tag{5.35}$$

(5.32) ist der Spezialfall $\tau = \tau'$ von (5.35). (5.32), (5.35) sind als die ersten beiden **Dualitätssätze** für foldl/foldr bekannt.

Aufgabe 5.23: Beweisen Sie (5.32) und (5.35).

Die Funktion flip:

```
flip :: (t1 -> t2 -> t) -> t2 -> t1 -> t
flip  f x y = f y x
```

vertauscht die Reihenfolge der Argumente, auf die die zweistellige Funktion f angewandt wird.

---

23. Die Werte des Typs t bilden also ein Monoid bezüglich der Verknüpfung τ.

Aufgabe 5.24: Zeigen Sie, daß die Funktion
```
reverse :: [t] -> [t]
reverse xs = foldl (flip (:)) [ ] xs
```

die Argumentliste in umgekehrter Reihenfolge liefert:
```
Main> reverse [0 .. 9]
[9, 8, 7, 6, 5, 4, 3, 2, 1, 0]
```

Mit Hilfe von flip und reverse können wir den dritten Dualitätssatz für foldl/foldr formulieren: Es gilt

$$\text{foldr } \tau\ x\ ys\ =\ =\ \text{foldl (flip } \tau)\ x\ (\text{reverse } ys). \tag{5.36}$$

Mit (5.36) erhalten wir die Idempotenz von reverse: Es gilt

$$xs\ =\ =\ \text{foldr (:) [ ] } xs.$$

Einsetzen in (5.36) liefert

$$xs\ =\ =\ \text{reverse (reverse } xs).$$

Aufgabe 5.25: Definieren Sie eine Funktion foldl1 f x ys analog zu foldl, die jedoch eine nichtleere Liste voraussetzt, und verwenden Sie sie zur Definition einer Funktion maximum xs, die den maximalen Wert einer ganzzahligen Liste xs liefert.

Ein weiteres oft benötigtes Funktional ist die Anwendung einer (einstelligen) Funktion f auf die einzelnen Elemente einer Liste:
```
map :: (t -> t') -> [t] -> [t']
map f [ ] = [ ]
map f (x:xs) = (f x) : map f xs
```

Mit der Funktion
```
quadrat x = x*x
```

ergibt sich beispielsweise
```
Main> map quadrat [1, 2, 3, 4]
[1, 4, 9, 16]
```

map negate $[1, 2, 3, 4]$ liefert die Listenelemente mit negativem Vorzeichen. Also gilt map negate (map quadrat $[1, 2, 3, 4]$) $=\ =\ [-1, -4, -9, -16]$. Das gleiche Ergebnis hätten wir erzielt, wenn wir map auf die Funktion
```
quadriere_negativ x = negate (quadrat x)
```

angewandt hätten. Allgemein gilt: Sind f, g zwei einstellige Funktionen mit geeignetem Argument- und Ergebnistyp, so gilt

$$\text{map } (f \cdot g)\ xs\ =\ \text{map } f\ (\text{map } g\ xs).$$

Beispielsweise gilt map (negate . quadrat) $[1, 2, 3, 4] = = [-1, -4, -9, -16]$

Ferner interessiert uns, wie wir von einer Liste nur diejenigen Elemente a übrigbehalten können, die einer bestimmten Bedingung $p(a)$ genügen. Wir erreichen dies mit der Funktion

```
filter :: (t -> Bool) -> [t] -> [t]
filter p [ ]              = [ ]
filter p (x:xs) | p x     = x : xs'
                | otherwise = xs'
          where xs' = filter p xs
Main> filter even [1 .. 10]
[2, 4, 6, 8, 10]
```

und sagen, der Beispielaufruf filter even xs sei ein **Filter** für die geraden Zahlen. Die Funktionen

```
takeWhile, dropWhile :: (t -> Bool) -> [t] -> [t]
takeWhile p [ ]             = [ ]
takeWhile p (x:xs) | p x    = x : takeWhile p xs
                   | otherwise = [ ]


dropWhile p [ ]             = [ ]
dropWhile p (x:xs)  | p x    = dropWhile p xs
                    | otherwise = (x:xs)
```

definieren spezielle Filter, mit deren Hilfe wir den Anfang oder das Ende einer Liste erhalten. Die Funktionen haben ein Prädikat p und eine Liste als Parameter und wenden das Prädikat auf die ersten Listenelemente an, sofern solche existieren. takeWhile liefert den Anfang der Liste, solange p erfüllt ist. dropWhile liefert den Rest der Liste ausschließlich der Anfangselemente, die p erfüllen.

Beispiel 5.28:

```
Main> takeWhile odd  [1,3,5,4,5,7,1]
[1, 3, 5]
Main> dropWhile odd  [1,3,5,4,5,7,1]
[4, 5, 7, 1]                                                    ◆
```

Es gilt

$$xs = = ((\text{takeWhile } p \; xs) + +(\text{dropWhile } p \; xs)) \qquad (5.37)$$

für beliebige Listen xs und Bedingungen p.

Aufgabe 5.26: Beweisen Sie (5.37). Definieren Sie eine Funktion dropUntil so, daß zusammen mit takeUntil eine (5.37) entsprechende Beziehung gilt.

Aufgabe 5.27: Definieren Sie Funktionen take, drop :: *Int* −> [*t*] −> [*t*], die, abhängig von ihrem ersten Parameter *n*, eine Liste mit den ersten *n* Elementen des zweiten Parameters *xs*, bzw. die Liste der verbleibenden Elemente liefert.

5.3.4.1   Sortieren von Listen

Bei Listen ist die Reihenfolge der Elemente festgelegt. Wir sagen auch, die Liste ist eine **angeordnete (Mehrfach-)Menge**. Diese Anordnung hängt nur von der Konstruktion der Listen ab. Ist auf dem Elementtyp einer Liste eine Ordnungsrelation ≤ definiert, so nennen wir eine Liste **geordnet**, wenn für die Anordnung der Elemente gilt: $e_1 \leq e_2 \leq \cdots$. Ist eine Menge, Mehrfachmenge oder Liste l_1 und eine geordnete Liste l_2 gegeben, so heißt l_2 eine Sortierung von l_1 oder kurz eine **sortierte Liste**, wenn l_1 und l_2 dieselben Elemente in derselben Vielfachheit enthalten, sich also höchstens in der Anordnung unterscheiden.

Oft sind den Elementen einer zu sortierenden Liste noch zusätzliche Informationen beigegeben, die nicht zur Ordnung beitragen. Sortieren wir etwa Listen wie die in Beispiel 5.14 nach Namen, so spielt Geburtstag oder Geburtsort keine Rolle. In diesem Fall heißt das Element, das die Sortierreihenfolge bestimmt, der **(Sortier-)Schlüssel**. Gibt es mehrere Elemente e_1, e_2 mit gleichem Sortierschlüssel s, so heißt die Sortierung **stabil**, wenn Elemente mit gleichem Schlüssel in der ursprünglichen und der sortierten Liste in der gleichen Reihenfolge erscheinen.

Wir können eine Liste l sortieren, indem wir nacheinander die Elemente aus l entsprechend der Ordnung in eine neue Liste eintragen.

```
insert x []              = [x]
insert x (y:ys)  | x <= y      = x:y:ys
                 | otherwise = y:insert x ys
sort xs = foldr insert [] xs
Main> sort (reverse [1..9])
[1, 2, 3, 4, 5, 6, 7, 8, 9]
```

Beginnend mit einer leeren Liste bestimmt die Funktion insert für ein neues Element *x* die Position in einer bereits geordneten Liste und fügt es dort ein. Mit Hilfe der Faltung kann insert auf alle Elemente einer zu sortierenden Liste angewandt werden. Dieses Sortierverfahren heißt **Sortieren durch Einfügen**[24].

Ein anderes Sortierverfahren ist **Sortieren durch Auswählen**[25]. Bei diesem Verfahren löschen wir sukzessive die Minima aus der zu sortierenden Liste und hängen sie an die zunächst leere Ergebnisliste an.

---

24. engl. *insertion sort*.
25. engl. *selection sort*.

```
selsort []  = []
selsort xs = kleinstes : selsort (ohne kleinstes xs)
        where kleinstes = minimum xs
              ohne x (y:ys)  | x == y      = ys
                             | otherwise  = y:(ohne x ys)
```

Weitere Sortierverfahren lernen wir in Abschnitt 7.2.1 kennen.

Aufgabe 5.28: Stellen Sie fest, ob Sortieren durch Einfügen und Auswählen stabil sind. Wovon hängt die Stabilität ab?

5.3.4.2 Listenbeschreibungen und Generatoren

Im Vergleich zu Mengen haben wir bisher Listen extensional definiert: Entweder wurden die Elemente aufgezählt oder durch Konstruktoren, letztlich dem Operator :, zusammengesetzt.

Wie bei Mengen gibt es in funktionalen Sprachen auch für Listen eine intensionale Darstellung

$$[Ausdruck \mid Qualifikator_1, \cdots, Qualifikator_n] \tag{5.38}$$

Elemente der intensionalen Liste sind alle x mit der Eigenschaft $P(x)$: $x = Ausdruck \wedge Qualifikator_1 \wedge \cdots \wedge Qualifikator_n$. Allerdings müssen wir in einer algorithmischen Sprache dafür sorgen, daß die Kandidaten x algorithmisch erzeugt werden. Wir können nicht wie in der Mengenlehre schreiben $[x \mid 1 \leqslant x, x \leqslant 10]$, sondern müssen explizit sagen, daß nacheinander die Werte $1, 2, \ldots, 10$ betrachtet werden sollen. Dazu lassen wir neben gewöhnlichen Bedingungen auch **Generatoren** oder **Erzeuger** der Form

$$Bezeichner <- Liste \tag{5.39}$$

als Qualifikatoren zu. Es gilt dann etwa $[1, 2, 3, 4, 5] == [x \mid x <- [1..5]]$ und $[1, 4, 9, 16, 25] == [x * x \mid x <- [1..5]]$. Die ungeraden Quadrate $[1, 9, 25]$ geben wir durch $[x * x \mid x <- [1..5], odd\ x]$ an; wir fügen also weitere Bedingungen hinzu und erreichen damit den gleichen Effekt, wie mit unserer Funktion filter:

$$filter\ p\ ys == [x \mid x <- ys, p\ x].$$

Dies können wir auch als Definition von filter benutzen. x heißt in solchen intensionalen Listen eine **generierte Variable**.

Die Methode, Werte zu erzeugen und dann nur diejenigen zu behalten, die gewissen Zusatzbedingungen genügen, ist als **Generieren-und-Testen**[26] bekannt

---

26. engl. *generate and test*.

und wird für zahlreiche Probleme eingesetzt, bei denen große Wertemengen nach einer Aufgabenlösung durchsucht werden, hier der Erfüllung von Zusatzbedingungen.

Eine intensionale Liste kann auch mehrere Generatoren enthalten, wie z. B. $[x^2 - y \mid x <- [1..3], y <- [1..3]] == [0, -1, -2, 3, 2, 1, 8, 7, 6]$. Der Reihenfolge der Werte entnimmt man, daß der spätere Generator für jeden einzelnen Wert des früheren Generators abläuft. Formal gilt

$$[ausdr \mid qual_1, qual_2] == \text{concat} \, [[ausdr \mid qual_2] \mid qual_1] \qquad (5.40)$$

Hieraus ergibt sich zusätzlich, daß wir Bezeichner, die durch einen früheren Generator definiert werden, in einem späteren Generator benutzen dürfen. Es gilt z. B. $[x^2 - y \mid x <- [1..3], y <- [1..x]] == [0, 3, 2, 8, 7, 6]$. Daher sollte man Bedingungen in der Reihenfolge der Qualifikatoren so früh wie möglich, d. h. sobald alle in der Bedingung vorkommenden generierten Variablen erzeugt sind, schreiben: $[x^2 - y \mid x <- [1..5], \text{odd } x, y <- [1..x]]$ ist besser als $[x^2 - y \mid x <- [1..5], y <- [1..x], \text{odd } x]$, obwohl beide das gleiche Ergebnis $[0, 8, 7, 6, 24, 23, 22, 21, 20]$ haben.

Beispiel 5.29: Die Funktion

```
teiler n = [ i | i <- [1..n], n `rem` i == 0 ]
Main> teiler 18
[1, 2, 3, 6, 9, 18]
```

liefert alle Teiler einer Zahl n. Mit ihrer Hilfe und mit der Funktion maximum aus Aufgabe 5.25 könnten wir den ggT auch so bestimmen

```
ggT i j = maximum [ d | d <- teiler i, j `rem` d == 0 ]
```

Dies entspricht der mathematischen Definition

$$(i, j) = \text{ggT } i \, j = \max\{k \mid k \in \mathbb{N} \wedge k|i \wedge k|j\}, \qquad (5.41)$$

die Mengen statt Listen verwendet und, weil nicht algorithmisch, keinen Generator benötigt.

Für eine Primzahl n lautet die Teilerliste $[1, n]$. Also bestimmt die boolesche Funktion

```
primzahl n = teiler n == [1,n]
Main> primzahl 257
True
```

ob eine Primzahl vorliegt. ♦

Mit Generatoren verketten wir Unterlisten einer Liste durch

```
concat xss = [ x | xs <- xss, x <- xs ]
```

5.3.5 Texte

Texte wie "abc" sind Listen von Zeichen: Es gilt "abc" == ['a','b','c']. Da wir Listen von Zeichen auch mit enumFromTo erzeugen dürfen, gilt außerdem ['a' .. 'c'] == "abc". Texte können $n \geqslant 0$ Zeichen enthalten. Für $n = 0$ haben wir den *leeren Text* "". Für $n = 1$ ist "a" ein Text, der nur das Zeichen 'a' enthält.

Formal ist der Typ von Texten folglich [Char], und es gilt "" == [], "a" == ['a']. Ein einzelnes Zeichen und der Text, der aus diesem Zeichen besteht, sind verschieden. Um den leeren Text und einen Text, der aus einem oder mehreren Zwischenräumen besteht, unterscheiden zu können, geben wir Zwischenräume oft durch ␣ sichtbar wieder; "␣␣" ist ein Text bestehend aus zwei Zwischenräumen (oder Leerzeichen).

Der Texttyp ist lediglich ein Synonym für einen Typ, den wir schon kennen. Wir führen solche Synonyme mit einer Typdefinition

$$\textbf{type } Typname = bekannter\_Typ \tag{5.42}$$

ein, für Texte durch

$$\textbf{type } String = [Char] \tag{5.43}$$

Die Schreibweise data ··· aus (5.27) bleibt der Einführung neuer, bisher nicht vorhandener Typen vorbehalten. Auf Texte sind folglich alle bisher bekannten Listenoperationen anwendbar.

Beispiel 5.30: Wir bestimmen die Häufigkeit eines Zeichens c in einem Text:

```
häufigkeit c " "                    = 0
häufigkeit c (d:dt)  | c == d       = 1 + häufigkeit c dt
                     | otherwise    = häufigkeit c dt

Main> häufigkeit 'a' "abrakadabra"
5
```

Mit der Filterfunktion könnten wir auch

```
häufigkeit c xt = length (filter gleich xt)
        where gleich x = c == x
```

schreiben. Damit können wir eine Tabelle der Häufigkeit der Buchstaben in einem Text erstellen:

```
verteilung :: String -> [Int]
verteilung xt = [ häufigkeit c xt | c <- ['a'..'z']]
Main> verteilung "ein histogramm liefert ereignisfrequenzen"
[1, 0, 0, 0, 8, 2, 2, 1, 5, 0, 0, 1, 2, 4, 1, 0, 1, 4, 2, 2, 1, 0, 0, 0, 0, 1]
```

Eine solche Tabelle, die die Häufigkeiten des Eintretens bestimmter Ereignisse, hier des Auftretens von Buchstaben, auflistet, heißt ein **Histogramm**.   ♦

Aufgabe 5.29: Überprüfen Sie, daß das Histogramm tatsächlich alle Zeichen erfaßt hat, indem Sie die Zeichen eines Textes getrennt nach Buchstaben und Nicht-Buchstaben zusammenzählen.

Wenn wir die Anzahl der Wörter in einem Text zählen oder in ein Wörterbuch eintragen wollen, so müssen wir zunächst den Text an den Wortgrenzen zerlegen und eine Liste $[Wort_1, \ldots, Wort_n]$ des Typs [String] erstellen. Zur Vereinfachung unterstellen wir, daß alle Wortgrenzen durch Zwischenräume gegeben seien und benutzen ein Prädikat[27]

```
isSpace c = c == ' '
```

zusammen mit den Funktionen takeWhile und dropWhile, S. 250.

Wir wenden takeWhile auf den jeweils verbleibenden Rest unseres Textes an, bis dieser leer ist[28]:

```
words :: String -> [String]
words [ ]               = [ ]
words (x:xs)  | x == ' '   = words xs
              | otherwise = (takeWhile (not . isSpace) (x:xs)) :
                            words (dropWhile (not . isSpace) (x:xs))

Main> words "Dies ist ein Text"
["Dies", "ist", "ein", "Text"]
```

Die Alternative in Zeile 3 beseitigt anfängliche Zwischenräume und in der Rekursion auch die Zwischenräume, die die Wortgrenzen markieren. Mit

```
anzahl_wörter xt = length (words xt)
```

können wir nun die Wörter des Textes zählen.

Aufgabe 5.30: Definieren Sie eine Funktion, um aus dem Ergebnis von words den ursprünglichen Text zurückzuerhalten[29]. Hinweis: concat liefert die Zwischenräume nicht zurück!

Aufgabe 5.31: Verallgemeinern Sie die Funktion isSpace, so daß auch Zeilenwechsel als Wortgrenzen erkannt werden. Geben Sie dann unter Benutzung der vorigen Aufgabe Funktionen an, um in einen „Serienbrief" an bestimmten Stellen Texte einzusetzen, die als zusätzliche Parameter mitgeliefert werden.

---

27. isSpace ist in HASKELL vordefiniert.
28. words ist in HASKELL vordefiniert.
29. In HASKELL ist dies die vordefinierte Funktion unwords.

Aufgabe 5.32: Verwenden Sie die im Anhang B, S. 366, angegebenen Funktionen wandle und rückwandle, um ganze Zahlen von und zu Texten der Binärdarstellung zu konvertieren. Wie könnte man dies nutzen, um die Aufgabe 5.16 mit Hilfe eines Filters zu lösen?

Beispiel 5.31: Gegeben sei eine ganze Zahl $n \geq 0$ und eine Gleitpunktzahl $0 \leq z < 10^{n-1}$. Wir wollen z als Text mit $(n + 1)$ Zeichen angeben, der den Dezimalbruch einschließlich des Dezimalpunktes darstellt. Dazu zerlegen wir $z = zg + z'$, $zg = \lfloor z \rfloor$, $0 \leq z' < 1$. zg konvertieren wir wie in Aufgabe 5.32. Die Ziffern von z' berechnen wir, indem wir wiederholt $\lfloor 10 \cdot z' \rfloor$ berechnen. Die Größenbeschränkung für z besagt, daß wir für z' mindestens eine Dezimalstelle zur Verfügung haben. Damit erhalten wir unter Benutzung unserer früheren Definitionen von floor und fromInteger

```
konvertiere z n = gwz ++ ['.'] ++ (bwandle (z-fromInt gz) k)
            where gz = floor z
                  gwz = gwandle gz
                  k = n - (length gwz) -1
ziffer z      = chr (z + ord '0')
gwandle 0     = "0"
gwandle gz    = gwandle1 gz
gwandle1 0    = ""
gwandle1 gz   = gwandle1 (gz `div` 10) ++ [ziffer (gz `rem` 10)]
bwandle bz k  | k == 0   = ""
              | otherwise = (ziffer bz10) :
                      bwandle (10.0*bz-fromInteger bz10) (k-1)
              where bz10 = floor (10.0*bz)
```

```
Main> konvertiere 0.0 5
0.000
Main> konvertiere 0.1 5
0.100
Main> konvertiere 3.1415926 5
3.141
Main> konvertiere (10.0*pi) 6
31.415
```

Aufgabe 5.33: Geben Sie die Typen der Funktionen dieses Beispiels an. Beweisen Sie die Korrektheit der Funktionen.

Aufgabe 5.34: Zählen Sie die Bedingungen auf, unter denen konvertiere einwandfrei arbeitet. Welche Fehler verursacht die Verletzung der Bedingungen?

Machen Sie die Funktionen „robust" gegen diese Fehler. Erweitern Sie die Funktionen so, daß z für $z \geqslant 10^{n-1}$ mit Skalierung in der Form $z.zzE \pm zz$ ausgegeben wird, wobei n nur die Länge des Dezimalbruchs beschränkt.

5.3.6 Tupel

Neben Listen gibt es in allen funktionalen Sprachen **Tupel** $(x_1, \dots, x_n)$, die mit runden Klammern geschrieben werden. Während eine Liste eine verlängerbare Struktur ist, hat ein Tupel eine feste Länge: () bezeichnet das (praktisch bedeutungslose) 0-Tupel; 1-Tupel, (1) = 1, sind identisch mit dem einzigen Element des Tupels; 2-Tupel wie $(1.0, -1.0)$ können wir etwa zur Darstellung komplexer Zahlen verwenden. Im Unterschied zu Listen können die Typen der Elemente eines Tupels verschieden sein: Der Typ t eines Tupels ist mengentheoretisch das kartesische Produkt der Typen $t_1, \dots, t_n$ seiner Elemente:

$$t = (t_1, \dots, t_n). \tag{5.44}$$

Tupel sind grundlegende Typen, die wir weder mit **data** … noch mit **type** … auf andere Typen zurückführen können.

Beispiel 5.32: Mit Tupeln können wir das Osterdatum in Beispiel 5.23 mit einem einzigen Aufruf berechnen, indem wir die ersten beiden Zeilen durch

```
ostern j = (if n >31 then n -31 else n,
            if n >31 then "April" else "März", j)
```

ersetzen. Diese Formulierung setzt voraus, daß wir auch die Funktion n in die *where*-Klausel einschließen, so daß die Jahreszahl j nicht explizit weitergereicht werden muß. Wir haben dann

```
Main> ostern 1997
(30,"März",1997)
```
                                                                                    ♦

Tupel werden wie in diesem Beispiel verwandt, um zusammengehörige Werte als eine Einheit aufzufassen. In vielen Fällen ist diese Einheit ein Begriff, der in der Programmiersprache auf verschiedene Weise durch Tupel oder andere zusammengesetzte Werte wiedergegeben werden kann. Zum Beispiel könnte das Paar $(3.1, 1.0)$ die (x, y)-Koordinaten eines Punktes im $\mathbb{R}^2$ bedeuten. Wir könnten aber auch durch $3.1e^{i0.5}$ einen Punkt in Polarkoordinaten angegeben haben. Der Begriff *Punkt im* $\mathbb{R}^2$ ist eine Abstraktion, die auf unterschiedliche Weise durch Zahlpaare dargestellt werden kann.

Tupel entsprechen den **Verbunden** oder engl. *records* imperativer Sprachen wie PASCAL oder C. Listen haben in diesen Sprachen keine unmittelbare Entsprechung. Umgekehrt gibt es in diesen Sprachen indizierbare **Reihungen**, die in HASKELL nur mit Listen simuliert werden können.

Für Tupel-Typen gibt es die Grundfunktionen in Tabelle 5.8.

Tabelle 5.8: Grundfunktionen für Paare in HASKELL

fst	::	$(t_1, t_2) \rightarrow t_1$
snd	::	$(t_1, t_2) \rightarrow t_2$
fst (a, b)	=	a
snd (a, b)	=	b

Aufgabe 5.35: Definieren Sie Funktionen

$$\begin{aligned} \text{fst3} \ &:: \ (t_1, t_2, t_3) \rightarrow t_1, \\ \text{snd3} \ &:: \ (t_1, t_2, t_3) \rightarrow t_2, \\ \text{thd3} \ &:: \ (t_1, t_2, t_3) \rightarrow t_3, \end{aligned}$$

die die erste, zweite bzw. dritte Komponente eines Tripels berechnen.

Beispiel 5.33: Mit der Typdefinition

$$\textbf{type } \text{Rat} = (\text{Int}, \text{Int}) \tag{5.45}$$

können wir Arithmetik und Vergleichsoperationen für rationale Zahlen definieren:

```
ratadd, ratmult :: Rat -> Rat -> Rat
ratadd  (i, j) (k, l) = kurz (i*l + j*k, j*l)
ratmult (i, j) (k, l) = kurz (i*j, j*l)
kurz (i, j)=(i `div` g, j `div` g) where g = ggT i j


ratgleich :: Rat -> Rat -> Bool
ratgleich   (i,j) (k,l) = i*l == j*k
```

Aufgabe 5.36: Definieren Sie die Operationen ratsub, ratdiv, ratkleiner und ratklgleich.

Die Operation

```
rat (i,j) = gwandle k ++ "/" ++ gwandle l where (k,l) = kurz (i,j)
Main> rat (216,384)
9/16
```

stellt die Brüche gekürzt und in gewohnter Schreibweise dar.   ◆

Aufgabe 5.37: Geben Sie in gleicher Weise eine Definition des Typs Komplex der komplexen Zahlen und seiner Grundoperationen an.

5.3.7 Funktionen als Werte

In den vorangehenden Abschnitten sahen wir zahlreiche Beispiele, in denen Funktionen als Argumente von Funktionalen, d. h. als Werte auftraten. Curryen führt dazu, daß Funktionen auch als Ergebnis anderer Funktionen auftreten können. Zum Beispiel können wir die nand- und nor-Funktionen durch

```
nand_oder_nor f a b = f (not a) (not b)
nand a b = nand_oder_nor (||) a b
nor  a b = nand_oder_nor (&&) a b
```

definieren. Diese Methode haben wir implizit bereits verwandt. Man nennt nand und nor **partielle Ausprägungen** von nand_oder_nor und sagt, nand_oder_nor sei **partiell ausgeprägt** worden.

Aufgabe 5.38: Natürlich könnte nand_oder_nor noch andere Aufgaben erfüllen. Geben Sie eine partielle Ausprägung für die logische Implikation impl a b an.

Außer dem Aufruf und der partiellen Ausprägung ist für Funktionen noch die **Funktionskomposition** $f \cdot g$,

$$(f \cdot g)\, x = = f\, (g\, x), \tag{5.46}$$

wiedergegeben durch einen Punkt, als Operation definiert. Wir benötigen sie, um auch zusammengesetzte Funktionen als Argumente an andere Funktionen weitergeben zu können:

Die Funktionskomposition ist assoziativ. Daher gilt mit zweistelligem f und einstelligem g, h:

$$(f^2 \cdot g^1 \cdot h^1)\, x\, y = = (f^2 \cdot g^1)\, (h^1\, x)\, y = = f^2\, (g^1\, (h^1\, x))\, y.$$

Also ist $(||)$. not . not $==$ $(||)$: Die Negationen werden beide auf den ersten Operanden angewandt und heben sich auf.

Bisher waren alle vorkommenden Funktionen mit einem Bezeichner benannt oder partielle Ausprägungen oder Kompositionen benannter Funktionen. In den meisten Programmiersprachen ist dies die einzige Weise, um mit Funktionen umzugehen. In funktionalen Programmiersprachen gibt es darüberhinaus die unbenannte λ-Abstraktion aus Abschnitt 5.1, in HASKELL in der Form

$$\backslash p_1\, p_2\, \cdots\, - > \text{Ausdruck} \tag{5.47}$$

Der Rückstrich $\backslash$ ist ein stilisiertes λ. Anstelle expliziter Parameter p_i sind, wie auch sonst, allgemeinere Muster zugelassen. Kommt eine solche λ-Abstraktion in einer anderen Funktionsdefinition vor, so bedeuten

$$f\, q\, \cdots\, = \, \cdots (\backslash p_1\, p_2\, \cdots\, - > \text{Ausdruck}) \cdots$$

und

$$f \, q \, \cdots \; = \; \cdots \mathcal{N} \cdots \text{ where } \mathcal{N} \, p_1 \, p_2 \, \cdots = \text{Ausdruck}$$

dasselbe. $\mathcal{N}$ ist dabei ein frei erfundener Bezeichner, der sonst nirgends vorkommt.

Unbenannte λ-Abstraktionen benutzt man, wenn die Funktion f unter Verwendung ihrer eigenen Argumente eine Funktion $\mathcal{N}$ als Teil ihres Ergebnisses zusammenstellen will. Wir gehen hier nicht näher auf diesen Programmierstil ein; er wird uns in Bd. II in anderer Form wieder begegnen.

5.3.8 Muster

Wir haben gesehen, daß wir in einer Funktionsdefinition $f \, p \; = \; \cdots$ statt eines Bezeichners p auch allgemeinere Muster angeben können. Eine Liste möglicher Muster zeigt Tabelle 5.9. Die Muster für Paare sind entsprechend auch für Tripel usw. definiert. Ein Muster bindet *alle* Bezeichner, die in ihnen vorkommen, im Funktionsrumpf. Der **Joker** $'\_'$ bezeichnet einen Parameter, auf den in der

Tabelle 5.9: Muster in HASKELL

Variable	v	einfache Variable, paßt immer
Konstante	0, $'c'$, usw.	Konstante, paßt auf den Wert des entsprechenden Typs
Joker	$\_$	paßt immer, kann nicht im Funktionsrumpf auftreten
Tupel	(x, y)	paßt auf entsprechendes Tupel, kann auch Konstante oder $\_$ enthalten
Liste	$[\,]$	paßt auf leere Liste
	$[x]$	paßt auf einelementige Liste mit Element x
	$[x, y, z]$	paßt auf dreielementige Liste, andere Anzahlen analog, x, y, z können auch Konstante oder Joker sein
	$(x : xs), (x : y : xs), \cdots$	paßt auf Listen mit $n \geq 1$ bzw. $n \geq 2$ Elementen
$(n + k)$-Muster	$(n + k)$	paßt auf ganze Zahlen $\geq k$, k muß Konstante sein

vorliegenden Definition nicht weiter zugegriffen werden soll; er kann nicht im Funktionsrumpf vorkommen. Joker können mehrfach vorkommen, also z. B. $(\_, y, \_)$, während gewöhnliche Bezeichner in einer Funktionsdefinition nur einmal definiert sein dürfen.

Eine Funktionsdefinition zu gegebenem Aufruf $f \, a$ wird so ausgewählt:

1. In der textuellen Reihenfolge des Programms wählen wir die erste Definition $f \, p \; = \; \cdots$, für die das Muster p auf das Argument a paßt. *Passen auf* ist dabei

die auf S. 134 erklärte Beziehung $a = p\sigma$, verlangt also die Bestimmung einer Substitution σ in der durch den Argumenttyp gegebenen Termalgebra.

2. Eine Funktionsdefinition $f\ p\ |\ q(p) = \cdots$ mit einem **Wächter** $q(p)$ wird nur gewählt, wenn $q(p\sigma)$ wahr ist. Andernfalls wird mit Schritt 1 eine weitere Definition von f oder eine weitere Alternative der gleichen Definition mit erfülltem Wächter gesucht. Gibt es keine solche Alternative, so erhält man als Ergebnis den unausgewerteten Aufruf in geschweiften Klammern $\{\cdots\}$.

Also sind $f\ p\ |\ q(p) = A$ und $f\ p =$ if $q(p)$ then A else $\cdots$ nicht äquivalent: Wenn der Wächter $q(p)$ falsch ist, suchen wir nach einer weiteren Funktionsdefinition; im zweiten Fall bleibt uns nur die else- Alternative.

In Anwendung der Strategie der faulen Auswertung wird in HASKELL die Substitution σ und damit der Wert der in einem Muster auftretenden Bezeichner erst bestimmt, wenn dies zur Unterscheidung verschiedener Funktionsdefinitionen, zur Berechnung eines Wächters oder während der Berechnung des Funktionsrumpfes nötig ist. Zunächst genügt, daß der Typ richtig ist. Wir erhalten das Ergebnis[30]

```
f (x:y:xs) = y
Main> f [1]
{f [1]}
```

wenn sich herausstellt, daß y gar nicht existiert.

5.4 Allgemeines über Datentypen

Können wir in einer Programmiersprache beispielsweise die ganzzahlige Addition auf Gleitpunktzahlen anwenden, so heißt sie **typfrei**[31]. Alle Sprachen, die wie PROLOG und der in Abschnitt 5.1.5 dargestellte ursprüngliche Kern von LISP, ihre Daten im wesentlichen als Elemente einer *einzigen* Termalgebra auffassen, sind naturgemäß typfrei. Auch die Maschinensprachen realer Rechner sind zumeist typfrei: sie sehen Daten einheitlich als Bitfolgen, also als Elemente des Monoids $\mathbb{B}^*$, an. Die Bitfolgen sind zwar nach ihrer Länge (Byte, Wort, usw.) klassifiziert. Jedoch spielt es für die ganzzahlige Addition in einer Maschinensprache keine Rolle, ob die Operanden wirklich ganze Zahlen sind, oder ob eine Bitfolge eigentlich eine Gleitpunktzahl codiert.

Im Unterschied dazu heißt eine Programmiersprache **typgebunden**, wenn sie Variablen und Werten Typen zuordnet, die zur Unterscheidung der Bedeutung von Operatoren herangezogen werden. Wir sprechen von **starker Typbindung**[32], wenn allen Variablen und Werten *eindeutig* ein Typ zugeordnet ist. Funktionale

---

30. HASKELL liefert noch weitere Informationen.
31. engl. *type free*.
32. engl. *strongly typed*.

Programmiersprachen, außer LISP und seine Dialekte, sind stark typgebunden. In HASKELL sehen wir dies an der Interpretation der arithmetischen Operationen +, −, ∗ und /, die für ganze und Gleitpunktzahlen unterschiedliche Bedeutung haben.

Auch bei imperativen Sprachen strebt man starke Typbindung an. Dazu ordnet man durch Typ- und Funktionsdefinitionen sowie Variablenvereinbarungen jeder im Programm vorkommenden Größe einen festen Typ zu und überwacht die typkorrekte Verwendung der Größen in Ausdrücken usw. Jedoch gibt es oft Möglichkeiten, diese zu umgehen, damit man auch Algorithmen schreiben kann, in denen Bitfolgen ohne Rücksicht auf ihre Interpretation verarbeitet werden können, um durch gezielte Addition ganzer Zahlen in den Exponenten einer Gleitpunktzahl die Multiplikation bzw. Division mit einer Zweierpotenz darzustellen. In PASCAL ist dies z. B. möglich, wenn man Verbunde mit Varianten, aber ohne Variantenzeiger, verwendet. In C erlauben arithmetische Operationen mit Verweisen faktisch jede Variable mit einem anderen als dem vorgegebenen Typ zu interpretieren. Gehören wie in C die Möglichkeiten zur Umgehung der Typbindung zu den zentralen Spracheigenschaften, so heißt die Sprache **schwach typgebunden**[33].

Die funktionalen Sprachen außer LISP sind nicht nur stark, sondern zusätzlich **statisch typgebunden**: Der Typ einer Variablen läßt sich statisch und ohne Ausführung des Programms aus dem Programmtext ermitteln. Namentlich bei interaktiven Sprachen, in denen der Benutzer einzelne Anweisungen eingeben kann, die sofort ausgeführt werden, finden wir dagegen **dynamische Typbindung**. Hier steht während der Ausführung eines Programms für jede Verwendung einer Variablen eindeutig fest, welchen Typ sie hat. Indes könnte dieser von Eingabewerten abhängen. Auch könnte dieselbe Variable an verschiedenen Stellen verschiedenen Typ haben. Bei dynamischer Typbindung läßt sich zwar immer noch die Signatur einer Operation aus den Typen der Operanden bestimmen; jedoch gelingt dies jetzt nur noch während der Ausführung des Programms.

Die Hauptvorteile starker und sogar statischer Typbindung sind:

- Die Korrektheitsprüfung oder **Verifikation** eines Programms wird erleichtert, weil man die Bedeutung aller Operationen und Funktionen kennt, ohne dazu die Programmausführung mit angenommenen Testdaten durchspielen zu müssen.

- Fehlerhafter Gebrauch von Operationen und Funktionen kann maschinell vor Beginn der Programmausführung festgestellt werden. Der Programmierer wird bei der Fehlersuche durch die Implementierung der Sprache unterstützt.

- In vielen Fällen kann die Implementierung bessern, d. h. effizienteren Code erzeugen.

- Ein Programm kann auch von Dritten — oder dem ursprünglichen Programmierer nach langer Zeit — leichter begriffen werden.

- Insbesondere beim Zusammensetzen von Programmen verschiedener Verfasser ist Typinformation über Daten und Funktionen an den Schnittstellen, d. h. beim Übergang zwischen den verschiedenen Programmteilen, eine wichtige Quelle zur schnellen Aufdeckung von Mißverständnissen und Fehlern.[34]

---

33. engl. *weakly typed*.

34. Statistiken aus der Industrie zeigen Beispiele, bei denen im Schnitt 50%, in der Spitze 90%, der Schnittstellenfehler durch präzise Typangaben aufgedeckt werden konnten.

5.4.1 Typinferenz und Polymorphie

Auch in einer funktionalen Sprache können wir mit einer Typvereinbarung einer Funktion einen Typ explizit zuordnen. Der Typ von Parametern wird dem Typ der Funktion entnommen.

Die starke, statische Typbindung erlaubt in diesen Sprachen darüberhinaus automatische **Typinferenz**: Vor Ausführung des Programms werden die Funktionsdefinitionen und Ausdrücke statisch überprüft und jeder Größe ein möglicher Typ t zugeordnet. Unter einer Größe verstehen wir hier Funktionen, deren Parameter sowie Zwischenergebnisse und Ergebnisse der Berechnung von Ausdrücken.

Der zugeordnete Typ t ist entweder eine **Typvariable**, die für eine Menge möglicher Typen steht; oder es ist einer der eingebauten Typen Bool, Int, Float, Char als Typkonstante; oder es handelt sich um einen Funktions-, Listen- oder Tupeltyp $t -> t'$, $[t]$ oder $(t_1, \ldots, t_n)$: Wir bauen zur Typzuordnung die Grundtermalgebra der Typen der funktionalen Sprache nach, setzen aber anstelle unbekannter Typen Typvariable ein.

Zwei einer Größe zugeordnete Typen t, t' heißen gleich, geschrieben $t \doteq t'$, wenn sie unifizierbar sind, vgl. S. 134: Entweder sind sie identisch; oder einer der beiden Typen muß eine Typvariable sein, die mit dem anderen Typ identifiziert wird; oder beide müssen Funktionstypen $t_x -> t_e$, $t'_x -> t'_e$ mit gleichen, d. h. unifizierbaren Parametertypen t_x, t'_x und Ergebnistypen t_e, t'_e sein; oder beide müssen Listen bzw. Tupeltypen mit unifizierbaren Elementtypen sein.

Beispiel 5.34: Wir betrachten nochmals die Definition von foldl:

```
foldl f z [ ]    = z
foldl f x (y:ys) = foldl f (f x y) ys
```

foldl hat drei Parameter. Mit Curryen gilt daher

$$\text{Typ foldl} \quad = \quad t_1 -> t_2 -> t_3 -> t.$$

Der ersten Definition entnehmen wir

$$t_2 \doteq t,$$
$$t_3 \doteq [t'],$$

da der zweite Parameter als Ergebnis wieder auftaucht und der dritte Parameter eine Liste ist. Dies wird durch die zweite Definition bestätigt. Deren linke Seite erbringt zusätzlich:

$$t_1 \doteq t_f,$$
$$t_x \doteq t,$$
$$t_y \doteq t',$$
$$t_{ys} \doteq [t'].$$

Die rechte Seite bestätigt, daß t der Ergebnistyp von foldl ist, und $t_3 \doteq t_{ys} \doteq [t']$ gilt. Aus dem zweiten Argument $(f\ x\ y)$ sehen wir, daß f eine zweistellige Funktion vom Typ

$$t_f \quad \doteq \quad t_4 \ -> t_5 \ -> t_6$$

ist. Da dieser Aufruf auf zweiter Argumentposition von foldl steht, und unter Berücksichtigung von x und y haben wir

$$t_4 \quad \doteq \quad t_x \quad \doteq \quad t,$$
$$t_5 \quad \doteq \quad t_y \quad \doteq \quad t',$$
$$t_6 \quad \doteq \quad t_x \quad \doteq \quad t.$$

Also lautet der Typ von f und foldl

$$t_f \quad = \quad t \ -> t' \ -> t,$$
$$\text{Typ foldl} \quad = \quad (t \ -> t' \ -> t) \ -> t \ -> [t'] \ -> t,$$

wie bereits auf S. 247 angegeben. t, t' sind beliebige Typvariable, die verschieden sind, weil wir nicht nachweisen konnten, daß sie gleich sein müssen.   ◆

Aufgabe 5.39: Bestätigen Sie durch Typinferenz, daß die Funktion filter, S. 250, den Typ $(t \ -> \text{Bool}) \ -> [t] \ -> [t]$ besitzt. Verwenden Sie dabei, daß als Wächter nur ein Term vom Typ Bool auftreten kann.

Die Typinferenz wie in diesem Beispiel können wir algorithmisch durchführen. Dazu ordnen wir allen Konstanten der Typen Bool, Int, Float, Char ihren Typ als Typkonstante zu. Auch dem Ergebnis des Ausdrucks a in if a then $\cdots$ wird die Typkonstante Bool zugeordnet. Listen ordnen wir einen Typ $[t]$ mit einer Typvariablen t zu. Analog wird Tupeln ein Typ $(t_1, \ldots, t_n)$ und Funktionen, die durch $f\ x = e$ definiert sind, ein Typ $t_x \ -> t_e$ zugeordnet, wobei t_x der dem Parameter x und t_e der dem Ergebnis e zugeordnete Typ ist. Mehrstellige Funktionen werden durch Curryen auf einstellige Funktionen zurückgeführt. Ist x durch ein Muster laut Tab. 5.9 gegeben, so wird x der eventuell speziellere Typ zugeordnet, der sich aus dem Muster ergibt, bei $(n + k)$-Mustern also der Typ Int. Diese Bestimmungen ordnen insbesondere Texten den Typ [Char] zu.

Dann wenden wir folgende Regeln an:

- Anwendungsregel: Bei Aufruf $f\ a$ einer Funktion $f\ x$ ordnen wir dem Argument a den Typ t_x und dem Ergebnis den Typ t_e aus der Definition von f zu.

- Gleichheitsregel: Ist durch die vorangehenden Festlegungen einer Funktion f oder einer anderen Größe x oder dem Ergebnis einer Funktionsanwendung sowohl der Typ t als auch der Typ t' zugeordnet worden, so gilt $t \doteq t'$, die beiden Typen werden unifiziert.

Gibt es zu f mehrere Funktionsdefinitionen, so gibt es wegen Anwendung der Gleichheitsregel trotzdem nur einen Typ für f.

Es können nun folgende Fälle eintreten:

1. Jeder Größe ist eine Typkonstante zugeordnet. Dann sind die Typen durchgängig eindeutig bestimmt.

2. Zusätzlich zu Fall 1 gibt es Größen x, denen eine Typvariable t_x zugeordnet ist. Einer Typvariablen steht bei Listen, Tupeln und Funktionen gleich, daß z. B. Listen der Typ $t_x = [t]$ mit einer Typvariablen t für die Elemente zugeordnet ist.

3. Durch die Gleichheitsregel wurde auf $t \doteq t'$ geschlossen, obwohl t, t' nicht unifizierbar sind, z. B. weil $t =$ Int, $t' =$ Bool, oder weil ein Funktionstyp gleich einem Listentyp gesetzt werden sollte. In diesem Fall ist das Programm nicht typkonsistent, also fehlerhaft.

Eine explizite Vereinbarung $x :: t$ einer Größe muß mit dem inferierten Typ verträglich sein: Wurde x durch Typinferenz der Typ t_x zugeordnet, so muß $t \doteq t_x$ gelten. t könnte spezieller sein als t_x, z. B. $t = t' ->$ Int, $t_x = t' -> t''$. Eine Typvereinbarung einer Funktion kann also den Anwendungsbereich gegenüber dem Ergebnis der Typinferenz einschränken, aber sonst keine Änderung bewirken.

Explizite Vereinbarungen von Funktionen, um deren Typ festzulegen, sind daher in funktionalen Sprachen eigentlich überflüssig und können im Unterschied zu imperativen Sprachen weggelassen werden; der Typ wird auf jeden Fall durch Typinferenz festgestellt. Davon machen wir in diesem Buch zur Platzersparnis Gebrauch.

Eine häufige Ursache von Typfehlern in funktionalen Programmen ohne explizite Typvereinbarung ist die Verletzung der dritten Regel:

Beispiel 5.35: Wir betrachten die Definition

```
f x = f
```

und versuchen dieses HASKELL-Programm zu typisieren. Auf Grund der Definition ist f eine Funktion vom Typ

$$t_f \doteq t_1 -> t_2$$

Nach der Gleichheitsregel muss

$$t_2 \doteq t_1 -> t_2$$

gelten. Diese beiden Typen sind jedoch nicht mehr unifizierbar. In der Tat bekommt man beim Laden der Funktion in HASKELL die Fehlermeldung

```
Main> :load infer.hs
Reading file "infer.hs":
Type checking
ERROR "infer.hs":1 - Type error in function binding
*** Term      : f
*** Type      : b -> a
*** Does not match : a
*** Because       : unification would give infinite type          ◆
```

In HASKELL kann mit : info f der Typ von *f* ermittelt werden.

Der Typ einer Größe *x* heißt **polymorph** oder **vielgestaltig**, wenn er durch eine Typvariable gegeben ist, oder eine solche enthält. Die Verwendung von Typvariablen zur Kennzeichnung der Typen einer Sprache heißt insgesamt **Polymorphie**. Polymorphe Funktionen können mit Argumenten unterschiedlichen Typs aufgerufen werden und Ergebnisse unterschiedlichen Typs liefern. Verglichen mit den Einschränkungen, die Typen in üblichen imperativen Sprachen haben, sind polymorphe Typen eine erhebliche Erweiterung und Erleichterung der Formulierungsmöglichkeiten. Wir werden Polymorphie in Bd. II bei objektorientierten Sprachen wieder sehen.

5.4.2 Überladen von Definitionen

Polymorphe Funktionen wenden in funktionalen Sprachen die *gleichen* Funktionsdefinitionen auf Argumente unterschiedlichen Typs an. Zum Beispiel ist der Gleichheitsoperator == nicht polymorph:

Beispiel 5.36: Wir betrachten das folgende HASKELL Programm

```
data Nat = Null | Succ Nat
f (x:xs) = xs==[]
g x = x==True
h (Succ x) = x==Null
```

Im Kontext der Funktion *f* hat == den Typ $(==) :: [t] \to [t] \to Bool$, im Kontext von *g* hat == den Typ $(==) : Bool \to Bool \to Bool$ und im Kontext von *h* hat == den Typ $(==) : T \to T \to Bool$. Offensichtlich sind diese drei Typen nicht unifizierbar. Die Funktion $(==)$ kann also nicht polymorph sein. Tatsächlich handelt es sich um drei *unterschiedliche* Funktionen mit demselben Namen.   ◆

Die zugrundeliegende Idee, die wir in HASKELL nutzen und in imperativen Programmiersprachen zumindest für die arithmetischen und Vergleichsoperatoren wiederfinden, bezeichnet man als **Überladen**[35] **von Funktionen**: Einem Funktionssymbol oder Operator werden unterschiedliche Funktionen zugeordnet; welche Funktion gemeint ist, wird statisch in Abhängigkeit von den Typen der Argumente entschieden.[36]

Typinferenz und das Überladen von Funktionen sind nicht miteinander verträglich: Typinferenz setzt voraus, daß alle Definitionen einer Funktion f den gleichen, eventuell polymorphen Typ für f festlegen. Beim Überladen wollen wir gerade diese Bestimmung aufheben. Dazu führt HASKELL den Begriff einer **Klasse** von Typen ein, d. h. einer Menge von Typen a, denen ein gemeinsamer Klassenname K zugeordnet wird. Eine Klasse besitzt eine **Signatur**, d. h. eine Menge von Funktionen f mit festgelegtem Funktionstyp $t \; -> t'$. Die Typen $a, \ldots$ sowie etwa als Parameter der Klasse angegebene Typen $b, \ldots$ können als Typen der Klasse oder als Teile solcher Typen vorkommen.

Beispiel 5.37: Die Klassenvereinbarung für Vergleiche lautet

$$\text{class } \mathsf{Eq}\ a\ \text{ where}$$
$$(==), (/=) \quad :: \quad a \; -> a \; -> \mathsf{Bool}$$

Die Klasse Eq definiert in ihrer Signatur die beiden Operationen $==$ und $/=$ für Werte der durch die Typvariable a gegebenen Typen. ◆

Damit ein Typ wie Bool, $[t]$ oder Nat Teil der Klasse Eq wird, vereinbaren wir ihn als **Ausprägung**[37] der Klasse:

```
instance Eq Bool where
    True    ==   True    = True
    False   ==   False   = True
    _       ==   _       = False
    x       /=   y       = not (x == y)
instance (Eq t) => Eq [t] where
    []      ==   []      = True
    []      ==   (x : xs) = False
    (x : xs) ==   []      = False
    (x : xs) ==   (y : ys) = x == y && xs == ys
    x       /=   y       = not (x == y)
```

---

35. engl. *overloading*.

36. In einigen imperativen Sprachen, z. B. ADA, wird zusätzlich der Ergebnistyp zur Unterscheidung herangezogen.

37. engl. *instance*. Das Wort *Instanz* hat allerdings in der deutschen Umgangssprache einen anderen Sinn; der Gebrauch dieses Wortes mit der englischen Bedeutung ruft daher nicht nur bei Nicht-Informatikern Mißverständnisse hervor.

```
instance Eq Nat where
      Null   = =   Null      = True
      Null   = =   (Succ x)  = False
   (Succ x)  = =   Null      = False
   (Succ x)  = =   (Succ y)  = x = = y
      x      /=    y         = not (x = = y)
```

Für die Definition von = = auf [*a*] benötigt man, dass (= =) : *t* −> *t* −> *Bool* definiert ist, also die für die Typvariable *t* eingesetzten Typen ebenfalls zur Typklasse Eq gehören. Diese Anforderung wird in der obigen Definition der Listen durch instance (Eq *t*) => ... verlangt. Ähnlich kann man bei jeder Funktions– oder Typdeklaration angeben, dass eine Typvariable zu einer bestimmten Klasse gehören soll. Beispielsweise ist der Typ von insert und sort (vgl. Abschnitt 5.3.4.1):

$$insert \quad :: \quad (Ord\ t) => t\ -> [t]\ -> [t]$$
$$sort \quad :: \quad (Ord\ t) => t$$

wobei

```
class Ord a where
   (= =), (/=), (<), (<=), (>), (>=)   ::   a −> a −> Bool
                        max, min       ::   a −> a −> a
```

die Typklasse für die Typen ist, auf denen eine Ordnungsrelation definiert ist. Die Angaben eines Klassennamens und der nachfolgenden Typen, im Beispiel Eq *t* bzw. Ord *t*, in einer Ausprägungsvereinbarung oder Funktionssignatur heißt ein **Klassenprädikat**.

Aufgabe 5.40: Definieren Sie Bool, [*t*] und Nat als Ausprägungen der Klasse Ord. Es soll False < True auf Bool gelten. Für [*t*] definiere < die strikte lexikographische Ordnung. Auf Nat sei < die übliche kleiner-Relation auf natürlichen Zahlen.

5.4.3 Vererbung

Jede der Ausprägungen Bool, [*t*] und Nat der Klasse Eq definierte (/=) über dieselbe Gleichung *x* /= *y* = not (*x* = = *y*). Sie basiert auf der Funktion (= =), die für jeden Typ unterschiedlich definiert ist. In HASKELL ist es möglich die gemeinsame Definition von /= in die Typklasse aufzunehmen. Zur Definition von Ausprägungen einer Typklasse werden dann solche der Typklasse zugeordneten Definitionen übernommen. Man sagt, dass die Ausprägung einer Typklasse die Definitionen der Typklasse **erbt**. Eine Funktion der Signatur wie (= =), die spezifisch für jeden Typ der Klasse definiert wird, heißt eine **Kernfunktion** der Klasse und ihrer Typen. Enthält die Klasse wie für (/=) eine Definition, die die

Funktion auf andere zurückführt, so sprechen wir von einer **abgeleiteten Funktion**. Die Vereinbarung einer Ausprägung muß die Kernfunktionen der Klasse definieren.

Beispiel 5.38: Die Definition der Typklasse Eq lautet nun:

```
class Eq a where
   (==), (/=)  ::  a -> a -> Bool
   x /= y  =  not (x == y)
```

Die Ausprägungen Bool, $[t]$ und Nat sind wie in Abschnitt 5.4.2 definiert, nur daß genau die Definition für x /= y entfällt. ◆

In HASKELL ist es auch möglich bestimmte Typklassen wie Eq oder Ord mit vordefinierten Funktionen zu erben. Beispielsweise wird mit

```
data Nat = Null|Succ Nat deriving Eq
```

die syntaktische Gleichheit auf den Konstruktortermen definiert. In der Anwendung wird deriving insbesondere mit der Typklasse Show verwandt, die zum Ausgeben von Konstruktortermen benötigt wird.

Die Klasse Ord a enthält dieselben Signaturen $(==)$ und $(/=)$ wie die Klasse Eq a. Die Definition für /= ist ebenfalls dieselbe wie in der Klasse Eq a. Wir haben also dieselbe Situation wie bei den Ausprägungen der Klasse Eq: die Definition von /= wird in die Klasse Ord übernommen. Man sagt, die Typklasse Ord **erbt** von der Typklasse Eq.

Beispiel 5.39: In HASKELL definiert

```
class Eq a => Ord a where
   (<), (<=), (>), (>=)  ::  a -> a -> Bool
              max, min  ::  a -> a -> a
                 x < y  =  not y <= x
                x >= y  =  y <= x
                 x > y  =  y < x
   max x y  | x >= y  =  x
            | x < y   =  y
   min x y  | x >= y  =  y
            | x < y   =  x
```

die Klasse Ord der geordneten Typen, für die die Vergleichsfunktionen, sowie Maximum und Minimum definiert sind. Mengentheoretisch gilt Ord $\subseteq$ Eq, d. h. jeder geordnete Typ besitzt auch Gleichheit. Dies drückt die Implikation Eq a => Ord a in der Klassenvereinbarung aus. ◆

Aufgabe 5.41: Geben Sie die Kern- und abgeleiteten Funktionen der Klasse Ord an.

Allerdings müssen wir einen Typ als Ausprägung aller Klassen (mit den jeweiligen Kernfunktionen) definieren, zu denen er gehört. Char ist also zugleich Ausprägung der Klasse Eq und der Klasse Ord.

Beispiel 5.40: Num ist der Klassenname der Zahltypen:

```
class Eq a => Num a where
    (+), (−), (∗)  ::  a −> a −> a
           negate  ::  a −> a
              abs  ::  a −> a
           signum  ::  a −> a
      fromInteger  ::  Int −> a
```

Alle aufgeführten Operationen[38] der Zahltypen außer negate sind Kernfunktionen. Durch instance Num Int where · · · definieren wir Int als Ausprägung der Klasse Num. Da auf den ganzen Zahlen auch die Vergleiche definiert sein sollen, müssten wir Int auch noch als Ausprägungen von Eq und Ord definieren.   ♦

Beispiel 5.41: Wir kehren zurück zu Beispiel 5.33. Für den dort angegebenen Typ Rat konnten wir die arithmetischen und Vergleichsoperationen nicht mit (+) usw. bezeichnen. Definieren wir jedoch die rationalen Zahlen als Ausprägung der Klasse Num:

```
instance Num Rat where
    (+) (i, j) (k, l) = kurz (i∗l + j∗k, j∗l)
Main> (5,3) + (12,7)
(71,21)
```

so können wir die Addition wie üblich schreiben. Es genügt, aus Beispiel 5.33 die Definitionen der Kernfunktionen von Num, also der vier arithmetischen Operationen (zuzüglich des Kürzens kurz) zu übernehmen. Die Vergleiche werden wie im vorigen Beispiel in Vereinbarungen von Ausprägungen der Klassen Eq und Ord definiert. Allerdings benötigen wir noch ratgleich und ratklgleich, jetzt mit (==) und (<=) bezeichnet; die anderen Operationen, wie (/=) sind als abgeleitete Funktionen der Klassen Eq bzw. Ord automatisch definiert.   ♦

Aufgabe 5.42: Definieren Sie in gleicher Weise die komplexen Zahlen als Ausprägung der Klassen Num und Eq.

In Haskell definiert type *Rat* = (*Int*, *Int*) nur ein Typsynonym, für das keine Vereinbarungen von Ausprägungen zulässig sind. Man vergleiche dazu 5.6.

Weitere vordefinierte Typklassen für numerische Typen in Haskell sind die Klassen Integral und Floating, die beide von Num erben sowie die Klasse Enum für Aufzählungstypen. Ganzzahltypen bzw. Gleitpunkttypen sind Ausprägungen der Klassen Integral bzw. Floating. Alle numerischen Typen sind Ausprägungen der Klasse Enum.

Abschließend stellt sich die Frage, ob wir an die geerbten Definitionen gebunden sind. In Haskell können wir bei Ausprägungen statt der geerbten

---

38. abs berechnet den Betrag einer Zahl und signum berechnet das Vorzeichen einer Zahl.

Definitionen andere Definitionen verwenden. Man sagt, eine Definition einer Ausprägung **überschreibt** die Definition der Typklasse.

Beispiel 5.42: Wir wollen den Datentyp Nat als Ausprägung der Klassen Ord und Eq definieren. Zur Definition von $(==)$ und $(/=)$ nutzen wir die Ordnungsrelationen aus Ord:

```
data Nat = Null | Succ Nat
instance Ord Nat where
    Null<=x = True
    x<=Null = False
    (Succ x)<=(Succ y) = x<=y
instance Eq Nat where
    x/=y = x<y||y<x
    x==y = not (x/=y)
```

Die Definition von x /= y in der Definition von Nat als Ausprägung von Eq überschreibt die Definition x /= y = not (x == y) der Klasse Eq (vgl. Beispiel 5.38). ◆

In HASKELL dürfen Definitionen nur beim Erben von Typklassen in Ausprägungen überschrieben werden, jedoch nicht beim Erben in anderen (Unter-)Typklassen. In objektorientierten Programmiersprachen gibt es diese Einschränkung nicht.

5.5 Grundlegende Programmiermethoden

Eine praktikable Lösung einer Aufgabe muß richtig und ökonomisch sein: wir müssen durch Beweis verifizieren, daß wir wirklich die gestellte Aufgabe vollständig gelöst haben; und wir müssen überlegen, daß der Aufwand hierfür angemessen ist. Als Aufwand zählt sowohl der Programmieraufwand, den der Informatiker leistet, als auch der Zeit- und Speicheraufwand, den die Lösung auf dem Rechner verursacht.

Um den Programmieraufwand zu reduzieren, greifen wir soweit möglich auf bereits bekannte Lösungen von Teilaufgaben zurück; wir zerlegen die Aufgabe so, daß bekannte oder einfacher lösbare Teilaufgaben entstehen. *Ein guter Programmierer verfügt über einen großen Vorrat wiederverwendbarer Problemlösungen, mit deren Hilfe er seine Arbeit beschleunigen kann.*

Die Betrachtung des Zeit- und Speicheraufwands stellen wir noch bis zum Beginn von Kap. 7 zurück.

Die bisherigen Beispiele zeigen drei elementare Verfahren, um eine Aufgabe in einfachere Teilaufgaben zu zerlegen:

- Fallunterscheidung: Alternative Funktionsdefinitionen, Funktionsdefinitionen mit Wächter und if – then – else Ausdrücke lösen eine Aufgabe abhängig von Vorbedingungen. Die Disjunktion der Alternativen liefert die Gesamtlösung, vorausgesetzt, alle vorkommenden Fälle sind erfaßt.

- Zerlegung: Die Aufgabe wird in unabhängige Teilaufgaben zerlegt. Die Verkettung der Lösungen ergibt die Gesamtlösung. Die Beispiele 5.30 und 5.31 zeigen zwei Ausprägungen: Im ersten Beispiel wenden wir eine Funktion g auf bisherige Teilergebnisse $f(x)$ an. Die Teilaufgaben werden nacheinander gelöst und setzen das vorangehende Teilergebnis voraus. Im zweiten Beispiel erhalten wir das Ergebnis, die Konversion einer Gleitpunktzahl, durch Nebeneinandersetzen der unabhängigen Teillösungen, dort die Umwandlung des ganzzahligen und des echten Bruch-Teils einer Zahl. Für die Komposition der Gesamtlösung aus Teillösungen werden häufig Funktionen höherer Ordnung wie in Abschnitt 5.3.7 verwandt.

- Rekursion: Unter Anwendung der beiden vorangehenden Verfahren wird die Aufgabe in einem Rekursionsschritt auf eine (oder mehrere) Aufgaben gleicher Art, aber mit *kleineren* Eingabedaten, zurückgeführt. Wie in Abschnitt 5.1.2 dargelegt, bedeutet *kleiner* hier, daß es eine fundierte Halbordnung der Eingaben geben muß, so daß wir beim Übergang zu immer kleineren Daten die Aufgabe schließlich elementar lösen können. Rekursion verbirgt sich oft hinter Funktionalen wie z. B. foldl und erledigt auch Aufgaben, bei denen n Fälle, etwa die n Elemente einer Liste, unabhängig voneinander bearbeitet werden.

Fallunterscheidung, Zerlegung und Rekursion entsprechen drei bekannten Schemata des Beweisens mathematischer Sätze, nämlich der Fallunterscheidung, der Zerlegung in getrennt beweisbare Hilfssätze und der (vollständigen oder noetherschen) Induktion. Bei der Verifikation von Programmen kommt zu den aus der Mathematik übernehmbaren Beweistechniken zusätzlich nur der Nachweis hinzu, daß eine Rekursion für alle zulässigen Eingabewerte nach endlich vielen Schritten endigt.

Die Schwierigkeit des Nachweises, daß ein Programm korrekt ist, also der Verifikation eines Programms, liegt weniger darin, daß wir nicht über die notwendigen Techniken verfügen, als in der geistigen Anstrengung, diese Techniken anzuwenden, statt mit Programmieren-durch-Probieren Zeit zu verschwenden.

Im nächsten Abschnitt beschäftigen wir uns mit dem Beweis der Korrektheit rekursiver Programme und der Abstraktion durch Schleifen. Anschließend ergänzen wir die hier vorgestellten elementaren Programmiermethoden durch zwei weitere Techniken, nämlich das Durchreichen von Zwischenergebnissen und das Programmieren mit unbeschränkten Datenstrukturen.

5.5.1 Rekursion

Wollen wir die Korrektheit einer Funktion beweisen, so benötigen wir **Zusicherungen**, die die Argumente und das zu berechnende Ergebnis mathematisch genau beschreiben. Zusicherungen, die Bedingungen an die Argumente einer Funktion stellen, heißen **Vorbedingungen**. Bedingungen, die wir an das Ergebnis einer Funktion stellen, heißen **Nachbedingungen**. Der Begriff *Korrektheit einer Funktion* bezieht sich immer darauf, daß die Funktion unter Einhaltung der Vorbedingung aufgerufen wird. Hierfür muß bewiesen werden, daß die Funktion immer die angegebene Nachbedingung herstellt.

In den bisherigen Beispielen gab es in einer rekursiven Funktionsdefinition immer genau einen rekursiven Aufruf. Wir nennen diese Art von Rekursion **linear**. Bei Verwendung von Rekursion führen wir Argumente e auf *kleinere* Argumente $e' < e$ im Sinne von Abschnitt 5.1.2 zurück. Für einen Korrektheitsbeweis einer linearen Rekursion müssen wir daher nachweisen, daß aus der Vorbedingung der Funktion die Vorbedingung für den rekursiven Aufruf folgt. Wir können diese Forderungen auch auf Funktionen mit mehr als einem rekursiven Aufruf ausdehnen.

Beispiel 5.43: Statt wie in Beispiel 5.18 mit Subtraktion könnten wir den größten gemeinsamen Teiler für $a > 0$, $b \geqslant 0$ auch durch

```
ggT a b  | b == 0    = a
         | otherwise = ggT b (a `rem` b)
```

definieren. Nach den Regeln aus Abschnitt 5.4.1 verlangt das Typsystem von HASKELL, daß die beiden Argumente von ggT vom Typ Int sind. Weitere Vorbedingungen brauchen wir an die Argumente nicht zu stellen. Als Nachbedingung verlangen wir, daß die Funktion den größten gemeinsamen Teiler von a und b berechnen soll.

Bezeichnet $k|i$ die Beziehung k *teilt* i, so ist der größte gemeinsame Teiler mathematisch definiert durch

$$(i,j) = \mathsf{ggT}\, i\, j = \max\{k \mid k \in N \wedge k|i \wedge k|j\}\,. \tag{5.48}$$

Daher gilt $(a, b) = (|a|, |b|)$, $(a, b) = (b, a)$, $(a, 0) = (0, a) = (a, a) = a$ sowie $(a, b) = (a, a - b)$ und $(a, b) = (b, a \bmod b)$ für $b \neq 0$. Insbesondere gilt: $(a \bmod b) + b < a + b$.

Für $b = 0$ erhalten wir sofort das Ergebnis a, und die Nachbedingung ist erfüllt. Für $b \neq 0$ nutzen wir $(a, b) = (b, a\,`rem`\,b)$. Damit folgt aus der Nachbedingung des rekursiven Aufrufs die Nachbedingung der Funktion. Nun können wir durch vollständige Induktion schließen, daß unser Programm korrekt ist, wenn die Rekursion terminiert.

Die Funktion $t(a, b) = a + b$ fällt streng monoton mit jedem rekursiven Aufruf von ggT, d. h. mit jeder Wiederholung des Funktionsrumpfes. Da andererseits $t(a, b) \geqslant 0$ gilt, also $t(a, b)$ nach unten durch 0 beschränkt ist, kann $t(a, b)$ höchstens die endlich vielen ganzen Zahlen des Intervalls $[0, a + b]$ als Werte haben. Daher terminiert die Rekursion nach endlich vielen Schritten. Danach gilt ggT a b == ggT x 0 == x. Also ist unser Programm korrekt.   ◆

Ein Programm heißt **partiell korrekt**, wenn es für *alle* Eingaben, die den Vorbedingungen genügen, ein korrektes Ergebnis liefert, falls es terminiert. Wenn zusätzlich nachgewiesen wird, daß es für solche Eingaben immer terminiert, heißt es **total korrekt**.

In Abschnitt 5.1.2 hatten wir erkannt, daß eine Rekursion terminiert, wenn es eine abbrechende Kette $e_0 > e_1 > \cdots > e_n$ von Werten gibt, so daß wir e_k dem k-ten rekursiven Aufruf zuordnen können. Das vorstehende Beispiel zeigt die praktische Anwendung dieser Vorschrift: Wir definieren eine ganzzahlige Funktion $t(x)$ der Parameter x des Aufrufs, die nach unten beschränkt ist und bei jedem Rekursionsschritt streng monoton fällt. Ausgehend vom Anfangswert $t(x_0)$ kann dann $t(x)$ nur endlich viele Werte annehmen; diese bilden die verlangte abbrechende Kette. Statt einer streng monoton fallenden Funktion könnten wir auch eine nach oben beschränkte streng monoton steigende Funktion benutzen. Man nennt $t(x)$ eine **Terminierungsfunktion** der Rekursion. $t(x)$ kann etwa durch die Inklusion in einer Mengenalgebra gegeben sein: Wir beginnen mit einer Menge e, $t(e) = |e| = n$, und reduzieren die Aussage $P(e)$ durch Rekursion auf eine Aussage $P(e')$ mit $0 \leqslant |e'| < n$.

Für die Terminierung ist es unwichtig, ob wir die Anzahl der Rekursionsschritte realistisch abgeschätzt oder stark überschätzt haben. Die Aussage, daß es nur endlich viele Werte zwischen der unteren Schranke und dem Anfangswert $t(x_0)$ gibt, genügt.

Beispiel 5.44: FIBONACCI[39] stellte 1202 in seinem *liber abaci* die Aufgabe: Gegeben sei ein Kaninchenpaar. Jedes Weibchen bringt jeden Monat ein neues Paar zur Welt. Junge Kaninchen haben nach zwei Monaten ihre ersten Jungen. Kaninchen sterben nicht. Wieviele Kaninchenpaare gibt es nach 12 Monaten?

Die Zahlenfolge 0, 1, 1, 2, 3, 5, 8, 13, 21, 34, 55, . . . , oder

$$F_0 = 0, F_1 = 1, F_{n+2} = F_{n+1} + F_n, \tag{5.49}$$

heißen **Fibonacci-Zahlen**. Sie spielen in der Informatik an ganz unterschiedlichen Stellen eine Rolle.

Eine Beziehung wie (5.49), die Werte einer Folge a_{n+k} als Funktion der vorangehenden Werte $a_n, a_{n+1}, \ldots, a_{n+k-1}$ berechnet, heißt eine **Rekurrenz**.

---

39. LEONARDO PISANO, *filius Bonaccii*, ca. 1180–1250, der erste bedeutende Mathematiker des Mittelalters.

Man kann die Fibonacci-Zahlen auf verschiedene Weise berechnen: Mit
$\phi = \frac{1}{2}(1 + \sqrt{5})$, $\hat{\phi} = 1 - \phi = -\phi^{-1} = \frac{1}{2}(1 - \sqrt{5})$ gilt

$$F_n = \frac{1}{\sqrt{5}}(\phi^n - \hat{\phi}^n), n \geqslant 0. \tag{5.50}$$

$\phi \approx 1.61803$ definiert den **goldenen Schnitt**: Es gilt $\phi : 1 = (1 + \phi) : \phi$.
Ferner gilt

$$G(z) = \frac{z}{1 - z - z^2} = \sum_{n=0}^{\infty} F_n z^n. \tag{5.51}$$

Letzteres sieht man, indem man $z/(1 - z - z^2)$ in Partialbrüche zerlegt, und
$1 - z - z^2 = -(z+\phi)(z - \hat{\phi})$ sowie (5.50) verwendet. Man nennt eine Funktion
wie $G(z)$, deren Reihenentwicklung die Lösung einer Rekurrenz wie (5.49) als
Koeffizienten hat, eine **erzeugende Funktion** der Rekurrenz. Schließlich gilt mit
gewöhnlicher Matrixmultiplikation

$$\begin{pmatrix} 1 & 1 \\ 1 & 0 \end{pmatrix}^n = \begin{pmatrix} F_{n+1} & F_n \\ F_n & F_{n-1} \end{pmatrix} \tag{5.52}$$

Mit (5.49) können wir die Fibonacci-Zahlen rekursiv berechnen:

```
fib 0 = 0
fib 1 = 1
fib (n+2) = fib n + fib (n+1)
```

Dies kann man umformen zu
```
fib1a 0     = (0,1)
fib1a (n+1) = (a+b,a) where (a,b) = fib1a n
fib1 n      = fst (fib1a n)
```
◆

Aufgabe 5.43: Beweisen Sie (5.50), (5.51) und (5.52).

Aufgabe 5.44: Zeigen Sie $F_{n+1}F_{n-1} - F_n^2 = (-1)^n$.

Beispiel 5.45: Die Binomialkoeffizienten sind definiert durch

$$\begin{pmatrix} n \\ k \end{pmatrix} = \begin{cases} \frac{n!}{k!(n-k)!}, & \text{falls } 0 \leqslant k \leqslant n \\ 0, & \text{falls } 0 \leqslant n < k. \end{cases}$$

Bei Verwendung einer 32-Bit-Darstellung für ganze Zahlen sind wir bei einer
naiven Definition einer Funktion zur Berechnung von Binomialkoeffizienten

auf Grund dieser Definition nicht mehr in der Lage, $\begin{pmatrix} 13 \\ 6 \end{pmatrix}$ zu berechnen. Für größere Werte von n eignet sich besser die rekursive Definition

$$\begin{pmatrix} n \\ 0 \end{pmatrix} = \begin{pmatrix} n \\ n \end{pmatrix} = 1$$

$$\begin{pmatrix} n \\ k \end{pmatrix} = \begin{pmatrix} n-1 \\ k-1 \end{pmatrix} + \begin{pmatrix} n-1 \\ k \end{pmatrix}.$$

Zu dieser Definition können wir direkt ein HASKELL-Programm angeben:

```
bKoeff n k
  | k == 0 || n == k = 1
  | otherwise = (bKoeff (n-1) (k-1)) + (bKoeff (n-1) k)
```

Berechnen wir alle Biomialkoeffizienten für $0 \leqslant n \leqslant x$ und $0 \leqslant k \leqslant n$ so erhalten wir das sogenannte Pascalsche Dreieck.

```
pascalDreieck x = [[bKoeff n k | k <- [0..n]] | n <- [0..x]]
Main> pascalDreieck 8
```

```
[[1],
 [1, 1],
 [1, 2, 1],
 [1, 3, 3, 1],
 [1, 4, 6, 4, 1],
 [1, 5, 10, 10, 5, 1],
 [1, 6, 15, 20, 15, 6, 1],
 [1, 7, 21, 35, 35, 21, 7, 1],
 [1, 8, 28, 56, 70, 56, 28, 8, 1]]                                    ♦
```

Die bisherigen Beispiele rekursiver Funktionen sind sehr speziell. Wir können sie als Spezialfälle des Funktionals

```
until :: (a -> Bool) -> (a -> a) -> a -> a
until p f x  | p x     = x
             | otherwise = until p f (f x)
```

definieren. Diese Funktion heißt **until-Schleife**. until wendet rekursiv eine Funktion f zuerst auf das Argument x und dann auf das bisherige Zwischenergebnis $f(\cdots f(x) \cdots)$ an. Die Funktion f heißt der **Schleifenrumpf**. Weiterhin verfügt until über eine **Schleifenbedingung** $p(x)$, die als **Abbruchbedingung** verwandt wird. Unter einer **leeren Schleife** verstehen wir eine Schleife, bei der der Schleifenrumpf, die Funktion f, kein einziges Mal ausgeführt wird. Bei der until-Schleife muß dazu initial $p\, x == \text{True}$ gelten.

Beispiel 5.46: Mit einer Schleife lautet das Programm 5.43

```
ggT a b = fst (until p gg' (a,b))
    where p (x,y)= y==0
        gg' (x,y) = (y,x `rem` y)
```

Die Schleife erlaubt uns nur einen Parameter. Daher fassen wir die beiden benötigten Parameter zu einem Paar zusammen, dessen erstes Element das Ergebnis liefert.   ◆

Die obigen Bemerkungen über die Korrektheit linear rekursiver Programme können wir nun direkt auf Schleifen übertragen.

Die Funktion gg′ bildet den Schleifenrumpf des Programms. Bei Aufruf gilt für ihre Parameter $ggT\, x\, y == ggT\, a\, b$. Nach dem Aufruf gilt dies auch für das Ergebnis von gg′. Da die until-Schleife die Funktion iteriert immer wieder auf das bereits erreichte Ergebnis anwendet, können wir durch vollständige Induktion schließen, daß unser Programm korrekt ist, wenn die Schleife terminiert. Die Eigenschaft der Funktion gg′, daß eine Aussage $P(e)$ auf ihren Parameter und auf ihr Ergebnis zutrifft, ist charakteristisch für Schleifen. $P(e)$ heißt eine **Schleifeninvariante**. Alle Schleifen besitzen eine Schleifeninvariante, auch wenn diese manchmal schwieriger zu formulieren ist als beim ggT. Die Terminierung beweisen wir genau wie für Beispiel 5.43 mit Hilfe der Terminierungsfunktion $x + y$.

Mit einer Schleife lautet das Programm fib1:

```
fib2 n = fst3 (until p f (0,1,0))
    where p (a,b,k) = k==n
        f (a,b,k) = (a+b,a,k+1)
```

Aufgabe 5.45: Zeigen Sie, daß das Programm

```
abc i j k = fst3 (until p f (i,j,k))
    where p (a,b,c) = a==b && b==c
        f(a,b,c)  | a<b        = (a+i,b,c)
                  | b<c        = (a,b+j,c)
                  | otherwise  = (a,b,c+k)
```

für ganze Zahlen $i, j, k > 0$ terminiert. Was berechnet das Programm? Beweisen Sie Ihre Vermutung durch Angabe einer Schleifeninvariante.

Beispiel 5.47: Die Newtonsche Iteration $x_{n+1} = \frac{1}{2}\left(x_n + \frac{a}{x_n}\right)$ konvergiert für reelle $a > 0$ quadratisch gegen $\sqrt{a}$; es ist $x_{n+1} - \sqrt{a} = \frac{1}{2x_n}(x_n - \sqrt{a})^2$. Wenn wir mit $x_0 = a > 0$ beginnen, gilt $(1+a)/2 = x_1 > \cdots > x_n > \cdots > \sqrt{a}$. Mit einfach genauer Gleitpunktarithmetik können wir $\sqrt{a}$ höchstens bis auf die letzten Stellen der Mantisse approximieren. Der Restfehler ist dann $|x_n^2 - a| \approx 5 \cdot 10^{-7} * a$. Daher erhalten wir

```
wurzel a = until fertig verbessere a
      where fertig x = abs (x*x - a) < a*eps
            eps = 5.0E-7
            verbessere x = (x+a/x)/2.0
```

als Programm zum Wurzelziehen. Daß das Ergebnis von verbessere laufend wieder als Argument benutzt wird, drücken wir in der mathematischen Formel durch den Übergang von x_n zu x_{n+1} aus; im Programm lassen wir den Index n weg.

Es gilt die Schleifeninvariante $P(x)$: x ist eine Näherung für $\sqrt{a}$. Um die Terminierung zu beweisen, benutzen wir die strenge Monotonie der Folge der x_n und die quadratische Konvergenz. Letztere besagt, daß sich bei jedem Schritt die Anzahl der korrekten Stellen des Ergebnisses verdoppelt, sobald die erste Stelle korrekt ist. Wenn wir allerdings eps zu klein wählen, terminiert die Schleife wegen Rundungsfehlern nicht, die die mathematischen Aussagen ungültig machen.

Mathematisch wissen wir, daß $x_n^2 - a \geqslant 0$ gilt. Die Bildung des Betrags $|x_n^2 - a|$ erscheint überflüssig. Durch Rundungsfehler könnte sich numerisch jedoch ein zu kleines x_n ergeben, wenn wir nahe an $\sqrt{a}$ herankommen. Die Betragsbildung ist eine Sicherheitsmaßnahme, um diesem Schmutzeffekt der Gleitpunktarithmetik vorzubeugen.   ♦

Beispiel 5.48: Der Newtonsche Algorithmus liefert auch ein Programm zur Berechnung von $\lfloor\sqrt{i}\rfloor$:

```
intwurzel 1      = 1
intwurzel i | i>1= until fertig verbessere i
          where fertig j = j^2<=i
                verbessere k = (k+i `div `k) `div` 2
```

Mit $x_0 = i \geqslant \lfloor\sqrt{i}\rfloor$ gilt

$$
\begin{aligned}
x_{n+1} - \lfloor\sqrt{i}\rfloor &= (x_n + i \operatorname{div} x_n) \operatorname{div} 2 - \lfloor\sqrt{i}\rfloor \\
&= (x_n^2 + i - 2x_n\lfloor\sqrt{i}\rfloor) \operatorname{div} (2x_n) \\
&\geqslant (x_n - \lfloor\sqrt{i}\rfloor)^2 \operatorname{div} (2x_n) \\
&\geqslant 0.
\end{aligned}
$$

In der vorletzten Zeile haben wir $i \geqslant \lfloor\sqrt{i}\rfloor^2$ benutzt. Ferner gilt

$$
\begin{aligned}
x_{n+1} - x_n &= (x_n + i \operatorname{div} x_n) \operatorname{div} 2 - x_n \\
&= (i \operatorname{div} x_n - x_n) \operatorname{div} 2 \\
&\leqslant 0,
\end{aligned}
$$

da aus $x_n \geqslant \lfloor\sqrt{i}\rfloor$ folgt i div $x_n \leqslant \lfloor\sqrt{i}\rfloor \leqslant x_n$. Für $\lfloor\sqrt{i}\rfloor = i$ div $x_n = x_n$ wird Gleichheit erreicht. Die x_i bilden also eine streng monoton fallende, nach unten durch $\lfloor\sqrt{i}\rfloor$ beschränkte ganzzahlige Folge, die wir unmittelbar als Terminierungsfunktion benutzen können.   ◆

Beispiel 5.49: Um 1796 fand C. F. Gauss[40], daß man mit dem **arithmetisch-geometrischen Mittel** (agM)

$$a_{n+1} = (a_n + b_n)/2, \; b_{n+1} = \sqrt{a_n b_n}, \; a_0 = a > 0, \; b_0 = b > 0 \qquad (5.53)$$

eine Funktion $M(a, b)$ approximieren kann, die das vollständige elliptische Integral erster Gattung

$$K(k) = \int\limits_{0}^{\pi/2} \frac{\mathrm{d}\varphi}{\sqrt{1 - k^2 \sin^2 \varphi}} = \frac{\pi}{2} \frac{1}{M(1 + k, 1 - k)}. \qquad (5.54)$$

berechnet. Ein Programm zur Berechnung des agM lautet

```
agM a b = fst (until fertig verbessere (a,b))
     where fertig (a,b) = betrag (a-b)<a*eps
           eps = 1.0E-5
           verbessere (a,b) = ((a+b)/2.0, wurzel (a*b))
```

Das agM konvergiert quadratisch. Es gilt $b_n \leqslant M(a, b) \leqslant a_n$, $n = 1, 2, \dots$ ◆

Aufgabe 5.46: Wie lautet die Schleifeninvariante für die Berechnung des agM?

Das Funktional

```
while p f x == until (not . p) f x
```

definiert die sogenannte **while-Schleife**. Im Gegensatz zur until-Schleife wird hier die Rekursion bei Erfüllung der Schleifenbedingung p fortgesetzt.

Aufgabe 5.47: Geben Sie entsprechend der Definition von until auf S. 276 eine Definition für while an, so daß für alle p, f, x gilt

```
while p f x == while p f (while p f x)
```

while- und until-Schleifen gibt es auch in imperativen Programmiersprachen, z. B. in Pascal; allerdings wird dort bei der until-Schleife die Schleifenbedingung erst *nach* dem Durchlaufen des Schleifenrumpfes geprüft. Wir könnten ein entsprechendes Verhalten auch in Haskell definieren:

```
until' p f x = until p f (f x)
```

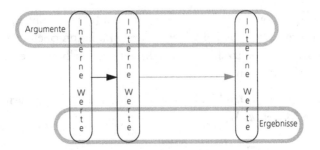

Abbildung 5.4: Interne Werte

5.5.2   Durchreichen von Zwischenergebnissen

Das Programm fib2, wie auch einige andere vorangehende Beispiele, zeigt eine Situation, deren Kern wir schematisch in Abb. 5.4 erfassen: Eine Funktion $f\ x$ mit gewünschtem Ergebnis e wird durch Aufruf einer anderen, eventuell rekursiven Funktion $g\ y$ oder einer Schleife mit Schleifenrumpf $g\ y$ berechnet. $g\ y$ hat jedoch ein Tupel $y = (a, b, c, \ldots)$ (oder eine Liste) interner Werte als Parameter. Die ursprünglichen Parameter x dienen der Berechnung einiger dieser internen Werte y. Das Ergebnis des Aufrufs von g ist ein Tupel oder eine Liste gleicher Struktur wie y und enthält als Teil das Endergebnis e. Endergebnis und Argumente müssen keine disjunkten Elemente des Tupels y sein, sondern könnten überlappen. Es können auch noch zusätzliche Elemente vorkommen, die weder zu den ursprünglichen Argumenten noch zum Endergebnis gehören. Wir benutzen die Technik zunächst, um bereits bekannten Funktionen zusätzliche Ergebnisse zu geben, oder um Zwischenergebnisse nach außen zu leiten.

Beispiel 5.50: Wir formulieren den ggT aus Beispiel 5.46 so um, daß die Funktion zusätzlich die Anzahl der Schleifendurchläufe liefert. Dazu erweitern wir die internen Werte auf drei und geben diese der Bedingung p und der Funktion gg′ als Parameter und als Ergebnis:

```
ggT a b = " ( " ++ (gwandle a) ++ " , " ++ (gwandle b) ++ " ) = "
          ++ (gwandle r) ++ " Anzahl der Durchläufe: " ++ (gwandle t)
          where (r,_,t) = until p gg' (a,b,0)
                p (x,y,z) = y==0
                gg' (x,y,z) = (y,x `rem` y, z+1)
Main> ggT 34 21
(34,21) = 1 Anzahl der Durchläufe: 7
Main> ggT 55 34
(55,34) = 1 Anzahl der Durchläufe: 8
```

---

40. CARL FRIEDRICH GAUSS, 1777–1855, deutscher Mathematiker.

Main> ggT 89 55
(89,55) = 1 Anzahl der Durchläufe: 9

Für die Anzahl $t(a, b)$ der Durchläufe gibt es einen überraschenden Zusammenhang mit den Fibonacci-Zahlen, der durch die vorstehenden Ergebnisse illustriert wird:

Satz 5.2 (Lamé): *Für $a \geqslant b \geqslant 0$ und $F_k \geqslant b$ ist $t(a, b) \leqslant k - 1$, wenn der ggT mit Hilfe der modulo-Funktion berechnet wird.*

Beweis: Wegen $F_{k+1} \bmod F_k = F_{k-1}$ sehen wir, daß $(F_{k+1}, F_k) = (F_k, F_{k-1})$. Es gibt also $k - 1$ Schleifendurchläufe; aufeinanderfolgende Fibonacci-Zahlen liefern den höchsten Aufwand der Berechnung des ggT.

Umgekehrt ergibt sich durch vollständige Induktion, daß ggT a b höchstens dann k Schleifendurchläufe verursacht, wenn $a \geqslant F_{k+2}$ und $b \geqslant F_{k+1}$: Für $k = 1$ ist dies offenbar richtig. Falls es aber für $k - 1$ bereits bewiesen ist, so folgt wegen $(a, b) = (b, a \bmod b)$, daß $b \geqslant F_{k+1}$. Wegen $a \geqslant b$ gilt ferner $\lfloor a/b \rfloor \geqslant 1$, also

$$
\begin{aligned}
a &\geqslant b + (a - \lfloor a/b \rfloor b) \\
&= b + (a \bmod b) \\
&\geqslant F_{k+1} + F_k \\
&= F_{k+2}. \quad\quad\quad\blacklozenge
\end{aligned}
$$

Beispiel 5.51: Der Aufruf der Funktion intwurzel i soll zusätzlich die Liste der sämtlichen Zwischenergebnisse $x_0 = i, x_1, \ldots$ liefern:

```
intwurzel 1 = (1,[1])
intwurzel i | i>1 = until fertig verbessere (i,[ ])
                where fertig (j,zs) = j^2<=i
                      verbessere (k,zs)=((k+i `div `k) `div ` 2, k:zs)
Main> intwurzel 99
(9,[10, 14, 25, 50, 99])                                        ◆
```

Aufgabe 5.48: Formulieren Sie wurzel a so, daß der Aufruf ebenfalls alle Zwischenergebnisse zeigt. Berechnen Sie zusätzlich die Anzahl dieser Zwischenergebnisse.

Aufgabe 5.49: Setzen Sie die Funktion map ein, um alle ganzzahligen Wurzeln der Zahlen im Intervall [10, 20] zu berechnen.

Beispiel 5.52: Als Beispiel für das Durchreichen von internen Zuständen geben wir eine neue Definition der Funktion floor aus 5.3.2 an:

```
floor x = snd (f x)
    where f u | u<1.0    = (2.0*u,0)
              | otherwise = if a >= 1.0 then (2.0*(a-1.0),2*b+1)
                            else (2.0*a,2*b)
                            where (a,b)=f (u/2.0)
```

Dabei benutzen wir den Wert a, um zu entscheiden, ob wir in die Binärdarstellung von b, dem späteren Ergebnis, eine 1 oder eine 0 einfügen sollen. Man beachte dazu, daß a immer nur Werte aus dem Intervall $[0, 2)$ annehmen kann.   ◆

5.5.3 Unbeschränkte Listen

Die auf S. 246 eingeführten Funktionen enumFrom und enumFromThen terminieren nicht:

```
Main> enumFrom 1
[1, 2, 3, 4, 5, 6, 7, 8, {unterbrochen!}
```

Die rekursive Definition

```
enumFrom n = n : enumFrom (n+1)
```

zusammen mit fauler Auswertung und Listenbeschreibungen führt jedoch zu der Einsicht, daß solche nicht-terminierenden Funktionen trotzdem sehr nützliche Instrumente der Programmkonstruktion sind.

Faule Auswertung besagt hier, daß der rekursive Aufruf in der Definition von enumFrom nur ausgeführt wird, wenn sein Ergebnis, z. B. beim Drucken der Liste, benötigt wird. Die Liste wird also nur so weit berechnet, wie wir das anfordern. Solche Funktionen dürfen wir insbesondere in der Listenbeschreibung einsetzen, wenn eine nachfolgende Bedingung den Abbruch der Listenkonstruktion bewirkt. Wir benutzen solche Verfahren, wenn uns nicht bekannt ist, wieweit wir die Liste konstruieren müssen.

Beispiel 5.53: Wir wollen die n-te Primzahl bestimmen und benutzen dazu eine Technik, die als **Sieb des Eratosthenes**[41] bekannt ist: Wir streichen aus der Liste der ganzen Zahlen fortlaufend die Vielfachen der Primzahlen, die wir schon gefunden haben. Damit p eine Primzahl ist, genügt es, wenn wir alle Teiler bis $\lfloor\sqrt{p}\rfloor$ einschließlich geprüft haben.

Für diese Methode benötigen wir einige Vorarbeiten. Zunächst definieren wir eine Methode diff die uns die Differenz zweier Listen liefert. Als Vorbedingung fordern wir, daß die beiden Listen aufsteigend sortiert sind.

---

41. Eratosthenes von Kyrene, hellenistischer Gelehrter des 3. Jahrh. v. Chr.

```
diff :: Ord a => [a] -> [a] -> [a]
diff [] x        = []
diff x []        = x
diff (x:xs) (y:ys)  | x == y  = diff xs ys
                    | x > y   = diff (x:xs) ys
                    | x < y   = x : (diff xs (y:ys))
```

Ebenso benötigen wir eine Funktion merge, die uns zwei sortierte Listen zusammenmischt.

```
merge           :: Ord a => [a] -> [a] -> [a]
merge []   ys    = ys
merge xs   []    = xs
merge (x:xs) (y:ys)
     | x <= y      = x : merge xs (y:ys)
     | otherwise  = y : merge (x:xs) ys
```

Wir können nun eine unendliche Liste von Primzahlen erzeugen, indem wir unser Sieb zunächst mit den natürlichen Zahlen größer 1 füllen und als ersten Kandidaten die Zahl 2 betrachten.

```
erathostenes = sieb 2 [2..]
```

Alle Zahlen kleiner k^2, die sich noch im Sieb befinden, sind Primzahlen. Die unendlichen Listen ihrer Vielfachen können wir durch einen entsprechenden Listengenerator bestimmen. Die Vereinigung aller Vielfachen nennen wir nichtprim und löschen diese aus dem Sieb, bevor die Funktion rekursiv für das nächste k aufgerufen wird.

```
sieb k xs = prim ++ (sieb (k+1) (diff xs nichtprim))
   where prim = takeWhile sicher_prim xs
         nichtprim = foldl merge [] allevielfache
         allevielfache = map vielfache prim
         vielfache x = [x*j|j<-[1..]]
         sicher_prim x = x < k*k
```

Mit der Definition

```
ntePrimzahl n = erathostenes !! (n-1)
```

können wir nun die n-te Primzahl berechnen:
```
Main> ntePrimzahl 302
1997
```
♦

Aufgabe 5.50: Modifizieren Sie das Sieb des Erathostenes derart, daß 2 gesondert behandelt wird und sich initial nur die ungeraden Zahlen größer 2 im Sieb befinden. Dann müssen nur noch die ungeraden Vielfachen von Primzahlen betrachtet werden.

Aufgabe 5.51: Benutzen Sie die Techniken des Beispiels, um den n-ten **Primzahlzwilling** p zu bestimmen. p heißt ein Primzahlzwilling, wenn p und $p + 2$ prim sind.

Die Eingabe und das Ausdrucken von Texten stellt eine Konstruktion unbeschränkter Listen vom Typ [String] dar: Will man mit einem HASKELL-Programm interaktiv Eingaben von der Tastatur verarbeiten, so modelliert man diese Eingaben als Elemente einer solchen Liste. Das Programm verlangt dann jedesmal eine neue Eingabe, wenn es das nächste Listenelement benötigt. Auf die Einzelheiten gehen wir hier nicht ein.

Eine andere Anwendung zeigen die Zufallszahlengeneratoren des nächsten Abschnitts.

5.5.3.1 Zufallszahlengeneratoren

Für viele Aufgaben benötigen wir Zahlenfolgen $xs = [x_1, x_2, \ldots]$, die in einem Intervall $[r, s]$ statistisch gleichverteilt sind. Eine solche Folge xs heißt eine **Zufallsfolge**, ihre Elemente **Zufallszahlen**, und eine Funktion, die eine Zufallsfolge erzeugt, ein **Zufallszahlengenerator**.

Wir unterscheiden zwei Einsatzzwecke von Zufallszahlengeneratoren: Im einen Fall soll die Folge reproduzierbar sein, z. B. um ein damit erhaltenes Ergebnis nachvollziehen zu können. Im anderen Fall sollen die Elemente der Folge wirklich nicht vorhersagbar sein.

Jede Zahlenfolge, die wir mit einem Algorithmus berechnen, besitzt ein Bildungsgesetz, ist also nicht zufällig. Um eine nicht vorhersagbare Zufallsfolge zu erhalten, müßten wir folglich zu nicht-algorithmischen Hilfsmitteln greifen und beispielsweise statistische Unregelmäßigkeiten der Quantenmechanik nutzen.

Andererseits können wir in beschränkter Zeit immer nur einen Ausschnitt einer Zufallsfolge verarbeiten. Für praktische Zwecke genügt es daher, eine periodische Zahlenfolge mit einer so großen Periode zu konstruieren, daß die Periodizität in der zur Verfügung stehenden Rechenzeit mit statistischen Tests nicht nachgewiesen werden kann. Man erreicht dies zum Beispiel mit ganzzahligen **Pseudozufallszahlen**

$$x_{n+1} = a * x_n \quad (\text{mod } m), \tag{5.55}$$

mit einer sehr großen Primzahl m. Benötigt man Zufallszahlen in einem anderen Intervall als $[0, p-1]$, so bildet man das Intervall ab: $x \mapsto r + \frac{(s-r)x}{p}$. Insbesondere erhält man so auch gleichverteilte Gleitpunktzahlen, etwa im Intervall $[0, 1]$.

Einen Generator für solche Zahlen stellt der *minimal standard random number generator* aus (PARK und MILLER , 1988) dar. Er rechnet modulo der Mersenneschen Primzahl $m = 2^{31} - 1$ und erzeugt für $x_0 \neq 0$ alle positiven ganzen Zahlen einfacher Länge (32 Bits).

Dabei ist x_0 der **Samen** des Generators. Die Auswahl des Faktors a ist kritisch, um die volle Periode zu erreichen. Wir gehen hier nicht auf die zahlentheoretischen Einsichten ein, mit denen man diese Zahlen ermittelt.

Das Problem bei der Berechnung von $x_{i+1} = x_i * a \bmod m$ in HASKELL ist, daß zwar a, m und die x_i mit 32 Bit darstellbar sind, dies jedoch nicht für das Zwischenergebnis $x_i * a$ gilt. Nach einer Idee, die auf (SCHRAGE , 1979) zurück geht, behelfen wir uns mit folgenden Umformungen:

$$
\begin{aligned}
m &= aq + r \quad &&\text{wobei} \\
q &= m \text{ div } a \quad &&\text{und} \\
r &= m \bmod a
\end{aligned}
$$

$$
\begin{aligned}
ax \bmod m &= ax - m(ax \text{ div } m) \\
&= ax - m(x \text{ div } q) - m(ax \text{ div } m) + m(x \text{ div } q) \\
&= ax - m(x \text{ div } q) + m(x \text{ div } q - ax \text{ div } m) \\
&= a(q(x \text{ div } q) + x \bmod q) - m(x \text{ div } q) + m(x \text{ div } q - ax \text{ div } m) \\
&= a(x \bmod q) + (aq - m)(x \text{ div } q) + m(x \text{ div } q - ax \text{ div } m) \\
&= a(x \bmod q) - r(x \text{ div } q) + m(x \text{ div } q - ax \text{ div } m) \\
&= a(x \bmod q) - r(x \text{ div } q) + c(x)m
\end{aligned}
$$

In dieser Darstellung können nun alle Operationen mit einfacher Genauigkeit ausgeführt werden, ohne daß Überläufe auftreten können. Dabei ist der Wert von $c(x) = x \text{ div } q - ax \text{ div } m$ immer 0 oder 1. Es gilt

$$
c(x) = \begin{cases} 1 & \text{falls } a(x \bmod q) - r(x \text{ div } q) < 0 \\ 0 & \text{sonst.} \end{cases}
$$

Wir berechnen daher zunächst $a(x \bmod q) - r(x \text{ div } q)$ und entscheiden dann abhängig vom Vorzeichen, ob noch m hinzuaddiert werden muß.

```
pzg_m = 2^31-1
pzg_a = 16807
pzg  x = if x' < 0 then x' + pzg_m else x'
     where x' = pzg2 x
pzg2 x = pzg_a * (x `mod` q) - (x / q) * r
     where q = pzg_m / pzg_a
           r = pzg_m `mod` pzg_a
```

Die Funktion pzg berechnet x_{i+1} aus x_i. Wir verwenden pzg in der Definition von random, um eine Zufallsfolge unbeschränkter Länge zu erzeugen:

random x = (pzg x) : (random (pzg x))

Mit Hilfe von random können wir nun die Sortierfunktionen sort und selsort testen. Der Parameter x in den folgenden Definitionen gibt die Länge der zu erzeugenden Zufallsfolgen an.

stest x samen = sort (take x (random samen))
sstest x samen = selsort (take x (random samen))

Eine Zufallsfolge, deren nächstes Element im Unterschied zu (5.55) aus den vorangehenden nicht mit polynomiellem Aufwand vorhergesagt werden kann, heißt eine **Einwegfolge**. Ob es überhaupt Einwegfolgen gibt, ist eine offene Frage, die eng mit der Frage zusammenhängt, ob die Klasse P der mit polynomiellem Aufwand und der Klasse NP der mit indeterministisch polynomiellem Aufwand berechenbaren Funktionen identisch sind. Nicht einmal die Ziffernfolgen transzendenter Zahlen wie π erfüllen die Bedingung.

Zufallszahlengeneratoren werden als Teil der Software der meisten Rechnersysteme angeboten. Bevor man sie benutzt, muß man sich von ihrer Qualität überzeugen. Manche haben eine so geringe Periodenlänge, daß sie praktisch unbrauchbar sind.

5.5.4 Hinweise zur Dokumentation von Programmen

Der Leser wird feststellen, daß er sogar einfache Programme, die er selbst geschrieben hat, nach relativ kurzer Zeit nicht mehr nachvollziehen kann. Besonders problematisch wird es, wenn das Programm, eventuell durch Dritte, modifiziert werden soll. Aus diesem Grund muß der Programmierer durch Zusatzangaben die Verständlichkeit des Programms sicherstellen. Die Maßnahmen, die hierzu ergriffen werden, nennt man zusammenfassend **das Programm dokumentieren**.

Man unterscheidet drei Maßnahmen zur Dokumentation:

- Gestaltung des Programmtextes;
- Kommentierung des Programmtextes;
- Erstellung getrennter Dokumente, z. B. Entwurfsdokumentation und Benutzungsanleitung.

Im Programmtext sind folgende Gesichtspunkte wichtig:

1. Durch systematisches Einrücken, wie wir das an den bisherigen Beispielen sahen, soll Zusammengehöriges *mit einem Blick* erfaßbar sein;

2. Bezeichner sollen so gewählt werden, daß man sich beim Lesen an ihre Bedeutung erinnert. Man spricht von **mnemotechnisch**[42] richtiger Wahl der Bezeichner. Einfache Bezeichner wie i, j, k, l sollten nur für lokale Zähler verwendet werden. m, n können darüberhinaus die Größe des Gesamtproblems

---

42. von griech. μνῆμα, das Andenken.

charakterisieren. f, g sind *allgemeine* Funktionsbezeichner, $x, y, \ldots$ sind *allgemeine* Variable, usw. Alle anderen Größen sollten mehrbuchstabige Namen haben, die Assoziationen hervorrufen.

3. Konstante sollen einen Namen haben, vgl. S. 243.
4. Überflüssige Relikte aus der Zeit der Programmentwicklung sollten gestrichen werden. Es sei denn, es handelt sich um Anweisungen zum Test, die später wiederverwendet werden können.

Der Programmtext muß mit Kommentaren, in HASKELL eingeleitet durch $--$, versehen sein, die wenigstens folgende Hinweise geben:

1. Verfasser, Erstellungsdatum und letztes Änderungsdatum des Programms.
2. Aufgabe des Programms: welches Problem wird gelöst?
3. Erforderliche Eingaben, Form des Aufrufs, Interpretation der Ausgaben.
4. Bedeutung der Typen, Funktionen und sonstiger Größen. Natürlich muß man nicht schreiben „die Funktion ... hat zwei Parameter", denn das sieht man aus der Vereinbarung. Wohl aber ist wichtig zu wissen, daß z. B. der zweite Parameter die Anzahl der Wiederholungen einer Schleife steuert.
5. Hinweise auf die Arbeitsweise von Funktionen; diese müssen ausreichen, um die Verifikation einer Funktion einschließlich des Terminierens nachzuvollziehen, und gegebenenfalls den Aufwand der Funktionsausführung abzuschätzen.

   In unseren bisherigen Beispielen war das noch kein Problem, weil wir den Induktionsbeweis zumeist direkt aus den Funktionsdefinitionen ablesen konnten. Insbesondere bei Programmen in imperativen Sprachen ist das nicht mehr so, wie wir in Bd. II sehen werden. Dort ist dann auch die Beschreibung der Datenstrukturen wichtig.

6. Hinweise auf Funktionen und Typen, die aus anderen Programmen entnommen werden und der Größen, die im eigenen Programm definiert, aber anderswo verwandt werden können. Man nennt dies zusammenfassend die **Schnittstellenbeschreibung** eines Programms.

Ferner ist es notwendig, getrennt vom Programmtext die Entwurfsentscheidungen zu begründen, und zu erörtern, die zur Lösung des Problems in der vorliegenden Form geführt haben. Daraus wird dann oft ersichtlich, daß alternative *auf der Hand liegende* Möglichkeiten bewußt nicht gewählt wurden, weil man ihre Nachteile analysiert hatte. Auch könnte eine bestimmte Lösungsform deshalb vorgezogen worden sein, weil sie und nur sie in bestimmte Richtungen verallgemeinerungsfähig ist. Alles dies sind Informationen, die für den Programmierer selbst, aber auch für Dritte, die das Programm später modifizieren müssen, sehr wichtig sind.

Schließlich benötigt ein Programm größeren Umfangs eine Benutzungsanleitung, die vor allem von Dritten verstanden werden muß, die den Programmtext nicht kennen, und meist eine ganz andere Vorbildung als der Programmierer besitzen. Übersichtlichkeit und Verständlichkeit ist dabei oberstes Gebot.

Entwurfsdokumentation und Benutzungsanleitung entwickeln sich oft aus der Kommentierung des Programms.

Die Dokumentation eines Programms sollte nicht auf den Zeitpunkt nach Fertigstellung des Programms verschoben werden, da der Programmierer dann immer schon unter Zeitdruck für die nächste Aufgabe steht. Insgesamt kann man ein Programm erst dann als Software bezeichnen, wenn es ausreichend dokumentiert ist.

Lehrbücher und Vorlesungsbeispiele sind bezüglich der angesprochenen Punkte nicht vorbildlich; die Kommentierung steht implizit entweder im Text oder wird mündlich gegeben.

5.6   Anmerkungen und Verweise

Der λ-Kalkül wurde von ALONZO CHURCH (1941) abschließend formuliert. Das heutige Standardlehrbuch ist (BARENDREGT , 1984). Eine elementare Einführung bietet (GORDON , 1988).

Die funktionale Programmiersprache LISP wurde ursprünglich von McCARTHY (1960) definiert. Wir definieren hier die Grundelemente von LISP 1.5, wie es in (McCARTHY et al. , 1965), wiederabgedruckt in (HOROWITZ , 1983), eingeführt wurde. Auch unser LISP-Interpretierer stammt aus dieser Quelle. Das heute verbreitete COMMON LISP (STEELE , 1990) enthält diese ursprüngliche Sprache, ist aber um zahlreiche Elemente aus imperativen Sprachen angereichert und kann nicht mehr als funktionale Sprache angesehen werden. Gleiches gilt, wenn auch in geringerem Maße, für die Sprache SCHEME, (REES UND CLINGER , 1986), die beispielsweise in (ABELSON, SUSSMAN und SUSSMAN , 1998) benutzt wird. Der elementare λ-Kalkül und LISP sind typfrei: die einzige Typunterscheidung ist Atom/Nicht-Atom. Auf typisierte Formen des λ-Kalkül gehen wir hier nicht ein.

Wir behandeln hier LISP, um zu zeigen, daß man die zu verarbeitenden Daten und das Programm mit den gleichen Strukturen repräsentieren kann. Die Darstellung des LISP-Interpretierers soll vor allem das Prinzip erläutern, wie Interpretierer, auch für andere Sprachen, arbeiten. Ansonsten kann der Abschnitt 5.1.5 beim ersten Lesen übergangen werden.

In Abschnitt 5.4.1 haben wir Typinferenz unabhängig von Klassen und Überladen beschrieben. Für eine Darstellung der Abhängigkeiten vergleiche man (JONES , 1997).

Für funktionale Programmiersprachen gibt es zahlreiche gute Lehrbücher, vergleiche etwa (BIRD und WADLER , 1992; BIRD , 1998; PEPPER , 2000). Auf zahlreiche Spezialitäten moderner funktionaler Sprachen wie z. B. Monaden sind wir nicht eingegangen.

Dokumentation über HASKELL und den Interpretierer *hugs* findet man unter http://haskell.org.

In HASKELL definiert type $X = Y$ den Bezeichner X als ein Typsynonym, also nur einen anderen Bezeichner, für den Typ Y; Vereinbarungen von Ausprägungen für solche Typsynonyme sind verboten. Damit ist z.B. mit einer Definition type Rat = (Int, Int) eine Vereinbarung einer Ausprägung wie auf S. 270 unmöglich. In Abschnitt 7.3.2 begegnet uns das Problem wieder. Abhilfe schafft das Ersetzen der Vereinbarung type $X = Y$ durch eine Typdefinition data Rat = Rt (Int, Int) mit einem frei wählbaren Konstruktorbezeichner Rt, der dann auch an allen weiteren Stellen, wo eine rationale Zahl auftritt, ergänzt werden muß; man schreibt also Rt (i, j) statt eines Paares (i, j). Auf die alternative Lösung in HASKELL mit einer Typdefinition newtype Rat = Rt (Int, Int) gehen wir hier nicht ein.

Kapitel 6
Abstrakte Datentypen

We can view the matter quite symmetrically. An artifact can be thought of as a meeting point — an "interface" in today's terms — between an "inner" environment, the substance and organization of the artifact itself, and an "outer" environment, the surrounding in which it operates. If the inner environment is appropriate to the outer environment, or vice versa, the artifact will serve its intended purpose.
HERBERT A. SIMON (SIMON , 1996), Kap. I

Algorithmen und reaktive Systeme manipulieren Daten: sie lesen sie ein, transformieren sie und geben Ergebnisdaten nach außen ab. Die Aufgaben lassen sich spezifizieren, ohne sich um die rechnerinterne Darstellung durch Zahlen, Listen, Tupel usw. zu sorgen. Es genügt zu wissen, daß man auf dieser rechnerinternen Darstellung gewisse Operationen op_1, op_2, ... ausführen kann, und setzt dann die Aufgabenlösung aus Aufrufen dieser Operationen zusammen. Diese Vorgehensweise heißt **Datenabstraktion**. Daten sind dabei Objekte mit einer **Schnittstelle**, d. h. einer Liste von Operationen, die auf diesen Objekten ausgeführt werden können. Diese Operationen, und nur diese, werden in der Aufgabenlösung verwandt. Auch die Interaktion, der Austausch von Elementardaten, zwischen verschiedenen Objekten benutzt die Schnittstellen.

Natürlich muß man sich versichern, daß man für ein abstrakt konzipiertes Objekt auch tatsächlich eine passende rechnerinterne Darstellung finden kann, auf der die gewünschten Operationen effizient ablaufen. Zur Anwendung der Datenabstraktion müssen wir also einerseits wissen, wie man Objekte abstrakt mit Schnittstelle konzipiert, und andererseits Erfahrung darin haben, solche Objekte effizient im Rechner zu repräsentieren.

Abstrakte Datentypen oder kurz ADTs, wie wir sie in Abschnitt 3.8 einführten, sind das passende Konzept, um solche Datenabstraktionen einschließlich Schnittstelle zu beschreiben. Die Schnittstelle ist durch die Signatur des ADTs und seine Axiome gegeben. Der Keller im Beispiel 3.1, S. 122, zeigt, wie wir einen ADT spezifizieren.

In einer funktionalen Programmiersprache sind solche Spezifikationen zugleich ausführbare Programmteile. Sie führen den ADT nicht auf die eingebauten Datentypen zurück, sondern lassen Operationsfolgen in Normalform als Terme stehen. Das Auffinden geeigneter rechnerinterner Darstellungen mit Hilfe der eingebauten Datentypen ist der andere Teil der Behandlung der Datenabstraktion. Wir erörtern diese Aufgaben in diesem Kapitel an einfachen Beispielen. Das Thema kehrt in weiteren Kapiteln wieder.

Die rechnerinterne Darstellung oder Implementierung eines ADTs ist eine **Datenstruktur** im Sinne von Abschnitt 1.1.1. Die Spezifikation des ADTs heißt **Schnittstelle** der Datenstruktur. Auch die Spezifikation ist eine Datenstruktur, wenn sie ausführbar ist.

Das Prinzip, ein Objekt nur über seine Schnittstelle anzusprechen, heißt **Kapselung** oder **Geheimnisprinzip**[1]. Seine Anwendung ist unabdingbar, wenn man größere Systeme, an deren Erstellung viele Leute mitwirken, zusammensetzen oder später ändern will. Es hilft vor allem, die Fülle der jeweils zu berücksichtigenden Einzelheiten in überschaubaren Grenzen zu halten, und wird auch im täglichen Leben laufend angewandt.

6.1 Die natürlichen Zahlen

Wir erläutern die Grundprinzipien am Beispiel der natürlichen Zahlen $\mathbb{N}$; in Programmen schreibt man Nat. Wir bauen auf den Abschnitten 3.5–3.8 auf und benutzen die Begriffe Konstruktor, Hilfskonstruktor und Projektion, die wir im Beispiel 3.1, S. 122, einführten.

$\mathbb{N}$ ist eine homogene oder einsortige Algebra mit den Konstruktoren Null und Succ. Es gibt keine weiteren Operationen. Die Signatur lautet (vgl. S. 128):

$$\Sigma_\mathbb{N} : \begin{array}{l} \text{Null} : \{\emptyset\} \to \mathbb{N} \\ \text{Succ} : \quad \mathbb{N} \to \mathbb{N}. \end{array} \qquad (6.1)$$

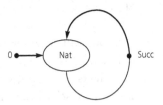

Abbildung 6.1: Signatur von $\mathbb{N}$

Wir stellen solche Signaturen wie in Abb. 6.1 dar: Ovale bedeuten den angegebenen Typ. Pfeile bedeuten die angegebenen Operationen. Hat ein Pfeil

---

1. engl. *encapsulation* oder *information hiding*.

mehrere Schwänze, so hat die Operation mehrere Operanden, die aus den angegebenen Typen stammen. Konstante aus $\Sigma^{(0)}$ sind Pfeile, die nicht bei einem Oval beginnen. Auf S. 238 hatten wir die Signatur in HASKELL-Notation angegeben:

```
data Nat = Null | Succ Nat
```

Im Beispiel 3.3 sahen wir, daß $\mathbb{N}$ mit seiner eigenen initialen Termalgebra übereinstimmt. Jeder Term des Typs Nat befindet sich bereits in Normalform:

```
Main> Succ (Succ Null)
Succ (Succ Null)
```

stellt die Zahl 2 dar.

Wir können zusätzliche Hilfskonstruktoren definieren, deren Bedeutung wir auf die Konstruktoren zurückführen:

```
add n Null    = n
add n (Succ m) = add (Succ n) m
Main> add (Succ (Succ Null)) (Succ (Succ (Succ Null)))
Succ (Succ (Succ (Succ (Succ Null))))
```

zeigt die Addition und ihre Anwendung. Hilfskonstruktoren, deren Bedeutung auf Konstruktoren oder andere Hilfskonstruktoren zurückgeführt werden kann, heißen **abgeleitet**.

Aufgabe 6.1: Geben Sie in gleicher Weise die Vorgängerfunktion pred mit pred Null = Null und die Subtraktion $n -_{\mathbb{N}} m := \max(n - m, 0)$ an. Führen Sie die Multiplikation auf diese Operationen zurück.

Nat spezifiziert mit seinen Konstruktoren und den abgeleiteten Hilfskonstruktoren die Schnittstelle der natürlichen Zahlen. Diese enthält die angegebenen ausführbaren Operationen.

Als Implementierung stehen in HASKELL natürlich die ganzen Zahlen in üblicher Schreibweise zur Verfügung. Wir erhalten diese Implementierung, statt der Darstellung der Zahlen als Terme Succ($\cdots$), mit der Vereinbarung

```
type Nat = Int
```

Wir geben rechts den (bereits bekannten) Implementierungstyp $\mathcal{A}'$ an, mit dem wir den neuen Typ $\mathcal{A}$ implementieren. In der Terminologie von Kap. 3 bedeutet das, daß die Signatur $\Sigma_{\mathcal{A}'}$ alle Operationen der Signatur $\Sigma_{\mathcal{A}}$ enthalten muß, $\Sigma_{\mathcal{A}} \subseteq \Sigma_{\mathcal{A}'}$, und daß es eine monomorphe Implementierungsabbildung $h: \mathcal{A} \longmapsto \mathcal{A}'$ gibt. Die Homomorphiebedingung garantiert, daß in Bild(h) die gleichen Gesetze wie in $\mathcal{A}$ gelten. (Für die natürlichen Zahlen ist das leicht zu sehen, da in der initialen Termalgebra keine weiteren Gesetze gelten.) Man beachte, daß es Kernfunktionen geben kann, die in $\mathcal{A}, \mathcal{A}'$ unterschiedlich implementiert sind. Bei $\mathbb{N}$ und Int ist die Subtraktion durch $-$ und $-_{\mathbb{N}}$ unterschiedlich definiert.

Der Implementierungstyp $\mathscr{A}$ kann Werte, hier die negativen ganzen Zahlen, zulassen, die nicht zum Bild der Implementierungsabbildung h gehören. In Abschnitt 3.5 hieß dann die Algebra $\mathscr{A}\,'$ nicht erreichbar.

Theoretisch ist Int keine Implementierung von Nat, wenn wir die Beschränkung der maschinellen Zahldarstellung in Betracht ziehen. Bei maschineller Ausführung ist allerdings die Darstellung durch Terme Succ($\cdots$) wegen ihres großen Speicherverbrauchs noch weit schärfer beschränkt.

Aufgabe 6.2: Zeigen Sie, daß auch

```
type Nat = [Bool]
null = [ ]
succ n = True : n
Main> succ (succ (succ null))
[True, True, True]
```

eine Implementierung von Nat liefert. Übertragen Sie die Definitionen von add usw. in diese Implementierung.   ◆

Aufgabe 6.3: Geben Sie eine HASKELL-Implementierung von Nat an, in der jede Zahl n durch die Liste $[a_{m-1}, \ldots, a_0]$ ihrer Binärziffern dargestellt wird, $n = \sum a_i 2^i, a_i \in \{0, 1\}$. Definieren Sie die Addition, Subtraktion und Multiplikation für diese Implementierung.

In Abschnitt 5.3 hatten wir Bool als abstrakten Datentyp der Wahrheitswerte mit den Konstruktoren True und False eingeführt; die Tab. 5.5 definiert die booleschen Operationen als Hilfskonstruktoren.

Aufgabe 6.4: Geben Sie ähnlich der Abb. 6.1 die Signatur des Typs Bool graphisch an.

Unter Verwendung von Bool können wir die Vergleichsoperationen dem ADT $\mathbb{N}$ hinzufügen:

```
klgl Null n           = True
klgl n Null           = False      -- beachte die Reihenfolge!
klgl (Succ n) (Succ m) = klgl n m
```

$\mathbb{N}$ wird hierdurch zu einer heterogenen Algebra.

6.2 Lineare Datenstrukturen

Ein abstrakter Datentyp $\mathscr{A}$ heißt eine **lineare Datenstruktur**, wenn seine Implementierung auf lineare Listen, d. h. Listen ohne Unterlisten, zurückgeführt werden kann. Alle linearen Datenstrukturen haben einen generischen Typparameter t für den Typ der Elemente der Datenstruktur. Sie sind heterogene Algebren, die neben dem eigentlich definierten Typ $\mathscr{A}$ noch den Elementtyp

t, sowie zur Bestimmung des Umfangs und zur Prüfung, ob die Datenstruktur leer ist, die Typen Int und Bool umfassen. Neben Listen sind Reihungen, Keller, Schlangen und Prioritätsschlangen die wichtigsten linearen Datenstrukturen.

6.2.1 Listen

In Abschnitt 5.3.4 haben wir mit (5.31) die Spezifikation des abstrakten Datentyps Liste t eingeführt. Da der Listentyp in funktionalen Sprachen eingebaut ist, brauchen wir keine spezielle Implementierung angeben. Die Tab. 5.7 zeigt die Definition von Hilfskonstruktoren und Projektionen in Implementierungsnotation.

Die Hilfskonstruktoren bzw. Projektionen tail und head lassen sich nicht auf andere zurückführen und heißen daher **elementar**. Dies drückt sich in funktionalen Sprachen in der Verfügbarkeit des Musters $(x : xs)$ aus. Die anderen Hilfskonstruktoren und Projektionen sind abgeleitete Funktionen; ihre Definition setzt Konstruktoren und elementare Hilfskonstruktoren bzw. Projektionen voraus.

Aufgabe 6.5: Statt head und tail könnte man auch last und init als elementare Operationen wählen und entsprechend ein Muster $(xs : x)$ als elementar voraussetzen. Definieren Sie die Operationen aus Tab. 5.7 unter dieser Voraussetzung.

Die Unterscheidung zwischen elementaren und abgeleiteten Hilfskonstruktoren ist willkürlich und gibt in Wahrheit einen Hinweis auf Eigenschaften der Implementierung. Wie man an der Anzahl der Reduktionen für die Ausführung von head und last sieht, ist die Implementierung offensichtlich unsymmetrisch: head ist billiger als last; daher ist head elementar. Wir werden in Bd. II Implementierungen des Listentyps sehen, in denen zusätzlich last elementar ist.

6.2.2 Reihungen

Eine **Reihung**[2] ist eine Liste fester Länge n, für die das Auswählen des i-ten Elements und die Konstruktion einer neuen Reihung, die sich nur im i-ten Element von einer vorgegebenen Reihung unterscheidet, elementare Operationen sind. Reihungen sind ein eingebauter Datentyp aller imperativen Sprachen und ersetzen dort in weitem Umfang Listen als Implementierungsstruktur für andere Datentypen. In funktionalen Sprachen, so auch in HASKELL, sind sie häufig nicht unmittelbar verfügbar oder sehr ineffizient zu benutzen, so daß von ihrem Gebrauch abgeraten werden muß. Wir unterscheiden Reihungen nach dem Zeitpunkt, zu dem ihre Länge $n \geqslant 0$ festgelegt wird:

---

2. engl. *array*. Die Norm DIN 44 300 verwendet das Wort **Feld**. Dieses wird in der Datenverarbeitung jedoch auch mit der Bedeutung *Feld eines Verbunds*, d. h. Element eines Tupels, verwandt und führt daher zu Verwechslungen.

- **statisch:** Die Länge ist fest als Zahlwert im Programm vorgegeben. Eine Veränderung der Länge erfordert eine Neuübersetzung des Programms.

  Die Reihungen in PASCAL, FORTRAN und C haben diese Eigenschaft.

- **dynamisch:** Die Länge wird während der Programmausführung einmal in einer Vereinbarung angegeben und ist danach unveränderlich.

  In den genannten Sprachen haben Reihungsparameter von Prozeduren diese Eigenschaft. Die Eigenschaft wurde erstmalig in ALGOL 60 verwandt und ist charakteristisch für Reihungen, die man für numerisches Rechnen braucht.

- **flexibel:** Die Länge kann sich während der Programmausführung beliebig ändern.

  Die Eigenschaft geht auf die Programmiersprache ALGOL 68 zurück und wird auch in C unter Einsatz von Zeigern vielfach verwandt.

Statische Reihungen sind n-Tupel von Werten gleichen Typs und uns daher bereits aus Abschnitt 5.3.6 bekannt. Dynamische Reihungen gibt es in funktionalen Sprachen nicht; wir kommen auf sie in Bd. II zurück. Flexible Reihungen sind Listen, für die wir jedoch die explizite Verwendung der Konstruktoren und der anderen Operationen aus Tab. 5.7 mit Ausnahme von length und (!!) verbieten. Stattdessen benutzen wir die Operationen

```
create_array n | n<= 0     = [ ]
               | otherwise = x0 : create_array (n-1)

assign r i x = (take i r) ++ [x] ++ (drop (i+1) r)


extend r k | k < (length r) = take k r
           | otherwise       = r ++ create_array (k - length r)
```

die in ihrer Definition auf die „verbotenen" Operationen zurückgreifen. Die hier auftretende Konstante x0 muß für jeden potentiellen Elementtyp durch Überladen definiert werden. Sie bestimmt die initialen Werte der Reihung; meist wählt man den Wert, der durch das Bitmuster $0 \cdots 0$ repräsentiert wird, für Gleitpunktzahl ein anzeigendes NaN oder einen zufälligen Wert, der mitteilt, daß das Element noch nicht durch assign belegt wurde. Die Indizierung r !! i, $0 \leqslant i <$ length r, schreibt man in der Form r[i]. Auch bei statischen Reihungen ist sie in dieser Schreibweise und mit variablem Index i zulässig.

Reihungen, deren Elemente, wie z. B. bei einer Matrix, selbst wieder Reihungen sind, heißen **zwei-** oder allgemein ***n*-stufig**[3].

---

3. Leider ist auch die Bezeichnung *n-dimensional* gebräuchlich, obwohl man das Wort *Dimension*, in Anlehnung an Vektorräume, auch für die Länge einstufiger Reihungen benutzt.

Die hier auftretende Situation, daß wir Operationen $o_1, o_2, \ldots$ zwar für die Implementierung anderer Operationen $a_1, a_2, \ldots$ benötigen, aber an der Schnittstelle des abstrakten Datentyps nicht zur Verfügung stellen wollen, ist eine charakteristische Anwendung des Geheimnisprinzips. Wir nennen die o_i **lokale** oder **interne Operationen**; die Operationen a_j an der Schnittstelle heißen **global**, oder genauer, global sichtbar.

Bei statischen Reihungen ist die Länge Bestandteil des Reihungstyps, bei dynamischen und flexiblen Reihungen ist das nicht der Fall. Da wir andererseits die Länge im Konstruktor create_array benötigen, ergibt sich eine Irregularität im Typsystem; dies ist einer der Gründe, weshalb Reihungen in funktionalen Sprachen kaum vorkommen.

Der mit imperativen Sprachen vertraute Leser mag sich wundern, daß wir die Zuweisung assign i r x als Neukonstruktion einer vollständigen Reihung, in der nur ein Element geändert ist, schreiben. Diese Auffassung erweist sich jedoch auch bei imperativen Sprachen als notwendig, um den Typ Reihung systematisch zu verstehen.

6.2.3 Keller

Die Signatur und die Axiome des abstrakten Datentyps Keller hatten wir bereits in Beispiel 3.1 erörtert. In HASKELL erhalten wir als Spezifikation

```
data Keller t = CreateStack | Push (Keller t) t
pop    :: Keller t -> Keller t
top    :: Keller t -> t
empty  :: Keller t -> Bool

pop(Push k x) = k
top(Push k x) = x
empty(CreateStack) = True
empty(Push k x)    = False
```

Die Abb. 6.2 zeigt die Signatur graphisch. pop ist ein Hilfskonstruktor, top und empty sind Projektionen.

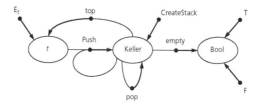

Abbildung 6.2: Signatur eines Kellers

Im Beispiel 3.2 hatten wir bereits die Grundzüge einer Implementierung von Kellern mit Listen gesehen. In HASKELL lautet sie:

```
type Keller t  = [t]
createStack    = [ ]
push k x       = x:k
top (x:xs)     = x
pop (x:xs)     = xs
empty [ ]      = True
empty _        = False
```

```
Main> top (pop (push (push (push createStack 1) 2) 3))
2
Main> empty (pop (push (push (push createStack 1 ) 2) 3 ))
False
Main> pop (push (push (push createStack 1) 2) 3)
[2, 1]
```

Keller liegen der Implementierung der Rekursion, der Verarbeitung von Klammerstrukturen und der Verarbeitung von Bäumen, z. B. auch der Verarbeitung von arithmetischen Ausdrücken, die ja Kantorowitsch-Bäume sind, zugrunde.

Die Grundoperationen push und pop stellt in manchen Fällen sogar die Rechner-Hardware in Form von Prä/Post-dekrement oder -inkrement bei indirekten Speicherzugriffen zur Verfügung. In die Programmiersprache C wurde dies mit den Operationen ++ und − − auf Zeigern übernommen.

Beispiel 6.1: Gegeben seien arithmetische Ausdrücke wie $a * (b - c)$ in Postfixform. Diese seien als Liste ["a","b","c","-","*"] repräsentiert. Dann liefert das Programm

```
berechne as = top (fst (eval CreateStack as))
eval k [ ] = (k,[ ])
eval k (a:as) | zahl a    = eval (Push k (umwandeln a)) as
              | a=="+"  = eval (bin (+) k) as
              | a=="-"  = eval (bin (-) k) as
              | a=="*"  = eval (bin (*) k) as
              | a=="/"  = eval (bin div k) as
bin f k = Push k_2 (f (top k_1) (top k))
          where k_1 = pop k
                k_2 = pop k_1
Main> berechne ["5","7","3","-","*"]
20
```

das Ergebnis des eingegebenen Ausdrucks, hier also $5 * (7 - 3)$. Man sieht, daß die Anwendung eines binären Operators zwei Operanden vom Keller nimmt und dafür das Ergebnis wieder kellert.   ◆

Aufgabe 6.6: Ergänzen Sie im Beispiel die fehlenden Funktionen zur Prüfung, ob eine Zahl vorliegt, und zur Wandlung String → Int. Erweitern Sie das Programm um das unäre Minus. Modifizieren Sie das Programm so, daß die Kellerinhalte nach jeder Push- und pop-Operation zusätzlich ausgegeben werden.

Aufgabe 6.7: Schreiben Sie ein Programm, das arithmetische Ausdrücke in Präfixform berechnet. Benutzen Sie dazu zwei Keller, einen Operandenkeller wie im Beispiel und einen Keller für Operatoren.

6.2.4 Schlangen

Wenn ein Datum, eine Operation, ein Ereignis, usw. nicht sofort bearbeitet werden kann, stecken wir es in eine **Warteschlange**[4]. In Form der Schieberegister haben wir Warteschlangen bereits in Abschnitt 4.1.9.3 kennengelernt. Es gibt verschiedene Formen der Warteschlangenorganisation. Die Wichtigsten sind

- **Erster-zuerst**[5]: Das am längsten wartende Element wird als erstes bearbeitet.
- **Letzter-zuerst**[6]: Das zuletzt angekommene Element wird als erstes bearbeitet.
- **Gewichtete Warteschlange**: Jedes ankommende Element ist gewichtet. Das Element mit dem höchsten Gewicht (der höchsten Priorität) wird als nächstes bearbeitet.

Es gibt zahlreiche weitere Variationen, darunter z. B. dynamisch gewichtete Warteschlangen, bei denen die Gewichte existierender Elemente abhängig von neu ankommenden Elementen jeweils neu berechnet werden.

Die Warteschlangen der verschiedenen Arten sind alle abstrakte Datentypen. Wir nennen sie **Schlangen**. Ihre Signatur lautet:

```
data Schlange t = CreateQueue | Enqueue (Schlange t) t
dequeue :: Schlange t -> Schlange t
front    :: Schlange t -> t
empty    :: Schlange t -> Bool
```

Die Abb. 6.3 zeigt sie graphisch. CreateQueue und Enqueue sind Konstruktoren; dequeue ist ein Hilfskonstruktor; front und empty sind Projektionen.

Alle Schlangenarten entstehen also aus der gleichen initialen Termalgebra $\mathscr{S}$. Allerdings sind ihre Axiome unterschiedlich. Für die *erster-zuerst*-Schlange — vielfach wird nur sie als Schlange bezeichnet — erhält man die Axiome

---

4. engl. *queue*
5. engl. *first-in-first-out*, abgekürzt **FIFO**.
6. engl. *last-in-first-out*, abgekürzt **LIFO**.

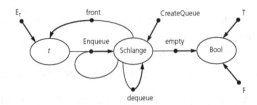

Abbildung 6.3: Signatur einer Schlange

```
dequeue (Enqueue CreateQueue a)   = CreateQueue
dequeue (Enqueue s a)             = Enqueue (dequeue s) a
front (Enqueue CreateQueue a)     = a
front (Enqueue s a)               = front s
empty CreateQueue                 = True
empty (Enqueue s a)               = False
```

Main> front (dequeue (Enqueue (Enqueue (Enqueue CreateQueue 1) 2) 3))
2

Mit vollständiger Induktion beweist man, daß front und dequeue die *erster-zuerst*-Eigenschaft besitzen: front liefert das erste (noch in der Schlange befindliche) Element; dequeue streicht dieses Element.

Eine Implementierung der *erster-zuerst*-Schlange mit Listen lautet

```
type Schlange t = [t]
createQueue     = [ ]
dequeue (a:as)  = as
front (a:as)    = a
enqueue [ ] x   = [x]
enqueue (a:as) x = a:(enqueue as x)
empty [ ]       = True
empty (a:_)     = False
```

Die *erster-zuerst*-Eigenschaft ist dadurch realisiert, daß wir neue Elemente x als letztes Element in die Liste schreiben. Das erste Listenelement ist also stets das zuerst aufgenommene.

Aufgabe 6.8: Geben Sie eine Implementierung an, in der das erste Listenelement das zuletzt aufgenommene ist.

Wenn wir auf der Tastatur Zeichen schneller eingeben, als sie vom Rechner verarbeitet werden können, werden diese Zeichen in eine *erster-zuerst*-Schlange beschränkter Länge aufgenommen: Sobald die Länge der Schlange eine Grenze n überschreitet, werden neu eingegebene Zeichen nicht mehr berücksichtigt, sondern ersatzlos weggeworfen. Solche **beschränkte Schlangen** gibt es bei Überlastung auch in vielen Anwendungen des täglichen Lebens. Statt des Wegwerfens des neuesten Elements kommt auch das Wegwerfen des am längsten wartenden Elements vor.

Aufgabe 6.9: Spezifizieren Sie eine beschränkte Schlange der Länge n. n und die Abfrage is_full s seien zusätzliche Operationen der Signatur. Geben Sie die Axiome für die beiden Fälle an, daß bei Überfüllung das zuletzt bzw. das zuerst angekommene Element weggeworfen wird.

Die *letzter-zuerst*-Schlange ist uns bereits bekannt: wenn man von den Bezeichnungen pop statt dequeue usw. absieht, handelt es sich um den Keller aus dem vorigen Abschnitt, so daß wir sie nicht näher betrachten müssen. Daher sind auch die Signaturen von Keller und Schlange und die Abb. 6.2 und 6.3 abgesehen von den Bezeichnungen identisch.

Aufgabe 6.10: Beweisen Sie diese Aussage.

Gewichtete oder Prioritätsschlangen erhalten wir, indem wir in die Schlange Paare (a, g) bestehend aus dem Element a und seinem Gewicht g eintragen. Letzteres muß aus einer geordneten Menge, also z. B. den ganzen Zahlen Int, stammen. Dies erreichen wir mit den Axiomen

dequeue (Enqueue CreateQueue a)	= CreateQueue
dequeue (Enqueue s (x,g))	= if gewicht s < g then s
	else Enqueue (dequeue s) (x,g)
front (Enqueue CreateQueue a)	= a
front (Enqueue s (x,g))	= if gewicht s < g then (x,g)
	else front s
empty CreateQueue	= True
empty (Enqueue s a)	= False
gewicht (Enqueue CreateQueue (x,g))	= g
gewicht (Enqueue s (x,g))	= min g (gewicht s)

Man beweist leicht, daß die Funktion gewicht das Maximum der Gewichte der Elemente in der Schlange berechnet. Das erste Element mit diesem Gewicht wird von dequeue herausgenommen bzw. von front vorgezeigt.

Die Spezifikation der gewichteten Schlange zeigt zwei Probleme, die noch mehrfach auftreten. Zum einen erkennen wir das Element maximalen Gewichts nur mit einer Entscheidung, also mit Hilfe eines bedingten Ausdrucks. Im Sinne von Abschnitt 3.8 haben wir damit unsere Kompetenz überschritten: die gewichtete Schlange ist keine Algebra mit Gleichheit, da dort solche Entscheidungen nicht vorgesehen sind. Ferner haben wir mit gewicht ähnlich wie bei Reihungen eine lokale Operation eingeführt, die zwar zur Beschreibung der Axiome benötigt wird, aber nicht zur Signatur gehört.

Bei der Implementierung der *erster-zuerst*-Schlange bringen wir neue Elemente sofort an den richtigen Ort, nämlich an das Ende der Schlange. Ebenso verfahren wir auch bei gewichteten Schlangen: Wir gewährleisten, daß die Elemente in der Schlange nach fallenden Gewichten $g_0 \geqslant g_1 \geqslant \cdots$ geordnet sind. Das Herausnehmen und Vorzeigen des Elements mit größtem Gewicht betrifft dann das erste Element der Schlange. Mit dieser Überlegung erhalten wir folgende Implementierung der gewichteten Schlange:

```
type Schlange t       = [t]
createQueue           = [ ]
dequeue (a:as)        = as
front (a:as)          = a
enqueue [ ] x         = [x]
enqueue (a:as) (x,g)  = if ag < g then (x,g):a:as
                           else a:(enqueue as (x,g))
                           where (ax,ag) = a
empty [ ]             = True
empty (a:_)           = False
```

6.2.5 Sequenzen und Dateien

Eine **Sequenz, Folge** oder **sequentielle Datei** ist ein Objekt eines abstrakten Datentyps, bestehend aus Elementen (meist) gleichen Typs *t*, die angeordnet sind; sie können nur in der Reihenfolge ihrer Anordnung gelesen werden. Man kann eine Sequenz verlängern oder verkürzen; im Unterschied zur Reihung werden jedoch beim Ersetzen eines Elements durch einen neuen Wert alle nachfolgenden Elemente gestrichen. Die Anordnung ist daher grundsätzlich die zeitliche Reihenfolge der Aufnahme von Elementen in die Datei; inhaltliche Kriterien spielen keine Rolle.

Die Signatur und Funktionalität von Sequenzen entspricht auch heute noch der historischen Entstehung aus dem Umgang mit Magnetbändern. Wir haben eine Datenstruktur vor uns, deren Implementierung vorgegeben ist, und deren Nützlichkeit in der Anwendung sich hernach erwiesen hat.

Ein **Magnetband** *f* ist anfangs leer. Später enthält es eine Folge lesbarer Blöcke, die mit Hilfe des Schreib/Lesekopfes des Bandgeräts gelesen werden können. Wir beginnen am Bandanfang zu lesen, erhalten jeweils den nächsten Block (Operation show) und schalten zum nächsten Block weiter (skip). Nach dem Weiterschalten steht der Schreib/Lesekopf des Bandes wie in Abb. 6.4 vor dem nächsten Block. Sind alle Blöcke gelesen, so ist die Bedingung eof (*end of file*) wahr. Wird bei beliebiger Position des Schreib/Lesekopfes ein Block neu geschrieben, so entfallen alle nachfolgenden Blöcke, da wegen der mechanischen

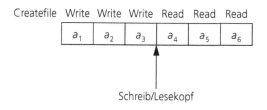

Abbildung 6.4: Datei

Ungenauigkeiten im Start/Stop-Betrieb des Bandes der alte Block niemals genau ersetzt werden kann. Schließlich kann der Schreib/Lesekopf auf den Anfang zurückgesetzt werden (reset). Vor dem Lesen geschriebener Blöcke *muß* man zurücksetzen.

Ersetzen wir in dieser Beschreibung Blöcke durch Elemente eines Datentyps *t*, so erhalten wir folgende Signatur und Axiome:

```
data Sequenz t = CreateFile | Write t | Read t
reset  :: Sequenz t -> Sequenz t
skip   :: Sequenz t -> Sequenz t
get :: Sequenz t -> t
eof    :: Sequenz t -> Bool
```

reset CreateFile	= CreateFile
reset (Write f a)	= Read (reset f) a
reset (Read f a)	= Read (reset f) a
skip (Read CreateFile a)	= Write CreateFile a
skip (Read (Write f a) b)	= Write (Write f a) b
skip (Read (Read f a) b)	= Read (skip (Read f a)) b
get (Read CreateFile a)	= a
get (Read (Write f a) b)	= b
get (Read (Read f a) b)	= get (Read f a)
eof CreateFile	= True
eof (Write f a)	= True
eof (Read f a)	= False
Write (Read f a)	= Write f b -- *in funkt. Sprachen unzulässig!*

Aufgabe 6.11: Zeichnen Sie die Signatur des Typs File wie in Abb. 6.2.

Der Konstruktor Write charakterisiert Elemente, die geschrieben wurden, und vor dem Schreib/Lesekopf stehen. Der Konstruktor Read charakterisiert Elemente, die auf den Schreib/Lesekopf folgen und noch gelesen werden können. Der Konstruktor Read ist eine lokale Operation, die nicht zur Schnittstelle des

ADTs gehört: Man kann keine Elemente schreiben, die unmittelbar danach gelesen werden können[7].

Die Ergebnisse

```
Main> Write (Write (Write (Write CreateFile 1) 2) 3) 4
Write (Write (Write (Write CreateFile 1) 2) 3) 4
Main> reset (Write (Write (Write (Write CreateFile 1) 2) 3) 4)
Read (Read (Read (Read CreateFile 1) 2) 3) 4
Main> (skip . reset) (Write (Write (Write (Write CreateFile 1) 2) 3) 4)
Read (Read (Read (Write CreateFile 1) 2) 3) 4
Main> (show . skip . reset) (Write (Write (Write (Write CreateFile 1) 2) 3) 4)
2
```

zeigen die möglichen Normalformen.

Im Jargon der Datenverarbeitung heißen die Elemente (**Daten**)-**Sätze** oder **Verbunde**[8]. In funktionalen Sprachen haben sie häufig einen Tupeltyp.

Eine (**sequentielle**) **Datei**[9] ist eine Sequenz, bei der man implizit davon ausgeht, daß sie nicht, oder nicht vollständig, im Arbeitsspeicher des Rechners untergebracht ist, sondern, daß sich Teile davon auf Hintergrundspeichern, z. B. Plattenspeichern, befinden oder auf anderen, miteinander vernetzten Rechnern.

Auch die Sequenz der Zeichen oder Bits, die von der Tastatur eingegeben, oder auf Drucker oder den Bildschirm ausgegeben wird, heißt eine Datei. Man ordnet heute einem Programm gewöhnlich drei Dateien zu:

- die **Standardeingabe**: Die Datei, aus dem ein Programm gewöhnlich seine Eingaben liest; im interaktiven Betrieb ist dies die Eingabetastatur. Die Standardeingabe ist eine **Eingabedatei**, in die *nicht* geschrieben werden kann.

- die **Standardausgabe**: Die Datei, in die ein Programm gewöhnlich seine Ausgaben schreibt; im interaktiven Betrieb ist dies ein Fenster auf dem Bildschirm. Die Standardausgabe ist eine **Ausgabedatei**, in die *nur* geschrieben werden kann.

- die **Standardfehlerausgabe**: die Ausgabedatei, in die ein Programm etwaige Fehlermeldungen und sonstige Hinweise auf seinen Ablauf, die nicht zu den Programmergebnissen gehören schreibt; gewöhnlich sind Standardausgabe und Standardfehlerausgabe identisch.

---

7. Heutige Magnetbandgeräte können auch rückwärts lesen. Dies gibt der Datentyp Sequenz nicht wieder.

8. engl. *record*.

9. engl. *file*. Aus der Umgangssprache haftet dem Wort *file* im Englischen die Eigenschaft *nacheinander*, *geordnet* an. Die nachfolgend genannten direkten Dateien sind daher eigentlich keine *files*. Wenn ein Deutschsprachiger das Wort *file* benutzt, aber eigentlich den allgemeineren Begriff *Datei* meint, führt das zu Mißverständnissen.

Neben Ein- und Ausgabedateien gibt es Dateien, die man sowohl lesen als auch schreiben kann, und die z. B. als Hilfsdateien zum Zwischenspeichern großer Datenmengen benutzt werden. Die Unzulässigkeit des letzten Axioms Write (Read f a) b = Write f b in funktionalen Sprachen zeigt, daß dort solche Hilfsdateien verboten sind: Man kann einen einmal erzeugten Wert nicht modifizieren.

Standardeingaben und -ausgaben kann man **umlenken**: Zu Beginn einer Programmausführung kann eine beliebige andere Datei als Standardeingabe usw. spezifiziert werden. Wir müssen also unterscheiden zwischen der **logischen Datei**, die wir im Programm benutzen, und der **physischen Datei**, die tatsächlich an ihrer Stelle steht. Nur die logische Datei ist ein abstrakter Datentyp; die physische Datei ist eine Implementierung davon. Umlenken bedeutet, daß wir Implementierungen austauschen.

Die physische Datei besteht wie eine Magnetbandaufzeichnung aus **Blöcken**, die Einzelzeichen sein könnten, die wir von der Tastatur lesen oder auf den Bildschirm schicken. Oder die Blöcke sind größere Einheiten, z. B. 53 Bytes, wenn der Block ein Datenpaket ist, das über ein ATM-Netz[10] geschickt wird, oder bis zu 8192 Bytes, wenn der Block von einem Plattenspeicher gelesen oder dorthin geschrieben wird. Blöcke sind Bitfolgen, die eine willkürlich zerlegte Repräsentation der Datensätze der logischen Datei enthalten. Für den Programmierer ist die Kenntnis der Blockeinteilungen wichtig, da der Zugriff auf einen Block meist um mehrere Zehnerpotenzen langsamer ist als der Zugriff auf Datensätze im Hauptspeicher. Im Unterschied zu den Aufwandsbetrachtungen im nächsten Kapitel müssen wir beim Umgang mit Dateien nicht nur den Zeitaufwand der Programmausführung, sondern vor allem die Anzahl der extern zu lesenden bzw. zu schreibenden Blöcke zählen.

Andere Formen von Dateien, auf die wir hier nicht eingehen, sind **direkte** und **index-sequentielle Dateien**. Bei direkten oder rohen Dateien wird dem Programm die physische Blockeinteilung direkt zugänglich; insbesondere können einzelne Blöcke unabhängig voneinander ersetzt werden. Bei index-sequentiellen Dateien ist jeder Datensatz ein Tupel, das durch einen (oder mehrere) Schlüssel im Sinne der Sortierschlüssel, vgl. 5.3.4.1, gekennzeichnet ist. Die Schlüsselmenge ist geordnet und die Datensätze können in der Reihenfolge dieser Ordnung bearbeitet werden. Beide Organisationsformen sind keine sequentiellen Dateien im vorstehenden Sinn.

Sequenzen lassen sich in einfacher Weise durch Paare von Listen implementieren:

```
type Sequenz t  = ([t],[t])
create::        Sequenz t
write::         (Sequenz t) -> t -> (Sequenz t)
reset::         (Sequenz t) -> (Sequenz t)
```

---

10. ATM steht für *asynchronous transfer mode*, eine Rechnerkopplung, die sich besonders für die Übertragung von Multimediadaten eignet.

```
create        = ([ ],[ ])
write (xs,ys) e = (xs++[e],[ ])
reset (xs,ys)  = ([ ],xs++ys)
skip (xs,(y:ys)) = (xs++[y],ys)
get (xs,(y:_))  = y
eof (xs,[ ])   = True
eof (xs,(y:_))  = False
Main> write (skip (skip (reset (write (write (write (write create 1) 2) 3) 4)))) 5
([1, 2, 5],[ ])
```

Die Trennstelle der Listen repräsentiert die Position des Schreib/Lesekopfes. Die Implementierung weist den Konstruktor Read nicht mehr als Funktion auf. Sie kann mehr als die abstrakte Spezifikation: Sie implementiert auch das letzte Axiom von S. 303.

Aufgabe 6.12: Beweisen Sie, daß die Implementierung alle Axiome des ADTs erfüllt.

Aufgabe 6.13: Geben Sie eine Implementierung von Sequenzen an, die ein Paar von Kellern ohne Rücksicht auf deren Implementierung verwendet. Zeigen Sie, daß man die obige Implementierung mit Listen im wesentlichen wieder erhält, wenn man die Kellerimplementierung von S. 297 einsetzt.

Aufgabe 6.14: Spezifizieren Sie einen ADT Liste, der die Eigenschaften des ADT Sequenz besitzt und zusätzlich Operationen

```
ins    :: Liste t -> t -> Liste t
del    :: Liste t -> Liste t
empty :: Liste t -> Bool
```

enthält, mit denen man Elemente an der Stelle des Schreib/Lesekopfes einsetzen (ins) bzw. streichen (del) kann. Die Operation empty prüft, ob die Liste leer ist. Geben sie für diese verallgemeinerten Listen eine Implementierung an.

6.3 Binärbäume

Bäume sind uns schon mehrfach als sehr nützliche abstrakte Datenstrukturen begegnet. Ein Baum heißt ein **Binärbaum**, wenn seine Ecken e maximal zwei Söhne haben, $|e^{\bullet}| \leq 2$. Binärbäume, allgemeiner: alle Bäume mit einer Schranke k für die Anzahl der Söhne einer Ecke, lassen sich besonders einfach implementieren. Wir finden sie nicht nur als Kantorowitsch-Bäume, sondern auch bei vielen Aufgaben wie z. B. dem Suchen in Mengen, bei denen sich mit Hilfe von Bäumen der Aufwand erheblich reduzieren läßt. Jede Ecke enthält einen Wert, bei Kantorowitsch-Bäumen z. B. einen Operator oder einen Operanden. Bei der

Formulierung deterministischer Algorithmen müssen wir die beiden Söhne in irgendeiner Weise unterscheiden. Dazu markieren wir sie mit den Namen left und right. Diese Unterscheidung macht Binärbäume zu geordneten Bäumen, vgl. Abschnitt 2.2.1. Als ADT lautet ein Binärbaum:

```
data BinBaum t = EmptyTree | Bin (BinBaum t) t (BinBaum t)
left   :: BinBaum t -> BinBaum t
right  :: BinBaum t -> BinBaum t
value :: BinBaum t -> t
empty :: BinBaum t -> Bool
left  (Bin b1 _ _)    = b1
right (Bin _ _ b2)    = b2
value (Bin _ v _)     = v
empty EmptyTree = True
empty (Bin _ _ _)     = False
Main> value (left (Bin(Bin EmptyTree 2 EmptyTree) 1 (Bin EmptyTree 3 EmptyTree)))
2
Main> right (Bin(Bin EmptyTree 2 EmptyTree) 1 (Bin EmptyTree 3 EmptyTree))
Bin EmptyTree 3 EmptyTree
Main>
empty (left(right(Bin(Bin EmptyTree 2 EmptyTree) 1 (Bin EmptyTree 3 EmptyTree))))
True
```

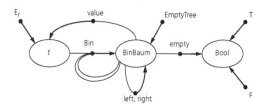

Abbildung 6.5: Signatur eines Binärbaums

Die Abb. 6.5 zeigt die Signatur graphisch.

Die Spezifikation zeigt, daß es zwei Arten von Bäumen gibt, den leeren Baum EmptyTree, und Ecken, repräsentiert durch den Konstruktor Bin, die Tripel bestehend aus den beiden Söhnen der Ecke und dem Wert sind. Die Blätter des Baumes sind dadurch ausgezeichnet, daß ihre beiden Söhne leere Bäume sind. In vielen Anwendungen enthalten nur die Blätter Werte. Man spricht dann von **Blattbäumen.** So sind etwa Lisp-Listen Blattbäume: Die beiden Söhne erhalten wir mit den Operationen car und cdr. Die Atome sind die Werte der Blätter.

In Haskell wie in vielen anderen funktionalen Sprachen können wir außer der ausführbaren Spezifikation keine weitere Implementierung von Binärbäumen angeben: Auf Listen können wir sie nicht zurückführen, da Bäume keine lineare Datenstrukturen sind. Die Ecken von Binärbäumen sind zwar Tripel (*linker_Sohn*, *Wert*, *rechter_Sohn*). Da wir aber kein leeres Tripel angeben können, gibt es keine Repräsentation des leeren Baumes.

Wir geben nachfolgend einige wichtige Grundalgorithmen für den Umgang mit Bäumen an, die wir immer wieder benötigen.

Zunächst zeigen wir, wie man aus einem Ausdruck in Infixform einen Kantorowitsch-Baum konstruieren kann. Hierzu benutzen wir die Ausdrucksgrammatik in EBNF von S. 40 ohne die unären Operatoren + und −. Der Einfachheit halber beschränken wir uns auf Operanden wie *a*, *b*, *c* oder 1, 2, 3, die durch ein Zeichen dargestellt werden. Die Eingabe ist dann ein Text aus Buchstaben, Ziffern, Klammern und Operatoren, den man folgendermaßen verarbeiten kann:

```
ausdruck xs = until p f (term xs)
         where p (b,[ ])    = True
               p (b,(a:_))  = ((a /= '+') && (a /= '-'))
               f (b,(a:as)) = (Bin b a (fst c), snd c) where c = term as

term xs = until p f (faktor xs)
         where p (b,[ ])    = True
               p (b,(a:_))  = ((a /= '*') && (a /= '/'))
               f (b,(a:as)) = (Bin b a (fst c), snd c) where c = faktor as

faktor (x:xs) | isAlphanum x = (Bin EmptyTree x EmptyTree,xs)
              | x=='('       = (formel,rest)
                              where formel  = fst (ausdruck xs)
                                    (')':rest) = snd (ausdruck xs)
```

```
Main> ausdruck " (a+b) *c"
(Bin (Bin (Bin EmptyTree 'a' EmptyTree) '+' (Bin EmptyTree 'b' EmptyTree))
    '*' (Bin EmptyTree 'c' EmptyTree),[ ])
```

Die drei Funktionen entsprechen auch in ihrer Struktur genau den EBNF-Produktionen: Zur Konstruktion eines Baums z. B. für einen Term beginnt term mit einem Aufruf faktor xs, um den ersten Operanden zu ermitteln. Danach wird in Schleife geprüft, ob ein Multiplikationsoperator vorliegt und gegebenenfalls eine übergeordnete Ecke konstruiert, die den vorgegebenen ersten Operanden und einen zusätzlichen zweiten Operanden enthält. Die Funktion faktor prüft mit Hilfe von isAlphanum, ob die Eingabe mit einem Buchstaben oder einer Ziffer beginnt und liefert dann ein Blatt des Baumes. Andernfalls prüft sie, ob eine öffnende Klammer vorliegt, liefert den Baum für den Klammerinhalt und entfernt die schließende Klammer aus der Eingabe.

Die Funktionen arbeiten mit dem jeweiligen Rest der Eingabe als Parameter. Dazu liefern sie als Ergebnis ein Paar, bestehend aus dem jeweiligen Baum und dem Eingaberest, der nach Abspalten dieses Baumes übrig bleibt und daher der Prüfung des nächsten Operators bzw. der Konstruktion des Baumes für den nächsten Operanden dient. Das Verfahren ist eine Anwendung der Techniken in Abschnitt 5.5.2 und wird in ähnlicher Weise bei anderen Anwendungen eingesetzt, die schrittweise Eingabeelemente verarbeiten.

Aufgabe 6.15: Ermitteln Sie den Baum für $(a + b) * (c + d/f)$ und zeichnen Sie ihn auf.

Aufgabe 6.16: Beweisen Sie, daß das zweite Element des Ergebnisses der drei Funktionen tatsächlich jeweils den Rest der Eingabe darstellt.

Aufgabe 6.17: Modifizieren Sie die Funktionen so, daß auch Bezeichner und Zahlen, die mehrere Zeichen umfassen, verarbeitet werden.

In Abschnitt 3.1 hatten wir dargestellt, daß wir beim Ablaufen des Baumes wahlweise Präfix-, Infix- oder Postfixform erzeugen können, je nachdem, wann wir den Operator, also den Wert einer inneren Ecke des Baumes, notieren. Dies leistet die Funktion

```
tiefensuche (Bin EmptyTree v EmptyTree) = [v]
tiefensuche (Bin b1 v b2)           = tb1 ++ tb2 ++ [v] -- Postfix
                    -- oder    [v] ++ tb1 ++ tb2 -- Präfix
                    where tb1 = tiefensuche b1
                          tb2 = tiefensuche b2
Main> tiefensuche (fst ( ausdruck " (a+b) *c "))
ab+c*
```

für die Postfix- bzw. Präfixform. Zusammen mit der Funktion berechne aus Beispiel 6.1 können wir daher jetzt auch Ausdrücke in Infixform auswerten, die nur Zahlen als Operanden enthalten.

Aufgabe 6.18: Modifizieren Sie tiefensuche so, daß es Infixform liefert. Bedenken Sie, daß Sie möglicherweise Klammern setzen müssen!

Aufgabe 6.19: Schreiben Sie ein Programm zur Berechnung des Werts arithmetischer Ausdrücke mit Zahlen als Operanden: Modifizieren Sie die Funktionen ausdruck, term und faktor so, daß sie anstelle einer Ecke des Baumes das Ergebnis der Berechnung des Unterbaumes liefern, der dieser Ecke entspricht.

Aufgabe 6.20: Erweitern Sie tiefensuche so, daß es auch auf andere als Ausdrucksbäume anwendbar wird, z. B. solche, bei denen möglicherweise einer der beiden Söhne (aber nicht beide) leere Bäume sind.

Tiefensuche[11] ist ein universelles Verfahren, um Bäume zu erforschen. Wie wir später sehen werden, ist es auch auf andere als Binärbäume und auf allgemeine gerichtete Graphen anwendbar. Es ist gekennzeichnet dadurch, daß es „links-abwärts" bis zu einem Blatt läuft, um dann rückwärtsgehend die unterwegs angetroffenen und noch nicht bearbeiteten Söhne zu untersuchen. Diese Beschreibung ergibt folgende Formulierung der Tiefensuche, die einen Keller der noch zu bearbeitenden Ecken als lokale Datenstruktur enthält:

```
tiefensuche1 b = fst (until p f ([ ],Push CreateStack b))
    where p ( _ ,k)                      = empty k
        f (erg,k) | (top k) == EmptyTree = (erg,pop k)
                  | otherwise            = (erg ++ [v],Push (Push (pop k) b2) b1)
            where (Bin b1 v b2) = top k
Main>  tiefensuche (fst ( ausdruck " (a+b) *c"))
*+abc
```

Die eigentliche Ergebnisberechnung, hier Präfixform, besteht nur noch aus dem Ausdruck erg ++ [v]. Für diese Formulierung muß man übrigens = = für Binärbäume definieren, was wir hier nicht zeigen.

Setzt man in tiefensuche1 statt eines Kellers eine *erster-zuerst*-Schlange ein, so erhält man **Breitensuche**[12]:

```
breitensuche b = fst (until p f ([ ],Enqueue CreateQueue b))
    where p ( _ ,s) = empty s
        f (erg,s) | (front s) == EmptyTree = (erg,dequeue s)
                  | otherwise = ([v] ++erg,Enqueue (Enqueue (dequeue s) b2) b1)
            where (Bin b1 v b2) = front s
Main>  breitensuche (fst ( ausdruck " (a+b) *c"))
ab+c*
```

Die Ecken werden nicht mehr in der Reihenfolge links-abwärts betrachtet, sondern „zeilenweise". Es gilt:

Bei Tiefensuche wird ein rechter Sohn erst untersucht, wenn der Unterbaum des linken Sohnes vollständig erforscht ist. Bei Breitensuche wird eine Ecke der Tiefe $k + 1$ im Baum erst untersucht, wenn alle Ecken der Tiefe k erforscht sind.

Tiefen- und Breitensuche entfalten ihre unterschiedliche Wirkung im Zusammenwirken mit der *Generieren-und-Testen*-Strategie. So könnten wir beim Schachspielen die Brettstellungen als Ecken eines Baumes betrachten und als Söhne die Stellungen aufnehmen, die wir mit den nächsten Zug erreichen. Tiefensuche bedeutet in diesem Baum, daß wir alle möglichen Fortsetzungen, die auf einen bestimmten Zug z folgen, bis zum Ende untersuchen, bevor wir einen alternativen Zug z' betrachten. Bei Breitensuche studieren wir die alternativen Züge, bevor wir die weiteren Fortsetzungen betrachten. Eine vernünftige Gewinnstrategie liegt offensichtlich zwischen diesen Extremen. Insbesondere ist hier reine Tiefensuche wenig geeignet, weil sie zu viele Möglichkeiten untersucht, bevor sie zu Alternativen übergeht.

---

11. Engl. *depth-first search*
12. Engl. *breadth-first search*

Eine andere Anwendung von Binärbäumen sind Suchbäume. Wir setzen einen geordneten Elementtyp t voraus und konstruieren einen Binärbaum so, daß für alle Ecken Bin b_1 v b_2 gilt

$$v_l < v < v_r, \text{ wenn } v_l \text{ in } b_1, v_r \text{ in } b_2 \text{ vorkommt.} \qquad (6.2)$$

Dazu erweitern wir die Spezifikation des Binärbaums um die Operationen

```
insert :: (Eq t,Ord t) => (BinBaum t) -> t -> (BinBaum t)
find   :: (Eq t,Ord t) => (BinBaum t) -> t -> Bool

insert EmptyTree w = Bin EmptyTree w EmptyTree
insert (Bin b1 v b2) w  | w == v = Bin b1 v b2
                        | w < v  = Bin (insert b1 w) v b2
                        | w > v  = Bin b1 v (insert b2 w)

find EmptyTree w = False
find (Bin b1 v b2) w  | w == v = True
                      | w < v  = find b1 w
                      | w > v  = find b2 w

Main> insert (insert (insert (insert EmptyTree 5 ) (-3)) 2) 9
Bin (Bin EmptyTree (-3) (Bin EmptyTree 2 EmptyTree)) 5 (Bin EmptyTree 9 EmptyTree)
```

Ein Binärbaum mit den Operationen insert und find heißt ein (**binärer**) **Suchbaum**. Die Operationen left, right und value werden bei einem Suchbaum nicht benötigt. Oft besitzt ein Suchbaum noch zusätzlich eine Operation delete zum Löschen von Einträgen.

Binäre Suchbäume werden uns noch in verschiedenster Gestalt begegnen.

6.4 Mengen und Mehrfachmengen

Mengen sind einer der am häufigsten vorkommenden abstrakten Datentypen mit zahlreichen Implementierungsmöglichkeiten, von denen wir hier nur zwei besprechen. Wir setzen voraus, daß die Elemente einen Typ t haben, der die Prüfung auf Gleichheit zuläßt. Ist der Elementtyp geordnet, oder benötigt man nicht alle der nachfolgend angegebenen Grundoperationen, so erweitert dies die Implementierungsmöglichkeiten.

Wir müssen deutlich zwischen Mengen und den in Anhang A.4 erörterten Mehrfachmengen unterscheiden. Beides sind abstrakte Datentypen mit (fast) der gleichen Signatur. Die Axiome unterscheiden sich. Von den Implementierungen sind manche für beide ADTs zu gebrauchen, manche nur für Mengen. Die Signatur und Axiome von Mengen lauten:

```
data Menge t = EmptySet | Elem t (Menge t)
```

```
single      :: Eq t => t -> Menge t
insert      :: Eq t => Menge t -> t -> Menge t
is_elem     :: Eq t => t -> Menge t -> Bool
delete      :: Eq t => Menge t -> t -> Menge t
union       :: Eq t => Menge t -> Menge t -> Menge t
intersect   :: Eq t => Menge t -> Menge t -> Menge t
difference  :: Eq t => Menge t -> Menge t -> Menge t
empty       :: Menge t -> Bool
```

single e	= Elem e EmptySet
insert m e	= union (single e) m
is_elem e EmptySet	= False
is_elem e (Elem e' m) | e == e'	= True
| otherwise	= is_elem e m
delete m e	= difference m (single e)
union EmptySet m	= m
union (Elem e m) m' | is_elem e m'	= union m m'
| otherwise	= Elem e (union m m')
intersect EmptySet m	= EmptySet
intersect (Elem e m) m' | is_elem e m'	= Elem e (intersect m m')
| otherwise	= intersect m m'
difference EmptySet m	= EmptySet
difference (Elem e m) m' | not (is_elem e m')	= Elem e (difference m m')
| otherwise	= difference m m'
empty EmptySet	= True
empty (Elem e m)	= False

Die Abb. 6.6 zeigt die Signatur graphisch.

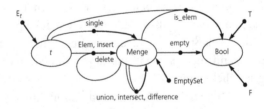

Abbildung 6.6: Signatur einer Menge

Am seltensten benötigt man die Operation single, $e \mapsto \{e\}$. Oft genügen die Operationen insert, is_elem (auch als find bekannt) und delete zur Manipulation einzelner Elemente von Mengen. Die Mengenoperationen Vereinigung (union), Durchschnitt (intersect) und Mengendifferenz (difference) $M \setminus N = M \setminus (M \cap N)$ werden meist gemeinsam benötigt.

Aufgabe 6.21: Geben Sie die Signatur und Axiome für die symmetrische Mengendifferenz symdifference an.

Aufgabe 6.22: Formulieren Sie Axiome für insert und delete ohne Rückgriff auf union und difference.

Für Mehrfachmengen kommt in der Signatur die Operation

```
is_n_elem :: Eq t => t -> Menge t -> Int
is_n_elem e EmptySet            = 0
is_n_elem e (Elem e' m)  | e == e'   = 1 + (is_n_elem e m)
                         | otherwise = is_n_elem e m
```

hinzu, die Auskunft über die Vielfachheit des Elements e gibt. Die Axiome für union, intersect und difference unterscheiden sich, weil jetzt Rücksicht auf die Vielfachheiten entsprechend Tab. A.1, S. 359, genommen werden muß.

Aufgabe 6.23: Formulieren Sie Axiome für Mehrfachmengen.

Als Implementierungen kommt vor allem die Repräsentation einer Menge bzw. Mehrfachmenge durch eine Liste in Betracht:

```
type Menge t = [t]
single     :: Eq t => t -> Menge t
insert     :: Eq t => Menge t -> t -> Menge t
is_elem    :: Eq t => t -> Menge t -> Bool
delete     :: Eq t => Menge t -> t -> Menge t
union      :: Eq t => Menge t -> Menge t -> Menge t
intersect  :: Eq t => Menge t -> Menge t -> Menge t
difference :: Eq t => Menge t -> Menge t -> Menge t
empty      :: Menge t -> Bool
emptyset                        = [ ]
single e                        = [e]
insert [ ] e                    = [e]
insert (a:m) e  | a == e        = a:m
                | otherwise     = a:(insert m e)
is_elem e [ ]                   = False
is_elem e (a:m)  | a == e       = True
                 | otherwise    = is_elem e m
delete [ ] e                    = [ ]
delete (a:m) e  | a == e        = m
                | otherwise     = a:(delete m e)
```

```
union [ ] m                        = m
union (e:m) m'  | is_elem e m'     = union m m'
                | otherwise        = e:(union m m')
intersect [ ] m                    = [ ]
intersect (e:m) m'  | is_elem e m' = e:(intersect m m')
                    | otherwise    = intersect m m'
difference [ ] m                   = [ ]
difference (e:m) m'  | not (is_elem e m') = e:(difference m m')
                     | otherwise          = difference m m'
empty [ ]                          = True
empty [a:m]                        = False
```

Mehrfachmengen kann man auch mit Listen implementieren, wenn man die Definition der Funktionen geeignet modifiziert. Hingegen ist eine Implementierung mit Hilfe eines Suchbaums

```
type Menge t = BinBaum t
```

nur für Mengen, jedoch nicht für Mehrfachmengen geeignet. Zusätzlich wird gefordert, daß der Elementtyp t geordnet ist, da wir die Vergleichsoperationen < und > benötigen. Die Operationen insert, find (statt is_elem), delete und empty des Suchbaums können unmittelbar übernommen werden. Die Mengenoperationen union, intersect und difference kann man bei Bedarf auf diese Operationen zurückführen.

Aufgabe 6.24: Formulieren Sie die Operationen union, intersect und difference bei Implementierung der Menge durch einen Suchbaum.

6.5 Anmerkungen und Verweise

Datenabstraktion entstand historisch aus praktischen Bedürfnissen des Softwareentwurfs, wie die heute noch lesenswerten Aufsätze (PARNAS , 1972a,b) zeigen. Sie war Ausgangspunkt der Entwicklung modularer Programmiersprachen wie MODULA-2. C. A. R. HOARE (1972, 1975), erkannte die Systematik, die dem baumartigen, rekursiven Aufbau vieler Datenstrukturen innewohnt. Man vergleiche auch das Buch (LISKOV und GUTTAG , 1986).

Daß ein ADT Quotient einer initialen Termalgebra ist, wurde erst später erkannt, vgl. etwa (GOGUEN, THATCHER, WAGNER und WRIGHT , 1977, 1978). Von diesen Autoren stammen auch die Schemazeichnungen für die Signaturen von ADTs.

Kapitel 7
Algorithmenkonstruktion I

Algorithmen sind die Grundelemente, aus denen wir Aufgabenlösungen zusammensetzen. Sie werden unter den Gesichtspunkten Korrektheit, Aufwand und Robustheit entwickelt und beurteilt. Unter **Robustheit** versteht man die Zuverlässigkeit, mit der ein Algorithmus fehlerhafte und inkonsistente Eingabedaten abfängt, und Eingaben, die zu umfangreich sind, abhandelt. Alle drei Gesichtspunkte sind eng verknüpft mit der Realisierung der Datenstrukturen, auf denen ein Algorithmus arbeitet.

Algorithmen werden nach bestimmten Konstruktionsprinzipien entworfen. Wir behandeln in diesem Kapitel die Konstruktionsprinzipien *Teile-und-Herrsche* und *gierige Algorithmen*. Zuvor gehen wir auf Aufwandsfragen ein. Wir bauen auf den Algorithmen und Datenstrukturen auf, die wir in den vorangehenden Kapiteln bereits kennenlernten, und beschränken uns auf sequentielle Algorithmen, die wir auf einem von-Neumann-Rechner ablaufen lassen können.

7.1 Aufwand von Algorithmen

Algorithmen verbrauchen Rechenzeit; die Datenstrukturen, auf denen sie arbeiten, verbrauchen Speicher. Bei „kleinen" Aufgaben ist es relativ unwichtig, wie hoch der Rechen- bzw. Speicheraufwand ist. Bei umfangreichen Aufgaben wird der Aufwand immer wichtiger bis zu der Grenze, an der die Betriebsmittel – in der Informatik sagt man oft **Ressourcen** — nicht mehr ausreichen, um einen Algorithmus unter ökonomischen Gesichtspunkten oder überhaupt durchzuführen.

Beispielsweise ist die heute bei Wetterämtern verfügbare Rechenkapazität um Größenordnungen zu klein, um in der verfügbaren Zeit eine längerfristig zuverlässigere Vorhersage zu erstellen. Verschlüsselungs- und Authentisierungsverfahren der Kryptographie nutzen aus, daß es in vertretbarer Zeit nicht möglich ist, bestimmte Aufgaben zu lösen, z. B. eine hinreichend große Zahl in Primzahlen zu zerlegen. Das Aussortieren von Doppeln aus einer Adreßdatei scheitert oft daran, daß es teurer ist, die Doppel auszusondern, als das Porto mehrfach zu bezahlen.

Bei Aufwandsbetrachtungen benutzen wir folgende Begriffe:

- Der **Umfang** n eines Problems ist die Anzahl der Eingabewerte (seltener und nur bei ausdrücklicher Erwähnung die Anzahl der Bits in der Eingabe, noch seltener der Umfang der Ausgabe).

- Der **Aufwand** $T(n)$ eines Algorithmus $\mathcal{A}$ ist die Anzahl der Zeit- bzw. Speichereinheiten, die der Algorithmus für ein Problem des Umfangs n benötigt.

  Der Aufwand für einen Speicherzugriff wird mit einer Zeiteinheit bewertet; er ist konstant und unabhängig vom Problemumfang, von der Anzahl der Prozessoren usw., obwohl dies technisch nicht richtig ist.

  Der Zeitaufwand $T(n)$ wird nur bis auf konstante Faktoren untersucht, da der gleiche Algorithmus auf unterschiedlichen Rechnern, in unterschiedlichen Programmiersprachen codiert, oder von unterschiedlichen Implementierungen der gleichen Sprache verarbeitet, unterschiedlich hohen Aufwand verursacht. Andererseits wirken sich die Unterschiede bei wachsendem Eingabeumfang n nur als konstante Faktoren auf den Aufwand $T = T(n)$ aus.

  Beim Speicheraufwand werden konstante Faktoren, die aus unterschiedlichen Implementierungen herrühren, berücksichtigt.

- Die **Komplexität** eines Problems ist der geringstmögliche Aufwand, den man mit irgendeinem Algorithmus für das Problem erreichen kann.

- Wenn der Aufwand nicht nur vom Umfang der Eingabe, sondern auch von den tatsächlichen Eingabewerten abhängt, unterscheiden wir zwischen dem (häufig uninteressanten) **günstigsten Aufwand**, dem **mittleren Aufwand**, dem **Erwartungswert des Aufwands** und dem **ungünstigsten Aufwand**. Zusammengenommen sagen wir: *Der Aufwand hängt vom Profil der Eingabe ab.* Der ungünstigste Aufwand wird aus konkreten ungünstigen Eingabedaten bestimmt. Beim mittleren Aufwand mitteln wir über den Aufwand aller möglichen Eingaben gleichen Umfangs, wobei wir Gleichverteilung unterstellen.[1] Den Erwartungswert des Aufwands definieren wir, wenn der Algorithmus zufallsgesteuert Entscheidungen trifft; wir kommen hierauf in Bd. II zurück. Für alle anderen Begriffe sehen wir Beispiele in Abschnitt 7.2.1.

- **Asymptotischer Aufwand** bzw. **Komplexität** ist der Aufwand für sehr große Umfänge $n \to \infty$. Gewöhnlich versteht man unter Aufwand bzw. Komplexität diese asymptotischen Begriffe[2].

---

1. Obwohl dies in der praktischen Anwendung meist eine unrealistische Annahme ist!

2. In der Praxis ist der mögliche Umfang durch die insgesamt auf der Welt verfügbare Rechenkapazität und natürlich durch die Anzahl der Atome im Weltall beschränkt.

Bei funktionalen Sprachen ist die Einheit des Zeitaufwands ein Reduktionsschritt. Der Speicheraufwand ist die Anzahl der benötigten Zellen. Eine Zelle kann z. B. ein Listenelement aufnehmen. Es werden aber auch Zellen für Funktionsaufrufe usw. verbraucht. Wir konzentrieren uns in diesem Kapitel auf den Zeitaufwand. Der Speicheraufwand wird in Bd. II eine größere Rolle spielen.

7.1.1 Der O-Kalkül

Um den Zeitaufwand bis auf konstante Faktoren zu charakterisieren, ordnen wir die Aufwandsfunktionen $T(n)$ bestimmten Funktionenklassen zu. Dazu bezeichnen $f, g, h, \ldots$ reellwertige Funktionen, die auf der Menge $\mathbb{N}$ der nichtnegativen ganzen Zahlen definiert sind. Die Definitionen und Ergebnisse lassen sich auf reellwertige Funktionen, die für reelle Zahlen $x > 0$ definiert sind, verallgemeinern.

Die einzelnen Funktionenklassen beschränken die Aufwandsfunktionen $T(n)$ nach oben und nach unten:

$$O(f(n)) := \{\, g(n) \mid \exists c > 0, n_0 \in \mathbb{N} \text{ mit } 0 \leqslant g(n) \leqslant c \cdot f(n) \text{ für } n \geqslant n_0 \}. \quad (7.1)$$

$$\Omega(f(n)) := \{\, g(n) \mid \exists c > 0, n_0 \in \mathbb{N} \text{ mit } 0 \leqslant c \cdot f(n) \leqslant g(n) \text{ für } n \geqslant n_0 \}. \quad (7.2)$$

$$o(f(n)) := \{\, g(n) \mid \forall c > 0 \, \exists n_0 \in \mathbb{N} \text{ mit } 0 \leqslant g(n) < c \cdot f(n) \text{ für } n \geqslant n_0 \}. \quad (7.3)$$

$$\omega(f(n)) := \{\, g(n) \mid \forall c > 0 \, \exists n_0 \in \mathbb{N} \text{ mit } 0 \leqslant f(n) < c \cdot g(n) \text{ für } n \geqslant n_0 \}. \quad (7.4)$$

$$\Theta(f(n)) := \{\, g(n) \mid \exists c_1, c_2 > 0, n_0 \in \mathbb{N} \text{ mit} \quad\quad\quad\quad (7.5)$$
$$0 \leqslant c_1 \cdot f(n) \leqslant g(n) \leqslant c_2 \cdot f(n) \text{ für } n \geqslant n_0 \}.$$

Die Klassen $O(\cdots)$ und $o(\cdots)$ werden „groß O von ...“ bzw. „klein o von ...“ ausgesprochen. Sie gehen auf den Zahlentheoretiker EDMUND LANDAU zurück. Es gilt
Satz 7.1:

$$g \in \Theta(f) \quad \Longleftrightarrow \quad g \in O(f) \wedge g \in \Omega(f). \quad (7.6)$$

$$g \in O(f) \quad \Longleftrightarrow \quad f \in \Omega(g). \quad (7.7)$$

$$g \in o(f) \quad \Longleftrightarrow \quad f \in \omega(g). \quad (7.8)$$

$$g \in o(f) \quad \Longrightarrow \quad \lim_{n \to \infty} \frac{g(n)}{f(n)} = 0. \quad (7.9)$$

Für nichtnegative Funktionen g, f gilt auch die Umkehrung der letzten Beziehung.

$g \in O(f(n))$ bedeutet also: *g wächst höchstens so schnell wie f*; $g \in o(f(n))$ bedeutet: *g wächst deutlich langsamer als f*; $g \in \Theta(f(n))$ bedeutet: *g wächst ebenso schnell wie f*. Für die anderen Klassen gilt Entsprechendes.

Die Klassen $O(\cdots), \ldots, \Theta(\cdots)$ sind Mengen. Trotzdem schreibt man gewöhnlich $g(n) = O(f(n))$ usw. statt $g(n) \in O(f(n))$ usw. Diese Schreibweise wird durch die folgenden Eigenschaften gerechtfertigt:

Satz 7.2: Φ *sei eine der Klassen (7.1) - (7.5), $k > 0$ eine Konstante, $h \in \Phi(f)$ und g sei eine beliebige Funktion, die für $n \geqslant n_0$ nicht-negativ ist. Dann gilt:*

$$h + g \quad \in \quad \Phi(f + g). \tag{7.10}$$

$$h \cdot g \quad \in \quad \Phi(f \cdot g). \tag{7.11}$$

$$h/g \quad \in \quad \Phi(f \,/\, g). \tag{7.12}$$

$$h \pm k \quad \in \quad \Phi(f). \tag{7.13}$$

$$k \cdot h \quad \in \quad \Phi(f). \tag{7.14}$$

Für $h \in \Theta(f)$ gilt auch

$$g/h \quad \in \quad \Theta(g/f). \tag{7.15}$$

Aufgabe 7.1: Warum läßt sich (7.15) nicht auf die anderen Funktionsklassen $O, \ldots$ verallgemeinern? Formulieren Sie die stattdessen geltenden Beziehungen unter Verwendung des Satzes 7.1.

Aufgrund dieser Eigenschaften definieren wir mit den Bezeichnungen des vorangehenden Satzes arithmetische Operationen mit unseren Funktionsklassen:

$$\Phi(f) \pm g \quad := \quad \Phi(f \pm g). \tag{7.16}$$

$$\Phi(f) + \Phi(g) \quad := \quad \Phi(f + g). \tag{7.17}$$

$$k \cdot \Phi(f) \quad := \quad \Phi(f). \tag{7.18}$$

$$\Phi(f) \cdot \Phi(g) \quad := \quad \Phi(f \cdot g). \tag{7.19}$$

$$\Theta(f)/\Theta(g) \quad := \quad \Theta(f/g). \tag{7.20}$$

$$\tag{7.21}$$

Schließlich gilt:

Satz 7.3: *Die Klassen (7.1) - (7.5) sind transitiv:*

$$f \in \Phi(g), \; g \in \Phi(h) \; \Rightarrow \; f \in \Phi(h).$$

Θ, O, Ω *sind reflexiv.*
Θ *ist symmetrisch.*

Aufgabe 7.2: Beweisen Sie die Sätze dieses Abschnitts.

7.1.2 Anwendungen

Wenn $T(n) < \infty$ gilt, so terminieren alle Rekursionen und Schleifen. Aufwandsberechnung liefert zugleich eine Terminierungsfunktion und trägt somit zum Nachweis der Korrektheit bei.

Beispiel 7.1: Für die Summenfunktion

```
sum xs = foldl (+) 0 xs
```

vgl. Aufgabe 5.22, ist die Anzahl der Reduktionen von der Länge $n = $ length xs abhängig. Es gilt $T_{sum}(n) = c_1 n + c_2$; c_1, c_2 konstant. $T_{sum}(n)$ gehört also zu den Funktionenklassen $O(n)$, $\Omega(n)$ und $\Theta(n)$. Wir sagen die Summierung hat **linearen Aufwand**. Gleiches gilt für die Berechnung des Minimums der Elemente einer Liste.   ♦

Beispiel 7.2: Beim Sortieren durch Auswählen bestimmen wir fortlaufend das Minimum einer Liste, nehmen es aus der Liste heraus und hängen es an das Ergebnis an, vgl. S. 251. Der Aufwand ist folglich

$$
\begin{aligned}
T_{SA}(0) &= c_0 \\
T_{SA}(n) &= T_{\min-\text{Suche}}(n) + T_{\text{Herausnehmen}}(n) + T_{\text{Einsetzen}} + T_{SA}(n-1) \\
&= c_s \cdot n + c_d \cdot n + c_e + T_{SA}(n-1) + c_a,
\end{aligned}
$$

wenn wir den Aufwand für das Suchen und Herausnehmen jeweils als linear mit den Proportionalitätsfaktoren c_s bzw. c_d annehmen. c_e bemißt den konstanten Aufwand für das Einsetzen und c_a den konstanten Aufwand, den wir für das Zusammensetzen der einzelnen Tätigkeiten einschließlich der Rekursion haben. Durch vollständige Induktion ergibt sich hieraus

$$
\begin{aligned}
T_{SA}(n) &= (c_s + c_d)n + (c_e + c_a) + T_{SA}(n-1) \\
&= c_0 + (c_s + c_d)\frac{n(n+1)}{2} + (c_e + c_a)n.
\end{aligned}
$$

Für $n > \max(\frac{c_0}{c_s+c_d}, \frac{c_e+c_a}{c_s+c_d})$ erhalten wir

$$
\begin{aligned}
T_{SA}(n) &\leq (c_s + c_d)(n + \frac{n(n+1)}{2} + n^2) \\
&\leq k \cdot n^2
\end{aligned}
$$

mit einer geeigneten Konstanten $k > 0$. $T_{SA}(n)$ gehört also zur Klasse $O(n^2)$; wir sagen, Sortieren durch Auswählen hat **quadratischen Aufwand**.

Der ungünstigste Aufwand ergibt sich für die Liste $[n, \ldots, 2, 1]$, der günstigste für eine sortierte Liste $[1, 2, \ldots, n]$. Im ersten Fall kostet sowohl die Minimum-Suche als auch das Herausnehmen den Aufwand $c_s \cdot n$ bzw. $c_d \cdot n$. Im zweiten Fall haben wir den gleichen Aufwand für die Minimum-Suche, da wir alle Elemente ansehen müssen, obwohl bereits das erste Element das Minimum liefert; das Herausnehmen kostet uns aber nur noch konstanten Aufwand c_d. Wegen der Minimum-Suche ist aber auch im günstigsten Fall der Aufwand $O(n^2)$, wenngleich mit anderen Konstanten.   ♦

Aufgabe 7.3: Zeigen Sie, daß $T_{SA}(n)$ auch zur Klasse $\Omega(n^2)$ und damit zur Klasse $\Theta(n^2)$ gehört.

Die Werte der einzelnen Konstanten $c_0, \ldots$ spielen für die Gesamtabschätzung keine Rolle, da beim Eingruppieren in eine der Funktionsklassen O, Ω und Θ nur die Existenz einer geeigneten Konstanten gefordert wird, ohne daß an den Wert Bedingungen gestellt werden. Wir können also alle Konstanten als gleich, z. B. gleich dem Maximum der tatsächlich auftretenden Werte, annehmen.

Ferner gilt für hinreichend großes n stets $f(n) > c \cdot g(n)$, wenn die Funktion $f(n)$ schneller wächst als $g(n)$, d. h., wenn $\lim\limits_{n\to\infty} \frac{f(n)}{g(n)} = +\infty$. $n \log n$ wächst schneller als n; n^2 wächst schneller als $n \log n$ und als n; n^k wächst schneller als $n^{k'}$ für $k > k'$. Schätzen wir eine Aufwandsfunktion nach oben durch eine Summe von Funktionen unterschiedlichen Wachstums ab, so genügt es daher, nur den Summanden mit stärkstem Wachstum zu berücksichtigen.

Übrigens kann man bei der Messung des Aufwand für konkrete Eingabedaten den Aufwand einer Funktion oft nicht isoliert ermitteln. So können wir in Beispiel 7.1 den Aufwand für das Summieren nicht vom Aufwand für die Bildung der Liste, deren Elemente wir summieren, trennen. Daher stellen wir zunächst getrennt den Aufwand für die Bildung der Liste fest und ziehen diesen dann vom Gesamtaufwand des Summierens einschl. Listenkonstruktion ab.

Bei solchen Aufwandsmessungen spielt das eigentlich erzielte Rechenergebnis keine Rolle; es wird oft nicht ausgegeben. Hochoptimierende Übersetzer erkennen dies manchmal und erzeugen keinen Code zur Berechnung des Ergebnisses, da dieses ja offensichtlich überflüssig ist. Dann ist aber die Aufwandsmessung falsch. Man muß also die Optimierungsmaßnahmen des Übersetzers umgehen. Durch faule Auswertung können in funktionalen Sprachen zusätzliche, ähnliche Effekte eintreten.

Beispiel 7.3: Beim Sortieren durch Einfügen auf S. 251 ist der Aufwand für das Herausnehmen des ersten Elements der Liste konstant, d. h. $\Theta(1)$. Der Aufwand für das Einfügen an i-ter Stelle in eine Liste mit $n-1$ Elementen ist konstant, wenn die Stelle gefunden ist. Dies verlangt in unserem Algorithmus i Rekursionsschritte, die, wie man durch Experiment sieht, alle konstanten Aufwand haben. Also kostet Einfügen an i-ter Stelle einen Aufwand $\Theta(i)$.

Wenn wir annehmen, daß die zu sortierenden n Elemente gleichverteilt sind, gehört das einzufügende n-te Element jeweils mit Wahrscheinlichkeit $p(i) = 1/n$ an die i-te Stelle, $i = 1, 2 \ldots, n$. Der Erwartungswert der Einfügestelle ist folglich

$$
\begin{aligned}
E(n) &= \sum_{i=1}^{n} i \cdot p(i) \\
&= \frac{1}{n} \sum_{i=1}^{n} i \\
&= \frac{n+1}{2} = O(n).
\end{aligned}
\tag{7.22}
$$

Wie beim Sortieren durch Auswählen erhalten wir quadratischen Aufwand

$$
\begin{aligned}
T_{SE}(0) &= c_0 \\
T_{SE}(n) &= c_{Herausnehmen} + T_{Einfügen}(n) + T_{SE}(n-1) \\
&= c_{Herausnehmen} + O(n) + T_{SE}(n-1) \\
&= O(n) + T_{SE}(n-1) \\
&= O(n^2),
\end{aligned}
$$

wie man wiederum durch vollständige Induktion beweist.

Allerdings ist nur der mittlere Aufwand quadratisch, denn wir hatten angenommen, daß die Elemente gleichverteilt sind. Liefern wir die Liste $[1, 2, \ldots, n]$ bereits vollständig sortiert an, so ist in der obigen Rechnung $p(1) = 1$, $p(i) = 0$ für $i \neq 1$ und daher $E(n) = 1$. In diesem günstigsten Fall haben wir linearen Aufwand $T_{SE}(n) = O(n)$. Da häufig angeordnete Mengen sortiert werden müssen, die nur „wenig in Unordnung" geraten sind, können wir von Sortieren durch Einfügen in der Praxis einen niedrigeren Aufwand als $O(n^2)$ erwarten. Insbesondere können wir $T_{SE}(n) = \Omega(n^2)$ und damit $T_{SE}(n^2) = \Theta(n^2)$ *nicht* beweisen, da wir dazu zeigen müßten, daß $E(n) = \Omega(n)$.

Insgesamt ist Sortieren durch Einfügen in der Praxis besser als Sortieren durch Auswählen. ◆

Beispiel 7.4: Mit den Funktionenklassen aus Abschnitt 7.1.1 lassen sich weitere Klassen beschreiben, z. B. ist

$$
\text{POLY}(n) \quad := \quad \bigcup_{p>0} O(n^p) \tag{7.23}
$$

die Klasse aller polynomiellen Funktionen. Gehört eine Aufwandsfunktion zu POLY(n), so sagen wir, der zugehörige Algorithmus habe **polynomiellen Aufwand**, oder die Aufgabe gehöre zur Klasse P (der mit polynomiellem Aufwand lösbaren Probleme). ◆

Tabelle 7.1: Werte häufig vorkommender Aufwandsfunktionen

			n		
	1	10	100	1 000	10 000
$\log n \approx$	0	2	5	7	9
$n =$	1	10	100	1 000	10 000
$n \log n \approx$	0	23	460	6 908	92 103
$n^2 =$	1	100	10 000	1 000 000	100 000 000
$e^n \approx$	3	$2 \cdot 10^4$	$3 \cdot 10^{43}$	$2 \cdot 10^{434}$	$9 \cdot 10^{4342}$

Die Tab. 7.1 gibt häufig vorkommende Aufwandsfunktionen $f(n)$ für einige Werte von n wieder. Man sieht insbesondere, daß ein Algorithmus mit Aufwand

O($n \log n$) für $n \approx 10\,000$ einen Algorithmus mit linearem Aufwand schlagen kann, wenn der konstante Faktor des linearen Algorithmus mindestens 9 mal so groß ist, wie der des O($n \log n$)-Algorithmus. Zwischen Algorithmen zum gleichen Problem mit unterschiedlichem Aufwand $T_1(n)$, $T_2(n)$ kann es daher **Umstiegspunkte**[3] geben, die durch einen Wert n_U charakterisiert sind, für den $T_1(n_U) \approx T_2(n_U)$ gilt. Auch wenn asymptotisch $T_1(n) > T_2(n)$ gilt, ist für $n < n_U$ der erste Algorithmus vorzuziehen. Der exakte Wert von n_U hängt vom Geschick des Programmierers, der verwendeten Programmiersprache und deren Implementierung, sowie vom Rechner — genauer: vom Geschwindigkeitsverhältnis verschiedener Operationen des Rechners — ab. Er kann nur durch Messung ermittelt werden. Wenn wir Umstiegspunkte n_U angeben, so können diese Werte folglich nur als Anhaltspunkte dienen.

7.2 Teile und Herrsche

> *Entzwei' und gebiete! Tüchtig Wort;*
> *Verein' und leite! Beßrer Hort.*
> JOHANN WOLFGANG VON GOETHE

Teile-und-Herrsche kombiniert die beiden von GOETHE als gegensätzlich verstandenen Prinzipien: Wir zerlegen eine Aufgabe A in p (gleichartige) Teilaufgaben (*entzwei*), lösen diese Teilaufgaben getrennt voneinander (*gebiete*) nach dem gleichen Schema und setzen dann die Gesamtlösung aus den Teillösungen zusammen (*verein' und leite*). Ist eine (Teil-)Aufgabe hinreichend klein, so lösen wir sie direkt, und brechen so die Rekursion ab.

Dies führt zu dem Algorithmenschema

```
teile_und_herrsche a
  | umfang a < schwelle = löse_direkt a
  | otherwise = setze_zusammen (teile_und_herrsche a1)
                               (teile_und_herrsche a2)
                                ...
                               (teile_und_herrsche ap)
          where (a1,a2,...,ap) = zerlege a
```

Um Teile-und-Herrsche sinnvoll einzusetzen, muß die Eingabe eine Menge oder eine andere Datenstruktur bilden, die man so in Teile zerlegen kann, daß diese jeweils einen getrennten, wesentlichen Beitrag zur Gesamtlösung liefern.

Beim Sortieren durch Einfügen zerlegen wir das Problem in zwei Teile, eines vom Umfang 1 und eines vom Umfang ($n - 1$). Da das Zerlegen konstanten Aufwand $\Theta(1)$ verursacht, und das Zusammensetzen einen Erwartungswert $\Theta(n)$

---

3. engl. *break-even-point.*

des Aufwands hat, ergibt sich in Beispiel 7.3 $O(n^2)$; gegenüber dem paarweisen Vergleich aller Elemente miteinander haben wir nichts gewonnen. Gleiches gilt für Sortieren durch Auswählen.

Können wir jedoch das Sortierproblem mit konstantem Aufwand $\Theta(1)$ in zwei ungefähr gleich große Teile des Umfangs $\lceil \frac{n}{2} \rceil$, $\lfloor \frac{n}{2} \rfloor$ zerlegen, so erhalten wir unter der Voraussetzung, daß das Zusammensetzen $\Theta(n)$ kostet:

$$
\begin{aligned}
T(0) &= k \\
T(n) &= k_{\text{Zerlegen}} + T(\lceil \tfrac{n}{2} \rceil) + T(\lfloor \tfrac{n}{2} \rfloor) + k_{\text{Zusammensetzen}} \cdot n.
\end{aligned}
\tag{7.24}
$$

Unter der Annahme $n = 2^m$, $m = \operatorname{ld} n$, die wir im folgenden noch häufiger machen, gilt dann

$$
\begin{aligned}
\lceil \tfrac{n}{2} \rceil &= \lfloor \tfrac{n}{2} \rfloor = \tfrac{n}{2} = 2^{m-1}, \\
T(n) &= k \cdot n + k + 2T(2^{m-1}) \\
&= k(1+1)n + k(1+2) + 4T(2^{m-2}) \\
&\quad \cdots \\
&= k \cdot m \cdot n + k(1 + 2 + 2^2 + \cdots + 2^{m-1}) + 2^m T(1) \\
&= k(n \operatorname{ld} n + (2^m - 1) + 2^m) \\
&= k(n \operatorname{ld} n + 2n - 1) \\
&= \Theta(n \log n).
\end{aligned}
\tag{7.25}
$$

Dabei haben wir angenommen, daß alle Konstanten aus (7.24) den gleichen Wert k haben und $\operatorname{ld} n = \operatorname{ld} e \cdot \log n = \Theta(\log n)$ benutzt. Im nachfolgenden Abschnitt sehen wir, daß wir diesen reduzierten Aufwand tatsächlich erreichen können. (7.25) ist ein Spezialfall von

Satz 7.4 (Rekurrenz für Teile-und-Herrsche): *Seien $a, b, p > 0$. $n = p^m = p^{\log_p n}$ sei eine ganzzahlige Potenz von p. Dann hat die Rekurrenz*

$$
t(n) = \begin{cases} b, & n = 1 \\ a\, t(n/p) + bn & n > 1 \end{cases}
\tag{7.26}
$$

die Lösung

$$
t(n) = \begin{cases} \Theta(n), & a < p \\ \Theta(n \log n), & a = p \\ \Theta(n^{\log_p a}), & a > p. \end{cases}
\tag{7.27}
$$

Zum Beweis schließen wir wie in (7.25), daß

$$
T(n) = bn \sum_{i=0}^{\log_p n} q^i \quad \text{für } q = a/p
\tag{7.28}
$$

gilt. Für $a < q$, d. h. $q < 1$, konvergiert die geometrische Reihe $\sum\limits_{i=0}^{\infty} q^i = d$, also

gilt $bn \leqslant t(n) \leqslant bdn$ und damit $t(n) = \Theta(n)$. Für $a = p$ enthält die Summe $m = \log_p n$ Summanden 1, also gilt $t(n) = \Theta(n \log n)$. Für $a > p$ gilt

$$n \sum_{i=0}^{m} q^i = p^m \frac{q^{m+1} - 1}{q - 1} = \frac{q}{q - 1}(a^m - p^m/q) = \frac{q}{q - 1}a^m(1 - 1/q^{m+1})$$

und damit $t(n) = b\frac{q}{q-1}a^{\log_p n}(1 - 1/q^{m+1}) = b\frac{q}{q-1}n^{\log_p a}(1 - 1/q^{m+1}) = \Theta(n^{\log_p a})$.

Ist der Aufgabenumfang n keine ganzzahlige Potenz von p, so können wir n auf die nächsthöhere Potenz $n' = p^m$ erhöhen. Besser ist es, wie in (7.25) n/p mit der Größe der Teilaufgaben zu approximieren. In beiden Fällen ist (7.27) asymptotisch auch dann richtig, wenn n keine ganzzahlige Potenz von p ist. Hingegen ist die naheliegende Annahme, daß der Aufwand $T(n)$ mit n monoton steigt, falsch, wie man an einer genauen Analyse des nachfolgenden Sortierens durch Mischen sehen kann.

Wir beschränken uns im folgenden auf den Fall $p = 2$.

7.2.1   Zeitoptimales sequentielles Sortieren

Optimale Sortieralgorithmen sollten einen möglichst geringen Zeit- und Speicherverbrauch haben. Wir stellen hier zwei zeitoptimale Algorithmen mit einem Aufwand $O(n \log n)$ vor. In Bd. II werden wir Fassungen dieser und anderer Sortieralgorithmen angeben, die speicheroptimal sind.

7.2.1.1   Sortieren durch Zerlegen

Das in der Praxis schnellste Sortierverfahren ist **Sortieren durch Zerlegen** oder *quicksort*. Die Grundidee dieses 1962 von C. A. R. Hoare[4] erfundenen Verfahrens besteht darin, ein Element x der zu sortierenden Menge M auszuwählen, M zu zerlegen in die Teilmengen $M_< = \{u \mid u < x\}$, $M_= = \{u \mid u = x\}$ und $M_> = \{u \mid u > x\}$ und dann die Gesamtlösung aus den sortierten Einzelmengen zusammenzusetzen, vgl. Abb. 7.1. Ist die Menge M angeordnet und mit einer Liste L implementiert, so liefert diese Idee den Algorithmus

```
qsort      :: Ord t => [t] -> [t]
qsort [ ]  = [ ]
qsort (x:xs) = qsort [ u | u<-xs, u<x ] ++
               [ x ] ++
               qsort [ u | u<-xs, u>=x ]
```

---

4. C. A. R. Hoare, geb. 1934, Professor für Informatik in Oxford.

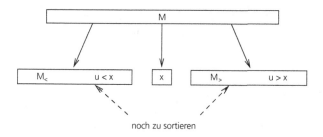

Abbildung 7.1: Sortieren durch Zerlegen

Das Verfahren ist korrekt: Alle Elemente von $M_<$ stehen im Ergebnis vor x und den Elementen von $M_>$; umgekehrt kommen alle Elemente von $M_>$ nach x und den Elementen von $M_<$. Dies ist eine Induktionsbehauptung P_M. Es gilt $P_{M_<} \wedge P_{M_=} \wedge P_{M_>} \Rightarrow P_M$. Die Mengen $M_<$ und $M_>$ sind echt kleiner als M, da auf jeden Fall das Element x fehlt. Durch noethersche Induktion mit der Mengeninklusion als Halbordnung schließen wir aus der Gültigkeit von P_M für $M = \emptyset$ auf die Gültigkeit von P_M für beliebige Mengen M. Aus der nachfolgenden Aufwandsberechnung folgt, daß die Rekursionen terminieren.

Daß wir $M_> = \{u \mid u \in M, u \geq x\}$ statt $u > x$ schreiben, ändert nichts an der Korrektheit; wir können dann aber auch mehrfach vorkommende Werte x, d. h. Mehrfachmengen M, sortieren.

Sortieren durch Zerlegen wendet Teile-und-Herrsche an. Für den Aufwand erhalten wir:

$$T_{SZ}(1) = k$$
$$T_{SZ}(n) = T_{Zerlegen} + T_{SZ}(n_<) + T_{SZ}(n_>) + T_{Zusammensetzen}$$

mit einer geeigneten Konstanten k. Aus der Definition von qsort folgt, daß der Aufwand für das Zerlegen und Zusammensetzen linear ist, da das Aneinander-hängen von Listen linearen Aufwand verursacht. Für den Aufwand der rekursiven Aufrufe unterscheiden wir zwei Extremfälle: $x = \min M$ oder $x = \max M$: Dann ist eine der beiden Teilmengen $M_<$, $M_>$ leer und verursacht konstanten Aufwand; die andere enthält $|M| - 1 = n - 1$ Elemente. Wir erhalten

$$T_{SZ}(n) = 2k(n - 1) + k + T_{SZ}(n - 1).$$

Dies ist die Rekursion aus Sortieren durch Einfügen. Sie liefert $T(n) = O(n^2)$. Wir haben gegenüber Sortieren durch Einfügen nichts gewonnen.

Wenn $|M_<| \approx n/2 \approx |M_>|$ ist, dann erhalten wir

$$T_{SZ}(n) = 2k(n - 1) + 2T_{SZ}(n/2).$$

Nach Satz 7.4 ergibt dies $T(n) = O(n \log n)$.

Um den mittleren Aufwand zu bestimmen, setzen wir L als Liste voraus, in der alle Permutationen der Elemente gleichwahrscheinlich und alle Elemente verschieden sind. Ferner beschränken wir uns darauf, die Anzahl der Vergleiche bei der Erzeugung von $M_<$ und $M_>$ zu zählen und als mittleres Aufwandsmaß $E(n)$ zu wählen.

Dies ist gerechtfertigt, da der Zusammensetzaufwand ebenfalls linear ist. Bei Formulierung in einer imperativen Sprache werden wir sogar sehen, daß der Zusammensetzaufwand 0 ist.

Die Wahrscheinlichkeit, daß x das r-te Element ist, ist dann $p(r) = 1/n$. Nach $2(n - 1)$ Vergleichen sind $M_<$ und $M_>$ bekannt und haben den Umfang $r - 1$ bzw. $n - r$. In den Teilaufgaben können wieder beliebige Permutationen auftreten, die zum mittleren Aufwand $E(r - 1)$ bzw. $E(n - r)$ führen. Summieren wir über alle n Möglichkeiten für x, so erhalten wir

$$
\begin{aligned}
E(1) &= 0 \\
E(n) &= 1/n \cdot \sum_{r=1}^{n} (2(n - 1) + E(r - 1) + E(n - r)) \\
&= 2(n - 1) + 2 \cdot \sum_{r=0}^{n-1} E(r)/n.
\end{aligned}
$$

Multiplikation mit n und Subtraktion der entsprechenden Gleichung für $n - 1$ ergibt

$$
\begin{aligned}
n \cdot E(n) - (n - 1) \cdot E(n - 1) &= 2n(n - 1) - 2(n - 1)(n - 2) + 2E(n - 1) \\
&= 4n - 4 + 2E(n - 1),
\end{aligned}
$$

also

$$
E(n) = 4\frac{n - 1}{n} + \frac{n + 1}{n}E(n - 1) = 4 - \frac{4}{n} + \frac{n + 1}{n}E(n - 1).
$$

Fortgesetztes Einsetzen für $i = n - 2, n - 3, \ldots, 1$ ergibt zusammen mit $E(1) = 0$

$$
\begin{aligned}
E(n) &= 4(n + 1) \sum_{i=1}^{n} \frac{i - 1}{(i + 1)i} \\
&= 4(n + 1) \sum_{i=1}^{n} \left(\frac{1}{i + 1} - \frac{1}{i} + \frac{1}{i + 1}\right) \\
&= 4(n + 1)(H_{n+1} - 1 + \frac{1}{n + 1} - 1) \\
&= 4(n + 1)H_{n+1} - 8n - 4,
\end{aligned}
$$

wie man durch vollständige Induktion und Aufsummieren beweist. Dabei ist $H_n = \sum_{i=1}^{n} 1/i$ die n-te harmonische Zahl. Aus der Reihenentwicklung des Logarithmus ergibt sich

$$H_n \leqslant \log n,$$

also

$$E(n) \leqslant 4(n+1) \cdot \log(n+1) - 8n - 4 = O(n \log n).$$

Satz 7.5: *Der mittlere Aufwand für Sortieren durch Zerlegen ist $O(n \log n)$.*

Leider sind die sortierte Liste $[1, 2, \ldots, n]$ und die umgekehrt sortierte Liste $[n, n-1, \ldots, 1]$ gerade die ungünstigsten Fälle für Sortieren durch Zerlegen. Wählen wir jedoch ein mittleres Element L_m oder das arithmetische Mittel $((\text{head } L) + (\text{last } L))/2$ als Trennelement x, so werden diese Fälle zum günstigsten Fall. Empirisch erzielt man beim Sortieren von Zahlen noch bessere Ergebnisse mit $((\text{head } L) + L_m + (\text{last } L))/3$. Diese Wahl des Trennelements vermeidet den ungünstigsten Fall nicht vollständig; sie verlegt ihn nur aus dem Bereich der fast sortierten Listen heraus.

Aufgabe 7.4: Zeigen Sie, daß das Trennelement x für die Terminierung der Rekursion die Eigenschaft $\min M \leqslant x \leqslant \max M$ erfüllen muß. Bei der Wahl $x = ((\text{head } L) + L_m + (\text{last } L))/3$ kann diese Bedingung beim Sortieren von Gleitpunktzahlen verletzt werden. Geben Sie hierfür ein Beispiel an.

Aufgabe 7.5: Für kleines n kann Sortieren durch Einfügen kleineren Aufwand haben als Sortieren durch Zerlegen. Ermitteln Sie empirisch den Umstiegspunkt n_U zwischen beiden Verfahren, indem sie mit dem Zufallszahlengenerator erzeugte Listen sortieren. Modifizieren Sie Sortieren durch Zerlegen so, daß für $n < n_U$ Sortieren durch Einfügen eingesetzt wird.

7.2.1.2 Sortieren durch Mischen

Die n Karten eines Kartenspiels können wir folgendermaßen sortieren:

1. Für $n \leqslant 1$ ist der Kartenstapel bereits sortiert.
2. Für $n > 1$ zerlegen wir den Stapel in zwei ungefähr gleich große Hälften und sortieren diese einzeln. Dann mischen wir die sortierten Stapel in einen neuen gemeinsamen Stapel, indem wir fortlaufend die untersten Karten beider Stapel miteinander vergleichen und die Karte mit dem kleineren Wert auf den neuen Stapel legen. Bleiben zum Schluß Restkarten in einem Stapel, während der andere schon aufgebraucht ist, so werden die Restkarten geschlossen auf den neuen Stapel gelegt.

Um die Korrektheit des Verfahrens einzusehen, betrachten wir die beiden Stapel als Listen $us = [u_1, u_2, \ldots, u_k]$, $vs = [v_1, v_2, \ldots, v_l]$, $k + l = n$ und formulieren das Mischen des zweiten Schritts als Funktion

```
mische :: Ord t =>   [t] -> [t] -> [t]
mische [ ] ys = ys
mische xs [ ] = xs
mische (x:xs) (y:ys)  | x <= y     = x : mische xs (y:ys)
                      | otherwise  = y : mische (x:xs) ys
```

Mit dem zweiten Schritt sind us, vs sortiert: $u_1 \leqslant u_2 \cdots \leqslant u_k$, $v_1 \leqslant v_2 \cdots \leqslant v_l$. Ist eine der beiden Listen leer, so bildet die andere das Gesamtergebnis und dieses ist sortiert. Für $us = (x : xs), vs = (y : ys)$ gilt $\min(x, y) = \min\{z \mid z \in us \vee z \in vs\}$. Ist x dieses Minimum und hat der Aufruf mische xs (y : ys) die verbleibenden Elemente korrekt sortiert, so ist das Ergebnis von mische us vs das korrekt sortierte Gesamtergebnis. Falls y das Minimum ist, ergibt sich das gleiche Ergebnis analog. Durch vollständige Induktion über die Summe $k + l$ der Längen von us, vs sieht man die Korrektheit der Funktion und des obigen zweiten Schritts unter der Voraussetzung, daß us, vs bereits sortiert sind.

Wir erhalten **Sortieren durch Mischen**

```
msort [ ]  = [ ]
msort [z]  = [z]
msort zs   = mische (msort us) (msort vs)
             where us = take (n `div` 2) zs
                   vs = drop (n `div` 2) zs
                   n  = length zs
```

indem wir die Voraussetzung „us, vs sortiert" durch rekursives Anwenden desselben Verfahrens auf die beiden „Hälften" mit $\lfloor \frac{n}{2} \rfloor$ bzw. $\lceil \frac{n}{2} \rceil$ Elementen herstellen. Der Vergleich mit dem Schema zeigt, daß wir eine lupenreine Anwendung von Teile-und-Herrsche vor uns haben. Die Korrektheit des Mischens liefert den Induktionsschritt beim Korrektheitsbeweis des Misch-Sortierens nach dem Teile-und-Herrsche-Schema..

Die Abb. 7.2 zeigt das Zusammensetzen der Listen durch Mischen: Die Zerlegung vereinzelt zuerst die Elemente wie in der untersten Zeile. Danach werden sie mit Mischen zu Gruppen zusammengesetzt.

Für $n = 2^m$ erhalten wir den Aufwand

$$
\begin{aligned}
T_{SM} &= T_{\text{Zerlegen}}(n) + T_{\text{Mischen}}(n) + 2T_{SM}(n/2) \\
&= k \cdot n + k \cdot (n - 1) + 2T_{SM}(n/2) \\
&= \Theta(n \log n).
\end{aligned}
\tag{7.29}
$$

Der Faktor n des Zerlegens ergibt sich aus den Aufrufen von take und drop; beim Mischen vergleichen wir höchstens $(n - 1)$-mal, da wir bei jedem Vergleich ein

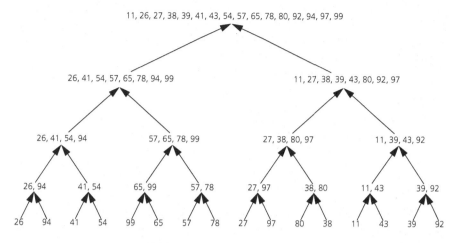

Abbildung 7.2: Sortieren durch Mischen

Element in die Ergebnisliste eintragen; die Gesamtaussage ergibt sich nach Satz 7.4.

Für $n \neq 2^m$, d. h. $2^m = n' < n < 2n' = 2^{m+1}$, erhalten wir $\Theta(n' \log n') \leqslant T_{SM}(n) \leqslant \Theta(2n'(\log n' + \log 2)) = \Theta(n' \log n')$. Das Resultat $T_{SM}(n) = \Theta(n \log n)$ gilt daher allgemein.

Misch-Sortieren kann auch mit sequentiellen Dateien statt mit Listen durchgeführt werden und eignet sich dann zum Sortieren sehr großer Datenbestände, die nicht mehr in den Arbeitsspeicher eines Rechners passen. Mit weiteren Anpassungen läßt sich der Aufwand für „fast" geordnete Eingaben reduzieren.

7.2.2 Einseitiges Teile-und-Herrsche

In manchen Fällen können wir die Zerlegung im Teile-und-Herrsche-Schema so durchführen, daß anschließend die Bearbeitung eines Teilproblems bereits die Gesamtlösung liefert oder die Lösung anderer Teilprobleme auf das bearbeitete Problem zurückführt. Das Zusammensetzen mehrerer Teillösungen entfällt. Ist außerdem der Aufwand für das Zerlegen $T_{\text{Zerlegen}} = k$ konstant, so erhalten wir

$$\begin{aligned} T(1) &= b, \\ T(n) &= T(n/p) + k, \quad n > 1 \end{aligned} \tag{7.30}$$

mit der Lösung $T(n) = b + k \log_p n = \Theta(\log n)$.

Dies ist der Aufwand bei mult, power, intlog und anderen Algorithmen aus Kap. 5: Der Umfang der Eingabe wird in der Anzahl der Bits eines Operanden $x > 0$ gemessen; für $2^{n-1} \leqslant x < 2^n$ ist dies n, für $x = 0$ setzen wir $n = 1$. Die erwähnten Algorithmen zerlegen das Intervall $[0, 2^n)$ in die Teile

$[0, 2^{n-1})$, $[2^{n-1}, 2^n)$. Für das zweite Teilintervall wird die Aufgabe gelöst, indem man sie mit konstantem Aufwand auf die Lösung für das erste Teilintervall zurückführt.

In imperativen Sprachen hat die **Binärsuche**

```
suche x [ ]   = False
suche x [y]   = x == y
suche x ys    | x == ys!!(n `div` 2) = True
              | x > ys!!(n `div` 2) = suche x (drop (n `div` 2) ys)
              | otherwise            = suche x (take (n `div` 2 - 1) ys)
              where n = length ys
```

eines Werts x in einer sortierten Liste ys diesen Aufwand. In jedem Schritt wird die Listenlänge halbiert und nur die eine Hälfte weiter untersucht, falls x noch nicht gefunden wurde. In HASKELL und einigen anderen funktionalen Sprachen wird dieser günstige Aufwand allerdings nicht erreicht, da die Indizierung und die Operationen take bzw. drop nicht mit konstantem, sondern nur mit linearem Aufwand realisiert werden können.

Streng genommen hat bei der Analyse der Binärsuche die Suche nach einem bestimmten Wert x die Wahrscheinlichkeit $p(x)$. Der Aufwand $O(\log n)$ ergibt sich, wenn wir Gleichverteilung unterstellen. Diese verfeinerte Betrachtung liegt auch der Konstruktion und der Aufwandsbetrachtung der Suchbäume in Anhang B.3.1 zugrunde.

7.2.3 Matrixmultiplikation nach STRASSEN

V. STRASSEN[5] fand 1969, daß man die Multiplikation zweier 2×2-Matrizen in der Form

$$\begin{pmatrix} a_{11} & a_{12} \\ a_{21} & a_{22} \end{pmatrix} \begin{pmatrix} b_{11} & b_{12} \\ b_{21} & b_{22} \end{pmatrix} = \begin{pmatrix} s_1 + s_2 - s_4 + s_6 & s_4 + s_5 \\ s_6 + s_7 & s_2 - s_3 + s_5 - s_7 \end{pmatrix} \quad (7.31)$$

mit

$$\begin{aligned} s_1 &= (a_{12} - a_{22})(b_{21} + b_{22}) \\ s_2 &= (a_{11} + a_{22})(b_{11} + b_{22}) \\ s_3 &= (a_{11} - a_{21})(b_{11} + b_{12}) \\ s_4 &= b_{22}(a_{11} + a_{12}) \\ s_5 &= a_{11}(b_{21} - b_{22}) \\ s_6 &= a_{22}(b_{21} - b_{11}) \\ s_7 &= b_{11}(a_{21} + a_{22}) \end{aligned} \quad (7.32)$$

schreiben kann. Hier kommen nur 7 statt der üblichen 8 Multiplikationen vor; die Anzahl der Additionen bzw. Subtraktionen ist 18 statt 4. Aber eine Multiplikation ist wesentlich zeitaufwendiger als eine Addition oder Subtraktion.

---

5. VOLKER STRASSEN, Professor der Mathematik an der Universität Konstanz.

Auf $n \times n$-Matrizen mit $n = 2^m$ läßt sich (7.31) anwenden, indem man die a_{ij}, b_{ij} als die vier Quadranten solcher Matrizen, also als $n/2 \times n/2$-Matrizen, auffaßt.

Setzt man dies rekursiv fort und zerlegt die $n/2 \times n/2$-Matrizen wieder in ihre vier Quadranten, so hat man einen Teile-und-Herrsche-Algorithmus, der die Multiplikation von $n \times n$-Matrizen schließlich auf die Multiplikation von 2×2-Matrizen zurückführt. Setzt man $a = 7$ in Satz 7.4 ein, so ergibt sich $T(n) = n^{\operatorname{ld} 7} \approx n^{2.81}$ für die Anzahl der Multiplikationen. Die normale Matrixmultiplikation ergibt hingegen $T(n) = n^3$. Man erreicht also eine bedeutende asymptotische Beschleunigung der Matrixmultiplikation.

Leider sind die konstanten Faktoren so groß, daß STRASSENS Matrixmultiplikation praktisch nicht eingesetzt wird. Das Resultat ist vor allem theoretisch interessant, da man auch andere zusammengesetzte Operationen nach ähnlichem Schema reduzieren kann.

So kann man die Multiplikation $(u \cdot 2^{m/2} + v)(x \cdot 2^{m/2} + y) = z_0 \cdot 2^m + z_1 \cdot 2^{m/2} + z_2$, $0 \leqslant u, v, x, y < 2^{m/2}$, die üblicherweise 4 Multiplikationen kostet, auf 3 Multiplikationen reduzieren, indem man

$$z_1 = uy + vx = (u + v)(x + y) - z_0 - z_2 \tag{7.33}$$

berechnet. Setzt man dies in einen Teil-und-Herrsche-Algorithmus für die Multiplikation von sehr großen Zahlen der Länge $n = 2^k \cdot m$ ein, wie man sie etwa bei kryptographischen Aufgaben benötigt, so reduziert sich der gesamte Multiplikationsaufwand von n^2 auf $n^{\operatorname{ld} 3} \approx n^{1.59}$.

7.3 Gierige Algorithmen

Gegeben sei ein Problem $P(em)$, das auf einer (endlichen) Eingabemenge em erklärt ist, und ein Prädikat ist_Lösung: $\mathfrak{P}(em) \to \mathbb{B}$ so, daß $lm' \subseteq em$ Lösung eines Problems $P(em')$ für eine Teilmenge $em' \subseteq em$ ist, wenn ist_Lösung(lm') gilt. Gesucht ist eine Lösung von $P(em)$, d. h. eine maximale Menge $lm \subseteq em$ mit ist_Lösung(lm). Oft besitzen die Elemente $e \in lm$ zusätzliche Eigenschaften, z. B. könnte lm angeordnet sein.

Das **gierige Verfahren**[6] oder Verfahren der **schrittweisen Ausschöpfung** löst solche Probleme, indem es von der leeren Lösungsmenge $lm = \emptyset$ ausgeht, und fortlaufend Elemente aus em hinzunimmt, bis eine maximale Lösung erreicht ist. Gibt es mehrere Kandidaten $x \in em$, die in lm aufgenommen werden können, so kann das Prädikat ist_Lösung zusätzlich ein Optimalitätskriterium zur Auswahl von x umfassen. In diesem Fall ist ist_Lösung zusätzlich von dem

---

6. engl. *greedy method*.

Rest der Eingabemenge und dem Kandidaten x abhängig. Das Schema eines **gierigen Algorithmus** lautet daher:

```
gierig em        = gierig' em EmptySet
gierig' em lm
  | empty em  = lm
  | otherwise  = gierig' (delete em x) (insert lm x)
                 where x aus em && ist_Lösung(em,lm,x)
```

Wir haben dabei die Grundoperationen des ADTs Menge aus Abschnitt 6.4 benutzt. Ist lm eine angeordnete Menge, so geben wir lm durch eine Schlange oder eine Liste wieder.

Beispiele für Probleme der beschriebenen Art sind:

Beispiel 7.5: Gegeben sei eine Menge M von Vektoren des $V_{\mathbb{R}}^n$. Gesucht ist eine maximale, linear unabhängige Teilmenge $lm \subseteq M$. Der von den Vektoren aus lm aufgespannte Vektorraum $V^m \subseteq V^n$ umfaßt alle Vektoren $v \in M$.   ◆

Beispiel 7.6: Gegeben sei eine halbgeordnete, endliche Menge $(M, \leqslant)$. Gesucht ist eine topologische Sortierung der Elemente von M. Der Algorithmus, den wir hierfür auf S. 65 skizziert hatten, ist ein gieriger Algorithmus.   ◆

Beispiel 7.7: Gegeben sei eine Menge M von Kunden, die an der Ladenkasse warten. Für jeden Kunden k sei $c(k)$ der Zeitaufwand, der für Abrechnung und Bezahlung gebraucht wird. Gesucht ist eine Reihenfolge der Bedienung der Kunden so, daß die durchschnittliche Wartezeit aller Kunden minimal wird.   ◆

Beispiel 7.8: Gegeben sei ein zusammenhängender ungerichteter Graph $G = (E, K)$ und die Menge M aller Bäume, die Teilgraphen von G sind. Gesucht ist ein Baum $b \in M$, der alle Ecken $e \in E$ umfaßt. b heißt ein **spannender Baum** oder ein **Gerüst** von G. Sind die Kanten $k = (e, e') \in K$ mit Gewichten oder Kosten $c(k)$ markiert, so fordern wir, daß der gefundene spannende Baum b kostenminimal unter allen spannenden Bäumen ist; b heißt dann ein **minimaler spannender Baum**.   ◆

Beispiel 7.9 (*n*-**Damenproblem**): Gegeben seien n Damen. Sie sollen so auf einem $n \times n$-Schachbrett plaziert werden, daß sie sich nicht gegenseitig schlagen können.   ◆

Beispiel 7.10: Gesucht wird ein Plan zur Herstellung eines Produkts p, das aus mehreren Teilen p_i zusammengesetzt wird. Die p_i können wieder aus Teilen p_{ij} bestehen, usw. Für jedes p_i bzw. p_{ij} gibt es Alternativen $p_i^{(1)}, p_i^{(2)}, \ldots$, die unterschiedliche Kosten $c(p_i^{(k)})$ verursachen. Die Kosten eines p_i und des Gesamtprodukts setzen sich aus den Herstellungskosten der Teile und den Kosten für den Zusammenbau zusammen. Der gesuchte Plan soll die Gesamtkosten minimieren.   ◆

Die Beispiele 7.5 – 7.8 lassen sich mit gierigen Algorithmen lösen. Das n-Damen-Problem ist so nicht lösbar, weil sich nicht jede korrekte Plazierung der ersten $k < n$ Damen zu einer Gesamtlösung fortsetzen läßt.

Die Planungsaufgabe 7.10 ist nicht optimal mit gierigen Algorithmen lösbar, weil sich — wie übrigens in vielen praktische Aufgaben — das kostenminimale Endprodukt nicht unbedingt aus kostenminimalen Teilen zusammensetzt. Die Summe aus den Kosten für die Teile und den Zusammenbau könnte bei Verwendung teurerer Alternativen für die Teile sinken, wenn diese Alternativen die Kosten des Zusammenbaus senken.

7.3.1 Zeitplanerstellung

Wir betrachten zunächst das Beispiel 7.7. Abrechnung und Bezahlung nennen wir zusammen einen Auftrag j mit Kosten c_j. Übrigens erhalten wir die gleiche Aufgabe, wenn die Aufträge Tätigkeiten von beliebigen **Bedieneinheiten** (Prozessoren, Maschinen, Verkäufer,...) mit unterschiedlichen Durchlaufzeiten sind. Es gilt

Satz 7.6: *Für die Minimierung der durchschnittlichen Wartezeit von n Aufträgen ist die Bearbeitungsreihenfolge $j = 1, 2, \ldots, n$ optimal, wenn $c_1 \leqslant c_2 \leqslant \ldots \leqslant c_n$ gilt.*

Mit dem Prädikat

$$\text{ist\_Lösung } em \; lm \; x = c_x == \text{minimum}[c_x \mid x <- em]$$

ergibt unser Schema einen gierigen Algorithmus für die Aufgabe.

Zum Beweis des Satzes betrachten wir die Gesamtwartezeit C_{gesamt}, d. h. das n-fache der durchschnittlichen Wartezeit. Es gilt

$$
\begin{aligned}
C = C_{\text{gesamt}} &= c_1 + \\
&\quad c_1 + c_2 + \\
&\quad \cdots \\
&\quad c_1 + c_2 + c_3 + \cdots + c_n \\
&= \sum_{k=1}^{n} (n - k + 1) c_k.
\end{aligned}
\tag{7.34}
$$

C' sei die Wartezeit, die nach Vertauschung zweier Aufträge j und k mit $j < k$ entsteht. Dies entspricht der Vertauschung zweier Spalten in (7.34) und es gilt

$$
\begin{aligned}
C - C' &= (n - j + 1)(c_j - c_k) + (n - k + 1)(c_k - c_j) \\
&= (k - j)(c_j - c_k).
\end{aligned}
$$

Unter den Bedingungen des Satzes ist $c_j \leqslant c_k$. Daher gilt stets $C - C' \leqslant 0$. Also ist die im Satz genannte Bearbeitungsreihenfolge optimal. $\blacklozenge$

334 7 Algorithmenkonstruktion I

Für $m > 1$ Kassen, an denen Kunden warten, müssen diese sämtlich die Kundenaufträge in der Reihenfolge steigender Bearbeitungsdauer abwickeln, um die Wartezeit zu minimieren. Seien g, h die Nummern zweier Kassen mit $g < h$, an denen $n^{(g)}$ bzw. $n^{(h)}$ Kunden warten. Dann liefert die Vertauschung zweier Aufträge $j^{(g)}, k^{(h)}$ mit $j^{(g)} < k^{(h)}$

$$C - C' = (n_g - j + 1)(c_j^{(g)} - c_k^{(h)}) + (n_h - k + 1)(c_k^{(h)} - c_j^{(g)})$$
$$= (n_g - n_h + k - j)(c_j^{(g)} - c_k^{(h)}).$$

Wenn in allen Schlangen gleich viele Aufträge $n^{(g)} = n^{(h)}$ warten und $j^{(g)} < k^{(h)}$ gilt, dann sollte $c_j^{(g)} \leqslant c_k^{(h)}$ sein.

In allen Fällen ist der Aufwand für die optimale Zeitplanung bei n Kunden $O(n \log n)$, da wir die Kosten c_j sortieren müssen; danach ist die Reihenfolge bekannt und damit die Aufgabe gelöst.

7.3.2 Minimale spannende Bäume

Wir wenden uns Beispiel 7.8 zu und betrachten einen zusammenhängenden ungerichteten Graphen $G = (E, K)$, für den wir einen minimalen spannenden Baum konstruieren wollen. Das gierige Verfahren liefert den nach seinem Erfinder benannten **Algorithmus von Kruskal**.

Als Eckenmenge benutzen wir die Zahlen $i = 1, \ldots, n$, wenn $|E| = n$. Wir setzen $n \geqslant 2$ voraus. Kanten (i, j) mit Kosten c stellen wir durch Tripel $k = (i, j, c)$ dar. In Haskell schreiben wir

```
data Kante = Kt Int Int Int
instance Eq   Kante where Kt _ _ c1 == Kt _ _ c2 = c1==c2
instance Ord Kante where Kt _ _ c1 <= Kt _ _ c2 = c1<=c2
```

und definieren damit eine Ordnung der Kanten nach ihren Kosten. Im Hinblick auf die Charakterisierung von Bäumen und Wäldern durch Satz 2.4 und die Aufgaben 2.4 und 2.6 repräsentieren wir Bäume, insbesondere die Lösungsmenge lm, als Mengen von Kanten. Eingabemenge em ist die Kantenmenge K. Man macht sich leicht klar, daß die billigste Kante k_0 auf jeden Fall in der Lösung vorkommen muß; wir benutzen sie als Anfangswert für lm (statt der leeren Menge). Mit dem Prädikat

$$\text{ist\_Lösung } em\ lm\ k \quad = \quad k \text{ ist minimal unter den Kanten} \in em,$$
$$\text{die mit genau einer Ecke zu } lm \text{ gehören}$$

können wir unmittelbar das gierige Schema von S. 332 einsetzen. Daß das Schema mit diesem Prädikat tatsächlich den kostenminimalen Baum ergibt, folgt aus Satz 7.9 im nachfolgenden Abschnitt 7.3.3.

Allerdings ist dieser Lösungsansatz sehr aufwendig: Kanten, die mit beiden Ecken zu *lm* gehören, werden mehrfach auf ihre Brauchbarkeit untersucht. Kanten, wie etwa die zweitbilligste Kante, die auf jeden Fall zur Lösung gehören, werden anfangs verworfen, weil noch keiner ihrer Endpunkte in der Lösung vorkommt.

KRUSKALS Idee bestand nun darin,

1. Kanten, die auf keinen Fall zur Lösung gehören, so früh wie möglich aus der Kandidatenmenge *em* zu entfernen;
2. aus billigen Kanten, die möglicherweise zur Lösung gehören, zusätzliche Bäume zu bilden; wird eine Kante gefunden, die zwei solche Bäume verbindet, so werden diese zu einem Baum zusammengesetzt.

Beide Regeln sind komplementär: $k = (i, j, c)$ gehört nicht zur Lösung, wenn es einen Weg zwischen den Ecken i und j gibt, der nur aus Kanten mit Kosten $\leqslant c$ besteht. Umgekehrt gehört k zur Lösung, wenn es keinen solchen Weg gibt.

Sind die Kanten $k_0 \leqslant k_1 \leqslant \cdots \leqslant k_m$ aus K aufsteigend nach Kosten sortiert, so untersuchen wir sie in dieser Reihenfolge. Gemäß den Bedingungen werden sie entfernt, Bäumen zugeschlagen oder mit ihrer Hilfe zwei Bäume zusammengesetzt. Wir stellen Bäume durch Kantenlisten dar. Dann ergibt sich folgender Algorithmus:

```
kruskal :: [Kante] -> [Kante]
kruskal kanten            = kruskal' (sort kanten) [ ]
kruskal' [ ] lm           = head lm
kruskal' ((Kt i j c):kanten) lm
        | vorhanden i j lm   = kruskal' kanten lm
        | otherwise          = kruskal' kanten (zufügen (Kt i j c) lm) where
-- vorhanden: i,j kommen im gleichen Baum vor?
    vorhanden i j [ ]                                   = False
    vorhanden i j (b:bs)  | (teste i b) && (teste j b)  = True
                          | otherwise                   = vorhanden i j bs

-- zufügen: i oder j kommen in Baum b vor? wenn ja, zweiten Baum suchen
    zufügen k [ ]                                    = [[k]]
    zufügen (Kt i j c) (b:bs)  | (teste i b) || (teste j b)  = verein (Kt i j c) b bs
                               | otherwise                    = b:(zufügen (Kt i j c) bs)
-- verein: wenn i oder j in Baum y vorkommt, vereinige die Bäume b, y
    verein (Kt i j c) b [ ]                                  = [(Kt i j c):b]
    verein (Kt i j c) b (y:ys)  | (teste i y) || (teste j y)  = (((Kt i j c):b) ++ y):ys
                                | otherwise                    = y:(verein (Kt i j c) b ys)
```

-- teste: i Ecke des Baums mit Kantenliste (k:ks)?

```
teste i [ ]                                    = False
teste i ((Kt h j _):ks)  | (i == h) || (i == j)  = True
                         | otherwise           = teste i ks
```

Main> kruskal [(1,2,3), (1,3,2), (3,2,2), (6,2,1), (4,3,3), (6,4,7), (6,5,1), (4,5,5)]
[(4,3,3), (3,2,2), (6,5,1), (6,2,1), (1,3,2)]

Wir bauen die Lösung stufenweise auf; dazu benutzen wir eine Hilfsfunktion kruskal', die die Liste lm von Bäumen manipuliert. Für sort kann eine beliebige Sortierfunktion eingesetzt werden. Sind p, q die Zahl der Ecken und Kanten, die in den r Bäumen in lm vorkommen, so gilt stets $p = q + r$. Am Anfang ist $p = q = r = 0$. Die Funktion zufügen fügt entweder einen neuen Baum, bestehend aus einer Kante, zu; dann erhöhen sich p um 2 und q, r je um 1. Oder sie fügt mit verein einem Baum eine neue Ecke und eine neue Kante zu. Oder verein vereinigt zwei Bäume; dann nimmt r um 1 ab, und q um 1 zu.

Aufgabe 7.6: Was liefert KRUSKALS Algorithmus für einen nicht zusammenhängenden Graph?

KRUSKALS Algorithmus in der hier vorgestellten Fassung ist korrekt, aber immer noch sehr ineffizient. Dies liegt an der Art, wie wir Bäume und Mengen von Bäumen repräsentieren. Wir werden hierfür in Bd. II bessere Verfahren kennenlernen. Mit diesen ergibt sich ein Aufwand von $O(n \log n)$.

Die Konstruktion spannender und minimaler spannender Bäume hat vielfältige Anwendungen. Die Bäume kann man nutzen, um beispielsweise mit Tiefensuche alle Ecken des Graphen zu besuchen und dabei interessierende Eigenschaften festzustellen.

Bewerten wir die Verbindungskante von Punkten p, q, die z. B. Städte oder Telefonanschlüsse darstellen, mit den Kosten, die der Bau einer Straße oder das Legen einer Telefonleitung verursacht, so liefert ein minimaler spannender Baum einer Punktmenge P das billigste Netz, das alle Punkte miteinander verbindet. Es kann noch billigere Lösungen geben, wenn man zusätzliche Punkte, sogenannte **Steiner-Punkte**[7], zu P hinzunimmt. In einem gleichseitigen Dreieck nimmt man z. B. den Dreiecksmittelpunkt als Steiner-Punkt hinzu. Allerdings kann man durch solche zusätzlichen Punkte gegenüber einem minimalen spannenden Baum, der nur die vorhandenen Punkte nutzt, höchstens $1 - \sqrt{3}/2 = 13,4\%$ gewinnen, vgl. (PÖPPE , 1991).

---

7. benannt nach dem Schweizer Mathematiker JAKOB STEINER, 1796–1863.

7.3.3 Matroide

Die Beispiele 7.9 und 7.10 führen zu der Frage, wann das gierige Verfahren auf jeden Fall die gestellte Aufgabe löst. Hierfür liefert die Theorie der bewerteten Matroide eine notwendige und hinreichende Bedingung.

Ein **Matroid** ist ein Paar $M = (U, \mathfrak{I})$ mit folgenden Eigenschaften:

1. U ist eine endliche, nichtleere Menge und $\mathfrak{I} \subseteq \mathfrak{P}(U), \mathfrak{I} \neq \emptyset$.
2. **Vererbungseigenschaft**: Aus $B \in \mathfrak{I}, A \subseteq B$ folgt $A \in \mathfrak{I}$. Insbesondere gilt $\emptyset \in \mathfrak{I}$.
3. **Austauscheigenschaft**: Aus $A \in \mathfrak{I}, B \in \mathfrak{I} \wedge |A| < |B|$ folgt $\exists x \in B \setminus A$ mit $A \cup \{x\} \in \mathfrak{I}$.

Die Mengen $A \in \mathfrak{I}$ heißen **unabhängig**. Ist die einelementige Menge $\{x\}$ unabhängig, so heißt auch x unabhängig. Alle Mengen aus $\mathfrak{P}(U) \setminus \mathfrak{I}$ heißen **abhängig**. Eine unabhängige Menge $A \cup \{x\} \in \mathfrak{I}$ heißt eine **Erweiterung** von A. Eine unabhängige Menge A heißt **maximal**, wenn es keine Erweiterung x mit $A \cup \{x\} \in \mathfrak{I}$ gibt.

In der ursprünglichen Anwendung war U die Menge der Zeilenvektoren einer Matrix, $A \in \mathfrak{I}$ eine Menge linear unabhängiger Zeilenvektoren. *Unabhängigkeit* bedeutete also die lineare Unabhängigkeit der Zeilenvektoren. Analog sucht Beispiel 7.5 nach einer maximalen Menge linear unabhängiger Vektoren. Ist K die Kantenmenge eines ungerichteten Graphen G, so ergibt die Menge $\mathfrak{I}_G$ der Wälder mit Kanten aus K das Matroid zum Problem der spannenden Bäume.

Aufgabe 7.7: Beweisen Sie, daß $\mathfrak{I}_G$ die Vererbungs- und Austauscheigenschaft besitzt. Ist auch die Menge aller Bäume in einem Graphen G ein Matroid?

Wegen $x \in A \cup \{x\}$ folgt aus der Vererbungseigenschaft, daß jedes x, um das man eine Menge $A \in \mathfrak{I}$ erweitern kann, unabhängig ist.

Sind A, B maximale unabhängige Mengen in einem Matroid, so gilt $|A| = |B|$. Andernfalls könnte man eine der beiden Mengen erweitern.

Diese Aussage verallgemeinert den Dimensionssatz der linearen Algebra, der besagt, daß die Dimension eines endlich erzeugbaren Vektorraums unabhängig von der Wahl der Basis ist.

Ein Matroid $M = (U, \mathfrak{I})$ heißt **bewertet**, wenn es eine Bewertungsfunktion $w: U \to \mathbb{R}^+$ in die Menge der nicht-negativen reellen Zahlen gibt. Die Funktion $w(A) = \sum_{x \in A} w(x)$ heißt die Bewertung einer Menge $A \subset U$. Eine maximale Menge A eines bewerteten Matroids, die minimal bewertet ist, heißt **optimal**.

Ist ein bewertetes Matroid $M = (U, \mathfrak{I}, w)$ gegeben, so findet der gierige Algorithmus in Abb. 7.3 eine optimale Menge *lm*.

Der Aufwand dieses Lösungsschemas ist $O(n \log n + n \cdot f(n))$, wenn $n \log n$ der Aufwand für das Sortieren und $f(n)$ der Aufwand für den Test $\text{lm} \cup \{u\} \in \mathfrak{I}$ ist. Die Korrektheit des Algorithmus ergibt sich aus den nachfolgenden Hilfssätzen.

gierig $U =$ gierig' (sort U) EmptySet — — *sortiere U nach steigenden Gewichten*
gierig' [ ] *lm*   = *lm*
gierig' (u : *us*) *lm*
    | *lm* ∪ {u} ∈ ℑ = gierig' *us* (*lm* ∪ {u})
    | otherwise   = gierig' *us* *lm*

Abbildung 7.3: Schema eines gierigen Algorithmus zu einem bewerteten Matroid

Lemma 7.7: *Sei $M = (U, ℑ, w)$ ein bewertetes Matroid und U sortiert nach steigender Bewertung. Sei $x \in U$ das erste Element in U mit der Eigenschaft {x} ∈ ℑ. Wenn x existiert, dann gibt es ein optimales $A \in ℑ$ mit $x \in A$, und A enthält kein Element, das vor x in der Sortierung kommt.*

Beweis: ∅ ist optimal, wenn x nicht existiert. Andernfalls gibt es sicher kein $y \in U$ mit $w(y) < w(x)$, das zu einer optimalen Lösung gehört. Denn dann müßte y unabhängig sein; x ist aber ein unabhängiges Element mit kleinster Bewertung.

Gehört x nicht zu einer optimalen Menge B, so konstruieren wir mit der Austauscheigenschaft eine maximale unabhängige Menge A, indem wir, beginnend mit $A = \{x\}$, fortlaufend Elemente aus B übernehmen, bis $|A| = |B|$ gilt. Es gilt dann $A = \{x\} \cup (A \cap B)$, $B = \{y\} \cup (A \cap B)$ mit irgendeinem $y \in U$. Weiter ist $w(A) = w(B) - w(y) + w(x)$. y ist unabhängig. Da x das erste unabhängige Element in der Sortierung ist, gilt $w(y) \geqslant w(x)$. Da aber B optimal ist und folglich $w(B) \leqslant w(A)$ gelten muß, ist $w(y) = w(x)$. Dann ist aber auch A optimal.   ◆

Lemma 7.8: *Sei x das erste Element aus U, das unser Algorithmus wählt. Dann ist $A = \{x\} \cup A'$ genau dann eine optimale Lösung, wenn A' eine optimale Lösung des Teilproblems für das bewertete Matroid $M' = (U', ℑ', w')$ ist, wobei*

$$U' = \{y \mid y \in U, \{x, y\} \in ℑ\}$$
$$ℑ' = \{B \mid B \subseteq U \backslash \{x\}, B \cup \{x\} \in ℑ\}$$

und w' die Beschränkung von w auf U' ist.

Beweis: Falls A optimal ist, so ist A' unabhängig in M'. Umgekehrt ist $A' \cup \{x\}$ unabhängig in M, wenn A' unabhängig in M' ist. In beiden Fällen gilt, daß $w(A) = w(A') + w(x)$. Also liefert eine optimale Menge A' in M' eine optimale Menge in M und umgekehrt.   ◆

Damit erhalten wir

Satz 7.9: *Wenn $M = (U, ℑ, w)$ ein bewertetes Matroid ist, dann liefert der gierige Algorithmus der Abb. 7.3 eine optimale Lösung A.*

Beweis: Sei x das erste unabhängige Element in der Sortierung von U. Nach Lemma 7.7 gehört keines der vorangehenden Elemente zu einer Lösung. Auch dürfen wir x in A aufnehmen, da es eine optimale Lösung gibt, die x enthält. Nach Lemma 7.8 kann anschließend das Problem ohne x und die vorangehenden Elemente betrachtet werden, wie das auch der Algorithmus tut.   ♦

Satz 7.10 (EDMONDS 1971): *Gegeben sei eine Menge U und ein Mengensystem $\Im \subset \mathfrak{P}(U)$ mit Vererbungseigenschaft. Dann ist $M = (U, \Im)$ genau dann ein Matroid, wenn der gierige Algorithmus aus Abb. 7.3 für beliebige Bewertungen w eine maximale Menge $A \in \Im$ mit minimaler Bewertung liefert.*

Beweis: Die eine Richtung des Satzes ergibt sich aus Satz 7.9. Für die Umkehrung beweisen wir die Austauscheigenschaft von M durch Widerspruch.

Dazu nehmen wir an, daß $A, B \in \Im$ unabhängig seien, $|A| < |B|$ gilt, aber kein $x \in B \setminus A$ existiert, so daß $A \cup \{x\}$ unabhängig ist. O. B. d. A. können wir annehmen, daß B maximal in $\Im$ ist. Andernfalls könnten wir B zu einer maximalen Menge durch Hinzunahme weiterer Elemente y erweitern. Diese Elemente nehmen wir auch in A auf, falls dadurch die Unabhängigkeit nicht verletzt wird. Die Eigenschaften $|A| < |B|$ und $A \cup \{x\}$ abhängig für alle $x \in B \setminus A$ bleiben erhalten.

Wir konstruieren nun Bewertungen, für die unser Algorithmus nicht die optimale Lösung liefert. Dazu sei $a = |A \setminus B|$, $b = |B \setminus A|$ und $c > b^2$. Dann gilt $a < b$.

Fall 1: A ist selbst maximal in $\Im$. Dann setzen wir

$$
\begin{aligned}
w(x) &= a + 1, & x \in B \setminus A, \\
w(x) &= b + 1, & x \in A \setminus B, \\
w(x) &= 0, & x \in A \cap B, \\
w(x) &= c, & x \notin A \cup B.
\end{aligned}
$$

Es gilt dann

$$
\begin{aligned}
w(A) &= a(b + 1) &= ab + a, \\
w(B) &= b(a + 1) &= ab + b.
\end{aligned}
$$

Der gierige Algorithmus wählt zuerst die Elemente aus $A \cap B$ und dann wegen $a < b$ die Elemente aus $B \setminus A$. Er konstruiert also B, obwohl A eine kleinere Bewertung als B hat. Widerspruch.

Fall 2: Ist A nicht maximal, so setzen wir

$$
\begin{aligned}
w(x) &= 0, & x \in A, \\
w(x) &= b, & x \in B \setminus A, \\
w(x) &= c, & x \notin A \cup B.
\end{aligned}
$$

Der Algorithmus wählt zuerst die Elemente von A. Da A noch nicht maximal ist, wählt er danach ein Element $x \notin A \cup B$, denn die Elemente aus $B \setminus A$ sind nach Voraussetzung nicht wählbar. Damit erhält er eine Lösung L mit $w(L) \geq c > b^2$, obwohl auch B mit $w(B) = b^2$ eine Lösung ist. Widerspruch.   ♦

7.3.4   Zeitplanung mit Endterminen

Wir greifen nochmals das Problem der Zeitplanung aus Abschnitt 7.3.1 auf, beschränken uns jetzt allerdings auf Aufträge i, $i = 1, \ldots, n$, die in genau einer Zeiteinheit bearbeitet werden können. Es gilt also $c_i = 1$ für alle i. Jedoch sei zusätzlich jedem Auftrag i ein Endtermin $e(i)$ und eine (konstante) Strafe $w(i) > 0$ zugeordnet; die Strafe ist zu bezahlen, wenn der Auftrag nicht bis zu seinem Endtermin bearbeitet ist. Wir suchen nach einer Reihenfolge der Auftragsbearbeitung, die die Summe der Strafen minimiert.

Ist Z ein Zeitplan für die Aufträge, also eine Permutation $Z = (j_1, \ldots, j_n)$, dann ist ein Auftrag i in Z zeitgerecht erledigt, wenn für seinen Index $k = Z(i)$ in Z gilt $Z(i) \leqslant e(i)$. Andernfalls heißt i verspätet.

Da die Strafen $w(i)$ konstant, d. h. unabhängig vom Maß der Verspätung, sind, können wir o. B. d. A. annehmen, daß in einer Lösung alle zeitgerecht erledigten Aufträge vor allen verspäteten kommen. Würde nämlich ein Auftrag i zeitgerecht nach einem verspäteten Auftrag j erledigt, so ändert sich an den Eigenschaften $Z(i) \leqslant e(i)$ bzw. $Z(j) > e(j)$ nichts, wenn wir i und j vertauschen.

Also lautet die Aufgabe: Finde eine Menge A von zeitgerecht erledigbaren Aufträgen mit minimalem Strafmaß. Ordne die Aufgaben in zwei Abschnitten Z_1, Z_2 so an, daß Z_1 alle zeitgerechten und Z_2 alle verspäteten Aufträge enthält.

Wir prüfen, ob die Aufgabe in dieser Fassung mit einem gierigen Algorithmus lösbar ist. Dazu konstruieren wir ein Matroid $M = (U, \mathfrak{J})$ wie folgt: U sei die Menge aller Aufträge; eine Teilmenge A heiße unabhängig, wenn für sie ein Zeitplan existiert, der alle $i \in A$ zeitgerecht erledigt. $w(i)$ sei die Bewertungsfunktion.

Zum Nachweis der Matroid-Eigenschaft genügt es offenbar, die Austauscheigenschaft nachzuweisen. Dazu seien A, B unabhängig und $|A| < |B|$. Dann enthält A nur Aufträge i mit einem Endtermin $e(i) \leqslant |A|$, während B insgesamt $(|B| - |A|)$ Aufträge j enthalten muß, deren Endtermin größer als $|A|$ ist; andernfalls könnte für B kein zeitgerechter Zeitplan existieren. Jeder dieser Aufträge j kann zusätzlich in A aufgenommen werden, ohne die Unabhängigkeit zu zerstören.

Nach Satz 7.9 liefert somit der Algorithmus aus Abb. 7.3 eine maximale, minimal bewertete Teilmenge A der Aufträge, die wir als Abschnitt Z_1 verwenden können, indem wir sie nach aufsteigenden Endterminen anordnen (der Algorithmus sortierte die Aufträge nach steigendem Strafmaß!). Die verbleibenden Aufträge bilden den Abschnitt Z_2 der verspäteten Aufträge.

7.4 Anmerkungen und Verweise

Die verschiedenen Konstruktionsverfahren, die wir hier und in Bd. II erörtern, finden sich in (OTTMANN , 1998) sowie in (CORMEN, LEISERSON und RIVEST , 1990).(OTTMANN und WIDMAYER , 1996) oder (AHO und ULLMAN , 1992) behandeln Algorithmenkonstruktion gegliedert nach Anwendungsthemen. (AHO, HOPCROFT und ULLMAN , 1974) ist eine elementarere Quelle für viele Aufwandsuntersuchungen. Das Buch (MEHLHORN , 1986) behandelt Suchen und Sortieren sehr detailliert.

Auch wenn in den letzten beiden Jahrzehnten eine Fülle von Algorithmen neu erfunden wurden, sind immer noch die Bücher (KNUTH , 1997a,b,c) die umfangreichste Quelle von Algorithmen für verschiedenste Aufgaben.

FLAJOLET und GOLIN (1994) zeigen, daß die Aufwandsfunktionen $T(n)$ nicht immer monoton mit n wachsen.

Matroide wurden von H. WHITNEY in (WHITNEY, GÜSGEN und HERZBERG , 1935) als Verallgemeinerung des Begriffs *Menge linear unabhängiger Zeilenvektoren einer Matrix* eingeführt. Der Beweis von Satz 7.10 ist (KOZEN , 1992) entnommen.

Wann ein Algorithmus robust ist, läßt sich nicht allgemein sagen. Zum Beispiel ist die Funktion floor auf S. 281, wie die meisten Algorithmen dieses Buches, nicht robust, weil sie nur für nicht-negative Argumente x korrekt definiert ist, und den Fall $x < 0$ nicht prüft. Ferner liefert die Funktion inkorrekte Ergebnisse, wenn x mindestens die Größenordnung 2^m hat, wobei m die Anzahl der Bits der Mantisse von Gleitpunktzahlen ist. Natürlich läßt sich die Funktion leicht für negative Argumente vervollständigen; die Ausgabe einer Fehlermeldung ist jedoch keine zulässige Abhilfe: Man sollte vermeiden, eine Maschine abzuschalten, weil die Steuersoftware solche Fehlermeldungen bringt; sicherheitskritische Software, z. B. die Steuersoftware eines Flugzeugs, *darf* keine solchen Fehlermeldungen bringen. Fehler wegen beschränkter Genauigkeit der Gleitpunktdarstellung sind andererseits inhärent. Möglicherweise ist ein hier beobachteter Fehler an ganz anderer Stelle durch Rundungsfehler verursacht. Auch durch Umformulierung des Algorithmus läßt sich keine Verbesserung erreichen. In diesem Fall kann man nur auf der Anwendungsseite dafür sorgen, daß die Funktion nicht mit Argumenten der kritischen Größenordnung aufgerufen wird. Es kann aber Fälle geben, in denen es auf die Korrektheit gar nicht entscheidend ankommt, sondern wo es genügt, wenn floor x ein „hinreichend großes" Ergebnis liefert, weil man dann an anderer Stelle erkennen kann, daß etwas nicht stimmt. Auch gibt es Fälle wie z. B. die einfache Multiplikation zweier ganzer Zahlen $i * j$ oder die Inversion einer Matrix $\mathfrak{M}$, bei der man mögliche Fehler, etwa Überlauf der ganzzahligen Multiplikation oder Singularität der Matrix am einfachsten erkennt, indem man die fehlerhafte Operation auszuführen versucht und dann das Ergebnis überprüft.

Literaturverzeichnis

Standard-Lehrbücher

ABELSON, H., SUSSMAN, G. J. und SUSSMAN, J. (1998): *Struktur und Interpretation von Computerprogrammen.* Springer-Verlag, dritte Aufl.

AHO, A. V. und ULLMAN, J. D. (1992): *Foundations of Computer Science.* Computer Science Press.

BAUER, F. L. und GOOS, G. (1971): *Informatik — Eine einführende Übersicht.* Springer. 2 Bde., 1. Aufl. 1971, 4. Aufl. 1991/92.

GILOI, W. (1997): *Rechnerarchitektur.* Springer-Verlag, dritte Aufl.

GRIES, D. (1989): *The Science of Programming.* Springer-Verlag.

RECHENBERG, P. und POMBERGER, G. (Hrsg.) (1999): *Handbuch der Informatik.* Hanser, zweite Aufl.

Grundlagen

BIRKHOFF, G. und BARTEE, T. C. (1973): *Angewandte Algebra.* Oldenbourg Verlag. Aus d. Engl. von R. Herschel.

BRAUER, W. (1984): *Automatentheorie.* B. G. Teubner Verlag.

DIESTEL, R. (1997): *Graphentheorie.* Springer-Verlag.

EBBINGHAUS, H.-D., FLUM, J. und THOMAS, W. (1996): *Einführung in die mathematische Logik.* Spektrum Akademischer Verlag, vierte Aufl.

ELMASRI, R. und NAVATHE, S. (2000): *Fundamentals of Database Systems.* Benjamin/Cummings, dritte Aufl.

ERBESDOBLER, R., HEINEMANN, J. und MEY, P. (1976): *Entscheidungstabellentechnik.* Springer-Verlag.

FEJER, P. A. und SIMOVICI, D. A. (1991): *Mathematical Foundations of Computer Science,* Bd. 1: Sets, Relations, and Induction. Springer-Verlag.

HARARY, F. (1974): *Graphentheorie.* Oldenbourg Verlag.

HEISE, W. und QUATTROCCHI, P. (1995): *Informations- und Codierungstheorie.* Springer-Verlag, dritte Aufl.

KLAEREN, H. A. (1983): *Algebraische Spezifikation.* Springer-Verlag.

KOWALSKY, H.-J. (1998): *Lineare Algebra.* Walter de Gruyter, Berlin, 11. Aufl.

LISKOV, B. und GUTTAG, J. (1986): *Abstraction and Specification in Program Development.* MIT Press.

REISIG, W. (1990): *Petrinetze.* Springer-Verlag, zweite Aufl.

SALOMAA, A. (1978): *Formale Sprachen.* Springer-Verlag.

SCHMIDT, G. und STRÖHLEIN, T. (1989): *Relationen und Graphen.* Springer-Verlag.

Schöning, U. (2000): *Logik für Informatiker.* Spektrum Akademischer Verlag, fünfte Aufl.

van Leeuwen, J. (Hrsg.) (1990): *Formal Models and Semantics*, Bd. B von *Handbook of Theoretical Computer Science.* Elsevier Science Publishers B.V.

Wechler, W. (1992): *Universal Algebra for Computer Scientists.* Springer-Verlag.

Funktionales und Logisches Programmieren

Barendregt, H. P. (1984): *The Lambda Calculus, its Syntax and Semantics.* Elsevier Science, zweite Aufl.

Bird, R. und Wadler, P. (1992): *Einführung in die funktionale Programmierung.* Hanser/Prentice-Hall International.

Bird, R. (1998): *Introduction to Functional Programming using Haskell.* Prentice Hall Europe.

Clocksin, W. F. und Mellish, C. S. (1994): *Programming in Prolog.* Springer-Verlag, vierte Aufl.

Horowitz, E. (Hrsg.) (1983): *Programming Languages — A Grand Tour.* Springer-Verlag.

Jones, M. P. (1997): *An Introduction to Gofer.*
URL: http://www.cse.ogi.edu/ mpj/goferarc/gofer230a.tar.gz.

McCarthy, J., Abrahams, P. W., Edwards, D. J. et al. (1965): Lisp 1.5 *Programmer's Manual.* MIT Press.

Milner, R., Tofte, M., Harper, R. und McQueen, D. (1997): *The Definition of Standard ML – Revised.* MIT Press.

Paulson, L. C. (1991): *ML for the working Programmer.* Cambridge University Press.

Pepper, P. (2000): *Funktionale Programmierung in* Opal, ML, Haskell *und* Gofer. Springer-Verlag. 1. korr. Nachdruck.

Peyton Jones (Hrsg.) (1999): Report on the Programming Language Haskell 98, a Non-strict Purely Functional Language. Tech. Report YALEU/DCS/RR-1106, Yale University, Dept. of Computer Science. URL: http://haskell/org/.

Steele, G. L. (1990): *Common Lisp: the Language.* Digital Press, Burlington MA, zweite Aufl.

Algorithmen und Datenstrukturen

Aho, A., Hopcroft, J. und Ullman, J. (1974): *The Design and Analysis of Computer Algorithms.* Addison-Wesley.

Cormen, T. H., Leiserson, C. E. und Rivest, R. L. (1990): *Introduction to Algorithms.* MIT Press.

HÄRDER, T. und RAHM, E. (1999): *Datenbanksysteme: Konzepte und Techniken der Implementierung*. Springer-Verlag.

KEMPER, A. und EICKLER, A. (1997): *Datenbanksysteme — Eine Einführung*. Oldenbourg Verlag, zweite Aufl.

KNUTH, D. E. (1997A): *Fundamental Algorithms*, Bd. 1 von *The Art of Computer Programming*. Addison-Wesley, dritte Aufl.

KNUTH, D. E. (1997B): *Seminumerical Algorithms*, Bd. 2 von *The Art of Computer Programming*. Addison-Wesley, dritte Aufl.

KNUTH, D. E. (1997C): *Sorting and Searching*, Bd. 3 von *The Art of Computer Programming*. Addison-Wesley, zweite Aufl.

KOZEN, D. C. (1992): *The Design and Analysis of Algorithms*. Springer-Verlag.

MEHLHORN, K. (1986): *Sortieren und Suchen*, Bd. 1 von *Datenstrukturen und effiziente Algorithmen*. B. G. Teubner Verlag.

OTTMANN, T. und WIDMAYER, P. (1996): *Algorithmen und Datenstrukturen*. Spektrum Akademischer Verlag, dritte Aufl.

OTTMANN, T. (Hrsg.) (1998): *Prinzipien des Algorithmenentwurfs*. Spektrum Akademischer Verlag.

Normen

DIN (1988A): DIN 44300 Bbl 1: Informationsverarbeitung; Begriffe, Alphabetisches Gesamtverzeichnis. Deutsches Institut für Normung e.V., Beuth Verlag.

DIN (1988B): DIN 44300 Teil 1: Informationsverarbeitung; Allgemeine Begriffe. Deutsches Institut für Normung e.V., Beuth Verlag.

DIN (1988C): DIN 44300 Teil 2: Informationsverarbeitung; Informationsdarstellung, Begriffe. Deutsches Institut für Normung e.V., Beuth Verlag.

DIN (1988D): DIN 44300 Teil 3: Informationsverarbeitung; Datenstrukturen, Begriffe. Deutsches Institut für Normung e.V., Beuth Verlag.

DIN (1988E): DIN 44300 Teil 4: Informationsverarbeitung; Programmierung, Begriffe. Deutsches Institut für Normung e.V., Beuth Verlag.

DIN (1988F): DIN 44300 Teil 5: Informationsverarbeitung; Aufbau digitaler Rechensysteme, Begriffe. Deutsches Institut für Normung e.V., Beuth Verlag.

DIN (1988G): DIN 44300 Teil 6: Informationsverarbeitung; Speicherung, Begriffe. Deutsches Institut für Normung e.V., Beuth Verlag.

DIN (1988H): DIN 44300 Teil 7: Informationsverarbeitung; Zeiten, Begriffe. Deutsches Institut für Normung e.V., Beuth Verlag.

DIN (1988I): DIN 44300 Teil 8: Informationsverarbeitung; Verarbeitungsfunktionen, Begriffe. Deutsches Institut für Normung e.V., Beuth Verlag.

DIN (1988J): DIN 44300 Teil 9: Informationsverarbeitung; Verarbeitungsabläufe, Begriffe. Deutsches Institut für Normung e.V., Beuth Verlag.

DIN (1991): DIN 5007: Ordnen von Schriftzeichenfolgen (ABC-Regeln). Deutsches Institut für Normung e.V., Beuth Verlag.

DIN (1992): DIN IEC 60559: Binäre Gleitpunkt-Arithmetik für Mikroprozessor-Systeme. Deutsches Institut für Normung e.V., Beuth Verlag.

IEEE (1985): IEEE *Standard for binary floating-point arithmetic.* ANSI/IEEE Std. 754–1985.

THE UNICODE CONSORTIUM (2000): *The Unicode Standard, Version 3.0.* Addison-Wesley.

Weitere Quellen

ALCHWARIZMI, M. I. M. (1831): Algebra. London. Arabische und englische Ausgabe des *kitab al-dschabr wal-muqabala*, Editor F. Rosen.

ALCHWARIZMI, M. I. M. (1963): *Algorismus — das früheste Lehrbuch zum Rechnen mit indischen Ziffern.* Otto Zeller Verlagsbuchhandlung, Aalen. Orginal arabisch vor 846, lateinische Übersetzung aus dem 13. Jahrhundert, Editor Kurt Vogel.

BRYANT, R. E. (1992): Symbolic Boolean Manipulation with Ordered Binary-Decision Diagrams. *ACM Computing Surveys*, 24(3): 293–318.

BURKS, A. W., GOLDSTINE, H. H. und VON NEUMANN, J. (1946): Preliminary Discussion of the Logical Design of an Electronic Computing Instrument. Part 1. Techn. Ber., Institute for Advanced Study, Princeton. In Auszügen abgedruckt in (RANDELL , 1982).

CANTOR, G. (1895): Beiträge zur Begründung der transfiniten Mengenlehre. *Math. Ann.*, 46: 418–512.

CHURCH, A. (1936): An Unsolvable Problem of Elementary Number Theory. *Amer. J. Math.*, 58: 345–363.

CHURCH, A. (1941): *The Calculi of Lambda-Conversion*, Bd. 6 von *Annals of Mathematical Studies*. Princeton University Press.

CODD, E. (1970): A Relational Model of Data for Large Shared Data Banks. *CACM*, 13(6): 377–387.

CODY, W. J. und WAITE, W. M. (1980): *Software Manual for the Elementary Functions.* Prentice-Hall.

DIJKSTRA, E. W. (1968): The Structure of the "THE"-Multiprogramming System. *CACM*, 11(5): 341–346.

EUKLID (-325, Nachdruck 1996): *Die Elemente*, Bd. I–XIII. Thun Verlag, zweite Aufl. deutsch von C. Thaer.

FLAJOLET, P. und GOLIN, M. (1994): Mellin Transforms and Asymptotics: The Mergesort Recurrence.

FREGE, G. (1977): *Begriffsschrift und andere Aufsaetze*. G. Olms, Hildesheim, zweite Aufl.

GOGUEN, J., THATCHER, J., WAGNER, E. und WRIGHT, J. (1977): Initial Algebra Semantics and Continuous Algebras. *JACM*, 24(1): 68–95.

GOGUEN, J., THATCHER, J., WAGNER, E. und WRIGHT, J. (1978): An Initial Algebra Approach to the Specification, Correctness and Implementation of Abstract Data Types. In *Current Trends in Programming Methodology*, herausgegeben von Yeh, R., Bd. 4, S. 80–149. Prentice Hall.

GOLDSCHEIDER, P. und ZEMANEK, H. (1971): *Computer — Werkzeug der Information*. Springer-Verlag.

GORDON, M. J. C. (1988): *Programming Language Theory and its Implementation*. Prentice-Hall International.

HOARE, C.A.R. (1972): Proof of Correctness of Data Representations. *Acta Informatica*, 1(10): 271–281.

HOARE, C.A.R. (1975): Recursive Data Structures. *Int. Journal of Computer and Information Sciences*, 4(2): 105–132.

HORN, A. (1951): On sentences which are true of direct unions of algebras. *J. Symb. Logic*, 16: 14–21.

INGERMAN, P. Z. (1967): "Pānini-Backus Form" Suggested. *CACM*, 10(3): 137.

LISKOV, B. und ZILLES, S. (1975): Specification Techniques for Data Abstractions. *IEEE Transactions on Software Engineering*, SE-1(1): 7–18.

MACH, E. (1991): *Erkenntnis und Irrtum — Skizzen zur Psychologie der Forschung*. Wissenschaftliche Buchgesellschaft. Nachdruck der 5. Aufl.

MARKOV, A. A. (1954): Theorie der Algorithmen (russ.). *Akad. Nauk SSSR, Mathèm. Inst. Trudy*, 42.

McCARTHY, J. (1960): Recursive functions of symbolic expressions and their computation by machine, Part I. *CACM*, 3(4): 184–195.

PARK, S. K. und MILLER, K. W. (1988): Random Number Generators: Good Ones Are Hard to Find. *CACM*, 31(10): 1192–1201.

PARNAS, D. (1972B): A Technique for Software Module Specification with Examples. *CACM*, 15(5): 330–336.

PARNAS, D. (1972A): On the Criteria To Be Used in Decomposing Systems into Modules. *CACM*, 15(12): 1053–1058.

PETRI, C.-A. (1962): *Kommunikation mit Automaten*. Techn. Ber., Schriften des Instituts für Instrumentelle Mathematik, Bonn.

PÖPPE, C. (1991): Grenzen der Optimierbarkeit. *Spektrum der Wissenschaft*, Nov.

1991, S. 26–29.

RANDELL, B. (Hrsg.) (1982): *The Origins of Digital Computers.* Springer-Verlag.

REES UND CLINGER (Hrsg.) (1986): The Revised[3] Report on the Algorithmic Language SCHEME. *SIGPLAN Notices*, 21(12): 37-79.

SCHÖNFINKEL, M. (1924): Über die Bausteine der mathematischen Logik. *Math. Annalen*, 92: 305–316.

SCHRAGE, L. (1979): A more portable FORTRAN random number generator. *ACM Trans. Math. Softw.*, 5(2): 132–138.

SIMON, H. A. (1996): *The Sciences of the Artificial.* MIT Press, dritte Aufl.

THUE, A. (1914): Probleme über Veränderungen von Zeichenreihen nach gegebenen Regeln. *Skr. Vidensk. Selsk. Kristiania I. Mat. Naturv. Klasse*, 10/34.

WHITNEY, H., GÜSGEN, H. W. und HERZBERG, J. (1935): On the Abstract Properties of Linear Dependence. *Amer. J. Math.*, 57: 509–533.

WITTGENSTEIN, L. (1970): *Tractatus logico-philosophicus.* Suhrkamp.

ZEMANEK, H. (1966): Semiotics and Programming Languages. *CACM*, 9(3): 139–143.

ZEMANEK, H. (1992): *Das geistige Umfeld der Informationstechnik.* Springer-Verlag.

Anhang A
Mengen, Relationen, Funktionen, Zahlen

In diesem Anhang stellen wir wesentliche Grundbegriffe der Mengenlehre zusammen, die wir in diesem Buch verwenden.

A.1 Mengen

> *Unter einer „Menge" verstehen wir jede*
> *Zusammenfassung* M *von bestimmten,*
> *wohlunterschiedenen Objecten unsrer Anschauung*
> *oder unseres Denkens (welche die „Elemente" von* M
> *genannt werden) zu einem Ganzen.*
>
> GEORG CANTOR[1]

Diese Definition ist der Ausgangspunkt der *naiven* Mengenlehre. Sie benutzt den umgangssprachlichen Begriff ‚Zusammenfassung', ohne sich mit seinen Eigenschaften auseinanderzusetzen. Dazu wurde im zwanzigsten Jahrhundert die *axiomatische* Mengenlehre eingeführt. Sie setzt die Existenz gewisser Zusammenfassungen $\mathcal{K}$, die Mathematik nennt sie **Klassen**, voraus, die alle in Betracht kommenden ‚Objecte' und alle Mengen solcher ‚Objecte' als Elemente enthält. Ferner setzt sie voraus, daß von zwei Elementen M, N aus $\mathcal{K}$ festgestellt werden kann, ob sie gleich oder verschieden sind, in Zeichen $M = N$ bzw. $M \neq N$, und ob zwischen je zwei Elementen M, N aus $\mathcal{K}$ die Beziehung „M ist Element von N", in Zeichen $M \in N$, besteht oder nicht besteht. Man legt dann fest:

Eine **Menge** M ist ein Element einer Klasse $\mathcal{K}$, in Zeichen $M \in \mathcal{K}$. Die Elemente $a \in \mathcal{K}$ mit der Eigenschaft $a \in M$ heißen **Elemente** der Menge M.

Grundsätzlich sind alle Elemente einer Klasse verschieden. Wir könnten jedoch dasselbe Element auf unterschiedliche Weise charakterisieren, etwa, indem wir es mit unterschiedlichen Namen benennen. Nur dann kann man nach der Gleichheit von Elementen einer Klasse fragen.

---

1. GEORG CANTOR, geb. 3.3.1840 in St. Petersburg, gest. 6.1.1918 in Halle (Saale). Professor in Halle seit 1869, Begründer der Mengenlehre.

Die Frage, ob $M \in N$ gilt oder nicht (und entsprechend die anderen Fragen), muß prinzipiell eine objektive, eindeutige Antwort haben. Es wird nicht verlangt, daß es auch einen Algorithmus gibt, um die verlangten Eigenschaften festzustellen. Die Antwort könnte uns nach dem heutigen Stand der Wissenschaft nicht bekannt sein; oder es könnte sein, daß man sogar beweisen kann, daß für die Elemente gewisser Klassen $\mathcal{K}$ zwar prinzipiell feststeht, ob $M \in N$ gilt oder nicht, daß man dies aber für *beliebige* Paare M, N niemals algorithmisch berechnen kann.

Wir können Mengen explizit auf zwei Weisen angeben:

- **extensional**: Wir zählen die Elemente der Menge auf, $M = \{1, 4, 9, 16, 25\}$. **Extensionale Gleichheit** heißt: Zwei Mengen M, N sind gleich, wenn für alle $a \in \mathcal{K}$ gilt $a \in M$ genau dann, wenn $a \in N$.

- **intensional**: Wir geben eine Bedingung $p(a)$ an, die für Elemente $a \in \mathcal{K}$ entweder gilt oder nicht gilt. Dann bezeichnet $M = \{a \mid a \in \mathcal{K}$ und $p(a)\}$ die Menge aller Elemente von $\mathcal{K}$, für die $p(a)$ gilt. Im vorigen Beispiel könnte $p(a)$ die Bedingung *a ist eine natürliche Zahl und a ist Quadratzahl und a* $\leqslant 30$ sein. Die Voraussetzung $a \in \mathcal{K}$ schreiben wir gewöhnlich nicht, sondern ergänzen sie aus dem Zusammenhang. **Intensionale Gleichheit** heißt: Zwei Mengen M, N mit Bedingungen $p_M(a), p_N(a)$ sind gleich, wenn $p_M(a)$ für ein beliebiges $a \in \mathcal{K}$ genau dann gilt, wenn $p_N(a)$ erfüllt ist.

Die häufig vorkommende Floskel *genau dann, wenn* kürzen wir oft mit dem Symbol $\asymp$ ab.[2] Die intensionale Gleichheit wird dann definiert durch „M, N heißen gleich, wenn für beliebige $a \in \mathcal{K}$ gilt $p_M(a) \asymp p_N(a)$.“

Die Voraussetzung $a \in \mathcal{K}$ ist wichtig. Man sieht das an der Russellschen[3] Antinomie der *Menge aller Mengen, die sich nicht selbst enthalten*: Es sei $\mathcal{P} = \{x \mid x \notin x\}$. Wir fragen, ob $\mathcal{P} \in \mathcal{P}$ oder $\mathcal{P} \notin \mathcal{P}$. In beiden Fällen erhält man einen Widerspruch. Dieser wird aufgehoben, wenn $\mathcal{P}$ eine Klasse und keine Menge ist; denn dann gilt weder $\mathcal{P} \in \mathcal{K}$ noch $\mathcal{P} \notin \mathcal{K}$ und daher kann die Frage nicht gestellt werden. Ähnliche Probleme ergeben sich in der Informatik, wenn sich Datenobjekte auf sich selbst beziehen.

Die Bedingung $a \neq a$ wird von keinem $a \in \mathcal{K}$ erfüllt. Die Menge $M = \{a \mid a \neq a\}$ enthält keine Elemente. Sie heißt **leere Menge** und wird mit $\emptyset$ bezeichnet. Da *per definitionem* alle Mengen ohne Elemente gleich sind, sprechen wir von *der* leeren Menge.

Für Mengen sind die zweistelligen Relationen **enthalten in**, $M \subseteq N$, und **echt enthalten in**, $M \subset N$, sowie die Operationen **Vereinigung** $M \cup N$, **Durchschnitt** $M \cap N$ und **Mengendifferenz** $M \setminus N$ definiert durch

$$M \subseteq N, \text{ wenn aus } a \in M \text{ folgt } a \in N, \tag{A.1}$$

$$M \subset N, \text{ wenn } M \subseteq N \text{ und } M \neq N, \tag{A.2}$$

---

2. Im Englischen schreibt man oft *iff* für *if and only if*.

3. BERTRAND A. W. RUSSELL, 1872–1970, englischer Philosoph und mathematischer Logiker. Seine bedeutendsten mathematischen Bücher waren die *Principia Mathematica*, die er 1910–1913 zusammen mit A. N. WHITEHEAD schrieb.

$$M \cup N := \{x \mid x \in M \text{ oder } x \in N\}, \tag{A.3}$$

$$M \cap N := \{x \mid x \in M \text{ und } x \in N\}, \tag{A.4}$$

$$M \setminus N := \{x \mid x \in M \text{ und } x \notin N\} \tag{A.5}$$

Dabei bedeute $l := r$, oft auch als $l =_{\text{def}} r$ geschrieben, daß die linke Seite l durch die rechte Seite r definiert wird.

M heißt eine **Teilmenge** oder **Untermenge** von N, wenn $M \subseteq N$; wenn zusätzlich $M \neq N$ gilt, also $M \subset N$, heißt M eine **echte Teilmenge** von N.

Für $N \subseteq U$ heißt $U \setminus N$ (relatives) **Komplement** von N bezüglich der **Grund-** oder **Trägermenge** U, in Zeichen $\overline{N}$ oder $\complement N$. Wir benutzen diese Schreibweise, wenn sich U eindeutig aus dem Zusammenhang ergibt.

Die Mengen M, N heißen **disjunkt**, wenn $M \cap N = \emptyset$. Für ein $M \subseteq U$ gilt immer $M \cap (U \setminus M) = \emptyset$: eine Menge M und ihr Komplement $\complement M$ bezüglich einer Grundmenge U sind disjunkt. Ferner gilt $M \cup \complement M = U$ für $M \subseteq U$. Eine Aufteilung einer Menge U in zwei oder mehr disjunkte Teilmengen heißt eine **Zerlegung** oder **Partitionierung** von U.

Aufgabe A.1: Beschreiben Sie die **symmetrische Mengendifferenz**

$$M \oplus N := \{x \mid x \in M \text{ und } x \notin N, \text{ oder } x \notin M \text{ und } x \in N\} \tag{A.6}$$

mit den bisher eingeführten Operationen.

Wir können Mengen $\{M, N, \ldots\}$ bilden, deren Elemente wieder Mengen sind. Insbesondere gibt es die Menge $\{\emptyset\}$; sie ist nicht leer, sondern enthält die leere Menge als Element. Ferner können wir zu einer vorgegebenen Grundmenge U die Menge $\mathfrak{P}(U) := \{M \mid M \subseteq U\}$ bilden. Sie heißt die **Potenzmenge** von U. Wir bezeichnen sie oft mit 2^U.

Eine Menge $\mathfrak{M}$ von Mengen, also auch $\mathfrak{P}(U)$, heißt eine **Mengenfamilie**. Oft ist sie als Menge $\mathfrak{M} := \{M_i\}_{i \in I}$ gegeben, die für jedes i aus einer **Indexmenge** I eine Menge M_i enthält.

Als Indexmenge benutzen wir oft die Menge $\mathbb{N}$ der natürlichen Zahlen oder einen Ausschnitt daraus. In der Informatik werden häufig Mengen explizit benannter Elemente verwandt, beispielsweise die Menge aller Mitarbeiter einer Firma oder die Menge aller Flüge Berlin - New York an einem bestimmten Tag.

Der Durchschnitt und die Vereinigung lassen sich von zwei Mengen auf alle Mengen einer Mengenfamilie verallgemeinern. Wir schreiben dann $\bigcap\limits_{i \in I} M_i$ bzw. $\bigcup\limits_{i \in I} M_i$. Bei Ausschnitten der ganzen Zahlen schreiben wir $\bigcap\limits_{i=1}^{n} M_i$, usw.

A.2   Relationen und Funktionen

Das **kartesische** oder **direkte Produkt**[4] der Mengen M, N

$$M \times N := \{(x,y) \mid x \in M \text{ und } x \in N\} \tag{A.7}$$

besteht aus allen **Paaren** (x,y). Beim Produkt $M_1 \times \cdots \times M_n$ endlich vieler Mengen heißen die Elemente $(x_1, \ldots, x_n)$ n-**Tupel**. Die Paare sind geordnet; für $x \neq y$ gilt $(x,y) \neq (y,x)$. Entsprechend sind n-Tupel geordnet. Falls alle Mengen $M_1 = \cdots = M_n = M$ gleich sind, schreiben wir statt $M \times \cdots \times M$ auch M^n. Zur Vereinheitlichung definieren wir $M^1 := M$, $M^0 := \{\emptyset\}$. Das Produkt $M_1 \times \cdots \times M_n$ ist ein Spezialfall des kartesischen Produkts $\prod_{i \in I} M_i$ über einer Mengenfamilie. Die Elemente dieses Produkts bezeichnen wir mit $(m_i)_{i \in I}$.

Ein einfaches Beispiel eines kartesischen Produkts ist

$$\{\text{Würfel, Kugel}\} \times \{\text{rot, blau}\} \ = \ \{(\text{Würfel, rot}), (\text{Würfel, blau}),$$
$$(\text{Kugel, rot}), (\text{Kugel, blau})\}.$$

Um den Begriff des Paares systematisch auf die Grundbegriffe der Mengenlehre zurückzuführen, müßte man eigentlich statt (x,y) schreiben $\{\{x\}, \{x,y\}\}$; die Ordnung des Paares ergibt sich aus der Anzahl der Elemente in den beiden Teilmengen. Für das Paar (x,x) ist dann $(x,x) = \{\{x\}, \{x,x\}\} = \{\{x\}, \{x\}\} = \{\{x\}\}$, da gleiche Elemente in einer Menge nur einmal gezählt werden!

Aufgabe A.2: Gegeben seien Mengen L, M, N, sowie Teilmengen $A \subseteq M$, $B \subseteq N$. Beweisen Sie:

$$(L \cup M) \times N \ = \ L \times N \cup M \times N, \tag{A.8}$$
$$(L \cap M) \times N \ = \ L \times N \cap M \times N, \tag{A.9}$$
$$(L \setminus M) \times N \ = \ L \times N \setminus M \times N, \tag{A.10}$$
$$A \times N \cap M \times B \ = \ A \times B. \tag{A.11}$$

Hierbei nehmen wir an, daß der Operator $\times$ stärker bindet als die Mengenoperatoren $\cap$, $\cup$ und $\setminus$.

Das kartesische Produkt ist Grundlage vieler weiterer Begriffsbildungen in der Mathematik und Informatik.

Eine (**zweistellige**) **Relation** ρ zwischen den Mengen M und N ist eine Teilmenge $\rho \subseteq M \times N$. Entsprechend ist eine n-**stellige Relation** ρ eine Teilmenge von $M_1 \times \ldots \times M_n$. Bei zweistelligen Relationen schreiben wir oft $x \rho y$ statt $(x,y) \in \rho$. Besonders wichtig ist der Spezialfall $M = N$, also $\rho \subseteq M^2$.

---

4. Benannt nach René Descartes, 1596–1650. Lateinisch nannte er sich Cartesius.

Eine zweistellige Relation $\rho \subseteq M^2$ heißt

- **reflexiv**, wenn für alle $x \in M$ gilt $x \rho x$;
- **irreflexiv**, wenn für kein $x \in M$ gilt $x \rho x$;
- **symmetrisch**, wenn für alle $x, y \in M$ gilt: aus $x \rho y$ folgt $y \rho x$;
- **antisymmetrisch**, wenn für alle $x, y \in M$ gilt: aus $x \rho y$ und $y \rho x$ folgt $x = y$;
- **asymmetrisch**, wenn für alle $x, y \in M$ gilt: aus $x \rho y$ folgt, $y \rho x$ gilt nicht;
- **transitiv**, wenn für alle $x, y, z \in M$ gilt: aus $x \rho y$ und $y \rho z$ folgt $x \rho z$;
- **alternativ**, wenn für alle $x, y \in M$ entweder $x \rho y$ oder $y \rho x$ gilt.

Eine zweistellige Relation $\rho \subseteq M^2$ heißt eine

- **Äquivalenzrelation**, wenn sie reflexiv, symmetrisch und transitiv ist;
- **partielle Ordnung** oder **Halbordnung**, wenn sie reflexiv, antisymmetrisch und transitiv ist;
- **strenge Ordnung** oder **strenge Halbordnung**, wenn sie irreflexiv und transitiv ist;
- **Quasiordnung**, wenn sie reflexiv und transitiv ist;
- **totale** oder **lineare Ordnung**, wenn sie eine alternative Halbordnung ist;
- **transponierte** oder **inverse Relation** zur Relation $\rho^{-1} \subseteq M^2$, wenn $x \rho y$ gdw $y\rho^{-1}x$.

Eine strenge Ordnung ist asymmetrisch. Sie heißt oft auch eine **azyklische Relation**. Wir verwenden diesen Begriff allerdings für eine größere Klasse von Relationen, vgl. S. 51.

Oft verwendet man das Wort *Ordnung* anstelle von *Halbordnung*. Wir benutzen *Ordnung* als generischen Begriff für beliebige Ordnungsrelationen.

Die Gleichheit

$$\Delta := \{(x, y) \mid x = y\} \subseteq M \times M \text{ für beliebige Mengen } M \qquad \text{(A.12)}$$

ist eine Äquivalenzrelation; man bezeichnet Äquivalenzrelationen auch oft als *verallgemeinerte Gleichheit*. Die Enthaltenseinsbeziehung $M \subseteq N$ ist eine Ordnung.

Bei Ordnungen schreiben wir statt $x \rho y$ oft $x \leqslant y$. Wir nehmen dann zugleich an, daß die Relationen $<$, $\geqslant$ und $>$ definiert seien durch

$$x \geqslant y \quad {:\!\!\bowtie} \quad y \leqslant x, \qquad \text{(A.13)}$$

$$x < y \quad {:\!\!\bowtie} \quad x \leqslant y \text{ und } x \neq y, \qquad \text{(A.14)}$$

$$x > y \quad {:\!\!\bowtie} \quad y \leqslant x \text{ und } x \neq y. \qquad \text{(A.15)}$$

$x < y$ und $x > y$ sind strenge Ordnungen. Die Ungültigkeit einer Relation $x \rho y$ drücken wir durch Durchstreichen aus, also z. B. $x \not\rho y$ oder $M \not\subseteq N$.

Die **Beschränkung** einer Relation $\rho \subseteq M \times N$ auf $L \subseteq M$ ist die Relation

$$\rho|_L := \{(x,y) \mid x \in L \text{ und } x \, \rho \, y\}. \tag{A.16}$$

Die **Verknüpfung** $\rho \circ \sigma \subseteq L \times N$ zweier Relationen $\rho \subseteq L \times M$ und $\sigma \subseteq M \times N$ ist die zweistellige Relation

$$\rho \circ \sigma := \{(x,z) \mid x \in L, z \in N, \text{ es gibt } y \in M \text{ mit } x \, \rho \, y \text{ und } y \, \sigma \, z\}. \tag{A.17}$$

Falls $L = M = N$ und $\rho = \sigma$ schreiben wir statt $\rho \circ \rho$ auch ρ^2. Zur Vereinfachung setzen wir $\rho^1 := \rho$ und $\rho^0 := \Delta$. Die Verknüpfung von Relationen ρ, σ, τ ist assoziativ: Es gilt

$$\rho \circ (\sigma \circ \tau) = (\rho \circ \sigma) \circ \tau. \tag{A.18}$$

Hierfür setzen wir natürlich voraus, daß die Verknüpfung überhaupt definiert ist, daß es also Mengen K, L, M, N so gibt, daß $\rho \subseteq K \times L$, $\sigma \subseteq L \times M$, $\tau \subseteq M \times N$. Diese Voraussetzung lassen wir gewöhnlich weg; wir nehmen an, daß betrachtete Verknüpfungen auch zulässig sind.

Eine Relation $\rho \subseteq M \times N$ kann auch als **Transformation** $\rho \colon M \to N$ aufgefaßt werden, die jedem $x \in M$ die Menge $\rho(M) := \{y \mid x \, \rho \, y\}$ zuordnet. In der Informatik treten solche Transformationen oft auf, wenn einem $x \in M$ indeterministisch ein *beliebiges* $y \in \rho(M)$ zugeordnet werden soll.

Für eine Transformation $\rho \colon M \to N$ definieren wir den **Definitionsbereich**

$$\mathrm{Def}(\rho) := \{x \mid x \in M \text{ und es gibt } y \in N \text{ mit } x \, \rho \, y\} \tag{A.19}$$

und das **Bild**

$$\mathrm{Bild}(\rho) := \{y \mid y \in N \text{ und es gibt } x \in M \text{ mit } x \, \rho \, y\}. \tag{A.20}$$

Das Bild bezeichnen wir auch mit $\rho(M)$ und definieren $\rho(L)$ für Teilmengen $L \subseteq M$ entsprechend. Für $K \subseteq N$ heißt die Menge

$$\rho^{-1}(K) := \{x \mid \text{ es gibt } y \in K \text{ mit } x \, \rho \, y\} \tag{A.21}$$

das **Urbild** von K (unter der Transformation ρ). Falls $K = \{y\}$ einelementig ist, schreiben wir $\rho^{-1}(y)$ statt $\rho^{-1}(\{y\})$.

Eine **Abbildung** oder **Funktion** $f \colon M \to N$ ist eine Relation $f \subseteq M \times N$ so, daß aus $(x,y) \in f$ und $(x,z) \in f$ folgt $y = z$. Statt $(x,y) \in f$ oder $x \, f \, y$ schreibt man $y = f(x)$. Die Abbildung oder Funktion f heißt **partiell**, wenn es ein $x \in M$ geben könnte, für das $f(x)$ nicht definiert ist. Die Menge der Paare $(x,y) \in f$ heißt der **Graph** der Funktion f. Die Begriffe Definitionsbereich, Bild, Urbild benutzen wir auch für Funktionen.

Eine Abbildung $f\colon M \to N$ heißt

- **surjektiv**, wenn $f(M) = N$;
- **injektiv**, wenn es zu jedem $y \in N$ höchstens ein $x \in M$ mit $y = f(x)$ gibt;
- **bijektiv**, wenn f zugleich surjektiv und injektiv ist.

Die meisten Abbildungen in der Informatik sind partiell; wir kennzeichnen sie oft durch einen durchgestrichenen Pfeil und schreiben $f\colon M \nrightarrow N$. „Richtige" Abbildungen heißen im Gegensatz dazu **total**. Surjektive, injektive und bijektive Abbildungen kennzeichnen wir mit den Pfeilen $\twoheadrightarrow$, $\rightarrowtail$ bzw. $\overset{\sim}{\rightarrowtail}$. Falls eine injektive oder surjektive Abbildung partiell ist, schreiben wir $\nrightarrowtail$ bzw. $\ntwoheadrightarrow$. Wollen wir angeben, wie ein einzelnes $x \in M$ abgebildet wird, so geben wir ein **Abbildungselement** $x \mapsto f(x)$ an, also z. B. $x \mapsto x^2$ für die Funktion *quadriere*.

Eine totale Abbildung $f\colon M \to N$ definiert eine Äquivalenzrelation $x \equiv y$ auf M. Dazu gelte $x \equiv y$ genau dann, wenn $f(x) = f(y)$. Wie alle Äquivalenzrelationen zerlegt $x \equiv y$ die Menge M in disjunkte Teilmengen $M_1, M_2, \ldots$ so, daß alle Elemente jeder Teilmenge untereinander äquivalent sind. Wenn eine solche Äquivalenzrelation von einer Funktion f abgeleitet wird, entspricht jede Teilmenge M_i eineindeutig einem Element $z \in \text{Bild}(f)$.

Die Verknüpfung von Relationen überträgt sich auf die Definition der Verknüpfung von Funktionen: Gegeben seien Mengen L, M und N sowie Funktionen $f\colon L \to M$ und $g\colon M \to N$. Die **Verknüpfung** $g \circ f\colon L \to N$ der beiden Funktionen ist $g \circ f(x) = g(f(x))$.

Man beachte die unterschiedlichen Reihenfolgen: Miteinander verknüpfte Funktionen wendet man von rechts nach links an. Bei Relationen benutzt man die umgekehrte Reihenfolge. Im folgenden lassen wir das Verknüpfungszeichen $\circ$ gewöhnlich weg.

Die Gleichheitsrelation $\Delta\colon M \to M$ aus (A.12) ist eine Funktion, die wir auch **Identität**(sfunktion) id_M nennen. Für sie gilt

$$\text{id}_M \circ f = f \circ \text{id}_M = f$$

für beliebige Funktionen, für die diese Verknüpfung definiert ist. Die Mehrfachverknüpfung $f \circ f \circ \cdots \circ f$ einer Funktion $f\colon M \to M$ mit sich selbst bezeichnen wir mit f^n und setzen wie bei Relationen fest: $f^1 := f$, $f^0 := \text{id}_M$.

Wir kehren nochmals zu kartesischen Produkten zurück und untersuchen Projektionen des Produkts auf seine Komponenten und damit zusammenhängende Fragen.

Sei $\{M_i\}_{i \in I}$ eine Mengenfamilie und $i \in I$. Dann heißt die Abbildung

$$P_i\colon \prod_{i \in I} M_i \to M_i, \tag{A.22}$$

die jedem Tupel $x = (\ldots, m_i, \ldots) \in \prod_{i \in I} M_i$ seine i-te Komponente zuordnet, $p_i(x) := m_i$, die **i-te Projektion** des Mengenprodukts.

Aufgabe A.3: Die i-ten Projektionen sind surjektiv, falls alle $M_i \neq \emptyset$ sind.

Ist $J \subseteq I$ eine Teilmenge der Indexmenge, so kann man entsprechend P_J definieren.

Mit Projektionen kann man Abbildungen in Mengenprodukte charakterisieren:

Satz A.1 (*Universelle Abbildungseigenschaft kartesischer Produkte*):
Gegeben sei eine Menge M, eine Mengenfamilie $\{M_i\}_{i \in I}$ und für alle $i \in I$ eine Abbildung $q_i: M \to M_i$. Dann gibt es genau eine Abbildung $\phi: M \to \prod_{i \in I} M_i$ mit

$$q_i = p_i \circ \phi.$$

Satz A.1 bedeutet, daß die Diagramme in Abb. A.1 für alle $i \in I$ kommutativ

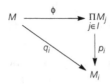

Abbildung A.1: Universelle Abbildungseigenschaft kartesischer Produkte

sind.

Aufgabe A.4: Beweisen Sie Satz A.1. Setzen Sie dazu $\phi(m) = (\ldots, q_i(m), \ldots)$ für alle $m \in M$.

Umgekehrte Ergebnisse erhält man mit der **disjunkten Vereinigung**

$$\biguplus_{i \in I} M_i := \bigcup_{i \in I} (M_i \times \{i\})$$

einer Mengenfamilie $\{M_i\}_{i \in I}$. Die Abbildungen $j_i: M_i \to \biguplus_{i \in I} M_i$, gegeben durch $j_i(x) = (x, i)$ für $x \in M_i$, heißen **kanonische Injektionen**.

Disjunkte Vereinigungen kommen als Sprachelement in vielen Programmiersprachen vor, etwa in Form der Verbunde mit Varianten in PASCAL.

Ist etwa $M_1 = \{x, y\}$, $M_2 = \{v, w, x\}$, so ist

$$\biguplus_{i=1}^{2} M_i = \{(x, 1), (y, 1), (v, 2), (w, 2), (x, 2)\}.$$

Das Element x kommt zweimal vor; der *Index* zeigt, aus welchem M_i es jeweils kommt. Die beiden Vorkommnisse werden als verschieden angesehen.

Satz A.2 (*Universelle Abbildungseigenschaft disjunkter Vereinigungen*):
Gegeben sei eine Menge M, eine Mengenfamilie $\{M_i\}_{i \in I}$ und für alle $i \in I$ eine Abbildung $r_i: M_i \to M$. Dann gibt es genau eine Abbildung $\phi: \biguplus_{i \in I} M_i \to M$ mit

$$\phi \circ j_i = r_i.$$

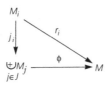

Abbildung A.2: Universelle Abbildungseigenschaft disjunkter Vereinigungen

Man beweist diesen Satz analog dem Satz A.1. Satz A.2 sagt aus, daß die Diagramme der Abb. A.2 für alle $i \in I$ kommutativ sind.

In der Mathematik benutzt man häufig noch eine weitere Struktur, die dem Satz A.2 genügt: Ist auf M und auf den $M_i \in \{M_i\}_{i \in I}$ eine assoziative und kommutative Operation $\oplus$ definiert, die ein Nullelement 0 besitzt, also z. B. die Mengenvereinigung mit der leeren Menge als Nullelement oder die Addition in einer kommutativen Gruppe, einem Ring, Vektorraum usw., so heißt die Teilmenge $\sum_{i \in I} M_i \subseteq \prod_{i \in I} M_i$ der Tupel $(m_i) = (\dots, m_i, \dots)$, in denen fast alle $m_i = 0$ sind, **direkte Summe** der M_i. In den Tupeln einer direkten Summe haben also jeweils nur endlich viele m_i einen Wert $\neq 0$. Zum Beispiel ist der Polynomring $K[x]$ über einem Körper K isomorph zur direkten Summe $\sum_{i=0}^{\infty} K$ abzählbar vieler Exemplare von K. Der Satz A.2 gilt auch für direkte Summen statt disjunkter Vereinigungen. Zum Beweis setze man $\phi((m_i)) := \bigoplus_{j=1}^{k} r_{i_j}(m_{i_j})$, wenn $m_{i_1}, \dots, m_{i_k}$ die k Elemente von (m_i) sind, deren Wert verschieden von 0 ist. Für endliche Indexmengen I ist die direkte Summe mit dem direkten Produkt identisch.

A.3 Natürliche Zahlen

> *Die ganzen Zahlen hat der liebe Gott gemacht, alles andere ist Menschenwerk.*
> L. KRONECKER[5]

Wir setzen die Menge $\mathbb{N}$ der natürlichen Zahlen als bekannt voraus. Mit der **Nachfolgerfunktion** $s(n) := n + 1$ gehorcht sie dem Bildungsgesetz

P1 $0 \in \mathbb{N}$.

P2   Wenn $n \in \mathbb{N}$, dann auch $s(n) \in \mathbb{N}$.

P3   Es gilt $0 \neq s(n)$ für alle n.

P4   Es ist $m = n$, falls $s(m) = s(n)$, d. h. s ist injektiv.

P5   Durch P1 und P2 sind alle Elemente von $\mathbb{N}$ gegeben.

Wir nennen dies eine **induktive Definition**. Sie ist die Grundlage des Prinzips der **vollständigen Induktion** der Mathematik, mit dem wir Eigenschaften der

---

5. LEOPOLD KRONECKER, 1823–1891, deutscher Algebraiker und Zahlentheoretiker. Das bekannte Zitat stammt aus einer Rede vor der Berliner Naturforscher-Versammlung 1886.

Elemente von Mengen M beweisen, die sich bijektiv auf $\mathbb{N}$ abbilden lassen. Die Forderungen P1 - P5 sind als **Peano Axiome**[6] bekannt.

Der Buchstabe s steht abkürzend für *successor function*. Wir bezeichnen die Funktion meist mit succ. Die inverse Funktion, die auf $\mathbb{N} \setminus 0$ definiert ist, heißt **Vorgängerfunktion** und wird gewöhnlich mit pred (für *predecessor*) bezeichnet.

Statt durch Zahlen könnten wir die natürlichen Zahlen auch auf andere Weise repräsentieren. Ist etwa A eine Menge, so erfüllt auch die Menge $\mathcal{N} = \{A, \{A\}, \{\{A\}\}, \ldots\}$ mit $\text{succ}(M) = \{M\}$ die obigen Bedingungen. Wir nennen $\mathcal{N}$ eine **Realisierung** von $\mathbb{N}$, die Darstellung durch Ziffern ist eine andere Realisierung. Wir schreiben die induktive Definition von Mengen wie $\mathcal{N}$ oft in der Form

$$\mathcal{N} := \{x \mid x = \{A\} \text{ oder es gibt } u \in \mathcal{N} \text{ mit } x = \{u\}\}$$

oder

$$\mathcal{N} := \{A\} \cup \{\{x\} \mid x \in \mathcal{N}\}.$$

Statt A hätten wir auch $\{A\}$ selbst als ausgezeichnetes Element nehmen können. Die Korrespondenz durch die Zählung der Klammern hätte dann bei 1 begonnen. Dies ist die übliche Definition der natürlichen Zahlen $\mathbb{N}$ in der Mathematik. In der Informatik ist es sinnvoller, die Zählung entsprechend unserer obigen Definition mit 0 zu beginnen. Wenn wir den Unterschied zwischen den nicht-negativen und den positiven ganzen Zahlen besonders herausheben wollen, bezeichnen wir sie mit $\mathbb{N}_0$ bzw. $\mathbb{N}_+$.

Aufgabe A.5: Die Menge aller Zeichenreihen über dem Zeichenvorrat $\Sigma = \{\text{O,L}\}$, bei denen wir führende Nullen[7] entfernt haben, ist eine Realisierung von $\mathbb{N}$. Benutzen Sie zum Beweis O als erstes Element und den Algorithmus aus Beispiel 1.3 auf Seite 31 zur Berechnung des Nachfolgers.

Sind m, n zwei natürliche Zahlen, so gilt $m + n := s^n(m)$. Ferner gilt die übliche Ordnung $m \leq n$, wenn $m = n$, oder wenn es eine natürliche Zahl p so gibt, daß $n = s^p(m)$. Im weiteren setzen wir auch die in der Mathematik abgeleiteten Strukturen der rationalen Zahlen $\mathbb{Q}$, der reellen Zahlen $\mathbb{R}$ und der komplexen Zahlen $\mathbb{C}$ als bekannt voraus.

Die **Mächtigkeit** oder **Kardinalität** $|M|$ einer Menge M ist die Anzahl der Elemente, die zu M gehören. Es gilt $|M| := 0$ für $M = \emptyset$ und $|M| = n \in \mathbb{N}_+$, wenn es eine bijektive Abbildung $f : M \to \{1, \ldots, n\}$ auf die Menge der ersten n natürlichen Zahlen gibt; in diesen Fällen heißt die Menge M **endlich**. Eine

---

6. GUISEPPE PEANO, 1858 – 1932, italienischer Mathematiker. Die Axiome gab er 1889 an.

7. Unter einem *führenden Zeichen* einer Zeichenreihe verstehen wir das erste Zeichen, sofern dieses nicht die ganze Zeichenreihe darstellt. Entfernung führender O reduziert also OO auf O, beseitigt aber kein einzeln stehendes O.

Menge heißt **abzählbar unendlich**, wenn es eine bijektive Abbildung $f: M \rightarrowtail \mathbb{N}$ gibt. Man bezeichnet ihre Mächtigkeit mit dem hebräischen Buchstaben $\aleph_0$. Sie heißt **abzählbar**, wenn sie endlich oder abzählbar unendlich ist. Mengen, für die derartige Bijektionen nicht existieren, heißen **überabzählbar**.

Da $|\cdots|$ auch noch zur Bezeichnung anderer Eigenschaften benutzt wird, schreiben wir häufig $\text{card}(M)$ statt $|M|$.

Eine Menge M heißt **beschränkt**, wenn es eine natürliche Zahl n mit $|M| \leqslant n$ gibt. Der genaue Wert von n muß nicht unbedingt bekannt sein.

Für endliche Mengen M hat die Potenzmenge $\mathfrak{P}(M)$ bekanntlich die Mächtigkeit $|\mathfrak{P}(M)| = 2^{|M|}$.

A.4 Mehrfachmengen

Eine **Mehrfachmenge**[8] Q, ist eine Teilmenge $Q \subseteq M \times \mathbb{N}$ mit der Eigenschaft, aus $(x, n) \in Q$ folgt $(x, m) \in Q$ für alle $m < n$. M heißt die Grundmenge der Mehrfachmenge. Das maximale n mit $(x, n) \in Q$ heißt die **Multiplizität** oder **Vielfachheit** des Elements $x \in M$.

Bei der Beschreibung einer Mehrfachmenge geben wir Elemente aus M mit ihrer Vielfachheit an. Alternativ schreiben wir $[a, a, a, b, b, \ldots, b, \ldots]$, wobei jedes Element entsprechend seiner Vielfachheit wiederholt wird. Zur Unterscheidung von gewöhnlichen Mengen benutzen wir eckige statt geschweifter Klammern.

Ist P die Menge der Primzahlen, dann läßt sich jede ganze Zahl $q > 1$ als Mehrfachmenge Q über der Grundmenge P auffassen: Ist $q = p_1^{n_1} \cdots p_k^{n_k}$ die Primfaktorzerlegung von q, so setzen wir $Q := \{(p_1, n_1), \ldots, (p_k, n_k)\}$.

Mehrfachmengen spielen in der Informatik eine große Rolle. Oft wollen wir Elemente x mit Absicht mehrfach verarbeiten wie im Beispiel der Primfaktorzerlegung. Oft werden aber auch die Elemente einer Menge sequentiell angeliefert und sofort verarbeitet, ohne nachzufragen, ob das Element schon früher da gewesen ist. Ein wiederholt angeliefertes Element wird mehrfach verarbeitet.

Tabelle A.1: Operationen mit Mehrfachmengen

$P \; \tau \; Q$	Vielfachheit von x
$P \cup Q$	$\max(m, n)$
$P \cap Q$	$\min(m, n)$
$P + Q$	$m + n$
$P \setminus Q$	$m - n$

---

8. engl. *multiset* oder *bag*.

Über Mehrfachmengen P, Q zur selben Grundmenge U sind die Operationen $\cap, \cup, +$ und, mit Einschränkungen, die Mengendifferenz definiert. Dazu erweitert man zweckmäßig die Definition einer Mehrfachmenge, indem man auch die Elemente $x \in U$, die in P bzw. Q nicht vorkommen, mit Vielfachheit 0 aufnimmt. Für $(x, m) \in P$, $(x, n) \in Q$, $m, n \geqslant 0$ ergibt sich dann die Vielfachheit von x im Ergebnis wie in Tab. A.1. Die Mengendifferenz ist nur definiert, wenn für alle x gilt $m \geqslant n$.

Bei den Mehrfachmengen aus der Primfaktorzerlegung entsprechen die vier Operationen der Bildung des kleinsten gemeinsamen Vielfachen, des größten gemeinsamen Teilers, des Produkts und des Quotienten, falls dieser ganzzahlig ist.

A.5 Anmerkungen und Verweise

Die Mengenlehre als Grundlage vieler weiterer mathematischer Strukturen wurde von GEORG CANTOR (CANTOR , 1895) eingeführt. Die Antinomie der Mengenlehre wurde von BERTRAND RUSSELL zuerst in einem Brief an GOTTLOB FREGE 1902 beschrieben. Von letzterem stammt die intensionale Beschreibung von Mengen (FREGE , 1977).

Der Inhalt dieses Anhangs findet sich mit Ausnahme der Sätze A.1, A.2 und der Mehrfachmengen mit größerer Ausführlichkeit in allen Lehrbüchern der linearen Algebra, z. B. (KOWALSKY , 1998). Eine andere ausführliche Darstellung für Informatiker ist (FEJER und SIMOVICI , 1991). WECHLER (1992) gibt eine elementare Darstellung der Axiomatik der Mengenlehre. Zu den hier nicht behandelten Grundlagen gehört das Auswahlaxiom der Mengenlehre, auf das wir auf S. 68 eingehen.

Anhang B
Codierung

Dieser Anhang gibt einen Überblick über Grundbegriffe und Fakten, die beim Umgang mit Codierungen wichtig sind. Eine genauere Befassung mit dem Thema bleibt Spezialvorlesungen vorbehalten.

Eine **Codierung** ist eine Abbildung $c \colon \Sigma \to B$ zwischen zwei Zeichenvorräten Σ, B. Häufig ist $B \subset \Sigma'^*$ eine Menge von Wörtern über einem einfachen Zeichenvorrat, z. B. dem binären Zeichenvorrat $\Sigma' = \mathbb{B}$. DIN 44 300 definiert:

Code: *Eine Vorschrift für die eindeutige Zuordnung (Codierung) der Zeichen eines Zeichenvorrats (Urmenge) zu denjenigen eines anderen Zeichenvorrats (Bildmenge).*

Im täglichen Leben wie in der Informatik setzen wir Codierungen zu unterschiedlichen Zwecken ein (für Beispiele vgl. auch Abschn. 1.1.3):

1. Wiedergabe von Zeichen in einer für eine bestimmte Form der Verarbeitung, Speicherung oder Übertragung besonders geeigneten Form. Die Umsetzung zwischen geschriebener und gesprochener Sprache ist ein Beispiel. In der Technik tritt dieser Fall auf, wenn wir die zur Wiedergabe von Daten verwandten Signalparameter wechseln.

2. Wiedergabe eines großen, vielleicht sogar unbeschränkten Zeichenvorrats durch einen kleinen Zeichenvorrat.

3. Wiedergabe von Daten mit Redundanz durch Daten mit geringerer Redundanz (**Datenkompression**). Beispiele sind die Kürzel der Stenographie oder allgemein die Verwendung von Abkürzungen. In der Technik benutzen wir Datenkompression vor allem, wenn umfangreiche Datenmengen gespeichert oder schnell zwischen Sender und Empfänger übertragen werden müssen.

4. Hinzufügen von Redundanz, also die Umkehrung der Datenkompression, um Daten auch dann noch unterscheiden zu können, wenn sie verfälscht beim Empfänger ankommen. In der Technik wird durch Zufügen von Redundanz das Erkennen von Daten bei vorhandenem ‚Rauschen‘ in der Datenübertragung gesichert. Auch die Speicherung von Daten in elektronischen, magnetischen oder sonstigen Speichern bedarf einer solchen Sicherung.

5. **Verschlüsselung** von Daten, um das Wiedererkennen der Information nur dazu legitimierten Leuten zu ermöglichen. Die seit dem Altertum bekannte Verwendung von Geheimschriften gehört ebenso hierher wie die modernen

Methoden der Kryptographie und Authentisierung, mit denen der Zugang zu bestimmten Daten auf berechtigte Leute beschränkt bzw. der Urheber von Informationen nachgewiesen wird.

Zwischen einer Codierung und ihrem nachfolgenden Gegenstück, der **Decodierung**, liegt eine Übertragung der codierten Daten. Die Abb. B.1 zeigt das Schema. Die Instanz, die die Daten codiert, nennt man den **Sender**, die Instanz, die die Daten decodiert, den **Empfänger** der Daten. Die Übertragungsstrecke, auf der die Daten gegebenenfalls auch verarbeitet oder gespeichert werden, heißt **(Nachrichten-)Kanal** (zwischen Sender und Empfänger). Der Kanal kann **gestört** sein, die übertragenen Daten kommen unter Umständen verfälscht beim Empfänger an, zumindest weiß der Empfänger nicht, ob sie richtig sind.

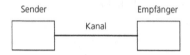

Abbildung B.1: Nachrichtenkanal

B.1 Zeichenvorräte

Die zeichenweise Abbildung eines Zeichenvorrats heißt eine **Chiffrierung**; die Bildzeichen heißen **Chiffren**. In der Regel soll eine solche Abbildung umkehrbar sein. Die Umkehrabbildung heißt **Decodierung** oder **Dechiffrierung**.

Beispiele aus dem täglichen Leben sind die Verwendung eines Buchstabieralphabets wie z. B. in Abb. B.2 oder die Braille-Schrift in Abb. B.3.

Alfa	Bravo	Charlie	Delta	Echo
Foxtrott	Golf	Hotel	India	Juliett
Kilo	Lima	Mike	November	Oscar
Papa	Quebec	Romeo	Sierra	Tango
Uniform	Victor	Whiskey	X-Ray	Yankee
Zulu				

Abbildung B.2: Das internationale Buchstabieralphabet

Abbildung B.3: Auszug aus der Braille-Schrift

Das Buchstabieralphabet ist ein Beispiel für die Zufügung von Redundanz: Auch wenn der Empfänger nur „ovember" hört, kann er noch schließen, daß der Buchstabe ‚N' gemeint ist. Wie die redundanten Silben gewählt werden, ist gleichgültig. Anstelle von „November" hätten wir auch „Norbert" wählen können. Die Codierung ist **indeterministisch**. Die Braille-Schrift ist hingegen eine **deterministische Codierung**. Sender und Empfänger müssen sich eindeutig darauf verständigt haben, welche Muster von Punkten welche Zeichen bedeuten.

Die Braille-Schrift ist zugleich ein Beispiel einer Codierung über dem binären Zeichenvorrat $\mathbb{B} = \{O,L\}$: Jedes Zeichen wird durch 3×2 binäre Zeichen, hier: Erhöhung vorhanden oder nicht vorhanden, wiedergegeben. Eine weitere binäre Codierung zeigt die Tab. B.1 für den weit verbreiteten ISO 8859-1 Code zur Wiedergabe von Buchstaben, Ziffern und Sonderzeichen durch 8 Bits. Die ersten 128 Plätze dieses Codes (erstes Zeichen O) geben zugleich den ISO 7-Bit Code in der amerikanischen Version (ASCII) wieder.

Tabelle B.1: Codetabelle des ISO 8859-1 Codes

	0	1	2	3	4	5	6	7	8	9	A	B	C	D	E	F
0			SP	0	@	P	`	p			NBSP	°	À	Ð	à	ð
1			!	1	A	Q	a	q			¡	±	Á	Ñ	á	ñ
2			"	2	B	R	b	r			¢	²	Â	Ò	â	ò
3			#	3	C	S	c	s			£	³	Ã	Ó	ã	ó
4			$	4	D	T	d	t			¤	´	Ä	Ô	ä	ô
5			%	5	E	U	e	u			¥	µ	Å	Õ	å	õ
6			&	6	F	V	f	v			¦	¶	Æ	Ö	æ	ö
7			'	7	G	W	g	w			§	·	Ç	×	ç	÷
8			(	8	H	X	h	x			¨	¸	È	Ø	è	ø
9			)	9	I	Y	i	y			©	¹	É	Ù	é	ù
A			*	:	J	Z	j	z			ª	º	Ê	Ú	ê	ú
B			+	;	K	[	k	{			«	»	Ë	Û	ë	û
C			,	<	L	\	l	|			¬	¼	Ì	Ü	ì	ü
D			-	=	M	]	m	}			SHY	½	Í	Ý	í	ý
E			.	>	N	^	n	~			®	¾	Î	Þ	î	þ
F			/	?	O	_	o				¯	¿	Ï	ß	ï	ÿ

Die ersten 32 Plätze dieses Codes (nullte und erste Spalte) sowie das Zeichen Nr. 127 sind mit den **Steuerzeichen** in Tab. B.2 belegt. Das Zeichen SP bedeutet Zwischenraum (Leerzeichen) und wird oft durch ⌣ wiedergegeben. NBSP steht für *no-break space*, einen Zwischenraum, der nicht durch Zeilenumbruch ersetzt werden darf. SHY steht für *soft hyphen*, einer Trennstelle im Wort. Die achte und neunte Spalte sind im allgemeinen wie die beiden Anfangsspalten belegt, können aber auch andere Steuerzeichen enthalten. Standards für die Belegung dieser Spalten sind z. B. ISO 646 oder 6429.

Tabelle B.2: Übersicht der Steuerzeichen

Sedez. Nr.	Dez. Nr.	Abkürzung	Bedeutung
00	0	NUL	Füllzeichen (kein Zwischenraum!)
01	1	SOH	Anfang des Kopfes
02	2	STX	Anfang des Textes
03	3	ETX	Ende des Textes
04	4	EOT	Ende der Übertragung
05	5	ENQ	Stationsaufforderung
06	6	ACK	Positive Rückmeldung
07	7	BEL	Klingel
08	8	BS	Rückwärtsschritt
09	9	HT	Horizontal-Tabulator (TAB)
0A	10	LF	Zeilenvorschub
0B	11	VT	Vertikal-Tabulator
0C	12	FF	Formularvorschub
0D	13	CR	Wagenrücklauf
0E	14	SO	Dauerumschaltung
0F	15	SI	Rückschaltung
10	16	DLE	Datenübertragungsumschaltung
11	17	DC1	Gerätesteuerung 1
12	18	DC2	Gerätesteuerung 2
13	19	DC3	Gerätesteuerung 3
14	20	DC4	Gerätesteuerung 4
15	21	NAK	Negative Rückmeldung
16	22	SYN	Synchronisierung
17	23	ETB	Ende des Datenübertragungsblocks
18	24	CAN	Ungültig
19	25	EM	Ende der Aufzeichnung
1A	26	SUB	Substitution
1B	27	ESC	Umschalten
1C	28	FS	Hauptgruppentrennung
1D	29	GS	Gruppentrennung
1E	30	RS	Untergruppentrennung
1F	31	US	Teilgruppentrennung
7F	127	DEL	Löschzeichen

Der Code ISO 8859-1 enthält die für westeuropäische Sprachen nötigen Spezialbuchstaben. Die deutschen Sonderzeichen, d. h. Umlaute und ß, gehören auch zu ISO 8859-2... 4; diese Codes sind für nord-, ostmittel- und südosteuropäische Sprachen vorgesehen. Die Codes ISO 8859-5... 9, enthalten das kyrillische, griechische, hebräische und arabische Alphabet usw.

Neben den ISO 8859 Codes sind noch zahlreiche weitere Codes auf Rechenanlagen im Gebrauch, auf die wir hier nicht näher eingehen. Dazu zählen insbesondere verschiedene Versionen von EBCDIC (*extended binary coded decimals interchange code*), dem auf Großrechnern gebräuchlichen Code, sowie

Unicode, (THE UNICODE CONSORTIUM , 2000), eine Codierung mit zwei Bytes, die auch chinesische, japanische, koreanische usw. Zeichen enthält; Unicode enthält ISO 8859-1 auf den ersten 256 Plätzen. Aus historischen Gründen haben zahlreiche Rechner- und Softwarehersteller ASCII in anderer Weise auf 8 Bit erweitert als in ISO 8859-1 vorgesehen.

B.2   Codierung von Zahlen

Algorithmisch benutzen wir die Zeichenvorräte des letzten Abschnitts, indem wir die Zeichen in einer Tabelle nachsehen. Die Codierungsfunktion $f: \Sigma \to \Sigma'$ ist tabelliert.

Ein Beispiel ist die Codierung von (ganzen) Zahlen, die in Dezimalschreibweise vorliegen, durch Binärziffern aus $\mathbb{B} = \{O, L\}$. Die Dezimalziffern einer Zahl wie $z = 1249$ werden durch Vierergruppen von Bits codiert, $z =$ OOOL OOLO OLOO LOOL. Diese Darstellung durch **binär codierte Dezimalzahlen** ist einfach zu codieren und zu decodieren. Sie wird für die Programmiersprache COBOL überwiegend eingesetzt.

Allerdings benötigt man dann eine spezielle **Dezimalarithmetik**, die in der Durchführung aufwendiger ist als die nachfolgend zu besprechende **Binärarithmetik**. Binär codierte Dezimalzahlen werden eingesetzt, wenn, wie bei Zinsrechnungen, exakte Dezimalrechnung bis in die dritte oder vierte Stelle hinter dem Komma vorgeschrieben ist, vor allem aber, wenn der Rechenaufwand gering ist im Vergleich zum Aufwand für das Ein- und Ausgeben der Zahlen.

B.2.1   Binärdarstellung ganzer Zahlen

Dezimalzahlen sind dargestellt durch

$$z = \sum_{i=0}^{n-1} z_i 10^i, 0 \leqslant z_i \leqslant 9. \tag{B.1}$$

Für $z \neq 0$ ist die Darstellung eindeutig, wenn $z_{n-1} \neq 0$. $n = \lfloor \log_{10} z \rfloor + 1$ hängt von z ab. Wir sprechen von einer **Zahldarstellung variabler Länge**. Geben wir n fest vor und schreiben alle n Ziffern z_i einschließlich etwaiger **führender Nullen** an, so sprechen wir von einer **Darstellung fester Länge**. In beiden Fällen gilt $z_i = (z \text{ div } 10^i) \text{ mod } 10$.

Das gleiche Codierungsprinzip läßt sich nicht nur für die Basis $b = 10$, sondern für beliebige ganzzahlige Basen $b > 1$ anwenden. Je nach Wahl der Basis sprechen wir dann von **binär** ($b = 2$), **oktal** ($b = 8$) oder **sedezimal**[1] ($b = 16$) **codierten Zahlen**.

---

1. Statt des lateinischen *sedezimal* hat sich auch das griechische *hexadekadisch* und dann, ohne Rücksicht auf die sprachliche Herkunft, *hexadezimal* eingebürgert.

Zur Wiedergabe der Ziffern im Sedezimalsystem benutzt man die Ziffern 0-9 sowie die Buchstaben A-F: A $\triangleq$ 10, B $\triangleq$ 11, C $\triangleq$ 12, D $\triangleq$ 13, E $\triangleq$ 14, F $\triangleq$ 15[2]. Um anzuzeigen, daß AFFE kein Wort, sondern eine vierstellige Sedezimalzahl ist, AFFE = 45054, sind verschiedene Schreibweisen im Gebrauch: 0xAFFE, 0XAFFE, 0AFFEh 16XAFFE, usw. In Programmiersprachen muß die sedezimale Zahl mit einer Ziffer $z_i \leqslant 9$ anfangen, um sie von Bezeichnern unterscheiden zu können. In ähnlicher Weise unterscheidet man Oktalzahlen von gewöhnlichen Dezimalzahlen. Wir hängen hier die Basis b als Index an und schreiben $AFFE_{16}$.

Wenn wir Zahlen $z = z_{n-1}z_{n-2} \cdots z_1 z_0$ zur Basis b in der Sprache HASKELL durch Listen darstellen, ergeben sich für die **Konvertierung** $z_{n-1} \cdots z_0 \Rightarrow z$ und die **Rückkonvertierung** $z \Rightarrow z_{n-1} \cdots z_0$ zwischen dem tatsächlichen Zahlwert z und der Listendarstellung die Programme

```
umwandeln x = wandle (reverse x)
wandle [x]    = x
wandle (x:xs) = x + b * wandle xs
rückwandeln z | z `div` b == 0 = [z]
              | otherwise      = rückwandeln z `div` b ++ [z `mod` b]
```

Die Konvertierung benutzt das Horner-Schema. Die Rückkonvertierung berechnet die Ziffern in der Reihenfolge $z_0, z_1, \ldots, z_{n-1}$.

Aufgabe B.1: Wie könnte man die Ziffern in der Reihenfolge $z_{n-1}, \ldots, z_0$ erhalten?

Die 4 Grundrechenarten im Zahlsystem zur Basis b werden wie im Dezimalsystem durchgeführt. Besonders einfach gestalten sie sich im Binärsystem: Sind

```
  LOLOOL        LLOOLL        LLOL*LOL
+  LOOL        -  LLOL        ──────────
   L  L           L L          LLOL
──────────    ──────────         LLOL
  LLOOLO        LOOLLO        L LL L
                             ──────────
                              LOOOOOL
```

Abbildung B.4: Binäre Addition, Subtraktion und Multiplikation

u_n bzw. $v_{n'}$ die führenden Einsen zweier Zahlen u, v in Binärdarstellung, so gilt für das Multiplikationsergebnis $2^{n+n'-1} \leqslant u \cdot v < 2^{n+n'}$. Bei Darstellungen fester Länge hat das Ergebnis im allgemeinen doppelte Länge. Dies verursacht in der Praxis Ärger und Fehler: Die Implementierungen vieler Programmiersprachen behandeln das Problem nicht korrekt, sondern nehmen vom Multiplikationsergebnis nur die letzten n Stellen ohne nachzuprüfen, ob alle anderen Stellen 0 sind.[3]

---

2. Häufig sind auch die Kleinbuchstaben a-f in gleicher Bedeutung erlaubt.

3. Insbesondere, wenn die Multiplikation zweier positiver Zahlen angeblich ein negatives Ergebnis liefert, ist man diesem Fehler begegnet.

Will man im Binärsystem mit Zahlen unbeschränkter Länge n rechnen, so benutzt man eine **Langzahlarithmetik** mit einer Zahldarstellung $z = \sum z_i 2^{k*i}$, $0 \leqslant z_i < 2^k$, also einer Darstellung zur Basis $b = 2^k$, wie in (7.33), oder einer Darstellung mit b Primzahl. Speziell für doppelt lange Zahlen

$$
\begin{aligned}
z_1 &= u_1 \cdot 2^k + v_1, \\
z_2 &= u_2 \cdot 2^k + v_2.
\end{aligned}
\tag{B.2}
$$

ergeben sich die Gesetze

$$
\begin{aligned}
z_1 + z_2 &= (a \operatorname{div} 2^k) \cdot 2^{2k} + (a \bmod 2^k) \cdot 2^k + (b \bmod 2^k) \\
\text{mit } a &= (u_1 + u_2) + (b \operatorname{div} 2^k), \\
b &= v_1 + v_2; \\
z_1 \cdot z_2 &= (a \operatorname{div} 2^k) \cdot 2^{3k} + (a \bmod 2^k) \cdot 2^{2k} \\
&\quad + (b \bmod 2^k) \cdot 2^k + (c \bmod 2^k) \\
\text{mit } a &= u_1 \cdot u_2 + (b \operatorname{div} 2^k), \\
b &= u_1 \cdot v_2 + u_2 \cdot v_1 + (c \operatorname{div} 2^k), \\
c &= v_1 \cdot v_2.
\end{aligned}
\tag{B.3}
$$

Negative Zahlen z könnte man am einfachsten durch das Paar $(v, |z|)$ von Vorzeichen v und Betrag $|z|$ darstellen. Dabei setzt man $v = \mathsf{O}$ für $z \geqslant 0$, $v = \mathsf{L}$ für $z < 0$. v belegt also ein einzelnes Bit. Man benutzt diese Darstellung des **Komplements mit Vorzeichen und Betrag** allerdings nur bei Zahlen variabler Länge, da ihre Verarbeitung technisch aufwendig ist.

Negative Zahlen z fester Länge, $0 \leqslant |z| < 2^n$, stellt man in einer der folgenden Formen dar:

$$
\begin{aligned}
-z &= 2^n - z &&\text{\textbf{echtes} oder \textbf{Zweierkomplement}} \\
-z &= 2^n - 1 - z &&\text{\textbf{Stellen-} oder \textbf{Einerkomplement}}
\end{aligned}
\tag{B.4}
$$

Ausgeschrieben lautet das echte Komplement

$$
\begin{aligned}
-z &= 2^n - \sum_{i=0}^{n-1} z_i 2^i \\
&= 1 + \sum_{i=0}^{n-1} 2^i - \sum_{i=0}^{n-1} z_i 2^i \\
&= 1 + \sum_{i=0}^{n-1} (1 - z_i) 2^i.
\end{aligned}
$$

Die Summe $\sum_{i=0}^{n-1} (1 - z_i) \cdot 2^i$ ist gerade das Stellenkomplement. Beide Darstellungen haben Vor- und Nachteile: Beim echten Komplement ist der darstellbare Zahlbereich asymmetrisch,

$$
-2^n \leqslant z \leqslant 2^n - 1.
$$

Beim Stellenkomplement ist der Zahlbereich symmetrisch,

$$0 \leqslant |z| \leqslant 2^n - 1,$$

es gibt aber zwei Darstellungen der Null:

$$+0 = \sum_{i=0}^{n-1} 0 \cdot 2^i, \quad -0 = \sum_{i=0}^{n-1} 1 \cdot 2^i.$$

Dies kann auf manchen Rechnern zu der Konsequenz führen, daß die Vergleiche $+0 = -0$ oder $+0 \leqslant -0$ falsch liefern! Die meisten neueren Rechner benutzen das echte Komplement, um solchen Problemen im Ansatz zu entgehen.

Übrigens gilt bei beiden Darstellungen des Komplements $z_n = 0$, wenn $z > 0$. Das vorderste Bit der Zahl gibt also Auskunft über das Vorzeichen der Zahl.

B.2.2 Darstellung von Gleitpunktzahlen

Dezimalbrüche $z = z_{k-1} \cdots z_0 . z_{-1} \cdots z_{-l}$ kann man mit der **Festpunktdarstellung** $z = z' \cdot 10^{-l}$, $z' = z_{k-1} \cdots z_0 z_{-1} \cdots z_{-l}$ ganzzahlig, als Paare (z', l) darstellen.[4] Der Faktor 10^{-l}, für den natürlich auch eine Potenz einer anderen Basis b stehen könnte, wird meist nicht explizit gespeichert, sondern ergibt sich implizit bei der Interpretation der Zahl z'. Die Festpunktdarstellung wählt man bei Prozeßsteuerungen, wenn nur wenige arithmetische Operationen benötigt werden, und hohe Geschwindigkeit gefordert ist, sowie bei finanziellen Berechnungen, um unkontrollierte Rundungsfehler zu vermeiden.

Im wissenschaftlichen Rechnen benutzen wir heute die **Gleitpunktdarstellung**

$$z = m \cdot b^e, \quad b, e \text{ ganzzahlig}, \quad b \geqslant 2, 0 \leqslant m < 1, \quad \text{(B.5)}$$

die von Konrad Zuse 1937 unter dem Namen **halblogarithmische Darstellung** eingeführt wurde. m heißt die **Mantisse**, b die **Basis** und e der **Exponent** der Gleitpunktzahl. Die Gleitpunktzahl heißt **normalisiert**, wenn

$$1 \leqslant |m| < b \text{ oder } z = 0, \quad \text{(B.6)}$$

andernfalls **unnormalisiert**.[5] Als Basis sind $b = 2, 8$ oder 16 gebräuchlich.

In Programmtexten und bei der Ein/Ausgabe schreiben wir Gleitpunktzahlen dezimal: 3.14159, 0.314159E1, 0.314159E+1, 31.4159E−1 bedeuten alle den Dezimalbruch 3,14159. E wird als *mal* 10 *hoch* gelesen.

---

4. DIN 1330 schreibt die Verwendung eines **Dezimalkommas** vor. In der Informatik hat man sich in internationaler Vereinheitlichung der amerikanischen Schreibweise mit **Dezimalpunkt** angeschlossen. Daher sprechen wir von Gleitpunkt- und nicht von Gleitkommazahlen.

5. Oft wird statt $1 \leqslant |m| < b$ auch $b^{-1} \leqslant |m| < 1$ verlangt.

Numerisch sind Gleitpunktzahlen durch die Art der Rundung bei den Grundoperationen sowie durch die Parameter in Tab. B.3 charakterisiert, die sich auch durch Programme in höheren Programmiersprachen ermitteln lassen, vgl. (CODY und WAITE , 1980).

Tabelle B.3: Parameter der Gleitpunktdarstellung nach CODY und WAITE

Name	Bedeutung
b	Basis der Darstellung
B	Basis der Darstellung als Gleitpunktzahl
t	Anzahl der b-Ziffern der Mantisse
rnd	0, wenn die Addition abschneidet
	1, wenn sie rundet
$ngrd$	0, wenn nur t Ziffern bei der Normalisierung nach der Multiplikation teilnehmen,
	1, wenn $rnd = 0$ und mehr als t Ziffern der Mantisse bei der Normalisierung nach der Multiplikation benutzt werden.
$macheps$	dem Betrag nach größte negative ganze Zahl $\geqslant -(t+3)$ mit $1.0 + B^{macheps} \neq 1.0$
$negeps$	dem Betrag nach größte negative ganze Zahl $\geqslant -(t+3)$ mit $1.0 - B^{macheps} \neq 1.0$
exp	Anzahl der Bits (bei $b = 10$ Dezimalstellen) für die Darstellung des Exponenten einschließlich Vorzeichen
$minexp$	dem Betrag nach größte negative ganze Zahl mit $B^{minexp} > 0$
$maxexp$	größter zulässiger (positiver) Exponent
eps	kleinste positive Gleitpunktzahl mit $1.0 + eps \neq 1.0$. Es gilt $b = 2 \vee rnd = 0 \Rightarrow eps = B^{macheps}$, sonst ist $eps = B^{macheps}/2$
$epsneg$	kleinste positive Gleitpunktzahl mit $1.0 - epsneg \neq 1.0$. Es gilt $b = 2 \vee rnd = 0 \Rightarrow eps = B^{negeps}$, sonst ist $eps = B^{negeps}/2$. Wegen $negeps \geqslant -(t+3)$ muß $epsneg$ nicht die kleinste Zahl z mit $1.0 - z \neq 1.0$ sein
$xmin$	B^{minexp}, kleinste nicht verschwindende Potenz der Basis
$xmax$	$(1 - epsneg)B^{maxexp}$, größte Gleitpunktzahl

Wir erläutern hier die Darstellung nach dem Standard IEEE 754-1985, den heute die meisten PCs und Arbeitsplatzrechner verwenden. Der IEEE-Standard kennt vier verschiedene Formen von Gleitpunktzahlen: einfache Länge (darstellbar mit 32 Bits), doppelte Länge (64 Bit), erweiterte einfache Länge ($\geqslant 43$ Bit), erweiterte doppelte Länge ($\geqslant 79$ Bit). Wir gehen nur auf einfache und doppelte Länge ein. Der Standard sieht auch Darstellungen von Fehlerwerten NaN[6] und von $\pm \infty$ vor. Die Einteilung der 32 bzw. 64 Bit zeigt die Abbildung B.5. Die Basis ist $b = 2$. Zahlen haben die Form $z = (-1)^s 2^E (b_0.b_1 \cdots b_{p-1})$, $b_i \in \{0,1\}$. Die Mantisse m wird mit Hilfe des Komplements mit Vorzeichen s und Betrag dargestellt, also $m = (-1)^s(b_0.b_1 \cdots b_{p-1})$. Das einzelne Bit s ist das Mantissenvorzeichen und somit das Vorzeichen von z. Bei normalisierten Zahlen $z \neq 0$ gilt

---

6. engl. *Not a Number*.

einfache Länge:

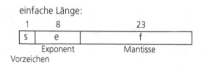

doppelte Länge:

Abbildung B.5: Format von 32- und 64-Bit-Gleitpunktzahlen nach IEEE 754-1985

wegen (B.6) stets $b_0 = 1$. Daher wird b_0 rechnerintern nicht codiert, sondern nur die Stellen $f = b_1 \cdots b_{p-1}$ dargestellt. Auch der Exponent E kann negative Werte annehmen. Dazu speichert man statt E einen Wert $e = E + \text{Verschiebung}$[7]. Mit den Werten s, e und f haben wir im allgemeinen

$$z = (-1)^s (1 + f \cdot 2^{-p+1}) \cdot 2^{e-\text{Verschiebung}}, \tag{B.7}$$

wenn f als ganze Zahl aufgefaßt wird. Bei einfacher Länge gilt

$$p = 24, \text{ Verschiebung} = 127, \ 0 \leqslant e \leqslant 255, \text{ also } -127 \leqslant E \leqslant 128. \tag{B.8}$$

Für doppelte Länge lesen wir aus Abb. B.5 $p = 53$, Verschiebung $= 1023$ und $0 \leqslant e \leqslant 2^{11} - 1 = 2047$ ab.

Die Beziehung (B.7) gilt nur für $0 < e < 2 \cdot \text{Verschiebung} + 1$. Die beiden verbleibenden Werte von e werden bei einfacher Länge wie folgt interpretiert:

- $e = 0$ und $f = 0$: $z = (-1)^s \cdot 0$ (Null mit zwei verschiedenen Vorzeichen).
- $e = 0$ und $f \neq 0$: $z = (-1)^s \cdot (f \cdot 2^{-23}) \cdot 2^{-126}$ (unnormalisierte Zahl).
- $e = 255$ und $f = 0$: $z = (-1)^s \cdot \infty$ ($\pm\infty$).
- $e = 255$ und $f \neq 0$: z ist NaN, unabhängig von s.

Entsprechendes gilt für $e = 0$ und $e = 2047$ bei doppelter Länge. Es sind also verschiedene Werte von NaN möglich.

Diese werden in zwei Klassen eingeteilt: **anzeigende NaN** und **stille NaN**[8]. Anzeigende NaNs sind zur automatischen Initialisierung von Variablen gedacht; Operationen mit diesen Werten zeigen an, daß eine Größe ohne vorherige explizite Zuweisung verwandt wurde.

---

7. engl. *bias*.

8. engl. *signaling* und *quiet NaN*.

Die vier Grundrechenarten für Operanden $z_1 = m_1 2^{E_1}$, $z_2 = m_2 2^{E_2}$ lauten, wenn wir o. B. d. A. $E_1 \geqslant E_2$ voraussetzen:

$$
\begin{aligned}
z_1 \pm z_2 &= \text{normalisiere } (m_1 \pm m_2 \cdot 2^{E_2 - E_1}) \cdot 2^{E_1}, \\
z_1 * z_2 &= \text{normalisiere } (m_1 * m_2) \cdot 2^{E_1 + E_2}, \\
z_1/z_2 &= \text{normalisiere } (m_1/m_2) \cdot 2^{E_1 - E_2}.
\end{aligned}
\tag{B.9}
$$

Die normalisiere-Operation multipliziert ihren Operanden mit einer Zweierpotenz, um (B.6) wiederherzustellen und korrigiert den Exponenten entsprechend. Die Division durch 0 liefert ∞ (und zusätzlich eine Fehlermeldung). Operationen mit NaN liefern grundsätzlich ein stilles NaN.

Neben der Division durch 0 und fehlerhaften Operationen mit $\pm \infty$ oder anzeigenden NaNs können noch folgende Situationen zur Fehleranzeige führen:

- **(Gleitpunkt-)Überlauf**[9]: Der Exponent des Ergebnisses ist > 127 bzw. 1023. Überlauf kann auch durch die normalisiere-Operation entstehen.
- **Unterlauf**[10]: Der Exponent des Ergebnisses ist $\leqslant -127$ bzw. -1023. In diesem Fall wird häufig mit dem Ergebnis 0 weitergerechnet; besser wäre der Gebrauch unnormalisierter Zahlen, sofern dies möglich ist.

Die häufigsten Fehler bei Gleitpunktoperationen sind **Rundungsfehler**, die durch das Abschneiden bzw. Runden der Mantisse des Ergebnisses nach p Stellen entstehen. Der Rundungsfehler ist am größten, wenn zwei annähernd gleich große Zahlen voneinander abgezogen werden (**Auslöschung**). Rundungsfehler treten insbesondere auch bei der Konvertierung von Gleitpunktzahlen vom und zum Dezimalsystem auf. Der IEEE-Standard sieht verschiedene Rundungsarten vor, deren genaue Behandlung Spezialvorlesungen vorbehalten bleibt.

Aufgabe B.2: Geben Sie die Dezimalzahlen 1.0, 12.0, 1.25 und 0.25 als binär codierte Gleitpunktzahlen einfacher und doppelter Länge wieder. Wie lauten die Bitfolgen in sedezimaler Schreibweise?

Aufgabe B.3: Warum kann man 0.1 oder 0.01 nicht exakt als Gleitpunktzahl binär codieren? Wie lauten die Bitfolgen? Begründen Sie, warum die Mantisse in diesen Fällen ein periodischer Dualbruch ist und geben Sie ein Schema an, um solche Dualbrüche aus Dezimalzahlen zu erhalten bzw. ins Dezimalsystem zu konvertieren. Hinweis: Nutzen Sie die Analogie zur Konvertierung zwischen periodischen Dezimalbrüchen und gemeinen Brüchen.

Aufgabe B.4: Wie lautet die Gleitpunktzahl AFFEAFFE_{16} dezimal. Üben Sie weitere solche Konvertierungen.

---

9. engl. *overflow*.
10. engl. *underflow*.

Aufgabe B.5: Warum terminiert in HASKELL der Aufruf zähle_bis_1 0.0 mit
zähle_bis_1 x = if x=1.0 then x else zähle_bis_1 (x+0.1)
nicht, wenn binär codierte Gleitpunktzahlen eingesetzt werden?

Aufgabe B.6: Geben Sie HASKELL-Algorithmen zur Wandlung von Gleitpunktzahlen zwischen dezimaler und binärer Darstellung an. Hinweise: Normalisieren
Sie zuerst die Zahl und konvertieren Sie dann zuerst die Potenz b^E. Benutzen Sie
vorberechnete Tabellen der Werte, die sich für diese Potenzen ergeben.

B.3   Präfixcodes und Shannonsche Informationstheorie

Wir wenden uns nun den eingangs gestellten Fragen 2 und 3 zu. Dazu untersuchen wir Codierungen $c: \Sigma \to \Sigma^{l*}$ auf ihre Eignung bezüglich dieser Aufgaben.

Zunächst muß ein Wort $w = z_0 \cdots z_m, z_i \in \Sigma$, aus $c(w) = c(z_1) \cdots c(z_m)$
eindeutig rekonstruierbar sein.

Eine bekannte Codierung hierfür ist der **Morsecode**[11] in Tab. B.6. Die
Abb. B.7 zeigt ihn als Baum; um ein Zeichen zu codieren bzw. zu decodieren,
geht man den Weg von der Wurzel des Baumes bis zu der mit dem Zeichen
markierten Ecke; die kurz/lang-Folge des Weges codiert das Zeichen. · entspricht
‚kurz‘, − entspricht ‚lang‘.

a	·−	i	··	r	·−·
ä	·−·−	j	·−−−	s	···
b	−···	k	−·−	t	−
c	−·−·	l	·−··	u	··−
ch	−−−−	m	−−	ü	··−−
d	−··	n	−·	v	···−
e	·	o	−−−	w	·−−
f	··−·	ö	−−−·	x	−··−
g	−−·	p	·−−·	y	−·−−
h	····	q	−−·−	z	−−··
1	·−−−−	5	·····	9	−−−−·
2	··−−−	6	−····	0	−−−−−
3	···−−	7	−−···		
4	····−	8	−−−··		

Abbildung B.6: Morsecode

---

11. S. F. B. MORSE, 1791–1872, amerikanischer Maler und Erfinder, erfand diesen Code 1838. Die
heutige Form stammt von 1849.

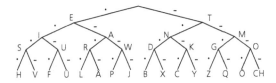

Abbildung B.7: Codebaum für den Morsecode

Man erkennt, daß die Folge ‚· · ·‘ sowohl den Buchstaben S als auch eine der Zeichenfolgen EEE, EI oder IE wiedergibt. Die Wortfugen in ·⌴ ·⌴ ·, ·⌴ ·· oder ··⌴ · sind nicht rekonstruierbar, wenn nicht wie beim Funken üblich ein kurzer Zwischenraum ⌴ zwischen den Wörtern eingeschoben wird. Der Morsecode ist also praktisch über dem dreielementigen Zeichenvorrat $\{\cdot, -, \sqcup\}$ codiert!

Mit der Konvention „mit ⌴ beginnt jeweils ein neues Wort" erfüllt der Morsecode die **Fano-** oder **Präfixbedingung**[12]:

Kein Wort w des Codes ist Anfang eines anderen Wortes w': Es gibt kein w'' mit
$w' = ww''$

Ein Code, der dieser Bedingung genügt, heißt ein **Präfixcode**.

Aufgabe B.7: Wie für den Morsecode kann man auch für einen Präfixcode einen Codebaum konstruieren. Zeigen Sie, daß nur die Blätter eines solchen Codebaums gültige Wörter des Codes sind.

Die Wortfugen lassen sich bei korrekter Codierung eindeutig rekonstruieren, da man im Codebaum nur bis zu einem Blatt gehen muß, um die nächste Wortfuge zu erreichen.

Obwohl die Codierung der Symbole in höheren Programmiersprachen der Fanobedingung nicht genügt, benutzt man zur Erkennung der Wortfugen zwischen Symbolen das vorstehende Verfahren; es ist dort als **Regel des längsten Musters** bekannt.

Aufgabe B.8: Ein Code heißt **Postfixcode**, wenn für je zwei Codewörter w, w' gilt: Es gibt kein w'' mit $w' = w''w$. Zeigen Sie:

1. Bei einem Postfixcode lassen sich die Wortfugen eindeutig rekonstruieren.
2. Der Morsecode über $\{\cdot, -, \sqcup\}$ ist zugleich Präfix- und Postfixcode.

Wieso sind Postfixcodes praktisch weniger geeignet?

B.3.1 Shannonsche Informationstheorie

Der Übertragungsaufwand für ein codiertes Wort $c(w)$ ist minimal, wenn $c(w)$ möglichst wenig Zeichen aus Σ' umfaßt. Diese Minimierung kann man für ein einzelnes Wort w durchführen, muß aber dann zusätzlich die Codierungsvorschrift c, z. B. in tabellarischer Form, mitübertragen. Andernfalls kann man

---

12. R. M. FANO, geb. 1917.

zu vorgegebener Wortmenge $M \subseteq \Sigma^*$ c so bestimmen, daß der statistische Erwartungswert der Länge $|c(w)|$, $w \in M$, minimal wird.

HUFFMAN[13] gab den Präfixcode in Tab. B.4 und Abb. B.8 für die Buchstaben des englischen Alphabets über dem Binärcode $\mathbb{B}$ an, der dieses Problem löst, wenn M die Menge der Wörter der englischen Sprache ist.

Tabelle B.4: Huffmancode für die Buchstaben der englischen Sprache

E	LOO	M	OOOLL
T	OOL	U	OOOLO
A	LLLL	G	OOOOL
O	LLLO	Y	OOOOO
N	LLOO	P	LLOLOL
R	LOLL	W	OLLLOL
I	LOLO	B	OLLLOO
S	OLLO	V	LLOLOOL
H	OLOL	K	LLOLOOOLL
D	LLOLL	X	LLOLOOOOL
L	OLLLL	J	LLOLOOOOO
F	OLOOL	Q	LLOLOOOLOL
C	OLOOO	Z	LLOLOOOLOO

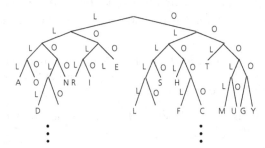

Abbildung B.8: Ausschnitt aus dem Codebaum zu Tab. B.4

Die Codierung ergibt sich folgendermaßen:
Sei $\Sigma = \{z_0, \ldots, z_{n-1}\}$, $|\Sigma| = n$.

1. $p_i = p(z_i)$ sei die Wahrscheinlichkeit des Auftretens des Zeichens z_i. Wir setzen voraus, daß die Zeichen nach fallender Häufigkeit geordnet seien:
$$p_0 \geqslant p_1 \geqslant \cdots \geqslant p_{n-1}.$$

2. Ausgehend von $\Sigma_{n-1} = \Sigma$ konstruieren wir neue Zeichenvorräte Σ_j, $j = n - 2, \ldots, 0$, indem wir die beiden seltensten Zeichen z_j, z_{j-1} aus Σ_{j+1} zu

---

13. D. A. HUFFMAN, 1925–1999.

einem neuen Zeichen z' mit Häufigkeit $p' = p_j + p_{j-1}$ zusammenfassen. z' wird entsprechend seiner Wahrscheinlichkeit p' in die bereits absteigend sortierte Sequenz $p_0 \geqslant p_1 \geqslant \cdots \geqslant p_{j-2}$ einsortiert, um die Anordnung von Σ_j herzustellen.

Gleichzeitig merken wir uns die Zusammenfassungsschritte in einem Wald, der zu Anfang leer ist. Wir fassen die Zeichen z', z_j und z_{j-1} als Ecken auf und tragen die Kanten (z', z_{j-1}) und (z', z_j) ein.

3. Für $j = 0$ enthält Σ_0 nur ein einziges Zeichen z_0 mit $p_0 = 1$. Die Konstruktion des Waldes ergibt einen Codebaum t mit z_0 als Wurzel. Die Zusammenfassung aller Zeichen aus Σ garantiert, daß t ein Baum ist.

4. In t werden alle Kanten mit O bzw. L markiert. Die Zuordnung von O/L ist beliebig; Kanten $k_1 = (e_1, e_2)$ und $k_2 = (e_1, e_3)$ mit gleicher Anfangsecke müssen verschieden markiert sein.

   Die Wege von der Wurzel zu den Blättern entsprechen den Zeichen aus Σ. Die jeweiligen Markierungen m_i eines Wegs werden hintereinandergeschrieben und ergeben die Codewörter.

Nach dem vorstehenden Algorithmus konstruierte Codes heißen **Huffmancodes**.

Aufgabe B.9: Warum ist der Huffmancode der Tab. B.4 für die deutsche Sprache nicht optimal?

Aufgabe B.10: Geben Sie ein HASKELL-Programm an, das den Algorithmus zur Huffmancodierung realisiert.

Aufgabe B.11: Bestimmen Sie den Huffmancode für die deutsche Sprache unter Benutzung der Häufigkeiten aus Tab. B.5.

Das systematische Studium solcher optimaler Codes begann mit den Arbeiten von SHANNON 1948[14]. SHANNON betrachtete die binäre Codierung von Zeichenvorräten Σ, $|\Sigma| = n$, und setzte voraus, daß in den zu codierenden Texten $z_0 z_1 \cdots z_{s-1}$ jedes Zeichen $z \in \Sigma$ unabhängig von der Position im Text und vom Zeitpunkt der Übertragung mit gleicher Wahrscheinlichkeit $p(z)$ auftritt. Ein Text mit dieser Eigenschaft, bei dem insbesondere die Wahrscheinlichkeit von z_i unabhängig von den vorangehenden Zeichen $z_0, \ldots, z_{i-1}$ ist, heißt eine **Shannonsche Nachricht**. Ein Sender, der solche Texte liefert, heißt eine **Shannonsche (Informations-)Quelle**.

Dies war auch die Voraussetzung, unter der der Huffmancode in Tab. B.4 optimal ist. Bei Sätzen natürlicher Sprachen ist diese Voraussetzung aber nicht erfüllt. Zum Beispiel ist die Wahrscheinlichkeit der Buchstaben h und k im Deutschen sehr hoch, wenn c vorausgeht. Eine bessere Codierung würde man erhalten, wenn man die Wahrscheinlichkeiten $p(xy)$ sämtlicher

---

14. C. E. SHANNON, 1916 - 2001, amerikanischer Mathematiker, Begründer der Informationstheorie.

Tabelle B.5: Häufigkeit der Buchstaben der deutschen Sprache

z_i	p_i	z_i	p_i
*	0.1515	o	0.0177
e	0.1470	b	0.0160
n	0.0884	z	0.0142
r	0.0686	w	0.0142
i	0.0638	f	0.0136
s	0.0539	k	0.0096
t	0.0473	v	0.0074
d	0.0439	ü	0.0058
h	0.0436	p	0.0050
a	0.0433	ä	0.0049
u	0.0319	ö	0.0025
l	0.0293	j	0.0016
c	0.0267	y	0.0002
g	0.0267	q	0.0001
m	0.0213	x	0.0001

* $\triangleq$ Zwischenraum und Satzzeichen.

Buchstabenpaare xy ermittelt und dann gemäß dem BAYESschen[15] Satz $p_x = \sum p(xy)$ setzt, wobei über alle Paare xy summiert wird, die x als erstes Zeichen enthalten. Dieses Verfahren kann man auf die Betrachtung beliebiger n-Tupel ausdehnen. Eine bessere Codierung erhält man meist auch, wenn man mehrere Zeichen zusammen codiert, da sich der „Verschnitt" verringert. Dies wird im Lempel-Ziv-Algorithmus genutzt, der heute weithin zur Datenkompression eingesetzt wird.

Für eine Huffmancodierung $t = c(w)$, $w = z_0 \cdots z_{s-1}$, $t = t_0 \cdots t_{l-1}$, einer Shannonschen Nachricht w ergibt sich der Erwartungswert $E(|t|)$ der Codelänge $|t|$ zu

$$E(|t|) = s \cdot k, \qquad (B.10)$$

wenn

$$k = \frac{1}{n} \sum_{z \in \Sigma} E(|c(z)|) \qquad (B.11)$$

der Erwartungswert der Weglänge im Codebaum gemittelt über alle Zeichen $z \in \Sigma$ ist. Wir erhalten daher

$$E(|t|) = s \sum_{i=0}^{n-1} p_i \cdot w_i, \qquad (B.12)$$

wobei $w_i = |c(z_i)|$ und $p_i = p(z_i)$ die Wahrscheinlichkeit des Zeichens z_i ist. Bei Shannonschen Nachrichten ist das Auftreten von z_i ein unabhängiges Ereignis

---

15. THOMAS BAYES, 1707 - 1761, englischer Pfarrer.

im Sinne der Wahrscheinlichkeitstheorie. Der Code ist optimal, wenn $\sum p_i \cdot w_i$ minimal wird.

Bei einem binären Codebaum, $\Sigma' = \mathbb{B}$, können wir dieses Ergebnis so interpretieren: Beim Aufsuchen eines Zeichens im Baum schließen wir in jedem Schritt den Unterbaum aus, der zu der nicht gewählten Kante gehört. Die Weglänge $|c(z_i)|$ gibt die Anzahl der Entscheidungen an, die wir benötigen, um das Zeichen z_i zu erkennen. k ist der Erwartungswert der Anzahl dieser Entscheidungen.

Shannon nannte k den **mittleren Entscheidungsgehalt** oder die **Information** pro Zeichen. Das optimale k, bezeichnet mit dem Buchstaben H, heißt die **Entropie der Nachrichtenquelle**.

Die Anzahl der Entscheidungen wird in [bit] gemessen; 1 bit entspricht einer Entscheidung zwischen zwei Möglichkeiten.

Ist $n = 2^m$ und sind alle Zeichen gleichwahrscheinlich, $p_i = 2^{-m}$, so ist die Weglänge minimal, wenn der Codebaum wie in Abb. B.9 ein vollständiger Binärbaum ist. Für alle Zeichen gilt dann $w_i = \mathrm{ld}\, 2^m = m = \mathrm{ld}\, n$ und wir haben

$$H = \sum_{i=0}^{n-1} p_i \cdot w_i = \sum_{i=0}^{n-1} p_i \cdot \mathrm{ld}\left(\frac{1}{p_i}\right) = -\sum_{i=0}^{n-1} p_i \cdot \mathrm{ld}\, p_i. \qquad (B.13)$$

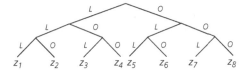

Abbildung B.9: Vollständiger Baum mit $n = 8 = 2^3$ Blättern

Ferner rechnet man leicht nach, daß für beliebige $p_i \geqslant 0$ mit $\Sigma p_i = 1$ gilt

$$H = -\sum p_i \cdot \mathrm{ld}\, p_i \leqslant \mathrm{ld}\, n. \qquad (B.14)$$

Gleichheit wird erreicht, wenn alle p_i gleich sind. Ist n keine Zweierpotenz oder sind die Zeichen nicht gleichverteilt, so bleibt (B.14) richtig, wenn man in jedem Entscheidungsschritt die Hälfte der verbleibenden Zeichen ausschließen kann. Dies wird nicht in jedem Fall exakt gelingen. Möglich ist jedoch, daß sich der Umfang der beiden Teilmengen von Zeichen in jedem Schritt um maximal 2 unterscheidet. Kommt man dabei mit maximal N Entscheidungen aus, so gilt wegen (B.14)

$$N - 1 \leqslant \mathrm{ld}\, n \leqslant N. \qquad (B.15)$$

B.4   Fehlererkennung und -Korrektur

Wir betrachten abschließend die eingangs gestellte vierte Frage: Wie kann man durch Zufügen von Redundanz das Erkennen oder sogar Korrigieren von Übertragungsfehlern ermöglichen?

Gegeben sei eine bereits binär codierte Nachricht $X = x_1 \cdots x_q$. Wir zerlegen X in Blöcke der Länge m und nehmen an, daß q ein Vielfaches von m sei. Es gibt 2^m mögliche Blöcke. Diese müssen aber nicht alle in X zulässig sein; M mit $|M| \leqslant 2^m$ sei die Menge der zulässigen Blöcke. Wenn wir z. B. von binär codierten Dezimalzahlen wie in Abschn. B.2 ausgehen, sind von den 16 möglichen Viererblöcken nur 10 zulässig. Wir untersuchen, wie man durch Umschlüsselung, die jeden Block der Länge m durch einen Block einer Länge $n \geqslant m$ wiedergibt, die für die Fehlererkennung nötige Redundanz erreichen kann. Am einfachsten wäre es, wenn wir an jeden Block $k = n - m$ **Kontrollbits** anhängen könnten, die das Verlangte leisten. Man nennt dies einen **systematischen Code**.

Ist C die Menge der verschiedenen Codewörter, die sich nach der Umschlüsselung ergeben, so suchen wir also eine Verschlüsselungsfunktion $c: M \to C$ für die Menge der zulässigen Blöcke. Die Entschlüsselungsfunktion $dc = c^{-1}$ ist dann auf $C = \text{Bild}(c)$ definiert.

Verschlüsselt man jeden Block, indem man ihn verdoppelt, $c(x_0 \cdots x_{n-1}) = x_0^{(1)} \cdots x_{m-1}^{(1)} x_0^{(2)} \cdots x_{m-1}^{(2)}$, so läßt sich ein einzelnes „umgefallenes" Bit durch Vergleich der beiden Exemplare $x_i^{(1)}$, $x_i^{(2)}$ erkennen. Wenn beide Exemplare gleichzeitig falsch sind, wird der Fehler nicht bemerkt. Die Codierung heißt daher **1-fehlererkennend**. Verdreifacht man den Block, so kann man durch 2:1-Mehrheitsvotum einen einzelnen Fehler sogar korrigieren. Die Codierung heißt **1-fehlerkorrigierend**. Allgemein sieht man, daß man mit $k + 1$ Exemplaren eines Blocks k Fehler erkennen und mit $2k + 1$ Exemplaren k Fehler durch Mehrheitsvotum korrigieren kann. Die Verwendung eines k-fehlererkennenden bzw. -korrigierenden Codes setzt voraus, daß die Wahrscheinlichkeit von $k' > k$ Fehlern in einem Block signifikant kleiner ist als die Wahrscheinlichkeit von $k' \leqslant k$ Fehlern, da andernfalls der Vergleich bzw. das Mehrheitsvotum statistisch nicht signifikant ist.

Codierung mit k-facher Wiederholung eines Blocks verlängert die Länge der zu übertragenden Nachricht erheblich und senkt daher technisch die Übertragungsleistung. Um zu einer effizienteren Lösung zu gelangen, betrachten wir Vektorräume V_2^l der Dimension l über dem Körper[16] $\mathbb{Z}_2$ der Charakteristik 2. Jeder solche Vektorraum ist endlich. Für $l = 1, 2, 3, 4$ sind die Elemente dieser Vektorräume die Ecken der Figuren in Abb. B.10. Man bezeichnet diese Figuren

---

16. Der Körper $\mathbb{Z}_2$ heißt auch Galoisfeld $GF(2)$. Er besteht nur aus den Elementen 0 und 1; die Grundoperationen werden modulo 2 durchgeführt.

als **Hyperkuben.** Die Eckenmenge des V_2^m entspricht offenbar der maximal möglichen Menge M.

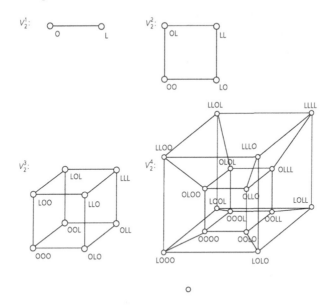

Abbildung B.10: Vektorräume V_2^l über $\mathbb{Z}_2$ für $l = 1, 2, 3, 4$

Die Verschlüsselung ist dann eine injektive, aber möglicherweise nur partiell definierte Abbildung $c: V_2^m \rightarrowtail V_2^n$.

Die Anzahl der L's in einem Vektor $u = (u_0, \ldots, u_{l-1})^T \in V_2^l$ heißt das **Gewicht** von u:

$$w(u) := |\{j \mid 0 \leq j \leq l - 1 \wedge u_j = L\}|. \tag{B.16}$$

Der **Hamming-Abstand**[17] zweier Vektoren $d(u, v)$ ist die Anzahl der Plätze, in denen sich die beiden Vektoren unterscheiden:

$$d(u, v) := |\{j \mid 0 \leq j \leq l - 1 \wedge u_j \neq v_j\}|. \tag{B.17}$$

Durch Nachrechnen sieht man, daß für das Gewicht die Dreiecksungleichung gilt, und die Berechnung des Abstands auf die Berechnung von Gewichten zurückgeführt werden kann:

$$w(u + v) \leq w(u) + w(v), \tag{B.18}$$

$$d(u, v) = w(u - v). \tag{B.19}$$

---

17. Er wurde 1950 von RICHARD HAMMING, 1915–1998, eingeführt.

Aufgabe B.12: Für alle $\mathfrak{u}, \mathfrak{v}, \mathfrak{w}$ gilt: $d(\mathfrak{u}, \mathfrak{v}) \geqslant 0$; $d(\mathfrak{u}, \mathfrak{v}) = 0 \not\Leftrightarrow \mathfrak{u} = \mathfrak{v}$; $d(\mathfrak{u}, \mathfrak{v}) = d(\mathfrak{v}, \mathfrak{u})$; $d(\mathfrak{u}, \mathfrak{v}) \leqslant d(\mathfrak{u}, \mathfrak{w}) + d(\mathfrak{w}, \mathfrak{v})$. $d(\mathfrak{u}, \mathfrak{v})$ ist also eine Metrik.

Das Umkippen von Bits kann nun aufgefaßt werden als die Addition eines zufälligen Fehlervektors $\mathfrak{e}$ zu einer gegebenen Codierung $c(\mathfrak{x})$. Der Empfänger erhält nicht $\mathfrak{u} = c(\mathfrak{x})$, sondern $\mathfrak{v} = c(\mathfrak{x}) + \mathfrak{e}$. Dabei kann er technisch annehmen, daß $\mathfrak{e}'$ seltener ist als $\mathfrak{e}$, wenn $w(\mathfrak{e}') > w(\mathfrak{e})$. Daher entschlüsselt er mit der Abbildung dc: $V_2^n \to V_2^m$ mit

$$\text{dc}(\mathfrak{v}) := \mathfrak{x}', \quad \mathfrak{x}' = c^{-1}(\mathfrak{u}'), w(\mathfrak{e}) = d(\mathfrak{v}, \mathfrak{u}') \text{ minimal,} \qquad \text{(B.20)}$$

die nun auf ganz V_2^n definiert ist. Damit dc wohldefiniert ist, muß $\mathfrak{x}'$ eindeutig bestimmt sein. Es darf also keine zwei Vektoren $\mathfrak{u}, \mathfrak{u}' \in C = \text{Bild}(M)$ geben mit minimalem Abstand $d(\mathfrak{v}, \mathfrak{u}) = d(\mathfrak{v}, \mathfrak{u}')$ für den vorgegebenen gestörten Vektor $\mathfrak{v}$.

Sei nun

$$d_C := \min_{\substack{\mathfrak{u}, \mathfrak{v} \in C \\ \mathfrak{u} \neq \mathfrak{v}}} d(\mathfrak{u}, \mathfrak{v}). \qquad \text{(B.21)}$$

d_C heißt der **Minimalabstand** des Codes C. Es gilt

Satz B.1 (HAMMING, 1950): *Ein Code C ist genau dann k-fehlererkennend, wenn $d_C \geqslant k + 1$. Er ist genau dann k-fehlerkorrigierend, wenn $d_C \geqslant 2k + 1$.*

Aufgabe B.13: Beweisen Sie Satz B.1.

Im Spezialfall $k = 1$ gibt es in V_2^n genau $n + 1$ Vektoren $\mathfrak{v}$ mit $d(\mathfrak{u}, \mathfrak{v}) \leqslant 1$ zu vorgegebenem $\mathfrak{u}$, nämlich $\mathfrak{u}$ selbst und n Vektoren, die sich von $\mathfrak{u}$ in genau einem Bit unterscheiden. Der Code ist 1-fehlerkorrigierend, wenn wir alle diese Vektoren $\mathfrak{v}$ als $c^{-1}(\mathfrak{u})$ entschlüsseln dürfen, falls $\mathfrak{u} \in C$. Da alle diese Gruppen von je $n + 1$ Vektoren disjunkt sein müssen, gilt

$$|C| \leqslant \frac{2^n}{n + 1}, \qquad \text{(B.22)}$$

da $|V_2^n| = 2^n$. Mit $n = 7, 2^n = 128$ erhalten wir beispielsweise $|C| \leqslant 128/8 = 16$. Mit 7 Bits lassen sich also maximal 16 verschiedene Schlüssel 1-fehlerkorrigierend codieren.

Aufgabe B.14: Verallgemeinern Sie (B.22) für $k > 1$.

Bisher hatten wir im Vektorraum V_2^n nur die Addition und Subtraktion genutzt. Die Codierungsfunktion c war eine beliebige Abbildung zwischen Mengen V_2^m, V_2^n. Ein Code heißt **linear**, wenn die Codierungsfunktion c eine lineare, monomorphe Abbildung $c: V_2^m \to V_2^n$ des Vektorraums V_2^m in den Vektorraum V_2^n ist. Sind alle $\mathfrak{u} \in V_2^m$ zulässig, so heißt der Code ein (n, m)-**Code** oder ein **Gruppencode**, und es gilt $|C| = 2^m$. Die Codierung läßt sich durch eine

$n \times m$-Matrix $\mathfrak{M}$ beschreiben mit $\mathfrak{v} = c(\mathfrak{u}) = \mathfrak{M}\mathfrak{u}$. $\mathfrak{M}$ heißt die **erzeugende Matrix** oder **Generatormatrix** des linearen Codes. Ferner gilt:

$$d_C = \min_{\substack{\mathfrak{u} \in C \\ \mathfrak{u} \neq \mathfrak{o}}} w(\mathfrak{u}). \tag{B.23}$$

Sind nämlich $\mathfrak{u}, \mathfrak{v}, \mathfrak{w}$ drei Codewörter mit $\mathfrak{v} \neq \mathfrak{w}$ und $\mathfrak{u} + \mathfrak{v} = \mathfrak{w}$, also $\mathfrak{w} - \mathfrak{v} = \mathfrak{u}$, so gilt $d(\mathfrak{w}, \mathfrak{v}) = w(\mathfrak{w} - \mathfrak{v}) = w(\mathfrak{u})$. Also gibt es auch zu den Codewörtern $\mathfrak{v}, \mathfrak{w}$ mit minimalem Abstand d_C ein $\mathfrak{u}$ mit $d_C = w(\mathfrak{u})$.

Bei einem linearen Code ist C ein linearer Unterraum von V_2^n. Aus der linearen Algebra ist bekannt, daß $\mathfrak{M}$ genau dann eine injektive Abbildung beschreibt, wenn die Spaltenvektoren von $\mathfrak{M}$ linear unabhängig sind und eine Basis von C in V_2^n bilden.

Der lineare Code ist ferner systematisch, enthält also in den ersten m Bits die zu verschlüsselnde Nachricht, wenn die m ersten Spaltenvektoren die $m \times m$-Einheitsmatrix $\mathfrak{I}_m$ bilden.

Beispiel B.1: Die erzeugende $(m + 1) \times m$-Matrix

$$\mathfrak{M} = \begin{pmatrix} 1 & 0 & \cdots & 0 \\ 0 & 1 & \ddots & 0 \\ \vdots & \ddots & \ddots & \vdots \\ 0 & 0 & \cdots & 1 \\ 1 & 1 & \cdots & 1 \end{pmatrix} \tag{B.24}$$

liefert

$$\mathfrak{M} \begin{pmatrix} x_0 \\ \vdots \\ x_{m-1} \end{pmatrix} = \begin{pmatrix} x_0 \\ \vdots \\ x_{m-1} \\ x_0 + \cdots x_{m-1} \end{pmatrix}.$$

Dieser Code heißt **Paritätscode**, das m-te Bit ist die Summe (in $\mathbb{Z}_2$!) aller Bits des Worts $\mathfrak{x}$ und heißt **Paritätsbit**. Der Minimalabstand ist 2.   ◆

Beispiel B.2: Der eingangs beschriebene Tripelcode mit dreifacher Wiederholung ist ein linearer Code mit der Matrix $\mathfrak{M} = (\mathfrak{I}_m \mathfrak{I}_m \mathfrak{I}_m)^T$. Für $m = 4$ brauchen wir also 12 Bits, um die 1-Fehlerkorrektur zu erreichen.

Für dieses Ziel, also $d_C = 3$, genügen aber bereits 7 Bits, wie man an dem (7, 4)-Code mit der erzeugenden Matrix

$$\mathfrak{M} = \begin{pmatrix} 1 & 0 & 0 & 0 \\ 0 & 1 & 0 & 0 \\ 0 & 0 & 1 & 0 \\ 0 & 0 & 0 & 1 \\ 1 & 0 & 1 & 1 \\ 1 & 1 & 0 & 1 \\ 1 & 1 & 1 & 0 \end{pmatrix} \qquad \text{(B.25)}$$

sieht.   ◆

Daß dieser Code tatsächlich den Minimalabstand $d_C = 3$ hat, ergibt sich unter Verwendung einer Prüfmatrix:

Sei C ein (n, m)-Code. Eine Matrix $\mathfrak{H}$ heißt **Prüfmatrix** von C, wenn aus $\mathfrak{H}\mathfrak{x} = \mathfrak{o}$ folgt $\mathfrak{x} \in C$ und umgekehrt.

Zu gegebener systematischer Generatormatrix $\mathfrak{M} = (\mathfrak{I}_m \mathfrak{A})^T$ ist $H = \mathfrak{A}^T \mathfrak{I}_{n-m}$ eine gültige Prüfmatrix.

Beispiel B.3: Die $(n - m, n)$-Matrix

$$\mathfrak{H} = \begin{pmatrix} 1 & 0 & 1 & 1 & 1 & 0 & 0 \\ 1 & 1 & 0 & 1 & 0 & 1 & 0 \\ 1 & 1 & 1 & 0 & 0 & 0 & 1 \end{pmatrix} \qquad \text{(B.26)}$$

ist eine Prüfmatrix zur erzeugenden Matrix $\mathfrak{M}$ aus (B.25).   ◆

Satz B.2: *Die Minimaldistanz d_C eines linearen Codes C ist gleich der minimalen Anzahl linear abhängiger Spalten in der Prüfmatrix.*

Aufgabe B.15: Beweisen Sie den Satz B.2.

Der Satz zeigt, daß (B.25) einen Code mit $d_C = 3$ definiert, da es in $\mathfrak{M}$ weder Leerspalten noch identische Spalten gibt. Umgekehrt ergibt in (B.26) beispielsweise die Addition der Spalten 1 und 2 die Spalte 5.

Bei der Dekodierung linearer Codes berechnet man das sogenannte **Syndrom** durch Multiplikation des zu dekodierenden Wortes mit einer Prüfmatrix. Ist das Syndrom $\mathfrak{o}$, so geht man von einer korrekten Übertragung aus. Andernfalls berechnet man aus dem Syndrom das dem empfangenen Wort „nächstgelegene" Codewort. Dazu benutzt man im allgemeinen Tabellensuche. Die Tabellen sind allerdings so groß, daß das Verfahren nur für kleine n, m praktikabel ist.

B.4.1   Zyklische Codes und Schieberegister

Ein linearer (n, m)-Code heißt **zyklisch**, wenn mit $\mathfrak{c} = (c_0, c_1, \ldots, c_{n-1})$ auch die zyklische Verschiebung $\mathfrak{c}' = (c_{n-1}, c_0, \ldots, c_{n-2})$ ein Codewort ist.

Bei zyklischen Codes fassen wir Vektoren $\mathfrak{u} = (u_0, \ldots, u_{l-1})$, $u_i \in \{0, 1\}$ und ebenso ihre Codewörter $\mathfrak{c}$ als Polynome

$$u(x) = u_0 + u_1 x + \cdots + u_{l-1} x^{l-1} \tag{B.27}$$

aus dem Polynomring $\mathbb{Z}_2[x]$ auf. $\mathfrak{u} = (1, 0, 1, 1)$ wird durch $u(x) = 1 + x^2 + x^3$ wiedergegeben. Der Grad von $u(x)$ ist $\max\{i \mid 0 \leqslant i \leqslant l - 1 \wedge u_i = 1\}$.

Gilt in einem Polynomring $a(x) = b(x) \cdot q(x) + r(x)$ mit $\operatorname{grad} r(x) < \operatorname{grad} q(x)$, so heißt $r(x)$ der Rest $a(x) \bmod q(x)$ der Division von $a(x)$ durch $q(x)$. Zyklische Verschiebbarkeit bedeutet daher, daß mit $c(x) = c_0 + c_1 x + \cdots + c_{n-1} x^{n-1}$ auch $c'(x) = x \cdot c(x) \bmod (x^n - 1)$ ein gültiges Codewort ist.

Bei zyklischen Codes verwendet man Polynommultiplikation zur Codierung. Sie wandelt ein m-stelliges Wort in ein n-stelliges Codewort. Dazu sei $g(x)$ ein Polynom vom Grad $k = n - m$ mit $g_0 \neq 0$, das Teiler von $x^n - 1$ ist: $x^n - 1 = g(x) \cdot h(x)$. Dann definiert $g(x)$ eine lineare Abbildung $c : V_2^n \to V_2^n$ durch die Zuordnung $c : u(x) \mapsto u(x) g(x) \bmod (x^n - 1)$: Wir fassen Vektoren aus V_2^n zuerst als Polynome auf, multiplizieren sie mit $g(x)$, nehmen den Rest modulo $(x^n - 1)$ und fassen das Ergebnis wieder als einen Vektor auf. Die Linearität der Abbildung folgt aus dem Distributivitätsgesetz im Polynomring: $(u(x) + u'(x)) g(x) = u(x) g(x) + u'(x) g(x)$.

Beschränkt auf den Untervektorraum V_2^m ist die Abbildung c injektiv und daher ein Code; jedes Polynom $u(x)$ vom Grad $< m$ wird umkehrbar eindeutig auf ein Polynom $v(x) = u(x) g(x)$ vom Grad $\operatorname{grad} u(x) + k < m + n - m = n$ abgebildet. Die Rechnung modulo $(x^n - 1)$ spielt dabei noch keine Rolle, da im Ergebnis der Grad n nicht erreicht wird. $g(x)$ heißt **erzeugendes Polynom** oder **Generatorpolynom** des Codes; $h(x)$ heißt das zugehörige **Prüfpolynom**. Für jedes Codewort $\mathfrak{c}$ gilt:

$$c(x) \cdot h(x) = u(x) \cdot g(x) \cdot h(x) = u(x)(x^n - 1) = 0 \bmod (x^n - 1).$$

Man beachte, daß wir in den Polynomen $u(x)$ und $v(x) = u(x) g(x)$ alle Stellen ausschreiben: $u(x) = \sum_0^{m-1} u_i x^i$, $v(x) = \sum_0^{n-1} v_i x^i$, auch dann, wenn der Grad niedriger als m bzw. n ist. Nur vom erzeugenden Polynom fordern wir, daß der Grad genau k ist, und $g_0 \neq 0$, also $g_0 = 1$, gilt.

Wegen der Linearität gibt es zu jedem erzeugenden Polynom $g(x)$ eine $n \times m$-

Matrix, die die gleiche Codierung erzeugt. Sie lautet

$$\mathfrak{M} = \begin{pmatrix} g_0 & 0 & 0 & \cdots & 0 \\ g_1 & g_0 & 0 & \cdots & 0 \\ \vdots & \ddots & \ddots & \cdots & \vdots \\ g_{k-1} & \cdots & g_1 & g_0 & 0 \\ g_k & \cdots & \cdots & g_1 & g_0 \\ 0 & g_k & \cdots & \cdots & g_1 \\ \vdots & \ddots & \ddots & \cdots & \vdots \\ 0 & \cdots & 0 & g_k & g_{k-1} \\ 0 & \cdots & \cdots & 0 & g_k \end{pmatrix}$$

Es gilt nämlich $v_j = \sum_{i+h=j} u_i g_h$ für $j = 0, \ldots, n-1, 0 \leqslant i < m, 0 \leqslant h \leqslant k$.

Beispiel B.4: Für das Polynom $g(x) = 1 + x$ und $m = 3$ lautet die Matrix und die Abbildung $u_0 u_1 u_2 \mapsto v_0 v_1 v_2 v_3$

$$\mathfrak{M} = \begin{pmatrix} 1 & 0 & 0 \\ 1 & 1 & 0 \\ 0 & 1 & 1 \\ 0 & 0 & 1 \end{pmatrix},$$

$$\begin{array}{ll} 000 \mapsto 0000 & 100 \mapsto 1100 \\ 001 \mapsto 0011 & 101 \mapsto 1111 \\ 010 \mapsto 0110 & 110 \mapsto 1010 \\ 011 \mapsto 0101 & 111 \mapsto 1001 \end{array}.$$

Das Polynom $1 + x^2 + x^3$ erzeugt einen $(7, 4)$-Code. Er ist allerdings nicht systematisch.

Enthält das Generatorpolynom $g(x)$ den Teiler $1 + x$, $g(x) = (1 + x)g'(x)$, so ist das Gewicht $w(u(x)g(x))$, d. h. die Anzahl der nicht verschwindenden Koeffizienten des Codeworts $v(x) = u(x)g(x)$, gerade. Für $x = 1$ haben wir nämlich $v_0 + v_1 + \cdots v_{n-1} = v(1) = u(1)g(1) = u(1)(1 + 1)g'(1) = 0$, da in $\mathbb{Z}_2$ $1 + 1 = 0$ gilt. Alle zyklischen Codes mit dieser Eigenschaft erlauben also eine Paritätsprüfung und sind damit mindestens 1-fehlererkennend.

Am Beispiel B.4 sieht man, daß die Multiplikation von $u(x)$ mit $g(x)$ der stellenversetzten wiederholten Addition der Koeffizientenfolge von $u(x)$, also des ursprünglichen Vektors $\mathfrak{u}$ entspricht. Dabei wird genutzt, daß in $\mathbb{Z}_2$ die Koeffizienten nur die Werte 0 oder 1 haben können.

Technisch kann man dies mit Schieberegistern, vgl. 4.1.9.3, wie in Abb. B.11 effizient realisieren. Die Addition entspricht technisch dem exklusiven Oder $\oplus$. Schiebt man im Takt die Koeffizienten $u_0, u_1, \ldots, u_{m-1}$ gefolgt von k Nullen in das Schieberegister, so erhält man am Ausgang in n Takten die Koeffizienten $v_0, v_1, \ldots, v_{n-1}$ des Ergebnisses $c(u(x)) = v(x) = u(x)g(x)$.

Beispiel B.5: Wir betrachten den $(7, 4)$-Code über $\mathbb{Z}_2$ zum Generatorpolynom $g(x) = 1 + x^2 + x^3$. Das Wort $\mathfrak{u} = (0, 1, 0, 1)$ mit $u(x) = x + x^3$ wird

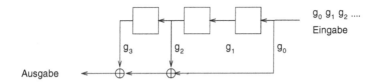

Abbildung B.11: Schieberegister zur Multiplikation mit dem Polynom $g(x) = 1 + x^2 + x^3$.

durch Abb. B.11 in $\mathfrak{c} = (0,1,0,0,1,1,1)$ verschlüsselt. Es gilt $c(u(x)) = 0 + x + x^4 + x^5 + x^6$. Zur Codierung benötigt das Schieberegister $n = 7$ Takte. Danach sind alle Koeffizienten von $u(x)$ und k Nullen durchgeschoben. Würde man statt Nullen andere Werte nachschieben, so würden am Ende Werte im Schieberegister stehenbleiben, die im Ergebnis nicht berücksichtigt werden. Diese Nichtberücksichtigung entspricht dem Rechnen modulo $(x^n - 1)$. ♦

Mit Hilfe von Schieberegistern kann man auch systematische Codierungen erzeugen. Abb. B.12 zeigt eine Schaltung, bei der der Ausgang des Schieberegisters auf die Eingänge der einzelnen Flipflops additiv zurückgeleitet wird. Diese Art der Schaltung heißt **linear rückgekoppeltes Schieberegister**[18]. Das zugehörige Polynom $g(x)$ wird hier auch **Rückkopplungspolynom** genannt. Die Schaltung berechnet für eine Eingabe $v(x)$ die Polynome $q(x)$ und $r(x)$ mit $v(x) = q(x)g(x) + r(x)$. Dazu schiebt man $(v_{n-1}, v_{n-2}, \ldots, v_0)$ in n Takten in das leere Register. Am Ausgang erscheinen zunächst k Nullen und anschließend die Koeffizienten $(q_{m-1}, q_{m_2}, \ldots, q_0)$. Im Schieberegister verbleiben die Koeffizienten $(r_{k-1}, r_{k-2}, \ldots, r_0)$ des Restpolynoms.

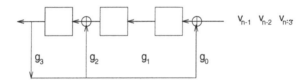

Abbildung B.12: Schieberegister zur Division mit Rest durch das Polynom $g(x) = x^3 + x^2 + 1$.

Wir verwenden nun diese Schaltung, um für ein Polynom $u(x)$ das Restpolynom $r(x)$ mit $x^k u(x) = q(x)g(x) + r(x)$ zu bestimmen. Dabei geht der Vektor, der $x^k u(x)$ entspricht, aus $\mathfrak{u}$ durch Linksverschiebung um k Stellen hervor. Die k niederwertigen Bits sind 0. Für das Polynom $c(u(x)) = x^k u(x) - r(x)$ gilt nun, daß es ohne Rest durch $g(x)$ teilbar ist und eine Übertragung des zugehörigen Codewortes $\mathfrak{c}$ gilt als fehlerfrei, falls auch der Empfänger ohne Rest durch $g(x)$ dividieren kann. Der so gebildete Code ist systematisch. Da

---

18. engl. *linear feedback shift register*, LFSR.

die Subtraktion von $r(x)$ nur die niederwertigen k Bits von $x^k u(x)$ ändert, ist $(c_{n-1}, c_{n-2}, \ldots, c_k) = (u_{m-1}, u_{m-2}, \ldots, u_0)$. Abb. B.13 zeigt die Darstellung des Codeworts c.

u(x)	r(x)

$$\longleftarrow \quad \text{m Bit} \quad \longrightarrow \longleftarrow \text{k Bit} \longrightarrow$$

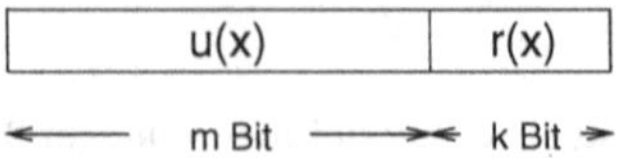

Abbildung B.13: Darstellung des Codeworts c zu $c(u(x)) = x^k u(x) - r(x)$

Aufgabe B.16: Berechnen Sie nach diesem Verfahren $c(u(x))$ für $u = (0, 1, 0, 1)$ mit $g(x) = 1 + x^2 + x^3$. Überprüfen Sie, daß das Schieberegister in Abb. B.12 nach Eingabe von $c(u(x))$ lauter Nullen enthält.

Das hier vorgestellte Verfahren heißt CRC-Codierung[19]. Es wird vor allem bei Massenspeichern und bei der Kommunikation in Rechnernetze verwandt. Typische Werte für m sind hierbei 2^{12} bis 2^{15}, für $k = 12, 16$ oder 32. Es existieren entsprechende genormte Generatorpolynome.

B.5 Anmerkungen und Verweise

Zur Informations- und Codierungstheorie gibt es zahlreiche Lehrbücher, etwa (HEISE und QUATTROCCHI , 1995). Einen detaillierteren Abriß von Codierungsfragen auch unter Einschluß kryptographischer sowie Audio- und Video-Codierungen findet man in (RECHENBERG und POMBERGER , 1999, Teil B). Die Idee der Darstellung von B.4 geht auf TH. BETH zurück.

---

19. engl. *cyclic redundancy check.*

Stichwortverzeichnis

Printed in the United States
By Bookmasters